北歐
神話學

Nordische Mythologie in
Gemeinverständlicher
Darstellung

神話學研究的曠世巨作
傳誦百年不衰，首度引進中文世界

作者簡介

保羅‧賀爾曼（Paul Herrmann）

　　德國古典學學者，在史特拉斯堡大學（Universität Straßburg）攻讀日耳曼古代民族學和語言學，1904 -1914 年間獲普魯士教育部（Preusische Unterrichtsministerium）資助，多次前往冰島從事文化和語言史的田野研究。賀爾曼長年鑽研日耳曼古代民族誌學以及北歐神話研究，先後發表許多相關著作，並翻譯許多北歐文獻。

　　賀爾曼曾獲頒普魯士科學院獎（Preis der Preusischen Akademie der Wissenschaften）、丹麥國旗騎士勳章（Dannebrogorden）、冰島獵鷹騎士勳章（Falkenorden），他也是冰島友好協會（Vereinigung der Islandfreunde）的創始會員，一直到過世前都擔任會長。

　　主要作品包括：《日耳曼神話》（Deutsche Mythologie in gemeinverständlicher Darstellung）、《北歐神話學》（Nordische Mythologie in gemeinverständlicher Darstellung）、《冰島的過去和現在》（Island in Vergangenheit und Gegenwart. Reise-Erinnerungen）。

譯者簡介

張詩敏

　　（第一部～第三部）

　　台大外文所畢業，現旅居德國慕尼黑。座右銘為 Amor Mundi，對世界之愛。本書是譯者的第一本譯作。

許嫚紅

　　（第四部～第五部）

　　曾旅居德國數年，喜愛德文，鍾情蘊藏於這門語言之中的邏輯，以及由此建構而出的世界觀。

【編輯人語】
這本神話和你以前讀的不一樣

商周出版編輯顧問

林宏濤

你知道《魔戒》裡被詛咒的戒指（從侏儒那裡搶來的戒指會為擁有者招致死亡），其實是古代北歐詩人們傳誦不絕的創作題材嗎？

你知道《睡美人》的故事，最早是源自《沃松族傳奇》這部描寫北歐神話的作品嗎？

你知道電影《雷神索爾》裡的英雄索爾，在北歐的民間信仰裡，和奧丁以及弗雷一樣，一直是神殿裡的主神，卻曾經男扮女裝，冒充成芙蕾葉到巨人國找回他的雷神鎚？

北歐神話一直是整個歐洲文學和藝術的源頭活水，從《格林童話》、易卜生（Henrik Ibsen）的戲劇到華格納（Richard Wagner）的歌劇，都可以看到許多生動的神話原型。

但是神話並不是孤零零地存在於詩人的想像裡。在古代世界裡，神話是人們用以描述其自然觀和知識的工具，更是民間宗教信仰裡的元素之一，深入他們的生活、經濟、冒險和征戰當中；他們相信家庭有守護神，也相信祖靈，而大自然的森羅萬象背後，更有數不盡的諸神、巨人、精靈、惡魔和侏儒。他們也會以創世神話的傳說以及宇宙的圖像去描繪他們對世界的認知，更有種種的祭典儀式，用以和另一個世界溝通互動。正因為如此，北歐神話裡總有為人津津樂道的故事，也蘊藏著取之不盡、用之不竭的創作靈感和想像。

但是，你有沒有想過你對北歐神話的理解其實是蒼白模糊、殘缺不全的？也許你知道有個萬夫莫敵卻有勇無謀的索爾，以及憤世嫉俗而詭計多端的洛基，但是你可能不知道，洛基原本是和索爾焦不離孟的神祇，代表著閃電和雷鳴，他更是為人間帶來溫暖的火神。也許你聽過光明神巴德爾被瞎眼

的霍德用槲寄生的樹枝打死的故事，但是或許你不知道凶器也有可能是一把叫作「銀槲劍」的武器。而且在詩人薩克索（Saxo）筆下，集光明、和平與美麗於一身的巴德爾，居然為了一個世間女子而和凡人霍德爭風吃醋，最後被霍德打得落荒而逃、傷重不治。

德國著名古典學者保羅・賀爾曼（Paul Herrmann, 1866-1930）以其博大宏深的研究，採擷冰島、挪威、瑞典的民間傳說習俗，深入探討《埃達詩歌》、《因林格傳奇》、冰島的《古代傳說》等傳統文獻，加上考古學和字源學的佐證和推敲，構築成一部詳實完備的北歐神話總論，引領讀者走進北日耳曼神話的瑰麗世界，可以說是神話研究的不朽經典。

如果你一直對神話故事裡迷離幻化的世界深深著迷，卻無法滿足於淺碟式文化下各種膚淺而扭曲的二手作品，那麼你真的應該找個時間仔細品味這本書，好整以暇地徜徉在北歐的神話世界裡。讀了以後，你會有很多的「原來如此」，也有會大開眼界的感覺。

【推薦序】
神話故事有學問

東吳大學英文學系兼任副教授
呂健忠

　　關於神話，有一大迷思：神話不過是遠古時代流傳下來的故事，荒唐無稽。所以有音譯的「迷思」（myth）一詞。有神話素養的人也許會從文學、語言、文化、宗教甚至習俗看出神話典故。然而，即使在大學校園，仍有神話課僅止於故事，當作訓練外文閱讀與外語聽講能力的工具。這樣的工具論有其實效，怕的是工具喧賓奪主，被當作本質，像父母說童話故事給小朋友聽那樣，未免小看神話的格局；硬要巨人穿侏儒的衣服，不合身事小，巨人光溜溜見不得人，神話總有一天會不見天日。到了那地步，舉實例說明，讀《紅樓夢》只看到賈府沉淪記穿插寶玉濫情史，未免可惜。只知神話是故事而不知神話有學問的後果，要打比方，就像爬上高山只想到有多少樹木可以砍伐，遠眺大海只想到有多少漁產可以享用，想到沼澤就看到一棟棟高樓大廈拔地而起，渾然不知林漁枯竭則人類無法永續，大地無肺則人類不能存活。唯物實用論者目光淺短，自掘墳墓而不自知，只能捉襟見肘驚見大自然的反撲；神話學無疑是導正迷航之旅的信號燈，信號微弱但導航之功無庸置疑。

　　因其如此，我樂於推薦保羅‧賀爾曼的《北歐神話學》。這本書雖然問世已百年，在二十一世紀的今天讀來仍有深意，畢竟好書如醇酒有陳年香。那一股醇香從字裡行間透露的史識與史觀緩緩散發，用心體會自然聞香——書香，此之謂也。就我所知，中文世界呈現北歐神話找不到更周延的書籍。更值得一提的是，作者不以轉述神話故事自滿，而是以故事為媒介，呈現他個人在北歐神話學的研究成果。神話故事與神話學的差別在於，故事只是轉述古代以神話為素材的口語或書面文學作品，神話學是以神話故事為研究對象的學問。轉述的東西不論多精彩，註定只能拾人牙慧，頂多做到不扭曲原始文本，更常見的是加油添醋或改頭換面，甚至為了增加趣味而視原始文本

如無物。神話學講究的是追蹤故事流傳的過程，據以提出後設的詮釋。說是
「後設的詮釋」，因為神話是古人以他們自己的認知方式與觀點，對於人及
其賴以生存的環境做出詮釋，有別於神話學是詮釋他們的詮釋。換句話說，
古人觀察周遭的種種現象，透過綜合思維，發揮想像力以故事表述他們思考
的結果；現代學者根據流傳下來的那些故事，透過分析思維，發揮理解力以
論說方式表述他們「傾聽」的結果。此所以本書標題有「神話學」這三個字，
英文稱為 mythology，源自希臘文 mythos（有權威意義的故事，即英文 myth
的字源）+ logos（道理，英文 logic 的字源），是關乎神話故事的學與問，
是針對容易產生迷思的神話故事因問而成學。

　　作者賀爾曼從歷史的源流與分流闡述北歐神話的相關概念著手，稽考其
發源之後解讀其流變，包括承傳過程中如何受到遷徙環境、社會變遷以及希
臘與基督教文化的影響。於是，讀者看到的不只是神話故事集，更是神話的
學問與學識。有條理揭露學問的體系，因此展現歷史該有的寬廣面貌與個人
獨有的見解，這就是史識；有一貫之道展現史識，這就是史觀。只要翻開本
書的目錄，作者的史觀與史識呼之欲出。史識使人能夠化複雜的現象為簡單
的形式，史觀則使得簡單的形式具備深度。相對之下，坊間書市普遍看到的
神話故事集不過是一堆資訊；資訊可以很豐富，可是沒有條理的資訊徒然使
人眼花撩亂，也許有趣，可是沒有意義，只好「迷思」。尋求意義是人類大
腦經過長期演化發展而成的內建程式：認知科學告訴我們，即使在無意識的
狀態下，人的大腦也會自行整理片段雜蕪的訊息，使其合理化。意識層面的
邏輯運作使得看似合理的知識具備經得起驗證的條理，神話故事因此成為有
系統的神話學。

　　北歐神話對一般讀者是個相對陌生的領域。賀爾曼在書中呈現的神話史
觀有助於澄清盎格魯撒克遜人、日耳曼人和北歐人系出同源的歷史事實，他
的史識有助於了解為何前述族群具備本質上的同質性，從抽象的靈魂視野到
具體的處事態度，多方面體現他們本是同根生的價值觀。我們都知道民族性
決定一個族群普遍的心態，心態則是取決於生命觀，生命觀則又取決於死亡
觀，死亡觀追根究柢源自先民對靈魂的看法，也就是源自古人對於死後世界

的想像，那是人生觀的張本。古人對於種種現象的詮釋由人生觀和自然觀兩大領域平分秋色。神話世界的自然觀涉及人和自然環境的關係，那個關係被標榜開發主義的文明社會破壞得支離破碎，結果就是前文所提我們正自食惡果的大自然的反撲。正如我在《陰性追尋》所做的嘗試，「神話學」有助於闡明神話不只是講故事，更是支撐文明社會這棟華廈的鋼骨結構；宗教信仰不只是犧牲祭拜，更是對於生活方式的選擇與堅持；而且文學經典不只是休閒讀物，更是鑑古識今觀人察己的有效途徑。

賀爾曼的《北歐神話學》和我的《陰性追尋》殊途同歸。他走北歐路線，我走從希臘經羅馬一脈相傳的南歐路線；他的北歐路線深入日耳曼而遠達冰島，我的南歐路線深入兩河流域而上溯歷史的發軔；我以專題論述的方式呈現西洋古典神話的主題切片，他以夾議夾敘的方式展現北歐神話的全貌。我在《陰性追尋》自序的一段話可以引來說明相隔一個世紀的這兩本神話學著作，因基於共同的體認而導向共同的目標：「神話是人類發揮想像力建構出來的心靈史……。從神話著手為的是了解人類最古老的歷史記憶與生命軌跡，透過視野的拓展深化我們對自己和對人類的了解，以便幫助我們想像未來。回顧走過的路才知道現在的位置，確定現在的位置才知道下一步可以怎麼走；有能力想像未來人才有可能在當下決定如何形塑未來，創造命運的要義如此而已。」由於北歐的文化進程比南歐晚，因此保留更多原始的成分，也因此田野調查還有施展的空間，再加上論述方式不同，賀爾曼所呈現的「歷史記憶」不限於文學作品、書面文獻、宗教祭禮和考古資料，更包含語言以及隨社會演變而逐漸流失的民間傳說；《北歐神話學》促進讀者了解的對象也不限於人，更包含大自然環境。

這樣的一本書，當然值得推薦。

目錄

前言

　　自從我在 1898 年出版《日耳曼神話》（Deutsche Mythologie）以來，評論無一例外地證實人們渴望以學術方式探討、且雅俗共賞地呈現日耳曼神話。由於評論者沒有看出我在書裡的弦外之音，我覺得有必要在此略作說明。這本書付梓以後，我在能力所及範圍內，達成了四年前為自己設下的任務：完成一本使用通俗易懂的文字、不輕易掉書袋，並客觀反映學術研究現況的著作；本書盼能取代辛羅克（Simrock）過時且蕪蔓龐雜的《日耳曼神話全書》（Handbuch der deutschen Mythologie），期望能如辛羅克的著作一般，對這個時代有些正面的影響。其後出現的通俗神話雖然立意甚佳，卻跟不上神話學的學術發展；而追隨辛羅克的人也不明白，他們所憑據的辛羅克式觀點早已過時，且以不明所以的民族虛榮感，把「北歐神話」冒充成古老、泛日耳曼的信仰。對待北歐神話，我們不應滿足於「猶如失恃少年以姊姊的形象代替母親的形象的那種信仰」（W. Jordan），也不能「把相差千年之久的關於十三世紀北歐異教的記載，不假思索而嚴重年代錯亂地嫁接到古日耳曼文化」（W. Scherer- E. Mogk）。語言學知識以及文獻資料的考據雖然是日耳曼神話學的學術基礎，但在這類作品裡卻幾乎不存在。他們不僅對北歐神話最古老的經典一無所知，也不熟悉二十年來關於日耳曼（特別是北歐神話）的學術爭論。例如說，在學齡兒童或青少年的教學中，老師使用的教材也不免令人搖頭：這些教材多半是富有教育性且賞心悅目的故事集，把離奇古怪的插圖和不像話的「解讀」胡亂拼湊在一起。根據「瓦納奇教學大綱」（Programm von Warnatsch），這些材料仍為學校課本的依據。[1]

　　我們需要的不是另一本教科書，而是為了範圍更大的學術界以及學校書寫的、以近年來的學術研究為基礎的作品。對我來說，這不是在耕耘處女地（我當然也可以自己犁自己的田），而是把這片田野整理好，讓遠方的人能夠一目了然，盡可能吸引他們駐足欣賞。雖然書裡沒有什麼文獻方面的路標

1　Beiträge zur germ. Mythologie, Beuthen 1895；另見：Mogk, Kelten und Nordgermanen im 9. Und 10. Jhd., Einleitung, Leipzig 1896; Eward Frey, Nordische Mythologie auf höheren Schulen, Berlin 1902。

和警告牌子，但是我不會讓讀者完全摸不著頭緒。我會比《日耳曼神話》更加持平地引用文獻。在這個混沌不清的領域中，要成就簡明具體的概念，那是相當困難的事，而我也會盡可能清楚而公平地呈現問題，並且推敲各種可能的答案。

本書或許無法窮盡所有文獻，但是所引用的材料應該可以滿足一般讀者自行研究所需，也期望能夠為相關領域的學者提供一個大致面貌。為了不要破壞讀者的閱讀樂趣，行文盡量簡單明瞭；儘管有時無法逐字翻譯文獻，我仍然盡可能地讓原典自己說話。例如說，在討論《埃達詩歌》時，我不想只是重說故事內容，而希望讀者自行領略北歐的詩歌，尤其是傑靈（Gering, Leipzig, 1892）老嫗能解的經典譯本。但是我也不會刻意避免重說故事。我寧可被人批評說我說得太詳細而累贅，也不願意交代得不夠清楚：最重要的是回顧以前的種種說法以及解釋，讓讀者能夠一窺其堂奧。在神話學領域的所有前輩中，彼得森（N. M. Petersen）的《北歐神話》（Nordisk Mythologi, 2. Edition, Kopenhagen, 1863）以及亞索・歐里克（Axel Olrik）和丹克・赫德薩（Danske Heltesag）都是我的典範，而為了尋找適合的風格，我也參考了北歐的學校課本，諸如齊格瓦・彼得森（Siegwart Petersen）的《古代神話》（Vore Forfaedres Gudesagn, 2. Edition, Kristiania 1891）。我自己也多次尋幽訪勝，而不只是走馬看花地遊歷那些觀光景點，在旅行中得到的風土民情知識，應該可以增益某些段落：一個神話學家應該如歌德所謂的：「欲解詩人，須往其鄉。」而關於冰島的種種，我則取材自包嘉德（Baumgartner）、赫斯勒（Heusler）、嘉勒（Kahle）及嘉倫（Kalun）諸人的旅遊記事。

最後，為了將德國及北歐神話濃縮成上下兩冊呈現於讀者面前，並於下冊詳細辨別哪些神話是源自北歐文化的故事，同時比較兩者的共同基礎，我擷取了索賽（Chantepie de la Saussaye）的《日耳曼神聖宗教儀式史》（Geschiedenis van den Godsdienst der Germanen, Haarlem, 1900）的論證。在方法論上，我也以穆勒賀夫（Müllenhoff bei Mannhardt）於《神話學研究》（Mythologische Forschungen, Straßburg 1884, X, XI）的主要作法為依歸：在某些傳說的段落裡，北歐和日耳曼諸神僅見其名而沒有更多的描述，我不會

捨棄這些傳說和神話的見證。這位荷蘭學者也是世界宗教史的翹楚，他認為神話不只屬於語言學領域，更是研究宗教學、人種學、文化史、歷史、文學史的學者，甚至是科學家和心理學家都不得不談論的領域。

於此，我不揣鄙陋地引用安東‧荀巴哈（Anton E. Schönbach）對舊作《日耳曼神話》的盛讚作結，期許在各位讀者面前的這本書也能有同樣的建樹：

「日耳曼神話正如任何成就斐然的學術領域，不但內在能量源源不絕，材料也不停推陳出新。每當有人出版這麼深入淺出的作品，不僅提供相關學術研究者參考，也能激勵新生代的興趣，對此我們總是要由衷感謝。賀爾曼的作品正是如此，我們真摯希望這本書能夠廣為流傳。」（Allegemeines Literaturblatt, Wien 1. Mai. 1900）

1903 年復活節於托爾高（Torgau）

略語說明

Ahd.= 古高地德語

As.= 古薩克森語

Ags.= 盎格魯撒克遜語

Mhd.= 中古高地德語

An.= 古北歐語

Germ.= 日耳曼語

Urgerm.= 古日耳曼語

　　文字後的星號（＊）表示已不可考，但就語言史文獻推論可能有意義的
語詞。

　　書中所引用的古北歐語語詞字中，以「th」取代「Þ」，「d」取代「đ」，
「v」取代「w」，「ǫ」則用「ö」暫代，主格的語尾（見埃吉爾、格雷提、
奧丁等名）一概不加上，而「i」和「e」的尾音則加以保留。

　　書中所引的《埃達詩歌》見：Sijmon, Halle 1888, 1901。斯諾里（Snorri）
的《埃達詩歌》則見：Finnur Jónsson, Københaven 1900。為本書廣大的讀者
群著想，本書也選用胡戈・傑靈（Hugo Gering）的德語譯本。維森（Wisén）、
卡蜜娜・諾羅耶納（Carmina Norroena, Lund, 1886）等作品也為本書引用之
吟遊詩歌的來源，赫斯勒・拉尼胥（Heusler Ranisch）以及埃蒂卡・蜜蘿拉
（Eddica Minora, Dortmund 1903）等人也對本書頗有助益。個別傳說的縮寫
則易於理解，於能力所及的範圍之內，將選擇最新的文獻引用，但因作者藏
書畢竟有限，某些時候也僅能遷就年代稍遠的書目，如1817-20年出版的《斯
圖爾隆傳說》（Sturlunga Saga）或1868年的《挪威王列傳》（Heimskringla,
1868）（第一冊之後便皆使用約森的版本）。

　　談及民俗文獻，本書所使用的縮寫有「D.」代表丹麥、「F.」代表法羅
群島、「Isl.」意指冰島、「N.」指挪威，而「S.」代表瑞典。

Am.= 《阿特利之歌》（Atlamǫl）

Atlakv.= 《阿特利之妻》（Atlakviþa）

Baldrs dr.=《巴德爾之夢》（Baldrs draumar）

D.S.=《日耳曼傳說》（Grimm, Deutsche Sagen, 1816）

Em.=《埃里克之歌》（Eiríksmǫl）

Fáfn.=《法夫尼爾之歌》（Fáfnismǫl）

FAS=《史前傳說》（Fornaldarsǫgur, Kph 1829, 1830, 3 Bde）

Fjǫlsv.=《弗約斯維恩之敘歌》（Fjǫlsvinnsmǫl）

Flt.=《弗拉泰島書》（Flateyjarbók. Kristiania 1860, 3Bde）

FMS=《勇士傳說》（Fornmannasǫgur, Kph. 1820-1837. 12 Bde）

Germ.= 塔西佗的《日耳曼誌》（Germania des Tacitus）

Gg.=《欺騙古魯菲》（Gylfaginning）

Grímn.=《格林尼之歌》（Grímnismǫl）

Gríp.=《格里皮爾的預言》（Grípispá）

Guþr.=《古德蘭之歌》（Guþrúnarkviþa）

Hamþ.=《哈姆狄爾之歌》（Hamþismǫl）

Hárb.=《哈拔之歌》（Hárbarpsljóþ）

Hdr.=《家之頌歌》（Húsdrápa）

Helr.=《布倫希爾德的冥界之旅》（Helreiþ Brynhildar）

H.H.=《殺死渾丁的海爾吉之歌》（Helgakviþa Hundingsbana）

H. Hj.=《霍瓦德之子海爾吉之歌》（Helgakviþa Hjǫrvarþssonar）

Hkm.=《哈孔之歌》（Hákonarmǫl）

Hlg.=《秋之悠長》（Haustlǫng）

Hlt.=《哈孔氏族傳》（Háleygjatal）

Hov.=《奧丁之箴言歌》（Hóvamól）

Hym.=《希密爾之歌》（Hymiskviþa）

Hyndl.=《海恩德拉之歌》（Hyndlaljóþ）

Kkm.=《克拉卡之歌》（Krákumǫl）

K.H.M.=《兒童與家庭童話》（J. u. W. Grimm, Kinder- und Hausmärchen,
    1812）

Lok.=《洛基的叫罵》（Lokasenna）

Mhk.=《箴言詩》（Málsháttakvaedi）

Oddr.=《歐德倫之嘆》（Oddrúnargrátr）

Rdr.=《朗納爾之歌》（Ragnarsdrápa）

Reg.=《烈金之歌》（Reginsmǫl）

Saxo=薩克索《丹麥人的事蹟》（Holder, Saxonis Grammatici Gesta
　　　　Danorum, 1886）

Sigrdr.=《齊古爾凱旋之歌》（Sigrdrifumǫl）

Sk.=《詩之藝術語言》（Skáldskaparmál）

Skrín.=《史基尼爾之歌》（Skírnismǫl）

Sn. E.=「斯圖爾之子」斯諾里《埃達詩歌》（Edda Snorra Sturlusonar,
　　　　Arnamagnäische Kommission, Kph. 1848-87, 3 Bd.）

Snt.=《逝子哀歌》（Sonatorrek）

Sól.=《太陽之歌》（Sólarljóþ）

Thdr.=《索爾之歌》（Þórsdrápa）

Thrymskv.=《索列姆之歌》（Þrymskvþia）

V.=生活用語（描述生命情狀之語）

Vafþr.=《瓦夫蘇魯特尼爾之歌》（Vafþrúþnismǫl）

Vkl.=《缺金少銀》（Vellekla）

Vǫl.=《女先知的預言》（Vǫluspá）

Vǫls. S=《沃松族傳奇》（Vǫlsunga Saga）

Vøl.=《沃倫之歌》（Vølundarkviþa）

中文版附錄：北歐神話名詞解釋

摘錄自《神話學辭典》（商周出版，2006），部分譯名配合本書有所更動。

艾吉爾（Ægir, Aegir）（【古北歐】海）：約頓族（Jötunn）的海怪，別名「海的主宰」、「殘忍者」。他的妻子是女海神瀾（Ran），生了九個女兒，稱為「艾吉爾之女」。他在樂園裡宴請諸神，決定遠征魔界，取出璀璨奪目的黃金，剎時整個神殿彷若映照熊熊烈火。有時候艾吉爾也會被等同於蓋密爾（Gymir）。

夢魔（Alfr）：音譯為阿爾法（【北歐語】Alfr、【古德語】Alb、Alben為複數態），半神半魔的小精靈，後來被視為夢魔，坐在睡夢者胸口，使他們作惡夢。光明阿爾法住在精靈之家（Alfheimr），黑暗阿爾法則住在地底。華格納（R. Wagner）把侏儒王阿貝利希（Alberich）融入他的指環侏儒族裡的角色。

阿斯克與恩布拉（Askr, Embla）（【古北歐】梣樹和榆樹）：原人，第一對人類夫婦，所有人類的始祖。奧丁（Odin）、維利（Vili）（或霍尼爾）、維奕（Ve）（或洛德）眾兄弟，以漂到海邊的兩根樹枝創造出阿斯克和恩布拉。奧丁給他們氣息、生命和靈魂，維利（或霍尼爾）給他們理智、感情和運動，維奕（或洛德）給他們外貌、視覺、聽覺和語言。諸神要他們到中土（Midgard）居住。

奧頓姆拉（Audhumbla）（【古北歐】Audumla，乳汁豐富的）：太初的母牛，是自然哺育能力的化身。牠是繼原始巨魔尤彌爾（後來牠用乳汁哺養尤彌爾長大）之後，第二個從無底深淵的冰火交會凝結的霧氣裡誕生的生命，當牠以溫暖的舌頭舔著含鹽的冰塊時，從鹽塊裡冒出布里（Buri）。

奧爾波妲（Aurboda）（【古北歐】獻黃金者）：女巨人，蓋密爾的妻子，格爾德（Gerd）和貝利（Beli）的母親。

巴德爾（Balder, Baldr）（【古北歐語】主宰）：光明神，主司純潔、美

23

和正義，他也是春神，是死而復活的神。他是奧丁和芙麗格的兒子，霍德和赫摩德的兄弟，南娜的丈夫，弗西提（Forseti）的父親。在愛瑟神族的會議裡，洛基使計讓不明就裡的霍德用槲寄生的嫩枝打死巴德爾。而巴德爾無法脫離冥府女神赫拉，世界就沒有正義，直到諸神黃昏，巴德爾才會與霍德和好歸來，統治新世界。

貝利（Beli）（【古北歐語】喧鬧者）：約頓族的巨怪，在諸神黃昏時，和手無寸鐵的神弗雷爭鬥，最後被他以鹿角殺死。貝利是蓋密爾和奧爾波妲（Aurboda）的兒子，格爾德的兄弟。

熊皮武士（Berserker）（【古北歐】懶漢）：「披著熊皮」的戰士，驍勇善戰且狂野不羈，是奧丁的侍從，他們有野獸的力量和動作，作戰時會出神，直到精疲力盡。現在則指「狂鬥士」。

彩虹橋（Bifröst, Bilröst）（【古北歐】搖晃的天國道路）：通往天國的巨大的彩虹橋，連接天國愛瑟樂園和中土。愛瑟神族每天沿著彩虹橋到命運之泉的法庭，在橋的那端有海姆達爾護衛著。在諸神黃昏時，彩虹橋被蘇爾特（Surtr）和穆斯佩諸子踐踏過而崩塌。

布拉基（Bragi）（【北歐】bragr＝至尊者）：詩神，而詩便稱為「bragr」。布拉基是伊頓的丈夫。當英靈戰士齊聚在英靈神殿時，他和赫摩德一起招待他們。九世紀被神化的吟遊詩人「波德之子」布拉基（Bragi Boddason），發展一種詩節類型，並成為吟遊詩人的守護神。

女神項鍊（Brisingamen, Brisinga）：芙蕾葉的項鍊，由四個侏儒，阿爾弗雷格（Alfrigg）、特瓦林（Dvalinn）、格瑞爾（Grerr）和柏林格（Berlingr）打造而成。女神為了要得到那條珍貴的項鍊，必須和他們睡覺。後來奧丁派洛基搶走了芙蕾葉的項鍊。

布里（Buri）（【古北歐】生產者、父親）：原始巨人，諸神的祖先。太初的母牛奧頓姆拉舔著含鹽的冰塊時，布里便從鹽塊裡冒出來。布里是包爾（Borr）的「父親」。

達格（Dag, Dagr）（【古北歐】白天）：象徵白天的神。他是戴林（Dellingr）和諾特（Nott）的兒子，托拉（Thora）的丈夫。奧丁送他和他

母親一輛車和兩匹馬，她駕車每兩天繞行大地一圈，而達格每天駕著鬃毛燦爛耀眼的駿馬斯金法克西（Skinfaxi）（閃亮的鬃毛）緊隨在後。

戴林（Dellingr）（【古北歐】光耀者、有名者）：侏儒，光的人格化。戴林是諾特的第三任丈夫，和她生下達格。

蒂絲神族（Disen）（【古北歐語】disir）：豐收女神和命運女神的統稱，她們也是助產女神。其中包括女武神和諾恩三女神。芙蕾葉也被稱為「瓦尼爾族的蒂絲」。

侏儒（Dvergr）（【古德語】Zwerc）：矮人、地靈和冶鐵匠，寶藏的守護者，是由尤彌爾屍體裡的蛆化成的。他們住在地底，躲避陽光。包括柏林格、戴林、伊瓦地（Ivaldi）、喀瓦西（Kvasir）。他們為諸神鑄造法器：索爾的雷神鎚（Mjölnir）、奧丁的神矛「古恩尼爾」（Gungnir）、芙蕾葉的女神項鍊以及捆魔索「格萊普尼」（Gleipnir）。他們的造形為醜陋的小矮人。

英靈戰士（Einherier, Einheri）（【古北歐語】孤軍奮戰者）：在古戰場裡戰死的英雄，被女武神接到奧丁的英靈神殿。奧丁每天教他們如何作戰，好在諸神黃昏時保衛諸神。晚上他們在歡宴裡喝山羊海德倫（Heidrun）長生不死的羊奶，吃山豬沙赫林姆尼（Saehrimnir）的肉，聽布拉基的歌。

冰浪（Elivagar）：十二條河的總稱，源自「霧鄉」永不枯竭的滾鍋泉（Hvergelmir），洪水在太初形成冰川以及覆蓋著冰霜的無底深淵。

芬里（Fenrir）（【北歐語】Fenrisulfr）：狼魔，是洛基和女巨人安格波妲（Angrboda）的兒子，中土巨蛇（Midgardsomr）和赫拉的兄弟。諸神用捆魔索縛住芬里，為此提爾失去一條手臂。芬里在諸神黃昏時脫逃，把太陽神索爾（Sol）吞掉，甚至在混戰中把奧丁吞到肚子裡，而芬里也為此被威達（Widar）一刀割斷喉嚨。

寒冬（Fimbulver）：連續三年的寒冬，沒有太陽，長年冰霜風暴，是諸神黃昏的前兆。

佛克坊（Folkwang, Folkwangr）（【北歐語】民族之地）：芙蕾葉在愛瑟樂園裡的居所。她會收留部分的英靈戰士，其他部分則會到規模比較小的

英靈神殿。

佛恩尤特（Fornjotr）（【北歐語】朱特人、原始巨人）：遠古巨人和霜怪（Hrimthursar），他有三個兒子：列爾（Hler）（海）、洛吉（Logi）（火）和卡里（Kari）（風）。卡里的兒子被認為是尤庫爾（Jökul）（冰河）或弗羅斯提（Frosti），他的孫子則是史奈（Snaer）（雪）。

弗西提（Forseti）（【北歐語】諸神會議主席）：風神、漁神和正義之神，坐在金壁輝煌的「輝煌宮」（Glitnir）裡，審理且調解諸神和人間的糾紛。他被稱為「公正的法官」，是巴德爾和南娜的兒子。

弗列基和蓋利（Freki, Geri）（【古北歐】饕餮和貪婪）：隨侍在奧丁身邊的兩隻野狼，另外還有兩隻烏鴉胡金和穆寧（Huginn und Muninn）。牠們會吃光奧丁在英靈神殿陳設的所有美饌，而神只顧著喝酒。

芙蕾葉（Freyja）（【古北歐】女主人）：主司豐收、春天、幸運和愛的女神，住在愛瑟樂園裡的佛克坊。她是絲卡蒂和尼約德的女兒，弗雷的妹妹和妻子，屬於瓦尼爾族，別名為「瓦娜迪斯」（Vanadis）。在愛瑟族和瓦尼爾族的戰爭裡，她和父兄淪為愛瑟族的人質，傳授他們賽德（Seidr）魔法，成為奧丁的妻子。她和奧丁每天都會收容半數的英靈戰士。她的坐騎是公豬赫德斯凡（Hildeswin），戴著女神項鍊，身穿鷹袍。許多瑞典和挪威的地方都以她為名。有時候她的形象和芙麗格（Frigg）結合在一起。

弗雷（Freyr）（【古北歐】主人）：多產神和植物神，主司豐收和財富，瓦尼爾族的最高神，瑞典因林格王朝（Ynglinge）的先祖。弗雷是絲卡蒂和尼約德的兒子，芙蕾葉的哥哥和丈夫。後來又與女巨人格爾德結褵，生了弗約尼爾（Fjölnir）。他有一艘神舟「斯基德普拉德尼」（Skidbladnir）以及金毛公豬「古林博斯帝」（Gullinbursti）。在諸神黃昏時，他是第一個被蘇爾特殺死的神。

芙麗格（Frigg）（【古北歐】妻子、情人、【南德】Frija、【古北德】Fria）：多產女神、愛神和諸神之母，生命和婚姻的守護神，天國的王后，愛瑟神族，她是菲爾根（Fjörgynn）的女兒，芙拉（Fulla）的姊姊。她會和丈夫奧丁巡視人間，為每個家庭帶來好運。她是巴德爾、霍德和赫摩德的母

親。「星期五」（frijetag, frîatag, Friday）便是以她為名，因為她被等同於羅馬的維納斯（Venus）。鷹袍是她的標誌。

芙拉（Fulla, Volla）（【古北歐】富足）：富足女神，賜予人類幸福和財富。她是芙麗格的侍女，看守她的藏寶箱。梅澤堡（Merseburg）另一個版本的神話說芙拉是芙麗格的妹妹。

芙格葉（Fylgjen）（【古北歐語】Fylgjur, Fylgja）：脫離人體的靈魂，只有在夢裡才能知覺到，而且以婦女或動物的形象出現。個人或種族的守護神，賞善罰惡，為靈魂的人格化。

噶爾德（Galdr）（【古北歐】巫術）：愛瑟神族的巫術，和瓦尼爾族的賽德魔法對峙。噶爾德是奧丁發明的。藉由咒語會產生魔法制敵，而咒語就叫作「噶爾卓拉格」（galdralag）。

格芙昂（Gefjon）（【古北歐】給與）：巨人，幸運、多產和賜福女神。她也是貞潔女神，庇佑死去的處女。她也是國王史克耶德（Skjöldr）的女神。愛瑟神族向北遷移時，奧丁派格芙昂去找尋土地。芙蕾葉的別名也叫格芙昂。

無底深淵（Ginnungagap）（【古北歐】充滿力量的空間）：風平浪靜的空間，在太初創世以前的「空虛裂隙的深淵」。無底深淵位在南方的火國（Muspelheim）和北方的霧鄉之間。在那裡，北方的冰川會被南方的熏風融化，在消融的過程裡誕生了尤彌爾。

糾河橋（Gjallarbru）：彼岸之橋，在通往北方的冥府之路（Helvegr）上面，赫摩德將會騎馬過橋到冥府去。橋上有怪物莫德古德（Modgudr）看守。

糾爾（Gjöll）（【古北歐】喧囂）：在冥府外面的地獄河，加姆（Garm）會在那裡等候死者。金色的糾河橋橫跨其上，有怪物莫德古德看守。

捆魔索「格萊普尼」（Gleipnir）：諸神用以捆綁芬里惡狼的繩索。原先用以縛住芬里的鐵鍊都被扯斷，諸神只好祭出捆魔索，雖然細如絲線，卻怎麼也弄不斷，是兩個侏儒用貓的腳步聲、女人的鬍鬚、山的根部、熊的體力、魚的呼吸和鳥的唾液做成的。

格莉德（Gridr）（【古北歐】貪婪、忿怒）：友善的約頓族，索爾遠征魔界時，格莉德曾經留宿他，並且贈予他神力腰帶、冰手套和稱為「格莉德

之杖」（Gridarvölr）的魔杖。她是威達的母親。

古薇格（Gullveig）（【古北歐】金酒）：女先知和巫婆，熟諳賽德魔法，看守寶藏，象徵對於黃金的貪欲。古薇格派瓦尼爾族的一個女神到愛瑟神族去，讓他們開始喜歡黃金。古薇格不告訴愛瑟神族寶藏的來源，他們連續三次要燒死古薇格都沒成功，卻也開啟了瓦尼爾族和愛瑟族的第一場戰爭，直到諸神黃昏的最後決戰。

袞勒德（Gunnlöd）（【古北歐】挑戰）：約頓族的女巨魔，看守她父親蘇頓格（Suttungr）的詩人靈酒（Skaldenmet）。她父親拒絕讓奧丁喝一口酒，於是奧丁化身為蛇去誘騙她，在她那裡待了三個晚上，喝了三口酒，然後變成老鷹飛走。

蓋密爾（Gymir）（【古北歐】海）：海怪和地神，他是奧爾波妲的丈夫，格爾德和貝利的父親。

海姆達爾（Heimdall, Heimdallr）（【古北歐】照亮者）：守護神，九個女巨怪的兒子。他是「諸神的守衛」，站在彩虹橋橋頭，吹起加拉爾號角（Gjallarhorn），宣告諸神黃昏的開始。在決戰裡，海姆達爾和洛基兩敗俱傷，同時殞命。

赫拉（Hel）（【古北歐】地獄）：冥府，所有因衰老和疾病而死的，都會到那裡去。溺死的會到瀾（Ran）那裡，戰死的會到奧丁那裡去。即使是諸神，例如巴德爾，也得走這條「地獄路」。赫拉包括了九層世界，位於陰間霧鄉。只要過了糾河橋橋頭的柵欄，就無法回頭。看守赫拉的是加姆，該冥府的統治者也叫作赫拉，死亡女神，她是洛基和女巨人安格波妲的女兒，芬里和中土巨蛇的妹妹。

赫摩德（Hermod, Hermodr, Hermodur）：英雄和諸神使者。他和布拉基接待所有到英靈神殿的英靈戰士。他也是芙麗格的使者，騎著斯雷普尼爾（Sleipnir）飛奔九夜到冥府去，讓女神赫拉釋放被害死的巴德爾。赫摩德是芙麗格和奧丁的兒子，巴德爾和霍德的兄弟。

霍德（Höd, Hödr, Höder, Hödur）（【古北歐】戰士）：盲眼神，他不以貌取人，而是依據人類的內在價值去評斷他們。霍德是奧丁和芙麗格的兒子，

巴德爾和赫摩德的兄弟。洛基唆使不知情的霍德，以槲寄生樹枝射中巴德爾致死，而霍德也為此被同父異母的兄弟瓦利打死。諸神黃昏以後，霍德和巴德爾都復活且和好，一起統治新世界。

霜怪（Hrimthursur）：怪獸，他們的祖先尤彌爾即從冰雪裡誕生。其中包括：佛恩尤特、瓦夫蘇魯特尼爾（Vafthrudnir）。他們是索薩族（Thurs），住在冰冷的北方和東北方。

隆尼爾（Hrungnir）（【古北歐】喧囂者）：日耳曼神話的風魔，他誘拐了索爾的女兒索魯（Thrudr），因而在決鬥時被索爾以雷神鎚擊斃。索爾雖然以詭計殺死隆尼爾，卻也被隆尼爾的磨刀石擊中頭部。

胡金和穆寧（Huginn, Muninn）（【古北歐】思想和記憶）：兩隻烏鴉，和兩隻野狼弗列基和蓋利隨侍奧丁。牠們到世界巡視，然後跟奧丁打小報告。華格納（R. Wagner）把那兩隻烏鴉視為未來的徵兆（類似挪亞的鴿子）。

滾鍋泉（Hvergelmir）：在「霧鄉」深處的山泉和轟鳴的水池，為宇宙樹的力量來源。巨龍尼德霍格（Nidhöggr）住在那裡，為世界上所有河流的發源地。

伊頓（Idun）（【古北歐】回春者）：多產女神，她擁有金蘋果，可以使愛瑟神族永保青春，直到諸神黃昏。她也屬於愛瑟族，是侏儒伊瓦地的女兒，詩神布拉基的妻子，有一次巨魔夏基（Thjazi）綁架了女神伊頓，使她開始變老，直到洛基把她救回來。

約雅德（Jörd, Hlodyn, Fjörgyn）（【古北歐】陸地）：地母神和豐收神，她是諾特（Nott）和安納爾（Agnar）的女兒，奧丁的妻子之一，為他生了索爾。

約頓國（Jötunheim, Jötunheimr）：約頓族的居所，為外域（Utgard）的一部分，在中土和愛瑟樂園東北方的天際。

約頓族（Jötunn, Jötnar）：（日耳曼）力量驚人的巨魔和女魔。他們代表各種人類經驗無法測度的自然現象，住在約頓國，有霜魔、水魔、山魔、風魔和火魔。他們是太初的生物「早產者」，早在世界和諸神誕生以前就存在了。有些約頓族，如艾吉爾和密密爾，對於愛瑟神族和人類是友善的，但

是大部分則是敵對的。另一方面，諸神也曾和約頓族結婚或是誘拐他們，如：尼約德和絲卡蒂、弗雷和格爾德、奧丁和袞勒德。約頓族也曾想以蠻力和詭計打敗諸神，卻徒勞無功，如：夏基和伊頓、隆尼爾和希芙（Sif）以及芙蕾葉。因為約頓族經常威脅到諸神，於是索爾不斷征討他們，直到諸神黃昏的末日決戰。約頓族的體型遠勝於人類，而人類又比侏儒高大許多。相較於索薩族和托洛爾族，約頓是巨魔的中性名稱。

洛德（Lodurr）（【古北歐】燃燒者）：火神、豐收神、人類族群的守護神。洛德和奧丁以及霍尼爾，創造第一對人類阿斯克與恩布拉。他賜予人類溫熱的血、燦爛的外表和語言。或謂他就是洛基。

洛基（Loki）（【古北歐】logi= 火燄）：惡作劇鬼，半神半魔的巨怪，可以任意變化為老鷹、牝馬或鮭魚。洛基詭計多端，與諸神亦友亦敵。他是巨魔法布提（Farbauti）和女神諾爾（Nol）的兒子，他的妻子是女神希格恩（Sigyn），和女巨魔安格波妲生了芬里惡狼、中土巨蛇和死神赫拉。洛基化身為牝馬，生了牡馬斯雷普尼爾（Sleipnir）。洛基唆使瞎眼的霍德以槲寄生樹枝鞭打巴德爾致死。諸神把洛基綁在巨石上懲罰他，巨蟒不斷在他臉上滴下毒液，希格恩則用碗盛毒液。洛基也引發了諸神黃昏的末日決戰。基督宗教傳入後，洛基同化為路西法（Lucifer）。

馬格尼和莫迪（Magni, Modi）（【古北歐】強者和憤怒者）：神族兄弟，為索爾的力量和憤怒的人格化。他們是索爾和女巨魔雅恩莎薩（Jarnsaxa）的兒子。在諸神黃昏以後，他們回到新世界，繼承其父的雷神鎚。

瑪尼（Mani, Mano）（【古北歐】月亮）：月神，繞行地球的衛星的人格化。瑪尼是蒙迪弗利（Mundilfari）的兒子。他駕著馬車飛過天際，惡狼哈提（Hati）緊追在後。在諸神黃昏時，惡狼吞噬了瑪尼。星期一（Montag, Monday）即是以他為名（manatac）。瑪尼相當於羅馬的露娜（Luna）。

中土（Midgard, Midgardr）：人類居住的地界，位於眾世界的中央，以宇宙樹彼此聯繫。中土的外圍是外域，上面是諸神居住的愛瑟樂園，下面則是霧鄉。在中土的四周，有以尤彌爾的眉毛構成的群山，以及中土巨蛇居住的世界海。

中土巨蛇（Midgardsomr）（【古北歐】環繞中土的巨蟒）：巨蛇魔，盤踞在環繞中土的世界海裡，咬著自己的尾巴。牠是洛基和女巨人安格波妲的兒子，芬里和赫拉的兄弟。中土巨蛇一游動，就會造成巨大的海嘯。在諸神黃昏時，索爾會以神鎚擊中牠的頭顱，而自己也會因吸到牠的毒氣而死。基督教化以後，中土巨蛇同化為鱷魚（Liwjātān）。

密密爾（Mimir, Mimr）（【古北歐】回憶者、智者）：聰明且能傳神諭的巨人和水怪。在宇宙樹的第二條樹根旁看守密密爾泉。為了喝到智慧和知識之泉，奧丁失去一隻眼睛。愛瑟神族和瓦尼爾族停戰後，他和霍尼爾被送給瓦尼爾族作為人質。瓦尼爾砍下密密爾的頭給愛瑟神族。在諸神黃昏之初，奧丁經常向密密爾的頭顱請教。

密密爾泉（Mimis brunnr）：知識和智慧之泉，在宇宙樹的第二條樹根下，由聰明的密密爾看守，他以加拉爾號角喝了泉水。奧丁也在此向密密爾請益。

莫德古德（Modgudr）（【古北歐】激戰）：約頓族的巨魔，守候在通往冥府（赫拉）的糾河橋上面。

火國（Muspelheim）（【古北歐】穆斯佩的世界）：太初創世以前，有火、溫暖和光明的地方。火國甚至早於冰冷的霧鄉出現，位於無底深淵的南方。火國的火花融化了霧鄉的冰，因而誕生了巨魔尤彌爾。而其他火花則被諸神置於蒼穹成為眾星。火國由火魔蘇爾特統治。

幽冥船（Naglfar）（【古北歐】指甲船）：由巨怪赫列密爾（Hrymir）掌舵，諸神黃昏開始時，火魔由火國駛往愛瑟樂園以對抗愛瑟神族。幽冥船比任何船隻都人得多，由死者的指甲建造而成。人們得修剪死者的指甲，才能延緩幽冥船的到來。

南娜（Nanna）（【古北歐】母親）：母神，涅普（Nepr）的女兒，巴德爾的妻子，弗西提的母親。南娜的丈夫遇害後，她悲傷過度而死，屍體和巴德爾一起置於巨船林霍尼（Hringhorni）並且燒化掉。

尼德霍格（Nidhögg, Nidhöggr）：住在滾鍋泉的巨蛇，啃咬宇宙樹的樹根。牠也是啃咬死者屍體和吸血的蛇怪，有獨角獸拉塔托斯克（Ratatoskr）挑撥離間尼德霍格和佇立宇宙樹梢的老鷹。

尼夫赫拉（Nifhel）（【古北歐】黑暗的冥府）：冥府霧鄉的一部分，中土底下第九層世界，是最深的地獄。

諾恩（Nornen）（【古北歐】竊竊私語者）：命運女神和助產神，她們編織人類和諸神的命運線。其中包括三姊妹：烏爾德（Urd）、薇兒丹蒂（Verdandi）和斯庫德（Skuld）。她們代表三個時間階段：生成、存在和變易，住在宇宙樹的烏爾德泉（Urdar brunnr）旁。她們屬於蒂絲神族，類似希臘的命運三女神（Moirai）和羅馬的帕爾卡（Parca）。

諾特（Nott）（【古北歐】夜晚）：約頓族的巨魔，黑夜的人格化。她是巨人挪爾（Nörr）（瘦削）的女兒，她的第一任丈夫是納格法利（Naglfari），生了奧德爾（Audr）（財富）。她的第二任丈夫是安納爾（Agnar），生了約雅德（Jörd）（大地）。她的第三任丈夫是戴林（Dellingr），生了達格（Dag）。她在兩天內環遊大地，每天騎著黑神駒「赫利姆法克西」（Hrimfaxi）跑在其子太陽神達格前面，神駒從轡頭滴下唾液滋潤大地。

奧丁（沃坦）（Odin, Wuotan, Wodan, Wotan：天神、戰神和死神。盧恩咒語（Rune）的知識以及吟遊詩人的守護神。他是眾神之父，取代提爾成為愛瑟神族的最高神。他也是暴風雨神，沃坦大軍（Wuotanes her）的統帥。奧丁是太初巨人包爾（Borr）和貝絲特拉（Bestla）的兒子，維利和維奕的兄弟。他的妻子是芙麗格，和她生了巴德爾、霍德和赫摩德。他和琳達（Rind）生了瓦利，和約雅德生了索爾，和格莉德（Gridr）生了威達（Widar）。奧丁有一百七十個綽號，凸顯其多重面向，其中包括「英雄之父」，因為他把英靈戰士安置在英靈神殿裡。他和兄弟維利和維奕（或謂霍尼爾和洛德）合力創造了第一對人類阿斯克與恩布拉，他也是風神，給與人類氣息、靈魂和生命。他住在英靈神殿，女武神為其眾使女。他以斯雷普尼爾（Sleipnir）為坐騎，烏鴉胡金和穆寧以及野狼弗列基和蓋利為其隨從。為了喝到智慧和知識之泉，奧丁把一隻眼睛給了密密爾。在諸神黃昏時，他被狼魔芬里吞掉，他的兒子威達為他報仇。星期三即以他為名，稱為 Odinsdagr（【古北歐】奧丁日）（【丹麥】Onsdag）或 Wodanesdag（【古德語】沃坦日）（【荷蘭】Woensdag）（【英語】Wednesday）。奧丁後來同化為羅馬的馬斯（Mars）。

日爾曼宗教沃坦崇拜（Wotanismus）也以他為名。

諸神黃昏（Ragnarök, Ragnarökkr）：非常戲劇化且悲慘的世界末日。巴德爾被殺後，世界陷入一片寒冬，預告末日將臨，宇宙樹也震動，約頓族向愛瑟樂園宣戰。中土巨蛇攪動大海，芬里掙脫枷鎖，洛基也逃脫，幽冥船由火國駛社愛瑟樂園，海姆達爾吹起警號。接著爆發諸神和巨魔怪物的決戰。芬里吞掉奧丁，而威達則一刀割斷芬里的喉嚨，蘇爾特殺死弗雷，索爾和中土巨蛇同歸於盡，提爾則打敗加姆。諸神死後，宇宙也隕歿。蘇爾特跺斷彩虹橋，中土陷於洪流和大火，群星墜到海裡。只有一對人類麗芙與利弗特拉西爾（Lif und Lifthrasir）得以倖存。接著會出現和平且幸福的新天新地，由巴德爾和霍德統治。

瀾（Ran）（【古北歐】女強盜）：女海神，海底冥府的主宰。她以魚網撈起淪為波臣者，安置於海底宮殿。她統治無法到陰間赫拉或英靈神殿的死者，是海怪艾吉爾的妻子，生了九個女兒，稱為「艾吉爾之女」，她們象徵海裡的浪濤。

琳達（Rind, Rinda, Rindr）：地神和豐收神，奧丁的妻子，和他生了瓦利。

沙赫林姆尼（Saehrimnir）：公豬，在英靈神殿裡，每天都會烹煮牠的肉給英靈戰士享用，而每天晚上又會生出新的公豬。

賽德（Seidr）：愛瑟樂園裡的瓦尼爾族的預言術和魔法，和愛瑟神族的魔法噶爾德對立，擁有該魔法的多數是女性，其中最有名的是古薇格。

希格恩（Sigyn）（【古北歐】sigr= 勝利；vina= 女友）：愛瑟神族的女神，洛基的妻子。洛基害死巴德爾，絲卡蒂為了報仇而在洛基頭上掛一條毒蛇，希格恩則以碗盛著滴下來的毒液。

詩人靈酒（Skaldenmet）：美酒，飲者會擁有智慧和詩藝，是以侏儒喀瓦西的血混合蜂蜜釀成的。奧丁盜得神酒，帶回愛瑟樂園，因而成為詩藝的最高神。

史克呂密爾（Skrýmir）（【古北歐】誇耀者）：巨人，在索爾征討外域洛基的途中和他作對。索爾曾經睡在史克呂密爾的手套裡，連續三次都無法以雷神鎚殺死他。

斯庫德（Skuld）（【古北歐】債、未來）：命運女神，代表未來，決定諸神和人類的生死。她是諾恩三女神之一，烏爾德和薇兒丹蒂的姊妹。

蘇爾特（Surtr）（【古北歐】黑色的、邪惡的）：索薩族的噴火巨怪，與諸神為敵，象徵火的毀滅力量。他是袞勒德的父親，看守火國。在諸神黃昏的時候，他祭起火燄劍（surtarlogi），在決戰中殺死赤手空拳的弗雷，踩斷彩虹橋。

坦格尤斯特和坦格里斯尼爾（Tanngnjostr and Tanngrisnir）（【古北歐】咬牙者和磨牙者）：拉著索爾戰車的兩頭山羊，索爾以左手馭車，右手揮舞雷神鎚。

索克（Thökk）（【古北歐】感謝、歡喜）：約頓族巨魔，只有她沒有哀悼巴德爾的死亡，然而冥府女神赫拉要所有人神都為巴德爾的死哭泣，才願意讓他重回人間，所以巴德爾只能在冥府待到諸神黃昏。

索爾（Thor, Donar）：雷神、暴風雨神和豐收神，保護諸神和人類，對抗約頓族巨魔。他征服了隆尼爾、希密爾、史克呂密爾、夏基和索列姆。索爾是奧丁和約雅德的兒子，希芙的丈夫，烏勒（Ull）的繼父，由兩頭山羊坦格尤斯特和坦格里斯尼爾拉他的戰車。在諸神黃昏時，索爾會以雷神鎚殺死中土巨蛇，自己卻被牠的毒霧害死。星期四（【德語】Donnerstag、【古德語】donarestag、【英語】Thursday、【丹麥和瑞典】Tordag）即是以他為名，因為他後來同化為朱庇特（Iupiter）。

索魯（Thrudr）（【古北歐】力量、女人）：索爾的女兒，象徵索爾的力量。隆尼爾曾把她擄走。

索列姆（Thrymr）（【古北歐】喧囂）：統治索薩族的巨魔，有一次他偷了索爾的雷神鎚，被索爾打死。《埃達詩歌》裡的〈索列姆之歌〉（Thrymskvida）即以他為名。

索薩族（Thurs）（【古北歐】巨人）：巨魔，會侵擾婦女的身體和靈魂，帶來疾病。索薩族裡包括巨怪外域洛基和穆斯佩（Muspell），而索列姆則是他們的首領。其中一群索薩族組成霜怪。尤彌爾死後，索薩族皆淹死於其血泊中，除了貝爾格米爾（Bergelmir），他是約頓族的祖先。托洛爾族和索薩

族很類似。

山妖（托洛爾族）（Troll）（【古北歐】惡魔、巨怪）：惡靈和巨怪，只在夜裡才能致病作祟，害怕白晝。他們住在山裡頭，外表很醜陋，有時為侏儒的形象。

提爾（Týr, Tiuz, Tiwaz, Ziu）（【古北歐】照耀者）：天神、戰神、議會權力的守護神、日耳曼族的最高神，後來被奧丁取代。他的長矛是武器也是權力象徵。提爾是巨人希密爾的兒子。星期二即以提爾（Týr, Ziu）為名（【丹麥】Tirsdag、【瑞典】Tisdag、【英語】Tuesday），因為他相當於羅馬的馬斯（Mars）。惡狼芬里咬斷他一隻手臂，因此他被描繪為獨臂神。到了諸神黃昏，他會殺死冥府巨犬加姆，自己也因傷失血而亡。丹麥、瑞典、挪威和英格蘭都有許多地方以他為名。他類似古印度的天神特尤斯（Dyaus）和希臘的宙斯（Zeus）。

烏爾德（Urd, Urdr）（【古北歐】命運）：代表過去的命運女神。她是諾恩三女神之一，薇兒丹蒂和斯庫德的姊妹，宇宙樹從與她同名的烏爾德泉吸取力量。諸神聚集於該處商議大事。

烏爾德泉（Urdar brunnr）：位於宇宙樹根部的命運之泉。諸神於此聚集商議大事，諾恩三女神也住在附近。

外域（Utgard）：和平世界中土外面寸草不生的地域，為惡魔的居所。

外域洛基（Utgardaloki）：索薩族的巨魔，伊莉（Elli）是他的褓姆。索爾曾長途跋涉去找他一決高下。外域洛基終於現出原形，原來只是個幻影。

瓦夫蘇魯特尼爾（Vafthrudnir）（【古北歐】緊纏者）：太初的霜怪。六頭的瓦夫蘇魯特尼爾非常聰明，曾和奧丁鬥智。

瓦尼爾族（Vanen, Wanen, Vanir）（【古北歐】閃耀者）：（北日耳曼）比較古老且弱小的神族，多為豐收神，或為農民、船員和漁夫的守護神。他們住在瓦尼爾國（Vanaheimr），擁有賽德魔法。瓦尼爾族實行兄妹婚姻制，而愛瑟神族視其為亂倫。古薇格誘使愛瑟神族覬覦瓦尼爾族的財寶，而引發兩族大戰。停戰後，瓦尼爾族把弗雷、芙蕾葉和尼約德交給愛瑟神族當人質。

薇兒丹蒂（Verdandi）（【古北歐】生成）：象徵當下的命運女神。她

是諾恩三女神之一，烏爾德和斯庫德的姊妹。

威達（Widar, Vidarr）（【古北歐】繼任者）：復仇神，被稱為「沉默的愛瑟神」。他是奧丁和女巨人格莉德的兒子。諸神黃昏時，他會殺死惡狼芬里以報殺父之仇。其後他和同父異母的兄弟瓦利統治和平的新世界。

維利（Vili）（【古北歐】意志）：原始神，太初巨人包爾和貝絲特拉的兒子，他和維奕以及奧丁創造第一對人類阿斯克與恩布拉，並且賜給他們理智和活動能力。有一次奧丁滯外未歸，維利和維奕便一起占有奧丁的妻子芙麗格，奧丁回來以後，他們才放棄芙麗格。

英靈神殿（Walhall, Valhöll）：奧丁於愛瑟樂園的住所，牆壁覆以黃金，有五百四十扇大門，每扇門可容八百個戰士通過。奧丁讓女武神眾使女把部分英靈戰士接到英靈神殿來，另一部分則到佛克坊。

女武神（Walküren, Valkyrien）（【古北歐】valkyrja=揀選戰死者的女子）：原為自然神靈，後來變成年輕女武神，身著璀璨盔甲，騎著野馬御風而行。奧丁請她們把戰死沙場的英靈戰士接到英靈神殿。她們屬於蒂絲神族。

宇宙樹（Yggdrasill）（【古北歐】奧丁的馬）：遍覆九大世界的大梣樹，立根於中土，樹梢直攛天界愛瑟樂園，枝葉擴及外域，根鬚則伸展到冥府霧鄉。宇宙樹的力量泉源有：烏爾德泉、密密爾泉和赫格密爾泉（Hergelmir）。宇宙樹也主司世界命運，只要世界存在，其枝葉總是綠意盎然，當它落葉時，即宣告諸神黃昏將臨。

尤彌爾（Ymir）（【古北歐】雌雄同體）：原始巨怪，象徵渾然一體的自然力量。尤彌爾生自無底深淵的冰火交會凝結的霧氣，並以太初母牛奧頓姆拉的奶維生。在他睡覺時，自其腋窩的汗水生出一對男女，兩腳摩擦生出一個兒子，由此產生霜怪。奧丁、維利和維奕殺死尤彌爾以後，以他的屍體創造世界：流出的血變成海洋和湖泊，顎骨變成群星，頭髮變成樹木，頭骨變成穹蒼，大腦變成雲朵，眼睫毛變成中土四周的圍牆。尤彌爾經常被等同於奧爾格米爾（Aurgelmir）。

導 論

　　斯堪地那維亞半島遠離歐陸世界歷史盛衰興替的舞台，它的地理位置說明了為什麼北方人的泛日耳曼文化比南方的日耳曼人保存得更久。廣義地說，北歐神話也和日耳曼神話有諸多共同點：諸神信仰如愛瑟神族（Asen）、沃坦和奧丁、芙莉雅和芙麗格（Frija-Frigg）以及天空之神提烏斯和提爾（Tius-Týr）、巴德爾（Baldr）、納瑟斯和尼約德（Nerthus-Njörd）、女巫霍爾達（Hlodyn-dea Hludana）、索爾之子馬格尼（Magni）和「大力神」海格力斯（Hercules Magusanus）、芙麗格的侍女芙拉（Fulla），後者甚至有一說為芙麗格的姊妹，於神譜中位階甚高而且是諸神信仰裡的主要角色。由於基督教直到西元 1000 年左右才傳到斯堪地那維亞半島，於是北歐神話有足夠的空間發展，並且產生顯著的變化及重生。舉例來說，「巴德爾之死」原本屬於日耳曼文化共有的神話故事，但他的死亡作為世界末日的前奏曲，這個意義則是出自北歐神話。正如宇宙觀、諸神的罪等概念，雖然基本上也源自日耳曼，正如其源自北歐一般，但在藝術上的修潤、表現方式以及道德方面的解釋，都來自波瀾壯闊的北歐神話資產。洛基（Loki）在北方只是個配角，他的完整角色塑造應該是在冰島上完成的；而巴德爾之死也同樣在冰島和挪威境內有不同的形式。

　　由此可見，《埃達詩歌》裡的神話，其實是後代的產物，不能單純稱為整個日耳曼民族的文化資產。或者我們可以從其他出自日耳曼以外的影響去解釋他們的新形象，像是從古代的神話、中古時代的基督教傳說，也就是其後對於理解日耳曼宗教無甚價值的種種附會。要回答《埃達詩歌》的真偽問題，必須對基督教傳入北歐前的歷史有整體的理解。

　　外來文化對北歐的第一次衝擊，要溯自當時他們和斯堪地那維亞半島北方以及東北的拉普蘭人和芬蘭人的久遠關係。有相當多量的北歐語詞是來自拉普蘭語和芬蘭語，而這些轉借的語詞形態，也都源自約於西元 400 年左右最古老的北歐符文（Rune）（或稱盧恩文，一種神祕符號）碑文。西元五至七世紀，當時日耳曼的原始宗教還沒有消失，斯堪地那維亞半島受到了它在信仰上的影響。正如其後丹麥和瑞典的歌謠受到日耳曼吟遊詩人或騎士文學影響而誕生，當時也有許多奧丁信仰和英雄傳奇故事以各種方式由日耳曼傳

至北方。在日耳曼，古老的風神和死神沃坦（Wodan）已變成戰神和勝利之神，甚至被奉為知識和力量之神。他從北德一路襲捲丹麥，乃至於斯堪地那維亞半島，而且由於北歐神話或多或少有日耳曼人的好戰性格，他馬上成為斯堪地那維亞的主神。因為在海盜長時間的侵襲當中，北方的人們厭倦了在家鄉和芬蘭人、拉普蘭人的無盡征伐，他們正試圖逐步泯除這些衝突。

　　到了西元九世紀初，斯堪地那維亞人有了自己的一套神話系統。在更早期，他們的信仰系統顯然比較簡單。但即使如此，當神的概念在《埃達詩歌》和吟遊詩歌出現時，原本自然泛靈論的基礎已經所剩無幾。《埃達詩歌》並不是重現當時古老而真實的民間信仰，而是後人以詩歌改編過後的神話主題。光是這個因素，我們就很難客觀地解讀斯堪地那維亞的神話。

　　第九世紀的秋天，挪威君主制建立，迎來了重要的政治變動。挪威國王「金髮」哈拉德（Harald Harfagri）在西元 872 年的哈夫斯約德（Hafsjorde）戰爭結束後，修改了該國的法律，剝奪獨立的弱勢民族和轄區國王（Gaukönige, Gaukonig）的權力，舊有的貴族家族屈服了，造成為數眾多的部落或小國的解散，也導致人口大規模外流，其中包括從事農耕的核心族群。對不屬於君主的自由人來說，儘管海灣島嶼仍然富庶，森林草地依舊茂密，河川也如往常一般可愛，瀑布依然壯觀，但家鄉已經被掠奪了。於是，剛剛探險發現的冰島，有著熔岩峭壁和貧瘠的冰川，又是無人佔據的無主島，最適合作為他們的新家。一個維京人納德（Naddod）在那裡意外登陸，由於積雪很厚，於是把該島命名為雪國（Schneeland）。不久之後，一個瑞典人也遷居島上。最後，來自挪威的弗洛基（Floki）依著島上長年不化積雪壓成的冰，把這個島取名為冰島，這個名字也沿用至今。這三次航海發現都在西元 860-870 年間。即使是以現在的觀點來看，對年復一年都想反攻挪威的海盜頭子來說，奧克尼（Orkney）和赫布里底群島（Hebriden）都仍是最好的基地，但在哈拉德（Harald）征服冰島之後，這些島嶼便不再和好戰探險或輝煌征服有關，而是屬於平和安詳的家園。哈拉德建立的軍事君主制也直接導致冰島共和國的建立。其中最為不滿的人便是「阿納之子」因格夫（Ingolf Arnarson），他在 874 年出發前往冰島，想在島上定居。而出於某種神奇的

巧合，他落腳的地方竟然成為冰島目前的首都雷克雅維克（Reykjarvik，冰島語為「煙霧繚繞的灣岸」之意）。少數居民如凱爾特人偶爾來到島上卻又黯然離去，因為他們不想與異教徒有任何瓜葛。此後六十年裡，冰島的人口全部來自北歐，而這些移民也將祖國古老文化的菁華帶了過來。薩克森州的腓特烈主教（Bischof Friedrich aus Sachsen）和勢力龐大的教士不萊梅的**丹克布蘭**（Dankbrand aus Bremen）首度將基督教傳至冰島。挪威國王「崔格威之子」歐拉夫（Olaf Tryggwason, 995-1000）[1] 在挪威雷厲風行地傳布基督教，憑藉「布列斯提之子」齊格蒙（Sigmund Brestisson）的幫助，不只使其教義普及到轄區內的法羅群島（Färöer）[2]，也將基督教傳至奧克尼群島，甚至也使當時仍屬自由國的冰島和鄰近的格陵蘭全都改宗基督教。西元 1000 年，冰島內部情勢有了決定性的轉變。在冰島全體議會當中，甚至必須有若干老成持重的異教徒干預，才避免發生流血衝突。許多明理的基督徒便向當時異教徒的宣判官索蓋爾（Thorgeir）提議協商國家的和平統一。在一次極具感染力的全國演講裡，索蓋爾談到國家社會應該解決眼前威脅到國家存亡的巨大危機，他敦促議會接受洗禮，並且建議停止宗教裁判所的審判，以阻止國家繼續分裂。基督徒和異教徒二話不說就同意了索蓋爾的提議。更多議員立即同意受洗，而冰島也算是正式改宗基督教。

很長一段時間之後，基督教才傳到斯堪地那維亞半島。丹麥（西元 816 年）和瑞典（西元 830 年）是由北方的使徒安斯加爾（Ansgar，卒於西元 865 年）負責宣教，安斯加爾曾為西伐利亞的修道院僧侶，其後擔任新成立的漢堡不萊梅大主教區執事。雖說善良的哈孔國王（Hakon der Gute, 935-961）要給他傳教的教區，但是直到「崔格威之子」歐拉夫及其早夭的繼位者「哈拉德之子」歐拉夫（Olaf Haraldsson）[3]，才讓基督教於西元 1015-1028 年間成為主流。前後兩位歐拉夫國王在位時的強悍作風，鞏固了基督教在挪

1　譯註。即歐拉夫一世，西元 995-1000 年為挪威國王，挪威在他的統治下成為基督教國家。

2　譯註。Färöer，位於挪威海和北大西洋中間，是丹麥的海外自治領地。

3　譯註。即挪威國王歐拉夫二世，於西元 1015-1028 年在位。

威的地位，在丹麥是藉著克努特大帝（Knud der Große, 1018-1035）之手，而在瑞典則是由於聖埃里克（Erik der Heilige, 1150-？）的努力，到了西元 1104年，涵蓋三個北方國家的大主教區在隆德（Lund）成立。

　　挪威人的征服並未替哈拉德家族帶來預期的和平。四處流亡的挪威人使得海洋愈發危險，甚至使他們必須花費更多精力和成本來生養為數眾多的兒子。只有西元 880-920 年間，人們得享盛世；來到西元 930-935 年人稱「血斧」埃里克（Eirik Blutaxt）的統治時期，時局則更加險峻。「血斧」稱號可能是來自其嗜血的天性或是他謀殺親兄的行為，整個社會瀰漫著對他和他那精通芬蘭魔法而惡名昭彰的妻子貢希爾德（Gunnhild）的不滿之氣，而這份鬱鬱不平也迫使他讓位給他的弟弟哈孔一世（Hakon I）。在哈孔一世的統治下，挪威享有十九年幾乎不間斷的和平穩定。哈孔一世認為自己有責任引進基督教，卻在特隆海姆（Drontheim）遭到激烈抵抗。他大敗埃里克和貢希爾德的五個兒子，卻英勇戰死沙場，朋友和敵人一同為他哭泣哀悼，他們認為，挪威可能不會再有如哈孔一世一般英明的國王了。他最終以異教的方式安葬。哈拉德二世統治（961-969, 975）期間，大權旁落貢希爾德的兒子之手，和前朝相比，社會動盪不安。齊占爾公爵在特隆海姆的聲望和權力令哈拉德二世感覺芒刺在背，於是出兵征討，不但使公爵一敗塗地，連他的房子也一併燒毀。憤慨的特隆海姆居民馬上選出齊古爾之子哈孔侯爵為領導者，抵禦哈拉德二世，他們強烈地抵抗，逼使國王任命齊古爾之子哈孔為特隆海姆區的執政官。接著便是漫長的饑荒。人們必須以箭矢換取鯡魚，以奢侈品換取肉品。哈拉德二世死後（西元 995 年），哈孔侯爵取得了挪威的大權。在卓魯嘉瓦（Hjorungawag）為期三天猛烈的海戰中，哈孔侯爵打敗惡名遠播的維京人軍隊，贏得輝煌的勝利。但是，這場令他聲名大噪的戰役，也使得哈孔侯爵放棄了他的中庸與節制。特隆海姆居民還抱怨，沒有任何人敢讓妻女在哈孔侯爵面前現身。因此人民相當樂意地推舉金髮哈拉德的子孫，英勇的「崔格威之子」歐拉夫為國王，西元 1000 年 9 月 9 日，他在對戰丹麥國王「八字鬍」史文（Sven）和瑞典的「寶藏王」歐拉夫（Olaf Skötkonung）時敗下陣來。正如歐拉夫一世在位時所做的，「哈拉德之子」歐拉夫二世（Olaf II.

Haraldsson），又稱「胖歐拉夫」或「聖歐拉夫」，同樣在挪威境內屬行鞏固基督教的地位。他以刀槍盾牌強迫國內反對人士接受新的信仰。他草擬基督宗教法律並將異教徒一一由山谷趕到荒鄉僻壤的深山中。黑格蘭（Halogaland）毫無困難地改宗，但特隆海姆人仍崇拜以往的神靈奧丁和芙蕾葉，以慶祝他們偉大的節日作為冬天的開始並以馬為獻祭。而當聖歐拉夫摧毀了他們的雷神索爾像後，古德布蘭山谷（Gudbrandstal）[4]的居民也自願受洗。西元 1030 年 8 月 31 日，聖歐拉夫於史提克列斯塔（Stiklestad）一役中敗給丹麥國王克努特增援的異教徒，葬於特隆海姆，並被追封為聖。歐拉夫此人此名逐漸從僧侶聖人傳說轉移至民間傳說，甚至擁有如早期諸神傳說中雷神索爾的地位。正因如此，聖歐拉夫此後也是所有巨人和怪物危險的敵人和鬥士。甚至連他的外在形象，無論是新是舊，都與他生前最厭惡的守護神極為類似：兩者皆蓄著大紅鬍子，並揮動著憤怒的戰斧，正如雷神索爾揮著他的鎚子。第一時期的挪威歷史，也隨著史提克列斯塔一戰終結。

除了挪威哈拉德王朝的建立和冰島的開墾之外，對北歐來說，西元九世紀最大和最顯著的事件便是維京人的多次海上侵略。這也是斯堪地那維亞半島第一次站上世界史的舞台，他們立即扮演了空前絕後的角色。透過他們的多次征討襲擊，諾曼之名連在歐洲最偏僻的海岸都廣為人知，甚至為人所懼怕。斯堪地那維亞人曾是優秀的教師及今日稱霸廣大世界的航海民族的祖先。人口過剩、政治和商業利益，特別是日耳曼人的強烈遷徙本能，都可能是侵略的誘因。來自瑞典、丹麥和挪威的襲擊，幾乎在同時間發生。位處中央的瑞典，率先將其勢力通過東歐的斯拉夫國家延展到黑海，再深入到東羅馬帝國；作為東斯拉夫民族的統治者，他們在九世紀創立國家俄羅斯。從斯堪尼省和丹麥的島嶼，成群丹麥人和古特蘭人經過北德薩克森和弗里斯蘭海岸，並且在今日的法國和英國開枝散葉。挪威海盜持續經由大不列顛島群島前往蘇格蘭和愛爾蘭，並因此發現了法羅群島和冰島。冰島人則發現了格陵

4　譯註。挪威東部的山谷，易卜生所著《皮爾‧金特》中的主要角色原型，據傳便是來自此山谷。

蘭、赫爾路蘭（Helluland）（紐芬蘭和拉布拉多）和文蘭（Winland）（新斯科細亞省），航入北海，直到格陵蘭島東海岸最北的斯瓦巴島（Swalbard），也從格陵蘭島西海岸一路北行直到史密斯海峽（Smithssund）。

　　由此看來，大多數的《埃達詩歌》並非起源自北日耳曼的異教，而應歸功於古文學和早期基督教的傳說。從愛爾蘭和盎格魯撒遜人，尤其是那些僧侶和在修道院學校，他們應該聽說過異教和半異教的北方人。憑藉驚人的淵博學識，他們也嘗試在以下如宇宙樹（基督絞刑）、巴德爾神話（阿基里斯和帕特羅克羅斯[5]和基督教元素如耶穌、聖母馬利亞和朗基努斯[6]的混合物）、巴德爾和洛基、威達（Widar）和瓦利（Wali）、英靈武士和英靈神殿、中土巨蛇（Midgardsomr）和芬里惡狼、具有創世記憶的女巫和宣布世界末日、最後審判已經到來的神等等神話故事中，找出其脫胎於基督教元素的證據。如今我們可以肯定地說，《埃達詩歌》是維京時期的產物，沒有任何一首是早於西元九世紀寫就，這些詩歌也不是北歐文化共同體的證據，而是特屬於冰島及挪威人的。這也進一步支持了以下的假設：在維京人時代，除了一般可用的戰利物資外，圖像及猶太基督或希臘羅馬文化思想也都從大不列顛群島被帶往北方，其中某些元素則轉移到北方諸神的形象身上。但北方人的嘴巴不習慣外來奇特的語音，而將這些陌生材料用來貶低他們的原生文化。但隨著與凱爾特人的交流愈發緊密，北歐神話想像也更加豐富，這樣的說法還沒辦法證成，因為除了少數晚期作品外，沒有任何證據指出《埃達詩歌》的神話源自外地。我們至多可以說，北日耳曼，尤其是冰島的異教徒透過基督徒交流而認識了後者的宗教文獻，並擷取某些觀點，和當地的異教文化合併。但從假設到建立事實不僅是一步之遙，也沒有證據說明當地宗教把《埃達詩歌》的神話完全摧毀，目前我們也只能盡量嘗試在古老北歐的文化想像中慢慢摸索出一些進展。

5　譯註。帕特羅克羅斯（Patroklos），被記載於荷馬所作之《伊里亞德》（Iliad），為阿基里斯之好友。

6　譯註。朗基努斯（Longinus），中世紀及基督教傳說中，為耶穌絞刑後，以長槍刺進其身體，確保耶穌已死之羅馬士兵。

　　針對連續不斷的外來影響，甚至也有一些疑慮：如果大多數的《埃達詩歌》不是源自冰島而是挪威，並在某些章節由冰島人改寫，那又會是如何呢？挪威主要的對外溝通方式和對象就只有與愛爾蘭的征戰，可想而知，這樣的關係可能不利於文學發展。而比起花費精力在隨機的神話組合上，挪威人更寧可處理動盪不安的內部政治局勢。最後，我們很難想像當時的愛爾蘭人有這麼博學。我們無法相信愛爾蘭人會像現在的神話學者那麼知識淵博，以所有的知識和北方海盜周旋，畢竟，移民到不列顛島的可不是什麼讀書人。最古老的斯堪地那維亞吟遊詩歌，或多或少體現或影射了《埃達詩歌》的神話樣貌。而神話不可能在僅僅數十年光陰裡產生，必然是長期發展的結晶，而且是遠遠早於北歐歷史時期的產物。只有當我們有足夠明確的證據證明這些論點都不是真的，也就是說，只有證明神話起源於十世紀或更晚，我們才有理由相信這個理論的可能性。但直到今日，其真實性都難以顛覆。令人難以置信的是，舊的信仰和外來的思想以一種相當巧妙的方式匯流，正如莎士比亞和他作品引用來源的關係，新舊文化共同成為挪威高貴的文化資產，並且融入吟遊詩人的詩歌中。斯堪地那維亞的吟唱詩人和民眾之間並無任何理解上的鴻溝，吟遊詩人也沒有發明新的神話。在西元九和十世紀時，挪威國王、其宮廷和一般市井小民之間，並沒有太顯著的文化差異。就冰島的情況來說，只須閱讀些許神話傳奇，便能得知整個冰島文學都相當貼近民情，也通常符合農民和漁夫的興趣及理解。各地的人都接受相同的教育。「我們都是平等的！」羅夫（Hrolf）在法國北部登陸時說。斯堪地那維亞吟唱詩人出身於百姓之家，從小就熟悉這些文化要素，因此他們的信仰也代表全體族群的信念。就內容和文筆來說，這些詩歌可說是單調乏味，世上幾乎沒有任何地方的詩歌發展可以如此單調而且貧乏。斯堪地那維亞的吟遊詩人總是小心翼翼地緊抓著代代詩人相傳下來的薪火。總的來說，如果我們以後審視他們的詩，就會發現他們詩歌中（特別是神話）所用的複合詞隱喻（Kenning）[7]總是相同

7　譯註。複合詞隱喻（Kenning），北歐詩歌以至於英文詩歌中常用的隱喻方式，使用多重字彙來描述某一物件，如將劍比喻為「傷口的敵人」，或將船比喻為「海浪之馬」等，文法上經常使用從格（genitiv）表示。

的，無論是基於同樣的神話故事或是形式。在長久且緩慢的發展中，北歐人已經知道如何天馬行空地想像他們身處的大自然，使其更加生氣蓬勃，並將其中的圖像氛圍以韻文的方式相互連結，優美地呈現於詩歌中。只倚靠來自愛爾蘭的精神文化養分就能使北歐人的想像力覺醒，在他們貧乏的創造力上重塑外來的神話宗教和文學材料，是完全不可能的假設。維京時代強人的浪潮並沒有完全淹沒現存的神話英雄詩歌，相反地，正如所有暴雨帶來的洪水，其天性就是無法創造卻慣習破壞，這個浪潮主要是摧毀：從國外帶回祖國的嫩芽並沒有開花結果，反而在還可挽救之前，就毀壞了本地的鰈魚和莊稼。這股浪潮促使維京時代的異教信仰興起以維京其時代的毀滅。例如，當北方人與其他信仰的人衝突並戰敗後，自然而然地會相信外來信仰的神祇比他們的奧丁及索爾強大。另一方面，北方人逐漸萌生自我價值意識、相信自己的強大。北方人相信自己很強大的這一點，體現在他們不停地征戰、在水路及陸路上的掠奪、訴訟、對立、殺人放火以及使用各種形式的暴力。維京人視自己為雷神的代表人，只是不同於雷神使用鐵鎚，維京人使用強大的大刀掠奪黃金、聲望，並從中得到樂趣。為了沿守舊習俗和傳統，維京人在祭祀神明時準備豐盛的酒菜，雖然從外在看來信仰系統仍然屹立不搖，但維京人內心對於神明的信仰已逐漸式微。許多維京人，甚至可以說大多數的維京人都擁有自由的思想，不在意宗教信仰。縱觀維京人的後裔，也就是冰島人的歷史，可以看出一直持續到晚期都壟罩著宗教冷漠的社會風氣，人們開始冷靜、理性地思考，就連基督宗教在一開始被冰島人所接受時也一樣。與之大相逕庭的狂熱主義此時正在特隆海姆地區的農夫之間蔓延開來。正當冰島人離開祖國，特隆海姆的農夫駐留在世代相傳的土地上，不但沒有捍衛家園，也沒有守護祭壇。這種懷疑論下，人們不再期待神助，並且開始接受命運決定一切的想法，這正是形成菲列斯・丹（Felix Dan）的短篇故事〈神是否存在？〉（Sind Götter?）的歷史背景，這本短篇被一評論家評為此詩人最棒的代表作。

當談及偉大守護神時，斯奈山半島（Snäfellsase）或是斯溫福山半島（Swinfellsase）被視為其象徵，傳說神靈想住在山中或是石頭中，這些傳說

都間接說明著對於古老神明信仰的雛形。從第一批在冰島的移居者中就開始出現擁有自由思想的人。因格夫的哥哥說，他永遠不願獻祭，當他被自己的僕人誅殺時，因格夫大喊著：難道這就是不喜歡獻祭的人的下場嗎？（Landn. I 5,7）於是坊間流傳著，先是「不信神的」博希（Bersi Gottlos），再來是「不信神的」哈爾（Hall Gottlos）以及他的兒子「不信神的」海爾吉（Helgi Gottlos），他們既不相信自己的力量，也不願獻祭。

他們家族對於叛離神明行為之頻繁，使得他們每個人都有「不信神」的綽號，不信神指的不是道德淪喪，而是對於神明信仰的輕視。另一個是「以自己的需求做出發點」，也就是不是為了要了解基督而去獻祭。「崔格威之子」歐拉夫形容一個冰島人說：「他看起來在打造自己的實力及力量，好比自己就是索爾和奧丁。」（Laxd. 40）也有人不相信偶像崇拜及惡魔，只相信自己的實力和力量（F.M.S. II k 200）；更有人在感受到基督之前，都是鄙視他父親的偶像（a.a.O.201）。針對這個問題，亦有人回答：「在我看來，我沒有任何信仰。」（a.a.O.235）「布列斯提之子」齊格蒙是法羅群島上第一個只相信自己實力及力量的人（Fär. S. 321）。拜占庭皇帝問冰島人芬波居（Finnbogi）他相信誰，他回答說：「我只相信我自己。」（Finnb, S. 19）拉芬克（Hrafnkel）認為相信神明是愚蠢的（Hrafn. S. Freysg. 24）。有神話證據指出：羅夫國王以及他的抗爭並不是為了榮耀神明，而是相信自己的實力及力量（Hrolfs S. Kr. 48）。並非奧丁這個邪神，而是命運主宰了所有人的生命。凱提（Ketil）不相信奧丁，並且認為：「我從來沒有崇拜奧丁，但我還不是活了這麼久。」（Ketils S. hängs 5）奧德（Odd）不習慣獻祭的信仰，因為他相信自己的實力跟力量，但是他很不喜歡看到木棍跟石頭揮舞的場面（Qrv. Odds 1-2）。

北歐神話的來源

本土的文獻證據

古代斯堪地那維亞的吟遊詩歌對於北歐神話的知識之所以重要，是因為這些詩歌確實證明了古老神話裡的行為，進而反映神話的雛型及其真實性，也證明它不是後來的中世紀基督文化所杜撰。其詩畫以及描述，就像《埃達詩歌》濃縮了神話、自然和生活。沒有神話及傳奇，就無法作詩、品味詩的美。人們把詩藝和喀瓦西（Kvasir）的血、侏儒船、侏儒靈酒、巨人靈酒、蘇特頓靈酒、奧丁靈酒、愛瑟靈酒、巨人替父親的復仇、詩人靈酒「歐卓里」（Odröri）的洪水和奧丁的獵物、創造、所背負的命運和給人類的禮物聯想在一起（Sk. 3）。

後來的斯堪地那維亞地區詩人，特別是基督宗教傳入後，開始用死氣沉沉、黯淡的顏色，以暗喻死亡來取代原本生動的作畫方式，最終導致原本的作畫手法失傳。《埃達詩歌》中不斷出現對於榮耀神話事物的渴望；而古代的詩歌幾乎都被過度膨脹、扭曲以及誤解了。人們切身地感受到暗喻死亡，此風格是以拼貼式隱喻組合而成，讓人幾乎無法和畫作本身聯想在一起，這種風格並未呈現過多的視覺效果，卻徹底撲殺了幻想，因此要將神話故事以討喜的寓言風格詮釋是不可能的。暗喻死亡風格的盛行，是對於畫作藝術的撲殺，它將神話變成未知的謎，雖然這神祕之謎加強了人類的感知，但這謎對於其他人類來說無關緊要。

我們僅知《埃達詩歌》是挪威及冰島人的著作，但是其他的斯堪地那維亞詩人對我們來說仍不熟悉。不同於斯堪地那維亞地區詩歌，《埃達詩歌》較為平易近人，韻律格式自由，用字遣詞也較簡單。《埃達詩歌》的年代及背景研究有許多不同的結論。有人說《埃達詩歌》是描述挪威人在大不列顛群島、奧克尼、赫布里底群島以及昔德蘭島（Shetlandsinseln）的殖民地的詩歌，但此說已經被推翻；大部分詩歌從挪威，部分從冰島，一小部分從格陵

蘭島起源。關於詩歌形成的年代眾說紛紜，大約介於九世紀到十二世紀之間，文獻研究很難推測出詩歌形成的確切年代，大部分的研究指出詩歌創作費時超過一兩百年。但很確定的是，《尼伯龍之歌》最早的雛型出現在九世紀末，由挪威維京人移植到冰島人上，所以人們也就推敲《埃達詩歌》最後的詩篇是在更後期時出現的，被蒐集並寫下的最早時期，推測是在十二世紀中葉，很可能是 1240-1250 年間。這個歌曲集的原始名稱我們並不清楚，標題「埃達」只來自斯諾里關於北歐神話和斯堪地那維亞吟遊藝術的書。這個詞原意為「奧狄之書」（Buch von Oddi），斯諾里在奧狄找到他的寫作材料後，稱其為奧狄之書，其他人將它稱為「詩學」（Poetik），而原本奧狄一詞的「祖母」之意，在這裡也大略通用：這本詩歌集就像坐在紡織機前親切的祖母，向年輕世代娓娓述說從逐漸失聲的年代中流傳下來的歌曲和傳說。只有在今日所稱之新埃達或斯諾里的散文埃達中列舉或引用了某些歌曲的前提下，《舊埃達》此一名稱才算成立，然而詩歌集整體說來可是比斯諾里的書還年輕。

　　《埃達詩歌》當中，《女先知的預言》（Vǫluspá）[8] 處於爭議的中心。某些人將《埃達詩歌》的成書時間定為九世紀，而另一些則認為是在西元十世紀中葉，「血斧」埃里克的統治期間，當時基督教早已進入挪威，卻無從徹底深入，這算是一段緩慢的自然發酵期；此外，更有人推定《埃達詩歌》產生於西元十世紀以前的冰島，是本土異教信仰和基督教觀點的混合物，如同當時將詩歌當作亞歷山大西比拉神諭（Oracula Sibyllina）的另一個形式，他們則進而認定北歐神話為草芥；另一方面，亦有人從《埃達詩歌》的宇宙起源和《女先知的預言》的真偽方向攻擊。《埃達詩歌》的宇宙論應來自於《創世紀》和柏拉圖的《蒂邁歐篇》（Timäus），兩者皆是基於巴比倫式的世界起源學說。《女先知的預言》應是於西元十二世紀，冰島西南方由薩依蒙德（Sämund）贊助的奧狄學校中成書，原本是受過高等教育的神學家薩依蒙德的寫作風格練習書；薩依蒙德把外來的偉大且富宗教意涵的內容，人類

8　譯註。《老埃達》的首篇，敘述世界和人類的創造、毀滅和再生。

救贖史上最神聖的基督教主題，從創世紀到犯罪墮落等，轉移到充滿神話、晦暗語言的異教寓言中。這也就是說，這些詩歌不過就是一個冰島神學家任意妄為的文字遊戲罷了。

如果說，像日耳曼人這麼有天賦的民族，居然沒有諸神、世界和人類的神話概念，那是不符歷史事實的。若說我們現在看到的神話是中世紀基督教的傳說，這個假設也不符歷史現實。如果認為有個十二世紀的牧師、校長、書蠹，同時也是集但丁和薄伽丘於一身的大詩人，忽然想要以一種吹噓的方式來世俗化基督教義，這種想法也未免太天馬行空了。關於北歐吟遊詩人寫出《埃達神話》的這種創造力，也適用於薩依蒙德的工作上。在他有生之年，或甚至整個中古世紀，薩依蒙德都想必是北方最有學問之人。他不僅將最偏遠地區的片段知識統整起來，也擁有偉大的排列組合才能，而對他來說，當前沒有任何一個教父擁有如他一般的知識。每一節或甚至每一行詩句，都是他的知識來源，而他也將最稀有的段落和其他常見段落相互交織穿插，直到面目模糊、不能再分辨彼此。但是在他可怕的學識之外，薩依蒙德肯定是個沒有天賦的人，因為他對於自己想要什麼完全沒有概念。人們曾刻意諷刺說，《女先知的預言》應該可以說是基督教神學合集，而這是世界文學中最糟糕和愚蠢的詩。薩依蒙德又不算個好基督徒，他用許多的異教信仰取代基督教的救贖真理，導致即使是在最樂觀的情況看來，詩歌整體也是對基督教有害的。再來，他也不尊敬基督、天主教，這樣的情形在整個中世紀可說是聞所未聞。

整體來說，一般仍傾向相信《女先知的預言》是在基督教的間接影響下產生的，其內容只在一個仍存活但不再活躍的民間傳說底下才可理解。

正如對古詩歌理解能力的逐漸消亡，人們又總是含糊籠統地使用神話語言，而不理解其真正來源和故事背景，「斯圖爾之子」斯諾里，北歐的希羅多德和修昔底德，草擬了一本詩歌集，以解釋斯堪地那維亞異教信仰的多重演繹，而這本書就是《埃達詩歌》。斯諾里（1178-1241）在奧狄的農場長大，並且在他祖父薩依蒙德的舊學校念過書，從少年時期開始就勤於寫詩。有些年代久遠的諸神想像或是傳說，對他來說已經模糊難解，因此他蒐集古代詩

歌以助理解。最初這份草稿可能只是他要用的，後來卻逐漸發展成一本有系統的文集。他告誡年輕好學的斯堪地那維亞吟遊詩人：「把這本書當作消遣就好，不要讓它被人遺忘或是說它不符事實。必須從吟遊藝術中刪除那些連重要的吟遊詩人都受惠良多的複合詞隱喻，作為基督徒，也不宜相信或證明說以前曾經這樣。」（Sk.1）

他的斯堪地那維亞吟遊詩集包含三部分：以《女先知的預言》為引子，《欺騙古魯菲》（Die Gylfaginning）以對話的形式系統性地概述對古老信仰。瑞典國王古魯菲（Gylfi）聽到愛瑟神族的智慧和力量，決定測試傳聞的真實性。他變身為一個老頭到愛瑟樂園（Asgard），在那裡向三個人物詢問關於世界起源和神之命運：哈爾（Har，至高者），亞芬哈爾（Jafnhar，同等崇高者）和特里狄（Thridi，第三人）。古魯菲的角色是提出問題，而在這三人中任一人回答的同時，也針對回答者做出幽默又諷刺的回覆。這樣的形式其實是依循中世紀的教科書。異教的神憑藉著力量與智慧得以升等為神，且異教神祇信仰的形象也以他們強大、魔幻般的存在為根基。此書的第二部分《詩語法》或《斯堪地那維亞的詩歌藝術語言》（Skáldskaparmál）是複合詞隱喻法和同義單詞（ókend Heiti）的集大成，也提供了來自古代吟遊藝術範本的作品。這部分以〈布拉基的故事〉（Bragaroeður）天馬行空的故事為開場。在眾神面前，布拉基對艾吉爾（Ægir）述說伊頓（Idun）被擄和他如何獲得詩人靈藥的故事。艾吉爾是提問者，不過對話並不實際存在。第三部分則包含了《韻律列舉》（Háttatal），以讚頌挪威國王「哈孔之子」哈孔（Hakon Hakonarson, 1217-1263）及其伯爵，也就是後來的「巴爾達之子」史故里（Skuli Bardarson）公爵，兩者後來皆因易卜生[9]的戲劇《偽裝者》（Kronprätendenten）聞名。這部斯堪地那維亞吟唱藝術的傑作總共 102 節，每一節都以不同的詩歌風格寫成，以作為年輕吟遊詩人的範本和樣例，而在

---

9 譯註。Henrik Johan Ibsen，十九世紀重要的挪威劇作家、劇場導演和詩人，被譽為「現實主義之父」，是劇場現代主義的先驅。

每一個歌節之後，也有散文評論解釋其風格特點。

　　在冰島的歷史書寫當中，斯諾里也榮登其頂峰。他的挪威王列傳在開場白之後就介紹了標題：「世界圈」（Heimskringia），其始於《因林格傳奇》（Ynglinga-Saga），在這個傳奇中，斯諾里提到上溯到弗雷（Freyr）的挪威王室家譜，而挪威王列傳也在西元 1177 年結束。

　　斯諾里對於古代神話和詩歌想必都有充足的理解，對古代遺風的鑽研也比同時期的其他人更深。但是當我們以他所引用的詩歌來考察他的作品，便可以看到，那些作品並不是完全正確無誤，也說不上完整；舉例來說，在他的整個系統中，斯諾里並未替霍尼爾和密密爾（Hönir-Mimir）安排適當的位置，且經常誤解真實脈絡，畢竟他是在異教終結的兩百年後才寫成的。他也缺乏對於自身民族神話的真正理解。因此《散文埃達》並沒有受到異教徒時代詩歌一樣高的評價，我們引用《散文埃達》時必須小心，因為神話的文獻來源並非《散文埃達》的主要價值。我們不應忘記，斯諾里也算是個詮釋者，正如現今的神話學者一般，某些方面可能有更好的條件，但某些方面的條件可能更差。從《欺騙古魯菲》的形式就可以看出，斯諾里認為這些古代神明的超自然作為都是具有巫術的國王迷惑人心的手段。他的歷史著作給予他從歷史角度去解釋諸神的機會：愛瑟神族對他來說是來自亞洲的移民，是曾經存在於世間，並且在群眾中生活工作過的人。後來，由斯諾里創建的「神話即歷史論」（Euhemerismus）被薩克索（Saxo Grammaticus）承繼。這樣的去神格化，也在其他北歐神話起源發生，眾神不是被降格為巨人或巨魔，就是被說成單純的人類，也沒有試圖合理解釋祖先流傳下來的傳說（如芙蕾葉項鍊的故事）。斯諾里自己添加的要素不應被視為真金，也不該以訛傳訛為古代北歐或是古日耳曼的神明信仰。我們必須意識到，對斯諾里而言，基督教傳統和希臘羅馬古典傳統十分相像，而把基督教傳統、希臘羅馬傳說和《埃達詩歌》扭曲而穿鑿附會，對斯諾里來說也是完全合理的。

　　除了《埃達詩歌》和斯諾里的《散文埃達》之外，冰島的傳奇（Saga，複數形為「Sögur」，或譯「薩迦」，歷史或敘事散文之意）也是重要的北

歐神話來源。其中多數和最好的故事，都比斯諾里的作品早一些，約產於西
元十二世紀或十二世紀後半葉。但它們往往經過改寫和移花接木，不是最原
初的形式。這些敘事藝術中的珍珠，將一個人、一整個民族、整個時代和區
域的故事，以生花之筆記錄下來，提供了豐盈的文化歷史材料，並且（不受
外來教育影響）具體而微地反映了挪威、斯堪地那維亞或甚至日耳曼整體的
生活和思考，這是在日耳曼世界的其他領域都看不到的成就。大約一百年後
記錄下來的傳奇故事，我們必須慎用。因為在西元十三世紀期間，舊傳說紛
紛散佚。在歷史傳說之外，對神話和童話的偏好也逐漸增多。所謂《古代傳
說》（Fornaldar sögur, FAS）和薩克索的丹麥傳奇，都屬於比較新的傳奇。
在這些後期傳奇中，巫師和巨人才是主軸，並且在遙遠的幻想之域，令人欽
佩的神奇機械也正運作著。由於古時文化風俗等多生根於逐漸消逝的神話傳
說或民間故事，《古代傳說》的確將這些古風保存下來，但我們仍然必須詳
細區分收錄的傳說，尤其是散文和比較晚近的詩歌，後者和古代的信仰絲毫
沒有關聯。古老的神話經常被隨意杜撰的故事傳說引用，直至兩者混合，或
是在後期的民族傳說和民謠中被貶為單純娛樂的童話。

　　許多冰島的神話和傳奇故事都已經亡佚，某些則被薩克索保留下來。「博
學者」薩克索，生於西元 1150 年，是阿布薩隆（Absalon）地區隆德大主教
區的牧師。他以就連伊拉斯謨斯（Erasmus）都讚賞不已的拉丁文寫成十六
巨冊、記錄至西元 1187 年的巨著《丹麥史》（Historia Danica），其中最初
的九冊，也是主要和神話有相關的部分，可能是最後才寫就的。除了可能借
用於英國人盧卡斯（Lucas XIV）的中世紀新材料和幻想世界元素之外，古
老的丹麥民族傳說和冰島英雄傳說集，也是薩克索的主要資料來源，他對於
這 些 材 料 的 相 關 知 識 都 是 來 自 於「 索 瓦 德 之 子 」阿 諾（Arnold
Thorwaldsson），後者於西元 1168 年在阿布薩隆短暫停留。這些冰島的英雄
傳說以及冰島的《古代傳說》都呈現了冰島多彩多姿的生活和性格，對神如
奧丁等人格化表現的理解和想像，也包含了對巨人、女武神及熊皮武士
（Berserker）的描述。丹麥的神話來源則可由其英雄詩歌和民族傳說的樸素
和簡潔辨別，如在西蘭島（Seeland）和日德蘭半島（Jütland）上蓬勃發展的

實例。

在這些開創性的研究之後，薩克索的前九本書也替我們開啟了至今仍未知的十二世紀傳奇。我們不僅應排除他優美拉丁修辭的渲染，也應該以斯諾里的「神話即歷史論」去評量薩克索的作品。很多段落其實也是出於臆測。他所提到的神話大約是在西元 1200 年的冰島流傳，摻雜許多誤解，也殘缺不全。正如人們所說的，薩克索的九本書正如凹面鏡，我們不能直接就他所描繪的鏡像來追溯冰島或日耳曼的真實情況；假如我們真的這樣做，我們只會建立扭曲的日耳曼諸神及失真的英雄想像。因此對於薩克索，我們必須格外小心。

外國的文獻證據

第二組證據則來自不是以北歐語言寫作的作家。首先，我們主要談兩位阿拉伯人伊本・杜斯塔（Ibn Dustah, ca. 912）[10] 和伊本・法德蘭（Ibn Fadhlan）[11]。後者曾於西元 921-22 年被哈里發穆克塔迪（Muqtadir）派遣出使伏爾加保加利亞，而有機會和俄羅斯人相處。對阿拉伯人來說，俄羅斯人其實和瑞典人差不多。於九世紀立國的俄羅斯人，自稱為羅伯斯曼恩（ropsmenn，搖槳手、水手），但芬蘭人把它當作民族名稱，這也是後來羅斯（Rhûs）[12] 斯拉夫人的由來。

在所有對基督教的歸附當中，來自不萊梅的亞當主教（Adam von Bremen）[13] 尤其值得關注。約西元 1075 年時，遠在薩克索的《漢堡主教史》（Gesta pontificum Hamaburgensium）成書的兩百年前，亞當便受他的上級漢

---

10 譯註。即伊本・魯斯塔（Ibn Rustah），西元十世紀的阿拉伯歷史學、天文學及地理學家。
11 譯註。十世紀的阿拉伯旅人暨作家，所著之旅行報告是關於伏爾加河地區的重要史料。
12 譯註。九世紀的羅斯汗國，為現代東歐斯拉夫國家的前身之一。
13 譯註。德國中世紀歷史學家，最知名的著作為《漢堡大主教史》（Gesta Hammaburgensis Ecclesiae Pontificum），共四卷，敘述漢堡不萊梅大主教區的歷史以及北方諸島嶼地理。

堡不萊梅大主教區的大主教阿德爾伯特（Adalbert von Hambrug-Bremen, 1043-1072）之託，以大主教堂學校校長的身分，撰寫該主教區的歷史地理。亞當可能出生於麥森（Meißen）。不萊梅提供探索北歐歷史的最佳機會，這「北方羅馬」是當時由北方到冰島、格陵蘭島以及挪威瑞典等地的熱門傳教中心。豐富的不萊梅主教堂圖書館、珍貴館藏檔案、無數外邦人從近遠島嶼傳來的報告，對博學的主教堂學校教師來說，仍顯不足。為盡可能得到最正確且易懂的資訊，他走訪傳說中「熟諳所有（北方民族）野蠻人的歷史、彷彿銘刻在其腦海」的丹麥國王「埃斯提之子」史文（Sven Estrithson）。從史文國王那裡，亞當取得了許多深入且令人滿意的解釋，因此，他甚至稱史文國王為他的主要線人。

考古證據

由於考古限制，考古學並無法提供北日耳曼史前宗教信仰的清楚全貌。從石器時代開始，便陸續有些不同字符保存下來，如杯狀凹陷物品、輪狀十字架圖案（太陽相關的聯想）和小戰斧（雷神鎚，以袪除害怕打雷的惡靈）。挪威和瑞典的青銅時期岩畫（Hällristningar）也有一些「卐」字符號，中央是個十字，延伸出彎曲且等長的四臂，同時也有所謂的三曲腿圖（Trisleke，有三條腿的圖案之意），雖然只有三邊，但組成類似。這兩個圖案都只源自雅利安民族。或許這些圖案表達了神和宗教信仰，但是是哪個信仰呢？這個「卐」字符號是雷神的象徵嗎？三曲腿圖是否是奧丁、索爾和弗雷三巨神的代表呢？暫時我們只能依靠臆測。還有些極大的圖案中間夾雜著某些小圖，可能是神以及奉獻給神的聖物，但是畢竟都沒有證實，也無助於了解宗教知識。儘管某種說法可能是正確的，也只能管窺宗教思想及信仰。考古學的解釋極少提供個人對於神的想像，也鮮少觸及宗教情感在日常生活中的表達方式。

西元 1902 年秋天，在西蘭島上的崔洪（Trundholm）沼澤地區出土的青銅時代早期的車（約於西元前 1000 年），是特別重要的考古發現。那其實是一只單面鍍金的青銅太陽盤。馬車約由十英寸長的青銅馬拉動，車輛下方

則有三對車輪。這個來自丹麥的太陽圖像，並不是古代思想的化身，而是北歐人試著解釋太陽運行的方法，並且和當時最尊貴的家畜（馬）相連結。無疑地，這樣的考古發現建立起儀式崇拜的想像，而北歐的太陽崇拜假設也因此得到了堅實的基礎。由於在埃達神話中出現的、由太陽馬亞瓦克（Arwakr）和亞斯維（Alswinn）拉的太陽車源自史前時期，太陽車受到古典文化影響的假設也並不成立。

　　只有從歷史時期最古老的盧恩碑文（書寫和語言都能幫助解釋），我們才有了最初假設的堅實基礎：在碑文上的雷神鎚圖樣，以及例如「索爾以盧恩人獻祭」等文字，顯示神是人民的保護者及敵人的惡魔，防止外敵侵略聖地。根據約西元 700 年的弗倫加（Fyrunga）符文，「吾書以神賜之盧恩文字……以紀念吾等二女之獻身」，這些文字證明當時對北歐人而言，盧恩文字確實起源於諸神，而傳給人們文字的神，除了奧丁之外並無其他。西元 1075 年馬恩島（Man）上的盧恩銘文，「索爾以你為祭」，意即「索爾以你為祭，正如他以雷神鎚使巨人索列姆（Thrymr）為祭，也就是一擊使巨人魂歸九天」，若解讀無誤，這銘文也影射了索爾索回雷神鎚等著名的神話。

　　如果沒有必要的碑文，這些文物、牛角以及金幣上的神話圖案的神話價值就不太大。西元 1639-1734 年，西蘭島上的加勒胡斯（Gallehus）發現兩個金牛角；不幸的是，它們後來被盜走且銷熔，所以我們頂多只能仰賴老照片提供的線索。第一張圖顯示較古老的號角，第二張圖則是較新的。兩支牛角上都刻有一系列的圖案，但其意義仍眾說紛紜。它們會是人類美德和惡習、是戰爭與和平，或甚至是死亡的寓言嗎？又或者老牛角呈現的是冥界（Helheim），或者是後來的英靈神殿（Walhall）呢？

　　根據著名的理論，英靈神殿的牛角的最上環描繪的是奧丁，右手持永恆之槍「古恩尼爾」（Gungnir），左手戴著金戒指「德羅普尼爾」及權杖。屬於奧丁的神聖符號「三叉星」環繞在他頭上，而他腳邊則躺著英靈神殿居民每日食用的公豬。在奧丁的左手邊往往有兩個英靈戰士（Einherjer）或女武神，右邊則可見奧丁的雙狼，公鹿在雙狼之間。在公鹿底下，也有來自英靈

神殿的公羊。再往下則是另一個神弗雷，雙手持鐮刀和權杖，腳邊趴著他的
金鬃野豬。第二層則把奧丁、索爾和弗雷三巨神塑造為三頭人物。可見的特
徵有索爾的雷神鎚及公羊，在公羊底下有另一隻公羊。洛基的象徵則是巨蛇
銜著伊頓的蘋果，瓦利和納爾弗（Narfi）兩個男孩也在隨側。搶奪伊頓及其
蘋果的事件，則是以巨人夏基（Thjazi）化身的老鷹為代表，他（在洛基圖
案左方）叼起由洛基變成的鮭魚。弓箭手和母鹿及其子，勾勒出盲眼霍德殺
死巴德爾一事。第三層右側邊緣可以看到英靈神殿之門，而魚則代表英靈神
殿的護城河。接著是長期威脅眾神城堡的山怪、宇宙樹（Yggdrasil）的枝幹、
盤旋在宇宙樹底下的惡龍「尼德霍格」（Nidhöggr）、「赫摩德」（Hermod）
和其八足神馬「斯雷普尼爾」（Sleipnir）等等。

可惜以上的解釋中，並不是每個事物都有完整的神話對應。怎樣才能證
明這公鹿不是隨便一隻鹿，的確是來自英靈神殿的神鹿，而那個人像不是別
人，正是「奧丁」呢？「奧丁」手上的圓形物件，雖然有可能是金戒指「德
羅普尼爾」，但是我們又從何得知金戒指的長相呢？神話中的魚、鹿長得和
日常的動物相似嗎？因此，我們應該適度避免過度詮釋。

有些學者認為北歐神話是在諾森伯蘭（Northumberland）、坎伯蘭、曼
恩島、蘇格蘭及愛爾蘭等地的基督教思想和異教宗教信仰的交會，他們相當
重視那些國家裡的英語或凱爾特語十字架古蹟或紀念碑，他們認為北歐神話
詩學的重要段落受到故事傳說的影響，而這些故事傳說可以用來解釋碑面上
的圖片：宇宙樹是層層疊疊的十字架；耶穌被釘上的十字架或者是木架，也
轉變成奧丁倒吊其上的宇宙樹。關於宇宙樹的白蠟樹根的惡龍、毒蛇，樹幹
上的松鼠和枝頭上叢鳥的詩歌，則肯定是起源於英格蘭地區的北歐人，因為
北歐惡龍及松鼠往往都有來自英格蘭的名字。坎伯蘭郡布卡斯爾區
（Bewcastle in Cumberland）的紀念碑上，一面描繪著耶穌基督，另外兩面可
以看到基督教的葡萄藤象徵，在最後一面則是生命樹環繞向上，直至紀念碑
頂如同藤蔓，各種動物吃著葡萄果實：最底層的是四足動物（狗），接著是
兩隻鳥，也許是一隻雄鷹和一隻烏鴉，最後在頂端則是兩隻松鼠。

　　類似的描繪也可見於蘇格蘭的魯斯韋爾十字碑（Ruthwell），葡萄藤上由上到下依序是：兩隻鳥、兩條龍、兩隻烏鴉及兩隻四足動物；而在另一較窄的側邊的葡萄藤上則是：一隻松鼠、一隻鳥、兩條龍、兩隻鳥、一隻四足動物及一隻鳥。

　　上述兩個十字碑和宇宙樹上的動物圖案之間的一致性確實存在。若我們能夠清楚證明，布卡斯爾和魯斯韋爾十字碑的墩柱年代是如此古老，而其上的圖像表述影響了宇宙樹動物在詩歌中的藝術表徵，那麼我們就能承認外來文化的影響力。但魯斯韋爾十字碑被某名學者斷定為西元 680 年的產物，其銘文更是巴德爾神話的前身；其他學者對於十字碑的年代的估算則在西元八世紀和 1000 年之間而莫衷一是。布卡斯爾的墩柱倒是可被推算回西元 670 年。位於摩默思郡（Monmouthshire），西元十三世紀的聖皮耶（St. Pierre）墓碑上記載了異教思想轉移到基督教的證據：北歐的宇宙樹被描繪成生命樹，其花為十字形，在樹上則是從北歐異教信仰借來的動物，有龍、雄鷹、蒼鷹和松鼠等。有可能是先看到了葡萄藤紀念碑，宇宙樹才有各種動物居民，但我們並不能肯定這種說法屬實；重要的是，宇宙樹，同時也是生命樹的白蠟樹，其神話圖像是受到基督教的耶穌十字架苦刑的影響才形成這樣的假設，於此處也並不適用。

　　北歐傳說中的場景屢屢以基督教的物品象徵呈現，例如：西元九世紀的坎伯蘭哥斯伏十字碑上就刻畫了洛基和他的妻子希格恩（Sigyn），在哥斯伏教堂邊的石碑上也描繪著雷神釣到中土巨蛇的故事，十字架上甚至還有芬里惡狼（Fenrir）和威達的戰鬥以及捆住芬里的鎖鏈。人們普遍認為前兩個圖像代表了北歐神話，但在後者，呈現芬里和威達的方式卻反而是源自基督教，因為異教的諸神在十字架上不能被展示為勝者：手持鐵杖的人應該是征服異教徒的彌賽亞，而怪物則是地獄之狼（拉丁文為「lupus infernus」，由「Fernrir」變成「Fenrir」）。我們也不能證明哥斯伏十字碑上描繪的就是威達的神話，雷神釣到巨蛇的故事以公鹿踩踏著蛇的方式呈現，也就是說，根據基督教的教義，也可能是耶穌打敗了蛇。以同樣的呈現方式，索爾擊敗了怪物，而洛基及威達的狼般巨獸也都變得溫馴無害。藝術家可能只是想刻畫

惡魔的失敗，因此毫不猶豫地將異教的眾神加到十字碑上。

語言方面的證據

　　語言方面的證據，包含地域及人物專名等，證實了與其對應的諸神崇拜的存在。但是，這些證據自然並非面面俱到，為此下結論說只有崇拜儀式的諸神之名才被採用為地名及人名，也為之過早。至於詞源則較為次要。最新的詞源往往顯示了既定的對應公式無法完全套用，人們總是惋惜地回到最初使用的那些。除去某些不同的詮釋嘗試之外（如霍尼爾），欲找出某些名字如芙麗格和索爾等明確的基本含意，基本上也徒勞無功。這些名字的形成年代久遠，神的存在和意義往往已經異於從前，名字如同變成石頭，無助於我們理解諸神的歷史，但即使是「變成石頭」，也必須進一步澄清。只有極其謹慎的情況下，我們才能從字源學去探討神話中的名字，並得到某種程度的結論。這和本書所呈現的德文譯名並不相矛盾：德文譯名只是為了便於理解，否則外文名稱總讓人覺得陌生且有距離感。因此，在可行且不妨礙原意的情況下，動物、物品等等的俗稱將被忽略。

民間傳統

　　中世紀和現代的民間傳統、傳奇、習慣和風俗，對於理解神話及宗教儀式而言特別重要，我們不能以英語的「folklore」概括它。雖然在德國學術界並非主流，但我們在日耳曼研究，特別是宗教儀式，尚依賴著民俗傳統，特別是世代繼承下來的、往往經時間遞嬗而演化成不再可信的證據，這種狀況比預期的還要多。如果這些證據可以回推到可信的來源或根基，我們便可加以使用。不過我們也不要太過偏激，認為沒有歷史記錄的事物就等於不存在。有許多範例可以證明，有些過去存在但沒有書寫記錄的事物，只能由口傳保存，例如文字還沒有出現的史前時期。神話來源材料的年代不能由書寫記錄去估算。當然，為幫助理解難解的風俗習慣，我們往往必須訴諸民族學的比較作為證據；該方式的基礎比較不穩固，迷失在無垠知識中的風險也頗高。學術研究的目的是要謹慎批判並且衡量可用的豐富材料，歸納出簡潔明白的

類型。我們民族中存續下來的風俗習慣，並不一定有古老異教的起源，除了
再現與延續之外，我們也應注意風俗習慣的創造更新。我們必須準確區分新
舊、本地與外來、古老民俗以及後來改革的時尚禮節。除了這些限制之外，
有如永不靜止的河流一般的傳統禮俗，以及多樣的迷信等，都是神話肥沃且
不可或缺的根源。

第一部

靈魂信仰

———————

第一章

死亡對於神話想像之生成的意義

考古證據中對死後世界的想像

　　基於斯堪地那維亞地區豐富的考古發掘，學術界可以勾勒出關於死後世界的想像的演進，也發現人們亟欲解決人生最初以及最終的大哉問，即理解死亡，並且接受死亡的宰制的證據，也就是沒有了生命的身體。正如葬禮習俗各異，對死後世界之觀點也各自不同。在此，近年來的文獻記載正好足以補充說明。

　　年代最古老的**新石器時期**日耳曼墳墓，要溯自西元前 3000 年初期，那是個小房間，以若干壁龕石砌成，上頭鋪著一塊壓頂石，側邊有個門。在這個空間裡，死者或坐或臥，有些簡單的家用器具陪葬，例如陶製的碗盤、武器或是樣式很原始的飾品等。毗鄰這個小房間的，則是一個較大的房間，所謂的「巨室」（Riesenstube），是石器時代墳墓的基礎形式；那是集體墳墓，往往埋葬了二、三十人或七十人，甚至是一百人，是一座很寬敞的建物，比起單純的小房間，這個墳墓更像真正的居所，而不只是個小屋，有的猶如陋室，也有的富麗堂皇。死者的安息所是生前居處的複製品。墳墓是要保護死者，使死者在某種程度上延續他的生活。如果肉體得以保存，**靈魂**也就不會灰飛煙滅；它固然暫時離開一下子，但是會經常回來，而墳墓就像靈魂的居所，使它能夠繼續存在。為死者擺設的死後世界的陪葬品以及刻在墓碑上的原始符號，都證明了一個有系統的**靈魂信仰**；房間裡有使用火的痕跡，也是證據之一：讓死者享有光和熱之類的生命元素。

　　除了土葬之外，屍體火化也相當常見，尤其是在**北歐青銅器時代**。火化習俗約略溯自西元前 2000 年，到了西元前 400 年才消失。我們從字源學可以發現，身體（生命）（Leib, Leben）有「持存者」的意思，而古日耳曼語的「軀體」（lik-hamo）則只是指「外殼」，對「持存者」的存在而言並不是最重要的。生命和身體的對立告訴我們**靈魂不朽的信仰**一直維持不變，不管「外殼」是否腐爛或被燒毀。隨著火化習俗而來的，則是墳墓的型態轉變：在青銅器時代晚期，墳墓愈來愈小，最終變成剛好裝得下焚化後的骨灰的方

型容器；骨灰也可能裝在陶罐裡。後來骨灰也會裝在木盒子裡，或是沒有任何容器就直接埋在地下。因此，墳墓不再布置成房子的樣子，因為人們既不這麼想也不會這麼蓋了；而墳墓裡再也看不到工具和器具。人們不再相信自己的身體仍然會持存下去；取而代之的是比較崇高的想像，認為人死後只有靈魂繼續存在著。隨著身體的火化，死者心愛的財物也被火舌吞噬，靈魂再也不會被拘禁在人世間：人們固然關心不再到處遊蕩的死者，卻也更關心靈魂再也見不到的那些活著的人。儘管如此，人們還是堅持歷史悠久的習俗，雖然以酒食供奉死者已經沒什麼意義了：以前是正式的死者習俗，現在則只是懷念和愛的象徵。把陪葬品一起火化，跟著他到那**更美好的死後世界**，在那裡供他使用，這個想像代表信仰的另一個階段。陪葬品的處置習俗直到北歐異教時代結束之前都存在：在英靈神殿，每個人都擁有擺在火葬的柴堆上的東西（Yngl.S. Prol.）。

在**鐵器時代**（舊鐵器時代約為西元前四世紀至西元五世紀，新鐵器時代則是西元五世紀至十世紀），受到羅馬的影響，非火化的土葬開始普及。雖然火化並未停止，土葬卻漸佔上風。但是這僅止於吸收外來的流行，並未真正融合到當地的習俗中。人們除了將屍體掩埋在土丘裡以外，還有地下墓穴。墳墓多為各自獨立，屍體安放在木棺，一般以鉸鏈和鐵釘組合，還裝有抬棺用的鐵環。有時候，屍體或坐在小凳上，或躺在墊子上，安置在華麗莊嚴的木頭斗室裡。死者會穿著壽衣，佩戴飾品，宛如宴會一般，也有酒食、棋具和骰子等。人們認為死後的生命是純粹的享樂。戰爭頻仍的生活、勝利、戰績或榮耀，和死後的世界一點關係也沒有，而這也是陪葬品裡不包括武器的原因。

從西元五世紀開始，一直到**維京人時期**，人們才會替死者全副武裝。以武器作為陪葬品的習俗蛻變為英靈神殿的信仰，顯然不會早於西元 500 年，不過至少可以溯及西元 840 年，也就是北歐異教徒和基督徒在英格蘭及愛爾蘭第一次的短兵相接之前。因此，北日耳曼人四處征戰，國王、女武神及其追隨者，不可能是英靈神殿神話的前身。那是個極為重要的過渡期，當時北方人從德國人那裡學到盧恩文字、尼伯龍傳奇以及敬拜沃坦的傳統，並且以

挪威等地為主，建立了北歐諸神信仰。雷神索爾的好戰性格並不是表現在維京人的打家劫舍，而是在於他和芬蘭人及拉普蘭人的戰鬥：索爾向東方航行，征討東方巨人，再次反映出這些事件和維京人於西元九世紀向西歐遷移的時間並不一致。以酒食陪葬的習俗也不能和英靈神殿的信仰一概而論，但由於新的喪葬習俗和原本的當地風俗並不相同，也不能排除這個習俗形成的時間和英靈神殿的信仰可能重疊。大約在同時，也就是最遲在西元七世紀至八世紀間，北歐人也接受了靈魂轉世的信仰。

在**維京人時代**，以酒食器皿陪葬的習俗漸漸消失。除卻戰馬和馬具之外，獵狗和獵鷹也可能陪伴其主人到死後世界去。正如維京人的征戰生活不因死亡而中斷，英勇的海上英雄也永遠跟隨著他那堅甲利兵的船艦。要航向冥界，死者必須經過海洋。出土的船葬遺物中，最有名的是在挪威南方桑德福爾（Sandefjord）發現的維京人長船（Gokstad），約莫溯及西元 900 年。死去的將領及其武器被安置在船桅後方的某個墓室裡，一起入土的還有十二匹馬、六隻狗和一隻孔雀。在腓特烈施塔特（Frederiksstad）的某個墳丘下，也有人連同他的武器及兩匹馬一起被埋葬在他的船裡。只有丹麥還沒有發現埋在墳丘裡的船葬遺跡。

為紀念且榮耀死者，墳墓也會設立**墓碑**（亦即以方尖石去「碰撞」或紀念「死者」）以及**盧恩碑文**。他們正如德國的「死者之板」（Leichenbrett, Rebrett）一般，記載著死者的姓名、出生及死亡日期。早在青銅器時代，就可以看到在墳頭豎立沒有刻上任何文字的墓碑。有盧恩銘文的墓碑似乎從西元 500 年開始出現：它們在異教徒時代末期如雨後春筍般出現，而且僅見於墳墓上或其周遭。

靈魂轉世及輪迴

我們從古日耳曼語族使用的盧恩字母碑文以及《貝奧武夫》（Beowulf）裡的北歐國王名字可以看到，早在西元 500 年前，北歐人的命名主要基於衍生規則，也就是把家人的名字和其他既存的名字相互組合而產生變形，有時

甚至以押頭韻的方式加以區別。而以死去族人的全名為新生兒命名，特別是
父親的名字，這種習俗的出現和古日耳曼語族的靈魂轉世信仰息息相關：他
們想透過名字讓死去的親人在新生兒身上延續其生命。

　　相信人死後會以另一個生命形態轉世的這種信仰，《埃達詩歌》的集結
者也清楚提及：據說海爾吉（Helgi）和史娃娃（Swawa）都曾經轉世（H.
Hj. 43）。殺死渾丁（Hunding）的海爾吉是以休瓦（Hjörward）之子海爾古
命名的。「人死後是否可以轉世，現在一般斥為老嫗囈語，然而那卻是古代
的一種信仰。傳說海爾吉和齊格倫（Sigrun）都曾經轉世：海爾吉以前叫作『哈
定的英雄』（Haddingenheld），齊格倫則是哈夫丹（Halfdan）的女兒卡拉
（Kara）」（H. H. II50）。而輪迴的信仰也是歌謠編者為何將休瓦之子海爾
吉的詩歌編入《沃松族傳奇》的原因，即使那個位置原本應該是殺死渾丁的
海爾吉。

　　在齊古爾（Sigurd）死後，布倫希爾德（Brynhild）也想舉劍自盡，她的
丈夫古納爾（Gunnar）想要勸阻，甚至請他的兄弟霍格尼（Högni）說服她
活下來。但霍格尼並不願意：「別讓她走上這條漫漫長路，也不要讓她轉世
吧，她生下來就是個災難，而一生中也壞事做絕。」他不樂見布倫希爾德轉
世，正顯示了當時人們確實相信轉世的可能，卻希望壞人不要再轉世了。

　　老史塔克（Starkad）在詩歌中描述他的同代人如何相信他是「轉世的巨
人」，亦即他祖父史塔克的轉世（FAS III56）。

　　眾人欽愛的克爾班（Kolbein）似乎經由轉世捲土重來（Sturl. IV4, IX 42）。

　　在他有生之時，聖歐拉夫被人認為是「蓋斯塔的精靈」歐拉夫（Olaf
Geirstada-alf）的轉世，已去世多時的「蓋斯塔的精靈」歐拉夫曾託夢給聖歐
拉夫父親的某位封臣，要求打開已故國王的墳塚，取出寶劍、外衣、指環及
刀等物品，而他也必須用皮帶圍住王后，好減輕王后分娩的痛苦。但要完成
轉世，新生兒仍要求被賜予相應的姓名。嬰兒按照異族人的習俗以水灌洗並
命名為歐拉夫（FMS IV K16；Flt. II 6-9）。

　　聖歐拉夫後來拜訪老歐拉夫死後的住所，蓋斯塔墓園，在那兒，聖歐拉

夫的朋友問他：告訴我，你以前是否被埋在這裡？而聖歐拉夫回答，我的靈魂從沒有兩個俗名，未來也不會有。這位朋友又向歐拉夫國王說：人們口耳相傳，你曾於遊歷此地時說過，我們曾經來到這裡，同時也有離開的時候。歐拉夫國王回應：我不曾說過，以後也永遠不會說出這樣的話，而倘若我之後說出了和我之前說過相互矛盾的話，就代表我的信仰是錯的。他便揮鞭騎馬，揚長而去（Flt. II135）。

「牛蹄」索斯坦（Thorstein Ochsenfuß）的故事更加突顯了名字的繼承以及**靈魂輪迴**之間的關聯。

一位身形魁梧的死者在夢中向索斯坦宣布他會成為基督徒，並且懇求索斯坦讓其子沿用他的名字：他應當「為巨人的名字施洗」（換句話說，讓巨人以索斯坦之子轉世），以打開基督徒通往永生的道路，因為巨人原本是被拒於基督教門外的（Flt. I 255）。

正因如此，當時人沿用死者名字以期帶來好運，這種屢見不鮮的信仰也就不難理解了。

當索斯坦殺得尤庫爾（Jökul）丟盔棄甲、奄奄一息，尤庫爾向索斯坦求饒，並且允諾他說：「倘若你有一天得子，請不要讓我的名字被湮沒，我會賜予你好運氣。」（Vatnsd. 3.6）垂死的芬波居（Finnbogi）也說過：「為感謝你的恩惠和協助，我要把我的名字贈送給你；我雖非先知，但是我相信，只要這世界還有人居住，你的名字將會永遠活著；我相信你日後將會成為豪傑，而這樣的人選擇了和我相同的名字，對我以及我的家人來說，會是莫大的殊榮！」（Finnboga S. 9, 36; Svarfd. 5, 26）

至今，挪威當地人們仍然相信，如果孕婦夢見死者，則代表這些人正「跟隨著他們的姓名」，亦即，正在找尋繼承自己的名字的人。嬰孩出生後會以

她們夢見的死者命名，因為這樣可以賜予孩子好運。而當性別相同時，例如女嬰的母親夢見了一位男性，名字的詞尾也會變成陰性：拉斯（Lars）變成了拉琳（Larine），艾佛（Iver）成了艾佛琳（Ivrine），直到改宗基督教，他們才開始也以在世的親人姓名為新生兒命名。

文獻證據上對死後世界的想像：關於死亡

關於喪葬習俗豐富且重要的資訊，以及異教時期晚期相關的論述，都替我們留下了代代相傳的文獻證據。歷史上最古老的記載，來自阿拉伯人伊本・杜斯塔（Ibn Dustah）。

當某個仕紳過世時，人們會將他安葬在有如大宅院一般的墳墓裡，並且將他生前的衣物、他佩戴的金手鐲、無數的生活用品，以及盛著酒和黃金的器皿一起放進墳墓裡。最後，死者的妻子也必須陪葬，人們會封上墳墓的出口，而其妻子則於墳中死去。

伊本・法德蘭（Ibn Fadhlan）曾說：

如果是窮人過世，人們會為他造一艘小船，把遺體放入，整艘船連同屍體一起火化。如果是有錢人過世，遺族會整理他所有的財產，分成三份：其中一份留給家人，第二部分用以訂製壽衣，第三部分則用以購置安葬及火化當天要贈予吟遊詩人以歌頌死者生前功德的酒食。

伊本・法德蘭也描述他看見的族長喪禮：

人們把長椅安置到船上，覆上棉被以及希臘風格的金色布匹和枕頭。然後他們替死者套上屍袋，並將死者從安放他的墳墓裡移出來，依序穿上小腿套、長褲、靴子以及鑲著金色鈕釦的及踝金色長袍（Kaftan），再放上鍍金

的錢幣和黑貂毛。然後，死者被抬到船上的帳棚裡，讓他躺在棉被上，墊著枕頭；人們替死者帶來酒、水果和羅勒草，放在屍體旁邊。他們也把麵包、肉和蔥放在他腳前。然後，他們把狗砍成兩半扔上船。死人身旁還有武器，以及因為打獵過久而汗如雨下的兩匹馬。人們用劍砍死牠們丟入船中。他們也宰了兩頭牛丟在船上。最後，他們斬了一對公雞母雞扔到船上（見 Thietmar v. Merseburg, I9; Sig. III67）。接著，自願陪葬的女孩也被殺死，死者的近親回到船上，點燃柴堆。其他船槳、舵等木製物也都著火，直到船被熊熊大火吞沒。可怕的暴風吹來，加強了火勢（見以下巴德爾的葬禮）。阿拉伯人以土葬的方式安葬他們地位崇高的族長，任由蟲蛆啃食屍體，北歐人卻是把屍體火化，讓死者頭也不回地進入天堂。在船、柴堆以及陪葬的婦女都化為灰燼以後，他們會堆起土丘，在正中央豎立一塊大木板，寫上死者的名字。

在盎格魯撒克遜文獻可以看到火葬年代和土葬年代的區分。火葬應該是最古老的習俗：人們先把死者遺體火化，然後在豎立墓碑的同時慶祝作樂。而土葬的習俗則是起源於丹麥並向外傳播，至於挪威和瑞典等地，這兩個習俗起源的年代則幾乎相同（Yngl. S. Prol）。

布拉瓦拉之役（Brawallaschlacht）後，瑞典國王「戒指王」（Hring）齊古爾將丹麥國王「戰牙」哈拉德（Harald Hildetan）的遺體置放在哈拉德自己的馬車上，把它拉到土丘裡。戒指王甚至以自己的馬鞍作為哈拉德的陪葬品，好讓哈拉德死後可以到英靈神殿（FAS I 387）。依照其他傳說，哈拉德則是和他的船一起火化，貴族們會圍繞著火葬用的柴堆，把武器、黃金及其他珍品都扔進火海（Saxo 264）。哈奇（Haki）國王確實在戰爭中擊敗了他的對手，但他自己也傷重致死。他的陪葬船滿載死人以及武器，而他自己就躺在火葬用的柴堆正中央。他臨走時，人們把火炬扔上船，擺正船舵並拉起滿帆，而整艘乘載著屍體的船便在烈燄中航向海洋（Yngl. S.23）。

在北歐神話裡，巴德爾、其妻南娜（Nanna）和他的馬，都是放在火船

海葬的，而齊古爾和布倫希爾德則是有許多人、動物以及奢侈品陪葬，在陸地上一起火化（Saxo. 74）。

　　古德蘭（Gudrun）把洗淨的帆布覆蓋在阿特利（Atli）的遺體上，把屍體放在彩色木棺中，整個木棺放在船上，隨著海浪漂走（Am. 100）。

　　俄羅斯族長、哈拉德以及巴德爾則是在定錨的船上火化，而把他們的骨灰、船及柴堆灰燼覆以土丘。

　　死者**有權**以部分的遺產籌措前往死後世界的種種配備。在阿拉伯世界裡，遺產的三分之一會用來為死者訂作壽衣，剩下的三分之二則分別屬於其子孫及遺孀。**屬於死者的部分財產**都是要和死者一起陪葬的，不只是錢財或物品。兩個親兄弟曾對彼此發誓，還活著的人要替過世的人築起土墳，並且供奉對方認為合適的財物（FAS III 376）。北方人會替死者放入他的財產、武器及他生前喜愛的物品（Ad. Br. IV 30 Scholion）。隨死者入葬的物品，也會陪著死者到英靈神殿裡。有個父親被人殺死，兒子把父親的長矛放進墳墓裡說：「我父親將會帶著這支矛進入英靈神殿，並帶著它上武庭。」（Nj. 80）所有英雄在征戰中的戰利品都無法由子孫繼承，必須陪他一起死去：他會攜帶自己身邊的所有東西進入冥界（Vatnsd.2）。陪葬的不只是馬匹和牛隻，還應該包括鞋子或車輛，讓死者在冥界的生活更舒適安全而不虞匱乏（S. 39）。

　　遺孀陪葬的習俗則在北歐持續了很久。如果有人在親兄弟過世後自願陪葬，也會被極力讚許（Saxo 162）。陪葬的習俗後來則以象徵形式居多：在世的親屬應替死者堆起土丘，在那裡守靈三天三夜（FAS III 376 ff.）。

　　接下來，舉喪的義務便落到有繼承權（同時也必須報仇雪恨）的親屬身上。在日耳曼文化裡，財產繼承和喪禮是相同的概念。

死者的力量

　　只有當遺體從眼前消失時，那推論或幻想中的死後世界新生活才得以開

始。當葬禮當天的夜幕降臨，那時永生的靈魂仍然在死去的軀體裡。現在重點不再是「照顧」其身體，而是照護死者，讓死者靈魂能順利走上通往死後世界的未知的路，並且防止他回頭傷害活著的人。死者墳頭上的草愈長，在我們的想像裡，他就離得愈遠。這種想像的距離會被理解為空間上的距離，也就是死者的「旅程」。於是產生了**關於死亡旅程的傳說**。以諸如「漫步在大道上」的概念或語詞替代「死亡」，是古日耳曼文化的特色。當人不由自主地想起死者，他們都會認為那是死者從旅途中回來，是靈魂的造訪。此外有可能是活著的人招魂的結果，或是死者自己覺得虧欠了什麼而沒辦法放下一切到彼岸去。民間傳說往往把死者本身和他的遊魂混為一談。他們很難嚴格區分死者、靈魂和鬼魂。鬼魂信仰的主要特徵是源自於對睡夢者的觀察以及他自述的夢境。兩者都顯示人是由若干部分組成的生物：肉體可能毫無生氣地躺在那裡，靈魂卻能夠自由運動，而即使肉體敗壞了，靈魂仍然存在，並且向生者展現自己的存在，尤其是在靈魂最容易出現的夢境裡。這些關於彼岸世界的思想，以及人類四處飄蕩的命運，或許從靈魂信仰創造出諸神來。北歐的鬼魂想像並不像東方的惡魔（萬惡之源），相反地，他們很少會顯現，也沒有什麼祓除的方法，他們和人類的不同之處，就只在於他們的力量和魔法。人們能用武器打敗他們，而他們也得遵守人間的法律，但他們的知識更廣博，力氣和本領也高於人類。這也是為何我們會以「死人的力量」（Totenstärke）、「死者」（冰島語）形容膂力驚人或是孔武有力的人。

顯靈的死者稱為鬼魂（Draug）或亡魂（Wiedergänger）。

死者會參加自己的喪禮（Eyrb. 54）。有時候，人們甚至沒由來地看到死者。傳說某個已經到英靈神殿的冰島人的墳頭曾經自動開啟，而人們也曾在月光下看到死者坐在四盞燈下而沒有半點影子。他顯得衷心歡喜，並且高聲歌頌著自己的偉大戰蹟（Nj.79）。

一般說來，「真正」的鬼魂會被認為是不得安息的，而如果在夢中顯靈，則被認為是死者不得安息；可是兩種觀點也會混為一談。在英靈神殿受到隆重接待的海爾吉，其靈魄在隨從簇擁下騎馬返回墳丘。他的妻子齊格倫跑來

見他，他們共度一晚，但在雞鳴前海爾吉就必須離開。海爾吉頭髮滿覆晨霜，身上沾滿戰場的晨露，而愛人的每一滴苦澀淚水，也都如鮮血般滴落他胸膛。但他的心上人哭了太久，使得她因為等待多時而累得睡著了，她覺得在睡夢中見到死者（H. H. II 39ff., 44）。

家喻戶曉的萊昂諾（Leonore）的故事也告訴我們，生者的淚水可能會打擾死者的平靜。古丹麥詩歌中有一段說，死後的奧格（Aage）騎士聽到其妻愛兒瑟（Else）的悲泣，於是連人帶棺來敲她的門，警告她說：

若妳喜逐顏開且飄飄欲仙，
我的墓窖將懸滿玫瑰花瓣。

若妳滿腹憂愁且眉目怏怏，
我的棺材將因血而腫脹。

曉色破空雞鳴聲催，我須遠離，
塵土終歸，而我亦歸去。

新娘的淚水竟可引誘死者如吸血鬼一般從墳墓中爬出來，這種想像無論如何都夠恐怖了。冰島的「萊昂諾傳奇」也提到這種鬼魂：

有個年輕男子曾答應他的情人，平安夜時過來接她。正當他想跨越水流湍急的小溪時，他的馬因為漂流浮冰而受了驚嚇，努力控制情勢並試圖挽救人馬雙方之際，尖銳的浮冰劃入騎士的後腦勺，騎士當場死亡。女孩等待她的情人良久，直到夜深，騎士終於到來。她默默上馬，坐在他身後，並和騎士一起騎到教堂。在往教堂的途中，騎士轉身對她說：

明月移隱向西，
死亡靜默騎行。

嘉倫、嘉倫（Garun），妳可有見到我脖後的白色污漬？

女孩其實名叫古德蘭（Gudrun），但由於「古德」（Gud）音似「神」（Gott），騎士的靈魄無法發出這個音，只好以嘉倫替代，這也是這個名字的由來。女孩噤若寒蟬，他們在沉默中繼續前往教堂。騎士在一座被挖開的墳墓前停下來，對女孩說：

妳在此等候，嘉倫、嘉倫，
直到我將我的馬、我的馬，
向東騎去，直至柵欄外。

（冰島的鬼魂是以韻文方式說話，並重複最後一個詞語。）鬼魂的話含意模糊：欲進入任何庭院的人，都必須把座騎留在花園柵欄外，以防馬兒吃掉植物，而教堂的庭院也是被柵欄（死者安息之地）包圍著。聽到這些話後，古德蘭陷入了昏迷；幸好那座墓地就在教堂掛有鈴鐺的門口不遠，她還可以拉到鈴繩直到繩子斷裂：在聲聲鈴響之下，鬼魂消失了，古德蘭也因而得救。

這其中有個美麗的暗示：在以前的古老信仰裡，憑著眼淚就可以把死者從墳裡喚起，而直到這個信仰沒落了，諸神才必須問冥界女神赫拉（Hel）拯救死去的巴德爾要多少贖金。

當死者覺得活著的人們不堪其擾，他們的鬼魂就會顯示；但是如果他們不再打擾死者，鬼魂也會隨之消失。

有個女孩夢見一個穿著針織大衣的奇怪女人對她說：「告訴妳奶奶，我再也受不了她每晚都到我的墳上禱告並且用她滾燙的淚水澆灌我的墳墓，我都要著火了。」翌日早晨，人們把祖母每日在教堂跪禱的位置下的木板橇開，在底下挖出一些醜陋的藍色骨頭、鉤子和一根巨大魔杖。人們推測以前應該

是某個沃爾娃女巫（Wölwa）或異教先知葬於此地。於是他們把屍骨埋在人煙罕至的地方，而女巫也得到了安寧（Laxd 76）。

在其他情況下，亡魂的顯靈只是要對生者暗示某個不幸的事件，可能是他預見了自身或是其他活著的人的死亡。

強壯的冰島族長索寇爾（Thorkel）和他的族人一起淹死時，他的妻子古德蘭並不知道這件事，一如往常地上教堂。她在穿過教堂外圍的大門時，看見亡魂站在她面前。那亡魂走近她說：「天大的消息，古德蘭！」她回說：「噓，你可憐的東西！」她走進教堂，聲稱看到索寇爾與其隨從返航。他們正站在教堂外面，海水不停從衣服上流淌出來。古德蘭並沒有跟他們說話，而她也似乎覺得沒什麼，於是就留在教堂中。接著她走進了小房間，以為索寇爾及他的同伴們也會跟進來。但是不見任何人的蹤影。古德蘭登時臉色大變。第二天，她便收到消息說她丈夫和同伴已葬身海中（Laxd 76）。

在基督教於格陵蘭島還沒有很普及的時代，有個女人看到死於瘟疫的鬼魂，她甚至看到自己。翌日早晨，她還沒來得及搞清楚怎麼回事就不支死去了（Thorfinns S. Karlsefnis 5）。

此外，若是人們生前還有些責任未了，例如實現其他死者的遺願，死後往往也會顯靈。生者會不斷遇到不幸的事，而被迫替死者實現死前未能完成的事，而後亡靈才能得到安息。如同人類一般，他們在溫暖的火邊會感到愉快，也會尊重人類的法律，也會被「門廳法庭」（Türgericht）拒於門外（Eyrb. 50ff.）。因為自己的罪而無法安息的亡靈則大多變成惡鬼。有一種人會偷偷**挪移界樁**而佔鄰居的便宜，死後必須在夜半時分手提盞燈到處尋找界樁原本所在之地。**丈量不公的土地測量員**死後會在溝壑裡手持火炬到處飄蕩，彷彿要重新丈量土地；有人犁壞了鄰居的田，死後則會受詛咒變成鬼火（S.）。**守財奴**片刻都不能離開他的財產。他們的藏寶地經年累月都會出現藍色火焰。與此相關的便是對墓地或墳裡的火的想像，特別是生前讓人畏

懼的人的墳墓。我們在比較古老的文獻裡就看得到關於鬼火的討論（Gulths, S.3; FAS I 434, 518; Grettis, S. 18; Nj. 78）。安剛提爾（Angantyr）及其兄弟和寶藏所在的墳墓，太陽一下山，墳頭就會出現火光，其女荷維爾（Hervor）欲穿越火焰及黑煙到死者那裡去，墳頭的鬼火就會竄高；墳裡的死者則會站在墳外的熊熊火光裡（Herv, S.7）。

　　脫離了冰冷身體的**靈魂**往往被視為火或光。民間迷信和現代靈學也有許多關於發光的幽靈的記載，例如丹麥語裡的「lygtemand」（發光的人）、「blaasmand」（著火的人）、「vättelys」（鬼火）；瑞典語裡也有「lyseld」（火光）、「lyktgubbe」（發光的人）、「Eldgast」（火靈）。如果人遇到精靈以及地妖，往往會看見鬼火和地妖的光。

　　死者的靈魂也會徘徊在他生前熟悉的東西周圍。許多民間傳說都談到鬼魂會如拜物一般，在其財產周遭流連不去。在宗教的觀點上，搶奪死者的財產是在處罰死者生前的戰場掠奪罪。後來，在維京人的打家劫舍和海盜行為中，搶奪有鬼魂看守或流連不去的寶藏，卻成了值得炫耀的英勇行為和技能。但是盜墓的過程必須和不想放棄其財產的鬼魂廝殺一番。入侵者必須砍下死者的頭（靈魂的居所）、塞在他的胯下並焚燒屍體，才能夠佔有死者的寶藏。關於「強者格雷提」（Gretti der Starke）傳說裡就有許多這種故事（K.18），茲舉一例：

　　格雷提看見山坡上出現熊熊火光，推測該地埋有寶藏。他知道那座山坡原本有個墳墓，而且可能是屬於長老卡爾（Kar）的。地下墓穴有堅固的樑柱夯入；死去的長老在椅子上，四周堆滿了金銀珠寶。長老的鬼魂到處作祟，把附近農民都嚇跑了，於是他兒子把整座島都買下來。格雷提一直往下挖，直到碰到木頭，於是用斧頭劈開木頭，鑿了個僅可容身的洞，讓同伴抓住繩子一端，他把另一端綁住自己垂降下去。墓穴中噁心的霉味讓他差一點暈過去，他發現馬的骨骸、撞到椅子邊緣，看到椅子上坐著一名男子，腳下踩著滿是黃金白銀的容器。格雷提正要把繩子綁在木箱上，驀地發覺後面有人抓住他。於是兩人展開一場惡鬥，把四周的東西都撞爛了。墓穴的主人攻勢猛

烈，使得格雷提只有招架之力。他們誰也不讓，格雷提意識到他必須用盡全力才能脫困。他們扭打在一起，到處翻滾。他們滾到馬的骨骸處，緊抓對方不放，雙腿跪倒。最後，墳中鬼魂仰天摔倒，聲響有如雷鳴。格雷提墳外的同伴嚇得做鳥獸散。格雷提迅即拔出寶劍，使得死者身首異處，並且將冤魂的頭顱置於其胯下。在朝露中，格雷提終於從墓穴裡爬了出來。

另外兩個故事都有極為誇張的元素：

霍爾德（Hörd）和十一位同伴去盜挖維京人索提（Soti）的墳墓，一直挖到了底層的木頭。第二天早晨，所有東西竟回歸原狀。這種情況持續了兩天，後來有個身穿藍色大衣的男子（奧丁）揮舞寶劍插進縫隙。到了第四天，他們終於劈開木頭，發現墓穴的入口。恐怖的毒氣從墳墓中竄出，毒死了兩名同伴。霍爾德小心翼翼地沿著纜繩垂降到墓坑裡，看到一個「鬼魂」坐在一艘滿載金銀財寶的大船後側。接著一聲轟然巨響，煙霧從墓穴裡冒出來，撲熄了所有的燈火。死者以詩歌警告他們不得掠奪他的財物。但是霍爾德不為所動。於是惡鬼欺身上前，緊抓他的上臂，直到霍爾德的同伴點燃火把。幽靈隨即消失，卻預言說，霍爾德盜取的金戒指會使其日後所有的主人命喪黃泉，直到戒指落入某個女子手裡。在晨曦中，所有把風的同伴都嚇得落荒而逃，霍爾德才從墳墓爬上來（Isl. S. II 44）。

從前有個戰士索恩（Thrain），他驍勇善戰而且會魔法，在一場戰役裡身受重傷，於是把自己和他的銀槲劍（Mistiltein）以及其他寶藏一起活埋在墳墓裡，成了墳墓裡的死人。後來，洛蒙德（Hromund）找到了墳頭。他花了六天的時間拚命挖，在墓室裡看到一個穿金戴銀的胖黑男子坐在椅子上。他見到洛蒙德便大吼一聲，從嘴裡噴出火焰。洛蒙德拔劍要除去鬼魂，可是鬼魂挑釁要他拋下寶劍，赤手空拳和鬼魂搏鬥。於是洛蒙德把劍丟到一旁，和鬼魂拳腳相向。他們酣戰數百回合，洛蒙德終於把鬼魂打到在地。當鬼魂把自己的故蹟都告訴洛蒙德以後，洛蒙德便砍下他的頭，付之一炬，帶著珠

寶離開墳墓（FAS II 368 ff.）。這個故事也成了田納爾（Tegnér）後來描寫弗里斯約夫（Frithjof）如何從他父親那裡繼承戒指的題材（III. Gesang）。

幽靈和鬼魂的生命力極為堅韌，怎麼殺都殺不死，人們必須採取特別的方法，才能不讓他們危害人間。

有個冰島人生前作惡多端並且死於非命。人們想要埋葬他，但是他的屍體太重了，抬棺伕根本抬不動，於是把他丟下就跑掉了。日落後，外頭陰森恐怖，每個人都很害怕。有個牧羊人走失了，後來尋獲時已經死去多日。人們嚇得都不敢住在那裡。這個惡靈又殺死更多的人，最後人們只好架起柴堆，把腫脹成藍色的死者火化，再把骨灰撒入大海。有一頭母牛舔舐沾到骨灰的石頭，生了一頭邪惡的小牛，使得農家遭遇不幸：由此可見，就連這種激烈的作法也沒辦法消滅這個魔法師的靈魂，相反地，他會附身在小牛的身體裡（Eyrb. 34, 63）。

化為鬼魂到處遊蕩作祟的魔法師（Laxd 37），人們必須把他從墓穴裡挖出來，砍下他的頭，用木樁刺穿他的胸膛（Saxo 26, 163），或將他的屍身火化再撒到大海（Laxd 24; A'ns S. Bogsv. 5）。

拉普（Hrapp）生前是個討厭鬼，鄰居都很憎恨他，他們經常起衝突。他在世時就已經很難搞了，死後更是變本加厲。他的鬼魂到處出沒，害死了許多僕人，讓鄰居非常困擾，也使得村子裡愈來愈蕭條。於是人們把他的屍骸挖出來，改葬在人畜罕至之處。在那裡，拉普的鬼魂不再那麼頻繁出沒。後來他再度作祟，在穀倉門口撞見一個人，折斷他的長矛。於是人們又把他挖出來，發現屍體竟然沒有腐爛，於是他們架起柴堆把拉普火化，把他的骨灰撒到大海裡。從此以後，拉普的鬼魂再也沒有出沒作祟（Laxd 18, 24）。

正如同砍斷死者靈魂所在的頭顱，會讓靈魂真正死去，穿刺屍體也能消

滅還沒有完全死去的生命。在格陵蘭島，人們把死者埋在他們臨終的庭院裡，並用木樁刺穿死者的胸膛（Thorfinns S. Karlsefnis 5）。

奧斯孟德（Asmund）首先埋葬死去的胞兄，再放進套上鞍具和韁繩的馬以及武器盔甲，最後，如同他所承諾的，他也隨著蒼鷹和狗一起進入墓室。在地下，他的胞兄全副武裝坐在椅子上。奧斯孟德也帶了自己的座椅到墓穴裡坐在一旁。接著，人們把墳頭埋起來。第一晚，坐在椅子上的死者站起來，把蒼鷹和狗殺死吃掉。第二晚，他殺了奧斯孟德的馬，吃其肉、喝其血，也要奧斯孟德一起分享。第三天夜裡，他扯下熟睡的奧斯孟德的耳朵，奧斯孟德因而驚醒。於是奧斯孟德取出劍，割下兄長的首級，並將他化為灰燼。奧斯孟德最後爬出墳墓，並且帶走所有陪葬品（40；FAS）。在其他傳說中，在墳中經歷一番慘烈廝殺之後，他哥哥扯下他的左耳、割傷他的臉，但是倖存的奧斯孟德用寶劍砍下墓中吸血鬼的頭顱，並且用木樁刺穿作祟的屍身（Saxo 161-163）。

在丹麥，為了防止死罪犯死後的亡魂回到人間，在以斧頭砍下首級之後，會把頭顱擺在胯下。許多無頭鬼魂的傳說都和這個信仰息息相關。在瑞典，人們會在亡魂和惡靈墳上堆砌石頭，也是要防止他們返回地面。

但如果有人使無法安息的死者得到安寧，死者也會表達感激之意。

佩爾・巴茲曼（Pelle Batsmann）在一片荒涼的岸上登陸並且睡著了。一聲巨響把他驚醒：他看到兩個死人正激烈地扭打。被壓在下面挨揍的人告訴佩爾，因為他生前欠對方的錢，所以每晚都會從墳墓中被趕出來揍一頓。於是佩爾替他還了錢，而那不得安息的鬼魂也得到永遠的平靜；這鬼魂於是承諾，以後佩爾遇到危險的時候，只要呼叫他，他就會現身幫助他。

安徒生童話中的《旅伴》也很生動地描寫這個主題：兩個男人因為死者欠他們的錢，於是他們想要把屍體丟到荒郊野外，就像對待教堂前的流浪狗一樣，約翰尼斯見狀把身上所有的錢都拿出來替死者償債。那個死者就成了

約翰尼斯的旅伴，在他追求公主時把謎底洩漏給他，最終並讓他救出被巫師的魔法困住的公主。

無所不知的死者

安撫靈魂不僅僅讓死者滿足，甚至可以得到死者的幫助和建議作為回報。無論是在家裡、田裡、牧場或戰場，友善的鬼魂往往都可以適時伸出援手；人們可以藉由靈媒得到他們的建議。死者足不出墳墓，就可以知道世上所有事，也會興致勃勃地插手干預。人們可以問他重要的事，往往不會空手而回。當靈魂飄浮在他們的屋子窗外時，就已經擁有了預見未來的能力。

傷重垂危的齊格蒙（Sigmund）預言說他的遺腹子齊古爾長大會成為一個大人物。布倫希爾德胸前被利劍刺穿而命在垂危時，也預言古納爾及其親屬的命運（Sig. III 52 ff.）。

當法夫尼爾（Fafnir）被齊古爾砍至重傷，法夫尼爾陰險地詢問聖者的姓名。齊古爾沒有說出真名，隨口說了個假名字，因為「根據故老傳說，垂死者的話語威力驚人，尤其是當他詛咒他的敵人時。」（Fáfn.1; Saxo 254; FAS III 344, 589）

有許多不同的方式可和死者溝通，其中包括某些儀式行為，包括民間的招魂儀式，或是諸神的祭祀，我們會在「魔法與預言」裡闡述。直到十二世紀時，住在奧克尼郡的挪威人也提到他們如何在墳前過夜以獲得死者的建議和預言。死去的靈魂會從墳裡出來告訴他們種種消息。

兒子到墳前求死去的母親幫助他。在《埃達詩歌》的許多歌曲裡都提到在沃爾娃女巫墓前的神諭；女巫會走出石墓，當她傳達神諭之後，就會回到墳墓裡（Vǫl.; Baldrs dr.; Hyndl.; Svipd.; Helreiþ）。

索爾問奧丁（Harbard-Odin，「Harbard」是奧丁的別名）在哪裡聽來那

些輕蔑的話語，奧丁回答：

> 從那些已存於世上良久，
> 以墳墓為鄉的好友。

索爾則說：

> 啊，你把墓丘稱為家鄉，
> 給墳墓起了如此美名（Hárb 43-45）。

　　一般習俗都是**坐在戶外**召喚惡靈或是墳墓的死者問事。在冰島和法羅群島，人們則必須露天坐於十字路口，特別是在耶魯節[1]夜裡或新年前夕執行。要向死者探聽消息的人，必須躺在四條路的交叉口，用牛皮覆蓋身體，手拿鋒利的斧頭：接近子夜時分，已故親友將從各個起風處而來，告訴他想知道的過去及未來，也會賜予黃金珠寶（見「家神與地靈」一節）。冰島人會嚴格區分亡魂以及祈請的靈魂，亦即被人喚醒或被迫做什麼事的鬼魂。如同上古時代，人們至今仍然會招魂以得知未來，或是役使他們去傷害對手。冰島的民間傳說故事裡就充滿了「役使」的故事。在沒有咒語的古代，招魂並不是透過語言，而是透過象徵性的行為：

　　法羅群島的族長特朗德（Thrand）用四座柵欄在家中圍起封閉的矩形，並在裡面點燃大火；他繞了九圈，在火堆與木欄之間坐下，並吩咐在場的人肅靜。俄頃之間，一名男子走進來，全身濕透，人們認出他就是死去的埃納（Einar）。他走向火堆暖暖手，然後轉身離去。不久之後，索利（Thori）以同樣的方式出現；最後則是浴血的「布列斯提之子」齊格蒙（Sigmund Brestisson），手上甚至提著他自己的首級。他離開後，特朗德站起來深吸一

1　耶魯節（Julnacht）為北日耳曼民族的宗教節日，現代聖誕節的前身。

口氣，解釋這三人各自如何喪命：首先，埃納應是在水裡凍僵而淹死的，索利及齊格蒙都安全上岸，卻在疲憊的狀態下被殺死（Fär S. 40）。

死者的棲止地

死者的棲止地自然是墳墓，也就是地底下。墳墓叫作「赫拉」（hel），自遠古以來都會模仿家裡的擺設。漸漸地，人們也把冥府「赫拉」想像成雕樑畫棟、觥籌交錯的大廳。正如英靈神殿（Walhall）的金碧輝煌，到處都是裝飾品及武器，冥府「赫拉」則是以黃金鋪地，到處都是閃爍的盾牌和耀眼的臂環（Baldrs dr. 6. 7）。但是在富麗堂皇的擺設背後，那裡的生活其實是恐怖且不自由的。

地下的鬼魂如同人類一般，也會逐漸形成政治組織，有統治的神或女神，就像國王和王后。希臘的冥王黑帝斯（Hades）和日耳曼的冥界女神赫拉都主司冥界入口，「hades」意為「看不見的地方」，而赫拉則是「墳墓」的意思。在上古時代，死後的生命住在「無善無惡的彼岸」：好人死後會去的「極樂世界」（Elysium）或「英靈神殿」，以及懲罰惡人的「地獄」（Tartaros）或「尼夫赫拉」（Niflhel）之類的語詞，則是後來才出現的。

古北歐語中的「靈魂」（ǫnd）也有印歐語裡「氣息」（anan）的意思，發音也和希臘文的「靈魂」（anima）雷同：因此，靈魂與風息息相關。生命氣息從固態的身體裡逃逸，在空中飄浮，靈魂便如暴風雨一般飛來飛去。為德不卒而無法進入天堂，或是罪不至下地獄的靈魂，會成群結隊出沒劫掠，也就是「靈魂野獵」（Wilde Jagd），在挪威叫作「閃電雷鳴」（Aasgaardsreia），即瑞典語的「Aaskereia」，「aska」（閃電）和「reid」（雷鳴）。這群鬼魂的首領是古魯瑟（Gurorysse）或瑞沙羅伐（Reisarova），亦即古魯史旺（Guroschwanz，古北歐語中的「gýgr」，指「女巨人」）和「飛毛腿」齊古德（Sigurd Snarenswend）。群鬼在水上陸上游蕩，掠奪人畜，而他們的出現代表著戰鬥和死亡。人們聽到群鬼飛來時，必須趕緊閃避或趴下。他們把馬鞍隨手扔到人們家裡的屋頂，馬上就有個人會死。為了躲避「閃電雷鳴」，

人們會準備類似聖誕節的大餐，並且在庭院中暢飲啤酒；到了隔天早晨，所有東西都吃光喝光，而「這就是我們至今的過年習俗」。

　　如果說暴風雨意味著成群結隊的靈魂肆虐，那麼當風雨停歇，靈魂肯定需要一個休息的地方。風起於山上，也會回到山裡。因此，群山就是死者的家。

　　弗羅西（Flosi）夢見他到外面去，看到一塊巨岩。巨岩竟自動裂開，一個男人（山怪）從裡頭走出來，身披山羊皮，手持短戟，他前前後後呼喊了朋友的名字。接著他突然大聲尖叫，將短戟猛刺地面。對弗羅西來說，這夢境就代表那山怪呼叫的所有人最終都會淪為「懦夫」，亦即隨著死亡腐敗毀壞（Nj. 134）。

　　「大鬍子」索羅夫（Thorolf Mostrarskegg）的從屬都相信他們死後會到聖山赫拉克法山（Helgafell）（Landn II 12）。

　　「吃鱈魚者」索斯坦（Thorstein Thorskabit），索羅夫之子，在捕魚時發生了意外。某個牧羊人在夜裡看到赫拉克法山開啟，其中有熊熊燃燒的大火；他聽到四面八方而來的噪音及號角聲響，索斯坦在同伴簇擁下坐到父親對面的高椅上。為了不要趕走此地的鬼魂，也就是山中祖先的亡靈，沒有梳洗過的人不准進入赫拉克法山，同時，人們也不准許在那裡殺人；誰都不得以鮮血或其他不潔的東西玷汙和平之所（Eyrb. 4, 10, 11）。

　　賽索利族（Selthori）據傳死於索利堡（Thorisbjörg），克拉古瑞達（Kraku-Hreidar）則選擇在麥利菲山（Mälifell）終結生命（Landn II 5, III 7）。

　　雅納約德（Bjarnarfjord）傳說史旺（Swan）在湖邊抓魚時，被暴風雨侵襲而不支落地。但在卡巴克（Kaldbak）[2]的漁民相信，他們曾經看到史旺走進卡巴克洪山（Kaldbakshorn），並且受到竭誠歡迎。但是有些人反對說：不論生死，大家都知道史旺失蹤了（Nj. 14）。

　　被殺害的齊古爾伯爵出現在奧克尼群島的哈瑞克（Harek）面前，並在

2　法羅群島上的城市。

山間接走他，而人們從此就再也沒見過哈瑞克的蹤影（Nj. 158）。

有個冰島人聲稱曾見到地靈（Landgeister）在半裂開的山裡，準備要對抗基督教（FMS II 215）。巨人亞曼（Armann）據說在冰島亞曼非山區的（Armansfell）某個山洞裡死去。史威迪國王（König Sveigdi）則是被侏儒騙到深山裡，因為侏儒說他會在那裡見到奧丁（Yngl. S. 12）。

在丹麥民間傳說中，奧姆（Orm）到已故的父親齊格菲（Siegfried）所住的山上，懇求他賜予寶劍。「丹麥人」霍爾加（Holger Danske, Oddgeir der Däne）坐鎮於哥本哈根附近克隆堡（Kronborg）的地底岩石下，身穿鐵甲，強壯的臂膀支撐著頭；長鬚垂到大理石桌下並且持續增長，他在睡夢中見到人間的丹麥王國的所有事情。如果丹麥有危難，老霍爾加便會起身而牽動他的鬍子，大理石桌因而破裂；接著他會趨前捶打桌子，以至於全世界都聽到轟然巨響。

赫拉克法山的故事顯示了祖先崇拜的習俗。我們也在冰島著名的殖民故事裡看到更生動的表現：

聰明的奧德爾（Audr）來到了冰島，她是來自都柏林的挪威王「白人」歐拉夫（Olaf der Weiße）的遺孀。雖然她已經領洗且相當虔誠，卻仍然以投擲獵人木屋的木椿的異教方式找到落腳處。她在山上找到她的禱告地點，架起十字架，因此，這些山頭被稱為「十字架山丘」（Kreuzhügel）。年老時，她替她的孫子，同時也是她家產的繼承人，舉辦了輝煌的婚禮，他們邀請所有親屬。她替他們準備了美味佳餚，慶祝了三個夜晚，最後，她替朋友們挑選禮物並告訴他們，喜宴還會持續三晚，但也是她的最後一餐。她的屍體被放在船上，有許多金銀珠寶陪葬；整艘船被埋在山上。她的後人則繼續信仰異教，相信古時死者都會走進這個十字架山丘，在那裡繼續活下去。隨著祭品的增加，他們甚至在那裡建立寺廟和祭壇（Landn. II 12, 16, 19；Laxd 5. 7）。

在命運的獨特諷刺下，他們的祖先的祈禱所被改建成異教的祭壇，冰島

最早的基督徒在死後竟然變成後人諸神崇拜的先驅和世世代代的守護神。

祖先崇拜和英雄崇拜

　　正如逐漸充足的生計照顧使得人們從家庭和家族進一步發展出早期的組織，人們也從處處可見的鬼神崇拜發展出了更明確的**祖先崇拜**。不僅只有近親屬才會以酒食祭祀死者，家族所有人都會如同崇拜神明一般供奉自己的宗族或家族死去的親人。如果某個祖先又有些英勇事蹟，祭祖的習俗就會升格成**英雄崇拜**：他們首先會被奉為家族的守護神，接著又變成國家的守護神（Schirmherr，希臘文「hērōs」即「受尊崇者」的意思）。伊底帕斯（Oedipus）想要死後安葬在慈惠女神（Eumenides）的聖林裡，以威嚇底比斯人，如果有一天兩國起衝突時，也可以幫助雅典對抗底比斯。基督教則以殉教者和聖人取代英雄的地位；他們的遺骸被視為守護城市和國家的象徵，如同以前的墳墓和英雄紀念碑一樣。被埋在地下且豎立紀念碑的英雄，對日耳曼人而言，也是國家守護神。

　　人們如何從死者在死後對於其財產的關心發展出祖先崇拜，我們可以從以下故事中一窺端倪：

　　在冰島，年邁的奧德（Odd）覺得自己大限將至，於是要朋友在他死後把他安葬在史坎尼山（Skaneyberg）：他可以從那裡俯視整個暴風之國（Hönsa-Thoris S.17）。

　　拉普難敵歲月的威力而臥病不起，他要妻子在他死後以豎立的方式把他葬在鍋爐房的大門外，好讓他看到他的庭院（Lax. 1; S47）。

　　克里姆‧康本（Grim Kamban），法羅群島的第一個定居者，在他死後仍「因為大受歡迎」而一直有人祭祀他（Landn. II14）。

　　生前聲譽卓著的人，死後往往都會有人祭拜以祈求幫助；但是如果遇到歉收，人們可能會認為他們是惡靈或妖怪（FMS X211）。

　　有如神明一般的國王，他的血源可能來自諸神，死後也會被尊為神。他的葬禮會很隆重盛大，備極哀榮，把他視為英雄或神明。從凡人到英雄或神的轉變，也可能以很簡單的方式呈現：

　　維京人伊瓦（Iwar）是「毛褲子」朗納爾（Ragnar Lodbrok）的兒子，他在英格蘭過世前，要人們把他埋在國家可能面臨侵略者的要塞；他說，敵人永遠沒辦法在那裡登陸。而也確實如他所預言的，侵略者每次推進到他的墳墓前就會敗退，後來征服者威廉在攻城掠地時，就先把伊瓦從墳裡挖出來，卻發現其屍身並未腐壞。征服者威廉架起巨大的柴堆火化伊瓦的屍體。如此一來，他成功登陸並且所向披靡（Ragn. Lodbr. S. 19）。

　　古德蒙（Gudmund）國王去世後，人民把他奉祀為神（Herv 1）。諸神把奧提努斯（Othinus）趕走，改立奧勒魯斯（Ollerus）為王，不僅繼位統治國家，也繼承了他的神性，宛如尊奉為神和選立為王是同一回事（Saxo 81）。

　　丹麥國王哈丹努斯（Haldanus）在瑞典備受尊崇，人們都認為他是雷神索爾之子，因此也尊奉他為神，並且以國家祭典奉祀他（Saxo 220）。

　　瑞典人崇拜因為不凡事蹟而得到永生且成神的人：例如他們的國王埃里希（Erich）（Ad. Br. IV26）。當瑞典人得知聖安斯卡（Anskar）[3] 想到北方傳教，有個男人在魔鬼驅使下，到處對人說他參加當地諸神的會議，他們要他告訴國王和人民說：「你們一直以來享受著我們的庇佑，並且在我們的守護之下，你們的祖先和家園長期享有幸福、和平及富足，也以獻祭我們作為交換。我們悅納你們的供物。但是現在你們的獻祭卻愈來愈隨便，更讓我們不高興的是，你們竟然供奉外來的神。如果你們還要我們庇佑你們，就必須獻上更多的供品，並且立下更重的誓，絕不奉祀另一個神，尤其是他的教義和我們牴觸；也不可以崇拜或禮敬他。你們若認為我們做得還不夠，還需要

3　譯註。聖安斯卡，曾為漢堡不萊梅大主教區之主教，因將基督教帶往北方的傳教任務，故亦被稱為「北方的使徒」。

更多的神，我們准許你們從前的埃里希國王成為我們的一員，所以他現在也成為神。於是瑞典人為剛去世的埃里希國王建造神殿，歌頌且供奉他（V. Anskarii 26）。

「蓋斯塔的精靈」歐拉夫和「黑王」哈夫丹（Hafdan der Schwarz）的故事也提到國王死後如何被奉為神明：

當歐拉夫國王死於蓋斯塔時，人們在他墳頭獻上豐盛的祭品，而他也被尊稱為「來自蓋斯塔的阿爾夫」（Alf von Geirstad）（FMS IV27, X212; Flt II 7）。

國王哈夫丹被肢解埋在不同的墳丘裡以保佑當地人民，而哈夫丹自己受到如神明一般的崇拜（Halfds S.9; Fagrsk. 4）。

「愛瑟神族」（As）原本的意思是「生命氣息」，正如拉丁文裡的死者「靈魂」（anima），後來漸漸變成神化的人類的稱號。戰功彪炳的人，哥德人會稱之為安薩（Ansc），亦即「半神」（Jord. 13）。愛瑟神族最初也都是戰績顯赫的英雄，後來被擢升為神，或是死後被尊為神的諸侯。北方的國王會成為北方天空的愛瑟神族。他們不完全是神，而只是半神。國王生前被尊為神之子，更得到人民如神明一般的崇拜，他們把已故國王的靈魂尊奉為忠實的守護者和支持者。因此，他們也會想像古老且偉大的諸神會引領他們喜愛的人民回到家鄉。有著神性血源的國王和王子、祖先是古代神族的貴族，當他們如哈定（Hadding）一般為奧丁犧牲、如海爾吉一般以自身獻祭奧丁，或者在戰場上英勇戰死，死後都會進入英靈神殿，連同他們的戰爭和殺戮一起被神聖化。以自身獻祭的英雄得到「英靈戰士」或是「愛瑟」的光榮稱號，並且在祭祀儀式中以「奧丁之子」的姿態繼續存活。他們雖然離開地上的統治區，在天上仍支配並保護著祭祀他們的族人。雖然愛瑟和英靈戰士並不相同，但是祭拜且神化祖先靈魂的觀念是一致的。不過後來的人漸漸忘記愛瑟神族其實源自祖先崇拜的宗教觀念，到頭來，「愛瑟」也用來指稱整個大自

然（古北歐語中的「tivar」）在天上的神聖統治者。

正如這兩個層次的宗教思想的相互撞擊，也產生了精靈和巨人。以前諸神源自祖先的靈魂，現在則是各種精靈。這種精靈，如自然現象一般，有一部分是人的形象，一部分則是各種動物形態。具備人的形象的，仍然異於常人，不是比人類矮小（侏儒），就是比人巨大得多（巨人）。我們沒辦法從靈魂信仰直接推論出精靈和巨人，他們是從靈魂信仰到自然崇拜的過渡產物：他們缺乏神明所顯現的純潔而美好的人性特質。

上面的例子，特別是赫拉克法山和歐拉夫王的故事，在在顯示了「精靈」的概念其實源自對於偉大的祖先的崇拜。或許「精靈」也可用來稱呼死後沒沒無聞的人們。

死後成為英雄是很光榮的事。並不是所有人都會升天，大部分死者都是成群進入山裡。若沒有混雜巨人和諸神信仰，應該就只有英雄的英靈以及愛瑟神族的故事。

巴得（Bard）是巨人國王篤姆（Dumb）的兒子，他遠離人類社會，住進冰山中的洞穴。比起人類，他的身材和力量都更接近山精（Troll）。附近居民稱為雪山的愛瑟神族，因為他們奉他為神。人們遇到危難時，會向他許願，而坊間也流傳著許多他如何幫助眾人的故事（Bardar 8.6.）。

史文菲爾山（Swinfell）的精靈或巨人都被稱為山中的愛瑟神族。弗羅西（Flosi）就曾被斥為史文菲爾山上居民的情人，傳說中，他每天晚上都會變身為女人（Nj. 124）。

索薩族（Thursen）也被理解為英雄。他們並不屬於一般住在冥界的死者，而是住在冥界附近。正如被奧丁救活的女先知，全身覆著雪、被雨水淋濕和沾滿晨露，死去的海爾吉也滿頭霜露，身體也濕漉漉；住在冥界附近的索薩巨人或是霜怪（Hrimthursar）也是如此。正如天界的靈魂，他們也無所不知，最早的霜怪也是很有智慧的。他們的祖先，古老的霜怪尤彌爾（Ymir）就被認為是「智者」（Vafþr.. 33. 35）。但更有智慧的是密密爾（Mimir）。他的

首級埋葬之處正好是他的地下墓穴，而頭顱既是靈魂的居所又能提供神諭，因此，他的墳墓是降示神諭的聖所，甚至曾為奧丁提供建言。就連命運女神諾恩（Nornen）也是住在地下的霜怪。充滿智慧且威力無窮的諾恩女神的大廳就在世界樹下面（Vol. 20.8）。但若索薩巨人是在地下宣布神諭，他們就和所謂的「山怪」（Bergriesen）沒有任何關係；只有當他們被更年輕的神族驅趕時，索爾才成為大自然力量化身的霜怪的對手。

在墳丘上流連徘徊、能知過去未來的英雄，正如死者的靈魂會以**蛇或龍**的形象出現，或者如藏身在墳墓旁的動物，他們會突然神祕地出現和消失。巨龍法夫尼爾的寶庫是相當寬敞的墓穴，死者被埋在一大堆人間財寶中間。齊古爾曾經逼迫巨龍說出神諭。死者的血液甚至有神奇效果：齊古爾能夠聽到或看到鳥的神諭，也就是以鳥語傳達的預言。作為看守自己的寶藏的靈魂，巨蛇也是墓穴寶藏的守護者，但是作為英雄，牠又有預言的神通。維京人勇士布伊（Bui）在卓魯嘉瓦戰役（Hjorungawag）之後，隨著兩箱沉重的黃金跌落水底。人們都相信他變成恐怖的巨蛇，盤旋在黃金中間，泅游在每個峽灣裡：天色將晚時，人們經常可見到這樣的大蛇（FMS XI 158）。洞穴和死者聖地是惡龍傳說中的基礎。此後，巨龍和黃金就密不可分，現在仍然有「貪婪如龍」（Geizdrache）的說法。而在霜怪的地下居處旁、躺在世界樹根的尼德霍格，也是出自這個背景。

第二章

睡眠及夢境對於神話想像的產生的意義

普通的夢境

對於靈魂不滅的想像而言，夢的現象具有重要意義，或許夢境正好是靈魂信仰產生的誘因，也是靈魂影響人類生活的媒介。在人們對於自然法則以及心理世界茫然無知的時代裡，夢境往往被視為真實的東西，也由此產生靈魂信仰。如幻似真的夢境會讓任何民族或時代的人們聯想到鬼魂。在泛日耳曼語系裡，「夢」（古北歐語「draumr」、中古高地德語「troum」及現代英語「dream」）和「鬼魂」（古北歐語「draugr」、現代挪威語「Draug」，以及古代高地德語「gitroc」）有關；同時，人們在睡夢中受到惡魔的驚擾而不得安寧，也被稱為「drau(g) wmós」：夢就是死者或是靈魂的顯現。「作夢」（träumen）這個動詞也透露了日耳曼人如何深信夢的世界具有客觀性。「作夢」意指著「進入一個叫作『draumr』的狀態」。我們在夢裡看到的**人們**，被認為是使我們作夢的原因；在古北歐語裡，原本不只是叫作「使我夢見」（mich träumte），一般會說「那個人使我夢見」（der Mann hat mich geträumt）。夢的現象不是指夢的內容，而是指誰讓沉睡的人作夢：顯然，夢境是擾亂安寧而令人害怕的現象。

同樣的神經刺激會**讓不同的人作相同的夢**。每個人或多或少都在夢中有過飛行、飄浮或摔倒的經驗，那是因為我們在睡眠時的呼吸比較自由而輕鬆，腿部肌肉也比較放鬆。由於這種知覺現象，使得人們深信靈魂的形狀就像是鳥、昆蟲或其他動物。當被子掀開、身體一部分暴露出來，便有了赤裸裸的感覺：這也就是在鬼故事裡反覆出現的主題，當人們在睡覺時遇到夢魔（Alp），他就會變形為裸女。**夢魔**是最普遍也最古老的夢境；夢魔的原因大抵上都是呼吸障礙，或是空氣混濁使得血液的含氧量降低。睡眠時呼吸中斷的過程一般是漸進的，而對沉睡的人來說，呼吸障礙猶如敵人猛然欺近，突然踢他或壓住他。

一般說來，對於夢中出現某種生物的解析，一開頭都會說：「這肯定是某個大人物的靈魂化身『芙格葉』（Fylgjen）。」夢和鬼魂的密切關係不是

什麼巧合，我們可以由此證明靈魂信仰起源於夢境。北歐人幾乎沒有任何哲學思考的需求，因此我們也能夠理解為何北歐的靈魂信仰不夠深廣，而只在和靈魂的直接接觸（即夢境）時才會承認它的存在。

北歐人對於夢境的偏好幾近於瘋狂，幾乎每個傳說都會提到重複出現的夢境及其相關的討論或解釋。某些人有作夢和解夢的特殊天賦。有個女人曾說：「總是在夢中意識到可能會發生某些事。」（Fóstbr. 97）而另一個男子則說：「他比其他人更知道如何解釋夢境。」（Thorst S. Siduh 3）沒辦法作夢甚至是一種疾病。從來沒有作過夢的國王哈夫丹向一個智者請教意見（FMS X169）。無夢的睡眠對人沒有益處，因為從沒有作過夢是違反人的天性（FMS VI198）。

夢的解析並沒有一定的規則，也不會有科學對話，有的只是靈光乍現。因為作夢者很少對夢境的解析感到滿意，而都會說一定有更好的解釋（Gunnlaugs S.1）。

然而，人們相信經過正確解釋的夢境一定會應驗。而我們也發現某些人們作了不安的惡夢卻羞於啟齒，因為他們个想聽到不好的解釋（FAS III560; FMS VI402），而人們也不太願意解釋別人的夢，免得讓他感到憤怒或羞恥（FAS I371, III560, FMS VI402, VII 163, X 312）。若認知到夢裡預言的命運是不可避免的，那麼人們就必須有點英雄氣概。日耳曼人很宿命論，三句話不離命運，他們把生活裡的各種機遇都歸因於神諭，如果他們覺得該來的就會來，在面對危險時也就能不驚不懼，正如日耳曼人在大雨如長矛一般落下的惡劣天氣裡奮勇向前衝。而如同他們對於諸神命運的一貫解釋，他們也會透過夢裡沉默卻固執的事件解釋自己的遭遇。古納爾的妻子葛蘭沃（Glaumwör）夢見死去的女人闖進屋子裡，想要綁架古納爾。葛蘭沃相信那是命運女神要來警告且保護她。但古納爾回答說：

> 預警遲來，決定已非我之力能移……
> 雖然我極端懷疑我們的生命會如此短暫（Am. 27, 28）。

古德蘭後來也對丈夫阿特利承認說：「夢境並不美好，但他們會成真：你的兒子們會被人殺死。」（Vǫls. S.33）他們基於這種信念，發展出執拗頑固而宿命的心態。夢境不能阻止英雄往既定的目標前進。

英雄們再怎麼警告，戰士還是不會放棄（Am. 30）。

基於宿命論的一貫邏輯，人們相信夢境會帶來死亡，亦即，死亡被當作是夢境的直接結果（Isl. S. II. 67）。

人的靈魂往往會以動物形態出現在夢裡，不只是個魅影而已，而守護神的各種化身（Fylgja，「菲爾佳」）也會以動物形象出現在人們的夢裡，如狼、熊、北極熊、野豬、鹿、牛、馬、狗、鳥、老鷹、烏鴉、天鵝、獵鷹、隼、蛇或巨龍。霍格尼的妻子寇絲貝拉（Kostbera）夢見一隻老鷹飛進開放的大廳，這預示了大難臨頭；牠渾身濺滿了血，她非常氣憤，相信她認出了匈人王阿特利（Am. 18）。弗里斯約夫（Fridthjof）的父親認為出現在他夢裡的熊與狼就是翌日早晨將要襲擊他們的敵人（FAS II 413）。

古代北歐人透過夢境揭開未來的神祕面紗，而使得他們想要深入了解周遭世界，特別是出現在重要夢境裡的地方。嶄新的、原始的、沒有染汙的事物的神聖性，在這其中也扮演了重要的角色，正如人們至今仍會遵守民間信仰，會特別注意關於入厝或是身處陌生環境的那種夢境。為了解釋關於未來的夢境，哈夫丹國王在智者友人的建議之下，到豬圈裡過了一夜（Halfd. S. SV.7, FMS XI, 169）：在奧地利和巴登地區，傳說在聖誕節的時候，豬的叫聲有預言的力量。

出於同樣的原因，格姆（Gorm）國王在其妻建議之下，在入冬的第一夜以及其後兩晚都在剛落成新屋的房間內過夜（Jómsvík. S.2.; Saxo 319）。

女王奧德（Aud）讓她的丈夫在偏僻的房間內鋪好一張床，在那裡，未來將藉由夢境向他開展（FAS II 247）。

為了可以作夢，某個冰島人躺在全新房間內的新床上的新位置（FMS V

334）。

　　某個男子欲從兩個具有法術的兄弟那裡得知殺死自己兄弟的凶手所在，他們將自己關在偏僻的小屋中三天，後來就指出逃犯的藏身之處（FAS II411）。

　　這種夢境和神殿裡的夢占（Inkubation）有異曲同工之妙，也透露了和催眠術的關係。病患由於信仰神，而在聖地裡特別有感應，這種「暗示作用」（Suggestibilität）會在各種手段下提升到出神的狀態。但現代物理如何解釋超自然現象、如何持平詮釋神話傳說，這已經超出神話的研究範疇。

夢魘

　　「夢魘」（德語「Alp」，古北歐語為「alfr」）既是「幻靈」（Truggeist，古斯堪地那維亞語「rbhu」；希臘文「elephairomai」），也是「侵入者」（古北歐語「troda」、古代高地德語「tretan」）的意思；這兩個字說明了鬼魂是「汙穢不潔的惡魔」的形象。泛日耳曼文化中，「死者」叫作「瑪拉」（Mare，古北歐語為「Mara」；印歐語中字根「mer」有「死亡」之義），這也說明了靈魂、死亡和夢的關係。後來「瑪拉」也和希臘文的「命運」（moros, moira）組合成一個詞「meiromai」：「分配」給每個人的另一個我，也就是他的心靈；希臘文化裡，它發展成命運之神，而在日耳曼文化中，卻變成「撲人鬼」（Druckgeist）。但我們不可因此推論說，因為惡靈「瑪拉」和「被分配的自我」的關係，就認定守護神「Fylgja」也是第二個自我；因為「Fylgja」其實更接近祖先的靈魂。

　　夢魘的傳奇故事源自靈魂信仰以及靈魂轉世的基本信念，因此，惡靈「瑪拉」經常以動物的形象出現。若有人被怨靈如惡靈「瑪拉」騷擾，那他應該緊抓住惡靈不讓他們離開；這些鬼魂會轉換成各種可能的形式，一條蛇、一匹馬、一根麥稈，最終會黔驢技窮，不得不變回人形：驚慌失措的男子發現他懷裡抱著一個裸女，惡靈變回了他們原本的模樣。這個女孩也在不知不覺

中沉睡，並且在沉睡中繼續驚擾、折磨和壓迫其他人（D.S.）。法羅群島上的瑪拉是個美麗少女，也是最恐怖的惡靈。到了夜裡，當人們入睡，她便登堂入室，爬上被褥，壓在人們胸口，使人們無法呼吸，四肢無法動彈。但是如果他有辦法呼喊耶穌之名，惡靈便不得不逃離並迅速消失。關於夢魔的故事，最簡單的類型可見於九世紀的挪威傳說：

被情人遺棄的公主拜託一位具有法術的女人，求她在晚上去看看她移情別戀的愛人，並且如惡靈一般壓住他。夜裡，那男子幾乎無法入睡，因為他一直大叫：惡靈瑪拉來了！他的僕人都想來幫助他，但是當他們將男子的頭抬起，惡靈瑪拉便用力扯住他的腳，幾乎要把腳拉斷，而正當僕人拉住他的腳時，惡靈便用力壓住他的頭，以至於他幾乎死去（Yngl. S. 13）。

如同整個斯堪地那維亞地區，在日耳曼地區也常見惡靈把睡著的人變成一匹馬騎走的故事；或是男人夢見自己變成女鬼的主人，把女鬼變成一匹馬，套上韁繩和鞍轡，並朝她揮鞭；隔日早晨，他的妻子會臥病在床，而人們在她的雙手和腳底發現馬蹄鐵的痕跡。**瑪拉惡靈騎馬**的形象根深柢固，在古代基督教的教義裡甚至可以看到：「如果婦女被證明曾騎在其丈夫或僕人之上，則應該要罰以三銀兩。」（Eidsifja þ. L. I. §46）人們會審判在夜間騎在他人身上作祟的女巫。古老的俗語說「熱病」會騎在被它「纏上」的人身上；人們也形容被惡鬼纏身的人是「被惡魔騎的人」。相對地，有些在清晨出現的夢境，人們會夢到自己逃過一場突如其來的災難。

夢魔也會折磨家畜：牠們會全身盜汗，狂亂不安。有個冰島人在憤恨和惱怒中死去。葬禮當晚，他在眾人面前顯靈，騷擾整個屋子的人畜：惡靈騎上載運屍體到墳墓的牛，而墳丘附近的其他動物也都發瘋，正如被鬼魂附身而精神錯亂的人。後來，這個亡魂身邊聚集了許多被他拉到墳墓裡的死者，因此，人們經常聽到夜晚傳來巨大雷響，也經常作惡夢（Eyrb. S.63 S.47）。惡靈騎馬的故事時有所聞。

要破除夢魔使人無法動彈的侵襲，被纏上的人必須在有辦法說話時，要

求夢魔馬上離開他。他必須抖動舌頭發出聲音，其作用有如突然的燈光和雞鳴一般，還有一種對抗夢魔的方法，就是要清醒的人在旁呼喚他，讓睡著的人醒過來。神話則會說：當被騷擾的人呼喊變形為動物的夢魔原本的名字，後者就會被打回原形，再也無法傷害他。有時候，夢魔也須避免被纏上的人醒來發現那是個夢境。因此，在神話裡也有「問問題的禁忌」的主題：瑪拉和人類結婚，原本只是惡夢的情節，卻成為現實世界的事實。一個外地的女孩禁止她的愛人問她的姓名及來歷；但他還是問了，結果就是他們永遠分離。在關於「侏儒怪」（Rumpelstilzchen）的許多故事裡，往往是夢魔替人類完成了任務，諸如用麥稈取代金線織布，或是在短時間內蓋好房子；如果人們沒有猜出他的名字，就要把第一個孩子送給他。一旦人們得知夢魔的姓名並且大聲說出，夢魔便會大叫：這是魔鬼告訴你的！然後就四分五裂。有其他神話主題提到，夢魔會被日出或雞鳴嚇跑，但是「不能看到夢魔原形畢露」的禁忌只有一種，也就是著名的「邱比特和賽姬」的故事。照亮黑夜的燈火，以及使夢魔動物永久變形為人的水，都可防止夢魔侵襲；由於油膩難消化的食物往往會讓人作惡夢，少吃油膩的東西以及排泄物的臭味也是方法之一。妖怪害怕糞便的氣味。這就是為什麼赫拉克法山上禁止便溺，否則死人的靈魂會望風而逃（Eyrb. 4）。

還有一種詼諧的傳說：如果某人得知夢魔的名字，就可以制住他，如果夢魔呼喚某人的名字，而他回應了，就會落入夢魔的圈套，所以要打敗不速之客時，不妨使用假名以便脫身（奧德修斯自稱是「沒有人」，而逃過獨眼巨人波呂斐摩斯的追捕）。有個女子在夜裡到爐邊熬焦油，來自陰間的訪客跑進來把炭火踢散。女子將四散的炭火重新堆在一起，那訪客問她叫什麼名字，她回答說：「自己（Selb）。」那個人又踢散炭火。那女子很生氣，就把焦油倒在不速之客的頭上。他尖叫著逃走，並且大呼小叫說：「爸爸！『自己』燒到了我！」於是林間傳來「自作自受」（Selbtan, Selbhan）的回聲。

就其性質而言，夢魔不是恐怖的，就是淫穢的。伴隨著壓迫感、呼吸困難、恐懼和焦慮的惡夢，會讓人想到討厭的「撲人鬼」；而和性慾有關的春夢，則代表著「淫鬼」（Minnegeist），可能是魅魔（Succubi，多為女體）或夢

魔（Incubi，多為男體）。這兩種情況的實際感知的推論，其實是基於鬼魅對人的影響。春夢裡的鬼魂往往是類似人面獅身的半獸人，有某些與生俱來的缺陷。至今我們語言裡的「兔唇」（Hasenscharte）、內翻足（Klumpenfuss）、馬蹄足（Pferdefuss）、公羊足（Bocksfuss）或狼顎（Wolfsrachen），都影射了從前人們的這種信仰。一開始是正常的孩子因為鬼壓床而被偷換掉。細瘦彎曲的腿、駝背、身體早熟、瘸腿、侏儒症或巨人症、滿頭白髮或皺紋，都是妖怪以及他們和人類生下的半魔人的生理特徵。在夢裡和人交媾生下的孩子多半是水鬼（Wassergeister）。當怪嬰或鬼孩子被人類丟到水裡或火裡，或是被人拿棍子毆打時，妖怪母親就會現身並且交還人類的孩子。若有辦法讓半魔人開口說話，或是用滑稽的動作讓他發笑，那麼他就會消失；因為原本不發一語、無聲無息地壓在人類胸口的惡靈「瑪拉」打破了沉默。有些莫名其妙的事，例如從蛋殼裡釀出啤酒來，或是將長棍子伸進小酒壺裡攪拌，都會使半魔人受不了：你們從我的鬍子可以看出我實在是夠老了，已經是十八個孩子的父親，卻從來沒見過這種事情；於是他的同伴會現身把他拖走，並歸還人類原本的孩子（Isl.）。

變形的能力

關於變形能力，也就是相信人或動物的本性可以跨越且互換，這是源自遠古的想像，認為生物之間的界限是可以移動的。從古至今，原始的民族都相信族人死去的靈魂會在脫離身體之後，變形為蛇、蟾蜍、鳥類或昆蟲之類的生物。就連睡夢中的人據說也會變身為動物，到處遊蕩；靈魂出竅的身體則會一直僵硬著，出竅的靈魂會找到另一個居所，往往是附身到動物身上，加入戰鬥，或飄浮在空中和海面上，甚至日行千里。

人們見到冰島農夫索比恩（Thorbjörn）時，總是沒辦法看到他的全部，他的靈魂可能離開了身體。當他脫離了身體，他的行動就會和念頭一樣快。他的孩子曾經夢見父親走進房間，從頭到腳都著了火。於是，在他們真的聽

到縱火的消息之前就到達了現場。索比恩要周遭人員靜默，以免他的幻術被突如其來的說話聲破壞而消失。人們從還沒有被火勢波及的房子裡搬出財物，但是沒有人見到索比恩的孩子。牲畜都被趕出來，人們也替馬匹卸下鞍具，成群結隊地逃難。他故意走在牲畜隊伍後頭，看到老索比恩在趕著牲畜前進（Hönsa-Thoris S.9）。

北歐異教普遍相信**變形能力**；他們一般稱為「換個外殼」或是「披上另一種外殼」。男人會化身為和他們性格相符的動物：熊、鷹、狼代表勇敢，狐狸是狡猾，而美女則會變為天鵝。化身為這些動物形態，通常力氣也會變大。

這樣的人被形容為「在另一個外殼中威力強大」或是「披著另一個外殼到處跑」（hamhleypa, pl. hamhleipur）。靈魂的感官外殼的交換，有可能是整個身體的蛻變，而且也會變回來。也有可能是很單純地交換外表，跳到另一個外殼裡，就如同自由穿脫衣服一般，持有者也能將自己的外形借給別人。

十三世紀的斯諾里（Snorri）信誓旦旦地談及奧丁的變身：「奧丁可以任意變換身體和外貌。他的身體平躺著，彷彿睡著或是死了，但他其實已經變成鳥、四腳動物、魚或蛇，轉眼間就飛到遙遠的國度去忙他自己或是別人的事。」（Yngl. S. 7）

女武神鑽進天鵝或鴨子裡頭，芙蕾葉（Freyja）溜進隼鷹裡，奧丁、夏基（Thjazi）和蘇頓格（Suttungr）則是披上老鷹、烏鴉或天鵝的外衣。根據後來的冰島傳說，法老王在紅海裡淹死的士兵化身為海豹生活在海底；在施洗者約翰節前夕（Johannisnacht），他們可以拋掉海豹的外皮，上岸一同歡慶跳舞；而拿走他們外皮的人就會變身為海豹，至於外皮被取走的海豹則從此變身為人。由於命運三女神的詛咒，瑪朵（Märthöll）在新婚之夜變成一隻麻雀，而且在新婚的頭三夜裡，每晚只有一個鐘頭可以變回人形，若她沒有在這段時間內脫下麻雀外衣且燒掉它，就會一輩子變成麻雀。芙蕾葉經常把她的羽毛或是老鷹裝扮借給洛基（Loki），洛基穿上它們，就變成一隻老

鷹，除了因為靈魂不滅而不會改變的眼睛之外。

這裡談到的都是自願，或是以天生力量變身，而非以魔法使對方變形。在神話裡，一般說來，**變身持續的時間**大約是九天左右；到了第十天，變形者會全身赤裸地化為原形。

狼人的魔力會持續九天（Vǫl. S. 8），根據其他傳說，也可能是三年、七年或九年；在第九天時，海恩德拉（Hyndla）會擺脫狗的形貌（Isl.），而海豹每九天就會變為人類（D.）。女武神則必須維持人類女性的樣貌九年之久（Vǫl. 3）。

如果人們對變形為動物的女巫擲以鑄鐵和麵包，或是呼叫她的名字三次，她就會在雲霧中全身赤裸地化為原形。

齊格尼（Signy）（海恩德拉）變形為一隻狗，每到了第九個夜晚，她會擺脫狗的外形，赤身裸體地躺在田野裡；若要破除這個法術，她就必須以狗的樣子和某王子結婚。有一天，一個王子路過，看到全裸少女躺在路上，全身覆蓋著樹葉，身旁還有一張狗皮。她驀地跳起來披上狗皮，並且對他狂吼。但是王子仍然娶了這隻狗；在新婚床上，她總算變回原本美麗的齊格尼。

還有一種情況，就是兩個人互換外形，也就是某個人的靈魂跑到另一個人的身體裡。著名的《沃松族傳奇》中就有兩個靈魂**互換身體**的例子。

齊格尼的族人遭受滅亡威脅，於是她跑去找精通法術的女巫，並答應與她交換身體三天，就這樣，她悄悄到弟弟齊格蒙那裡而沒有被認出來，和他共度了三個夜晚，懷了齊格蒙的兒子齊菲特利（Sinfjötli）。

齊古爾化身為古納爾，穿過布倫希爾德的城堡四周的熊熊大火，因為奧丁規定只有殺了守護寶藏惡龍的古納爾才能通過（Vǫl S. 7.24）。

從外形交換到性別交換，僅只一步之遙。挪威和冰島等地，盛行相信某

些男人每九天晚上會變為女人，與男人發生關係，甚至懷孕生子。

齊菲特利斥罵古德蒙，因為他曾是個女巫，並且垂涎於齊菲特利，也就是勾引英靈戰士並且讓他們因嫉妒而互相殘殺的女武神：他自己也和古德蒙生了九匹狼（H. H. I38）。奧丁和尼約德（Njörd）指責洛基在冥界變為女子過了八個寒暑，還生了孩子（Lok. 23, 33）。洛基變成女人，是要向芙麗格探聽她的兒子巴德爾身上脆弱之處（Gg.43），他甚至變成母馬，和巨人奧丁的種馬生了八足神馬（Gg.42）。

不僅在神話詩歌裡，我們在傳說中也看到這樣的訓斥。

在針鋒相對的法庭訴訟裡，弗羅西對尼亞（Njal）的兒子斯卡菲汀（Skarphedin）說，沒有人知道他的父親是男是女；弗羅西的對手則反唇相譏說弗羅西是史文菲爾山區愛瑟神族的情人，每九個晚上會變形為女人（Nj. 124；S. 58）。

根據挪威法律，如果有人被說是每九天就變為女人，甚至生了小孩，他就會被判有罪（Gulaþ. L. § 138; Vigslodi 105/6）。在自由民會議庭[1]上，「遠遊者」索瓦德（Thorvald Kodransson）要來自日耳曼的腓特烈主教（Bischof Friedrich）宣講基督教教義，有個異教徒寫了一首諷刺詩：

腓特烈主教有九名子女，都是索瓦德所生（Kristni S.4）。

此外還有個冰島人指責他的敵手，說他每九個晚上就會變身成女人，勾引男人（Thorsteins þ. Siduh. 3）。

---

1 譯註。庭（Thing，現代斯堪地那維亞語中的 ting）為一類似法庭的自由民會議，是解決政治爭端和決策之處。

第三章

靈魂信仰和祖先崇拜的特殊形式

女巫

　　作為死者的鬼魂，正如其他靈體，女巫特別會在沃普爾吉斯之夜（Walpurgisnacht）、5 月 1 日，或是施洗者約翰節前夕，甚至在隆冬之時，跑出來到處作祟，她們會召喚惡劣天氣、狂風、驟雨、冷氣團、閃電、雷鳴、冰雪以及酷熱，侵襲田地和牧場。霜害凍壞花朵、冰雹摧毀穀物、瘟疫肆虐農民或牧人的牲畜，人們會把這些現象歸究於女巫的法術。他們會大呼小叫、敲鑼打鍋，跑到田裡趕走惡魔、點燃火炬驅逐不潔的怪物；在祈禳聲中，棒打牲畜的背部三次，趕走女巫和招來瘟疫的妖怪。如果下起大雨，間或又下起冰雹，那就是女巫跑出來製作奶油（S.）。為了防止女巫傷害乳牛，人們會把刀片放到牛奶裡。到現在仍然有民間信仰相信這種女巫的存在（N.）。從墳丘裡醒來的母親，告訴年輕的史威戴格（Swipdag），如果他在夜霧裡身陷杳無人煙的小徑，他可以唸一個咒語，就不會落入死人（也就是死去的女巫）的圈套（Gróg. 13）。

　　有些時候，女巫也可能是還活著的婦女，她會在睡夢中靈魂出竅，傷害他人。某個冰島女巫能像惡靈瑪拉一樣壓在拒絕她求愛的男人身上，而人們會在清晨時發現這個男子昏迷不醒，渾身是血，皮開肉綻。人們懷疑這是另一個女巫所為，因此把她送到法庭：她應該騎過那個男人，因為她是個暗夜騎士，並且四處傳播疾病（Eyrb. 16; FAS III 650）。西日耳曼常用的女巫別名，亦即北方人的「山精」（Troll），則源自「Trodla」或「trolla」，都是指稱在惡夢裡壓人的怪物；「Troll」後來也用以指稱巨人、妖精之類的，或者泛指具有魔法的生物。奧丁會使用詩咒混淆且驅走女巫：他在空中見到這些躍過圍欄的女巫騎士，會把她們趕回去，但女巫在混亂中心神不安，既找不到自己的居所，也無法回到自己的外殼（Hov. 154）。魔法之神也會用詭計勾引那些暗夜騎士，並使她們繼續引誘男人（Harb 20）。「暗夜女騎士」（Abendreiterin, Nachtreiterin）說明了她們原本是在夜裡騎在人們身上折磨壓迫他們的「撲人鬼」。

「若是一名女子被控曾經騎在男人或其侍從身上而罪證確鑿，那麼她將會被罰三枚硬幣，如果她沒有錢，便將不再受法律保護。」（Eidsija þ. L. I 46; II 35）

傷害牛羊牲畜或婦女兒童等，是最可惡的女巫。如果女子在族裡被指控為行為不端的妖怪，那麼她必須找到六名婦女證明她品行端正。若是她找得到六名婦女，則她便是無辜的；但如果她無法證明自己的清白，就必須馬上帶著財產離開部落。她是不是妖怪（或巨怪），不是她自己說了算的（BpL L. I 16）。

北歐律法中也區分巫師和妖怪：巫師會使用未經許可的祕方，必須為他的所作所為負責；妖怪則不是人類，而且不能自行決定他是哪一類。但挪威及斯堪地那維亞的基督律法把巨怪、妖怪和騎人或動物的暗夜女騎士全都混為一談。在西哥德法律裡，對女子最嚴重的侮辱，便是指責她們在夜裡如巨怪一般寬衣解帶，披頭散髮騎在圍欄上。女巫會在傍晚或深夜裡到處遊蕩或騎乘，這女巫形象出現於泛日耳曼地區。霍瓦德之了赫」（Hedin）在某個夜晚獨自穿過森林，在林中遇見女妖怪，這女妖騎著一匹狼，她的轡具則是好幾條蛇。那其實是他的兄弟海爾吉的守護靈「菲爾佳」（H. Hj. Hyndld. Gg. 49; FMS VI 403）。老布拉基（Bragi）在夜深時經過森林，遇見一個女巫，女巫用詩歌問他來者何人？於是他們以詩歌對唱，她告訴布拉基說她是個巨怪，而布拉基也把他的筆名告訴她（Sk. 51）。

這種魔法般的、美妙而超自然的穿梭時空，人稱為「鬼魂騎士」（gandreid; gandr; *gaandaR）（指「鬼魂或惡魔」）。女巫會赤裸裸地飛在空中（冰島語「trollriða」即「女妖騎士」），或化身為各種鳥或動物，也會變身為木棒或掃帚，人稱「hamleypa」，意思為「披著另一種外殼到處跑」。某個在睡夢中覺得很難受的婦女，醒來時氣喘吁吁地說：我今晚跟著鬼魂飛到很遠的地方，現在我知道了我從來都不知道的事（Fostbr. 9）。她顯然是在說她的靈魂離開身體，到其他陌生身體裡的經驗。

除了變形的能力，以及透過靈魂出竅附身到更高等生物之類的信仰以外，女巫信仰還源自於對於超自然作用的想像，尤其是以巫術著稱的女性。任何人使用巫術、魔法、占卜甚或是夜間祕密行動以召喚鬼魂，他會被視為禍害。如果有人被指控以巫術或咒術召喚鬼魂騷擾人畜，他們就要被扔到海裡（Dipl. Isl. II 223, 224）。許多北歐傳奇故事都提到女巫會招來狂風暴雨。田納爾的「弗里斯約夫傳奇」有個著名的故事，裡頭就提到海爾吉國王命令兩個女巫在弗里斯約夫出海時殺死他（FAS II 72 ff.）。對北歐主司天氣的諸神，如「霍加的新娘」索格爾（Thorgerd Hölgabrud）以及伊兒帕（Irpa）的描述都極為華麗，儘管有來自芬蘭的影響，卻仍然如同離弦之箭一般窮極想像之能事（FMS XIi34ff. ; Flt I 213; Nj. 88; Fär. S. 23; Isl. S. II 59; Saxo 327）。

在某座島嶼森林的空地上，哈孔伯爵（Jarl Hakon）有一座神殿，供奉「霍加的新娘」索格爾。在聖殿裡，哈孔伯爵曾在和維京人軍隊的大戰前祈求守護女神的援助。但是諸神拒絕給予任何善意回應；就連獻上人頭祭都不獲悅納。最後他獻上七歲大的兒子，索格爾終於同意。於是，哈孔回到船上，並以破釜沉舟的堅定信念激勵他的軍隊：因為他已經向索格爾和伊兒帕兩姊妹祈求勝利。北方天空頓時烏雲密布，降下冰雹，暴風雨盡情肆虐，雷電交加，震耳欲聾。維京人軍隊用盡吃奶的力氣對抗暴風雨；由於原本的天氣很熱，他們早就脫去全身衣物，而突如其來的疾風驟雨，使得他們只來得及穿上裝備和武器；現在的天氣對處於逆風的他們來說，絕對不是什麼賞心悅目的景象。他們看到眼前的滔天巨浪，以及如堅硬石頭般的冰雹，個個膽戰心驚；除此之外，暴風雨還使他們無暇抽出武器抵擋投石或是近身搏擊，他們幾乎因為這場風雨而無力還擊。哈瓦德（Haward）先是看到了女巨怪索格爾；即使索格爾並沒有兩張臉，許多人卻和他同時看到她猙獰的臉孔。冰雹終於停歇，他們卻看到巨怪的連珠箭從手指中射出，枝枝命中他們的戰士。齊格瓦（Sigwald）驚呼說：「我們今天有可能不僅是和人類打仗，而是和更恐怖的敵人，和巨怪對抗，還有更多的風險！現在情況危急，我們大夥都要全力頂住！」據說哈孔伯爵一看到冰雹消退後，便大聲祈請索格爾以及她的姊妹伊

兒帕，允諾增加更多祭物，乞求她們全力幫助他。於是冰雹再度瘋狂降下，甚至比第一波更強大凶猛。在歷史或傳說可及的時代裡，從來沒有比這更大更恐怖的風暴。在狂風暴雨的嘶吼中，據說人們看到兩個巨怪站在哈孔的船上，用她們的手指向維京人軍隊射出箭雨，一箭就是一條人命。最後，齊格瓦屈服於偉大的神力，只好鳴金收兵，逃之夭夭：「我們不是和人打架，而是和妖怪！但是現在的情況比以前更嚴峻，因為現在有兩個風暴盤旋在我們頭上。面對巨怪和幽靈的攻擊，我們可不敢領教！」冰雹、閃電和雷聲竟戛然而止，天空一片晴朗，雖然回溫而略感舒暢，但仍然令人感到寒意。於是伯爵命人蒐集冰雹並且稱重，每塊冰都跟一個銅錢差不多重：對伯爵來說，這就是兩姊妹強大神力的展現。

女巫的惡靈瑪拉形態可見於冰島年代較近的「索蓋爾詩歌」（Thorgeirs rimur stjakarhöfða）的記載裡：當索蓋爾（Thorgeir）倉皇策馬撤軍之時，「霍加的新娘」索格爾派出令人聞風喪膽的女武神「赫菲杜」（Herfjötur，「軍隊鎖鏈」之意）。「赫菲杜」是指如惡魔般使人癱瘓的力量，它會讓在戰場上或是潰敗的士兵命喪黃泉。正如撲人鬼一般，女巫也會肆虐人畜，用巫術癱瘓他們，讓他們全身長滿腫瘤，或身體虛弱，或是行動不便（如關節炎或癲癇等）。直到現在，我們都還用古老的語詞「Hexenschuß」（被女巫打中）指稱脊椎的風濕性僵硬症。當女巫和以眼神迷惑人、導致失明的妖怪結合，化身為各種形態，攻擊傷害他人，他們的氣息也會使人肢體腫脹。

群山的主峰往往是諸神聚會的場所，人們相信靈魂向來居住在高處。丹麥和德國的女巫會飛到布洛克山（Blocksberg）上，丹麥女巫有時也會飛到赫克爾高原（Hekkelfjeld）、冰島的赫克拉（Hekla）火山或是特羅姆瑟（Tromsö）的特羅門高原（Trommenfjeld）；瑞典女巫則是出沒在奧蘭（Oeland）的布拉庫拉（Blaakulla）或諾爾蘭（Norrland）的納薩山區；挪威女巫則是在山區的林德霍恩（Lyderhorn）、多勒高原（Dovrefjeld）、瓦多（Vardo）和多門（Domen）等處。十四世紀的兩則女巫傳奇便提到「巨怪議會庭」（Trollenthing）：

晚上，林間巨響吵醒了凱提（Ketil）；他跑出去查看怎麼回事，就看到他的養母，一個頭髮隨風飛舞的女巨怪。她對凱提說她沒辦法久留，因為她得參加巨怪的會議庭。同時，來自都哈夫（Dumbshaf）的巨怪王史凱爾金（Skeling）、來自歐弗坦斯菲（Ofotansfird）的歐弗提（Ofoti，「無腳怪」），以及「霍加的新娘」索格爾，都會參與該會議。那一夜，許多暗夜女騎士都在島上，但凱提並未受到任何傷害（FAS II131）。

索斯坦在中午時分來到一處林間空地，看到墳丘上有個貧窮的年輕僕人正不停呼喊他母親的名字，突然從墳丘裡有襪子和棉手套被扔出來。原來冥界正在舉行婚禮，僕人想要騎上鬼魂。襪子一被扔出來，他馬上就變成一個火神（Feuerschürer）。僕人從墳丘站起來，戴上手套，做出像是孩子騎木馬的動作。索斯坦也來到墳丘，呼喊著僕人母親的名字，也看到襪子和棉手套朝著他被扔出來，他也踩著襪子，模仿那男孩騎木馬的動作。兩人並肩騎到河邊，縱身跳到河裡。他們伸手不見五指，直到沿著河流游到一處瀑布，眼前才看到光線。索斯坦看見巨大的石堡，一群人正要吃飯。大廳裡高朋滿座，賓客舉起銀杯暢飲，但不是喝酒，一切顯得如此美好，國王和王后坐在王座上。但索斯坦很快就發覺，宴會裡的人看不見他們，於是他的同伴走到桌前，看到什麼就拿什麼。索斯坦看到一只戒指而心生欲念，他從國王手中將戒指奪下，快步跑到大門口，卻把襪子留在現場。他在河邊被人追上，他奮力抵抗，直到他的同伴把他的襪子撿回來。於是他們又跳進河裡，回到墳丘，這時太陽已經西下。男孩將裝滿食物的手套和襪子都扔進墳丘中，索斯坦也如法炮製（FMS III 175 ff.）。

有人認為，夜間的妖怪聚會不符合北歐異教精神，並且否認晚期的女巫日（Hexensabbat）和異教的祭典有關。但女巫日的狂歡肯定和古代以發瘋的女人獻祭的習俗有關：狂野而赤裸的舞蹈、殺人祭，甚至吃人肉，都被認為是這類慶典上會有的行為。

狼人與熊皮武士

只要死者的靈魂是有惡意的，人們往往會把他們想像為狗（幻狗症〔Kynanthropie〕）、狼或熊。事實上，許多精神病患有攻擊或殺人的傾向，並且相信自己化身為某種野獸。對變形能力的信仰，可能是使患者想像自己已經變形的直接原因。無論如何，這樣瘋狂的妄想（幻狼症〔Lykanthropie〕）至今仍然存在，也就是說，北歐狼人傳說並不缺少病理根據。

挪威人烏爾夫（Ulf）「知道怎麼改變自己的形態」。他曾是個能幹的商人，也很聰明機智；但只要一到晚上，他就會變得暴躁易怒，幾乎沒有人要和他說話；當夜晚降臨，他便會昏昏欲睡（在夜裡，他會如狼一般在外遊蕩），於是大家都叫他「克威朵夫」（Kweldulf，「黃昏之狼」）（Egils S.1）。這不僅專指「不只有一種形態」的男人，而是指被「熊皮武士的怒氣」附身的男人，只要熊皮武士的力量持續著，他們便萬夫莫敵：但只要這股力量消失，他們便比一般人更虛弱。「黃昏之狼」克威朵夫也是如此：當超人般的神力從他身上消退之後，他只會感受到戰後的虛脫而必須趕緊在床上躺平（a. a. O.27）。

喝了酒或在自我暗示下的熊皮武士（Berserker）原形畢露之時，會像現在的殺人狂一般爆發出來：他們會像野獸一般嚎叫，全身顫抖，咬牙切齒；他們張開血盆大口，口吐白沫，緊咬著盾牌；一陣寒顫有如冰水灌到皮膚和血肉之間，使他們的怒氣難以遏抑，他們不放過任何擋路的人事物，樑柱、磚瓦或牆垣，就連人畜也被他們那可以熔化鐵塊的怒火波及。為了不使他們的怒火延燒到同胞身上，人們會用兩塊盾牌把他們緊緊夾住。奧丁把這些戰士比喻為憤怒的動物：「他的手下沒有穿著盔甲就侵入，如同瘋狗和野狼一般憤怒，狂咬他們的盾牌，甚至比熊或公牛更強壯。」（Yngl. S. 7）羅斯格（Rosegger）在《森林學校校長》（Waldschulmeister）中提到的黑希澤

（Hieselein），以及安森格魯柏（Anzengruber）的《汙點》（Schandfleck）（G. W. II 211 ff.）裡的羅伊騰堡人烏爾班（Urban），都是現代的熊皮武士，他們天生神力，大家害怕他們的力量而避之唯恐不及，他們也幾近病態地拚命增強自己的力量。

北歐吟遊詩人「砍狼者」索比恩（Thorbjörn Hornkloti）在提到金髮哈拉德國王的熊皮武士時說：他們被稱為「披狼皮的人」（Wolfshäuter），在戰場上，他們披戴浴血的戰甲和染紅的長矛；戰鬥是他們的歸宿（Hkv. 8, 21）。在傳說中，這些描述都很理性地暗示他們穿著的是「狼皮」而不是盔甲（Vatnsd. 9），狼人也是如此。狼人是指像人一般的狼或熊皮武士（「Berserker」的「*berr」是指熊，而「serkr」是「披著」），而後也有「披狼皮的人」一詞，形容可變身為狼或熊的人，所以他們是熊人或狼人。

在《沃松族傳奇》中，齊蓋爾（Siggeirs）的母親化身為女狼，把齊格蒙的九個兄弟都吞到肚子裡。齊格蒙和齊菲特利找到一間林中小屋，裡頭有兩名戴著沉重金戒指的男子正在熟睡。他們的狼皮掛在身體上方，原來他們是被詛咒的王子，每隔十天才能脫離狼的外形。齊格蒙和齊菲特利鑽進狼皮，聲音和姿態也變得像狼一樣：變形之後，他們在敵人的土地上到處作亂（K. 5.8.）。

關於「熊皮」包德瓦（Bödwar Bjarki）的熊皮武士傳奇也是家喻戶曉的故事：他待在家中動彈不得，但是他的靈魂卻會在國王面前以熊的外形擊潰眾敵；但是當包德瓦被哈爾提（Hjalti）的反覆催促驚醒而起身到戰場去，那麼熊便會消失，而英雄的力量也沒辦法取代熊的神力。

在異教世界裡，「熊皮武士的憤怒」也是以負面評價居多。

索利有時候也會一股怒氣往腦門沖，而導致某人的嚴重傷害，雖然索利並非有意。索利說：「因為熊皮武士的憤怒總在我最不願意的時候襲來，我可說是兄弟當中最沒有用的。」（Vatnsd30, 37; Eyrb. 25）

以前冰島教會法規定：「若有人變成熊皮武士則必須處以絕罰，本法規也適用於在場無法安撫他的所有男人。但假若他們使熊皮武士冷靜下來，就不會受到任何懲罰。若是這個情況屢屢發生，則其人也該被絕罰。」

幸運靈哈明佳與守護靈菲爾佳

北歐的「菲爾佳」，也就是背後靈（Folgegeist），指稱人類的第二個自我、死後不久和身體分離而看得見的靈魂：由於脫離身體的靈魂以其特殊的形態，例如動物的外殼（古北歐語稱為「hamr」），四處附隨著人們，因此被稱為「哈明佳」（Hamingja，「變形的靈魂」）。就此而言，「哈明佳」和「菲爾佳」意思相同。但哈明佳和菲爾佳也有其差異之處：菲爾佳不是活著時脫離身體在一旁守候的靈魂，而是祖靈，是跟隨著家族的守護神。「哈明佳」一詞則是源自「胎膜」（hamr），嬰孩生下時被胎膜安穩包覆，而這保護嬰孩的靈體也在這胎膜中找到他的位置。

因此，哈明佳也漸漸衍生出「幸運女神」及「幸福」的概念，而菲爾佳最多只是「附隨」的概念，並不會給人什麼保護或好運。守護神菲爾佳則有法力高下之分。直到神父保證天使長米迦勒（Michael）會當冰島人哈爾（Hall）的守護神「菲爾佳」，他才肯歸信基督教（Nj. 100）。

挪威的赫爾森家族後來統治了冰島的瓦騰斯達（Vatnsdal），他們都接受了「幸運神」哈明佳的信仰：

「你已經到了這把年紀，」父親凱提對兒子說：「也是時候讓你去嘗試爭取幸運靈哈明佳的眷顧。」（K.2）兒子索斯坦「心裡沉思著，或許托庇於父親的幸運神哈明佳會是個好主意」（K.3），於是在某次戰役凱旋歸來後，他告訴父親，多虧幸運神的奧援，他才得以大獲全勝（K.4）。英吉蒙（Ingimund）在為第二個「索斯坦」命名時也曾說：「願哈明佳守護他。」（K.13）有一次遇到危難，兄弟們做鳥獸散，索斯坦卻說：「當然，這都是他們的哈明佳所做的決定。」（K. 26）

有個預知未來的女人告知他們的敵人：「你們竟然以為可以搶走英吉蒙的兒子們的哈明佳，真是癡人說夢。」（K. 33）後來有個被打得落荒而逃的敵人回憶說：「他們兄弟有強大的守護神護佑，我們根本沒有招架之力。」（K.30）最後，人們經常提到的這個家族幸運神哈明佳，被認為如同守護神菲爾佳一般，具有人的形態，索斯坦夢到某個一直跟著他和兄弟的女性來到他跟前，告訴他千萬不要騎馬去赴宴，接著她摸了摸他的眼睛；三天後，他的守護神也跑來警告他，如果他不聽從勸告，對他將不會有任何好處，相反地，他可能會被崩落的砂石活埋。（K.36）

「嗜殺者」古倫（Viga Glum）曾經夢見某個如同女武神一般全身盔甲的女子，她的肩膀比弗羅爾島的山脈還要高。她從海上騎馬來到他跟前；他趕緊上前歡迎她的到來。他是如此解釋這個夢的：那個女子是他外公的幸運神，在他外公過世後，便一直在子孫那裡找尋固定的住所（Viga Gl S.9）。

不僅是個別的祖靈會追隨並守護其後代，所有祖先也都會，取決於他們的祖先崇拜是針對個別的英雄或是整個族的祖先。所以說，一個人可能同時有許多個守護神菲爾佳。登陸挪威之後，「崔格威之子」歐拉夫（Olaf Tryggwason）尋找一個有兩副面孔的芬蘭人。這個芬蘭人對他說：「不要讓小守護神菲爾佳隨你進來，因為所有光明諸神都會跟你進來；看到菲爾佳會讓我很受不了，因為我們天性各自不同。所以，你就留在外頭跟我說話吧。」假若歐拉夫踏入小屋中，所有光明諸神（陪著國王的祖靈）也會跟進去（Ol S. Tr; FMS X16）。

當基督教經由聖歐拉夫在挪威漸漸普及，有個叫提朗狄（Thidrandi）的人在庭院裡聽到北方來的戰馬蹄聲，甚至看到九個黑衣女子騎著黑馬，手裡寶劍也出鞘。另外有九個白衣女子從南方騎著白馬增援，但是他已經重傷不支倒地，死後以異教禮俗埋葬於墳丘。他的朋友則說，那九個黑衣女子是家族的守護神菲爾佳，她們預料到族人信仰的改變；菲爾佳也是蒂絲神族（Disen），她們知道族人已經失去信仰，以後她們也不會得到更多尊重，

換句話說，她們不會有更多的獻祭。但是代表新信仰的那些佔上風的蒂絲神族，在那裡還沒有掌權，也沒有權利幫助青年人：因為新的信仰還沒有引進（FMS II 215）。

祖靈享用活著的後代的獻祭，在舊時代沒落之前，一直為家族庇佑著薪盡火傳的新生命。

祖靈其實一直陪著整個家族，他們是族長或是其他有豐功偉績的成員，死後仍然想要維繫他們的親戚關係。

有三個女人出現在索斯坦夢中，提出警告，被他下令閹割的手下準備要暗殺他。她們在他夢裡出現三次警告他。第三天夜裡，她們哭哭啼啼地來到床前，第三個女人說：「死後我們該何去何從？」「去我的兒子馬格努斯那裡，」他回答說。（Draumav. I 30）

海爾吉的守護神向他兄弟赫丁毛遂自薦，海爾吉由此注意到他死期將近。斯堪地那維亞吟遊詩人「歐塔之子」哈弗雷（Hallfred Ottarsson）[1]的守護神，一個如女武神一般全身盔甲的女人，在哈弗雷死後便離開他，投身到其弟索瓦德（Thorvald），但是年輕人拒絕了她（F. S. 114）。

正如索斯坦和哈弗雷在臨終前都看到以女性形象現身的菲爾佳，她們偶爾也會以動物的形態現身，不過都是性情比較接近人類個性的動物。

尼亞和索爾德（Thord）一起到野外去。有隻山羊跟在後頭，怎麼都趕不走。後來索爾德說：「我覺得事有蹊蹺。」「你覺得哪裡不對勁呢？」尼亞問道。索爾德說：「你看那隻山羊躺在那裡，渾身是血。」尼亞回答說：「那不是山羊，而是別的東西。」「那是什麼呢？」索爾德問。「你要小心，因為死亡可能快到來了，那是你的菲爾佳。」（Nj. 41）

1　譯註。冰島詩人，約出生於西元 965 年。

索斯坦是窮農夫的兒子，在因緣際會之下，回來他原本出生的貴族之家，他是私生子，生下來就被送走。他像小孩一樣莽莽撞撞地在屋子裡奔跑，在門廳不慎滑倒，看到房裡的老人正笑得開懷。索斯坦問為什麼老人會笑，老人回答說：「我能看見你看不見的事物；當你走進來時，我看到一隻小北極熊也跟著進來，跑在你前頭；但是牠一看到我就停下來，所以把你絆倒在地。」這是索斯坦自己的菲爾佳，而老人看得出來他不是平常人（FMS III 113）。

祖靈也會像惡靈瑪拉鬼壓床，也會對人預言未來。在夢裡警告索斯坦不可接受邀請，而且摸他的眼睛的女人（Vatnsd. 36）已經夠奇怪的了，下面的故事則更明顯：

「白銀」索寇爾（Thorkel Silfri）意圖統治哥德人，在選舉大會前夕，他夢見自己騎著紅馬飛越瓦騰斯達（Watnsdal）離開，卻沒辦法著陸，「我會如是解釋：紅色火焰代表我的計畫得以榮顯。」他的妻子覺得那不是個好夢：他們把馬叫作「馬爾」（Mar），但馬爾也指男人的菲爾佳，那匹馬全身通紅，意味著血光之災。「如果你成為哥德人的首領，很可能在大會裡被殺害。」（a.a.O.K. 42）

騎馬是典型的夢魔現身，而夢見戰馬無法著陸也是夢魔的暗示。索寇爾看見他的菲爾佳化身為紅馬，而紅色代表他會死於非命。值得注意的是，人們往往都是在睡夢中看到守護神菲爾佳現身；而在古老的文獻中，正如現在的冰島，人們還是會提到背後靈的侵襲，不過會有友好或敵意的區分。

蒂絲神族

雖然在日耳曼傳統裡，死者的靈魂幾乎都是以生前的形態存在，男人就是男人，女人就是女人，年輕人便是年輕人，但是一旦成了守護神、有了預

知未來的能力，無論他們以前是男是女，總會被想像為女性。這是日耳曼人
很獨特的思考模式，也和他們對女人天生的預感能力的高度評價有關。由於
日耳曼人的好戰性格，女性守護神也多以全副武裝騎馬的形象出現，這種想
像也延伸到女武神；另一方面，諾恩三女神（Nornen）則是源自跟隨著個人
的守護神。所有這些女性的守護神，包含菲爾佳在內，都可以用北歐語的
「Disen」概括之。古北歐語的「dis」（古代高地德語「idis」）原本並沒有
超自然的意思；相反地，它是指苦幹實幹、腳踏實地的女性，而在神話中被
延伸為超人般的女性，就像命運三女神。如果蒂絲在夢中現身，就稱為「夢
女」（Traumweiber）。

在關於提朗狄之死的故事中，菲爾佳也叫作蒂絲，而在其他文獻裡，他
則自述被蒂絲殺死（S. 82; Nj 96）。異教的蒂絲和基督教的蒂絲之間也會有
齟齬，就像天使和惡魔也會為了人類的靈魂而爭風吃醋。只是這裡仍舊是黑
暗勢力佔上風，不像其他地方多半是天使獲勝。

兩種蒂絲神族的想像衍生自新舊信仰的摩擦，和受到衝擊之前的古老信
仰無關。有個故事提到兩種蒂絲神族的對立，分別是有益和有害人類的
（Gisla S. 22, 24, 30, 33）：

吉斯利（Gisli）曾在丹麥成為慕道友[2]（亦即穿戴十字架的人），他在夢
裡看見兩位女性，其中一位對他頗有好感，時時好言相勸，而另一位對他很
差，總是預示一些厄運。親切的夢女把他帶到一間大房子，在那裡，他看見
許多已故的朋友正在舉杯暢飲。此外有七個火堆，但只有其中一處還有熊熊
火燄（那是指他還能活幾年），其他幾座則只剩餘燼。善良的夢女說：「你
看到的這些火堆正是你的餘命（靈魂即火或光）。我勸你從此斷拒異教信仰
和諸神獻祭，和平度過剩下的日子。另一個看他很不順眼的夢女則想要把鮮
血灑到他身上，再把血汙洗掉，象徵性地暗示他會死於非命。那個和善的女

2　譯註。原文為 Primsignieren，為了成為慕道友，異教徒必須在身上穿戴十字架，故才
　　有「以十字架標明之人」這種稱呼。

人騎著灰馬邀請他到她家裡：「你死後會來這裡和我一起享有這些寶藏。」那凶煞般的夢女則是用沾滿鮮血的帽子套住他的頭，用鮮血潑他，並威脅要摧毀其他預兆。「嗜殺者」古倫也曾在夢裡看到兩個女子，其中一個站在馬槽後面，用鮮血注滿整個馬槽（Viga Gl. S.21）。

西元 1208 年的冬天，某個男子夢見自己走進大屋子裡。鮮血如大雨一般從窗戶滲進來，兩個渾身是血的女子坐在裡頭，並且在血泊中搖槳。其中一個唱著：「划呀划，男人死前血如雨下。我們要闖進男人群中，我們將會受詛咒和譴責。」（Sturl. S.IV 5）那其實是在預告隔年對主教的攻擊。

齊格蒙有蒂絲神族的保護，所以沒有受傷（Vǫls S.11）。

左爾利（Sörli）和哈姆迪（Hamdi）激怒了蒂絲神族，使得她們怒不可遏，決定要殺了情況危急的厄普（Erp）（Hamþ 29）。奧丁告訴齊古爾：

令人驚懼的危機，若你的腳絆倒
在相互攻伐的路上；
邪惡的蒂絲神族在你的兩側
指望你受傷（Reg. 24）。

「那是你的命運使然，是蒂絲神族對你不義。」奧丁告訴他的暴君蓋洛德國王（Grímn. 53）。

就如同菲爾佳和女武神全副武裝出現一般，蒂絲神族也會在人死之前出現，接引他們到另一個世界，或是在詭異的夢境裡宣布戰爭的到來。

在葛蘭沃的夢裡，蒂絲神族顯然是以死亡使者的角色現身；在蒂絲神族背棄他以後，冥界鬼魂就要來拘提她的丈夫古納爾（Am. 27; FAS III 213）：

我看到，女死神在夜裡潛進，
衣不蔽體，意欲拐誘你；

那些可惡的女人要你坐在她們的長椅上；

而蒂絲神族宣告不再庇佑你。

當掌管天庭的神派遣一個全身盔甲、戴著金色手鐲的蒂絲去找比恩（Björn）時，就是宣告他的死期將近（Bjamars. Hitdaelak. v.84）。

有個基督教詩人描述舊時信仰裡人們死後光榮地回到奧丁身旁，而「毛褲子」朗納爾在他的「蛇園死亡之歌」終曲裡說：「我渴望結束生命。奧丁從他的戰神（Herjan）殿派了蒂絲來帶我回家。我將與愛瑟諸神一起坐在高腳椅上暢飲啤酒。時間飛逝，而我將含笑而終。」（Kkm. 29）

當挪威國王「暴君」哈拉德（Harald der Harte）[3] 率領一百艘戰艦乘風破浪到英格蘭時，似乎有個女巨怪站在船上的某個水手跟前，一手持短劍一手拿著木盆，船桅上棲息著許多烏鴉，所謂的殺戮戰場之鳥。另外有個男子在夢裡看到英國軍隊前面有個女巨怪騎著一匹野狼；野狼嘴裡銜著一具屍體，鮮血沿著牠的牙齒滴落；怪物啃完第一具屍體時，女巨人又把另一具丟入牠嘴中，一具接著一具，直到狼吃光所有屍體（FMS VI402/3）。

不僅是警告，蒂絲也經常以鼓勵的方式出現。奧斯孟德夢見有些婦女穿戴盔甲站在他跟前對他說：「是什麼使你心生恐懼？你註定要成為眾人領袖，但是你卻不敢站在十一個男人面前；我們是你的守護神蒂絲，也會在你接受試煉時，替你抵禦那些傢伙。」（FAS II 483）哈爾夫國王的隨從烏特斯坦（Utstein）和烏爾夫在某個飲水處發生爭吵。烏特斯坦向對方挑釁說：「我相信，戴著頭盔前來的是我們的蒂絲。」烏爾夫回嘴道：「你的蒂絲已經全數死去，幸運已經飛離哈爾夫了。」（FAS II 45）

每年都會有「蒂絲祭」（dísablót），於冬初舉行（Yngl. S. 33; F.A.S. I

3　譯註。亦即哈拉德三世，「齊古爾之子」哈拉德（1047-1066），為十一世紀的挪威國王，同時也是金髮哈拉德（哈拉德一世）的後裔。

413; Egils S. 44; Viga Gl. S. 6; F.A.S. II85; Fridþjofs S. 9）。烏普薩拉（Uppsala）[4]
和巴德爾斯哈格（Baldrshag）等處的神殿裡的蒂絲廳堂極為富麗堂皇；在蒂
絲祭期間，大廳中有狂歡酒宴，人們騎馬繞著屋子狂奔。在瑞典的烏普薩拉，
「蒂絲祭」是春分和仲夏的主要祭典（Olafs S. helg. 76）。以下美麗的詩句
見證了她在家庭生活中的價值，人們可以隨時祈請她的庇護：

> 學習護身神咒，若你想要
> 使孕婦順利生產：

> 那就在手腳上畫上神聖符號
> 祈求蒂絲伸出援手（Sigrdr.9）。

諾恩三女神

　　相較於菲爾佳和蒂絲的存在和影響，諾恩三女神的權力更是無遠弗屆，
幾乎涵蓋了人類整體生活：從出生到嚥下最後一口氣，她們都支配著人們的
命運。人們以紡織的生活型態作比喻，勾勒出命運女神的織女形象：「諾恩」
（Norn）一詞源於古冰島語、法羅語和挪威語裡的字根「*nornö」，它又衍
生自古印歐語的「*norhni」，有「捆紮、結繩的女性」，或是來自另一字根
「*ner」（穿繩編織），又或者可能是出自「*norhsn」（梵語作「nrkshan」），
意為「殺死男人的女人」。而泛日耳曼語系中則是叫作「烏爾德」（Urd）（古
印歐語的字根「uert」，意為「旋轉」，古代高地德語作「wirt」，有「機杼」
之意）。但是在早期日耳曼文化裡，女性領袖的形象就已經相當普遍，她們
在其他任務之外，還會編織命運的紡線，但她們也可能突如其來地扯斷生命
的主線。

4　譯註。瑞典中部的一座城市。

　　北歐詩歌也延續了紡織和編結命運的美麗而古老的想像。當後來殺死渾丁的海爾吉出生時，屋裡漆黑一片，決定壽命長短的諾恩三女神到來；她們宣告這個英雄會名揚四海、光耀門楣。她們用力地纏繞命運的繩線，並揉捻金絲帶，把它掛在月亮大廳上（天空），把兩端藏在東方和西方（中間是國王的土地）；然後其中一位把線圈丟到北方（II.II. I 2-4）。

　　巨人在遠古時代一直被尊為神，諾恩三女神也是生於巨人國，她們代表了愛瑟神族黃金時代的結束和困苦生活的開端，象徵著鬥爭和危難（Vǫl. 8），其中一個不停編織的諾恩是一般所說的女巨人（H. H. I 4）。諾恩和諸神之間的關係難以確定，但諸神似乎也正如人類一般，受到諾恩女神預言的約束：諸神能預知威脅或危險的跡象，並且避免其發生，但他們既無法阻止巴德爾的死，也無法攔住諸神的滅亡。諾恩三女神的影響完全獨立於諸神；雖然女武神有時也會「推動」命運，卻總是聽命於奧丁，而且僅限於戰場的勝利（Vøl. 1）。可以這麼說：諾恩決定誰將死去，女武神則付諸實現。因此，諾恩三女神的來源眾說紛紜：有一說為愛瑟神族，或謂源自精靈族，更有人認為她們有侏儒的血統（Fáfn. 13）。

　　一位母親將盧恩的護身歌謠傳給她的兒子：

從四面八方而來，願烏爾德的長織帶保護你，
不管你走到哪裡（Gróg. 7）。

　　沒人能夠阻撓烏爾德的決定，就算不當也不得不接受（Fjǫlsv 47）。一切都是命中註定的，而人類只是跟隨且實現那些不可動搖的、固定的、無法避免的命運，那是諾恩女神在人們出生時就決定了的。古時北歐人對命運如何支配人類的看法，也可視為是古代的宿命論和現代自由意志之間的妥協。正是因為命運之必然性，人類英雄的偉大和靈魄都旨在照亮前方的黑暗，以免在命運途中絆倒。人皆有死，如果死期已經底定，那麼人就無力回天；但是對於死期未到的人而言，則仍有機會僥倖免於危難。

在遠古時代，有個猶如瘟神一般的諾恩，曾規定侏儒安德瓦利（Andwari）（他擁有一只會招致毀滅的金戒指）必須住在水裡（Reg. 2）。

對齊古爾而言，生命並不是痛苦艱難（Gríp. 23），他知道：未來遲早都會到來（24），但如果可以，他那能預知未來的舅舅希望能夠提早告知他未來快樂的日子：所有的厄運都是命中註定的，沒人能夠挑釁命運（52 Sigr. 20）。

法夫尼爾曾警告齊古爾不要輕忽諾恩三女神的預言，她們說齊古爾會因為那些寶藏而喪命（Fáfn. 11）。諾恩女神也預言布倫希爾德沒辦法抵抗睡意，雖然是奧丁讓她沉睡的（Fáfn. 44）。

齊古爾裝扮成古納爾躺在布倫希爾德身旁，不過中間隔了一把劍：但是憤憤不平的諾恩介入他們，在那個晚上之後，爆發了恐怖的命運，正如尤庫恩族（Gjukunge）一般，沃松（Wölsung）和巴德隆（Budlung）兩個部族都灰飛煙滅（Sig. III 5）。邪惡的諾恩女神製造了無止盡的苦難，她們讓布倫希爾德看到古德蘭身旁的情人（Sig. III 7）。

諾恩要求布倫希爾德的侍女追隨她死去，她們不能燒毀或帶走任何寶物，因為她們不是自願陪葬的（Sig. III 52）。

諾恩三女神來到沉睡的阿特利床邊，使他從夢中驚醒，她們對他說，他和兒子死期已到（Guþr. II 37 ff.）。古德蘭對諾恩的所作所為憤慨不已，想要投海自盡，但海浪將她推回岸邊，更將她推上第三張婚姻之床（Guþr hv. 13）。正當女武神告訴齊古爾他不幸的未來時，齊古爾說：「死亡也在威脅我，但是我絕不會逃跑；我從小就不是個膽小鬼。」（Sigrdr. 21）而整個家族碩果僅存的哈姆迪（Hamdi）和左爾利（Sörli）在向敵人投降時齊聲唱著：「輝煌榮耀盡歸於我，無論我們明日是死是活；諾恩的判決要付諸實現，沒有人經歷過這樣的夜晚。」（Hamþ. 31）

女武神齊格倫打敗海爾吉，歡喜之餘也不忘強烈譴責諾恩女神；她父親和兄弟戰死沙場，都是被命運女神害的（H. H. II 18）。

吟遊詩人「史卡拉之子」埃吉爾（Egil Skallagrimsson）[5]的父親曾抱怨他的兒子索羅夫（Thorolf）在戰場上英年早逝，說：「命運女神對我太殘酷了，奧丁太早選走了他的戰士。」（Egil S. 24）

「諾恩女神一出口就沒好事，」安剛提爾在他兄弟的屍體旁哭喊。他的兄弟都是因為侏儒詛咒說提爾鋒（Tyrfing）的劍出鞘必定見血才會死的。（S 16）

諾恩女神關於命運的宣告稱為「判決」或「命運的宣判」。據說已死的哈夫丹國王曾經使諾恩三女神的宣判打了折扣，也就是他活得比諾恩女神所預言的壽命還要久（Yngl. S 47; Herv. S. 16; Fáfn. 11）。諾恩不僅是編織命運，也能解讀每個墳上寫著盧恩符文的木板，而她們所翻譯的神聖的盧恩文字，便構成了人類命運。

其中之一叫作烏爾德；另外一個則是薇兒丹蒂（Verdandi）
　　她們在木板上刻字——斯庫德（Skuld）則是第三位；
她們決定生命的命運，
決定人類子孫的命運。

上述是晚近才採集到的詩節（Vǫl. 20）。依照過去和現在而刻下包括了「未來」的命運，這個想法相當耐人尋味；未來的命運是從過去和現在的行為裡產生的。

不同於蒂絲神族，助產不是諾恩三女神的任務；她們的確會在嬰孩誕生時出現，不過是去決定新生兒的命運的。她們替成群等著投胎、重新進入生命的靈魂選擇孩子的母親（Fáfn. 12）。她們替孩童選擇了生命，接著決定活著的個人的命運（Vǫl. 20）。年輕的海爾吉出生的第一天，諾恩三女神就現身，預言他未來的人格特質和成就。《諾那克斯傳說》（Nornagestsage）談

5　譯註。維京時代的吟唱詩人、戰士。

到現實世界裡的諾恩的故事，不過把她們說成女巫「沃爾娃」。

父親請來三個女智者為剛出生的兒子祝福。她們帶了許多隨從，預言小嬰兒的命運。孩子躺在搖籃裡，旁邊點著兩根蠟燭（為了防範惡靈的到來，也預防小孩變為怪嬰）。那三個女人預言說，嬰孩將是幸運的孩子，在他的國度將會如同先祖或族長一樣偉大。不過，最年輕的諾恩覺得自己沒有得到足夠的尊重或獻祭，憤怒地衝進屋子裡大聲說，關於嬰孩的幸福的預言不會兌現：「我在這裡宣告，這個孩子的生命不會比旁邊燃燒的蠟燭更久！」最年長的沃爾娃趕緊熄滅了蠟燭，請孩子的母親好好保存它；孩子成年後，母親便把蠟燭傳給孩子，而善心的諾恩女神的預言也成真。在預言當中，他的名字叫作「諾那克斯」（Nornagest, Nornengast）。傳說他活到三百歲時很想死去，於是他從藏著蠟燭的豎琴琴身裡抽出了蠟燭，並且點燃它。蠟燭愈燒愈短，他的生命也跟著結束（Nornagests. S. 11, 12）。

丹麥國王弗利德萊夫（Fridleif）曾在其子歐拉夫出生時到諾恩女神的神殿中祈禱，請求諾恩女神預言嬰孩日後的命運。三女神分別坐在三張椅子上。前兩位女神態度和善，預言男孩會身體強壯，雍容大度，並受到人民的擁戴；但第三位女神生性幸災樂禍，只告訴他孩子會遭受到的苦難（Saxo 181）。

諾那克斯的故事裡的第三位女神，以及睡美人故事裡的第十三個女巫，都嘗試推翻先前預言的幸福，在以下關於預言死亡和災難的壞姊姊的冰島童話裡也有類似的情節：

瑪朵出生時，母親殷勤地請來人稱「黑大衣」的三姊妹；但是母親卻只準備了兩副餐具，因而怠慢了最年輕的妹妹。兩位姊姊祝福女孩將如太陽一般耀眼美麗，當她哭泣時，流下的眼淚也會變成最純的金子，而且她會嫁給某個王子；妹妹由於母親的怠慢而心生怨恨，雖然無法推翻姊姊的預言，卻詛咒說，在新婚之夜，瑪朵會變成一隻麻雀，並且在新婚的頭三夜裡，只有一小時能恢復人身。

　　成為母親後的第一頓飯，法羅語叫作為「諾恩穀湯」（Nornengrütze），或許是獻給命運女神們，她們會在嬰孩喜獲生命時，施展智慧而準確的預言力量（另見：睡美人的黃金餐盤）。

　　因為人們認為諾恩女神會跑到人們床上，用殘忍的手抓走受害者，因此她們往往被描繪為擁有尖銳的指甲和可怕的爪子；也正因為如此，許多形形色色的迷信都和諾恩三女神有關。例如，指甲便成為到處索命的、有爪了的諾恩女神的符號。在法羅語裡，指甲上的白點至今仍稱為「諾恩爪跡」（Nornenspuren），它們會預告人類的命運。在挪威，剪下來的**指甲**必須燒掉或埋到土裡，否則妖怪會用這些指甲做成球攻擊牲畜。在丹麥，鬼魂（Dödninger）會抓住人類，並在手上弄出黃斑或藍斑。在冰島，人們普遍認為在晚上剪掉的指甲會變成無疾而終的人的指甲；而指甲上的白點數量則代表有多少女性會愛上那個人，就像「愛情點滴」（Liebestropfen）一般，點滴愈大，愛意便愈濃。因此布倫希爾德告訴齊古爾說：諾恩的指甲上顯示的是個盧恩符文（Sigrdr. 17），而如果指甲上被刻上代表諾恩三女神的符文「危難」，則代表命運的轉折即將出現（Sigrdr. 7）。指甲原本只是宣告死訊的諾恩的象徵，後來變成了諾恩傳說中的神聖要素之一。

　　在弗利德萊夫國王和諾那克斯的故事中，最年輕的諾恩總是會阻擾善心的姊姊們的祝福預言。但是一般說來，最年長的烏爾德也是個殘酷的女神。海爾吉出生於狂風怒吼和雷電交加之中，大自然的騷動預示了英雄撼動世界的偉大，烏爾德的工作主要也是預言會造成動亂的殺戮和死亡。

　　冰島有一間房子的木頭牆上可以看到半月，所有人都能證明。這個半月會離開太陽繞著屋子轉，只要有人坐在火堆旁，它就不會消失。被問及那是什麼意思時，有個人說那是「烏爾德之月」（Mond der Urd），意味著會死很多人。有一次，烏爾德之月接連七個夜晚都出現；沒多久，許多家裡的人都死了（Eyrb. S. 52）。

　　在冰島，有一種怪物用眼神就可以要人命，人稱「烏爾德之貓」（Katze

der Urd）。身披黑衣、如黑鳥一般到處飛行的烏爾德，宣布到了耶魯季節（冬天）會死很多人：在基督教時期（西元 1237 年），她曾經在一場大戰的前夕，以全身黝黑但面露紅光的女巨人形象，出現在某個男子面前，她身穿黑袍，腰間繫著金屬扣環束帶。她唱起歌謠：「她小心翼翼地往那裡去，揀選死期到來的男人。」她像黑鳥一般飛越丘陵和高山，在山谷間降落並躲藏起來，直到月光灑遍了墓地，代表戰爭的開始（Sturl. I 2, 212）。

諾恩三女神也和戰爭的命運脫不了關係。如上所述，烏爾德執行女武神的任務，而其鳥的形態也和天鵝少女有關，正因為如此，斯庫德也躋身女武神之列（Vǫl. 24）：古德（Gud）（戰爭）、蘿絲塔（Rosta）（動亂）以及最年輕的斯庫德總是騎著馬，到處揀選要在戰爭中殞命的人，也進而決定勝負（Gg. 36）。正如鷹和烏鴉是代表女武神的鳥類，狼則是諾恩三女神的獵狗（Hamþ. 30）。

命運女神總是有三個，她們的名字則眾說紛紜。最初，她們被稱為烏爾德、薇兒丹蒂、斯庫德（Vǫl. 20, Gg. 15），但後來隨著人們把女武神視為戰爭的化身，諾恩三女神的形象就退居為抽象的時間概念：過去、現在和未來。烏爾德（Urd）在字源學上變成「已生成」（Geworden）（「verda」相當於德文的「werden」，複數過去式是「urdum」），薇兒丹蒂（Verdandi）則是「生成中」（Werdende）（「venia」的陰性現在分詞），而斯庫德（Skuld）則是「將要生成的」（werden Sollende）（「skula」的現在分詞）。

　　時間步伐總為三，
　　未來姍姍來遲，
　　現在如箭飛逸，
　　過去則永恆靜止。（席勒）

女武神

關於女武神，也就是決定戰場上哪些英雄（Wal）要戰死的少女們，在神話裡有許多不同的想像：跟隨著風神、如鬼魅般的女騎士；對高於人類的命運女神的信仰；身為戰士的妻子而跟著承受戰爭的命運的塵世女性，她們在死後仍然支配著戰場上的作為；或把雲視為騎著火紅的戰馬飛翔天際的女神。到了晚期，女武神和守護神「蒂絲」以及「菲爾佳」漸漸融合：女武神的出現宣告著死亡。正如蒂絲和諾恩，女武神會全身盔甲。有時候她們也會被想像成紡織的少女，如同諾恩一般，不過女武神是為了宣告戰爭的結果。正如瑪拉最終找上不忠的國王范蘭迪（Vanlandi），在十三世紀時，因為如著魔般癱瘓而使得人在戰場或敗逃時暴斃，人們會以女武神的別名「赫菲杜」（Herfjötur，「軍隊鎖鏈」）稱之。如同變幻多端的鬼魅一般（hamhleypur，單數為「hamhleypa」，意為「變形者」，後來也指稱「女巫」），女武神通常以天鵝的形象出現，有時候也會變成烏鴉（Vǫl. S.1）。在介紹奧丁的段落裡，我們會探討女武神在戰神奧丁和英靈戰士身旁的地位，以及她們在英靈神殿扮演的角色；這裡主要是要談一談女武神的整體神話性質。

在《第一梅澤堡咒語》（Der Erste Merseburger Zauberspruch）裡，命運女神伊迪絲（Idis，複數「Idisi」）向敵人下咒而套上鎖鏈。對整個軍隊套上鎖鏈、使他們癱瘓的災禍，這個抽象的想像正是源自如何祓除、召喚、約束和限制伊迪絲的力量，那些災禍會在戰況危急時臨到戰士頭上，使他們動彈不得，無法倖免於迫在眉睫的危難。

霍爾德和他的兄弟海爾吉被敵人襲擊、俘虜、囚禁。後來兩個人掙脫綑綁繩索逃走了，但是敵人窮追不捨。那個「軍隊鎖鏈」，也就是突如其來的癱瘓，襲上霍爾德，雖然他兩次擺脫這個「魔箍」。可是到了第三次，他終於不敵「軍隊鎖鏈」，敵人便一擁而上把他綁起來。雖然如此，霍爾德還是趁隙逃脫，他揹著海爾吉跑到山上。他的敵人雖然騎馬追上來，卻不敢出手

攻擊。此時「軍隊鎖鏈」再度襲來。他知道一定有強大的惡靈在搞怪（Harðar S. Grimk. 35）。

古德蒙和史瓦索夫第（Swarthöfdi）被敵人伊爾呼吉（Illhugi）一路追殺。古德蒙步履蹣跚，他的同伴問他是否遇到了「軍隊鎖鏈」。古德蒙說不是。這時候伊爾呼吉趕上來，舉起戰斧劈中古德蒙的頭部致死（Sturl. S. VI 24）。

索爾萊夫（Thorleif）遇襲時曾說，他要跑到山裡躲起來；但是一陣可怕的昏厥襲來，使他舉步維艱，只能匍匐前進；敵人追了上來，殺死了他（VII 25）。

在特隆海姆（Drontheim）遇擊的畢克拜族人（Birkebeiner，「樺木綁腿族」）逃回船上，船卻遲遲無法啟航。有些人開始擔心恐怖的癱瘓也會臨到他們身上，使得他們全軍覆沒；但其實只是他們的船還沒有起錨而已。（FMS VI 68）。

身為死神和命運之神，女武神會以編織血紅色的布宣告戰爭的勝負。

在北歐人和當時統治愛爾蘭的國王布萊恩（Brian）的克朗塔夫戰役（Clontarf, 1014）前不久，有人在凱瑟尼斯（Caithness）看到十二個女人騎馬闖進一間小屋就消失無蹤。她們攤開一匹布：人頭被用來當作重物，腸子等則作為紗線和織線；寶劍當作線軸，而箭矢則是梭子。十二個婦女唱著陰森的預言歌，根據織布判定戰爭的情況和結果。然後，女武神將布匹收起來騎上戰馬；六個女武神向南，其他六位則朝北奔馳而去（Nj. 158）。

女武神從南方飛越了黑暗的森林以影響命運；那些南方的蒂絲降落於湖濱，開始織起精緻的紗線（換句話說，她們展開了命運的織線）。其中一個叫作史旺薇絲（Schwanweiß，「天鵝白」，全身覆著如白雪一般的羽毛）；另一個叫作歐薇瑟（Allwiß，「全知」），第三個則叫作兒倫（Ölrun）。沃隆（Wölund）和他的兩個兄弟驚嚇了三個女武神，他們脫去她們的天鵝裝扮，把那三個少女娶回家。接連七個冬天，她們都與丈夫待在家裡；到了第八個冬天，她們開始躁動不安，第九個冬天，她們已經無法控制自己。她們快步

跑到蓊鬱森林裡，那些穿盔戴甲的少女，想要再度回復諸神的身分。女武神化身為女性形象的這九年裡，可能是她們贖罪的時間，而今刑期已滿。整天跋涉打獵的男人風塵僕僕地歸來，屋內屋外空無一人，他們到處尋找，女人們已經走了。最古老的《埃達詩歌》（溯自下薩克森地區的傳說）如是說。（Vølundarkviþa）

　　女武神、蒂絲、天鵝少女，其實並無二致：總的來說，她們會披掛上戰場、在岸邊休憩、如同諾恩般紡織珍貴的布料、以森林為家，並且被稱為從南方來的蒂絲。所以，海爾吉的愛人齊格倫（她也是個女武神）有時也叫作「南方的女兒」（H. H. I 17）：我們於此或許會回想起奧丁和女武神崇拜如何於南日耳曼文化區形成，並漸漸傳到北歐的痕跡。

　　諾恩三女神和女武神在**行為**上頗有相近之處，她們都會操弄命運，因為命運就是戰爭（88, 93）。在北方，諾恩和女武神的區別漸漸模糊；她們的性質和影響愈來愈趨同。但是她們的神話**起源**可以說有淵壤之別。諾恩女神是靈魂和惡靈信仰的衍生，但女武神則和天鵝少女一樣，都源於泛靈論。她們既象徵雨雲，也象徵晴空的白雲；她們原本是雲神，被風追逐，飛越陸地和海洋，她們也是暴風雨之神的使者，在閃電中發光，在雷聲中劍拔弩張。只有當她們的主人，也就是風神，也變成了殺戮之神，她們才會身穿堅硬環甲、頭戴盔罩、手提護盾出現。我們思考她們最初的元素和自然天性，就可以理解女武神這個概念後來的發展，而來自北方的最古老傳說，也證實了女武神來自天空。

　　狂野的獵人奧丁擄走了死者的靈魂。在迫近沉鬱的雨雲中，人們可以看到諸神之王和女武神，冥界諸神和世人也跟著女武神的行列前進。靈魂是風。在狂風中，亡者的靈魂也跟著飛馳。在狂風中，引靈的戰神會帶走戰場上的亡魂。

　　女武神的名字仍然反映出她們最古老的形貌：荷瑞絲特（Hrist）和密絲特（Mist），「暴風和雲霧」；詩嘉古（Skögul），「長而烏黑的條狀雲」（「skaga」意為「突出的、拉長的」）；根杜爾（Göndul），「團塊雨雲」

（「göndull」意為「堆成球狀」）；詩薇德（Sweid）是「熊熊燃燒的」，蘿塔（Rota）是暴風，而特莉瑪（Thrima）則是打雷。在這些名字的簇擁下，女武神粉墨登場。她們的戰馬抖動身體，露水從鬃毛流下，滴入深谷，降下冰雹於樹林中，大地因而變得肥沃（H. Hj. 28）。她們能馳騁於空中海上（H. H. 114; Hj.9）；當她們模仿戰士練習戰鬥時，會翱翔在伸手不見五指的雲海裡（H. H. II 4）。當九個女武神一同騎馬遨遊時，雲間會耀眼奪目，降下閃電；女武神密絲特（雲霧）的戰馬叫作「厄爾德」（Erde），是雲霧棲息的大地之意（H. H. I 48）。女武神由雲霧而來，因此她們會因閃電而渾身散發光芒：披盔戴甲的少女在被閃電照得發亮的天際騎馬飛行，鐵甲因血而生鏽，矛尖迸出火花（H. H. 15, 16）。她們一身雪白，如太陽一般燦爛，有著閃閃發光的頭髮，廣識多聞而冰雪聰明。她們經常以三、六、九、十二、十三或二十七（三乘以九）的數目成群出現。

後來的詩歌替女武神取的名號，都和她們戰爭的行為和形象有關。

從英雄傳說中，我們認識了許多女武神，如「身穿鎧甲的女戰士」布倫希爾德、「蒙面女戰士」格琳希爾德（Grimhild）、「宣告戰爭命運之女」古德蘭、「勝利之女」齊格尼、「宣告勝利之女」齊格倫、「勝利之蛇」齊格琳（Sigrlinn）、「如天鵝般純潔」史旺薇絲、「天鵝裝扮的女戰士」史旺希爾德（Schwanhild）、史娃娃（Swawa）以及卡拉（Kara）。她們統稱為「宣告勝利之女」（FMS V 246），她們是奧丁的禁衛軍，也被稱為奧丁的「神盾女孩」（Schildmädchen）或是「勝利女孩」；由於勝利是人們一貫的渴望，她們也是奧丁的「希望之女」，正如英靈戰士是奧丁的「希望之子」一般。

天鵝少女

天鵝少女和女武神一樣，原本也是雲的神格化。雖然有些女武神是天鵝少女，我們卻無法反推說所有天鵝少女都是女武神。在空中飛翔的雲有時會化身為天鵝行列的形象，搏翼飛越天際。水氣上升遇冷凝結而成的雲，和從森林池塘捲起的霧，將天界女神的形象和林間湧泉、潺潺流水結合在一起。

從湖泊河流泉水產生的白霧裡，可親可愛的天鵝少女就此誕生。她脫去天鵝外衣，在僻靜的森林湖泊裡沐浴，或是在海岸邊潛泳，然後倏地套回穹蒼的外衣，振翅飛越土地及河湖。她們褪去天鵝潔白的羽毛後，根據一般的變形法則，她們會以裸體的形象出現；能夠佔有她們天鵝外衣的人，便能擁有她們的愛，而天界少女也須委身於他。但她們一旦發現了天鵝外衣，對以前生活的嚮往總會迫使她們遠離人間，飛回她們光明的國度。這樣可愛輕舞的天鵝少女，也會以狂暴的女武神姿態出現，隨侍好戰的奧丁。

　　丹麥國王弗利德萊夫在夜裡出外遊歷。他聽見空中有異常的聲響，抬頭一看，他聽見三隻從天而降的天鵝在歌唱，從牠們的歌謠中，他得知了挪威王子被巨人綁架的消息。語畢，一條皮帶從高處落下。皮帶上記載著如何解釋這歌謠的符文（Saxo 178）。女武神顯然化身為天鵝，意欲挑撥弗利德萊夫和擄掠成性的巨人彼此爭戰。

　　卡拉穿著天鵝衣，唱著英雄海爾吉如何藉由女武神獲得勝利；但是後來在戰爭中，海爾吉將劍舉得太高了，因而失手砍斷愛人的腳；她從空中墜地，海爾吉的好運也煙消雲散（FAS II375）。

　　安納爾國王把橡樹下的九件天鵝外衣藏起來，使得年輕的女武神布倫希爾德和她的八個姊妹委身於他。安納爾嚇到神聖的少女，正如沃倫和他的兄弟嚇到三個天鵝少女、《尼伯龍之歌》的哈根（Hagen）嚇到美人魚一般。安納爾偷走她的衣服，使布倫希爾德不得不順服他，並且打敗可敬的對手雅姆古納（Hjalmgunnar）（Helr. 8 ff.; Sigrdr. 2）。最崇高的天神奧丁原本計畫讓雅姆古納勝利，結果他卻落敗，背離了天神的意志。奧丁怒不可遏，用尖刺讓布倫希爾德沉睡不醒，命令紛飛的火焰圍住她的住所：她再也不能在戰場上為勝利而戰，奧丁再也不讓她離開英靈神殿；她曾是奧丁的神盾女孩，如今卻對他舉起了盾；她原本應是激勵英雄戰鬥的少女，而今卻唆使英雄對抗奧丁；她不再是奧丁的希望之女，她的女武神身分已成過去。奧丁將布倫希爾德深鎖於沉睡中，命令熊熊的火圍繞著峭壁，而只有敢衝進火海的人，才能拯救被剝奪神性的少女。

　　從這些斷簡殘篇中，理查‧華格納（Richerd Wagner）創造了他美麗的悲劇詩歌《女武神》；古老詩歌中優美簡潔的文字背後深沉的感情世界，以及強大的靈魂衝突，是他的歌劇真正的感染力來源。

第二部

從靈魂信仰到自然崇拜的信仰轉向

第四章

精靈

精靈的類型和起源

　　精靈在北歐神話系統中所扮演的角色遠遜於巨人，在民間信仰裡卻更深植人心。雖然精靈已經在《埃達詩歌》中獲得若干珍貴的神性，但在《埃達詩歌》中，巨人這個太初的生物比精靈更接近敘事軸心，他們總是和諸神衝突不斷。究竟精靈屬於最初的靈魂，或是自然力量和天氣的人格化，目前尚未有定論。就某些精靈如「地靈」（Kobold）[1] 而言，和死者靈魂的關聯是顯而易見的；某些則是和自然有著密切連結，且和無法馴服的大自然暴力的代表、憎恨人類的開物成務的巨人族群相反，精靈體現了自然的神祕力量。但無論是這個說法或是其他解釋，都不能應用到所有的精靈上。在靈魂信仰中，風雲卷舒、森林迷霧、波濤洶湧的海洋、隨風搖曳的成熟麥田、窸窣的林間及嗡嗡歌唱的草原，都被認為是善靈或惡靈作為，精靈也因此從靈魂信仰的形式中逐漸發展開來。在丘陵及山區謀生的是「高山族」（Bergvolk）、「丘陵族」（Hügelvolk）或侏儒族，在瑞典無止盡的森林深處還有「森林女」（Waldfrau）。河流傾瀉而下的瀑布區，經常住著水妖或水怪（挪威的「Fossegrim」、挪威和德國通稱的「Nøkke」、瑞典的「Neck」，德文的「Nix」）。精靈（Elf）的字源和「埃爾夫」（Elf）（山裡的溪流）有關：「河中老頭」埃夫卡爾（Älvkall）住在埃爾夫河中，可以透過他的鏡子將人類變大。因為他們總是相當低調且隱密，在冰島和法羅群島上，他們叫作「uldufolk」，在挪威則是「Huldrer」（住在地底的東西），因為他們對人類相當友善，冰島人也叫他們「寵兒」（Liebling）。在瑞典，人們泛稱精靈為「Ra」、「Radande」（統治、管理之意）或是「Vitra」，他們存在於人類飼養牲畜、狩獵或漁撈之處，不論那些地點是在山裡、林間、湖泊、瀑布或是海濱、懸崖峭壁旁。

　　至於精靈是如何從靈魂信仰中演變而來，我們通常會從整個印歐語系的

1　譯註。傳說中的類人生物，一般都有長長的尖耳、鷹鉤鼻和金魚眼。

字源角度來解釋。精靈（Elf）在古北歐語叫作「álfr」，相當於盎格魯撒克遜語「aelf」、丹麥語「elv」、瑞典語「elf」，以上字詞皆盡呼應了梵語的「rbhú」，其基本意義為超感官的、虛幻的生物（希臘文「e-leph-airomai」意為「欺騙」，「o-loph-ōios」意為「奸詐、詭計多端」）：指稱從身體分離以後獨立存在的人類靈魂。一說精靈也叫作「光靈」（Lichtgeist）（梵語的「rbhu」相當於日耳曼語的「albh」，「發光、明亮」之意）。古北歐語的「dvergr」，中古高地德語的「twörc」，盎格魯撒克遜語的「dweorh」，也就是後來的侏儒，都變成古北歐語中的「draugr」或是梵語的「druh」，以欺騙傷害人，也就是「幻相」，或是中古德中的侏儒「撲人鬼」（Druckgeist）。最新的解釋也認為侏儒相當於希臘語的「serphos」（昆蟲）或是伊朗語的「dergnat」（跳蚤）。小精靈（「Wicht」，哥德語「waihts」，古北歐語「vaettr」）也是如此，這些「小東西、小精靈」，總是在出沒行進間被人聽見。精靈也同樣稱為「skratti」（古高地德語「scrät」、中古高地德語「Schrat」、「Schretel」，可能是長毛鬼或是吵人鬼；挪威語「skratta」意為吵鬧、「skratla」則是發出嘎嘎聲響）。僅僅以字源學為依據的意義總是讓人困惑。但是精靈的存在至少可以在靈魂信仰裡找到解釋。凡是在自然界裡存在且生長的東西，背後一定有鬼魂或靈魂，這就是精靈的由來。如同靈魂一般，他們也會享食牛奶、麵包和乳酪，和侏儒以及人類死者一樣都住在地下；而和靈魂一樣，他們對人友善或是敵對，端視活人如何對待他們。死者屬於精靈，因此「他們以音樂和舞蹈慶祝人的死亡，如同慶典一般」。古北歐語中的兩個「侏儒」名字也都有「死者」的意思（Vǫl. II 3）。在赫拉克法山（Helgafell）上，索羅夫（Thorolf）堅持，如果沒有潔淨沐浴，任何人都不得進入山區，在山裡也不得處死任何人畜。他認為他死後會到赫拉克法山。他在山上的墓地龐大，因此不想讓人汙染那片土地；人們就算內急也不能在山裡解手，否則會趕走精靈。這裡所謂住在聖山的「精靈」，可能只是指死者的靈魂。此外，民間信仰也明確指出精靈厭惡糞便的氣味或是大蒜、纈草或其他氣味強烈的植物。人們在已故的歐拉夫國王以及「蓋斯塔的阿爾夫」的墳丘獻祭祈求豐年（Fit. II 7）。在北歐，耶魯節前夕又稱為精靈

旅行日，那一天他們要更換住所；而耶魯季也是靈魂的節慶。在異教時代時，靈魂祭是在室內進行，陌生人不准在場，有時候也會到屋子附近的墳丘獻祭，人們用公牛鮮血塗在墳丘上，以牛肉作為牲祭。精靈住在墳墓裡，「精靈磨坊」（Elfenmühlen）這個名字影射古代祖先崇拜的原始鬼魂，在瑞典仍然隨處可見。這種經常出現在墓碑上的杯狀鑿痕，被認為是用來盛祭牲鮮血的碗。

直到今日，這些杯狀鑿痕都代表著某種迷信崇拜。家中如果有孩子生病，母親會在家附近尋找「精靈石」，並在女巫的指導下，在石頭表面傅油，並且把孩子曾經別在身上的針或是破布娃娃壓在下面，以祈求康復。古代的精靈獻祭，在現在北歐的「天使之油」（天使啤酒）（Engelöl, Engelbier）仍然可見一斑。有個兒子問精靈（Niss）他死去父親的下落，精靈回答：「你的父親在我們這裡。」今日，我們仍把石器和銅器時代的丘墳當作「山丘族」的住所，這些山丘族也經常和人們往來（D.S）。在精靈的丘墳上有一群人在跳舞，一個丹麥農夫在人群中發現他失蹤的妻子，他大聲叫她的名字，要她跟他走；可是他再也沒辦法和她一起快樂地生活，因為她總是坐在廚房裡哭泣。曾經到死亡國度作客的人，有生之年都必須背負註記（D.）。有個挪威農夫侮辱了「格沃德」（Gardvord），也就是守護屋子的地靈，敘事者接著說：「他不應該這麼做，因為格沃德其實是當時整修地基的人的靈魂，我們應該尊重和顯榮它。」

最後，我們要引一則法羅群島傳說，談論溺死的人死後化為水鬼的故事，雖然它不是該則傳說裡的要角，但相較於前述法老王的士兵的冰島民間傳說，這一則故事描寫更加明確：

據說人跌入湖裡溺斃以後會變成海豹。每到第九個夜晚，他們會脫下海豹裝扮（海豹皮），在岸邊以及懸崖洞穴間跳舞玩耍，就像其他人類一樣。有個小夥子聽見他們舞蹈的聲音，又看見美麗女子褪下海豹外衣。在月光下，他看到許多來自陰間的人在柔軟的沙灘上熱情地跳舞，而海豹皮就放在她們身旁。在晨曦間，他偷走了海豹外衣，無論女孩如何懇求，他都不肯歸還。她只好嫁給他，為他生了幾個孩子。除了手指間的薄膜，以及彎度類似海豹

前爪的手臂以外，她並沒有其他明顯的痕跡，讓人看出她原來住在海底。有一天，男子把寶盒的鑰匙放在家裡。他的妻子找到她的海豹外衣，再也忍不住欲望，就鑽進海豹皮，消失在海裡。這時候馬上有一隻大海豹湊上來，原來是她的第一任丈夫，她愛他遠甚於在人間的那個丈夫。

西元 1855-56 年間，昂特（E. M. Arnt）在波昂對克勞斯·格羅斯（Klaus Groth）提到瑞典人和挪威人關於海底神祕居民的信仰，那是當年他被拿破崙打得落荒而逃時親自聽到的：那些海豹（或是看似海豹的生物）會窺伺在岸邊玩耍洗澡的美麗少女，並且擄走她們。

清晨雞鳴時分的陽光，會趕走那些夜行者，例如瑪拉或鬼魂；因為陽光是「侏儒的煩惱」或者「使人精靈苦惱的東西」，他們一看到陽光就會化為石頭（Alv. 17, 36; Hamþ. 1）。

在想像世界裡到處都有魑魅魍魎。它不僅棲息在無人居住的世界，也會存在於動物世界中。因為在遠古的經驗裡，致病的寄生蟲總是出現在動物和人類的屍體上，特別是蟲或蛆等看似無足的生物，比如鰻魚、蛇或蠑螈，都被認為是精靈的偽裝。其他會作祟的精靈還有挪威的「巨魔」（Alptroll；挪威語「Elvetrold」），他會張開血盆大口，吞下佝僂的病患，以及「精靈球」（Elbenball, Finnball）和「巨魔卵」（Trollnest），也就是精靈在動物腸胃裡射出的寄生蟲卵。

根據日耳曼民間信仰，蠕動的蟲是會侵襲人畜的**瘟神**化身。如果有人招惹了蟾蜍，牠會在夜裡爬到欺壓牠的人類胸口，使他們作惡夢（N.）。打冷顫、發抖、全身晃動或是打哆嗦，無論反應是否規律，都是顯著的症狀，因而讓人覺得是惡魔出現；對遠古的人而言，這只可能是精靈的傑作。突然的皮屑或脫皮，以及驚嚇或夢囈之後出現的皮膚斑點，也是精靈作祟的結果。皮膚的紅點或是熱潮，叫作「精靈之火」（Elbenfeuer）（N. Jsl.）。和皮膚疾病有關的，還有人畜的髮根；頭髮纏結成辮子、蜂巢狀或球狀，都被認為是惡魔在打毛線。在北歐，在反芻動物胃裡找到的毛球叫作「惡靈球」（Alpkugel）或是「巨魔毛球」（Trollenknäuel）（N.）。馬的鬃毛或是人類

頭髮打結了，也叫作「惡靈髮辮」（Alpzopf）（D.）；而那些如鳥巢般的灌木叢或草叢，則叫作「瑪拉之穗」（Marenquasten）（D. S.）。人們會把「瑪拉之穗」高掛於馬廄，讓瑪拉或惡魔造訪時坐在上面，而不是騎在人類飼養的馬上，弄亂鬃毛並且編織「惡靈髮辮」（S.）。接觸到精靈的氣息或是斥罵惡魔，會招致病痛甚或死亡。這種「精靈氣息」（Elbenhauch）會導致瘟疫、膿瘡或是四肢腫脹。精靈一吹氣，就如惡龍一般，使空氣都變成有毒的。他們也會射出致命的「惡靈箭」（Alpschuß），就連侏儒也能「發射」，因此動物瘸了腿就叫作「被侏儒打中」（von Zwerg geschlagen）（N.）。他們能以太陽的照射（中暑）致人於死（「精靈光線」；Skírn. 4; Vafþr. 47），或是藉由雷戟（「惡靈箭」）及狂風使人罹患風濕、癱瘓、瘡癬、肢體腫脹，甚至侵襲臉部或心臟，造成昏迷、四肢僵硬或死亡。這些描述令人想到使徒保羅，他罹患的可怕疾病很可能是癲癇造成的痙攣，因而把它形容成「有一根刺加在我肉體上，就是撒旦的差役要攻擊我」。（II Kor. 12:7）

直到現在，我們也往往會說「我覺得被攻擊了」（ich fühle mich angegriffen），亦即我被致病且憤怒的惡魔攻擊了。佝僂症是惡靈的巫術和魔法，或是精靈的「邪惡的注視」或「精靈之箭」引起的疾病。甚至只要看他們一眼就會要人命。因此，當精靈來臨時，最好保持距離並且緊閉雙眼。想要從樓板空隙偷窺精靈的人，最後都會失明。有個助產士說她曾經在山裡看到精靈，後來便瞎了眼。（D.）

就連精神疾病也被認為是精靈作怪。只要是被精靈誘拐到他們的國度，很少人能夠平安歸來；而假使真有人能全身而退，他要不是瘋了就是傻了（N.）。有時候，在如死去一般地沉睡很久以後，也有人甦醒過來（D.）。因此人們總是相信他是接觸了地下的東西，而每當精靈在夜裡出現，他便會跳起來和他們說話，或是隨著他們的舞蹈扭動身體。挪威的民間信仰一般認為這種精神混亂的狀態（huldrin，德語作「verhuldert」）是林中女妖（Hulder，古高地德語作「helan」，「隱藏」）或是神祕的地底生物在搗亂。

只要沾到或吃一點點精靈盛在金杯裡的佳餚美饌，就會愛上那個精靈；相反地，若是想得到精靈的祝福，只要以人間的食物獻祭，就可以得到最殊

勝的禮物：永恆的青春。有個王子被海中女妖（Meerfrau）長年囚禁於海底服侍海妖，海妖的女兒愛上了王子而救他一命，他在回到人間之際，她告訴他記得吃某種東西。他只吃了一點胡椒粒，雖然逃過一死，卻因此和精靈斷了音訊，忘了仍等著他的情人（S.）。

這種被精靈擄走的故事是很普遍的傳說類型，裡頭總會提到誘人的惡靈獻上某種**遺忘之酒**。山神給少女喝了這種酒，讓她們遺忘一切，永遠留在山上陪伴他。她喝了一口，就忘了天和地；喝了第二口，她忘了神；喝了第三口，她忘了兄弟姊妹。在一系列故事分支很多的傳說裡，也曾提到某個少女一到某個地方，山裡的侏儒精靈王就給她喝一種酒，讓她愛上了他。更重要的是第二則傳說，某位青年因為喝了女精靈給他的「遺忘之酒」，於是愛上了精靈。有個丹麥的騎士曾經倒在精靈墳丘上睡著。這時候有三個美麗的少女經過墳丘，她們優美的歌聲讓浪花凝結在空中、魚兒忘了游泳、野生動物在森林深處靜止不動、樹枝上的小鳥也不再啁啾。從墳丘裡走出一個可愛的少女，手裡提著銀色茶壺。那三個被精靈控制的姊妹們警告他說：讓藥水流過胸口吧，和精靈少女一起住在墳丘底下是很可怕的事呀！

> 如果神明不肯庇佑，
> 公雞會振翅，
> 他只得被精靈少女吸引
> 到精靈的墳丘裡。

法羅群島上的林間女妖時常覬覦某個基督教的青年，總是要引誘他。每當他走進入曠野，墳丘便會自動開啟，女孩會出來向他敬酒。他沒吹掉酒杯上的泡沫，因而喝下遺忘之酒，中了魔法，於是她們引誘並控制了他，把他擄到精靈墳丘底下。在挪威和瑞典都可見同樣的故事。而挪威最北部的傳說更是經典：

有個男孩聽到山上傳來曼妙的音樂，當他尋聲而至，林間女妖給他一只

金色牛角杯。他趕緊將酒灑到腦後，抓著牛角杯就往家裡奔去。頓時庭院傳
來一陣恐怖的聲響，有什麼東西不停敲擊，並且露出許多鮮血淋漓的頭顱。
直到四下寂靜無聲，有個戴著紅色尖帽的矮小老人走進房間。他怒氣沖沖且
聲音顫抖地說：「你瘋了嗎？只要你遇到麻煩，我都會拉你一把。為了報復
你搶走他們的金牛角，那些林中妖精剛剛來過。如果不是我的話，你的肋骨
早就被打斷了！」他就是古邦德（Godbonde），家裡的土地神和守護神，他
用鐵棍把敵人趕走。

在魔王「光明之地的古德蒙」（Gudmund von Glässwellir〔Glanzgefilde〕）
的神話，也提到會招致毀滅和死亡的危險林中女妖之愛：

他美麗的女兒在森林中發現海爾吉，對他一見鍾情，並且在離別時致贈
豐厚的禮物。後來她便伺機誘拐他，臨別時詛咒挪威女人在他身上再也得不
到任何樂趣（FMS III 141; Fit. I 359）。索齊爾（Thorkil）曾警告說，在古德
蒙的國度中享樂，會失去前半生的記憶，只能一直待在妖精族裡（Saxo
288）。他的同伴布齊（Buchi）娶了古德蒙的一個女兒，馬上失去記憶，後
來便淹死了（Saxo 291）。甚至芙蕾葉（Freyja）也曾經給赫丁喝遺忘之酒。
（FAS I 400）

寇爾（Koll）是一種巨怪，擁有一只分成兩個部分的牛角杯：喝下半部
的酒會遺忘所有的事情，但若喝了上半部的酒，就能夠恢復記憶（FAS II
399）。侏儒蒙都（Möndul）要女人喝酒以謀害她，她於是失去記憶，只有
喝了侏儒的回憶之酒才能恢復記憶（FAS II 298 ff.）。精通法術的格琳希爾
德（Grimhild）最終給了齊古爾一種酒，他喝下後就會忘記布倫希爾德（Vǫl.
S. 24, 27, 29; Gríp. 31, 34）。

使得齊古爾臣服於尼伯龍族的酒，代表他終究將落入惡魔力量之手，地
底生命對他的愛也會使他走向滅亡。「格琳希爾德」（戴面具的女戰士）讓
人想起尼伯龍族（Nibelungen；「隱藏者」），而這個名字只限於形容惡魔。

從關於「遺忘」這個動機的北歐傳說裡，我們也可見到日耳曼的尼伯龍傳說裡失落的性格。

這些淫蕩的精靈甚至會和女神爭風吃醋。四個侏儒打造了一條珍貴的項鍊，但只有當他們每個都和芙蕾葉（Freyja）共度春宵，她才能得到這條項鍊（FAS I 391）。洛基責怪芙蕾葉讓所有愛瑟神族和精靈都享有她的愛情（Lok. 30）。

精靈既渴望青春正盛的青年和美貌的少女，也會覬覦健康的兒童，他們用暴力或詭計擄走孩童，並換上自己的孩子。這些怪嬰都長得和怪物一般，臉色如樹皮一般慘白，並且如煤灰一般了無生氣（Thidreks S. 169）。

人們如果要丟掉怪嬰，就必須帶他上教堂，他會在那裡死去；否則便要揍他、掐他，精靈母親就會現身換回自己的孩子。

雖然怪嬰長得醜，他的精靈父母倒是很美麗。他們比當時的北歐人好看許多（FAS. I 387）。艾芙希爾德（Alfhild）是最美麗的女人，而當時精靈國（Alfheim）[2] 的居民更是比任何種族都要漂亮（Herv. S.1）。可是侏儒體格如孩童一般，外貌既老又醜，膚色如土，鼻子出奇地長。因為陽光不曾照到他的臉，所以他的臉色如死人一般蒼白。因此索爾說侏儒亞維斯（Alwis）鼻子周圍的膚色之蒼白，宛如夜裡一直睡在屍體旁邊一般（Alv. 2）。

根據《埃達詩歌》，「光靈」（Lichtelf）的**居所**就在瓦尼爾神族（Wanengott）的弗雷（Freyr）那裡。精靈和瓦尼爾神族裡，溫和舒適的空氣和天氣都被人格化，主司陽光和微風。根據民間傳說，在山區、人煙罕至的山谷、丘陵和峽谷，都有著他們一望無際的王國，裡面到處是黃金和白銀。

有個少女整整八年都被山神國王禁錮在岩石間，母親問她這些日子都到哪裡去了，少女回答：「我在開滿鮮花的草原上到處流浪。」（S.）精靈花園裡的樹木比任何人間的樹林都要蔥綠，那裡的水果也是他處遍尋不著的（S.）。精靈國王古德蒙在「光明之地」（Glanzgefilde）的「永生草原」，是北歐人的天堂。地面上也有他們喜歡出沒的地方，像是草原、偏遠而封閉

2　譯註。推測屬於神話中提到的九個世界之一。

的森林，他們也特別喜歡棲身在某種樹木上。

　　他們的生活方式和人類很像。精靈有時會獨自遊蕩，但大多是群居的，而且有個首領。精靈和山神都有個國王。在冰島，漢斯·薩克斯（Hans Sachs）著名的軼事集《夏娃各自不同的孩子們》（die ungleichen Kinder Evä）也提到精靈。根據芬努斯·約翰尼烏斯（Finnus Johannaeus）於 1774 年所撰的《冰島教會史》，他們有兩個總督，每兩年輪流由隨從陪同坐船到挪威覲見整個精靈族的國王，詳細報告臣民的行為、忠誠和服從；當總督越過了正義或道德界線時，隨從會適時提醒他。

　　如同人類，精靈也會從事**畜牧**。

　　挪威的林中女妖會放牛，牛群和精靈都一身藍色。海中女妖會保護島上和岸邊的白牛；而精靈則承諾以十二頭白牛作為報酬（S.）。在法羅群島上，人們相信牛群裡有看不見的肥母牛在吃草，牠們是從海裡來的，奶量比人間的乳牛豐富，農民總是歡迎這些乳牛的到來，而牠們則會目不轉睛地盯著大海。在山裡，侏儒會飼養有著金牛角的母牛（N.）。從海裡會冒出一頭身上有老鼠灰斑或蘋果灰斑的公牛，混雜在人們飼養的牛群當中，和母牛交配生出強壯的小牛，甚至可以神奇地隱形。一個瞎眼的老女人聽到小牛的叫聲，驚道：「這是精靈的叫聲，不是一般的生物，為了你們好，還是趕緊殺了牠吧！」但因為小牛實在太強壯而美麗，所以沒有人照她說的做。小牛長得很快，四年後就用牛角刺向牠的主人（Eyrb. 63）。人們也會以米凱勒的飼料（Michaeli Futter）餵養海中女妖的牛（S.）。

　　在冰島，違法犯禁的人往往被認為具有精靈的血緣：他們有自己的謀生方式、自己的牛群，並且如精靈一般，從人群中搶奪婦女。格雷提（Gretti）是史上第一個被判和精靈私通的人（Grettis S. 61/2）。

　　精靈特別喜愛**舞蹈**。日落時分，他們會跑出來到處飛舞，溫柔而曼妙的精靈舞蹈美得難以形容，纖細如百合，潔白如初雪。他們戲耍的時間從芬芳的夜晚降臨，草地沾滿露水開始，一直到雞鳴劃破清晨。若是他們沒有在第

三聲雞鳴前消失，猶如翻騰的晨霧在太陽升起前消翳，他們便會「遭到白日詛咒」（taggebannt），也就是一直站在聽到雞鳴的地方，動彈不得。

歐魯夫（Oluf）到新娘的娘家去，新娘正穿著美麗嫁紗，等著歐魯夫將她迎娶回家。但他放出獵犬和獵鷹打獵時，樹林中的女精靈注意到他。為了把歐魯夫留在自己身邊，女精靈伺機以柔美誘人的弦樂拉起他的手，在草地上跳起輪旋舞。新郎耳裡聽見美妙悅耳的音樂，而精靈國王的女兒出現，她纖美白皙的手伸向他：來吧！年輕人，與我共舞！他就這樣忘乎所以地讓精靈引領著他，被誘拐到精靈王國，而精靈們拉著他不讓他離開，他便從此失蹤多年。對他來說，感覺只過了一個小時；但是新娘已經死去多年。後來每次有精靈邀舞，他都如此回答：

> 我不想跳舞，雖然仍然喜歡跳，
> 因為明日就是良辰吉時。
> 但她一直是他心中的痛：
> 從來沒有這麼痛過。
> 「如果你不和我跳舞，
> 我就降下死亡和災難。」
> 歐魯夫先生將馬頭調轉，
> 而瘟疫和疾病在他背後到處蔓延。
> 當晨光讓他睜開雙眼，
> 人們卻從城堡裡抬出三具冰涼的屍體。
> 那是歐魯夫、他的新娘，
> 以及他因悲傷而死的母親。（D.S.）

有個女孩答應在耶魯節前夕拿奶油麥片粥給地靈，卻是帶了酸牛奶燕麥粥給他。地靈把整碗粥打翻，並與她共舞直到清晨，他唱道：

妳把地靈的粥吃光，

哎，所以妳也只能和地靈一起跳舞！（N.）

和喜愛舞蹈息息相關的，是對音樂的渴望。精靈的歌聲對大自然所施加的魔法是難以言喻的，所有生物都會呆若木雞地側耳傾聽。當侏儒之女烏爾法（Ulfa）用金豎琴演奏「盧恩符文」時，森林裡的動物忘了牠們原本要去哪裡，河中的魚也不再記得要游向何方，而侏儒肩頭的老鷹展翅飛翔，草原上繁花盛開，一片欣欣向榮。當精靈墳丘上的少女引吭高唱，暴風雨會收斂自己巨大的力量、魚群開心地以牠們的鰭戲耍、森林裡的鳥兒也會鳴叫應和。相反地，當新郎彈奏豎琴，企圖從水怪（Neck）那裡救回被擄走的新娘，小鳥會飛離枝頭、樺樹會生長出樹皮、公牛額頭上冒出角來、教堂塔樓高高聳起，最後則是新娘從水波中出現，依偎在他的腿上。如此甜美的音樂，在瑞典叫作「精靈樂曲」（Elbenspiel），挪威人稱之為「女妖的演奏或樂曲」，冰島則用「寵兒的旋律或演奏」稱呼。

某個農夫的女兒和精靈生了孩子。到了晚上，精靈父親就會在孩子的窗前吟唱美妙動聽的歌曲，除了讓孩子漸漸入睡，也賜予他好運和祝福，同時給他一些建議和智慧的話語（Isl.）。

而女妖的演奏總是單調哀怨的小調樂曲。山中居民在山谷或峭壁偷聽，從地底下的精靈身上學到了那種音樂。瑞典南部有一種旋律叫作「精靈國王曲調」，很多音樂家都會彈，卻從來不敢演奏，因為音樂一旦開始，無論男女老幼或是無生命的東西都會不由自主地跳舞，直到演奏家能倒著演奏詠嘆調，或是有人在他身後踢他，使得琴弦斷裂，否則音樂和舞蹈都得繼續下去（E.M.Arndt, Reise durch Schweden）。只要以一隻灰羊為代價，尼斯精靈就會教人拉奏小提琴（N.）。水中妖精們尤其喜歡音樂。

精靈聰明伶俐、優雅、富於創造而且有**藝術天分**；隨著文化發展，他們擁有最精緻的手工藝，因此是諸神的工匠。他們創造出奧丁的永恆之槍古恩

尼爾（Gungnir）、德羅普尼爾（Draupnir）戒指、希芙（Sif）的金髮、芙蕾葉的項鍊、弗雷的船和公豬，以及拴住芬里（Fenrir）惡狼的鐵鍊。英語文學中也充斥熟諳鑄造的侏儒的故事，許多著名的武器、盔甲或劍都是由地底侏儒鑄造出來的。冰島人稱技術卓越的工匠「如侏儒一般超群」，而有藝術感的作品則叫作「侏儒工藝」。因為侏儒在山裡挖掘貴重金屬及寶石等，「侏儒工藝」也指山裡閃爍動人的水晶。由此，蜘蛛和蜘蛛網也稱為「侏儒」和「侏儒」之網。

　　智慧是精靈很重要的特點。亞維斯是個聰明絕頂的侏儒，他和索爾打賭；他要走過九個世界並且細心觀察一切。有兩個侏儒釀造了「詩人靈酒」（Dichtermet），後來被奧丁搶走。精靈們把威力強大的盧恩符文傳授給歐拉夫騎士，他們要教會他鑿刻、書寫和閱讀（D.）。精靈的魔法歌也稱為「盧恩」（Runen）；而侏儒之女烏爾法的迷人豎琴演奏誘使騎士提拿（Tynne）進入精靈王國，它也稱為「盧恩演奏」（Runenschlag），而那騎士也藉著「盧恩書」逃脫盧恩演奏的束縛（S.）。

　　精靈們能預言並宣告即將到來的災難，水妖也具有預見未來的能力。

　　他們既能招致傷害和疾病也能治病。索瓦德（Thorvard）以公羊血獻祭精靈，而後他的重傷便不藥而癒（Kormaks. S.22）。

　　精靈一般都被描述成奸詐狡猾。阿貝利希（Alberich=Alfrik，「精靈國王」）也稱為「偉大的小偷」（Thidreks S. 16）。而其他侏儒有的叫作「大盜」（Althjof）、「盜墓賊」（Hlethjof）或是「機伶的人」（Fundin）（Vǫl. 11, 13, 15）。

　　精靈的**思考模式**和習性是善與惡、誠實與欺騙的獨特混合體。我們不需要多作例證。民間傳說裡經常出現的水怪，在異教的信仰裡就已經存在。有一種搗蛋鬼（Störenfried）就叫作「紅精靈」（Rotelbe）（Nj. 45）。除了搞怪以外，他們也會表現善良的一面。「任何人都不應該食言，」亞維斯說（Alv.3）。冰島人相信，精靈凡事主張公平正義。家神的忠誠是不容置疑的，他們無法忍受不誠實，因此常常自己處罰家僕。雖然他們的行徑隱密低調，只在人們睡著的夜間活動尋歡，但他們也需要人們的協助，例如在嬰孩誕生

之時;而他們也會以豐富的禮物和才能作為回報。但是,曾經施以協助的人不能透露關於他們的一切,否則好運就會消失。在《埃達詩歌》裡,精靈經常出現在愛瑟神族裡,而相較於巨人族,他們和諸神比較親近。許多人都是以精靈的名字命名,可見人類和精靈的關係匪淺,而繼承精靈的名字似乎會帶來好運(Sk. 39)。

侏儒

　　住在山中或地底的精靈稱為「侏儒」、「高山族」(丹麥語)、「地底族」(挪威語「Haugfolk」)、「隱藏者」(挪威及法羅群島語)、「地靈」、「地下族」(瑞典語)。侏儒亞維斯的房子在石頭底下。史瓦格迪(Sweigdi)國王抵達瑞典一座人稱「石頭」的大農莊;那是一塊和房子一般大的石頭,石頭底下坐著一個小侏儒。他和國王說話,要他進入石中。而他一走進屋子,石頭馬上封閉,從此再也沒聽過史瓦格迪國王的消息(Yngl. S.12)。瑞典民謠《提拿騎士》(Ritter Tynne)描寫住在山上的精靈的生活和家庭。在山上,一切都和礦產有關。山神王會把玩金塊,讓他的手下都穿上鐵衣,而女侏儒則會將黃金供奉於神殿。美麗的侏儒少女烏爾法悄悄偷走豎琴,彈奏如黃金一般的樂曲以誘拐騎士。等到騎士在金椅上睡著後,他就會擺脫符咒的束縛,並且在道別時得到鋒利的武器和璀璨奪目的寶石。昂特(Arndt)聽說瑞典有個女族長住的是堆滿黃金水晶的屋子,她在裡頭跳舞喝酒;他們把所有的黃金白銀都運到金山(Goldberg)上,那裡埋葬著在多次俄羅斯戰爭中戰死沙場的人們。法羅群島上的侏儒要不是住在大石頭裡,就是住在墳丘的石頭下,在法羅群島以及冰島上隨處可見這種侏儒石。在岩石之間,所有的聲響、一切眾生的語言,都會引起回聲。而直到今日,「回聲」在北歐還是叫作「侏儒說話」(Zwergrede);而法羅群島的民謠也說,侏儒的語言迴盪在山裡的岩壁之間。

　　侏儒是最好的鐵匠。人們從他們那裡學會在水裡把鋼鐵焠火;早期他們用鐵鎚打鐵,使其延展並且變涼。侏儒鍛煉金屬時的工具也是自己做的。在

他們的山腳下，人們經常看到滿天灰塵，那是他們在鍛造的過程當中揚起的灰塵。侏儒的力量都是來自他們自己打造的腰帶，任何人只要得到腰帶，就可以強迫侏儒打造他們所要的東西，並且挖掘稀有寶石（Fär）。

在民間傳說以及古老的神話裡，侏儒都是優秀的鐵匠。

精靈王武倫（Wölund）是古老傳說中最機智的，他和天鵝少女結為連理。他的財富和技藝使得瑞典國王尼杜德（Nidud）嫉妒不已。有天晚上，武倫被打昏，載到某個無人小島上的一處作坊；在那裡，他替國王打造寶劍、盔甲及胸扣、戒指等飾品，後來他伺機報復國王，並且穿上翅膀逃走（Vǫl.）。

烈金（Regin）比所有人類都要靈巧，而他的身材就像侏儒一樣。他既聰明又凶猛，也熟諳魔法。他替年輕的齊古爾打造一把寶劍，能把鐵砧劈成兩半，也可以把在風中飛舞的羊毛削成兩段（Reg.）。霍格尼的死亡之劍也是侏儒打造的，寶劍一出鞘就必定有人要死；揮舞此劍，永不落空，而它造成的傷口也永遠不會癒合。霍格尼用寶劍和綁架其女的赫丁大戰，剝奪了赫丁贖罪的可能，因為霍格尼的寶劍已經出鞘（Sk.10）。侏儒打造的劍可以砍斷鐵砧、抵擋各種魔法（Gisla S. Surss. 80）。

洛基用漁網捕捉偶爾變成魚住在水中的侏儒安德瓦利（Andwari，意為「謹慎」），他要求侏儒交出藏在石頭底下的黃金以換取性命。侏儒只好給他全部的黃金，但安德瓦利把一只金戒指藏在手裡，藉此重新累積他的財富。後來洛基把他手中的戒指也搶走，那侏儒便詛咒說，戒指將會給擁有者帶來死亡（Sk.4; Reg.）。

從侏儒那裡搶來的財物會為後來的擁有者帶來詛咒，這是古代詩歌津津樂道的主題：

夕陽西下時分，齊格拉米（Sigrlami）國王看見兩個侏儒坐在郊外樹林裡的一處大岩石上。他用一把魔法刀讓兩個侏儒在岩石外面動彈不得。侏儒們懇求國王放他們一馬，國王則要求他們盡全力打造一把寶劍：劍柄和劍格

要以真金打造，劍鞘和腰帶則要鑲金；寶劍永不斷裂也不生鏽，它削鐵如泥、視石頭如軟布，在戰爭或決鬥中所向披靡。但由於侏儒不是自願打造這把寶劍，於是提爾劍上也加了詛咒：「只要劍一出鞘，必定有人得死，而寶劍會招致三大罪行，並且帶來你的死亡！」（Herv. S.2）

布雅納松（Bjarnarson）抓到一個侏儒，並要求侏儒打造一把金弓和百發百中的箭作為贖金，但他們最後友善地道別，甚至相互饋贈離別之禮（FAS II 224）。

埃吉爾（Egil）因為受傷而失去一條手臂，某日看到一個侏儒孩童從岩石間跳出來，用碗舀水喝。他用牙齒將自己手上的戒指咬下來，讓它落在孩子的碗裡作為贈禮。為了表達感謝之意，侏儒父親醫治了他的傷口，並且為他打造一把可以固定在手肘的短劍，讓埃吉爾在使劍時猶如揮舞沒有受傷的手一般（FAS III. K. 9, 11）。

霍德（Höther）設陷阱抓住一個彌閔（Miming）[3]，要脅以他的寶劍和臂環作為贖金；後來這把寶劍使得巴德爾喪命亡，而臂環則是如安德瓦利和奧丁的戒指一般，擁有神奇的力量，使它的主人財富倍增（Saxo 70, 71）。

索斯坦在林間巨石旁發現了一名侏儒，他因為孩子被老鷹叼走而傷心欲絕。索斯坦一箭射中老鷹的雙翅，使牠墜地而死。他找到侏儒的小男孩，讓他回到父親身旁。侏儒喜出望外，致贈索斯坦一件刀槍不入的神衣、一枚讓人永不愁吃穿的銀戒指、一顆能使人隱形的石頭，以及一顆打火石，能讓他呼風喚雨，召來冰雹、陽光和火等等（FAS III 179）。

哈夫丹探望住在森林岩石間的養父侏儒里特（Lit），懇求侏儒幫他找回被惡魔佔有的號角。雖然冒著生命危險，侏儒還是幫了他這個忙。

索斯坦在危急時也會向在小島岩石間的侏儒辛德里（Sindri）求助。他遇到辛德里的孩子，並且致贈他們禮物；因為他們在侏儒面前的美言，索斯坦得到一把具有魔法的寶刀，並且知道如何在危難時尋求辛德里的協助。後來，他的「兄弟們」再次幫助他，斬斷縛住他的鎖鏈（Thorstein. S. Vikingss

---

3　譯註。北歐神話裡，森林中半人半獸的怪物，類似希臘神話裡的薩提爾（Satyr）。

＝ FAS II. K. 5, 6, 22, 23, 25）。

侏儒總是會投桃報李，並且對人很忠實。他既會把黃澄澄的金子和黑鐵鑄在一起，也會提供聰明的建議，深諳大自然的祕密，更會醫治傷口。

侏儒蒙都（Möndul）想要誘拐女子，於是潛進伯爵的家中，順手偷走某件寶物，害得無辜的人蒙受不白之冤而險些送命，並且擄走他的妻子。蒙都落到羅夫（Hrolf）手中，坦承罪行、治癒失明的女人，從此以後忠誠地服侍羅夫。他陪羅夫一起上戰場，在戰後以精湛的醫術治療傷患。羅夫因為一場謀反而失去雙腳，蒙都將藥膏抹在羅夫的傷口處，並且用輪軸固定他的身體。接著，他把羅夫和被砍斷的雙腳用火烤了三天，把雙腳接回他的身體。於是羅夫的雙腳一如往常地健步如飛。「如果有人認為那是無稽之談，當地人都能證明曾看過或聽過這件事。」又有一回，在傍晚時分，羅夫出去獵鹿，在森林一片人煙罕至的空地看到覆著綠草的墳丘。墳丘緩緩開啟，一個藍衣女精靈跑了出來。她先是惋惜羅夫一頭鹿都沒有獵到，後來又答應他，如果他跟她到墳丘裡幫助她的女兒，她一定會致贈一頭美麗的鹿。她的女兒已經難產十九天，只有碰觸真正的人類才能解除分娩的痛楚。於是羅夫跟著女精靈走，來到一座漂亮的宅院。他一碰觸難產的女子，她馬上恢復健康。而羅夫則得到一頭鹿以及精靈之女的金戒指作為贈禮，那金戒指能讓它的主人不管白天或晚上都不會迷路（FAS III 276）。

如果在人類的眼睛上塗抹精靈的膏油，就可以看到各種神鬼，這種說法經常出現在挪威關於精靈的故事，以及日耳曼關於侏儒的傳說裡。有特定療效的古老鐵具則稱為「侏儒工藝」（N.）。

人們相信芬蘭人（拉普蘭人）會使用魔法，靈巧如擁有魔法一般的沃隆和他的兄弟，據說是芬蘭國王之子。「芬」（Finn）字也和精靈相關；芬其實是侏儒的名字（Vǫl. 16），而「芬萊夫」（Finnleif）則和霍格尼的劍一樣，都是侏儒打造的武器。

家神與地靈

　　德國的「地靈」意思其實是掌管牲畜棚（家裡、農舍或穀倉的管理者），或者是家管（Kobhold, Hausholde）。從北歐大約五十個地靈的名字當中，可以歸納出幾項要素：一、主要的名字和人的住所有關，如瑞典語的「tomtekarl」、「tomtegubbe」、「tomtkall」，都是「家族中人」、「家中耆老」、「家中長輩」之意；挪威語的「tomtevätte」和瑞典語的「bolvättar」都是「家裡的土地神」，丹麥語的「gaardbo」意為「住在農舍裡的人」，而「gaardbuk」則是「農舍裡的小矮人（Puk）」，挪威語的「gardvord」為「家庭守護者」，瑞典語的「gärdsrad」意即「家管者」，挪威語的「gardsbonde」是「以此為家者」。與人類的家居空間更明顯的關聯，則可見於挪威的家神名字裡常見的字根「tun」（庭院、圍欄）以及「tufte」（或「tuft」，地基），例如：「tunkall」（家中長輩）、「tunvord」（家中守護者）、「tufte-volk」、「tufte-bonde」、或「tufte-gubbe」、「tufte-kall」。二、次要的名字裡會指稱「妖怪」**突然現身所造成的驚嚇**，大多由字根「beug」組成（「Bö」，「突如其來的陣風」），如瑞典語的「buse」，丹麥語的「busemand」、「bussemand」、「bussetrold」。盎格魯撒克遜語的「püki」、丹麥語的「puge」、丹麥瑞典語的「puke」以及挪威語的「bokke」也屬於相同的字根。小矮人（Puck; gárd-hús bukk）和山羊（Bock）無關，他是家中的精靈，相反地，挪威語的「houbukken」是山神，而不是丘陵上的山羊。但是由於誤解以及民間字源的移花接木，人們把山羊的動物形象和家神聯想在一起，就有如耶魯節時常見的聖誕節小精靈（Julebuk, Julebok, Julevätten, Weihnachtsbutze, Weihnachtswichtel），夏天他們會在林間逗留。對山羊的誤解也影響到某些地方的模仿想像。耶魯公羊和耶魯山羊的面具，其實是模仿土地神的形象而來，而人們會以一碗麥粥獻祭耶魯公羊，祈求家裡平安，也使土地神的形象更接近地靈。三、和「bise」、「gubbe」、「kall」等詞尾組成的名字都將家神描繪為老人。最常見的名字諸如「Hannpeiter」（Johann Peter）、「Chim」

（Joachim）、「Hás」（Hans）、「Michael」，或許還有「Nisse」、「Nis」、或「Niels」（「Niss」是「Niels」的暱稱），也就是說，聖誕老人（Nikolaus）取代了古老的家神（或謂聖誕老人是指「忙裡忙外的人」，或者和惡靈的名字如古高地德文的「hneigjan」、「hnigan」有關）。挪威語的「god dreng」、瑞典的「goa nisse」都是「好青年尼爾斯」、「好孩子尼爾斯」之意。上述名字的起源都年代久遠，儘管當時的人們已經知道要區分精靈的善惡，一般的家神還是對人類友善的；而幾乎所有名字都會指稱房子、庭院、住所，或房屋建地，家神就長期住在那裡。由許多民間傳說可見他們對家神的理解特徵：土地神無所不在，當人們想要蓋房子或選擇建地時，都必須徵求他們的同意；每家每戶中都有家神，而當他們在家裡停留並住在門檻下時，會賜予人們幸福快樂。因此根據他的本質，尼斯其實是人們家戶土地的土地神；他們住在房屋的地基裡，如果人類都討他歡喜，他就會留下來，作為賜予好運和祝福的家神和人類共處，而人類也會以各種豐盛的供物獻祭他。他是住在這個屋子裡的家族祖先，因此也是他所建立的家族的守護者、同工和協助者。

　　若是有房子沒有尼斯，那麼其家族也不會繁榮，而若是女傭或僕役都讓他順心，他也會讓他們如意。那些僕役可以直接上床睡覺，也不需要為他們的工作煩心。早上女傭起床後，會發現廚房已經整理乾淨、水已取好、木柴也都搬進來了，而僕人會發現馬廄中的馬都經過細心洗滌梳整：一切皆已就序。人們夜晚在屋裡睡覺時，只要有任何危險，家神都會很友善地、輕輕地喚醒家主。而他也特別會照顧馬匹和牛隻。照料馬匹的僕人將馬廄的飼料填滿，卻是小精靈（Tomte）讓馬兒強壯（S.）。在那個農夫仍共同耕作而往往不知道如何讓牲畜平安過冬的時代，家神尼斯也會賜予農人們無法自力獲得的東西。他會看到什麼就偷什麼，拿到農舍餵食窮人朋友那些快要餓死的牲畜。在丹麥，「魔術娃娃」（Dragedukker，德語為「Tragpuppen」，字面意義為「背負娃娃」）也很普遍，他們會為擁有它的家庭賜予好運。在冰島的耶魯節，男人會坐在十字路口，精靈則從四面八方獻上各種珍品以誘惑他，天亮時，那男人會站起來然後說：「讚美主，一天圓滿結束。全部的寶物都

歸他所有。」古老的挪威法律禁止在耶魯節前夕和除夕坐在十字路口求助於法力無邊的奧丁或是死者的亡魂，以預見未來或是探知地下寶藏。

　　尼斯會為了報酬而為人類出力，他會要求賞報，如果沒有得到他應得的，那麼農民便得付出極高的代價。後來的人所謂的**報酬**，早先其實都是**祭物**，以博取精靈的歡心，得到幫助、好運、繁榮和富裕。人們每週六晚上都會在房屋角落為他預留蕎麥粥，正如遠古時代在農舍裡的獻祭。人們會把粥放在石頭底下，並且附上一塊奶油；尼斯便會到那裡取走屬於他的食物。在平安夜時，比較富有的農夫會在穀倉裡替小精靈準備一碗雜糧粥，等到他喝完粥，他就會在碗裡裝滿金錢（S.）。在聖誕節的第一天，精靈會得到他的獎賞：一點窗灰、菸草和幾鏟土，或是特別為他放在爐灶上的食物（S.）。人們也會刻意把耶魯節的剩菜留在餐桌上，因為在耶魯節當天，過世的家人都會回來，理應有他們應得的美味佳餚（S.）。家神不僅僅住在廚房、地窖、穀倉或馬廄裡；樑柱（Bosträd，「房屋之樹」）、家族守護樹（Vardträd，家族的運氣取決於樹木是否繁茂）、庭樹（Tunträd）或是庭院裡的神聖樹木底下，也總是人們祈禱的地方；人們會用牛奶或啤酒澆灌樹木，以求被除人畜的疾病和危難。這些樹木也稱為「家神之樹」（Tomteträd），在樹下居住著「樹神」（Tomtegubbar，「庭院裡的長輩」）。樹神其實就是尼斯，是最忠實的好幫手和守護神。在獻祭的石頭上，也會有錢財捐獻。

　　如果尼斯覺得被**怠慢**，他便會離開農舍。說也奇怪，如果人們獻上新鞋或新衣服，他也會覺得是對他的侮辱。收到這種禮物，尼斯不僅不感激，還會盛氣凌人地離開，聲明他再也不要服侍別人，他的「恩人」再也得不到他的幫助；或他會不情願地出走，還抱怨說：「啊，現在他們知道了！」或者「我被解雇了！」或許贈送衣物鞋子原本有解雇人的意思，所以收到這些東西的地神們會落淚離開他們的住所。又或者這個動機形式和被抓住的惡靈瑪拉有關，他們被迫服侍人類，直到他們取得被人類盜走的衣物才能離開。在古老傳說中，精靈取回他們的衣物之後就會離去，至於他們喜不喜歡衣物的饋贈，對神話的理解而言只是無關宏旨的區別。尼斯之所以會離開，不只是因為被解雇，也可能是因為行跡暴露了。另一個傳說故事集中提到，有個婦人將襯

裙套在頭上，彎身倒著爬進地靈的馬廄，把他嚇壞了，從家中倉皇逃走，再也沒有回來。這看似粗魯無文的農夫笑話，其實是基於一個遠古的信仰，認為必須**赤身裸體**才能驅鬼。

家神的**住處**不一定是在房子裡，也可能在門檻下、穀倉、牲畜棚、地板或是石頭底下。而人們也會將祭物放在他的住所旁。人們不會在小精靈聚集處蓋房子，又或者必須在開工前告知他們。地靈被告知後，就會協助他們，因而人們會在寂靜的夜裡聽見敲敲打打的聲音，如同有人在工作一般。小矮人會協助人們蓋房子，確保一切順利（S.）。人們會將錢幣放在地基下當作獻祭，以安撫土地的「管理者」（Ra），祈求住戶平安。新居落成的住戶和朋友一同暢飲，在此久居的「屋神」（Tomtebo-lycka）也會祝福他們，而這精靈可能會想要和他們住在一起，並且賜予人們好運。甚至「屋樹」（Boträd）也住著「樹神」，他們默默協助農民，使他們生意興隆，他們會看守牲畜，使屋舍平安，並且防止火災發生（S.N.）。因此人們絕對不能砍掉這些樹，否則憤怒的地靈會收回他的祝福。如果農夫砍掉他的屋樹，他會聽到歌聲唱著：「我們失去了我們的家，我們失去了我們的家；而你也會失去你的！」第二天，農場就會付之一炬。直到西元 1774 年還有個法庭判例：有人砍斷居處的樹，也就是侏儒之家，雖然當下跪在樹前祈求侏儒原諒，但是仍被法院判處罰鍰。由此看來，家神尼斯相當於主司房屋建地的土地神，也相當於祖靈的角色，這點大概無庸置疑。

西元 1607 年，荷蘭人迪特瑪‧布列夫肯（Dithmar Blefken）曾說，冰島人有地靈幫忙。英格蘭人馬丁尼耶（Martiniere）在 1675 年也提到：冰島人崇拜所謂的「地靈」是經常以人形現身的魔鬼。這些幫助他們的鬼神（例如巨怪）對他們相當忠誠，並會替他們預言未來。這些鬼神會在早晨好天氣時叫醒他們，要他們趕緊到海上捕魚。

在冰島的古老傳說中就有關於科德蘭（Kodran）的守護神的描述，科德蘭一家大小都住在石洞裡，他認為這石頭是祖先遺物，會給他忠告、預言未來、看護牲畜。而這和民間故事裡的地靈極其相似。他們是許多故事裡最古老的原型，在基督教影響下，家神被認為是惡魔；當索爾和他的族人漸行漸

遠，他們就成了重要的配角。吉利亞（Gilja）地區有一塊整個家族都崇拜的石頭，他們認為家族守護神就住在那裡。科德蘭堅稱，在他不知道是主教還是守護神的力量比較大之前，他是不會受洗的。接著主教走到石頭旁高聲朗誦聖歌，直到石頭爆裂。對科德蘭來說，這個現象代表他的守護神落敗了，於是他便領洗（Kristnis. 2）。而在以下這個原創的小故事裡，為這個典型的石頭破裂的情節增添了原來沒有的傳奇色彩：

此後，主教連續三天身穿祭披在石頭旁祈禱並朗誦聖經詩篇，他高聲歌唱，並用滾燙的聖水澆灌石頭。每天夜裡，那能預知未來的精靈都到科德蘭旁邊，焦慮恐懼，面帶愁容地抱怨他和他的孩子遭受惡毒的對待。以前的地靈總是神采奕奕、親切、打扮整齊，現在卻是苦著臉，到了第三天晚上，他哽咽說：「主教是個可惡的騙子！他奪走了我全部的財產，毀壞我的住處，用滾燙的水淋我，使我全身衣服都濕透了。他不知悔意地要用大火燒死我和我的家人，又要把我放逐到不毛之地！我們以前的共存和友誼蕩然無存，而一切都是因為你的不忠！現在有誰會像我一樣忠實看守你的財產。你認為自己正義又可靠，現在卻恩將仇報！」科德蘭和他的守護神從此絕裂而分道揚鑣（FMS I.K. 130 ff.）。

每個農場、村莊、地區和國家都有自己的守護神。根據民間傳說，有兩個毗鄰的農莊的守護神尼斯相互殘殺，獲勝的尼斯讓落敗一方的農夫生活艱難，被迫拆掉屋子，到別的地方重建家園。在古代，除了國家守護神之外，他們還有土地神，多虧了他，居民才能保障其幸福。他們相信，齜牙咧嘴的頭顱會使他們受驚嚇，而如果把守護神嚇跑了，就會大禍臨頭。西元 928 年的第一次冰島自由民會議裡便規定，無論是誰在哪裡登陸，都不准在船桅上掛有張大嘴巴或打呵欠的頭像，登陸前就要把這些東西都收起來。正因為如此，如果你對著別人做出「嫉妒之舌」，也就是拉住馬頭使牠張大嘴巴，走進他的庭院，這是對人最嚴重的侮辱和傷害，因為那個人的地靈可能再也找不到他們的住所。清晨時分，某個冰島人看見窗外許多墳丘自動打開，大大

小小的動物成群飛出：這是動物形象的守護神，他們知道新信仰的到來而紛紛逃亡（FMS II. K. 215）。國家的守護神自然也會抵擋敵人的侵襲；國家領袖的守護神經常以動物或巨人形象出現在禁衛軍前哨，正如領袖親身率軍守衛領土一般。哈拉德（Harald）國王曾請求一個巫師去刺探冰島軍情。巫師變身成鯨魚，繞著島嶼洄游，但該地的守護神也化身為龍、鳥或山怪把他趕走。

水妖

泉水和井水、河流和溪流、湖泊、池塘和海洋裡也都住著精靈（瑞典語「vattenelfv」為「水中精靈」，「sjörå」為「掌管湖泊者」，丹麥語的「Hafvolk」意為「湖中族」）。水妖總是被描繪為一個個小侏儒：安德瓦利化身為梭子魚，住在瀑布下，而阿弗里克（Alfrik）則住在河裡（Thidrekss. 34）。「尼克斯」（Nix, Nixe）是日耳曼文化中最常見的水妖名稱。古高地德語的「nihuus」有鱷魚的意思，而盎格魯撒克遜語的「nykr」則指河馬，這兩個字源都暗示著，人們認為尼克斯是形似鱷魚或河馬的童話水妖。這也可能跟德語字根「niq」有關，原意為洗澡或沐浴；而尼克斯其實就是喜歡泡澡的水中動物。那些拂過川丘和林間的雲霧，正是尼克斯在洗澡時把衣物或掛或披在樹叢間。精靈的梳洗行為衍生自飛濺的流水，「nichesa」（Nikea）意為正在洗浴的女子。有時候，在炎熱的太陽下，從水裡升起濃密的白霧會幻化成人，有時會是動物模樣，並且隨著風向變化多端。這個現象也造就了無數傳說裡的水中少女（古北歐語、瑞典語、丹麥語、法羅語的「haf」即「hafsfru」），少女們有一頭卷曲長髮，她們從水裡躍起，雪白的長袍拂過矮木叢，飛越鄰近的島嶼，接著她們會在原野上放牧雪白的牛隻。漁民相信，水妖現身意味著漁獲歉收或是暴風雨將近，因此總是非常害怕她們出現（S.）。當海面生起一層薄霧，人們往往會看到水妖沐浴在明媚的陽光裡，坐在海面上，優雅地梳理她的金色長髮。當惡劣的天氣使得浮漚不停捲到岸邊，水妖便會在礁石上攤開自己的衣袍；波濤洶湧的海浪聲和山中傳來疾猛的風暴呼嘯聲，就

有如她正和高山劇烈爭吵似的（S.）。尤其是男性水妖（或雄性人魚，古北歐語及法羅語作「marmennil」，意為「水中小矮人」，現代冰島語為「marbendill」）的咯咯笑聲（冰島的雄性人魚在人溺死時笑得特別大聲），那是碧波蕩漾、浪濤拍打岸邊的旖旎風景畫。男性水妖特別討厭家裡有磨坊的人，因為磨坊輪會阻礙水的自由流動，而擾亂了水妖的管轄。因此，在耶魯節時，水妖會從靜止的河水裡浮現，以湍流破壞不聽話的水車。在飛湍瀑流爭喧豗的挪威境內，住著「老人」（Grim）或是「瀑布老人」（Fossegrim, Fossekall，古北歐語的「fors」為瀑布之意，「kall」則是老人）。若是水妖尼克斯住在橋下或溪流裡，就會叫作「河裡的傢伙」（瑞典語「strömkarl」）。水妖以許多不同的動物形象現身。冰島的湖中女妖（hafgygr，hafffru；meyfiskr，「美人魚」）有著金黃色的長髮，她的上半身直至臀部都是人形，但從臀部起便是魚形，長了一條魚尾巴。法羅群島上的海洋女妖腰部以上是個有著淺棕色長髮的少女，卻有很短的手臂和魚的下身。如果她們從海裡現身船隻前方，表示天氣即將驟變，但如果同時有男性水妖在她身旁，則會有好天氣。十二世紀的人們如是形容海裡的女巨人：

> 她的身材猶如一般女性，不過在腰部以下如同魚一般，有著鱗片、魚尾和尾鰭。她的雙手出奇地纖長，指間有蹼。她們往往會在狂風暴雨的前夕現身，在海浪裡載浮載沉；當她們望著船隻並朝它拋擲魚隻，人們就得擔心會有重大人員傷亡；若是她們離開船隻而且把魚吃掉，那麼即使會有暴風雨，他們也能安全歸來（Königsspiegel 16; vgl. FMS IV 56, V162）。

棲居於河流和內陸湖泊的水妖，一般說來都會以馬的形象出現（冰島人稱為「水馬」），他們通常是灰色的，少數則是黑馬。冬季湖水裡的冰層劈里啪啦地裂開時，人們會說是水妖尼克（Nyk）在嘶吼（Isl.）。暴風雨和雷電聲逐漸變強，湖上會出現擁有巨人馬蹄的駿馬（N.）。法羅群島的水妖尼庫兒（Nykur）基本上住在淡水湖深處。他有時是善良溫和的美麗公馬，人們總是忍不住要接近並撫摸他的背；但如果不經意碰到他的尾巴，就會被黏

住，而被公馬拖到海底深處。在瑞典，淡水湖的水妖也以駿馬的形象出現，但他的馬蹄卻是向後彎，身上套上馬鞍，出現在岸邊；他也能瞬間幻化成魚，消失在茫茫大海裡。冰島殖民者安都（Andun）曾經看到水裡浮起一匹蘋果灰的公馬，他拽住牠的馬轡，拉到他的馬車前，並讓牠拉起載著乾草的馬車。日落後，那匹馬反而砸壞了馬車，湧身躍入水中，從此不見蹤影（Land. II, 10）。一般說來，水妖可以模仿各種動物的形象（fär.）。

水妖內克（Neck）則往往以驕傲的**青年形象**出現以引誘女孩子，若是她們跟著他走，他便會賜予她們快樂和享受。

男性水妖（或雄性人魚）有漆黑的頭髮和鬍鬚，外表雄偉威嚴。如果他以老人的形象坐在岩石和峭壁上，對水手而言，這是雷電交加的暴風雨的前兆。但如果他在比較小的水域裡，拿著黃金豎琴隨波蕩漾，他的形象則會是個年輕男子，戴一頂紅帽子，卷曲蓬鬆的金髮披在肩上。只要有人落海，海中水妖就會以無頭的老人形象出現（N.）。捕魚時，女水妖（或美人魚）的出現意味著暴風雨以及捕不到魚。在丹麥，代表女水妖的海中少女有著長可觸地的乳房以及隨風飄揚的金色長髮：獵人們（「Un」即奧丁；「Grönjette」即「追逐青春的惡魔或獵人」）看到她們就會緊追不捨，然後將少女橫放在他們的馬上。

和其他精靈不同的是，水妖的傳說往往帶有**殘忍和嗜血**的聯想。尼克斯**最古老的本性**就是狂野而厭惡人類，正如那一望無際而破壞力強大的深海一般。如果有人淹死，人們會說是被尼克斯擄走或榨乾了（D.S.）。淪為波臣而不見屍體的人，其屍身大都是被女水妖拖回她們的住所。

嚴冬中濁浪滔天的海洋，其鋪天蓋地的暴力本性，創造了一批由溺死者的幽靈組成的大軍，尤其是**海中幽靈**，他們划著半毀的船，在冬夜裡的港灣外鬼哭神號。即使重大船難中還有生還者，也會被那些海中幽靈嚇死。對於海水的力量的信仰，顯然也混合了關於「鬼魂」（Draug）、溺死者的靈魂，以及撲人鬼的想像，都是出自痛苦或淫穢的**夢魘**。詩人約納斯·李（Jonas

Lie）⁴在童年看多了北方國家陰暗而灰濛濛的冬季，他以優秀的文采描寫海洋和鬼的故事（Der Hellseher; Troll. 2 Bände）。

　　黑格蘭島上住著漁夫埃利亞斯（Elias）、他的妻子凱倫（Karen）和六個孩子。在海邊的懸崖後面，他看到一隻形狀奇特的海豹在曬太陽，於是用沉重的鋤頭往海豹後頸砍去。突然間，海豹的尾巴撐起身體騰空而起，有用來做船桅的樹木那麼高，牠那流著血的雙眼陰險惡毒地看著漁夫，甚至露出猙獰的牙齒，埃利亞斯差一點嚇昏了。之後某個冬夜，埃利亞斯聽到一個嘲諷的聲音笑說：「如果你弄到一艘大船，要注意好安全啊，埃利亞斯！」許多年就這麼過去了。埃利亞斯攢了點錢，以優惠的價格買到一艘輕帆船，但是不能更動船上任何設備，因此上頭也沒有十字架。他們全家人搭船返回家鄉；儘管航程中狂風暴雨，帆船仍然如同海鳥一般乘風破浪。但是有一艘船忽然出現在左近，飛速往海岬方向駛去，捲起一波波巨浪，猶如生死交關的競賽。大海的怒吼愈來愈狂暴，駭人的巨浪捲走兩個最小的孩子；埃利亞斯彷彿聽見另一艘船上傳來可怕的尖叫聲和笑聲。風雨愈來愈劇烈。此時捲起如瀑布一般的大浪，把埃利亞斯的妻子和第三個孩子拖到陰暗的海底深處。另一艘船上的船員如幽靈般蒼白且不發一語。在海洋的粼粼波光中，埃利亞斯認出那艘船上的舵手：那正是操控著那半截船隻的幽靈，它緊緊貼著埃利亞斯的船，差點使它翻覆。幽靈背後插著一把鐵鋤頭，埃利亞斯知道今晚是他的最後一程：誰要是在海上看見幽靈，便會迷失方向。風雨的肆虐愈來愈殘忍，而雪花在冷冽的空氣中翻飛。埃利亞斯清楚聽到另外一艘船上的笑語：操縱你的大船看看啊，埃利亞斯！埃利亞斯的第四個孩子從甲板上落海，第五個孩子也因為疲勞過度而墜入海中。當天空恢復光明時，大兒子發現父親面如死灰，頭髮散亂如垂死的人。為了挽救最後的兒子，埃利亞斯決定犧牲自己的生命，他倒著躍入海中。風暴也因此平息。後來有個拉普蘭少女救了他的長子，整個冬天看護著病人。長子康復後，再也不出海捕魚了，他視大

4　譯註。挪威作家，為十九世紀挪威文學界「四傑」之一。

海為畏途，而人們則說，他從此以後都瘋瘋癲癲的。

　　距離再遠，人們都能聽到法羅群島上，海洋屍靈（Seedraug, sjödreygur, sjödreygil）的哭號和怒吼。若是在陸上遇見這樣的屍靈，他口裡會噴火，但人們還是在海上遇見他居多。他會要求上船。天色一暗下來，他就會用力划船，像是有兩個男人同時在作業。到了破曉時分，這個神祕客人會愈縮愈小，並要求你送他上岸。一旦太陽高掛海面，他便隨風而逝。

　　迷信的夜遊者或水手之所以會對夜晚心生恐懼，或許可以從鬼魂那裡得到合理的解釋。像上述有兩倍力氣的划槳者一樣，這個恐懼會隨著天色漸亮而減弱，惡靈也會在太陽升起時煙消雲散；在瑞典童話裡，當東方天空露出魚肚白，海中巨怪（Meertroll）就會變成石頭。正如惡靈一般，尼克斯也會吸血（S. 72, 128）。上半身是少女，下半身是魚的美人魚，每天晚上都會去找一個青年。這個青年痛苦不堪，但他必須一直和她交往，最後被她折磨至死（S.）。在以下的故事裡，美人魚的惡靈本性更是顯露無遺：一個美人魚固定拜訪某個農莊。某晚，她進入男孩和女孩睡覺的穀倉裡。那女孩醒來，看到「這美人魚壓在沉睡的青年身上，想要親吻他。」（S.）

　　水聲不一定意味著死亡。水妖也是喜愛歡笑和舞蹈、性情和善的生物，他們尤其喜歡和天真熱情的人類孩童來往，但這種關係總會以悲劇收場。雄性人魚波斯莫（Bosmer）到陸地上擄來一個女人，阿格涅特（Agnete）和人魚在海底住了八年，生下八個孩子（D.S.）；還有個雄性人魚和侯爵的女兒在波浪裡舞蹈（D.S.）；一隻內克趁著大家沒注意，混進正在跳舞的女孩們之中，她們的心突然像觸電一般悸動不已，每個少女都希望能吸引內克的目光。他從其中挑出最驕傲的少女，閃電般和她一同飛越海洋；當人魚拉著她潛入海底時，那女孩發出唯一且最後的驚叫聲，人們才知道發生什麼事，在父親的城堡裡，那驚叫聲清晰可辨。在法羅群島，這些海裡生物其實是大地之母夏娃（Eva）之子。有一次上主來探視她，她趕緊躲進岸邊剛萌芽的蘆草叢裡，而上主要她回到她原來的地方，於是這批被放逐的族群就世代住在海底深處。

雄性人魚也會盡情大吃大喝，但是他們的餐盤從來不會告罄，酒杯也總是滿盈。有金羊角的白山羊在屋脊上吃草，牠有著和最豐肥的乳牛一般大的乳房（N.）：在關於英靈神殿的詩歌敘述裡，這些景象再度出現（Gg. 39; Grímn. 25）。

在深海、河流和溪流，水妖會演奏豎琴或提琴，吟唱可愛的歌曲。

如果有人想要跟水妖尼克斯學習弦樂，就必須到海濱或是河岸獻上黑色羔羊。接著尼克斯就會從水底開心地現身，在波濤中翻騰，調整豎琴的音調，並且高聲說：跟著我調音！學生必須模仿水妖彈奏的曲調，他們往後也會因此聲名大噪。不過這種演奏家也往往被當作瘋子（和精靈接觸會使人精神錯亂），接著他們會盡情地飛快演奏，直到口吐白沫。

在瑞典，人們也會提起關於「河裡的傢伙」（Strömkarl）的故事，他是既誘人又會使人著魔的智者，只在夜闌人靜時，才能清楚聽見他的歌謠。如果人們在週四夜裡獻上黑色羔羊，並把頭轉過去不看他，精靈就會抓住祭物的右邊不停搖晃，直到鮮血從釘子上面流下來。此後，獻祭者就會琴藝大進，他在彈奏時，樹木會跟著起舞，瀑布會停止流動。若是獻上的牲祭瘦弱不堪，那麼學生頂多只能拉出小提琴的聲音而已（N.S.）。跟內克學習音樂也可望得到復活和拯救。在一個感人的瑞典傳說裡，有兩個孩子在住家附近的河邊玩耍。內克從水中緩緩上升，坐在水面上彈奏豎琴。其中一個男孩問他：「你坐在那裡，再怎麼彈奏，也不會得到拯救。」尼克斯聽了嚎啕大哭，扔掉豎琴，潛入水中消失了。兩個男孩回家告訴父親，他們的父親是個神父，他嚴厲訓斥他們，要求他們立刻回到河邊，安慰尼克斯說他有一天一定會獲救的。於是他們回到河邊，看到尼克斯坐在水面上哭喪著臉。孩子對他說：「不要煩惱，尼克斯！我們的父親說，你的救主還活著！」尼克斯聞畢取出豎琴，不停彈奏悅耳的曲調，直到夜幕低垂。

法羅群島周圍的美人魚歌聲曼妙，人們聽到她們歌唱，往往會出神忘我；這也是為什麼人們總在耳朵裡塞上棉花，否則會因為美人魚而發瘋，從船上跳入海裡找她們。

　　山泉精靈（Quellgeister）主要以女性的形態出現，正好呼應泉水滋養、潔膚、治療和鼓舞人心的性質。人類及動植物的繁盛多產，都是源自汨流的泉水，它不僅使草木樹葉生氣煥發，也能清除病菌；人們以水清潔身體的疾病，尤其是看得見的斑點；人們也為了解答黑暗的未來和存在之謎，而到神祕的水邊找尋訊息或啟示。仙女住在森林深處的噴泉附近，她們和海洋、河流、湖泊裡的尼克斯類似，卻也有些不同。民謠和民間傳說歌頌著山泉精靈的美麗，凡人有時候也看得到她們：她們會在泉底顯現可愛的形象，或是棲息在岸邊的花序上。如果人們保持泉水潔淨，或是在水邊種植遮蔭的樹木，他們會得到仙女們的恩賜和青睞；但若有人玷汙或褻瀆了泉水，便會招致疾病和災難。

　　水擁有**療癒的能力**，而**智慧**更是隨著粼粼波光流淌，我們看到的水妖正是此二者的體現。

　　如果邪惡的女人來到家裡，人們擔心染病（頸部淋巴腫大），便會到海邊大聲對著海裡的美人魚祈請三次：「請求聖水治癒我孩子的胃、四肢或各種腫脹怪病！」人們不可以對美人魚說輕佻的話。用水桶盛滿水之後，向美人魚表達感謝之意，然後回家讓孩子泡在水裡；如果不確定孩子罹患什麼淋巴腫大的疾病，也能在患部滴上九滴聖水。

　　在冰島，人們認為海裡的海草或鮮豔的珊瑚都是古老傳說中的雄性人魚「馬蒙尼爾」（Marmennill，「海底小矮人」之意）的傑作。

　　有個男子和他的僕人及兒子一同出海捕魚，不料竟捉到了人魚：「跟我們說說我們的未來，以及我們可以活多久吧！」那人說：「否則你再也回不了家。」人魚回答：「關於你們的命運，我沒什麼好說的，但是這個小男孩會奪取你們的母馬丟下行囊的地方，並在那裡永久居住。」語畢，他們便無法再從他口中套出任何話（Landn. II 5）。

兩個漁夫在出海時抓到一個人魚，把他獻給霍達蘭（Hördaland）的約爾萊夫（Hjörleif）國王，國王待之以上賓之禮。但人魚始終保持沉默；直到有一次國王抽打他的狗時，人魚才放聲大笑。國王很好奇，問他為什麼大笑。他回答：「鞭打會救你一命的恩人，你還真是愚昧啊！」國王想再追問，人魚卻又閉口不語。於是，他準備把海底小矮人丟回海裡，好讓海底小矮人多說一點。他們快到海邊時，人魚終於開口了：「丹麥國王率領許多船艦往這裡來，他要向國王開戰了，當心啊！」他們划船到人魚被捕獲的地方，他又說：「戰爭爆發時，替每個青年配上劍與矛吧！」後來國王陪著他到甲板上，有個男子抓住那人魚問他：「對人來說什麼是最好的？」人魚很狡猾地說了一段頗富哲理的話：「用冷水敷眼睛，盡量吃鬆軟的肉，用亞麻裹住冰冷的屍體！將我放回大海！將來再也沒有人能將我從大海深處拖出來，抓到人類的船上了！」（Háfs S.7）

冰島人認為人魚是居住在海底的侏儒。以下的民間傳說記載著「人魚在笑呢！」這句俗語的起源：

有位漁夫曾經抓到一個「頭部巨大、手臂極長、腰部以下形如海豹尾」的人魚。對漁夫的所有問題，他一概不回應，因此儘管他極力抵抗，仍舊被帶上岸。漁夫的妻子和他的狗在岸邊等他回來；他對他妻子的擁抱感到高興，卻抽打他的狗。這個「愚蠢的行徑」讓人魚哈哈大笑。那漁夫到家時，他被一堆砂石絆倒而咒罵不已。人魚又譏笑說：「漁夫真是愚蠢啊！」漁夫替自己買了一雙怎麼穿都不會壞的靴子，人魚又大笑說：「有些人就是會誤以為自己很聰明！」漁夫再怎麼威脅利誘，都沒辦法向人魚打聽出任何訊息，只好把他送回到當時被抓的地方，看看他會不會說些什麼。過了三天三夜，漁夫終於投降。當人魚蹲在槳架上，準備回到海裡時，漁夫問他怎樣才能抓到更多的魚。人魚於是給了漁夫一個既不可能卻又理所當然的建議。漁夫又問，人魚看到漁夫擁抱妻子卻毆打小狗時為何大笑不止，人魚說：「因為你很蠢呀，漁夫！那隻狗愛你如命，而你的妻子對你不忠。你高聲咒罵的那沙堆，

正是你的寶藏，底下蘊藏著巨大的財富。這就是為什麼我說你蠢，也是為什麼我要笑你兩次。而你買的那雙靴子，在你有生之年都不會壞，因為你來日不多了：三天，那靴子還能撐三天。」話畢，人魚便躍入海中，而他所提及的話也一一應驗。

　　法羅群島的人魚長得很像人類，只是身材短小，手指纖長。他們住在海底，會咬掉魚鉤上的誘餌，並將魚鉤固定在海底，漁夫用力一扯，魚線就會斷裂，只好空手而返。有個漁夫曾經抓到這種生物，和其他的漁獲一起載回家。他的船經過一大片魚群，那人魚就在小船上戲謔大笑，於是漁夫把漁網撒出去，滿載而歸，尤其是當人魚把手指伸進海裡的時候。但是有一次漁夫忘記在船上對著人魚畫十字，那人魚便一躍入海，從此不見蹤影。

　　對於水妖的生動信仰也影響了他們的儀式。山泉處少有活人祭，但是在海洋、湖泊或更大更深的水域，則是屢見不鮮。山泉被視為敬拜諸神的聖地。

　　冰島人「紅鼻子」索斯坦（Thorstein Rotnase）的家就在瀑布旁。他總是將家裡一部分的餐飯獻給瀑布精靈，因而得以預知未來。在他死去那晚，他飼養的羊群（大約兩千四百頭羊）竟全數跳到瀑布裡；原來牠們想要尋找已經住在水底的主人（Landn. V 5）。對那些住在山間河流或暫居於磨坊的水妖，人們總是獻上黑羔羊，或在磨石旁放上扁麵包和一壺啤酒，如此一來，麻袋中的麵粉便會倍增，在耶魯節時，啤酒和食物也能從磨盤上滿溢出來（S.N.）。在大湖捕魚的漁夫們則要獻給湖中女精靈金錢和水果，希望能有順風和好運（S.）。漁夫在過年後開始捕魚時，也會獻一枚小硬幣給「主司湖泊者」秀拉（Sjörá）。涉水過淺灘時，人們也會給水中的男精靈丟一枚硬幣（D.）。如果薇特拉（Vitra）發脾氣，漁民必須贏回她的芳心，但不是用金銀（因為她的錢夠多了），而是黃銅，因為湖泊或山林都沒有蘊藏黃銅。只要一枚大黃銅鈕扣，她就會讓漁夫們滿載而歸，獵人也能獵到許多野鹿（S.）。當人們向「小溪之馬」或是「小溪之人」獻上金錢，他們就會替夜歸者點亮回家的路；如果你食言而肥，就可能要賠上性命。海裡的美人魚尤

其是獻祭者的好朋友。如果她們收到祭品，海上就會風平浪靜，否則她們會興起狂風暴雨。如果到海裡游泳，最好先向這些美人魚獻祭並祈求平安。

森林精靈

　　病魔或者致病之箭會從荒野、山裡和森林裡跑到人類居住的地方作祟。這些病魔原本住在荒郊野外，也會住在樹皮、樹幹或樹根裡。於是人們把樹蟲和邪靈聯想在一起，他們猶如毛毛蟲和蝴蝶一般，會鑽進人體，像寄生蟲一樣住在身體裡，引起錐心刺骨的疾病。人們一般相信，是他們棲息的樹木派他們出來惡作劇的，或者是樹木想要擺脫他們，因為樹木也像人體內臟一樣受到他們的侵害。樹或樹神既會送走這些致病的怪物（精靈），也可以召回他們。人們會到森林裡尋找對抗森林惡魔和病魔的方法。直至今天，他們仍然被困在森林、灌木叢或者某一棵樹裡。在森林精靈或樹神的信仰儀式裡，我們看到最早的醫療行為和思考。這些形如傀儡在草地上跳舞的精靈，瑞典人稱之為「樹裡的居民」。他們能隱形飛天遁地、上山下海、穿越火海或躲在樹裡；也會以各種形象現身，例如在枝頭跳躍的貓頭鷹。如果人們危害到精靈居住的林木，精靈會對他呵氣，人類身上就會有莫名的腫瘤或傷口（S. 105）。有個農婦把樹椿連根拔起後，身體忽然虛弱不堪而無法自行回家。有個聰明人想到，農婦或許傷害了樹神。「如果精靈能恢復健康，」他說：「農婦就會沒事。但若精靈因此死去，她恐怕也來日不多了。」農婦終於了解，有精靈住在被她破壞的樹幹裡。樹木失根，精靈便失去了住所，他可能因此活不下去（S.）。傳說白蠟樹和接骨木的女精靈都有傷害人畜的力量。人們會在日出前替樹根澆水，並說：「現在我為你獻祭，請你不要傷害我們！」牙痛時，就將接骨木的樹枝放在嘴裡，再把它插到牆上默念：「屈服吧，惡魔！」在民間字源裡，住在赤楊裡的「赤楊女」（Ellerfrau）衍生自「女精靈」（Elfenfrau）（D.），在瑞典則叫作「樹葉女」（Laubfrau）。在民謠和民間傳說中，少女因魔法而變身成樹或灌木的故事屢見不鮮。

　　人把自己的本質投射到樹木，把它當作人，因而使樹木蛻變為鮮活生動

的神話生物。樹木年復一年地生長和枯萎、抽芽和開花，暗示著它們內在的生命力，它的堅韌完全不同於民間對於現實生活的觀感。現在人們把樹皮比喻為人類的身體，如果樹皮受傷，會流出如血液一般的樹脂；樹幹的傷口就像人們腹部受傷，樹幹和人體一樣都會大量出血，而且正如人類身體，如果樹木的傷口沒有結痂，便會一直血流不止。

精靈住在樹裡、致病的性質，當然都只是他們的許多面向之一。死者的靈魂會過渡到樹木裡，把人的生命灌注其中，讓葉脈裡的血液循環不斷。但他們也會跑到樹木外頭，以人畜的形象現身。除了原本的樹神以外，也會有無數精靈和侏儒棲息其中：

> 人們說教堂墓地的橡樹殘樁是精靈王的士兵；他們白天是樹木，晚上則是英勇的戰士。到了夜裡，一群精靈會從樹木裡出來，到處活蹦亂跳。有一棵接骨木會在黃昏到處散步，從窗戶外窺視獨自留在房中的孩子們。有一處灌木叢會使得偷樹賊斷手斷腳。有個農夫和精靈女孩訂婚，但是他發現自己抱著一棵橡樹，而不是可愛的新娘。有個「山中人」在橡樹裡住了兩百年，後來才被教堂鐘聲趕走（D.）。

所以說，彼岸世界的生物會住在某一棵樹裡，並且在其中活動，而人們也以獻祭和祈禱敬畏地服事他們。人們會在聖誕夜以啤酒澆灌樹木，向樹神祈求好運和豐收（N.）。但是除了使樹木擁有靈魂的力量以外，我們也看到樹木不友善的一面，體現了森林的危險和殘酷。這些邪靈會尾隨穿越森林的人，他們可能像樹一樣高，長相扭曲醜陋或是美麗誘人。對於野外林間生物的信仰，溯自比吠陀時期更古老的史前時代；那是源自對於在風中窸窣作響、雲霧舒卷的森林的想像。而依隨樹葉的沙沙聲、枝幹的柔軟彎曲，或者是粗糙、尖刺或充滿皺褶而屹立不搖的針葉樹，樹的呈現形式也有所不同，可能是快樂的少女、粗野的男人、樹妖（Dryaden）或人頭馬（Centauren）。暴風雨和樹木的敵意、隨風搖曳的樹葉和枝幹，則衍生出凶猛強壯的獵人追逐醜陋纖弱的森林仙女的故事。對於葉子而言，風則是充滿愛意的追求者。

在**丹麥**，諸如皮膚白皙的女孩或美人魚的地下生物取代了森林精靈的地位。有時被凶猛的獵人追求的女性也叫作精靈女孩或仙女。

若要理解**瑞典**的森林精靈，則必須先了解一望無際的荒野森林對於心靈和想像力的影響。我們得先認識那陰鬱的森林（Skog）、雜錯綿延數英里的落葉樹和針葉樹、傾圮的樹幹、岩石碎片、覆蓋著如毛毯一般的地衣和苔蘚的樹樁，以及會扯破衣物、刺傷皮膚且阻礙前進的低矮樹叢。直至今日，在約克莫克（Jockmock）的阿克契山谷（Akkatschfall），我們還看得到遊客拋下馬車，他們的馬感到不可名狀的恐懼，開始嘶鳴、極力掙脫鞍轡，最後只能站著發抖。這就是所謂的「森林恐懼症」（skogsrädd）（被森林癱瘓而動彈不得），另外也有個說法：「森林女妖曾經來過。」民間傳說把這種情形叫作「被森林囚禁」（skoktagen）：在林間深處的人類，被無形而密不透風的網子包圍，既無法走動也無法求救；教堂的鐘聲可以破解森林女妖的魔咒，因此它最多只能維持一個星期。人們把在森林間伸手不見五指的孤寂和夢魘的糾纏聯想在一起，兩者都會使人無法動彈、不能呼喊，但是夢魘最多也只是持續一個晚上，在森林裡的鬼打牆卻可能長達一個星期，直到主日的教堂鐘聲取代了一般的晨鐘。

森林裡的男妖叫作「斯考曼」或「斯古曼」（Skouman, Skougman, Skogman）、胡兒德（Hulte），而森林女妖則叫作「斯古芙蘿」（Skogsfru, Skogsnufva，意為「在林間嘶吼」或「尋找落單者」）或「斯古斯卡拉」（Skogsrä，「掌管森林者」）。斯古曼和森林裡最高的樹木一樣高，會使得進到森林裡的人們迷路，並且在人們害怕哭泣時嘲笑他們；在暴風雨或惡劣天氣裡，他們會四處遊蕩，把偌大的樹樁扔到地上；他們荒淫好色，喜歡和基督教婦女暗通款曲。森林女妖會化身為其他動物、樹木或其他自然物。她們會變成野鹿捉弄討厭的獵人。她們的真實**形象**則是披著獸皮的老太婆，有著因風飄揚的頭髮以及可以甩過肩膀的下垂乳房。她們有一根極長的牛尾巴，有時候會有如腐爛的老樹幹或是棄置在地的樹樁一般空洞洞的。她們喜歡以美麗誘人的少女形象出現在獵人面前，可是背後卻掩藏不住她們的畸形醜陋。人們會聽見她們在原始森林裡唱歌、歡笑、低語，猶如微風輕輕拂過

樹葉之間。如果人們在偏僻的林間溪畔聽到拍手聲或劈啪聲，那是森林女妖在梳洗，而在暴風雨裡，她們則會拍打衣服；春天時分，林蔭間處處可見雪白色的斑點，那是她們褪下的衣衫：而籠罩整座森林的雲霧，或掛在山頭的雲朵，也都是她們的衣物。

森林女妖現身預言了局部的龍捲風即將出現，它會把樹幹吹斷；她們會在盤旋的雲間降下暴雨，而其他地方卻是平靜晴朗。大膽闖入叢林深處的人，她們會使他神志不清，在樹叢和荊棘、岩石和沼澤之間荒不擇路，直到女妖們喧鬧的笑聲將他釋放。憂鬱的人想到林間獨處，卻往往會被森林女妖誘惑或俘虜。夜裡獨自看守柴堆的燒炭工，或是午夜蜷曲在營火旁休憩的獵人，森林女妖會以性感的形象出現在他們面前，使他們神魂顛倒，日日夜夜渴望在樹林中和她們重遇，到頭來完全喪失理智。然後狡猾的森林女妖會大張旗鼓地現身，並且呼叫她們的妖怪丈夫；怒氣沖天的丈夫趕來痛毆被誘惑的獵人樵夫們，把他們打到倒地不起。人們深信人類會和森林女妖談戀愛，直到西元 1691 年，還有個年輕男子「因為和斯古斯卡拉通姦」而被判處死刑。我們在關於夢魘的描述裡曾談到的重要神話主題「沒有人」，也在森林精靈的傳說裡重現：當森林女妖過於接近時，燒炭和燒柴的人會拋擲火炬，並對她佯稱他們的名字叫作「自己」。森林女妖呼喚她的丈夫現身，說她被火燙傷了。那丈夫問道：「是誰幹的？」她回答：「是自己。」「那是妳玩火自焚囉！」她的丈夫如是說，因為他真的相信是森林女妖咎由自取；於是山谷間迴響著「自作自受」或「自食其果」的聲音。

在民間信仰裡，森林女妖屬於巨怪族。「巨怪」雖然有個「巨」字，但不一定指巨人，而是泛指邪靈，他們的體型通常大於常人。正如大雨前的**雷電**會追逐在氣旋裡閒逛的巨怪，**森林精靈**也很害怕那緊追著他們的雷擊。在狂風暴雨籠罩的森林裡，人們會聽到斯古曼和斯古芙蘿的大聲抱怨。索爾是巨人的頭號勁敵。至今的民間信仰仍有這種觀念，由此發展出無數關於索爾大戰巨人的故事。在古老的傳說裡往往有「雷電追索他們（巨怪）的命」或是「巨怪跨越小溪倉皇而逃之際，雷霆緊追在後」的描述，至此雷電的人格化只有一步之遙。而閃電前的氣旋則多被認為是個女孩子（雷神的「髒女孩」

〔pjäska〕）或女巨怪，而其父親雷神緊追著森林女妖不放。這種想像有時候也會附會成國王奧登（Oden）（暴風雨的人格化）騎著駿馬，率領獵犬以及緊追在森林女妖之後的雷電，最終收服了女妖，把她們橫放在馬背上；這場追逐跨越了高山原野，宛如搏扶搖而直上。有個士兵在路上遇到奧登王，他說：「我是國王奧登，全能的神命令我剷除所有巨怪。」「那你可有得忙了，」士兵說。國王奧登答道：「是的，但我有雷電助我一臂之力。」

獵人們特別期盼能和瑞典的森林精靈建立友誼，因為森林裡所有動物都歸他們管，如果獵人和他們關係良好，就能隨心所欲地獵到許多野味。老松雞獵人會在樹椿或岩石上放一枚銅幣或食物，以獻祭斯古芙羅，祈求打獵時滿載而歸。達拉納（Dalarne）的森林女妖雖然會接受人們的獻祭，但是從來不直接悅納，獻祭者必須把祭品放在某處。有個獵人遇見她，將供物放在柴堆上。於是她說：「明天你會射死我最好的子民。」第二天，他殺死了一頭熊。獵人也會把圈套或陷阱留下來說：「這裡抓到的動物都是屬於森林女妖的。」語畢就讓陷阱維持原狀，獵人則逕自離開。

田野精靈

關於森林的經驗和觀念，也適用於牧場和農田。隨著農耕生活的開始，樹神和森林精靈也蛻變為田野精靈。直到現在，即使有了打穀機和蒸氣耕田機，對於農夫而言，由於吹拂過莊稼的風有時會帶來豐收，有時會蹂躪農田，使得對於田野精靈的信仰依舊根深柢固。田野精靈就是風靈。關於春天的氣旋，瑞典人會說：「巨怪出來偷種子了！」在田裡翻滾挖掘嚎叫的公豬和母豬扮演著重要的角色。「旋風」就叫作「母豬」（Sau）。在收成時的最後一次收割，或打穀機的最後一趟，人們要割斷或打斷母豬的尾巴。在挪威，最後一趟收割麥穗的人必須宰殺公羊、山羊或兔子，並把兔血當作酒和其他農夫一起喝下。暴風雨來襲時，瑞典農民使用鐮刀對抗以紡錘或動物形貌出現、從山頂滾到草地上的巨怪們。而對穀物有害的風靈，也能解釋收成時的許多傳統和習俗。他們在人類種植穀物以前就存在了，後來他們和人類的關

係也遠甚於動物。直到人們開始畜養牲畜，他們也和這些動物產生關係；等到人們開始農耕生活，穀物也被納入這層關係裡。因此，原野精靈並不如森林精靈一般可以溯及印歐日耳曼語族的上古時代。

在牧場或麥田裡，人們看到風捲雲湧的天氣如何時而殘害作物、時而賜予豐收。於是那操控天氣的力量也擴及田野阡陌；人們把它們想像成野獸以及或男或女的人類形象。當陣風掀起層層麥浪，穀物之母便飛行其上，野狼及野豬也在麥田裡奔跑。收割麥子和砍除雜草的行為，意味著住在植物裡的惡魔的死亡。這些惡魔原本在隨風擺動的麥田裡開心地竄高伏低，收成時卻只能在麥穗間東躲西藏，直到最後一根麥穗也割下了，惡魔就會被抓到。在瑞典也有關於**哥羅索**（Gloso，「熾熱的母豬」）的傳說。牠有著如火燄般的細長眼睛，穿越田野時猶如一片熊熊燃燒的火海，牠也會從人的雙腿穿過，把他扛在背上，在麥田和草地上狩獵。農夫會留一些麥穗給母豬，把麥穗打結綁在一起，放在地上，以石頭壓住，並且說：「這些是要獻給哥羅索的。」接著拿三顆小石頭扔到自己的左肩後面，「如果你吃完了，就去某某人那裡吧！」把些許莊稼留在田裡、穀倉或果園裡，翌年就能夠豐收，否則哥羅索會把穀倉裡的穀物都吃光光。還有個和收成有關的習俗，則是在耶魯節時獻祭哥羅索。農夫會留三根麥穗在麥田裡，「這些是給哥羅索的，第一根是在耶魯節前夕，第二根則是除夕，第三根則是在三王節享用的。」如果農民打完穀了，就會在房子角落撒一把麥子給哥羅索。他希望能和田鼠及家鼠和平共處，未來一年能豐衣足食。於耶魯節前夕，人們更會送上河魚和麥片粥，讓哥羅索不要傷人。在斯莫蘭（Småland）地區，人們會把最後一把麥子留給格瑞夫索（Gräfso）（或許是留在屋頂？）以祈求豐年。最後一個打完穀的男人，人們會把他當作**公山羊**一般引進屋，女人則是像**母山羊**（Ofoten, N.）一樣。最後一捆脫粒的麥子，則叫作「穀倉之貓」（Tennenkatze）、「神之山羊」（Herrgottsbock）或「穀倉老人」（Stadelalte）（N.）。

當微風輕拂農作物，那就是**莊稼之母**或「悲嘆之母」在外面遊蕩（S.）。豌豆裡也坐著**豌豆之母**（N.）。人們警告在麥田裡嬉鬧的孩童說：「**黑麥老人**（Roggenalte）會跑出來抓走你；那女人可是坐在穀粒中；動作快，豌豆

老人要出來了。」（D.S.）當她的氣息吹拂過來，人的身體會膨脹而導致死亡（見「älfgust」、「älf bläst」）。**穀物之女、小麥之女**會看管麥田，她們如太陽一般耀眼美麗。夏季時她們是綠色，後來則會像白堊一樣雪白，頭上開滿了花，最後會結滿白色麥穗；她的頭髮閃耀如黃金和白銀（S.）。惡魔躲藏的最後一捆麥子叫作山羊或貓，這些人格化的田野精靈也被稱為大麥老人（Gerstenalte）、黑麥老人、老公公、老婆婆或國王（D.）。而收割最後一捆麥穗的人也會有類似的名字。這個習俗相當普遍，在丹麥地區，人們會用繩子將兩捆麥穗和娃娃綁在一起，放在杏仁樹梢。割穗的農夫和負責捆綁的農婦開始他們的工作，興高采烈地大喊：「老人呀！老人！」他們認為老人會守護農民而把他當作神來敬拜，但是因為老人同樣會招來雷雨而損害農作物，人們也會認為他是有害的生物，在打完最後一捆麥子之後必須殺死他。挪威的**收割者**（Schnittermann）會躲在麥田裡，整整一年都在偷吃農夫的莊稼。他會躲在最後一捆麥穗中而被抓住，變成一個以他為名的人形娃娃。另外，挪威的**打穀者**（Dreschmann）會在打完最後一捆麥子以後，被人們用棍棒打倒在地。

第五章

巨人

巨人的起源、名稱和種類

　　精靈惡魔和靈魂想像息息相關，其形態也多模仿自然或天氣現象，而巨魔則是擺脫了大自然以及靈魂信仰的陰影。巨人是人類的祖先，是醜陋畸形的原始人。巨人是介於自然元素和動物之間的東西：巨人是形似人類的高山、鬼哭神號的暴風雨，他們的身體力量比人類強大，但是心智則遠遜於人類。北歐巨人是死寂而原始的物質的人格化；他們固然和物質一樣有著深不可測的智慧，卻也如孩童一般愚騃無知，因而容易被欺騙，既善良又暴力。因此，他們代表著大自然的畸形、殘忍、黑暗以及敵意的面向，代表著桀驁不馴的自然元素。他們是原始生物；混沌的原始巨人、巨人族的祖先尤彌爾（Ymir）創造了世界。在被造的有秩序的世界裡，巨人族的後裔仍然保有對於混沌的愛，熱中於毀滅，仇視所有使天地變成宜居的世界的作為。這些惡魔也代表著寒冷冬夜、永遠不會融化的冰層、寸草不生的岩石山區、肆虐大地的暴風雨、炎熱的酷暑、蹂躪眾生的颶風以及波濤洶湧的大海，後來他們也叫作霜怪或冰怪（Hrimthursen）、山怪或石怪。當巨人們被囚禁或是束縛，他們會不停扯動身上的枷鎖，總有一天會掙脫。他們基於原始的野性，會惡意破壞人們的農作物，因此巨人也被視為邪惡的生物。巨人幾乎一直與愛瑟神族處於戰爭狀態，雷神索爾尤其是他們的死敵；相對地，奧丁則會向巨人族求教。日耳曼人逐步為自然事物賦予精神，以巨人代表大自然的原始力量，而諸神則代表精神秩序。但是不像赫西奧德（Hesiod）和埃斯庫洛斯（Äschylos）筆下的希臘泰坦族（Titan）和奧林帕斯山上諸神，這種附會解釋並不很成功。他們在創世論裡的重要地位和末日論裡的次要地位顯得扞格不入。

　　就語意而言，「巨人」當然是指體型超乎常人或是力量不同凡響。古北歐語的「Thurs」相當於梵文的「turá」，意為「強者」；古北歐語的「Jotunn」、瑞典語的「Jätte」以及拉普蘭語的「Jetannas」（另見：塔西佗《日耳曼誌》卷四十六關於人臉和動物頭顱的敘述）都有「貪婪者」之意；或許相較於晚期的巨人，這個特徵在最古老的日耳曼巨人身上更為顯著。巨怪總是被視為

撲人鬼（S. 64）；巨怪是惡魔，說穿了就是怪物，或為亡者、鬼魂、侏儒、精靈或巨人。

關於巨人最古老的敘述，或許要溯自西元前七世紀上半葉的《奧德賽》。住在極北之地的拉斯忒呂戈涅斯人（Lästrygonen）是食人族巨人，在那裡，晚上負責把羊群趕回來的牧者會叫醒早上要趕羊的人，而整晚不睡的牧者則可以掙得雙份工資：

「因為夜間和白日的放牧間隙很短暫。」（X 81-86）[1]

短暫且寧靜的北歐夏夜一片明亮，到了冬天則是永夜，正如整年在黑暗和濃霧裡的辛梅里安國（Kimmerier）的描述一般。這個描述自然是基於對北歐自然規律的觀察，希臘人只能從腓尼基人那裡得知，但是也可能是在琥珀的交易當中，直接或間接從日耳曼人那裡聽來的。拉斯忒呂戈涅斯人便是日耳曼巨人族，一般認為他們的王國位於最荒涼的北方；而塔西佗筆下的埃修人（Etionen）也住在那裡，直到十一世紀，傳說所有妖怪和巨人都住在極北之地（Ad. Brem. IV, 25, 19）。關於食人族巨人的早期文獻比較少，但還是有些例子：赫拉斯瓦格（Hräswelg）是食屍者，住於挪威一座小島上的布洛西（Brusi）既是怪物也是食人者，當地居民雖然群起對抗，卻也對他莫可奈何（FMS III 214）；瀾族（Ran）嗜血的女兒則讓人想起蒂羅爾（Tirol）地區的血腳惡鬼，臉上腳上沾滿血汗。這些民間故事和傳奇中，專吸基督徒的血的食人魔，則代表了在睡夢裡吸食人血的夢魘。但是這些童話故事不再限定於夜晚時分：食人魔隨時會出現，而以前鬼鬼祟祟的東西，則被笨拙卻凶猛的生物取代了。在提爾（Týr）以及索爾對抗巨人尤彌爾的故事裡，就引用了類似的食人魔故事（Hym. 8 ff.）。

蘇頓格（Suttungr）和密密爾（Mimir）的神話顯示巨人保存了原始世界的寶藏和智慧，但直到諸神擁有它們，才得以造福世界。深藏於大自然的祕

---

1 譯註。中譯見：《奧德賽》，王煥生譯，貓頭鷹出版，2000

密和知識是諸神所必要的，都是自然力量或智慧的人格化，而巨人作為太初的生物，甚至比諸神更加久遠，他們擁有關於古老原始世界的知識，也更加深知窈冥黑暗的過去。那吟唱著世界的開端和盡頭的女先知，是被太初世界的巨人養大的。奧丁將某個女巨人先知從死亡中喚醒。在瓦夫蘇魯特尼爾（Vafthrudnir）和奧丁著名的鬥智對話中，那以智慧聞名的巨人總是知道問題的答案，而只有在諸神的靈性智慧面前，才使得他的自然智慧啞口無言。芙蕾葉奔赴女巨人海恩德拉（Hyndla）的洞穴，想替她的門徒奧塔爾（Ottar）探聽消息。巨人博古通今、睿智、知識淵博，既聰明又預知未來。巨人維杜夫（Widolf）是所有女先知的祖先，而史瓦特霍迪（Swarthöfdi）（黑髮人）則是所有男先知的祖先（Hyndl. 34）。他們的**寶藏**扮演了重要的角色。巨人少女格爾德（Gerd）就曾在史基尼爾（Skirnir）獻上金戒指「德羅普尼爾」（Draupnir）時說道：「我並不缺金銀財寶，甚至也能隨意揮霍。」就連索列姆（Thrymr）也有許多寶物和貴重首飾。「法夫尼爾」（Fafnir, Faðmir）意為「擁抱者」，他如蛇一般的身體環繞著黃金（也有一說是指「巨大而敏捷者」、「疾行者」）。所有水底巨人都極其富有，大廳金碧輝煌。艾吉爾（Ægir）位於海底的大廳是以黃金照明，而不是火把，這也是為什麼吟遊詩人（Skalden）多稱黃金為「艾吉爾之火」或「艾吉爾的火葬」（Sk. 31）。當亞瓦蒂（Alwaldi，意為「威力無窮者」；Audwaldi，意為「看守財富者」）之子繼承父親遺產時，他們每個人嘴裡都塞滿了黃金，因此在詩歌裡，黃金往往被稱為「巨人的話語」（Sk. 1, 30, 36）；而回聲則是「侏儒的話語」。

巨人不懂得**操帆掌舵**，他們頂多只會划船。巨人和歐爾瓦（Örwar, Odd）一起到海上，當歐爾瓦揚帆啟航時，在巨人眼裡彷彿是地動山搖，船隻有如要沉沒似的。當歐爾瓦收起船帆，高山和陸地立刻平靜下來（FAS II 230）。這很可能是真實情況的描述。塔西佗曾說，蘇亦恩（Suionen）善於航行的人們不用船帆便能航行（Germ. 44）。巨人們不識農耕，甚至可以說對農耕恨之入骨，卻喜歡畜牧，尤其是山羊，因為當他們被趕到岩石間，只有這種動物才能以草為食（Egils S. og Asm. 5, 9）。但有時他們也會放牧一些肥壯的牛群；黑公牛和金角母牛是巨人的最受（Hym. 18; Thrymskv. 25）。

巨人們**從事的活動**正好反映了他們古老純樸的狀態。如男孩一般歡樂，為眼前景象感到眼花撩亂的巨人，被稱為艾吉爾（Hym.2）。有個巨人叫作「史瓦希」（Swasi），意思是「溫和者」，而夏天之父也叫作「史瓦蘇」（Swasud）。**「如巨人一般忠誠」**後來變成北方的俗語（冰島、法羅群島等地）。在形容某人如巨人一般忠誠時，人們會說：「他是最忠實的巨人」、「只要談到和平協議，巨人總是最好的盟友」或「巨人不會輕易毀約」。但他們溫順的笨拙很容易退化成**愚蠢**（Dummheit），就像「瘖啞」（stumm）和「愚昧」（dumm）這兩個字。

整個來說，《埃達詩歌》裡所描述的巨人形象並不那麼討人厭。索薩王索列姆是個安逸而英俊的男子；而對於艾吉爾、夏基（Thjazi）、蘇頓格、密密爾等巨人的外觀的描述則付之闕如。女巨人一般來說則都很美麗。格爾德（Gerd）使大空和大海都映照著她的美麗光輝；絲卡蒂（Skadi）會挑選最英俊的神作丈夫；雅恩莎薩（Jarnsaxa）是雷神的妻子，而約雅德（Jörd）、袞勒德（Gunnlöd）和格莉德（Gridr）則是奧丁的情人。多佛山神王（Dofrakönig）之女芙莉德（Frid）以及夏基之女芙莉德，則人如其名地美麗。巨人們拚命追求可愛的女神芙蕾葉以及伊頓（Idun）。巨人哈提（Hati）更擄走許多美麗的人類女子（H. Hj. 17）。史塔克（Starkad）綁架了第一美女艾芙希爾德。但她的父親向索爾祈求協助，而雷神則打敗巨人（FAS I 412, 543）。同時，巨人不可思議的怪誕外觀也在詩歌裡一再被提及：他們有三顆頭，甚至是六百到九百顆，長相因而極為醜陋（Skírn. 31; Hym. 35; FAS III 574; Vafþr. 33; Hym. 8）；而隆尼爾（Hrungnir）則是頂著石頭做成的頭顱（Harb. 15）。史塔克有三對手臂，索爾則砍下他四隻手（Saxo 183），另一個傳說加油添醋地描述史塔克的八隻手以及同時使四把劍戰鬥的神功（FAS I 412, III 37）。

巨人的名字所暗示的形象更是談不上優美，其身形臃腫笨拙如大木頭，黝黑的臉，膚色灰白，不是全身長毛就是光溜溜。他們的頭顱叫作「鐵頭殼」或「硬頭殼」，形狀大如車輛，而且通常童山濯濯。巨人的鼻子又長又大，有如老鷹、牛角、獸皮和鐵塊組合起來的鼻子。兩頰下垂如口袋一般，嘴上

掛著肥厚的雙唇，血盆大口，那嘎嘎磨著的獠牙對貪吃的巨人來說非常有用。蒲扇般的招風耳，滿臉蓬亂的鬍子。瘦骨嶙峋的身體以及長腿，和頭部的尺寸相當，一雙大而有力的手掌幾乎能捏碎任何東西。

　　善良而笨拙的巨人如果被打擾了安寧，會變得狂暴、狡詐和焦躁，即所謂「如巨人般的憤怒」（Riesenzorn）。希密爾（Hymir）用眼神的**力量**就可以折斷一枝箭（Hym. 12）。但是這力量也有其侷限：雷神使出愛瑟族的神力（Hym. 31），便會壓倒巨人族；但就算沒有這股神力，雷神的火燄目光以及巨無霸一般的胃口，也使得他在巨人間鶴立雞群。

　　相對於精靈，巨人鮮少使用**變身的能力**，因為他們的主要武器仍然是他們的身體。但是變身的能力也是不可或缺的魔法，巨人能瞬間移動，忽近忽遠，若隱若現（Saxo 9）。瘋狂追求哈定（Hadding）的哈德萊普（Hardgreip，意為「緊抓者」）便能夠任意變身，她能忽大忽小、忽胖忽瘦、忽然縮水忽然膨脹。她的身體可以直達天際，也可以立刻回復到人類的大小；她能使水結凍、使高山融化、讓天塌下來、讓地面隆起；她能讓物體在空中飛，能推翻諸神，使天空黑暗，也能照亮黑夜（Saxo 21/2）。拂過水面的風，其實是在天際披著老鷹羽衣的巨人赫拉斯瓦格（Hräswelg，意為「食屍者」）在振翼（Vafþr. 36/7）。夏基與蘇頓格也會揮動雄鷹的羽翼。太初的野牛奧頓姆拉（Audumla）也是會變身的巨人。巨龍「中土巨蛇」（Midgardsomr）其實是一條大蛇，潛伏於海中，蛇身圍繞著整座陸地，如同海洋包圍所有國家。法夫尼爾化身為惡龍，守護尼伯龍族的寶藏。芬里是隻大惡狼，史科爾（Skoll）和哈提是逐日者，瑪納加姆（Managarm）是「食月者」，以狼為座騎。女武神齊格倫（Sigrun）說逼她結婚的未婚夫是如貓兒子（亦即巨人）一般的無恥國王（H. H. 19）。因為巨人名凱特（Kater）的意思就是「公貓」，正如海恩德拉和梅拉（Mella）（意為母狗）、特拉娜（Trana，鶴）、克拉卡（Kraka，烏鴉）。

　　到了後來，女巨人也有了**道德概念**的暗示，例如約納斯·李曾說，每個人心中都有巨怪，而巨怪的模式在人們心裡沒有那麼罕見（Troll I 1）。逸興遄飛的詩人以人們耳熟能詳的鬼故事為藍本，發展出冰島人格雷提著名的冒

險傳說：

　　故事發生在一個農莊，沒有任何奴僕願意留在那裡工作。後來，農莊來了一個身材魁梧英俊、有著藍色眼睛和灰狼色頭髮的男人，他叫作格藍（Glam），聲稱自己不怕鬼，不會因此寢食難安。但是他仍然一下子就失蹤了，被人發現時，他全身發黑如冥界女神赫拉（Hel），腫脹如一頭牛。人們認為那妖怪極可能是以前住在當地，格藍將他格斃，卻也被他打傷。但是格藍現在到處遊蕩，不僅肆虐牲畜，甚至傷害人們：只要看到他的人，都會心神喪失，甚至完全失去理智。他也會破壞農莊、搗毀房屋，製造極大的危害。格雷提挺身而出，準備降妖伏魔。碩大無比的格藍當真來到格雷提睡覺的房間與他扭打起來。雙方展開一場惡鬥。陽台被砸爛，一切阻礙戰鬥的東西都被破壞殆盡。最後整間屋子支離破碎，他們只好在外頭持續打鬥。格雷提壓制惡鬼，當格藍倒地時，他扯動烏雲遮住月亮，大地一片漆黑；格藍緊盯著格雷提，格雷提生平不曾感到如此恐怖。疲憊不堪的格雷提看到格藍駭人的眼珠子滾動時，連劍都拔不出來。但格藍比其他鬼魂都要邪惡得多，他說：「你的事蹟為你贏得名聲，但從此以後，你只會有不滿和殺戮，一生不得安寧，而且永恆孤獨。我詛咒你無論何時何地，一瞬眼就會看到我的雙眼，你將難以忍受孤獨而一步步走向死亡。」他話還沒說完，格雷提回過神來，砍下那惡鬼的頭，並沿用古代被除惡靈的手段處理他（Laxd. 17, 24; Eyrb. 63）：他將砍下的首級掛在死者的臀部，放火燒了屍體，將骨灰盛於皮袋中，把皮袋埋在遠離交通要衝和牧場的地方（Grettis S. 32 ff.）。

　　格藍也不是一般的鬼，他的臉如同巨人一般。他有淺灰而圓睜的雙眼，如野狼一般灰色的頭髮，傳說他也和狼人有血緣關係，因此能夠變身，他在遇見牧羊人時才會以人的形象出現。他往往在夜裡出沒，特別是在冬季的漫漫長夜和聖誕節前後。他在攻擊前也會有明顯的預兆：人們會看到他出現，只要瞥見他一眼，就會喪失神智，而他的力量也會增強。他對格雷提的預言後來成了驍勇善戰的英雄的惡夢，倒不是因為妖怪或是垂死者的詛咒成真，

而是因為那個預言反映了格雷提的軟弱性格，他對這種預言極為敏感。人們也建議他要控制自己，別讓格藍的預言成真。就此，敘事者其實點出了民間傳說裡最恐怖也最關鍵的鬼故事，而現代的讀者也明白作者其實是在描寫人的深層心理。為了渲染刺激，敘事者把格藍形容成一個巨人，而這個恐怖的特質在陰森的月夜中更是讓人膽戰心驚。他不僅生動地描述冬夜月光的寒意，「格藍」（glámr，「暮色」、「月色」之意）一詞更有畫龍點睛之效。正如月光時隱時現，有時會指引道路，有時卻會使人誤入歧途並且感到恐慌，格藍也會把人們騙進荒漠裡，他們會心慌意亂，最後理智全失（例如夢遊）。他的形象起初很模糊，接著會漸漸清晰。他一走進格雷提的房間就立即變大而頂到天花板，他伸手抓住樑木，探身到房間裡：月光灑遍房間的每個角落，整個房間都被月光照亮。格藍駭人的圓睜雙眼猶如圓月，對格雷提施加魔法，正如對其他人畜一樣，使得格雷提對黑暗心生恐懼，幾乎要癱軟暈厥；格藍則是在月光下吸光他的力量。讀者在格雷提的戰鬥中意識到，藉由藝術手法和心理層面的渲染，寒冷的冬夜鬼影幢幢，讓人聯想到形似巨人的惡靈；但是格藍還很難說是形似巨人的月魔。

　　至於女巨人萊恩（Leikn）、佛拉德（Forad）和索克（Thökk）也都有道德含意。被稱為「萊恩」（原意為「遊戲」、「欺詐」）的，是一般認為天性狡詐的女巨人。海裡的女巨人佛拉德是沉沒船骸的化身，傳說許多男人因為她而喪命（Ketil Haengs. S. 5）。「索克」則是指對這個世界致謝或是忘恩負義：諸神在山洞裡發現她，要求她像其他生物一樣為巴德爾哭泣好讓他復活時，她卻拒絕了（Gg. 49）。死去的布倫希爾德（Brynhyld）騎行千里，尋找她心愛的齊古爾，途中有個女巨人擋在她前頭，原來她是布倫希爾德的良心和過去的化身，要她認錯悔改。女巨人不讓布倫希爾德通過她的土地，指責她搶了別人的男人，而且滿手血腥。驕傲的布倫希爾德大罵回道：「願妳淹死時痛苦萬分！」（Helr.）即使在浮士德（Faust）的故事裡，不安的良心也化身為惡靈出現：「多麼不同啊，格雷卿，跟以前的妳多麼不一樣！」只不過布倫希爾德戰勝了良心的耳語，格雷卿卻禁受不住而昏倒。

　　就此而言，挪威巨怪的故事也值得一看，這故事透露了古代和現代的詩

人如何為他們的自然觀察加上象徵和心理的深層意涵：

　　皮爾‧金特（Peer Gynt）是個喜歡說謊、自吹自擂的傢伙，有一次他在一處牧人的農舍前遇到一個巨大、冰冷而滑溜的東西。「你是誰？」他感到有東西在蠕動。「是我啦，那個醜八怪。」那東西說。皮爾繞過那個怪物往前走，可沒多久又碰到那個巨大冰涼而滑溜的東西。「你又是誰呀？」皮爾再問。「哎呀，我是那個醜八怪呀！」那個東西又如是回答。「不管你是直的還是歪的，」皮爾說：「讓我過去吧！」但是他馬上意識到他其實是在兜圈子，因為那個醜八怪把整座小屋都纏起來了。他提著步槍摸索前進，碰到那個東西的頭骨，於是開了三槍。「再開槍打我呀！」那個醜八怪說。但皮爾現下明白了，只要他再射擊一次，子彈便會反彈到他身上。他想辦法引走那巨怪，順利潛入他的屋子。隔天早晨，四個山怪跑來找他，分別叫作風、土、水、火。但皮爾‧金特把他們全數殺死，並從他們手中救出了女牧人。

　　這一則童話故事是亨利‧易卜生（Henrik Ibsen）詩劇《皮爾‧金特》的原型，尤其是在挪威多勒高原（Dovrefjeld）的第二幕，更是以擬人的手法嘲諷挪威的民族精神。那童話的、民族風格的基調，被詩人轉化為生動且寓意深遠的譬喻，醜陋不堪的巨魔更是民族沉淪的象徵。和那個醜八怪的纏鬥正象徵了皮爾‧金特和自己的性格的搏鬥，他耽於幻想的性格化身為滑不溜丟的蛇形怪物，纏繞著他的理智。

　　和巨人的玩具有關的童話也流傳到拉普蘭地區。北歐人普遍認為，史前時代的巨石建築是巨人的房間、墳墓或烤爐。如同早先民間信仰解釋**石墓**的誕生，薩克索人也說，以前丹麥應該有巨人族住過，那些墳丘旁的巨石就是證據；因為這樣的巨石就算是在平地都推不動了，而憑一般的力量更是不可能把如此龐大的石頭抬起來（Saxo 8）。在日耳曼民族的許多民間傳說裡，巨人是個才華橫溢的建築師。他會要求以太陽和月亮作為賞報，有時候是月亮或是年輕少女，而他必須在很短的限期內完工，否則獎勵便會落空；有時他也會利用馬匹來負重。工事往往很快就接近尾聲。而居心巨測的雇主之所

以答應付給他們報酬，是因為他們不相信巨人有辦法在期限內完工，而當巨人真的蓋好了，他們便想要詐騙巨人，不給他應有的報酬。於是，有些巨怪因為被人呼喚他的名字而死掉（這是惡夢的主題之一），也有些是在陽光照進來時變成了石頭。在埃達神話裡，巨人自願替諸神蓋城堡，而要求以芙蕾葉、太陽以及月亮作為報酬的故事便是以這個民間傳說為其原型。

正如侏儒一樣，傳說巨人也會**變成石頭**（S. 104）。夜裡的山巔往往是一片雲霧籠罩，但是隨著太陽升起、光芒閃耀，原本遮蓋山峰的雲霧便會消散，露出岩石稜線。於是，就像山魔和地魔一樣，深海巨人也得躲避明亮的陽光。

霍瓦德之子海爾吉殺死了巨人哈提。哈提的巨人妻子無法阻擋海爾吉闖進海灣，而她的女兒琳格爾德（Hrimgerd，意為「被冰霜覆蓋者」）則淹死了海爾吉的同夥。她變身為母馬，卻以雙爪從海裡爬上來，要求海爾吉贖罪，讓她和他共眠一晚。守夜哨的阿特利（Atli）卻嘲弄她說：她應該去找個全身長毛的巨人，因為他們比較相配。他們以各種嘲諷辱罵拖延女巨人，直到東方泛起魚肚白：

水手船員嘲笑她說，
她變成石頭，而成了港口的地標。（H. Hj. 12-30）

關於巨人王國和遺世獨立的住所的想像，很早便已有了雛型。後來以巨人為名的王國更是層出不窮，例如尤彌爾國（Ymisland）（Herv. S.1），蓋洛德（Geirröd）和外域洛基（Utgardaloki）之國，而當「巨人」（Riesen）一詞傳到北方，人們便區分巨人國（Risaland）和約頓國（Jötunheim）。在約頓國裡，巨人放牧羊群，交由邪惡的狗看守，凶猛的守衛則會阻止陌生人進入。芬蘭和克芬蘭（Kvenland），亦即現今的拉普蘭和芬蘭，也是名副其實的**巨人國度**。風魔卡里（Kari）的家位於芬蘭（Yngl. S. 16, 22; FAS III 634）；而另一個風魔艾格特魯斯（Eggtherus）和擅長魔法的騰吉留斯

（Thengillus）也住於那裡（Saxo 165, 223）。這就是為什麼巨人和精靈一樣，也都被稱為芬恩（Finn，「芬蘭人」）。

諸神和巨人爭戰不斷，在許多傳奇裡，人類英雄也經常和巨人搏鬥。正如芙蕾葉和伊頓是從愛瑟樂園（Asgard）被擄走，在英雄傳奇裡，巨人往往也會搶奪美麗的精靈少女和王室少女，把她們擄到山洞裡。一如諸神會和巨人聯姻，大膽機靈的年輕人也會和巨人之女結為連理，並且養育後代。「巨人到『人類國』（Mannheim）娶妻，有的甚至也把女兒嫁過去。」（Herv. S. 1）佛恩尤特（Fornjotr）及其子孫是整個挪威民族的共同祖先。而正如諸神覬覦巨人的寶藏，人類英雄也汲汲於奪取他們的寶物；他們把落入巨人手裡，淪為奴隸的貴族子弟拯救出來，並且英勇地對抗惡龍以及巨怪。晚期的北歐傳奇則多著墨在「屠戮索薩（邪惡巨人）者」（Thursensprenger）或「屠戮巨人者」（Riesentöter）的冒險故事，「沒有人像他們那樣手刃妖怪和山魔」（Grim S. loð. 1）。他們的神話價值並不多見，卻啟發了人們天馬行空的敘事靈感，更點綴著很罕見的浪漫色彩。

不過，就有如其他異教信仰裡的生物，巨人討厭任何和教會有關的符號，尤其是鐘聲和十字架。可是他們也和精靈一樣，在內心深處嚮往與**基督教**和平共處：

地魔對「牛蹄」索斯坦說：「你必須改宗，信仰更好、更能接受你的宗教；但那些無法被接受或是改宗的，正如我，就必須留下來，因為我和我的兄弟都是地魔。不過如果你能讓你將來的兒子以我的名字領洗，我會很感激的。」

巨人亞曼（Armann）也在某人夢中顯現問道：「如果可能的話，請你以我的名字領洗並信仰基督教。」兩者都以迂迴的方式尋求基督教的救贖，而繼承名字也有分享好運的含意。

另一方面，當基督教傳入以後，哈爾蒙德（Hallmund）的輓歌裡仍然不斷歌頌他如何大敗混血巨人、山魔、精靈和惡魔的故事（Grettis S.62）。

有些改信的人仍然會尋求巨人亞曼的協助和支持，他們認為亞曼是最偉

大的守護神。巨人國王篤姆（Dumb）和姆尤爾（Mjöl，「雪」的意思）之子巴得（Bard）是亞曼的親戚，他母親的名字意味著如雪一般潔白。巴得無疑是巨人後裔，由多佛高原的統治者山神多佛里（Dofri）扶養長大。「人們說他（巴得）到一座遠方島嶼，住在巨大的洞穴裡；他性喜以洞穴為家，因為他是在多佛高原的山洞裡長大的。他的身材和力量都超乎常人，更像個怪物。由於山腳下的居民都信仰他，認為他是他們的神，於是他也被稱為「斯奈山半島的巴得」（Bard Snäfellsase）；某些人認為他也是強大的守護神。女巫布絲拉（Busla）召喚巨怪、精靈、諾恩女神以及山魔，要他們放火燒毀「戒指王」齊古爾（Hring）的王宮；由於「戒指王」齊古爾沒有聽從霜怪的話，後者因而對他懷恨在心（FAS III 205）。這些都屬於巨人崇拜的斷簡殘篇，而特別值得注意的是，這些都出於基督教時代。巨人崇拜似乎是在愛瑟神族的信仰逐漸動搖之後才出現。但無論如何，從關於巨人巴得以及斯奈山的愛瑟神族的後期故事，我們沒辦法就此推論「愛瑟」一詞指的不是神，而是半神（變成神的人）。

風魔

在北歐諸神的神話裡，或許是出於實際考量，對巨人的描寫往往只是列舉了名字和習性就戛然而止，唯一的例外是芬里惡狼的傳說。普遍說來，巨人在這些故事裡的形象仍不脫古老文獻的範圍，因為民間傳說裡的重要特徵都使用了一般人對他的想像。

佛恩尤特族的巨人堪稱挪威最古老的住民，其血統往往被視為神話的產物，但那其實是神話的扭曲，並非基於天真的自然崇拜，而是以字源意義為基礎的神話譬喻。

一位名叫佛恩尤特的國王，統治著芬蘭及芬蘭灣東部克芬蘭，該地區統稱為尤特蘭（Jötland）。佛恩尤特有三個兒子，列爾（Hler）、洛吉（Logi）以及卡里（Kari）。長子也叫作艾吉爾，掌管海洋，次子控制火，么子則能

呼喚風。根據文獻資料，卡里的兒子尤庫爾（Jökul，「冰山、冰河」之意）是國王史奈（Snaer，原意為「雪」）之父，而其子孫則有索爾利（Thorri）、馮恩（Fönn，「雪堆」）、德莉法（Drifa，「冰雪旋風」）以及姆尤爾（Mjöl，「雪」）。其他文獻也說，卡里之子、老史奈之父也叫作弗羅斯提（Frosti，「冰霜」），但史奈則只有索爾利一個兒子。索爾利生有挪爾（Nörr）、古爾（Gor）二子以及一女古依（Goi）。索爾利是大祭司，每年隆冬之際，都以他為名舉行慶典，又稱為「索爾利獻祭」（Thorrablot），「索爾利月」也由此而來。隆冬獻祭祈求諸神賜予豐沛的降雪，克芬蘭居民的收成和降雪息息相關。但是有一天古依卻突然消失。索爾利準備獻祭以探知失蹤女兒的消息，這個祭典也叫作「古依祭」（Goiopfer, Göiblöt）。挪爾及古爾出外尋找失蹤的妹妹。挪爾征服了現今的挪威地區，該地便以他為名；古爾搜索海岸及波羅的海諸島嶼。因此，挪爾支族是挪威大陸居民的祖先，古爾則是海上國王的祖先。最終，挪爾找到了被雪隆山（Kjölengebirge）國王羅夫（Hrolf）綁架的妹妹。羅夫與挪爾戰得難分難解，後來雙方言和，羅夫也承認並歸順挪爾麾下。

　　由此，神話字源學把「挪威」（Norwegen）解釋為「挪爾走過的路」（Weg des Nor），而索爾利及古依則是兩個月份的名字。挪威文「Gjö」意思是「雪跡」，也就是容易留下野生動物痕跡的濕軟雪地，「古依」一詞指的是隨著日出變暖而漸漸軟化的雪地，「索爾利」則指又乾又硬的冰雪。有個家族以雪的各種形態為名，而另一種單調的字源學故事則和風的人格化有關。挪爾因為尋找妹妹而停止征戰，直到寒冬才回來，於是他也被視為「北風」的人格化。而古爾是狂風、大風，卡里則是強風引起的氣流。敘事者將佛恩尤特視為先祖以及這塊土地的擁有者，他管轄尤特蘭，因此也統治毗鄰的芬蘭和克芬蘭（For-niótr.）。晚近學者把「佛恩尤特」一詞解釋成「存在於巨人之前者」（Vor-Jüten），也就是在巨人時代前的原住民，這些學者也認為日德蘭半島是其神話的發源地；另一些學者則以為「佛恩尤特」意指「享祀者」（förn-niötr）。無論如何，北歐的吟遊詩人都將防風林、掠奪者、林中之狼、

帆船或船具、伐木工人歸類為佛恩尤特的後裔，他們是艾吉爾和火的兄弟，正如某位吟遊詩人所描述的：「暴風雪中，佛恩尤特的醜陋子孫出生。」（Sk. 25）在盎格魯撒克遜的古老傳說裡，伸手不見五指的濃霧在佛恩尤特之子（風）的面前逃逸無蹤（FAS I 475）。出於某些原因，人們也說佛恩尤特是「呼嘯的老者」或「老暴風」（*Forn-Þotr），因此「佛恩尤特」的稱號也和風有關。冰冷的北風從芬蘭（佛恩尤特統治的國度）吹到斯堪地那維亞半島，芬蘭也理所當然被視為風魔的國度。史奈國王活了三百年，因此被稱為「長老」；而人類英雄則希望活得和這位長老一樣長壽，如亙古不化的山巔冰雪（FAS II 8）。

挪威伯爵司徒雷格（Sturlaugr）（後來的瑞典國王）派其收養的兄弟弗羅斯提（「冰霜」的意思）去找芬蘭國王史奈的女兒，一頭金色長髮的姆尤爾把求愛的盧恩符文木條扔到城堡裡。她滿懷期待地走在求婚者前面，弗羅斯提幾乎跟不上她。她開口說：「我親愛的弗羅斯提，如果你還這麼慢吞吞的話，就只好抓緊我的腰帶了！」他們御風而行，去找司徒雷格伯爵（FAS III 634）。

丹麥國王史尼歐（Snio, Snä）也愛上瑞典國王美麗的女兒。他的使者扮裝成乞丐接近她，輕聲對她唱著：「史尼歐愛妳呀！」而她也以幾不可聞的聲音在使者耳畔低語：「我也愛他。」約定在初冬時密會。她假意要在僻靜處沐浴，史尼歐悄悄靠近她，把她帶到船上並且划船飛馳而去（Saxo 281）。丹麥的編年史學家將史尼歐尊為列希島（Hlesey）海魔列爾（Hler）的牧者（現今卡特加特海峽〔Kattegat〕的萊斯島〔Läsö〕）。國王史尼歐從巨人那裡獲得一副手套；當他戴上手套時，許多蟲蛇從手套裡爬出來，把他吃光殆盡（Script. Rer. dan. I 225, 80）。

早期傳說芬蘭國王老史尼歐的女兒德莉法假惡靈之手殺害她的未婚夫（Yngl S.13）。弗羅斯提、尤庫爾和古斯特（Gust，「風暴」的意思）都是巨人蓋洛德的隨從，扮演某些不光彩的角色（FMS II 186）。

水魔

　　由以下的冰島傳說，我們或許得以一窺水魔的美麗起源：有個男子看到巨人坐在岸邊，雙腳晃來晃去，碰觸捲起的浪花，當他雙腳併攏，海裡就會分出一條路來。他是這麼說的：「當岩石從山壁上剝落、從山魔的天際掉下來，我正在現場。好幾個山魔在海面以及陸地捲起更大的颶風；我很喜歡這樣的洗澡方式。」（Landn. II 7）

　　共同統治諸水的，除了艾吉爾和名副其實的水妖以外，還有主司內陸水域、智慧深不可測的密密爾，以及那使海洋風平浪靜而有利出航的海神尼約德。雖然艾吉爾屬於巨人族，卻如孩童一般無害。他到諸神所住的愛瑟樂園作客，也邀請諸神到他家，他會為他們釀造啤酒。而正如戰神奧丁的大廳被寶劍的光芒照耀得璀璨奪目，艾吉爾的廳堂也會閃爍著金盾的光輝。他的僕從艾迪（Eldi，「火」的意思）及弗納馮（Funafeng，意為「火花」）則負責讓宮殿燈火通明。列爾和蓋密爾（Gymir）從艾吉爾那裡繼承了特殊能力，並且發展為自己的特色。因為列希島（卡特加特海峽上的萊斯島）都是以佛恩尤特之子列爾為名，我們也就自然而然地假設日德蘭半島上的艾吉爾和挪威西半部也都是以巨人艾吉爾為名（Sk. 1, 23）。「列爾」一詞有覆蓋物、遮蔽物、陰影或黑影之意（如古北歐語的「hie」），或另解為喧囂咆哮的海洋（*HlewaR）。艾吉爾別名「蓋密爾」，意思是緩慢而安靜流淌的海洋（Skírn. 6; Gg.37）。北歐吟遊詩人認為大海是艾吉爾的廚房，海中的浪潮便是他的歌謠；蓋密爾的女先知「沃爾娃女巫」（Wölwa）是艾吉爾的妻子瀾（Ran）的別名，也就是說，艾吉爾和蓋密爾其實是同一人。而另外有個叫作蓋密爾的，他是奧爾波妲（Aurboda）的丈夫，他們的孩子則稱為「吼叫者」貝利（Beli）和格爾德（Gerd），後者嫁給弗雷。除卻格爾德燦爛光華的美貌之外，她其實稱不上是水魔，而貝利則同時是風魔或海魔。

　　艾吉爾並沒有那麼恐怖狂野，而其妻瀾則體現了殘忍強悍的天性，光是她的名字「瀾」就有「掠奪者」（Rahana）之意，是難以馴服、殘忍且貪婪

的海洋特質的擬人化。現在「Rán, Ráđn」也被解釋為「掌管海洋者」（ráþa；即瑞典語的「sjörä」和冰島語的「sió-ráþ」）。「Bergsrä」、「Skogsrä」和「Sjörä」（統治山中、林間和水域的精靈）也屢見於瑞典的民間信仰。女海妖統治一切和海洋有關的事物，瀾也會用網子捕捉溺水者。漁夫會奉獻可觀的錢財和食物以祈求漁獲豐碩。某些水域和森林在精靈的控制之下，人類完全沒辦法擺脫他們的掌控。相較之下，瀾是晚期北歐文化的產物，也承繼民間信仰中水妖的基本特徵。在瀾身上，我們可看到海神和水妖招致死亡噩運的面向，艾吉爾煥發的面容則看不到任何陰影。她和艾吉爾總共育有九女（Sk. 23, 58）。這九個女兒後來成為海姆達爾（Heimdall）的共同母親，而她們也是九種波浪的化身（Hyndl. 35-38），雖然這九位「揚波之女」各有其名，我們卻因此很難辨別姊妹間的差異。目前仍不能肯定「九」這個數字是否和三的三倍有關。根據古老的海員傳說，海上的大浪總是分三段密集打來：每一段的第一波永遠是最大的，而第九段的規模則遠遠超越其他波浪。九個海妖「尼斯」也於此相遇（Beowulf 575；FAS III 482）；位階較高的諸神總是以三聯神的型態出現，低階神則是九個一組。海浪激情的喊叫和咆哮聞之有如輓歌，白色浮漚和珍珠般的浪頭也被視為女海妖略帶鹹味的淚水。當載著巴德爾屍身的船在海面燃燒時，艾吉爾的女兒圍繞著船隻哀嘆哭泣，水波浮漚捲起高浪，船隻便被拋到天上（Baldrs. dr.12）。美麗的古北歐語傳說將她們描述為高貴且悲傷的女子，遠離了敬愛的父親；她們的頭髮和頭巾都是白色的，在風中守衛著；她們會危害某些男子，奪走他們的妻女；她們悲痛地在風中守衛，站在浪尖，沿著海灣騎行，她們睡在堅硬的床上、裹著白色頭巾，只有在海洋寂靜下來時，才會稍作嬉戲（Herv. S）。艾吉爾的九個女兒會讓船隻沉入海漚中（H.H. I 29, 30），不過守護船員的女武神會從她們手中救出人類。弗里斯約夫（Fridthjof）的同伴比恩（Björn）曾唱道，當瀾的女兒（揚波之女）試圖困住大膽闖入海域的船隻時，他們漂流海上十八天，直到精疲力竭；此外也有傳說整隊船員被海上暴風雨圍困：瀾的女兒們會接近年輕男子，將他們拉進懷抱（Fostbr. S. 5），因為女海妖也會垂涎俊美的青年。

　　瀾自己也會伸手抓住在洶湧海面上浮沉的船，從狂野翻騰的波濤中，她探出被海草覆蓋的蒼白的臉；因此，幸而獲救的船隻會被形容為：海爾吉的浪濤奮力逃脫瀾的雙爪及其報復（H. H. I 81; Sk. 23）。找尋海底沉船的人們，就像是女巨人在搜尋霍瓦德之子海爾吉，人們會形容他們說：他要派一整批軍隊去找瀾（H. Hj. 18）。而風暴更是被描繪成：海洋的火光（海的亮光）直衝天際，波浪愈來愈洶湧，船梢劃破雲層，而瀾（海水）則一路直奔月亮（Sk. 58）。冰島詩人「史卡拉之子」埃吉爾（Egil Skallagrimmsson）曾於其子溺斃時唱道：「海浪將我的血脈撕開了一道殘忍的傷口。瀾殘忍無比地劫掠。海洋斬斷了我的族裔、我的血脈。若我能仗劍尋仇，我要找釀造啤酒的艾吉爾算帳。若我能戰勝暴風雨的危險弟兄（海），我將和艾吉爾的新娘決鬥。」（Snt. 6-8）航向瀾意味著溺斃，而和瀾同坐也代表淪為波臣。根據遠古的日耳曼信仰，瀾會用網子捕捉溺水者。當諸神聚集在艾吉爾家，他們也提到瀾有一張能在海裡捕捉任何東西的網（Sk. 31）。當洛基要抓住化身成梭子魚，在瀑布底下游泳的侏儒安德瓦利時，就曾經借走這張網。而就像所有的水妖一樣，瀾也貪財；她只對那些獻給她金錢的人友善。因而弗里斯約夫在航行遇到致命的暴風雨時，他說：「現在我恐怕必須爬上瀾的床了。啊！那不同於我愛人因碧悠（Ingihjörg）的床笫啊！」他讓他的手下替他穿戴華麗，把他的金戒指剪成小段分給眾人，當船下沉到艾吉爾那裡，並且進入殘忍無情的瀾的大廳時，每人都隨身攜帶小金塊而獲邀盛宴（FAS II 78）。在平靜無波的海面照耀下，人們可以看到沒入海中的黃金的輝煌；被海潮吞沒的眾多珍貴寶物都堆積於海底。

　　瀾的住所也被想像成有許多美麗廳堂的宮殿，相當於海裡的英靈神殿。戰死沙場的英雄在奧丁的筵席上能享用最香辣的燻肉和最肥美的羊奶，而到瀾那裡作客，則能大啖龍蝦，顯然也能享用鱈魚大餐（FMS Vl 376）。當沉入海裡的人們找尋祭品時，在瀾那裡總能賓至如歸：在冰島改宗基督教後，這種信仰仍然存在（Eyrb. S. 54）。而艾吉爾則在饗宴中負責供應啤酒。因此，瀾的地位幾乎等於死亡女神，但並非每個淹死者都歸瀾所管。當時如魔術師一般無所不能的史萬（Swan），在新年時去釣魚而不幸落水身亡。其他漁民

眼睜睜地看著他走到山裡，在那裡受到熱烈歡迎（Nj. 14）。索斯坦也在捕魚時溺水。牧羊少年看到北方的山自動分開，山裡燃燒著熊熊大火，也聽到人聲沸騰和悠揚的樂聲（Eyrb. S.4; S. 52）。吟遊詩人埃吉爾抱怨瀾害他的兒子淹水過世，但當奧丁呼喚其子加入諸神行列時，他又感到萬分欣慰。

間接導致諸神黃昏（決戰之日）的希密爾是冬天海洋的巨人。他坐擁冰山之間有許多廳堂的寬敞住所，他住在那裡如同諸侯；有許多穴居的「四頭族」跟著他前簇後擁，他每天都會出海捕魚。他那透過洛基才很荒謬地和尼約德成婚的女兒，人們則說她是傾流入海的冰川（Lok. 34）。而關於蓋洛德之女也有如下簡略的故事，她們張開雙腿站在索爾必經的河流上，使得他的身體腫脹不適（Sk. 18）。巨人布努密基（Brunumigi）和人類一樣，只要喝了不潔的泉水就會噁心作嘔，有一次他被長矛刺中，受傷逃到山裡（Halfs. S.5）。

最早的吟遊詩人曾多次提及「中土巨蛇」或「耶夢加得」（Jormungand，巨魔），但是那時並沒有說牠是洛基的孩子。奧丁把巨蛇扔到人間陸地（中土）周圍的無底深淵裡，巨蛇正是在圍繞著所有大陸的海洋裡逐漸伸展長大，最後咬到了自己的尾巴。這個意象來自大海蛇，人們不時會在海中看到牠，卻從來沒有抓到過。

以下水妖的故事雖然和諸神無關而且粗略許多，但是其形象卻更加鮮明：正如古老民間傳說，**女海怪**坐在岸邊，以金梳子整理蓬鬆的長髮，她們會把以金線織成的衣服攤在膝上，以湖水濡濕它。人類少年凝神傾聽她們的一舉一動，而不會拒人於千里之外的女巨人們則喜歡以其魅力擄獲男人的愛（FAS III 482）。但是黑如瀝青、形如鯨魚的女海怪**佛拉德**，卻會擄走出海捕魚的男人。**琳格爾德**橫躺在海爾吉的船前，堵住港灣；如果船員沒有用槳趕走她的話，她便會把這些小夥子擄到瀾那裡。女海怪之子**格林姆**（Grim）生於海中，而且變身成不同的動物，他的氣息灼熱，能夠燒毀盔甲護具，甚至產生毒氣和火焰；他吃生肉，也會吸乾人畜的血（FAS III 241）。**史塔克**則是象徵詭譎多變的挪威阿呂瀑布（Alu）（現今挪威泰勒馬克市〔Telemarken〕的烏勒弗斯區〔Ulefos〕），因此被稱為「阿呂的後代」，他的名字「史塔克」

（強者）、其父史陀維克（Storwerk，成就偉大者）以及族人，都有八隻手和一雙飛毛腿，在在展示其巨人力量的特質。

他曾和女巨人訂婚，她是精靈可怕的對手；然而，她卻在他出門時被混血巨人赫格林（Hergrim）擄走。在決戰時，赫格林在瀑布頂敗給八手四劍的史塔克，落水而亡，而他的未婚妻也因為痛恨史塔克而自殺身亡。在精靈國的蒂絲祭，史塔克見到精靈國王那令人驚豔的女兒，便於隔天晚上將她奪走。那可憐的父親精靈國王乞求雷神為他復仇，整個巨人族的頭號敵人於是殺死了他。赫格林之子格林姆後來則成了最偉大的戰士（FAS I 412, III 13, Saxo 183 ff.）。

憑著他抵上四個男人的膂力以及智慧（他被稱為博學多聞的巨人）、他和巨魔以及精靈的關係，也由於他在河邊以及那場著名的戰鬥，史塔克被稱為「瀑布巨魔」。巨人腳步顛簸，揮舞著八隻手咆哮狂吼，轟然倒下，人們時時刻刻都看得到他顛仆的駭人景象。我們不再贅述北歐山川湖泊的種種生物，其起源、在林間的經歷以及發展、其親族支系和關係。赫格林和其子格林姆的水妖傳說一直流傳到今天。

而冰島的格雷提也和一個瀑布巨魔交手過：

葛特瀑布（Godafoss, Goiterwasserfall）南方的某個冰島人家中，接連兩年在大家都出門望聖誕彌撒時，有守衛先後失蹤。格雷提聞訊自願留守家園。他揹著一個望彌撒的農婦穿越暴風雨回到家裡，準備和妖怪會面。到了午夜，突然一陣巨響，一個女巨人走進房間，手臂夾著一只托盤，手持短刀。於是格雷提和她大打出手，惡鬥持續到隔日早晨。女巨怪膂力遠勝對手，儘管他奮力抵擋，仍被她拖到河邊。格雷提趁機用右手提起他的劍砍下女巨人的手臂，戰況持續膠著，直到日光把她變成石頭。格雷提很久之後才復原，在神父的陪同下，他回到瀑布邊，看到底下有個山洞一路延伸到山壁下面。山崖表面平滑，彷彿是人工開鑿出來的，而且又高又陡峭，人們沒辦法順著山壁

滑下去。格雷提不顧神父的警告和風險，在岩縫間打上木樁，把繩索綁在身上，另一端繫著一塊沉重的石頭，將繩索拋入水中；他縱身跳入漩渦裡，身上只配了一把長劍，奮力向瀑布後方的山洞游去。可怕的巨人坐在熊熊火堆旁，一把木柄刀緊挨著身旁。格雷提攻擊他的腿骨，巨人轉身想抽出掛在身後牆上的劍，但格雷提比巨人更加靈活，用耀眼的劍刺穿巨人的黝黑胸膛。岸邊的神父眼見水裡冒出鮮血，以為格雷提死了，便打道回府。格雷提在山洞中發現許多寶藏和兩名失蹤男子的遺體。他揹著他們游回去，要神父拉他上去，但因為神父已經先行離去，格雷提只好自行爬上峭壁。而該地區從此再也沒有妖怪作祟威脅（Grettis S.64-66）。

據傳那女巨人拖著格雷提一路到岸邊的路線，至今仍然可見，峭壁底下真的有個山洞。據推論，這個民間傳說是附會歷史上的格雷提（卒於西元1031年）的故事。它是否抄襲自《貝奧武夫》的故事，則不無疑問，雖然兩者的重疊性很高。貝奧武夫也曾有兩次戰役，第一次是和巨魔格蘭德（Grendel），而另一次則是和一隻女海狼，後者住在水底洞穴裡。在這兩則故事裡，巨魔都失去了一條手臂，而岸邊的人也都以為漫漶水裡的鮮血意味著英雄已死亡而先行離開。

山魔和森林巨人

他們之所以叫作「山魔」，不是因為住在山裡，就是因為他們的身體有如岩石一般堅硬。隆尼爾的三角形心臟及其堅硬的頭部都是石頭做的，他也手持石盾，把石頭磨尖作為武器，名為「鐵頭」楊浩斯（Jarnhaus）的巨人也是如此。直至今日，北歐及德國山區的民間傳奇仍然流傳著巨人變成懸崖峭壁的故事。雷神索爾及其後的聖歐拉夫，都曾經使對手變成石頭，並以手刃巨人著稱（「粉碎山魔者」）。有個山魔曾預言索斯坦會改宗，信仰更偉大的宗教。更有一個巨魔曾經主動對比恩示好，建立友好關係以增加其財富（Landn. IV 12）。山魔楊格林（Jarngirm, Eisengrim）會扮成手持鐵棒的山羊，

把垂死者擄走（Nj. 134）。山魔之子赫格林時而和人類、時而和山魔共同生活。亞曼則住在亞曼山區的洞穴中。至今冰島上仍流傳許多斯奈山半島冰川的守護神巴得的傳奇。巴得是挪威多佛里山區的山神王的門徒，在那遼闊的山區裡住著許多山怪。他並非不友善，他美麗的女兒芙莉德更是親切溫柔，「金髮」哈拉德國王死前派布伊（Bui）到多佛里山區，她和他從耶魯夜至立夏共度數個月美麗而寧靜的時光。兩人的兒子尤庫爾雖然覺得女山魔妮帕（Gnipa，「山巔」的意思）和他母親一點都不像，卻還是和她一同出生入死。妮帕為了尤庫爾不惜和家人反目，最後才風光出嫁（Isl. S. II431 ff., S. 148）。「金髮」哈拉德國王在五歲時，救了因搶劫王室寶庫而被囚的巨人多佛里，代價則是巨人多佛里必須養育哈拉德直到十歲。海恩德拉也是女山魔，屬於巨人族；守護「詩人靈酒」的聖潔的袞勒德（Gunnlörd）也是巨人族的。索克族（Thökk）的諸神住在山壁洞穴中，布倫希爾德正是穿越女巨人鑿出的小門走向死亡的。北歐峽灣的妖怪，包含侏儒及巨人等，都歸兩個山神王所管轄，其一是統治瑞典庫崙山脈的庫拉曼王（Kullamane），另一個則是統治挪威哈當厄爾峽灣（Hardangerfjord）的哈寇特（Harkort）。

巨人維杜夫是如暴風驟雨一般狂野的「森林之狼」，他是擁有瑞典和日耳曼蠻族血統的森林巨人。誠如其他樹林深處的神祕生物，維杜夫也有預言的天賦，因此成了所有女先知之父（Hyndl. 34）。受重傷的哈夫丹也曾逃到醫術精湛卻隱居深林的維托伏斯（Vitolfus）那裡，在威脅利誘之下，維托伏斯才答應醫治他。他躲在樹林深處，用樹皮、藥草和樹根療傷。維托伏斯以濃霧使追捕哈夫丹的士兵迷失方向；窮途末路的哈夫丹才得以逃過一劫（Saxo 219）。日耳曼人傳說裡也有個維杜特（Widolt），他是神祕森林的人格化。而戴著烙鐵頭套的日耳曼森林之女，也對應到北歐的「鐵林之女」楊恩維雅（Jarnwidja）（Vǫl.. 40; Hit. 3）。

火魔

除了以雙腳掀起巨浪和風暴的巨人以外，還有以地火展示力量的火魔：

有個老人在深夜看到一名男子划著巨人船逼近，他身形龐大而凶狠惡毒。那男子一上岸便闖入某個農莊，挖掘圍牆側門的土地。當夜，地面忽然竄起大火，燒毀所有房舍；現在那農莊遺址只剩下些許火山岩堆（Landn II 5）。

　　燄魔族人丁稀少。就像風和風魔的明顯關係，我們也能從焰魔如艾德（Eid，「火」）、洛吉（Logi, Lohi，「野火」之意）、女巨人葛蘿德（Glod，「熾熱的炭火」）、艾莎（Eisa，「灰燼」）和艾蜜莉雅（Eimyria，「炭灰」）的名字推知火的象徵。佩戴烈火劍、端坐在火焰裡的**蘇爾特**（Surtr）（闇黑者）是其中翹楚。他在諸神大戰中打敗了弗雷，更在整個世界引起熊熊大火。冰島語的「瀝青煤」（Surtarbrandr）正是以他為名，將它外敷在瘀血的手腳，有鎮痛之效；而問荊（Equisetum arvense）的塊莖則叫作「蘇爾特的蘋果」（Surtarepli）。冰島最大的火山岩洞，長約 1675 公尺，叫作「蘇爾特之洞」（Surtshellir）。有個手無寸鐵的歹徒逃到該洞穴，他跑了一天一夜，鞋子都充滿了砂礫。但仔細一看，才發現那其實是金砂；他說他曾經踩到深至腳踝的沙坑；後來他從冰島東北端的峽角朗加半島（Langanes）找到出口。古老的文獻裡就已經記載這些名字；某個男子在秋天到蘇爾特洞遊蕩，並在那裡獻上為洞穴巨人所作的詩歌（Landn. III 10; Holmv. S. 32; Sturl. S. V 46; Gests. S. Bard. 3）。

第六章

天體神話

天上星體在北歐神話裡扮演相當特殊的角色。這些神話有一部分是基於古老民族的觀點，此外也在傳統的形象以及相互呼應的故事形式裡給人新穎而譬喻式的印象。這些神話抽象而單調，因此不是很吸引人。而人們也會附會到外來的典故，尤其是古代的，但是至今不是很成功。

太陽與月亮

諸神以死去的巨人尤彌爾創造出世界，以「火國」（Muspelheim）的氣流噴出的火花做成眾星，置於無底深淵（Ginnunga gap）之上、蒼穹之下，以照亮大地。他們排列星辰各就定位，藉此推算年月（Gg. 8）。

許多神話也都和最重要的天體太陽以及月亮有關。

亞瓦克（Arwakr，「晨起者」）和亞斯維（Alswinn，「疾馳者」）兩匹「太陽馬」齊拉太陽馬車飛越天際，亞瓦克的耳朵和亞斯維的蹄上刻著盧恩符文，好讓牠們不會因為疲倦而慢下來。諸神在車頭中央裝了冰涼的鐵塊（Grímn. 37-39; Sigdr. 15; Gg.11）；斯諾里說那其實是兩個吹風的頑童（隨著日出日落而吹拂的涼爽晨風和晚風）為因為熾烈太陽而發熱的太陽馬降溫，好讓牠們跑得更快。太陽火球前面有個盾牌，如果盾牌掉落，火焰會吞噬岩石和海水。史科爾（Skoll）和哈提（Hati），兩隻凶猛的惡狼，在燦爛的女神後面窮追不捨；史科爾跑在她後面，而哈提卻是搶在天空新娘前頭。因此，太陽總是匆匆掠過天際，宛如倉皇逃走一般（Grímn. 89; Gg. 12）。

哈提也叫作「食月者」，因此被稱為瑪納加姆（月之狼）。因為這兩個天體的命運唇齒相依，雖然哈提追逐的是走在太陽前頭的月亮，但就某個意義而言，也威脅到太陽的存在。

太陽之馬和日之狼等想像確實是源自古老的民間信仰。光輝燦爛的天空諸神如提烏斯（Tius）、弗雷和巴德爾，各自擁有坐騎在大地上奔馳。而太陽耀眼的圓球，更被視為天界諸神的盾牌。「日盾」也有太陽馬車以外的聯

想，例如太陽的座位，也是恰如其分。因為住在地底的侏儒受不了陽光，暴露在陽光下，侏儒會變成石頭，於是太陽也叫作「侏儒的煩惱」或「精靈的光芒」。日光比神祕的月光明亮許多，精靈也依據它計算時間。不過在日薄西山的時候，戰場上沒有人會向月亮的姊妹（太陽）求助（Reg. 23）。

太陽的別稱如「輝煌女神」、「璀璨的天之新娘」、「月亮的閃亮姊妹」等等，在在顯示太陽的光明神性。由於人們把它耀眼的光輝和處女的美麗相提並論，於是它也有了極富詩意的少女名字：蘇爾（Sol）。蘇爾是女神之一（Gg. 35）。不過實際上蘇爾的神話地位已經過渡到芙麗格和芙蕾葉身上，只有一則傳說提到她的出身：

蒙迪弗利（Mundilföri, Mundilfari）是蘇爾和瑪尼（Mani，「月亮」之意）的父親，他們每天繞著蒼穹漫遊，人們也據此測量時間（Vafþr. 18）。蒙迪弗利的一對兒女耀眼美麗，於是他將兒子命名為「瑪尼」，女兒則叫作「蘇爾」（Gg. 11）。

蒙迪弗利是主司天體運行的神，其名字意為「世界軸的推動者」。這個名字或能意味著天界諸神是世界的動力因，類似提烏斯和奧丁的別名「夏朗帝」（Hjarrandi）：它意味著北極星，「夜空中的群星」圍繞著有如音樂家的它翩然起舞，而正如馮斯畢（F. v. Spee）所指出，它改寫了遠古的自然想像。但蒙迪弗利也可能是守護者、監護者或教育者，因為他也是太陽和月亮的父親。但是這些形象都只是比喻而已，並不屬於生動的神話，也沒有民間信仰為其基礎，而是晚期的抽象化概念。人們想要為這兩個駕駛太陽和月亮馬車的孩子找個父親，結果我們只知道他是他們的父親，除此之外一無所知。

而此故事的後續發展是很晚近的事：

蘇爾和一個名叫葛倫（Glen，意為「光亮」）的男子訂婚。但是因為他們太驕傲而觸怒諸神，於是處罰他們兩人待在天上。他們叫蘇爾駕御太陽馬，拉動諸神以「火國」噴出的火花創造出來照耀世界的太陽（Sk. 24）。

　　但是在上述段落中，敘事者脫離了古代的觀點，因而也就象徵和自然現象做了明確的區分。太陽是諸神以火國的火花創造出來的天體，它會乘著太陽馬所拉的戰車劃過天際，而太陽戰車少了一個駕駛。當有人把他的兒女稱為日月，這個狂妄舉動激怒了堅持人神有別的諸神。於是諸神把女兒放逐到天空，命令她駕駛太陽馬車。解釋性的改編故事取代了神話，排除了一切神蹟，平凡的法師取代了大能的諸神，而庸俗的人類動機取代了永恆的世界秩序。

　　根據冰島民間信仰，如果人們凝神仰望，可以看到月亮上有一張人臉，以及他的額頭、眼睛、鼻子、嘴巴。太陽也有相同的特徵，不過因為太陽更加耀眼，而難以辨別其五官。民間軼事試圖解釋滿月光華裡的黑暗處或斑點，以及上下弦月的由來。在日耳曼傳說中，有個盜木賊趁著主日到森林盜伐。於是他被詛咒困在月亮上面：人們仰望月亮，便會看到他在上頭，背上插著斧頭，提著或扛著木頭。有一則童話故事說，四個住在於月亮上面的人，死後各自帶著四分之一的月光入葬，最後使得月亮完全消失（K. H. M. Nr. 175）。而在北方，這兩則故事則是被合併起來：

　　瑪尼駕馭著月亮的軌跡，主司月亮的圓缺。有兩個孩子，名字叫作比雅（Bil）（漸弱者）和秀基（Hjuki）（力量漸強者），他們從山泉裡冒出來，瑪尼把他們從人間接到自己身邊；孩子的父親叫作維德芬（Widfinn），地面的人們看得到他們隨侍在月亮之側。比雅也是女神之一（Gg. 85）。不過，《埃達詩歌》裡的這則童話並沒有說是瑪尼強行擄走他們，或是因為他們犯錯受罰。

晝與夜

　　就像太陽和月亮一樣，**白天和黑夜**也被舉揚為神聖的諸神。因為有很長

的時間白天會看不到太陽，而在冰島和挪威等地，時常整個晚上看到太陽高掛，這個粗糙的觀察很自然地將太陽和白晝視為兩個獨立事件。不過，在日耳曼的傳說裡，白天總是在黑夜之後到來，黑夜便成為了白天的母親。

住在約頓國的巨人名字叫作挪爾（Nörr, Nörfi, Narfi）。他的女兒是黝黑陰暗的諾特（Nott，「夜」），她的第一任丈夫是納格法利（Naglfari），而第三任則是愛瑟神族的戴林（Dellingr, Dögling）。他們的兒子便是達格（Dag，「白天」），達格像他父親一樣閃耀光亮（Gg. 10）。挪爾之女諾特被人類稱為「黑夜」（Aly. 30/1）。親切友善的戴林是達格的父親，而諾特則是由挪爾一手帶大的（Vafþr. 25）。

約頓國地處東方和北方，夜的黑暗也從這兩個地方向大地蔓延開來。而創造黑夜者，黑夜的巨人父親，也住在那裡。納爾弗（Narfi）（即挪爾）也是洛基（Loki）之子，洛基的兄弟瓦利（Vali）被諸神變成狼，洛基被他咬得肚破腸流，而他的腸子也被諸神拿來捆綁洛基。洛基之子和黑夜之父幾乎沒有分別，兩者都是在夜裡降臨的暗魔。

黑夜「諾特」的第一個丈夫納格法利會搭幽冥船回來，那艘船也是毀滅者在世界末日時搭乘的。**幽冥船**（Naglfar）是穆斯佩族（Muspell）最大的船。它是以死人的指甲建造的，因此人死時都會被剪掉指甲；如果死者指甲未剪，就是間接幫助建造幽冥船，而那是人類和諸神所不樂見的（Gg. 51）。諾特的第一任丈夫和以死者指甲建造的、載著巨人航往世界盡頭的幽冥船之間，究竟有什麼關係？首先，兩者都意味著世界盡頭在時空上的遙遠距離：以死者的指甲造船，顯然曠日廢時，更何況人們也會在人死之前剪掉指甲以阻撓造船的進度。此外，「永恆之山」的堆積也一樣遲緩，傳說每一百年才有一隻飛鳥叼來一粒沙子。其實納格法利原本和幽冥船這個童話般的特徵風馬牛不相及，只是人們忘記了他原始的意義，之後便任意附會。根據北歐的習俗，死者會被安置在船上燒毀或漂流出海，可是這和幽冥船的故事一點關係也沒有。而用指甲造船的說法也和幽冥船所謂「在屍體間航行的船」，或是死者

鬼魂徘徊其上的「死者之船」的含意扯不上關係，雖然這個名字也可能是指「Naglafar」（nagl=nekus, nekros，希臘文「死者」之意）。「Naglfar」是指「指甲（釘子）船」。北歐水手喜愛用閃亮的鐵釘裝飾他們的船，所以「Naglfar」也可能是指打上釘子的船。而人們仰望星空，也會覺得像是穹蒼打了無數閃爍不定的釘子。德國南方施瓦本地區的民間信仰認為星星是銀釘的頭，好把蒼穹固定住，哲學家阿那克西米尼（Anaximenes）也採用了這個民間觀念，認為星星如釘子一般固定著天空。天空中繁星滿布，正如船隻上裝飾著耀眼的釘子。由地面緩緩飛升天頂的旅程，就像是船隻平靜而不停歇的航行，所以星空會被當作一艘船，而納格法利也就成了黑夜的丈夫。在北歐的末日想像裡，世界會被洪水和大火毀滅，所以人們也就順理成章地認為烈焰會吞噬天空，洪水也會淹沒星空。諸神的敵人利用不斷向上升起的幽冥船發動攻擊。把幽冥船解釋成天空裡的星星，這和被五花大綁的芬里惡狼的故事有異曲同工之妙。而到了後來，這個自然意象不復存在，人們也不再以為釘子船和金釘或銀釘有關，而是指人的指甲。由死人沒有剪掉的指甲建造的匪夷所思的船，或許正是這樣漸漸形成的。

戴林是諾特的第三任丈夫。「閃耀者」或「光明者」戴林來自愛瑟神族，既明亮又俊美，在夜裡其面容仍然清晰可見，因此諾特和他結婚。每天一大早，他會送他的兒子達格出門，於是每個人都得以在日光下清楚感知可見事物（Hov 159; FAS I 468）。他就像是清晨之神海姆達爾，就名字和天性看來，兩者都很接近，甚或是同一個人。他的另一個讀法「都葛林」（Dögling）的意思是「從朝露裡萌芽者」，所以也是晨曦之神（Sk. 62）。

根據古老的想像，戴林和諾特生下達格（白日）：光明的巴德爾也可能是明亮的天空和黑夜的兒子。史威戴格（Swipdag）是日神，傳說也是諾特之子，諾特生下他就難產而死。而這個白天之神和太陽神，便成了主司善行、豐收和多產的神，也是人類的父親。就像人類被稱為「海姆達爾之子」，長眠的布倫希爾德被齊古爾救出時也歡呼說：

榮耀歸於白天和白天之子，

夜晚及其女兒（大地）！

以祝福垂憐我們，

並賜予穩當的勝利（Sigrdr. 3; Am. 62）。

白天和夜晚、白日之子和黑夜之女，這個對比顯示白天如何被人格化為諸神之一。

正如人們將晝夜和日月視為各自獨立的神，晝夜也有屬於自己的坐騎和馬車。

每天早晨為人類帶來燦爛的白晝的馬，名叫斯金法克西（Skinfaxi，「閃亮的鬃毛」）或格雷德（Glad，「快樂者」）；對英雄來說，牠或許是最上等的牡馬，牠的鬃毛如熱焰一般（Vafþr. 12. 14; Gg. 15; Sk.55）。而每日替諸神帶來夜晚的牡馬則叫作赫利姆法克西（Hrimfaxi，「結霜鬃毛」）或弗斯瓦特尼（Fjörswartni）；整個早晨，汗水從馬銜籠頭上滴落，灑到山谷便成了露珠。

而上述段落也曾改寫為散文形式：

創世主將白晝和黑夜放到天上，他更送給他們兩匹馬、兩輛車，好讓晝夜能繞行大地。黑夜騎乘赫利姆法克西，從其馬銜籠頭滴落的汗變成露水滋潤大地；白晝則擁有斯金法克西，其鬃毛照亮了大地（Gg. 10）。

芬里惡狼及其氏族

有一則古北歐的謎語歌說：「誰是橫行大地的暴徒？他吞噬森林湖泊；他雖畏懼強風，卻不怕與人為敵，甚至和太陽開戰。」謎底是：「那是霧。因他之故，人們看不到海洋；一旦風起時，他又會馬上消失；人們對他無可

奈何，而他甚至能遮翳陽光。」（FAS I 464）這固然和霧的神話無關，而在謎底揭曉之後，陰暗的未知者的人格化不見了。可是以上形容卻和那個在世界末日時把天神奧丁和太陽吞噬掉的芬里惡狼若合符節。濃霧「吞噬」大地的意象也適用於惡狼，而遮蔽太陽的霧也轉換成冬天黑暗勢力的惡魔。霧從海洋或沼澤（古北歐語作「fen」）緩緩升起，牠因此叫作芬里「惡狼」，或者是依據其掠食的天性而有「肆意劫掠的狼」的稱號（古北歐語「fengi」意為「打劫擄掠」）。

西元九世紀後半葉，北歐吟遊詩人把洛基稱為「狼父」（Hlg. 8）。他和凶惡的女巨人安格波妲（Angrboda，意為「招致損害者」）生下惡狼（Lok. 10; Hym. 23; Hyndl. 42; Gg. 34）。冥界女神赫拉和中土巨蛇是芬里惡狼的兄弟姊妹。人類世界的四周是無邊無際、荒涼卻茂盛的森林，在森林的東部，也就是巨人族的居所，一位不知名的老婦人替芬里惡狼生下了一對兒子，分別是「月之狼」哈提（Hati ，意為「嫌隙」）和「日之狼」史科爾（Skoll = skadus，「陰影」之意）。換句話說，芬里的兩個兒子也是洛基的孫子（Vǫl. 40; Grímn. 39; H. H. I 40, 41; Gg. 12），基本上和芬里惡狼有著相同的神話性格。正如史科爾是「食日者」，惡狼也會追獵光輝耀眼的女神，而這個「眾星的掠奪者」最後勒死了她。史科爾以陣亡戰士的肉維生，以他們的鮮血染紅諸神的座椅，因而凶狠的芬里惡狼也總是撲抓諸神的座席（Hkm. 20; Em. 6）。另一隻惡狼「食月者」哈提也叫作「瑪納加姆」（月之狼）；牠嗜吃死屍肉，會向天空噴灑鮮血，讓太陽光芒盡失。於是，戰死的屍體不可以不經掩埋就棄置戰場，以免淪為狼和鴉類的食物或任由腐壞。如果人們輕忽這個禁忌，則無異養虎貽患。日食或月食很容易被人誤以為是被怪物吞掉，而這也說明了芬里的惡狼形象以及吞噬光明的黑暗的人格化。傳說太陽在被芬里吞掉以前，曾生下一個女人，她會在新天新地裡為母親引路，而這則神話也證明了北歐人相信在全蝕的黑暗之後會有新的星體誕生。神話不過是把自然規律的事件推遲到世界末日，這個經驗也讓北歐人明白或相信，日食後的夏季天氣總會「不懷好意」，既不穩定也不友善。

民間信仰傳統認為，日食會帶來傳染病。諸神座椅被鮮血染紅，是影射

清晨或傍晚的血紅色的幻日現象；在瑞典、挪威和丹麥，這種幻日稱為「日狼」（sölvarg, sölulv）。瑞典的日狼或幻日（Vädersol）所追逐的太陽是一名瑞典女子，而她的出現意味著饑荒和死亡。幻日是太陽周圍的日暈，在冰島南部並不罕見。如果同時看見太陽前後兩側各有日暈，則人們會認為太陽處於「狼之危難」（Wolfsnot = ülfakreppa），或是「他在太陽前前後後奔跑」。兩種說法都暗指史科爾及哈提，那欲搶吞日月的一對凶狼。在太陽前方的幻日也叫作「基爾」（Gill = gildir，可能是「狼」的意思），而這現象則稱為「基爾出巡」。若在太陽後面沒有另一個日暈，則是壞天氣的預兆。太陽後面的日暈會被稱為「狼」，因此也衍生了以下的諺語：「如果沒有狼追逐，那麼看見基爾也不會有什麼好處。」有個盲人（奧丁）問國王海德瑞克（Heidrek）一則謎題：「告訴我，在戴林（白晝之父）門前（白天）看到的奇觀，究竟是什麼呢？整片大地為之照亮，狼群不停為其爭吵。」海德瑞克猜中了正確答案：「那是太陽，他照亮所有國家，在所有人頭上照耀；但史科爾和哈提這兩匹狼，一匹跑在太陽前方，另一匹則隨行在後。」（FAS I 468）天色如果泛紅，則可能會有大災難。正如狄更斯所說的：「陽光將大地染紅，彷彿直達天際，就像人們可恥的鮮血。」

雖然在光明和白晝的統治下，暗魔被白晝及天神提烏斯（提爾）殺死，或是在對於反覆出現的自然現象觀察裡，被關在不見天日的洞穴裡，但是諸神的勢力也漸漸式微。芬里惡狼雖然是諸神撫養長大的，卻因其危險的巨大體型以及可能造成的禍害，而被諸神用鎖鍊困住；放眼諸神，唯獨提爾一人膽敢用侏儒鑄造的鎖鍊困住芬里，但是芬里也咬斷他的手，他和惡狼算是兩不相欠。諸神把被禁錮的怪物藏在地洞裡，而牠的嘴巴還卡了一把劍，口水只得從血盆大口中淌下，成了不時冒著白沫的瓦尼爾河（Wan）。牠始終被困在洞穴裡，直到諸神的末日到來（Lok. 38-41; Gg. 34）。

當世界末日的想像漸漸融入巨人和諸神之間的大戰，被鎖鍊禁錮的惡狼一旦猛虎出柙，將成為諸神及其守護的人類的共同大敵。如果牠恢復自由，會是現存的世界秩序的強大威脅。芬里狂野凶暴地拉扯堅固的鎖鍊，愈加旺盛的怒火嚇壞了冥界巨人，牠不停地拉扯，撼動了宇宙樹（Yggdrasil），拉

扯力量愈大，鎖鍊便愈脆弱不堪，直到芬里惡狼掙脫逃走（Vǫl. 47）。地獄
獵犬加姆（Garm）因為惡狼的脫逃而開心地狂吠，煽動芬里和冥界一起攻打
天界諸神。芬里張開血盆大口衝了出來，一張開上下顎就吞掉天地，因而也
吞食了天神。但奧丁之子，沉默寡言的威達（Widar）一腳踩住牠的下巴，
手刃怪物，也報了父親的血仇。復仇只是一瞬間的事，因為日食只持續了一
陣子，人類往往心想沒多久就會恢復光明。這則神話和被芬里吞噬的太陽在
新世界裡生下一個女兒的故事如出一轍（Vafþr. 47）。威達的復仇也暗示著
太陽終將找到自由的出路而逃脫束縛。

　　惡狼在天界被諸神用神祕的鎖鍊困住，雙顎被卡住而合不攏，其原初形
象來自於銀河（亦即瓦尼爾河）旁的「狼顎座」（Wolfsrachen, ulfs
keptr）[1]。諸神會因此為自己以及世界招來災難，直到世界毀滅，這個觀念
相當耐人尋味。當然，天上的確有個星座看起來很像是眼睛閃閃發光、張開
血盆大口的狼。而星星在世界末日會離開原本的位置而不再固定不動，也和
諸神黃昏的神話（Ragnarökmythen）有關。但是這個解釋也把受制於鎖鍊的
芬里惡狼以及逐日之狼畫上等號，而惡狼為了要向諸神洫雪囚禁之恥，也成
了諸神的敵人。

1　譯註。狼顎座，約於現今巨蛇座、畢宿星團之間。

第三部

自然崇拜：諸神信仰

第七章

概論

　　日耳曼神話的**諸神**幾乎全是自然力量的神格化或感性的**自然現象**的精神反映。而那些不是基於大自然的幻想而產生的諸神則是比較晚近的神，也算不上民族的公共財。如果說神話和那個國家的本性不一致，那麼它的根柢也不會穩固。

　　但是在諸神被想像成雄偉威嚴的人類、如人一般思考、感受、欲求的時代以前，還有其他更原始的神，日耳曼人還沒辦法馴服**自然力量**以開物成務，而只能把它想像成可怕的**野獸**。對他們而言，暴風雨是振翅高飛的巨鷹；海洋是圍繞著大地的蛇；太陽是公馬、雄鹿或野豬；雲霧是公馬或公牛，而暴怒的野豬則是雨雲的動物形象，閃電是牠如象牙般的獠牙。想像力也把因為風和天氣的巨大自然現象形成的樹狀雲比擬為地面上的樹木，以彰顯諸神的大能。在遠古的神話語言裡，閃耀的陽光和閃電正如矛與盾一般。即便是諸神也有許多動物神或是會變成動物。諸神在人和動物之間搖擺，而模糊不清的界線也是民族原始世界觀的特色之一。古人的想像力把自然現象的巨大奧祕比喻為地底、林間和海裡的動物的神祕生活，並把自然（尤其是天空的）現象描繪成動物形象，在諸神中總共創造出八十種自然惡魔和動物。例如奧丁別稱「鷹頭」，可能是上古時期以鷹頭代表神明遺留的痕跡。把神化的自然力量理解成人及動物，相當於從靈魂衍生出超越人類的存有者：由於人類看到自己和動物之間的神祕關聯，也自然而然地會認為死者的靈魂有如沉睡的動物，或是更換外衣的玩偶和褪皮的蛇。

　　自然神話是最早的人類試圖跨越世界，去解釋不可思議或神祕難解的事物，而神話把外在的自然現象轉變成種種故事，因而可以說是物理學的開端，也是一種民間哲學和詩的創作。**詩人**和**神話作者**都擁有相同的精神力量，只不過詩人比神話作者更有自覺；兩者的任務都是為無生命的事物賦予生命和氣息。但是和人類生活的附會，以小說的情節改寫和潤飾諸神的行為，便把諸神及其神話經驗從天上的家園拉到地下。神話的自然核心逐漸被淡忘，詩人作為「宙斯（Jovis）變動不居而亙古常新的女兒」，則以其橫無涯涘的靈感粉墨登場，而以自然觀為基礎的諸神形象，詩人也脫離自然觀加以渲染描繪。因此，把神話詩人以及故事賦予諸神的任何性格都和自然現象扯上關係，

是很不合時宜的，好比說探究雷神索爾的戰車、手套、「神力腰帶」有什麼「意義」。因為如此一來，神話就變成一種**寓言**而已。當然，神話的創造本質上都有寓言的成分。但是到了後期的整個神話符號，都只是技藝精湛的詩人的創作。那些至今因為其寓意深遠的象徵使我們深深著迷的神話，正是詩人刻意以寓言形式創作的藝術作品，學者必須設法褪去其外衣。古北歐神話完全不同於必須以解謎的方式去理解的盧恩符文或咒語。

我們大可把神話的誕生比喻成未經世事的孩童對自然充滿幻想的詮釋，這自然觀凝結成一則則短篇故事。由於詩的動機並不一定和自然現象對應，因此神話的**詮釋**也就益發困難。一個學者從裡頭看到太陽月亮，另一個則只聽到狂風呼嘯而過，第三個人認為那是雲的形狀，第四個人或許只對雷雨有印象。當自然神話被視為傳奇的結構核心，而推論出合理的詮釋，我們當然會認為這個解釋是正確無誤的。可是如果現在的人們沒有看過類似的自然現象，卻又在某個前提之下也做相同的描述，那麼這個詮釋就站不住腳了。

以神話題材從事小說形式的**藝術改寫**以及文學作品的個別神話背景，總是被人忽略。索爾和索列姆（Thrymr）、索爾和希密爾（Hymir）、伊頓之劫和詩人靈酒「歐卓里」（Odrörir）的故事都只是同一個主題的變奏：諸神和巨人為寶物爭論不休，而最後總是聰明的諸神使計欺騙並擊敗了巨人。深埋於大地八尺下的雷神鎚不是冬季時被盜走的閃電，而是諸神的武器；伊頓也不是會降下甘霖的雲，而是被擄走的妻子；希密爾的桶子不是廣大無邊的海洋，而真的是很普通的桶子，就像北歐人習慣用來釀啤酒的。普羅米修斯從宙斯那裡偷走了火，詩人靈酒也是奧丁以詭計才搶來的財產。關於英雄從巨人那裡竊取或暴力搶奪寶藏的神話故事幾乎不勝枚舉。

最單純的人類故事，相當於後來的軼聞，是小說以及童話的雛型，它們可能比諸神故事更早出現，而詩人以它們作為創作的題材。所有原始民族都擁有的童話比諸神的傳奇更古老，在那裡還可以看到最古老的新體詩（Novellenpoesie）的痕跡。從同一個想法、從生命對人們提出的問題的答案，可以形成童話或者是神話。好比說，當被問到：「哪裡有水？人們是如何獲得水的？」童話會說是「生命之水」，而神話則會說是「諸神之酒」。可是

童話的動機和答案都很單純，而在神話裡，它會更深刻也更富含藝術形式。我不打算談論童話的歷史。即使對於童話的創造、年代和變遷都還沒有定論，神話學者仍然必須考量到它和氣候以及文化史的關係，也應該注意到文學的問題。雖然人們不再認為多采多姿的童話是褪色了的諸神神話，但是認為這些故事都是於中世紀透過文化傳到歐洲的文學，這樣的假設也很有爭議。近來文化史的主流觀點認為，史前時代是童話以及魔法主題的溫床：在人類歷史裡的童年時期，所有自然事物都是有生命、有靈魂的東西，童話是第一個敘事形式。即使如此，我們也不能排除，在某個時期（不確定是哪個時期）、某個主題，甚至整個童話，透過吟唱或文字傳入該地區，而被神話的創作採用。好比說，伊頓的蘋果以及薩克索筆下的歐塔亞（Othar）和希瑞塔（Syritha）的故事。我們不能說《埃達詩歌》的所有故事都是寫成於斯堪地那維亞人和東歐人交流頻繁的九至十二世紀間：對歐洲小說影響甚巨的印度神話是在西元1263-1278年間翻譯完成的。丹麥的薩克索及冰島諸神傳奇（例如外域洛基和蓋洛德）的作者，他們的敘事差別不在於傳入的童話故事還沒有定型（要經過更長久的傳統才能產生確定的形式）；真正的原因在於，在口傳的過程中，古老的童話在丹麥和冰島有了不同的面貌，或者是薩克索從來自冰島的僕役那裡聽到埃達故事的變體；而薩克索或是其他神話作者的記憶也不是很可靠。認為埃達神話是北歐海盜靈光乍現的作品的學者們，必須回答一個惱人的問題：滿是灰塵的手抄本以及枯燥乏味的教士知識，為什麼可以喚起維京人時期的創作藝術，而活生生的民間故事卻反而只是毫無生氣而原封不動地流傳下來？如果說，在十四世紀，博學多聞的主教把大量的童話、滑稽軼事和傳說引進冰島，在十九世紀時，《天方夜譚》才譯成冰島文，這些外來的材料對於民間傳說都不曾造成任何影響，那麼十二世紀的詩人為什麼會汲汲於採用印度神話？對於埃達神話和民間童話故事之間的文學關聯，我們仍然所知不多，它們的成書年代也無法作為判斷的依據。因此，筆者僅僅揭示文學動機和故事的相似性，而不敢率爾提出任何結論。

　　有些神話是歷史事件的沉澱。我們有明確的跡象顯示，日耳曼人的宗教思想會隨不同氏族部落而有差異，也會隨著時間之流演進。某個文化區的諸

神不僅在重要性和聲望上勝過其他部落的神祇，並且擴張其勢力範圍而排擠他們，在整個諸神的歷史裡，更可以看到這種重大的偏移。舊有的天界及日神提烏斯遜位以及沃坦（奧丁）崛起，意味著日耳曼史前文化最大的翻轉。瓦尼爾神族信仰傳入斯堪尼（Schonen）、瑞典和其他北歐國家，可以說是一場**宗教革命**；在瓦尼爾神族以及侵入其領土的奧丁之間，曾經發生腥風血雨的戰爭；奧丁和烏勒（Ull）的對立，也是烏勒信徒和奧丁信徒，或者奧丁信徒和其他日耳曼諸神信徒之間的角力；絲卡蒂是否屬於愛瑟神族也不無疑問。雖然我們無從證明，但如果說諸神黃昏的末日想像並不是日耳曼文化所共有的，則我們也可以想像整個民族的信仰在更強大的宗教如基督教面前敗下陣來。新神崛起且驅走了原有的宗教信仰，那是不同族系文化交流碰撞的結果。當一個部落征服其他部落，也會要求他們信仰的神祇獲得對應的統治權，因為是他們的神幫助部落獲勝。因此，我們有必要徹底了解每個諸神信仰的定義，明白每個神的發展史，把每個傳說限定在它們所在的地方，避免讓傳奇所呈現或再現的觀點脫離傳頌它的土地。

字源學和病源學的神話研究，也是神話的歷史研究之一。神話故事往往只提到神如何創建城市、如何成為某個民族的祖先，或是如何找尋新的棲所，如海姆達爾的三個家，以及巴德爾喚醒了泉水。

晚近的神話學反而不傾向從自然觀去解釋諸神，而是從**儀式**的角度：從關於神的故事去理解神，基本上是路徑錯誤；神話大多是二手資料，而且取決於民間宗教習俗。正如政治體制先於政治理論，宗教體制應該也早於宗教文獻；因此學術研究須以傳統禮儀為依據。人們沿用民俗學者以及閃族人建立的宗教觀作為理解日耳曼文化觀點的基礎，據此主張：神話不是如史詩、傳奇或童話一般的詩歌，它們的原始形式就是魔法童話，包含了魔幻的元素；若是引用魔法童話（神話）去解釋被比喻為巫術的宗教行為，那麼他們其實是要把神話導向巫術，變成一種儀式行為，把它當作實質的基礎。可是這只是個例外，而不能成為通則。較早的觀點依舊成立：儀式包括如何讓那些以自然觀為基礎誕生的諸神能夠悅納人類或不要傷害人類的種種作法；儀式是要感動神，讓他再度為信眾施展其神祕大能，於是，人們以佳餚美饌獻祭諸

神，讚美他並向他祈禱。神話奠基於宗教習俗，這是無庸置疑的，如奧丁倒掛於宇宙樹上的神話，便可以用來解釋奧丁信仰裡的獻祭儀式。不過那些都是個案，我們在判斷神話和儀式之間的整體關係時，不能就以此為基礎。

後來的人們認識到那些肖似人類的諸神和現實世界之間的矛盾，個別的人格化也就轉化成抽象概念。這種神話形象成了沒有血肉的空洞架構。例如會議庭神提烏斯的妻子芙莉雅（Frija），她是正義的守護者，主司忠誠和誓言。而後人便由此創造出法律概念的神格化角色：辛恩（Syn）是體制的守護女神（字源上接近「synja」，拒絕、否認之意），瓦爾（War）則是主司忠誠和協議的神（Gg. 35）

泛日耳曼語的「神」（Guda = Gott），在高地德語作「ghoras」，意為「駭人的、令人敬畏的」，而「神」（Gott，*go-đa-n）也可以解釋為「人們恐懼而避之唯恐不及的存有者」，人們要以敬畏之心向他求助。有些人則想到字根「gheu」：「被獻祭者」，意即接受獻祭的榮耀；或是「ghau」，指被祈請者，更精確地說是「被呼喚者、訴說的對象」。如果最後一個說法是正確的，則神原本只是人們透過巫術和咒語向其意志臣服的對象而已。而巫術以及神祕莫測的黑暗力量，則是神祕的東西，它緊緊抓住日耳曼人的心，讓人充滿敬畏和宗教的戒慎恐懼（Tac., Germ. 9：「他們以神之名指稱那神祕的東西，以虔誠的敬畏仰望著它。」）在神褪下和「巫術」的直接關係以前，從神（Gott）這個字也衍生出「Gode」（祭師），其實就是「祈請者、會談者、巫師」。

對於神的第二個泛日耳曼語稱呼則是「愛瑟」（Asen）；在信史時代，愛瑟就是指神，而不是半神，更不是神格化的人。愛瑟神族住在北方，和「光輝的」瓦尼爾神族對立。古北歐語的「tívar」、古印歐語的「deivo」（拉丁文作「deus」）都是從印歐語系裡的「天空」演變而來，代表「天空」的自然力量。而在泛日耳曼語系裡，神也被想像為諮詢者和仲裁者：古北歐語的「regin」（複數）有建議、安排和裁決者的意思，而「mjǫtuđr」則代表了定序者和裁量者，也等於沒有被人格化的命運力量，「宿命的安排」。神還有更加詩意的稱號，例如維繫世界的枷鎖、束縛或紐帶（Hym. 40; Sk. 52），

或是「神聖的」諸神。

自遠古以來，天界諸神便一直是以**三聯神**的形象出現，後來則發展出三乘三的規則。

索爾、奧丁和弗雷三尊畫像矗立於烏普薩拉（Uppsala）當地神殿裡（Ad. Br. VI 27）。諸神總是以三聯神的形象出現：奧丁、霍尼爾（Hönir），洛德（Lodurr）（或者是洛基）；列爾（或者是艾吉爾）、洛吉、卡里；布列斯特（Byleyst）、赫布林狄（Helblindi）、洛基；奧丁或維德利（Widri）、維利（Vili）、維奕（Ve）；哈爾（Har）、亞芬哈爾（Jafnhar）和特里狄（Thridi）；烏爾德（Urd）、薇兒丹蒂（Verdandi）、斯庫德（Skuld）。次級諸神則以九為數：艾吉爾的九個女兒、海姆戴爾的九個母親和九個海洋精靈（FAS III 483）。九個少女簇擁著夢格蘿（Menglöd），洛基的巧匠則是九個侏儒（Fjǫlsv. 34）。九個身著黑袍的蒂森神族殺死提朗狄（Thidrandi），後來更想像出一組九個白色蒂森神族的傳聞（Nj. 9）；九或是以三乘九為數的女武神一起出行。格爾德經過九個夜晚之後作了弗雷的妻子，而尼約德和其妻子在挪威山區度過了九個夜晚，後來她也到海邊陪他；赫摩德騎馬走了九個夜晚才到冥界入口；每到第九個夜晚，奧丁的戒指會滴出八個一樣重的戒指來。共有九個世界，隆尼爾長約九英里（Rast），奧丁倒吊在宇宙樹上九個夜晚，直到他發明盧恩符文；在萊德（Hleidr），每九年便必須向諸神獻祭九乘九為數的人、公馬、狗或公雞作為補償，而在烏普薩拉，每到第九年，各族要獻上九個人頭。奧恩（Aun）國王每九年要獻祭自己的兒子給奧丁；他供奉了九個兒子之後，再也沒有得子，於是就不久人世。九個賢士告知奧丁關於密密爾的事，而史威戴格（Swidag）死去的母親留給他九個咒語，以應付危險的旅程。急難之火將於九的倍數的木柴上點燃，而人們在施洗者約翰節裡也會在路口點燃九枝硬木，以求見女巫（N.）。十二這個數字約於十二、十三世紀才出現，實際上是刻意的模仿。

隨著時間演進，北歐人的諸神也愈加人性化，**人與神的分野**出奇地模糊。

奧丁曾和巨人瓦夫蘇魯特尼爾較勁，看誰才是最強的；奧丁也曾親自查探蓋
洛德是否真的好客；他更喚醒一個沃爾娃女巫，向她探詢巴德爾的生死；他
也往往被凡人的情感所困，也會被美女愚弄；他對袞勒德背信忘義。芙麗格
的人性面則展現在她對丈夫和兒子的擔憂。即使是雷神索爾，在哈拔
（Harbard）面前也不過是個弱男子。弗雷對格爾德一往情深，有著凡人的種
種煩惱。奧丁擔憂巴德爾的命運，而尼約德和絲卡蒂也擔心害了相思病的兒
子弗雷。巴德爾如英雄一般地死去。諸神間的愛情總是有個圓滿的結局（弗
雷和格爾德、史威戴格和夢格蘿）。奧丁和芙麗格、巴德爾和南娜（Nanna）、
洛基和希格恩（Sigyn）都鶼鰈情深。他們也會需要**魔法**、盧恩符文以及血
魔法。但他們只使用行善的法術，而不會施展惡意的咒語。關於諸神行使賽
德魔法（Seidr）的想像，其實是在異教沒落後才出現的。

　　但是人們也認為眾神在心靈和身體方面的力量都**超越人類**，包括他們的
壽命，否則他們就不是神了。他們會對變節者顯示他們的憤怒，到夢裡威脅
變節者，也會實現他們的威脅，並且禁止領洗。諸神也會變身：他們往往不
請自來，諸神有神馬、魔鞋以及魔法船，這是理所當然的。但有些事就連諸
神也會驚呼連連。神蹟是神話裡區分諸神位階的指標。史基尼爾被尊為神，
正是因為他騎馬穿越火海，奧丁也在火燄坐了兩天兩夜而髮膚不傷。大地震
動以迎接諸神：索爾正是如此告知艾吉爾的。奧丁、芙麗格、弗雷坐在天庭
的寶座上，便能夠俯瞰整個世界。但是他們也唯有坐在那個位置上才能極目
四望，否則諸神不會是全視的。沒人看到被盜走的雷神鎚，也沒有人察覺到
它被偷走了。當諸神施展愛瑟神族的力量，他們能打敗任何人（Hym.
31）。神有辦法提高他平時的力量，正如人類當中也有熊皮武士一般。不過
也的確有**貨真價實的神蹟**。根據一種美麗的說法，神蹟是自然律的中斷或停
止。奧丁構想並創造了盧恩符文；九個母親共同生出海姆達爾；洛基驚天動
地的出生，以及創世本身，都可以說是神蹟。換句話說，埃達神話裡並不都
是天馬行空的想像或者童話的幻想。在埃達神話裡，諸神位階有固定的指標，
位階的踰越也有一定的規則。有些事連諸神都無法改變；而諸神也必須如人
類一般使用某個工具才能創造神蹟。

諸神的生活與人類並無二致，他們出生、結婚、生育、死亡。他們吃鹿肉、燻肉和蘋果；只有奧丁以酒維生。他們喝蜂蜜酒，那是古代雅利安族的最愛；他們遊走世界、騎馬、溜冰，也會操船；他們重視家族，會睡覺、作夢，也和人類一樣會感到痛苦或生病，也會康復或自行療癒；他們會戰鬥和比武、鋪設道路、建造屋宇、點亮大廳、鑄造器具、釀酒、捕魚，歡宴、下棋和說故事。

他們的**形象**是身體之美的理想型。肌膚、頭髮和眼睛都是淺色的，日耳曼人認為那既美麗又高貴。巴德爾是最美麗的人，他的美麗璀璨奪目，所以白色的草一般都叫作「巴德爾的眉毛」（Baldrs Braue）。女神如格爾德（Gerd）和伊頓有著最白皙的胳膊，照亮了整個天空和海洋。就像人間的族長或國王，天上的國王也以濃密頭髮著稱，他長髮披肩，美髯遮住胸膛。索爾是身材魁梧的紅鬍子，洛基長得俊美優雅。英雄齊古爾戴著他所有的珍寶，威風凜凜地騎著格拉尼（Grani）遠行，後來更躋身諸神之列（Vǫls S. 26）。當某些冰島人披盔戴甲上戰場之時，人們都以為是全能的愛瑟神族降臨而歡欣鼓舞（Landn. III 10）。西元 1111 年，為了十字軍戰士的齊古爾國王一世，亞歷修斯大帝（Kaiser Alexius）在競技場舉辦競賽。「那裡有些重要事件，愛瑟神族、沃松族（Wölsung）和尤庫恩族（Gjukung）都到場，所有東西是由黃銅和珠寶以精湛技藝打造的，一切看起來都栩栩如生，而與會者更是冠蓋雲集。」（FMS VII 35）在君士坦丁大帝用來裝飾賽道的銅像當中，也有北歐人所熟悉的諸神和英雄，裝飾得美侖美奐而活靈活現。

第八章

瓦尼爾神族

一般特徵、愛瑟神族與瓦尼爾族之戰

　　挪威崎嶇巍峨的高山為索爾烙上了固執而好戰的性格，而丹麥甜美的田園景觀則創造了光明的瓦尼爾神族。「西蘭島（Seeland）以其豐饒物產遠近馳名。」（Ad. Br. IV 5）薩克索也因為它的物阜民豐而說它是丹麥最美麗的地方，至今西蘭島仍是丹麥最富庶的省份。瓦尼爾神族的信仰從斯堪尼、哥特蘭（Götaland）宜人的沃野平疇往北延伸到瑞典，一直到北方的烏普薩拉。在北歐的信史時代裡，瓦尼爾神族的弗雷是整個諸神朝代的代表，而弗雷信仰和瓦尼爾神族信仰基本上是同一件事。瓦尼爾神族信仰很早就傳到挪威，據說特隆海姆（Drontheim）有弗雷神殿（Flt. I 403 ff.），而現今瑞典耶姆特蘭省（Jemtland）的弗洛色島（Frösön）也有證據顯示該地是當時弗雷信仰的重鎮。冰島的北歐人生活在冰天雪地裡時，建立了烏普薩利爾城（Uppsalir），那裡因為有弗雷神殿而成為聖城（Vigagl. S.19）。但無論到哪裡，瓦尼爾神族都擁有和當地自然對應的天性：他們以陽光和雨水賜福給牧場、草原、農田和草地。他們代表了溫和的天氣，並且和精靈往來。奧丁和索爾的力量更強大，但也更暴力，他們不斷地爾虞我詐、合縱連橫、搶奪婦女；瓦尼爾神族則多一點柔軟和親切。他們的神話往往是在春天時上演：船隻出海捕魚，以及莊稼和畜牧是否豐收，都取決於他們，而他們也會賜予人們財富。尼約德（Njörd）住在諾亞敦（Noatun，意為「港口」、「船塢」），人們經常在出海或捕魚時召喚他，因為他能讓漁船一帆風順，在捕魚時有個好天氣。他代表在夏天裡養育群生的自然力量，其影響力可見於和煦的陽光、清風的吹拂、野花的綻放，以及植物、人類、動物的繁衍。在烏普薩拉的神殿裡，弗雷或弗利寇（Fricco，古北歐語作「*Fridki」、「*Frikki」，可能是「Fridfrodi」或「Fridleif」的暱稱或是「Frigg」的訛誤）是個身材魁梧的男子造型，人們往往會在婚禮時向他祝禱，因此他也叫作婚禮之神（Ad. Br. IV 26, 27）。瓦尼爾神族也保護貿易和航海，而隨著船隻和客商的往來，黃金珠寶也成為諸神信仰的一部分，在丹麥的島上出土了許多以黃金打造的文

物。俗世的智慧以及魔法、縱情聲色的生活、勇氣和男子氣概的決斷，都是瓦尼爾神族的特色。於是，作為光明、和善、歡樂和富庶的神，他們稱為瓦尼爾神族，意思就是「燦爛的、美好的」。

瓦尼爾神族信仰經由貿易和船運傳到英格蘭。當瓦尼爾諸神進入斯堪地那維亞國家時，我們的認知也於焉轉向：在奧丁信仰傳入或流行之前，索爾是北歐人的主神。於是，瓦尼爾神族宗教很自然地依附在索爾信仰之下，而對瑞典而言，諸神角色的寧靜互換也易於理解；對於住在瑞典肥沃平原的居民來說，索爾並不是挪威人眼中好戰的巨人，而是雷神和雨神，因此主司農作物的豐收（Ad. Br. IV 26）。但是遠遠在西元八世紀以前，在沃坦（奧丁）信仰傳入時（當然晚於瓦尼爾信仰），情況卻大不相同：沃坦和瓦尼爾諸神及其信徒之間的衝突，終究是無可避免的。北歐神話傳說裡也提到這些戰爭（Vǫl 21-24；Gg. 23；Sks. 1；Yngl. S.4）：

愛瑟神族欺負瓦尼爾女神古薇格（Gullveig）（芙蕾葉），他們用矛刺她，用火燒了她三次。瓦尼爾神族要以牙還牙，認為愛瑟神族必須補贖，或者瓦尼爾和愛瑟必須地位平等。愛瑟神族開會決定以武力解決：因為他們想要速戰速決，征服愛好和平的對手。根據古日耳曼傳說，奧丁會射殺瓦尼爾諸神的軍隊，象徵拿所有敵人當作祭品。但是智慧在和武力的較勁中，終究佔了上風：愛瑟神族一敗塗地，大獲全勝的瓦尼爾神族清理戰場。但是瓦尼爾神族的智慧也展現在和平談判中。他們知道長遠來看，他們終究不敵暴力的對手；他們寧可和愛瑟神族建立諸神國度，共同接受人類的獻祭。最後，和平協議在人質交換下落幕：瓦尼爾把弗雷和尼約德送到愛瑟神族，而霍尼爾和密密爾（Mimir）則到了瓦尼爾神族。此外瓦尼爾神族也送出族裡最有智慧的喀瓦西（Kvasir）。

如果把詩的敘事轉換成現實的語言，那會是：天界和冥府、黑暗和死亡力量的對抗的神話，融入沃坦信仰和瓦尼爾信仰的對立裡。從自然的、基本元素的對立，變成了倫理的對立：片面地意欲挑釁和勝利的愛瑟神族，鄙視

217

瓦尼爾神族的歡悅以及偶爾放浪形骸的生活享受。粗鄙的奧丁信徒討厭如黃金一般動人的芙蕾葉，認為她「使用使人瘋狂的法術，是邪惡女人的最愛」。愛瑟神族和瓦尼爾神族的生活方式和世界觀截然不同。世上沒有其他人比日耳曼人更堅信知識就是力量。力量是整個日耳曼神話的中心思想。瓦尼爾諸神是自然力量的表現，是生殖力的人格化，而沃坦則更接近擬人神論：他是神格化的人類力量及能力，那是指心靈方面，而不是身體力量的優勢。要統治世界，就必須擁有心靈的智慧和能力，而那掌握盧恩符文者、主司所有心靈活動的神，他的知識遠勝瓦尼爾諸神受芬蘭的影響甚深的原始魔法。沃坦宗教和瓦尼爾宗教之間的戰爭，也就是信徒之間的戰爭，變成了諸神之間的爭鬥。沃坦信徒到瓦尼爾信徒的地方燒殺擄掠，使得在心靈上佔優勢的諸神的信仰先後傳到丹麥和瑞典。瓦尼爾信徒強迫自己認同沃坦，固守他們的既有領土，和愛瑟神族分享祭品，以神話的角度來說，便是瓦尼爾神族向愛瑟神族俯首稱臣，把弗雷和尼約德送給愛瑟神族作為人質，那只是以神話的方式表現一個歷史事實，也就是，在斯堪地那維亞地區，這兩個諸神王朝的信仰被人們一視同仁。我們或許可以大膽猜想，奧丁挖了一隻眼睛給密密爾作抵押的故事，和密密爾被送到瓦尼爾神族作人質的故事，其意義不分軒輊，或者換句話說，兩件事都證明了奧丁信徒在許多方面上的確是投降了。

　　斯諾里的作品也提到這場宗教戰爭，他指出，瑞典國王古魯菲（Gylfi）無法抗拒奧丁和強大的愛瑟神族；他們最終達成協議，奧丁落腳在西格圖納（Sigtun）[1]，弗雷則掌管烏普薩拉（Yngl. S.5）。根據一則古老而生動的民間傳說，瓦尼爾神族和愛瑟神族在和平協商的過程中，輪流到一個容器前面，朝裡頭吐口水（Sk. 1）；從原始部落一直到現代，在莊嚴隆重的結盟時，都會以吐口水的方式代表心靈上的團結。現在非洲還有人朝著對方的臉上吐口水以代表離別的祝福。瓦尼爾神族中最聰明的喀瓦西，這個角色也相當古老。傳說有兩個侏儒殺了他，用容器盛裝他的血，再摻進蜂蜜，這正是「詩人靈酒」的由來，只要喝下它，便能成為詩人及智者。「喀瓦西之血」在詩歌裡

1　譯註。位於斯德哥爾摩西北的一個自治市。

也經常是「詩人靈酒」的同義詞。任何人喝下眾生中最有智慧的人的血，都會變得更聰明。喝了從聰明的瓦尼爾神族的身體流出的血，他們的心智力量就會轉到飲用者身上。世界各地都有類似的傳說，認為如果讓某個人的血肉進入自己體內，就會有神奇的作用，「喀瓦西之血」也是如此。

愛瑟神族和瓦尼爾神族之間腥風血雨的相互征戰，導致北方宗教的統一，在日耳曼族的影響力下，當時在北歐仍是自然之神的奧丁變成公認的諸神之父，他君臨天下，統治愛瑟神族和瓦尼爾神族。但是人們始終懷念著瓦尼爾神族的統治，認為那是北歐「弗洛狄（Frodi）（或者是弗雷）和平」的黃金時代。當瓦尼爾神弗雷駐守人間時，女神納瑟斯（Nerthus）也混雜於人群之中。其時偃兵息鼓，戰爭的風暴也暫時沉寂下來（Germania 40）；瓦尼爾諸神及其信徒也得以休養生息，以鑄造黃金為生；人們打造鉗子以及各種工具，無憂無慮地下棋，享受黃金給他們的富足生活（Vǫl 7,8）。但是愛瑟神族和瓦尼爾變生肘腋的第一次世界大戰，結束了這個寧靜安詳的昇平時代。

納瑟斯

關於瓦尼爾女神納瑟斯最古老的描述乃出自塔西佗（Germ. 40）：

北日耳曼七族共同信仰海島女神納瑟斯。他們認為女神會介入人們的生活，並且降臨到她的信徒面前。她每年春天都會乘著牛車出巡，那牛車原本停放在神聖的森林裡，覆蓋著布匹，世上只有一個祭司得以接近它。其時大地一片和平安詳，她所到之處，皆充滿慶典般的歡樂氣氛。人們不必執干戈上戰場，所有武器一概丟棄。女神遍歷人間既久，歸心漸濃，於是祭司恭迎女神回到她的聖所，牛車覆上布匹，女神則獨自在湖中沐浴。而服侍女神的奴隸，也都要作為祭品獻給女神。

納瑟斯信仰的儀式顯然區分為三個部分：女神搭車巡視人間，所到之處

充滿喜悅和各式慶典，而女神停駐的地方一片河清海晏，歌舞昇平。

　　塔西佗也提到因格瓦人（Ingwäon）的部落信仰。納瑟斯的部落信徒認為，天空之神提瓦茲‧因格瓦茲（*Tiwaz Ingwaz，「新生者」之意）和大地之母納瑟斯是天造地設的神仙眷屬。在諸神信仰裡，所有女神都有配偶。在新年期間，因格瓦人會慶祝新年以及天神和大地女神的婚姻，而慶典活動也代表了大自然在春天的復甦。春之慶典的歡喜，和烏普薩拉的弗雷慶典如出一轍（FMS II 173; Flt I 337）。

　　古納爾（Gunnar Helmingr）被人誤以為殺死了國王「崔格威之子」歐拉夫的一個侍從。他喬裝出逃，穿過冰蝕高原，來到烏普蘭和南曼蘭（Södermanland）東部地區。該地正在舉辦盛大祭典。弗雷是最受人們敬愛的神，他的形象被巫術化，魔鬼甚至會透過神像對人們說話，而人們也獻上年輕美女服事他。人們相信弗雷的雕像是有生命的，據說侍女也會和神交媾。該名女子會以弗雷為名，管理他的神殿和豐厚的資產。古納爾求弗雷的侍女引見；他喬裝成不知名的外邦人。雖然弗雷對他不屑一顧，她卻要他待在她身邊三個夜晚；如此人們才能知道弗雷的旨意。古納爾說：「能有妳的青睞和協助，勝過弗雷的庇佑！」三天後，雖然女子害怕弗雷會生氣，仍然把古納爾留在她身邊，因為他是個活潑快樂的青年。神明離開的時間終於到了：弗雷和他的妻子坐在車裡，信徒們為其前導。一行人走在崎嶇的山路上；暴風雪的來襲，使得前路伊阻。古納爾牽著馬往前走，所有人都跑光了，只剩下弗雷、弗雷之妻和古納爾。古納爾疲累不堪，不再走在車前，反而坐到車子裡。弗雷的妻子說：「親愛的，來幫我牽馬吧！不然弗雷會狠狠揍你一頓！」但是他累死了，只回答道：「如果弗雷攻擊我，我會有辦法接招。」正當此時，弗雷臨到車子前面，他們開始短兵相接。古納爾漸漸招架不住，他知道如此非長久之計。他心裡想著，如果他能打敗惡魔而倖存回到挪威，他一定會改宗，若歐拉夫國王願意接見他，他會和他言歸於好。正當他分心的時候，弗雷在他面前跌了一跤；神像裡的魔鬼掉出來，只剩下一塊石頭，被古納爾打碎。古納爾給弗雷的妻子兩個條件：她必須在庭上作證說他就是

弗雷本人，否則他現在就拋下她不管。女子同意了後者，於是他穿上異教神明的衣服。天空放晴，而他們也找到一處好客的人家歇息。他們的隨從都跑光了。主人說妙哉，弗雷及其妻子在風雨中來到村莊，顯現其大能，所有人都離他而去，而弗雷則變成另一個人的形貌（另見塔西佗所述），飲食舉止大異從前。他們整個冬天四處遊歷，弗雷除了和其妻子以外，並未和太多人談話。他們每到一個地方，人們都準備了葷素祭品。但是他只想要黃金白銀、華服和珠寶。漸漸地，人們發現弗雷的妻子身旁有個孩子。瑞典人認為那是個好兆頭：氣候變得溫和，應許著前所未有的豐收。瑞典人的祭祀之神展現大能的傳聞於是不脛而走。消息自然也傳到歐拉夫國王耳裡，他馬上明白了其中蹊蹺，於是派古納爾的兄弟為他傳訊，歐拉夫國王說：「家喻戶曉的瑞典祭祀之神，被人叫作『弗雷』的神，肯定是古納爾；因為活人祭是最豐盛的祭品！可是我不樂見任何基督教徒的靈魂受苦，因為我現在知道，古納爾沒有犯下殺人罪，我將會息怒。」古納爾得到訊息以後，馬上和妻子收拾行李，帶著財產牲畜連夜上路。而追隨他們的瑞典人則無功而返。歐拉夫國王很仁慈地接見古納爾及其妻子，並讓其妻子領洗。她至死都保有虔誠的信仰。

這個冒險故事根據一個家喻戶曉的模型，把異教的諸神信仰貶損為不潔的惡魔作祟。它原本和歐拉夫國王的生平風馬牛不相及，卻很拙劣地把他扯進來。這故事顯然起源於瑞典，保留了異教時代真實狀態的回憶。冬天時，女祭司和真人大小、穿衣戴帽的弗雷雕像一起乘馬車出巡，到各地信仰團體收取為了祈求豐收而奉獻的「年贖金」。人們會準備葷素祭品。據說神和他的妻子的蒞臨會使當地風調雨順、五穀豐登。以上元素和塔西佗所述不謀而合：神明雕像出巡、人民以舞蹈和盛宴歡迎他、相信他的降臨可以賜予大地豐饒。大地之母的車子是由古代印歐文化中代表生育能力的母牛拉的；而揮舞寶劍的天空之神弗雷的戰車則是由戰馬拉的。女神納瑟斯的車伕是男祭司，弗雷的馬車的御者則是女祭司。只有代表神的雕像和人才能上車，如果駕馭戰馬的車伕也坐在車上，藏在弗雷神像裡的惡魔便會一躍而出。儘管塔西佗（可能有誤）說弗雷遍遊各地，實際出巡的範圍可能僅限於弗雷神殿四

周。

納瑟斯神殿很可能位於西蘭島上的萊德（Hleidre, Lejre, Lederun）。萊德（哥特語作「hleipra」，意為「篷車」）指的便是女神像的座車，停靠於白湖（Videsö）附近，南邊的林地至今仍叫作「神聖森林」；傾圮的石堆散落四處，傳說大祭壇就在萊德森林裡。在薩克索筆下，尼約德的許多神話特徵都被附會到丹麥國王哈定身上，而哈定也引進了弗洛（Frö）的祭祀（東挪威語的「Frö」相當於西挪威語的「Frey」）：為祈求諸神之恩典，他獻給弗洛黑皮膚的祭牲，每年舉行贖罪祭，並且代代相傳。在十世紀時，萊德地區仍然信仰瓦尼爾神族，每九年的夏至，都會舉行盛大的祭典（Thietmar von Merseburg I 9）。因此，萊德就成了瓦尼爾神族信仰在丹麥整個屬地的古老聖地。烏普薩拉的弗雷信仰是由外來文化引進的，還沒有落地生根。瓦尼爾神族領袖弗雷選擇烏普薩拉附近為其聖所，並且一反若干世紀以來各民族的習俗，採行恐怖殘忍的祭祀方式：他以活人獻祭天神。塔西佗所說的異教信仰從西蘭島經由斯堪尼，一直傳到烏普薩拉；而在《貝奧武夫》（Beowulf）裡也提到住在現今斯堪尼的因格瓦人可能有類似納瑟斯信仰的宗教儀式。

在艾吉爾舉辦的盛宴上，洛基指責尼約德說（Loki. 36）：「你從姊妹的子宮裡得到了兒子。」而斯諾里也說（Yngl. S.4）：「當尼約德還是瓦尼爾神族的一員時，他娶了姊妹為妻，而這在瓦尼爾神族是被允許的；他們的兒女叫作弗雷和芙蕾葉。然而愛瑟神族是禁止近親通婚的。」針對兄妹亂倫的指控是後來才形成的，卻也證明了瓦尼爾神族信仰比奧丁早一步傳到北歐：這樣的婚姻形式必然相當古老。尼約德的妻子是誰，在此語焉不詳，但唯一的可能便是納瑟斯。就文法詞性看來，納瑟斯可為陽性亦可為陰性，在神話裡，也就是雙性的神，他們既是兄妹也是夫妻。對大地和冥界女神來說，「納瑟斯」的意義「那位於地下的」算是名副其實，但對天界的神仙眷屬來說就不是很合適（希臘文作「nerteroi」，意為「冥界諸神」）。正如芙莉雅意為至高神的情人或妻子，納瑟斯或許也是指「人妻」（古印歐語「*ner」指「人」、梵語作「nara」，希臘文為「anēr」；有後綴「-þ」）。自古以來，人們就以「男人」和「女人」指稱天空之神和大地女神。而基本上都可以用

同樣的邏輯解釋：陽性和陰性的「nertu」（意為「善意」，如拉丁文的「numen」）原本就是通用於陽性和陰性神明的修飾語。尼約德是戰車之神，而戰車在納瑟斯信仰以及烏普薩拉的弗雷信仰儀式裡都扮演重要的角色，由此我們可以證實他們的身分。

弗雷也稱為「因格威」（Yngwi, Ingwi, Ing）或「因古納弗雷」（Ingunarfreyr）（Lok. 43; Yngl. S. 12）。「因古納弗雷」可解釋為「因格瓦之神」、「因格瓦豐收之神」（Ingunar-Freyr = Inguna-arfreyr）、「弗雷，因古恩之子」或「弗雷，因古恩之夫」。如果把因古納弗雷當作因古恩的兒子或丈夫，而和天空之神因格（Ing）以及大地女神因古恩（Ingun）並列，那麼「nertu」的別稱也能兼指兩者。因格作為至高神，除了被稱作弗雷之外，也叫作「神」（der Herr）。這對神明夫妻也稱為「賢明的神因格」和「慈愛女神因古恩」。而在瑞典，他們最原初就叫作「神」和「女神」，也就是弗雷（Freyr）和芙蕾葉（Freyja）。菲爾根（Fjörgynn）和菲爾金（Fjörgyn）這一組名字，也正如尼約德和納瑟斯、弗雷和芙蕾葉一樣，都令人想起歐西里斯（Osiris）和他的妹妹或即妻子依西絲（Isis）。

濱海而居的日耳曼人或許依據「*Tiwaz Ingwaz」而自稱為「因格瓦人」（Ingwäonen）[2]，瑞典國王也自詡為因格威弗雷、因格威、弗雷的後裔，並自稱為「因格林加」（Ynglingar）。在薩克索筆下，瑞典國王叫作「弗洛之子」（185）或「神明弗洛之子及其忠僕」（260），他們把自己的血統上溯到弗洛（260）。在傳奇詩歌裡，因格威也是沃松族的祖先，而在這裡的因格威不是指弗雷，而是沃坦（H. H. I 56; Reg. 14），而齊古爾則是「弗雷之友」，亦即其後裔（Sig. III 24）。而諸神也是因格威弗雷的支族（Hlg. 10; Yngl. S. 23, 33），除此之外，諸神通常被認為是奧丁的族裔。正如索爾是「諸神首領」（Flt I 389）、奧丁是「諸神之父」（Gg. 20），弗雷也是「愛瑟神族的首領和國王」（Skírn 3; Lok. 35）、「世界之神」（Yngl. S.10）。

2　譯註。居住在北海沿岸的日耳曼部落。

尼約德

　　尼約德在諾亞圖（Noatun）建造了雄偉的大廳：這個完美無瑕的王子就住在高聳巍峨的大廳裡（Grímn. 16）。他也叫作「瓦尼爾」或「瓦尼爾之子」。他出生在聰明的諸神所住的瓦尼爾國（Wanaheim），卻和他的兒子弗雷一起被送到愛瑟神族去當人質（Vafþr. 38/9; Lok. 34）；但是在世界末日時，他會回到聰明的瓦尼爾神族。他娶姊妹為妻，生下一對子女，就是弗雷和芙蕾葉。後來，巨人夏基（Thjazi）之女絲卡蒂（Skadi）因為尼約德外表俊秀、雙腳修長優美，而和他結為連理。他能操控風向，平息海浪、風雨和大火。人們在航海和狩獵時會呼喊他的名字。尼約德非常富有，只要他願意，他能賜給每個國家和船隻豐富的財物，因此人們喜愛向他祈請（Gg. 23）。所以，他雖然不是海神，卻是漁船、夏天的捕魚、狩獵和貿易的守護神，賜予水手適合捕魚的好天氣。對瑞典人來說，海岸線上有避風的港灣，加上風平浪靜的內海，可以航行到遠近島嶼或土地，因而突顯尼約德的這個面向，是可以理解的。冰島俗話說「像尼約德一般富有」，大概相當於我們所說的「克羅伊斯（Krösus）的寶藏」（Vatnsd. S. 47）。

　　埃吉爾（Egil）曾經歌頌載著貨物從冰島回到挪威的亞林比恩（Arinbjörn）：「他在人們面前總是慷慨大方，而大家都很好奇他是如何讓人們變富有的：尼約德和弗雷肯定賜予他豐富的財物。」（Arinbj. kv. 15, 16）埃吉爾在從「血斧」埃里克（Erik Blutaxt）國王那裡倉皇逃走時突然詛咒說：「願諸神趕走這個國王，他要因為搶走我全部的身家付出代價！願奧丁和諸神大發雷霆！國家的守護神（奧丁或索爾）啊，讓壓迫人民的人一無所有吧！願弗雷和尼約德降禍給那褻瀆聖殿的人民之敵！」（Egils. S. 58）。尼約德也主司神聖的誓言，「我發下律法之誓，弗雷、尼約德以及全能的愛瑟神族作我的見證。」這是冰島正式的宣誓用語（Flt. I 249; Isl. S. I 258, 336）。在祭典中，當人們喝下「奧丁之杯」以祈求勝利和力量之後，則會喝下「弗雷及尼約德之杯」以祈求和平和豐收（Hak. S. g. 16）。

《埃達詩歌》所說的「尼約德管理上千座祭壇和神殿」（Vafþr. 38），有許多對應的地名可以證實：挪威的卑爾根（Bergen）、隆姆達爾（Romsdal）和特隆海姆，以及瑞典的烏普蘭。在冰島，有一種植物就叫作「尼約德的手套」（Spongia manus）。

挪威歌謠也提到尼約德和絲卡蒂的婚姻（Sk. 1; Gg. 23; Grímn. 11; Saxo 33 ff.）：

擄走伊頓的巨人夏基被諸神誅殺之後，其女絲卡蒂矢志為父報仇。為了補償她，諸神准許她從族人中選個丈夫，但是她只能看到候選人的腳。她注意到其中有個男子的雙腳非常優美，她說：「我選這個人，我想巴德爾身上應該沒什麼難看的。」但是她選中的卻是尼約德。新婚夫婦約法三章，絲卡蒂要在父親的喧囂國（Trymheim）住九個夜晚，然後到諾亞圖待三晚。不過，當尼約德從山裡要回到諾亞圖時，他說：

我非醉心於山，也不曾久居，
僅短短九夜；
天鵝歌聲之於我，
竟然比野狼嚎叫還要甜美。

而絲卡蒂回答說：

我在海邊睡覺，
總被尖叫的海鳥驚擾；
那從森林中歸來的
海鷗，每天將我喚醒，
因而絲卡蒂要回到山林。

尼約德和絲卡蒂共度的九個夜晚，讓人聯想到格爾德和弗雷共度九夜後

互許終身的故事；而後那光彩亮麗的新娘女神便踩著鞋子、佩戴弓箭到林子裡狩獵。她的外觀也近似烏勒（Ull），因為人們大多認為絲卡蒂是冬天的神話象徵，她會招致冰霜風暴，使遙遠的北方一片黑暗，並且住在芬蘭人的聚落。

這一則傳說想必源自挪威，在那裡，群山和大海相鄰，終年覆蓋冰川白雪的山峰映照在藍色峽灣上。漁民和漁船在夏天出海捕魚；獵人在冬天穿著雪鞋穿越冬天的山區，並不是很好的經驗。因而挪威詩人想像出以丈夫們婚姻不幸為題材的歌曲，成了易卜生的《海洋女兒》（Frau vom Meere）最古老的原型。

童話和傳說裡處處可見找到佳偶的故事。根據法國習俗，新郎必須由雙腳辨認出喬裝後的妻子。王子透過戒指認出了披著獸皮衣的公主（Allerleirauh），也從鞋子認出灰姑娘（Aschenbrödel）（K. H. M., No. 65, 21, 136）。

弗雷

根據古代神話和傳說裡很流行的平行關係（Parallelismus），父母親和孩子應該是完全對應的：父母親會在孩子身上回春。弗雷克紹箕裘，主司陽光和雨水，掌管農作和人類的豐收和多產，因而是「豐收神」（Sk. 7）。納瑟斯則被她的女兒取代，也就是如黃金一般耀眼的太陽女神芙蕾葉。

瑞典尤其崇拜弗雷。一直到異教時代結束，弗雷都是瑞典地位最崇高的神。主司陽光之神別名為「光明者和閃耀者」（Grímn 43），統治精靈國（Alfheim）：在遠古時代，他從愛瑟神族那裡得到了精靈國，作為長乳牙的禮物（Grímn 5）。陽光和空氣、精靈和瓦尼爾神族，在該地區水乳交融；在挪威的斯撒達爾地區（Stjordaladistrikt），弗雷神殿旁也是「精靈城」（Alfstadr）。弗雷的住所叫作烏普薩利爾（Uppsalir），亦即「天空大廳」（Yngl. S. 10），在烏普薩拉特別受到崇拜。他的戰馬飛馳過高山和潮濕的岩石，無懼熊熊燃燒的火牆。他是騎術最好、最勇敢的神（Lok. 37）。天神

弗雷以太陽馬為坐騎，史基尼爾送給格爾德的金叉也是太陽的象徵；除此之外，象徵太陽的東西還有：金蘋果、金戒指「德羅普尼爾」（Draupnir）和光之劍。當大無畏的英雄手持無堅不摧的武器，勝利之劍能自行舞動，每刺必中（Skírn. 9）。但弗雷為了討好格爾德而丟掉（或送走）這把寶劍；他雖以赤手空拳（或使用鹿角）打敗貝利，在最後的戰役裡，卻出於無劍在身，敗給了焰魔蘇爾特（Surtr）（Gg. 37）。

索爾的戰車是由兩隻羊拉的，而弗雷則是由滿嘴獠牙的公豬「古林博斯帝」（Gullinbursti，「金鬃」的意思）拉他的戰車（Gg. 49）。牠們其實是侏儒巧匠用煙囪鑄造出來的，在其上披掛豬皮，變成了有生命的金色鬃毛的野豬；牠能日夜在空中和水上奔馳，速度比飛馬還快，而且所到之處燦若白晝，夜晚也不再一片闃黑（Sk. 3）。弗雷甚至騎著金鬃野豬參加巴德爾的火葬（Hdr. 5）。野豬是強者的象徵，而金色鬃毛則象徵著陽光。作為至高神的附屬物，戰士的頭盔上往往有野豬的圖樣；在盎格魯撒克遜和古北歐語的詩歌、北歐的畫像裡，都可以看到野豬的形象。

巧匠打造的野豬能在空中飛馳，就算是在神話或童話的世界裡，也是相當匪夷所思的，因此人們會認為弗雷的金鬃野豬其實出自西元十世紀的一個訛誤。野豬其實是鍍金的野豬頭盔，叫作「古林博斯帝」或「希地史維尼」（Hildiswini，「戰豬」的意思）；弗雷的野豬相當類似於奧丁的長矛和索爾的雷神鎚。後來，或許也正因頭盔外觀的改變，人們把古林博斯帝當作真正的野豬，而為了讓牠在弗雷神話裡佔一席之地，野豬又變成了騎獸，甚至附會說是出自侏儒巧匠之手。

侏儒也打造了弗雷的船「斯基德普拉德尼」（Skidbladnir）（Grímn 44; Gg. 41, 43; Sk 3）。那是世上最堅固、漂亮且快速的船。船身巨大無比，可以裝載整個愛瑟神族和其軍備，而無論想去哪裡，只要扯上船帆，就會有順風，不想出航時，可以把整艘船折疊起來放在口袋裡。船的想像可能是從海上傳入的瓦尼爾神族的屬性之一。但是正如野豬一般，船隻最初也被解釋為光華四射的雲彩，是「天空的水手」，陽光從雲間照亮整個浩瀚蒼穹。冰島童話裡也有魔船，不用的時候和核桃一樣大；而侏儒致贈「傻子漢斯」的船

227

更可以像毛巾一樣折疊好，放入口袋裡，在水上，這艘船可以自由變換各種
所需的尺寸，無論順風逆風都能航行。

　　弗雷名不見經傳的僕人夫婦比基維（Byggwi）和貝伊拉（Beyla）也曾
被提及（Lok. 43-46, 56）。洛基嘲笑比基維是個瘦小而只會搖尾乞憐的懦弱
男人，負責低下的磨坊工作；當戰士們英勇上戰場時，他則躲在麥稈堆裡。
不過愛瑟諸神和凡人則都稱讚比基維身手靈活。而侍女貝伊拉則責怪洛基是
「沾染惡行的壞蛋」，愛瑟神族沒有比他更卑鄙的了。這對夫婦可能也具備
多產神的屬性。洛基嘲笑他懦弱無能，也呼應了對弗雷的嘲諷：弗雷曾經為
了愛人而放棄他的劍；而貝伊拉的不貞可能和弗雷信仰的縱欲特質有關。天
神弗雷的軍事才能明顯不及他作為多產神以及和平之神的能力。而這對僕人
也往往被形容為「彎折者」，如夏天微風一般溫柔地折彎了樹枝和麥稈，或
是如壓彎機或駝子，或者是「風神」，在溫和的天氣裡讓海浪平穩起伏，又
或者叫作「大麥穀子先生」和「豆子夫人」。

　　賜予和平的弗雷有許多美好的性格：沒有人會真的恨他，他不欺騙女人，
因為他不會殺死她們的丈夫或未婚夫，為了維繫和平，他甚至把囚犯從監獄
裡放出來（Lok. 34, 35）。因為他賜予人民和平與繁榮，人們會向他祈求和
平與豐收（Gg. 24）；他每年都使倉廩豐足，也會讓孩子們歡笑滿屋，因此，
人們在婚禮時也會特別獻祭弗雷。

　　有兩首美麗的《埃達詩歌》，以古老的神話主題歌頌對於光明的神的愛：

　　有一天，弗雷坐到奧丁的寶座上。他從天上俯瞰世界，看到巨人國裡的
美麗少女格爾德。她正從父親的屋子回到閨房，白皙的雙臂光采煥發，照亮
整個天空和永恆的大海。神的心因為渴慕而燃燒起來，沒有任何人的愛情像
他那麼熾熱。他因不知如何贏得佳人芳心而惆悵不已。父母親尼約德和絲卡
蒂看到兒子不對勁而憂心忡忡，於是要弗雷的朋友和忠僕史基尼爾一探究
竟。弗雷對他的摯友吐露心曲，說到他絕望的愛情：「精靈世間裡不會有人
想要看到弗雷和格爾德成雙成對。」史基尼爾於是毛遂自薦去遊說少女，但
是要弗雷借給他那匹能穿越烈火的戰馬以及會自動揮舞的劍。

在闃黑的夜裡，史基尼爾一路飛過潮濕的岩石，來到巨人國。他飛到格爾德的家，大門前有會咬人的狗，一個牧羊人坐在山坡上，守衛著大門。大廳裡映著閃爍的火光。史基尼爾闖入大門，走進大廳。雖然他提議以金蘋果、奧丁的戒指「德羅普尼爾」作為嫁妝，少女仍然拒絕他的求愛。他甚至亮出「光之劍」威脅她和她父親的生命，少女也不為所動。不過他可怕的詛咒還是嚇到她：「由於她不想接受他的貴重禮物，她獨自以眼淚哀悼自己的命運，她要受盡痛苦和煎熬，終身不婚、不孕而且飢寒交迫，如薊草一般在寒冬裡枯萎。他在森林裡發現一根魔杖，上頭刻著惡毒的盧恩咒語，只有少女點頭，他才會刮去咒語，解除魔法。」少女終究屈服於他的威脅和咒語。她溫言軟語，為賓客的酒杯倒滿香醇的詩人靈酒。雖然她現在還不想被神擁有，但在春暖花開的巴里（Barri）樹林裡，她會在九個夜晚之後委身於神。

於是史基尼爾打道回府。他還沒有下馬，猴急的弗雷便迫不及待追問求婚的結果。姍姍來遲的婚禮使得愛慕者焦灼難耐，半個晚上似乎比一個月還要漫長，但是他不得不滿足（Skirnismǫl 1, Gg. 37）。

弗雷渴慕又悵惘的愛情替這首詩歌平添不少獨樹一格的詩意，而整體的溫柔調性和炫目的妝點則呼應了瓦尼爾諸神的柔軟特質。可是在喜不自勝的愛情歌詠裡，也不免樂極生悲：他失去了寶劍，而在終戰中決定了他的命運。這首詩歌似乎刻意避重就輕，為了贏得佳人芳心，他必須費盡心思，她的兄長很不情願地屈服，因弗雷的「光之劍」也就落入他們手中。詩人也使用了淳樸的古老民歌：求婚的不是忠誠的僕人，而是弗雷自己。從他的別名「光明者」，弗雷的朋友史基尼爾也發展出特定的模式。詩歌裡的修辭令人想起《格林童話》裡的「忠實的約翰（Johannes）」的故事（K. H. M. Nr. 6）。禁止王子進入的房間，讓人聯想到奧丁的寶座，弗雷因為他的傲慢而自食惡果：他竟然僭越地坐到神聖的寶座上。金屋公主的畫像、燦爛奪目的光芒和美麗，讓人想起格爾德光輝耀眼的美貌。而小王子也和弗雷一樣，對那女子的畫像一見鍾情，兩者也都只對信賴的僕人和朋友傾訴心曲。約翰向公主展示了金器珍玩，而史基尼爾則獻給巨人之女十一顆金蘋果和金戒指。而兩位

女主角一開始也都拒絕使者的求婚。

這首詩歌的核心是天神的求愛。火山的威力和蘊藏在大地裡的植物的力量息息相關。布倫希爾德、格爾德、夢格蘿傳說裡的「烈火之牆」，在在反映了古老神話裡的火山威力，而少女亦被移置到冥界或地底。眾所皆知，噴發岩漿的火山往往是冥界入口。穿越滾滾岩漿，是要向冥府求助的人的第一道關卡，而火焰基本上就是火山之火，團團圍住冥界的入口。因此，在泛日耳曼文化當中，只有火山活動頻繁的冰島，仍舊保存甚或一再重現火牆的傳說。被火焰包圍的格爾德是植物女神。她光彩奪目的手臂照亮了整個天空和海洋，北歐盛行的民間信仰認為，春天時，巨怪會把黃金放在野薔薇上曬太陽，而這也顯示了溫暖和光明之於開花和生命的關係。

藉由奧丁所創的盧恩符文魔法迫使格爾德屈服，這個情節可能相當古老。後人的詩歌卻把重點放在史基尼爾的魔咒，而天神弗雷的勝利也變成諸神的文明征服了巨人的野蠻本性。

史威戴格和美麗的夢格蘿從小就訂婚。史威戴格長大後到母親墳丘前，在微涼的夜裡喚醒死者，向她尋求幫助和建議。他想知道如何找到人煙罕至的祕徑，讓他來到少女夢格蘿身邊。死去的母親從覆蓋在墓穴上的石頭中間走出來，為心愛的兒子指點迷津，並且賜給他盧恩符文，讓他躲過大海、暴風雨、寒冷、夜霧、囚禁和仇敵的種種威脅。史威戴格有了母親的祝福，便上路尋找他的愛人。她的城堡位於巉岩峭壁上，轟立在一根矛尖上打轉；火燄包圍著她的房間，整個庭院都有惡犬看守。此外深鎖的大門更會嘎嘎作響，只要走進去，大門就會自動關上，把闖入者困在裡頭。巨人侍衛輪班巡邏，整座堡壘戒備森嚴。史威戴格悄悄走向一個呆頭呆腦的工人，謊稱自己是「瓦卡爾德」（Warkald，「春寒」）的兒子，「弗約卡爾德」（Fjölkald，「極寒」）的孫子，名字叫作「文卡爾德」（Windkald，「冬寒」）。他向大門、圍牆、看門狗和堡壘居民一一探問，最後才從守衛諱莫如深的談話中得知，不速之客是不可能進入夢格蘿的城堡的：只有史威戴格，註定要成為如陽光般璀璨的夢格蘿丈夫的人，才能在她溫軟的懷裡休息。「城門開啟吧，房門開啟

吧，」那英雄對著門大叫：「告訴那少女，她盼望多年的求婚者來了！」火
焰熄滅，房門在他面前打開，看門狗也在他腳邊搖尾巴。儘管如此，少女仍
然不敢相信：她探問他的特徵、來歷和名字，站在面前向她求婚的，確實是
史威戴格，索博亞（Solbjahrt）之子。她日日夜夜等待愛人到來，正如他朝
思暮想，只求見到她的容顏，她也一直承受相思之苦；她以新娘之姿獻吻，
歡迎他的到來，幸福的日子將永遠如鮮花綻放（Swipdagsmøl）。

很可惜的是，因為在神話上的種種穿鑿附會，使得這首詩面目全非；不
過，我們還是可以遙想古老淳樸的詩歌。即使是在目前的形式裡，對於詩裡
人物的描寫也很出色；激情而焦灼的追求者奮勇穿越火牆，在形容為了意中
人而飽受相思之苦的少女時也恰如其分，而這首詩歌也包含了克服萬難的凱
旋之歌以及不可抗拒的愛情，難怪一直保留在丹麥和瑞典的民謠傳統直至今
日。

年輕的史威達（Svejdal）使勁把丟球扔到一個嫵媚動人的少女的房間裡。
她告訴他，有個外地少女非常思慕他。他跑去問母親該怎麼辦，母親給他一
匹年輕的駿馬和一把寶劍。那匹馬能夠在海上飛馳而如履草地，寶劍則有如
火炬般發光。他在城堡前遇到一個牧羊人；牧羊人跟他說，城門是由白色的
馬齒打造而成，門栓是鋼鐵做的，而且有獅子和白熊看守著。但在年輕的史
威達面前，所有障礙竟然消失無蹤，恐懼和危險也不再。他現在心滿意足地
躺在少女懷中。

民謠裡的主人從母親那裡得到駿馬和寶劍的故事，聽起來頗具古風。雖
然童話般的特質使得人們在理解時倍感困難，但是它的主題還是很清晰。「史
威戴格」意為「飛快的白晝」，是光明的日神弗雷或提烏斯的稱號；夢格蘿
意為「鍾愛項鍊的少女」，是年輕的太陽女神，芙麗格或芙蕾葉。史基尼爾
的歌謠是以初春的神話為依據，而史威戴格的歌謠則是以破曉的描繪為基
礎。天神和歲月之神的妻子，其特徵是一條閃閃發光的項鍊，那意味著太陽。

而大地女神因而烙上了光明女神的印記，那普覆群生的蒼穹之神是大地女神的神仙眷屬，而光明的白晝之神也是燦爛的太陽女神的伴侶。神話的種種穿鑿附會就此產生，有時候是歲月之神在追求大地女神，有時候又是光明之神向太陽少女求愛。少女的住所多半位於高聳入雲的峭壁而緊鄰天際；邪惡的魔鬼把她囚禁起來。破曉時朝霞形成的火焰圍牆（原本是火山噴發的岩漿）包圍著她；白晝之神必須衝進火牆中才能和她相會。但是偽裝成瓦卡爾德之子文卡爾德（冬寒），他來得實在太早了。在晨風裡，在破曉時，女神堅定地拒絕了他。而當他自承其真正的名字是史威戴格，「太陽光」的兒子，並展露真實的面貌，所有障礙便消失無蹤。

不同於《埃達詩歌》中由蘇爾特轉述**弗雷之死**，斯諾里以獨特的婉轉方式敘述這個故事（Yngl. S. 10）：

弗雷病倒了，在他臨終時，部屬齊聚會商，決定只讓少數人看他。他們建造巨墓，裡頭有一扇門和三個窗戶。弗雷命終之後，他們偷偷把他安葬到墳墓裡，卻告訴瑞典人說弗雷還活著。他們連續三個冬天看守著弗雷，也把弗雷的所有寶藏都埋在墳墓裡，分別從第一個窗子塞進黃金，第二個窗子放進白銀，第三個窗子置入銅幣。

瑞典人後來才發現弗雷早就死了，但是因為瑞典仍然富庶和平，他們相信只要弗雷一直留在瑞典，便能永保安康。因此遲遲不肯把弗雷火化。他們稱他為世界之神；因為他賜予人們豐收和和平，所以瑞典人一直祭祀著弗雷。

這個溫和的神以賜福的陽光照亮世界和他的信眾：

索格林姆（Thorgrim）是弗雷的祭司，他會在秋天時準備弗雷的祭品和盛宴。祭司死後被安放在一艘船上，神明則以奇特的方式忠實地守護著他：絕無僅有的事情發生了，索格林姆的墳丘外圍和南方既不積雪也不結霜。人們認為弗雷因為獻祭而喜愛索格林姆，不能忍受他倆之間有霜雪阻隔（Gisla S. 32）。

還有其他故事也提到弗雷和他的信徒之間的密切關係：

正當哈拉德把挪威分散的小國統一成強大的王國時，拉芬克（Hrafnkel）和其他心懷不滿的人紛紛離開家園，到冰島去置產。他們籌辦盛大的祭典，建造宏偉的神殿。在諸神當中，拉芬克特別對弗雷敬愛有加，他甚至把半數財產獻給弗雷。因此他也叫作「弗雷祭司」（Freygodi）。他有個寶物，勝過他所有其他收藏。那是一匹深褐色的公馬，背部有一條黑色條紋：拉芬克稱之為「弗雷鬃毛」（Freyfaxi）。他獻出這匹馬和他的好朋友弗雷分享。

拉芬克對這匹馬鍾愛有加，曾發誓殺死任何擅自上馬的人。他甚至對他的牧者三令五申，無論在任何緊急情況下，絕對不許上馬，因為他宣告會殺死任何擅自騎牠的人；公馬身後有十二匹母馬亦步亦趨，隨時聽候差遣。儘管如此，僕人仍然爬上了「弗雷鬃毛」的背。他的羊群走散時，烈火般的駿馬從破曉到黃昏到處奔馳。四散的羊群終於都被趕成群，「弗雷鬃毛」卻已經大汗淋漓，汗水從鬃毛滴落，飛濺到泥土上，看來已經精疲力竭。駿馬脫韁而出，從牧場跑回拉芬克家裡，一直到他家門口才停下來。神駒在門口大聲嘶鳴。拉芬克聽到嘶鳴，便知道是「弗雷鬃毛」；他心知不妙，跑到門外對馬說：「我的養子啊！你被人如此虐待，真是丟臉的事！你現在來告訴我，實在是明智之舉。這個仇肯定是要報的！現在回馬群去吧。」那匹馬聞畢就回去了。而拉芬克也隨即殺死僕人。

被殺僕人的親戚襲擊拉芬克，佔有他的土地，並且把他趕走。但是由於「弗雷鬃毛」才是禍端，牠應該回到牠所屬的地方，也就是說，為了證明牠也是屬於弗雷的，牠應作為祭品獻給神。於是人們把駿馬牽到崎嶇山崖上，在牠頭上綁好袋子，頸部繫上石頭，接著把牠推落山谷。從此以後，該地也稱為「弗雷鬃毛山崖」。在山崖上仍舊矗立著拉芬克為弗雷建造的神殿。神像上的飾物卻都被搶光了，最後神殿也付之一炬。

當拉芬克得知「弗雷鬃毛」遇害，弗雷神殿也毀於祝融，他說：「信仰諸神真是荒誕不經的事。」他說他再也不相信任何神，而他也言出必行，自

此不再舉行任何祭典。後來這個既不信神又不獻祭的人東山再起，他成為祭司，也統治祭司教區（Hrafnkels S. Ferysgoda）。

塔西佗曾說，林間草地或森林裡的聖馬不可以被任何人間事務玷汙（Germ. 10）。因此，拉芬克必須處死擅自騎上獻給弗雷的聖馬的僕人。弗雷讓他身陷該事件導致的血腥世仇中，這讓拉芬克憤慨萬分。塔西佗把獻給諸神的駿馬叫作「諸神心腹」，而「弗雷鬃毛」也在主人門前嘶鳴抗議對牠的虐待。還有另一匹馬也有相同的名字：「牠的主人堅信這匹馬是戰場上既優秀又可靠的夥伴；但是多數人認為那主人對『弗雷鬃毛』的崇拜近乎瀆神。」（Vatnsd. S. 34）人們相信，馬對天氣狀況很敏感，也能預知暴風雨的來襲；人們想要落地生根時，往往會讓馬匹指引方向和地點（Grettis S.14; Landn. II 5）。

索齊爾（Thorkil）被古倫（Glunn）從家鄉特瓦拉（Thwera）趕到冰島。他在離開家鄉以前，牽著一頭老牛來到弗雷的神殿說：「弗雷，你一直都是我最值得信賴的好友；你獲得許多禮物，而我也得到許多回報！現在我以這頭牛請求你，讓古倫無法遂其所願，讓他離開特瓦拉，就像我現在不得不離鄉背井一樣。請給我一個徵兆，讓我知道你是否悅納祭品。」那頭牛在被宰殺時大聲咆哮，對索齊爾來說算是不錯的徵兆。他知道神接受他的請求，於是轉憂為喜。古倫有時候會夢到許多人絡繹不絕地到特瓦拉的弗雷神殿朝拜他，而弗雷就坐在寶座上。他問他們是誰，他們回答：「我們是你死去的親屬，來請求弗雷不要把你趕出特瓦拉。」弗雷憤憤地說那是無濟於事的，此外也提起索齊爾的祭牲。古倫醒來後便聲稱他從此以後與弗雷交惡（Vígagl. S. 9, 26）。

被迫把自己的財產割讓給他人的「火花」奧德（Oddr Sindri）的故事也大同小異（Brandkrossa þ. 58）：

當奧德準備搬家時，他宰殺烹煮了一頭牛。上路的第一天，他特別擺設宴客，把煮好的牛肉放在桌上。奧德說：「我只為最親愛的朋友擺設宴席。我全心把餐宴獻給弗雷，願他使那取代我的人像現在必須離鄉背井的我一樣憂煩苦惱。」不久之後，奧德便和家人離開了。

冰島吟遊詩人哈弗雷（Hallfred）於西元996年領洗，國王「崔格威之子」歐拉夫甚至主動當他的教父（FMS II k. 170）：

哈弗雷唱道：「弗雷與芙蕾葉，強大的索爾和奧丁可能會生我的氣，因我放棄了尼約德之子！請憐憫我吧，我的國王！我現在只為耶穌歌唱，也只對上帝獻出我的愛。兒子的憤怒令我受苦：他在他父親的國度裡仍然有無上權力……但挪威國王全面禁止祭祀；我們仍必須提防諾恩三女神留下的許多老舊法規。當所有人都認為奧丁神族是無稽之談，我也不得不向耶穌祈禱，而不再求助於尼約德之子！」

由這段話可見，要讓詩人脫離異教諸神，尤其是弗雷和奧丁，是多麼困難的事。況且詩人也勇於承認他其實很懷念從前，因為那烏鴉簇擁的詩歌之神、芙麗格的丈夫很照顧他。後來他被控在行囊裡藏匿索爾的木雕神像。

挪威的英吉蒙（Ingimund）是個狂熱的弗雷信徒，總是隨身攜帶弗雷的銀製神像當作護身符。有個芬蘭女人預言英吉蒙會弄丟他的護身符，並在冰島的森林小徑中找到它，那塊地後來也會變成他的耕地。英吉蒙因為躲避哈拉德而逃到冰島，在那裡真的找回了弗雷銀像。他認為這是神要他在那裡落地生根的徵兆，於是在該地建了一座神殿（Vatnsd S. 10, 15）。

此外，在冰島有個地方叫烏普薩利爾：

維格夫斯（Wigfus）和兩個挪威商人背信忘義，共謀殺害一個男子。議

235

會庭判決他三個夏天都不能回家，每年都必須找三個隱密的庇護所暫住；因為家鄉是神聖的，所以不准他回家。但他仍然在烏普薩利爾待了很久，而無視放逐令的存在：弗雷原本是不准被流放的人待在弗雷神殿的所在地的。

在瑞典，春天時，弗雷的雕像會乘車出巡。人們歡慶和平和豐收，暢飲詩人靈酒。受到不公平的待遇時，人們會尋求弗雷的庇護。正如納瑟斯出巡時，應該偃旗息鼓，弗雷也無法容忍在他的神殿裡看到任何武器；殺人犯或歹徒都不准進入他的聖所。這個「瑞典之神」、「瑞典的獻祭之神」（FMS V 239, Flt III 246）曾在烏普薩拉建造了宏偉的神殿，作為他的主要居所。他把所有的動產和不動產都留在烏普薩拉，因而打造了人稱「烏普薩拉寶藏」的巨大莊園（Yngl. S. 10）。當冬天將盡，該地會舉辦全國最盛大的慶典。本地人和遠近鄉鎮的外地人集於一地，其後更發展出和平的市集和貿易。春初，瑞典國王也會到烏普薩拉參加夏天祭典，以祈求國泰民安（Yngl. S. 38）。聖殿也因此成為貿易重鎮，諸神的慶典因而和市集結合。烏普薩拉慶典的商業性格其實和瓦尼爾諸神的特性若合符節，特別是希爾瑪湖（Hielmarsee）和梅拉爾湖（Mälarsee）之間的大平原，那是個豐富的穀倉。

瑞典有個老習俗，每年二、三月時都要在烏普薩利爾舉辦重要的祭典：為了祈求豐收與和平，以及國王的勝利，全國各地的瑞典人都會來參與獻祭。屆時也會召開議會，所有瑞典人都可以參加，會期為一個星期，同時也會有市集活動（FMS IV 75）。

不過不僅是瑞典人會參加，就連小國國王以及在其他地區參加慶典的信眾也都會來共襄盛舉。尤其是在春分，祭典會持續九天九夜（Ad. Br. IV 27; Schol. 137）。在這個節日裡，到處洋溢著和平的氣氛，甚至規定在弗雷神殿中禁止攜帶武器。

瓦尼爾諸神，尤其是弗雷，總會有結構繁複的神殿、祭司、出巡、神像、奉獻和誓願服務。諸神和善的力量讓整個慶典充滿愉悅及感恩，而諸神自己

則根據轄區居民的祈願賜予祝福，以協助人們籌備慶典。雖然整個慶典活動很熱鬧，但是嚴肅的史塔克（Starkard）卻在陪伴弗雷的兒子七年後選擇離開，因為烏普薩拉祭典裡的女子舞蹈、雜耍遊戲和響鈴令他很是厭惡（Saxo 185）：這些都是群眾為了榮耀神而舉辦的各類慶祝活動。

在烏普薩拉的神殿裡，弗雷的神像位列奧丁和索爾之側，以黃金打造，而他作為至高權力之神，享有活人祭。拉芬克、索齊爾和英吉蒙也分別在冰島上建造了獻給弗雷的神殿和聖所。除了最重要盛大的烏普薩拉祭典以外，特隆海姆「大區」（Gaue，相當於郡）鄰近的盟邦也特別敬拜弗雷（Flt I 337 ff.）：

「崔格威之子」歐拉夫國王聽說挪威的特隆海姆大區又開始信仰異教，當地居民仍然奉祀弗雷神像。國王命令人民搗毀神像，令他們很猶豫：「我們長久以來都信仰弗雷，他也一直庇佑我們，我們絕不會破壞弗雷的神像！」歐拉夫國王召開大會，決定自行摧毀神像。他乘船到神殿所在的海邊，登陸的時候，弗雷的神馬正在到處吃草。國土翻身躍上馬背，也讓隨從騎上母馬。他騎著馬前往弗雷的神殿，把其他的諸神像扔在地上，卻帶走了弗雷的神像。他在對民眾致詞時，居民開始抱怨，並且讚美他們的神弗雷的大能：弗雷現在怒火衝冠，不再像從前那樣和人們說話，既不賜予神諭也不再預言未來，更不保佑和平和豐收。「你們是在和惡魔打交道，」國王說，他舉起斧頭對弗雷神像大喊：「如果你有辦法的話，現在就保護你自己吧！」弗雷神像沉默不語，歐拉夫國王便砍斷他的雙手，告訴人民說弗雷只是個騙子，不是什麼神，雖然弗雷統治時期富庶、和平，但那是因為羅馬大帝奧古斯丁在位，基督也在同時間誕生。「基督才是所有善的賜予者，他派我來剷除你們的偶像崇拜！」話畢，國王召集大軍；此後特隆海姆便從善如流，恪遵國王的敕令，脫離舊有的異教信仰。

整個故事充滿了後期的色彩，但是辭藻優美，形象生動。我們都知道，這一則故事是出自北歐傳說，和弗雷的天性若合符節。此外，它也證實了弗

雷神殿聖地周圍放牧的馬是弗雷的神馬。在所有顏色當中，白色是最高貴的，因而這些馬很可能是白馬。北歐國王現身公開場合時，也會騎著白馬。冰島的傳奇故事會特別強調哪些馬是白色的。丹麥國王戈崔庫斯（Gotrikus，卒於西元 810 年）規定國內被征服的薩克遜人必須繳稅，只要丹麥政權更替，薩克遜人就必須為新國王獻上百匹雪白的戰馬（Saxo 297）。

　　牧場和草地都相當依賴弗雷的庇佑，因而各種馱獸都是他的保護對象。牧場主人會把最高貴的牲畜，也就是馬，全數或多數獻給弗雷。每個神明都有自己的聖物，人們也會據此敬拜諸神。除了公馬以外，公牛和野豬也是弗雷的聖物。公牛代表男子氣概，野豬則是力量的象徵。在詩歌裡，弗雷也會叫作公牛，而獻給海姆達爾（Heimdall）的公羊則叫作「海姆達利」（Heimdali）。海德瑞克國王向弗雷獻祭，並答應獻上他獵到的最壯碩的野豬。人們認為那頭野豬是神聖的，所有重要事務都必須憑著牠的鬃毛發誓，而野豬也成了「贖罪牲祭」。耶魯節前夕，這頭「贖罪野豬」被扛到宮殿。男人們把雙手擱在牠的鬃毛上宣誓。國王則是一手摸野豬的頭部，另一手摸著鬃毛（FAS I 531）。古北歐語的「贖罪野豬」可以說名實相符，由於所有祭牲是用在與神和解的，所以也有「牲群裡的野豬」的意思：牲群裡最壯碩的公豬會被當作祭牲。我們不知道為什麼弗雷和芙蕾葉的祭牲總是用來「贖罪」的，但是有個很明確的說法提到那是「年贖金」的祭禮（FAS I 463）。正如在宣誓時會用「諸侯杯」（bragarfull）[3]，在耶魯節祭典的高潮，勇敢的男人也會把手放在野豬鬃毛上宣誓。

　　因為年輕的赫丁（Hedin）不想屈從於女巫的意志，她便詛咒他說：如果他舉起聖杯宣誓，將會後悔莫及。耶魯節前夕，野豬被扛到慶典上，男人紛紛把手擱到野豬鬃毛上，憑著聖杯宣誓。赫丁立誓要贏得他兄弟海爾吉（Helgi）的愛人史娃娃（Swawa）。但是沒多久他就後悔了，他在荒野小徑

3　譯註。通常會隨著飲酒一同發下誓願，由族長或首領喝一口，之後傳給族裡的眾人輪流飲用。

上找到兄弟海爾吉時，後者已經奄奄一息，卻反過來安慰他。三天後，海爾吉在臨終前甚至勸新娘嫁給赫丁（H. Hj. I 30）。

許多地名都和弗雷信仰有關，在丹麥有七個地方、瑞典四個、挪威十二個，諾曼第甚至有兩個。

正如整個瓦尼爾神族，弗雷也被稱為智者。薩克索在關於丹麥國王的歷史敘事裡也多次提到弗洛狄（Frodi）和弗雷的其他別名，例如古北歐語的弗洛狄萊夫（Friedleif，「和平遺產」）、弗利弗洛狄（Fridfrodi，「喜愛和平的弗洛狄」），丹麥也有六個國王的名字沿用了「Frodi」的變形「Frotho」。

在弗雷的統治下，形成了「弗洛狄和平」時期。當時所有國家都安定繁榮；而瑞典人認為那都要歸功於弗雷（Yngl. S.10）。「弗洛狄和平」的興起也和弗雷在烏普薩拉的權力息息相關。「崔格威之子」歐拉夫對特隆海姆人說：「瑞典人把每年的豐收與和平歸功於弗雷，丹麥人則是感謝他們愛好和平的國王弗洛狄。」瑞典的「弗雷和平」相當於丹麥的「弗洛狄和平」。弗利弗洛狄則是統治萊德地區（Hleidr）（Yngl. S. 11）。

當時沒有人會無端傷害他人，即使是殺害父兄的凶手被關起來或被放出來，也不會被傷害。當時也沒有搶劫或偷竊，國王刻意丟棄的金戒指一直留在原地很久以後，才有人把戒指拿走。兩個被囚禁的女巨人芬雅（Fenja）和曼雅（Menja），在格羅提磨坊（Grotti）為國王碾磨出黃金、和平和幸福。她們日夜推動巨大的石磨，休息和睡眠時間不能比杜鵑啼聲的間歇或一首短歌還要長。終日勞役使她們憤憤不平，因而做了一首魔法歌意欲報復，她們碾磨出來的不再是和平而是戰禍。敵軍在夜裡登陸並殺死了國王：「弗洛狄和平」正式落幕。然而那只是冤冤相報而已。女巨人仍舊無法歇息，她們繼續推磨，轉動嘎嘎作響的石頭。她們必須碾磨出鹽來，她們問新的雇主鹽巴磨夠了沒有，他卻要她們繼續磨鹽，於是她們只好一刻不得閒。兩個憤怒的女巨人以巨人的力量持續推磨，石磨的把手不停地震動，石槽都磨裂了；磨坊所在的船也破個大洞，整座磨坊便沉入海底。海水注入石磨間隙，從此以

後，磨坊沉沒的地點總會有漩渦，而海水也變成鹹的（Sk. 43, Grottasǫngr）。

這故事也讓人想起奧德修斯在返家航程中聽到磨坊女僕的抱怨及忠誠。故事對女巨人的性格刻畫入微，我們彷彿看到也聽到她們不停推磨。奴役工作背後的辛酸不斷累積，直到滿腔怒火的她們找到力量和手段去報復。這個魔法石磨、女巨人的恥辱和復仇，都和國王弗洛狄有關，但因他在故事裡的貪婪形象和他的本性扞格不入，因而似乎有些牽強。那座可以磨出好天氣、冰雹、黃金和鹽的石磨，可以說遠近馳名。故事裡也提到用魔法煮一鍋香甜好滋味的粥；不過如果忘記取消咒語，粥會愈煮愈多，最後從鍋裡溢出來，淹沒整個廚房、屋子和街道（K. H. M. Nr. 103）。磨坊裡還有由夏天之神弗雷管理和指揮的雪磨；但女雪怪的寒冬本性發作，滿天飛雪滿覆在夏天之神頭上。逞凶好鬥的女雪怪不願意碾磨出燦爛的陽光和美好天氣。白雪的形狀很像鹽，加上鹽磨的意象，就可以解釋為什麼海水是鹹的。女雪怪發現自己的家沉入水裡，原來是因為海浪女神在沙灘上推她們的石磨，波浪聲和推磨的聲音此起彼落。而漩渦的意象就是從這裡來的：海裡的漩渦其實是磨鹽的石磨掉到海裡產生的。描繪成車輪、石盤或石頭的好運之磨，指的應該是太陽；推磨中的女巨怪是整個太陽石磨的畫面的最後一筆，人們也把曼雅和夢格蘿相提並論。

傳說芬雅和曼雅住於水底，佩戴著項鍊，是黃金的守護者或賜予者。這個傳說顯然是穿鑿附會的結果。也有傳說乾脆把芬雅說成脫穀的女工，而曼雅則是女奴。

單單第三個主題動機（弗洛狄和平、沃坦時期終結、瓦尼爾神族仍然掌權的黃金時代）便很有神話特色，例如夜裡登陸並殺害弗洛狄的海賊王。

薩克索筆下的弗洛多三世（Frotho III），「繁榮和平的施與者」（150），意欲在境內建立和平；他把一枚鈕釦釘在岩壁上，如果有人偷走鈕釦，將受到最嚴厲的懲罰。但是一直沒有人偷那枚鈕釦（164）。他也在日德蘭半島上的某個路口掛了一條沉甸甸的金鍊子，一樣也沒有人拿走（170）。安詳

的和平取代了暴力戰爭，行旅者和窮人到哪裡都能得到資糧繼續上路，而人們的財產權也僅限於生活必需品上。弗洛多一世是無懈可擊的。他會在餐點灑上測試毒藥的金屑（50）：後來的詩人也因而把黃金和金屑混為一談（被稱為「弗洛狄的餐點」）（Sk. 40）。女巨人為弗洛狄磨出黃金，以讓他坐擁寶山，生活富裕；富有的王子弗洛多五世更是從小就穿金戴銀，兩腳從來沒有真正踏在地上，更不曾走路，他要到任何地方，都有人抱著他，並且熱情親吻他（182）。薩克索也提到弗洛多的財寶來源。弗洛多一世發現哈定偷了他父親的寶物。一個原住民建議他到附近的島嶼上殺死看守財寶的惡龍。弗洛多決定聽他的話，後來便因為這些寶物而致富（38）。弗利德萊夫之子弗洛多三世也曾依據夢境顯靈的指示挖出地底寶藏，並殺死在山洞裡看守寶藏的惡龍（180/81）。

弗利德萊夫娶了弗雷格爾德（Freygerd）為妻，他的求愛也很類似弗雷追求格爾德的方式。她的嚴父總是對求婚者很粗暴，弗利德萊夫不屈不撓地表達愛意，她父親乾脆殺死使者。熱戀中的弗利德萊夫於是揮軍攻打她父親，殺死一個巨人和他的岳父，攜著可愛的少女凱旋而歸（177 ff.）。

根據埃達神話，以長矛刺死諸神的巫女古薇格終結了瓦尼爾神族的黃金時代，而唆使兒子偷取弗洛多的寶藏的女巫也結束了「弗洛狄和平」。她變身為海牛攻擊國王，以牛角刺穿國王身體，而國王的侍衛則用長矛刺殺女巫。由於人們害怕國王駕崩會使國家陷入混亂，於是替國王的屍體抹上鹽巴保存了三年。屍體沒有入棺，而是坐在皇家馬車裡，在境內到處出巡：即使是死後，臣民仍然對他敬愛有加（170/71）。

正如弗雷的死，弗洛多的死也祕而不宣，而他的寶藏則被保存下來；納瑟斯、弗雷的神像出巡也和國王遺體的繞境如出一轍。冰島傳說則認為弗洛狄是在打獵時被公鹿刺死的（Arngrimr 7）。在中世紀日耳曼詩歌裡（Spervogel, Kundrun, Engelhart），弗洛狄相當於丹拿馬（Tenemark）溫和的弗魯特（Fruote）。

芙蕾葉

　　埃吉爾痛失一子。安葬溺死的兒子之後，他把自己關在屋子裡不吃不喝。他躺了三天三夜，沒人敢和他說話。嫁到島嶼遠方村落的長女索格爾（Thorgerd）特地回家安慰他，她日夜跋涉，一口也未曾進食。有人問她在見到傷心欲絕的父親以前都不想吃點東西嗎？她回答：「我沒有吃晚餐，除了在芙蕾葉身旁，我什麼都不吃。父親是我的依怙，父親和哥哥死了，我也活不下去。」（Egils S.78）她鼓勵父親把喪子之痛寫成詩歌，令埃吉爾重振生命力。而詩歌寫得愈長，埃吉爾的內在生命力也愈強。完成詩歌之後，他在兒子墓前吟唱，然後就回到王宮主持朝政。

　　死後的女性靈魂都歸芙蕾葉管，上述引文大概是關於這個觀念的唯一文獻了。正如希臘女神戴絲波茵娜（Despoina），納瑟斯和芙蕾葉可能既是大地女神，也是冥界女神，她們會一視同仁地接引死者的靈魂。冥府大廳則稱為「佛克坊」（Folkwang，意為「戰場」），後來移到天上（Grímn 14; Gg. 24）；大廳內相當寬敞。她們在裡頭決定誰可以留在大廳堂上；她們每天揀選出半數的死者，另一半則歸於奧丁。我們無法證實芙蕾葉是否都揀選女性，另一方面，我們也可視之為瓦尼爾神族和愛瑟神族之間的約定。因為芙蕾葉也算是奧丁之妻，人稱「瓦芙蕾葉」（Walfreyja）或「戰場倖存者的女神」。死神奧丁會召喚沃爾娃女巫到赫拉（Hel）的屋裡，芙蕾葉也將沉睡於洞穴裡的海恩德拉（Hyndla）喚醒，向女巨人打聽消息。

　　芙蕾葉是尼約德的女兒，弗雷最美麗的妹妹，瓦尼爾女神，也是瓦尼爾新娘（Sk. 20, 35; Gg. 35）。洛基罵她是蠻橫殘暴的女巫；諸神也逮到她在其兄弗雷的床上（Lok. 32）；她父母親兄妹亂倫，她也不例外。她把瓦尼爾神族常用的魔法傳給愛瑟神族（Yngl. S. 4）；弗雷則宣告了特隆海姆的未來。正如弗雷，她也悅納公牛祭（Hyndl 10）；二月初時，人們在「豐年祭」中把最肥美的野豬獻給芙蕾葉（Herr. S. 9）。對弗雷而言，野豬是神聖的象徵，

他擁有野豬形狀的金頭盔、侏儒工匠打造的金鬃野豬；而在芙蕾葉的傳說裡也提到「希地史維尼」（Hildswini）金盔以及金光閃閃的野豬形象。兩個巧匠在頭盔頂端刻了金鬃野豬的圖形；而芙蕾葉也自稱為「秀爾」（Syr，「野豬」的意思）。尼約德和弗雷能庇護人們風調雨順、賜予財富、維繫和平，在宣誓、喝祭酒或是有危難時，人們往往會同時向他們兩個祈請，而特隆海姆的農夫們，則會在冬初把最好的祭品獻給索爾、奧丁、芙蕾葉或愛瑟神族（Ol. S. h. 102）；另外，正如人們在婚禮上會獻祭弗雷，他們也會在婚禮結束時祭祀芙蕾葉（FAS III 222）。芙蕾葉會在每個媽媽難產時在一旁守候（Oddr. 8）。人們向她求助時，她總是有求必應；她喜愛抒情戀歌，在談戀愛時向芙蕾葉祈求往往最有效果（Gg. 24）。正如芙麗格（Frigg），母親們也經常呼喚芙蕾葉；不過相對而言，芙麗格更偏向庇護聖潔的婚姻生活，而芙蕾葉則是喜愛溫柔綻放的愛情。吟遊詩人哈弗雷在改宗基督教後放棄了對弗雷和芙蕾葉的信仰；西元 999 年，「史克格之子」哈爾提（Hjalti Skeggjason）在會議庭上也因瀆神而判刑三年，他因為改宗失敗憤而口出穢言：「我不是故意褻瀆神靈，但那隻狗在我看來就是芙蕾葉，反正不是芙蕾葉就是奧丁，肯定是其中一個。」（Nj.102; Flt I.426）

弗雷會坐船在空中飛翔，芙蕾葉也有一件羽衣，穿上後會變身為老鷹翱翔天際。她曾經把羽衣借給洛基，讓他去尋訪雷神鎚被藏在何處；洛基穿上芙蕾葉的羽衣，飛到蓋洛德（Geirröd）的住所，把伊頓（Idun）接回來。她每次出遊，都會把她的貓放到車上（Gg. 24）；她也駕駛這輛車參加巴德爾的葬禮（Gg. 49）；這些貓原本是野貓，在歐洲南部的日耳曼人把牠們馴化為家貓。弗雷別名「光明者」、「閃亮者」，而芙蕾葉則是愛瑟神族裡最美麗、聲望最高的女神（Gg. 35）。她的地位在女武神之上，在英靈神殿裡擔任典酒（Schenkenamt）。只有她敢替醉酒的隆尼爾（Hrungnir）斟酒。她的美貌往往讓笨拙的巨人神魂顛倒。隆尼爾威脅說要殺死除了芙蕾葉和希芙（Sif）以外的諸神，因為他想把她們擄回巨人國。後來芙蕾葉答應嫁給索列姆，他才願意重新打造雷神鎚。而巨人族的泥水匠也曾經要求以芙蕾葉、太陽及月亮作為報酬。

芙蕾葉的女兒名為荷諾絲（Hnoss，「首飾」之意；Gg.35），她美麗非凡，因此人們以她的名字泛指美麗的事物（hnossir）。荷諾絲的妹妹叫作格爾希密（Gersimi，「寶石」之意；Yngl. S. 10）；姊妹倆都是絕色美女，而世上的珍寶也多以她們姊妹為名。

愛情女神芙蕾葉並不等於粗俗的性愛女神維納斯（Venus）；芙蕾葉是相當晚近才受到古希臘或基督教思想的影響。冰島人把從英國聽來的某些性格附會到芙蕾葉身上，一方面他們擴充了對於芙蕾葉的想像，但是另一方面，有些性格卻因而退化；但人們往往不會提到這些變化。洛基責罵說，艾吉爾宴會上每個愛瑟神族或精靈都和芙蕾葉有染，的確是誇大其辭；但這位愛情和多產女神卻也因為洛基之口而家喻戶曉（Lok. 30）。厭惡諸神的海恩德拉曾指控芙蕾葉故意引誘他們，和他們色授神與，甚至讓他們彼此爭風吃醋。但真正的古老傳說裡，芙蕾葉的形象卻截然不同。當洛基要求她為索列姆打扮成新娘時，她憤憤不平地哼了一聲，頓時愛瑟神族的大廳搖晃不已，珍貴的項鍊從她起伏不定的胸口跳出來，那美麗的女神項鍊（Brisingamen）：

那麼我將是男人眼中尤物
與你一起進入巨人國（Thrymskv. 11）。

芙蕾葉顯然是因格瓦人最重要的女神。作為太陽女神，芙蕾葉很類似於日耳曼人信仰的天空和太陽女神芙莉雅或芙麗格：兩者都賜予大地以及人類多產繁榮。我們沒辦法辨別以芙蕾葉之名流傳下來的神話是否都是原生的，而不是源自芙麗格的故事。為了不增加讀者的困擾，對於芙蕾葉的神話，我們建議存而不論。

作為瓦尼爾神族的太陽女神，芙蕾葉又被稱為古薇格；屬於黑夜的冥府之神奧丁會緊追著她的光芒，並且用長矛刺死她；她會死後復生，然後又死亡，她的生命便是在生死循環之間持續著。天空之神揮舞著他的光劍，而凌晨出現在天空中的太陽女神則佩戴著光彩奪目的巨大項鍊。芙蕾葉很喜歡珠寶，始終戴著她的女神項鍊。洛基偷走了她的項鍊，藏在海裡，但是無所不

見的太陽神、諸神守衛海姆達爾卻找到了它：太陽沉入海中，而又從海裡升起。因此芙蕾葉也叫作「瑪朵」（Mardöll）（喜愛海洋又驕傲的女神、璀璨耀眼的、早晨在海上閃耀者；Gg. 35）以及「夢格蘿」（喜愛項鍊者或佩戴項鍊者）。如前所述，白晝之神史威戴格對太陽女神夢格蘿示愛。四名住在奧丁神殿附近的侏儒打造了這條項鍊（FAS I391 ff.; Flt. I 275 ff.）：

因為芙蕾葉是當時最美麗的女神，她得以住在奧丁那裡，奧丁也很愛她。有天，芙蕾葉到侏儒所住的山崖。侏儒給芙蕾葉看了項鍊，芙蕾葉相當喜歡。她問他們能不能把這條項鍊賣給她，她願意支付黃金白銀。但是侏儒什麼都不要，只要和她共度一宵。於是芙蕾葉依約給了每個侏儒她的愛，而戴著項鍊回家。奧丁從洛基那裡得知芙蕾葉的珠寶和她的出軌，命令狡猾的洛基去把珠寶搶到手。洛基變成一隻蒼蠅，潛入芙蕾葉密不透風的房間；他又變成一隻跳蚤，咬了熟睡中的女神的下巴，讓她翻過身來。他悄悄解開項鍊，把它拿給奧丁。芙蕾葉必須答應奧丁一個條件，才能取回她的珠寶：她必須在兩個各自統治二十個諸侯的國王之間挑撥離間，讓他們自相殘殺。他們不斷喚醒死者重新投入戰場，若不是基督徒破除了這個咒語，這場戰爭鬥應該會持續到永久。事情就發生於「崔格威之子」歐拉夫國王即位的那一年，亦即西元 995 年。

這條項鍊可能原本是琥珀做的。人們也用琥珀嚴飾索爾的神像，在他胸口嵌上寶石；洛基和海姆戴爾在形如烏鴉的懸崖上爭奪這條項鍊時，把它叫作「耀眼的海腎」（Meerniere）。還有什麼比使女神增光的璀璨寶石更能突顯當時當地對她的信仰呢？

根據一個不是很具說服力的大膽揣測，這個嚴重扭曲的故事其實是以狄奧斯庫洛兄弟（Dioskuren）的神話為基礎的。奧丁僭奪了天空神提烏斯（Tius）的王位，芙蕾葉成為了太陽女神，狄奧斯庫洛兄弟則縮小成侏儒。他們沒有在清晨把她送給他們的父親作妻子，反而對她一見傾心，並且以耀眼的珠寶換取她的愛。那嚴厲而可怕的天空之神殺了這對兄弟以報復他們的

背叛。而善良的清晨之神則奮力奪回女神被偷走的項鍊，歸還給她。

這個無止盡的爭奪讓人聯想到夏寧格威（Hjadningawig，「夏寧格的風暴」，亦即赫丁的子孫；Sk. 47）：

年輕俊美的赫丁（Hedin）從黑暗的霍格尼（Högni）那裡擄走他的女兒希爾德（Hild）和寶物。為了和解，霍格尼向希爾德的父親獻上金項鍊，卻徒勞無功；戰爭一觸即發，一直持續到破曉。到了夜裡，希爾德趕到戰場上，喚醒陣亡將士。殺戮日復一日，所有人都死了；留在戰場上的武器和盔甲都變成了石頭。可是一到早上，倒下的屍體們便都復活並且起來戰鬥，於是戰爭僵持不下，直到諸神的末日。

夏寧格（Hjadning）神話和芙蕾葉的背叛息息相關，雖然這個故事已經面目全非了。我們不知道這個想像是以死者靈魂的戰鬥為基礎，呈現冰島諾曼人國王霍格尼和綁架霍格尼之女的諾曼人族長赫丁之間的歷史恩怨，或者其實就是關於光明和黑暗日復一日的角力的自然神話。如果這個故事真的和芙蕾葉項鍊的神話有關，那麼赫丁可能扮演了海姆達爾的神話角色；把項鍊獻給父親、每個夜晚喚醒死者的希爾德，則可能取代了芙莉雅或芙蕾葉的角色，最後，那個陰狠毒辣的霍格尼有可能代表了洛基。但我們的推想重構也只能僅止於此。

芙蕾葉在這個神話裡成了奧丁的情人，或許是因為她取代了奧丁的大老婆芙麗格的地位。根據其他文獻證據，芙蕾葉是奧丁合法的妻子。她負責接引少女的靈魂，也會率領女武神到戰場上接引半數死者，並且如日耳曼婦女一般歡迎死去的英靈戰士、為他們獻上牛角杯。北歐中世紀最優美的喜劇史詩，其主角可以說是唐吉訶德（Don Quijote）和桑丘·潘薩（Sancho Pansa）的完美混合，史詩內容述說乞丐史奇地（Skidi）夢到奧丁要手持雷神鎚的索爾邀請他到英靈神殿：

奧丁和十二位愛瑟諸神坐於審判席上喝啤酒。以前的英雄們如「戰牙」

哈拉德、溫和的哈夫丹、「梯子」羅夫（Hrólfr Kraki）、老史塔克、沃松族人和尤庫恩族人等，則坐在諸神外圍。眾神之王居高臨下接見乞丐史奇地，要他坐到他身旁。當他要獎賞史奇地時，乞丐說只要為他的拐杖換個新套圈、在他碗裡盛上足夠的奶油就夠了。雖然奧丁之妻芙蕾葉不喜愛做奶油，但是史奇地的兩個願望仍然實現了。按著奧丁又要他選個新娘，並且和諸神一起舉辦婚禮；除了芙蕾葉以外，其他的女神都任憑史奇地挑選。史奇地選擇霍格尼之女希爾德，史奇地的未來岳父卻聽到某些神祇低聲嘲笑。於是英靈神殿殿上展開一場鬥毆：海姆達爾用號角把他打扁了，索爾拿著雷神鎚加入混戰，史奇地則把巴德爾和尼約德打到地獄裡，更拔走了惡龍法夫尼爾（Fafnir）的一顆牙。最後齊古爾（Sigurd）把他扔出英靈神殿，他乞討用的袋子也被扔出來。扔擲的力量使得在冰島某個農舍裡睡覺的史奇地醒了過來（Skídaríma 104/05, 175）。

這裡隱約暗示芙蕾葉透過瓦尼爾神族的婚姻關係，既成為奧丁的妻子，也分享了他的統治權，這樣的推測或許是正確的。

霍達蘭國王亞瑞克（Alrek）的兩個女人爭吵不斷，因此亞瑞克終於決定只留下一個。他下令舉行釀酒比賽：誰釀的啤酒比較好，就可以待在他身邊。年紀較長的女人祈請芙蕾葉，但年輕貌美又新婚的女人還是贏了，因為有奧丁暗中協助：他給了她能幫助發酵的唾液。但奧丁也要求她獻出尚未出生的兒子維卡爾（Wikar）作為祭禮（FAS II 25ff.）。

這個傳說也讓人想起奧丁和芙麗格打賭誰對蓋洛德的判斷正確，正如倫巴第（Longobardi）關於沃坦和芙蕾葉的傳說，奧丁也是靠著女性的機智才獲勝。

芙蕾葉也稱為「奧丁的新娘」（Vǫl. 25；Sk. 21, 35）。她原本嫁給了名為奧德（Od）的男子，但奧德決意遠行，留下芙蕾葉以淚洗面，她的眼淚都是紅色的金塊。芙蕾葉有許多名字：她到處找尋奧德，每到一個外邦，就會

給自己取不同的名字（Gg. 35; Yngl. S. 10）。可惜這則美麗的神話太短了，如果讀者意猶未盡，也只能做以下的推測：「大地之母，」賀德林（Hölderlin）寫道：「妳已成了寡婦，終身貧困而且膝下無子。」

我們很難想像奧德的形象是源自阿多尼斯（Adonis）。「奧德」（Od）是「荒淫而富有」的意思，他的女兒荷諾絲則是指「首飾」。或許芙蕾葉是因為瓦尼爾和愛瑟神族之戰才被迫和丈夫弗雷（奧德）分隔兩地。但芙蕾葉的淚水原本是屬於另一個神話的。

芙蕾葉是「美麗的哭泣女神」；吟遊詩人以「芙蕾葉之淚」或「芙蕾葉的淚雨」來形容黃金。北方的日耳曼人也有美麗的想像，認為被海浪沖到岸上的琥珀是太陽之神的淚水；弗雷的「德羅普尼爾」戒指的「滴露」應該比較像是琥珀，而不是河流裡的沙金。自史前時代以降，各種文化裡的琥珀價值江河日下，如果這個推測是對的，那麼這個神話和北歐詩歌的起源年代便必須更往前追溯。琥珀的誕生和自然女神為了太陽的沉沒而流下的露珠淚水，就在這個神話裡融合在一起。

北歐神話裡也提到少女往往有某種神奇的能力：當少女笑逐顏開，金戒指就會從張開的嘴裡掉出來，她們說話時，也會吐出金幣和寶石（D., N.）。在冰島故事裡，命運之女替剛出生的公主取名為瑪朵（Märthöll）：她會如太陽般耀眼美麗，哭泣時滴滴眼淚都是純金，最後會嫁給王子。「Märthöll」這個名字是「Mardöll」的變形，黃金眼淚是芙蕾葉的特色之一，而「瑪朵的哭泣或淚水」更是直接由此而來。目前仍然沒有證據說「流著黃金眼淚的瑪朵」是學者的憑空杜撰。

格芙昂

芙蕾葉的賜福和溫和的神性，也彰顯於農作物以及多產女神葛芬（Gefn，「賜予者」之意）的身上（Gg. 35）。

葛芬的名字和形態都和格芙昂（Gefjon）（賜福女神）極為相近。不過，雖然後來的冰島著作把格芙昂等同於希臘女神戴安娜（Diana），可是如果

我們因此就認為「*Gedfión」等於「厭惡愛欲者」、「貞潔者」，便會誤解了瓦尼爾女神的神性。正如埃吉爾（Egil）之女被接到芙蕾葉身邊，格芙昂也會接引未婚少女死後的靈魂（Gg. 35）。而亞瑞克國王的妻子和博格妮（Borgny）會呼喚芙蕾葉，冰島女性則會對著格芙昂發誓：「我以格芙昂和其他諸神之名發誓。」（Flt. II 334）格芙昂和芙蕾葉都像奧丁一樣能夠預知人間的命運；惹怒格芙昂不僅愚蠢而且瘋狂（Lok. 21）。有如洛基指控芙蕾葉淫蕩不貞，他也責怪格芙昂利用珠寶誘惑一個金髮青年（a. a. O. 20）：或許它也影射了芙蕾葉為了項鍊而出賣貞操的神話。

芙蕾葉使用不同名字周遊各地（Gg. 35），格芙昂也是她的別名之一。

格芙昂是個四處遊歷的女神，她也找上瑞典國王古魯菲（Gylfi）；她在短暫停留期間，把瓦尼爾神族常用的法術教給古魯菲，國王為了報答她，便承諾她，四頭牛在二十四小時內圈出的範圍都是她的。於是格芙昂牽了四頭牛，帶著她在極北巨人國和巨人所生的「兒子們」，替他們套上犁具。他們犁得又深又清楚，把整個大地都翻了一遍；格芙昂把那片土地叫作「賽隆」（Selund），它一直向西延伸。他們犁過的地方變成一座大湖（Gg. 1）。

丹麥的西蘭島應該就是從梅拉爾湖（Mälar）犁出來的湖島。「波德之子」布拉基（Bragi Boddason）的故事比較短：「憑著四頭犁地的牛，格芙昂替古魯菲創造了富庶的丹麥（西蘭島）；而她也繼續拉著套上犁具的牛，行經島上更遠的淺灘。」（a. a. O）。

斯諾里也曾經提到這個故事（Yngl. S. 5）：

斯諾里說，奧丁派出奧丁賽（Odinsey）的格芙昂去取得菲因島（Fünen）的土地。她偽裝成四處流浪的女子去找古魯菲，她又到巨人國和巨人生了四個兒子；她把兒子變成公牛，讓牠們犁出梅拉爾湖。其後格芙昂和丹麥的第一個國王、奧丁之子史克耶德（Skjörd）結婚，定居於萊德。接著該神話很委婉地說：據說奧丁親自來到古魯菲國王的富庶國度，在西格圖納定居，也

要其他諸神住在該地，尤其是烏普薩拉的弗雷，而國王完全無力抵擋奧丁以及愛瑟諸神。

　　在其他各文獻裡都沒有看到由兒子變身的公牛。由於水妖多變身為公牛，人們因而認為被格芙昂變身成拉犁公牛的巨人就是艾吉爾（Ægir），也認為這則傳話是以神話回憶凶猛的暴風雨以及烏普蘭地區（Uppland）梅拉爾湖的形成，因此格芙昂也是女海神（古撒克遜語的「geban」、盎格魯撒克遜語的「geofon」皆為「湖泊」之意）。

　　西蘭島和梅拉爾湖的誕生之所以混為一談，那只是民間字源學的結果；賽隆（多產海豹之島）也被認為是西蘭島。這則傳奇的意義在於認為梅拉爾湖所在的整個烏普蘭地區，瑞典境內瓦尼爾神族的聖地，最早是由瓦尼爾神族取得和創造出來的。

　　尼約德又稱「賜福之神」（Gg. 23），也是瓦尼爾神族的一員，一如「賜福女神」格芙昂也出自瓦尼爾神族，也就是說，格芙昂是納瑟斯的別名：尼約德是格芙昂的兄弟和丈夫。不過我們也由此知道，女神納瑟斯（格芙昂）取得的土地不在瑞典，而是西蘭島，那裡才是這個傳奇的場景所在。我們理所當然會認為遙望大陸（斯堪尼）之島（西蘭島）是從大陸分離出來的，中間隔著一片海峽。不過這樣一來，斯諾里的觀點反而顯得奇怪，他認為烏普蘭是從四周都是岩岸、散布著小島的梅拉爾湖犁出來的。史克耶德成了「斯堪尼地區居民之神」（FMS V 239），他是所有萊德國王的先祖，和尼約德一樣，都是弗雷的後裔。而正如尼約德和納瑟斯，瓦尼爾神族的史克耶德和格芙昂既是兄妹也是夫婦，西蘭島上的萊德有他們最古老且最重要的神殿。人們也因而揣想西蘭島是格芙昂從斯堪尼大陸犁出來的，雖然不免認為這個說法有穿鑿附會之嫌。

　　格芙昂傳說最原始的場景不管是在烏普薩拉周圍或是西蘭島的萊德神殿，這則傳奇都和瓦尼爾神族的主要聖地息息相關。

第九章

愛瑟神族

天神提爾

史前時代日耳曼文化的最大革命，便是諸神之首沃坦（奧丁）取代了光明天神提瓦茲（*Tiwaz），或即提烏斯（Tius；梵文「Dyâus」、希臘文「Zeus」、拉丁文「Jupiter」、古高地德語「Zîu」、古北歐語「Týr」）。關於黑夜的風暴之神的信仰如風捲雲湧般，從萊茵河沿岸傳來；首先在日耳曼全境，接著在北日耳曼區信仰裡，沃坦（奧丁）一躍成為主神，僭奪了古老的太陽神和天神的王國、權力和女人。

在古日耳曼時期以前，提烏斯是賜予光和熱的神，也是誓言和法律的守護者、戰爭和勝利的仲裁者、會議庭和全國軍隊的指揮官。法院的名稱例如提斯庭（Tysthing）或提爾庭（Tyrsting），以及丹麥地名提爾庭（Tyrsting），都證實了提爾和當時人民大會、法院、轄區以及刑場的關係。無論戰爭或和平、軍隊或會議庭上，聚會的民眾皆相信有他的保護和命令，是在提爾無形的存在下戰鬥和諮詢。祭司以提爾之名要求靜默；以提爾之名執行懲罰。提爾信仰根深柢固，即使沃坦（奧丁）崛起甚至侵凌他，他也很難被取代。芙麗格的侍女名叫瓦爾（War）和辛恩（Syn），分別是法庭誓言和判決的人格化，證明了芙麗格最初和國家神以及會議庭之神息息相關。但由於日耳曼人終究是窮兵黷武的民族，軍隊的角色遠勝於會議庭，因此潤澤天地萬物的多產神也成了日耳曼民族的戰神。

普羅柯匹厄斯（Prokopius）[1]也曾提及住在充滿傳說的圖勒（Thule）地區的斯堪地那維亞人（bell. got. II 15）：

他們信仰眾多神魔，天神、風神、土地神、水神，以及水中精靈。他們獻上豐厚的祭禮，甚至還有牲祭；可是最隆重的祭禮仍舊是活人祭，也就是

---

1 譯註。著名的東羅馬帝國學者，亦是一位重要的古代史學家，大約生於西元 500 年，逝於西元 565 年。

第一個戰俘。他們把祭品禮全部獻給至高神阿瑞斯（Ares）。他們的活人祭不只是血腥而已，他們會把俘虜綁在木架上，或是扔到木樁上讓他被刺死，甚至有其他殘酷的處死方式。

他們眼裡的戰神或至高神不是奧丁，而是提爾。斯諾里對戰神提爾有以下描述（Gg. 25）：

提爾大膽且勇猛，也是戰場上決定勝利的神。因此，英勇的戰士會向他祈求戰無不勝。人們往往會以「如提爾一般大膽」形容膽識過人的男子。提爾把手放在芬里惡狼嘴裡，證明了他的膽識和英勇。提爾同時也聰明過人，因此人們會用「像提爾一樣明智」來形容聰明絕頂的人。但是沒有人認為他能放下身段，調解人類的和平。

提爾在艾吉爾的狂歡飲宴上保護弗雷對抗瀆神者，洛基因而說提爾從來都不是個調解人（Lok. 38）。吟遊詩人則把提爾叫作「戰神」（Sk. 9）。但相對於運籌帷幄的奧丁，提爾更接近激烈戰場上瘋狂的戰神。愛爾蘭語的「dīberc」源自古挪威語的「Týwerk」，意指九世紀北歐海盜的行徑。而北歐人以「提爾之作」指稱以提爾之名所犯下的暴行。在挪威的哈當厄爾峽灣（Hardangerfjord），出海航往愛爾蘭的港口，教堂和修道院都被燒毀，基督徒也受到壓迫，可見在維京時代，提爾信仰必然已經存在。若渴望獲得勝利，則必須把勝利的盧恩符文刻在劍尖、血槽和劍柄上，同時呼喚兩次提爾之名（Sigrdr. 6）。歷史最悠久的九世紀吟遊詩歌集裡提到的王室，據說也是提爾的後裔（Yngl. 27）。

提爾一直單身；他的前妻芙麗格和奧丁的婚姻在北歐神話裡似乎相當牢固。提爾之妻只被提到一次：洛基曾瞞著提爾和他老婆產下一子，卻沒有被蒙羞的丈夫懲罰（Lok. 40）。我們無法肯定這故事是不是洛基對太陽和大地女神芙麗格刻意的扭曲回憶，認為她在和丈夫仳離後，遭到敵對力量的蹂躪；同樣地，我們也無法確認這個影射是不是依據至高神的兒子們的神話，他們

以黃金和珠寶贏得女神的愛。我們僅就提爾的神話故事來說，光是囚禁芬里惡狼的故事便足以證明提爾作為天神和白晝之神的古老地位。我們強烈懷疑，天神提爾和雷神索爾攜手到遙遠的東方巨人希密爾那裡拿到釀酒用的鍋子，是不是個遠古的傳說。提爾的父親是冰怪和海怪希密爾，母親則是金光閃閃、眉毛發亮的女霜怪，所以他也是自海面升起的陽光，或者是他原本自我（太陽）的反射，為滿覆白雪的冰川覆上一層金箔一般的陽光（Hym 5, 8）。不過，上述詩歌完全奠基在童話般的幻想上，而提爾在其中也沒什麼特殊作用；我們只能約略看出，諸神拜訪巨人國的神話，和凡人在食人怪那裡享受款待的故事，似乎被混為一談了。

而提爾和芬里惡狼之所以水火不容，顯然是因為他是光明之神，而芬里是黑暗之神（Gg. 25, 34）：

神諭告訴諸神，他們會因洛基的親族而蒙受巨大災難，其中，芬里惡狼是最危險的怪物。諸神相當看重他們聖潔和平的聖地，不想讓汙穢的狼血玷辱聖地，因此不願意殺死芬里。於是他們扶養芬里長大，但只有提爾膽敢餵食牠。諸神看到芬里一天比一天壯碩；既然所有的神諭都預言芬里會使諸神滅亡，於是諸神決議把芬里用堅固的鎖鍊捆起來，使牠不能暴起傷人。諸神製造了兩條堅固的鎖鏈，但是惡狼一伸展四肢，鎖鏈便應聲斷裂。最後，諸神委託侏儒打造一條名為「格萊普尼」（Gleipnir）的捆神索，它有六種原料：貓的腳步聲、女人的鬍鬚、山的根部、熊的肌腱、魚的呼吸及鳥的唾液。格萊普尼如絲綢一般光滑柔軟，卻又出奇地堅固。諸神得到捆神索後，就把惡狼押到長滿石南草的湖中小島上。諸神扯不斷那條絲帶，也要求怪物試著撕裂它。巨狼察覺其中有詐，卻又不肯示弱，於是要一個神把手伸進芬里的血盆大口裡，證明諸神沒有騙牠，牠才願意接受挑戰。愛瑟諸神面面相覷，沒人想要失去雙手；只有提爾伸出他的右手，放到巨狼的雙顎裡。於是芬里被「格萊普尼」困住而動彈不得，固定在兩座岩壁之間。惡狼愈是奮力掙脫或是想撕裂它，「格萊普尼」反而更加牢固；惡狼愈是瘋狂掙扎，捆神索就愈緊。諸神放聲大笑，除了提爾以外：他的手還在芬里口中呢。惡狼一口咬斷提爾

的手，從此以後，手也叫作「狼的肢體」，而提爾則只剩一隻手可用。惡狼環顧四周，牠可怕的大嘴一開一闔。諸神拿了一把劍伸到牠嘴裡，劍柄抵住牠的下頜，劍尖刺到上顎，那就是「狼之顎裂」。牠的叫聲驚天動地，口水從嘴中淌流，變成瓦尼爾河（Wan）。芬里被困在岩間直到諸神末日。

最纖細柔軟的材料，造出最強大堅固的鎖鍊，那真是個大笑話；諸神更以**開玩笑的口吻**說服惡狼讓看似無害的捆神索捆住牠，捆神索因而叫作「格萊普尼」，意即「小丑」。洛基被自己兒子的腸子捆住時，原先柔軟的腸子一接觸到洛基的身體就變得極為堅固。在傳說和民間故事裡也往往會看到以童話風格敘述的類似荒謬現象。儘管如此，提爾協助捆住惡狼以及「狼之顎裂」仍然是這則神話的核心。

諸神對其同伴的犧牲精神的輕蔑侮慢，也暗示了後來再也不會有像提爾這樣的作風。作為諸神領袖，他必須身先士卒，直到後期，他英勇的行為才被形容為有勇無謀的行徑。正如獨臂的提爾和獨眼的奧丁的對比，他把手放入芬里惡狼口中的舉動，也被人拿來和奧丁把眼珠抵押給密密爾的行為做比較。蒼穹的光明之神本質上也是白晝之神，因而在夜間不免會變虛弱；而以手作為抵押原本可能也是暗示日光的短暫消失。手臂似乎和弗雷、海姆達爾或巴德爾的劍有異曲同工之妙；一般持劍的雙手相當於劍本身，而它也象徵著光明之神的光芒。遍照大地是天神的主要活動表現，而光明與黑暗的對立也能解釋為何提爾變成狂野的戰神。

索爾、中土巨蛇、海姆達爾以及洛基，並不是在諸神和敵對勢力的末日大戰時才初次遭遇，他們很早以前就看彼此不順眼了。或許人們會期望提爾也和芬里巨狼大打一場，而光明的天神提爾最終也會吞噬黑夜之狼。有一說，芬里吞掉了太陽（Vafþr. 46），另一個說法則指出，提爾和地獄獵犬加姆（Garm）大打出手，最後兩敗俱傷，雙雙死亡，芬里則趁機吞掉了奧丁（Gg. 51）。而風神奧丁原本是不應該出現在這場戰鬥當中的。也就是說，後人可能把故事改寫過：年輕的諸神之王取代了舊王的地位。

瑞典許多湖泊也都以提爾為名，如提本（Tibon）、提古德（Tigotten）、

提桑（Tisan）、提薩仁（Tisaren）、提恩（Tynn）和提歡（Tisjön）等湖泊；在維那恩湖（Wenernsee）和維特湖（Wettersee）之間荒涼原始的提維登森林（Tiveden, *Tyviþer），其名稱想必也源由於此。奇怪的是，瑞典沒有任何村莊以提爾為名，倒是看得到和其他諸神的關聯。我們合理推測，在奧登薩卡（Odensäker）、索斯豪爾（Torsharg）、弗羅維（Früwi）、烏勒夏特（Ullersäter）和那達倫達（Närdalunda）等地名出現的時代，提爾或許已經不再那麼家喻戶曉，也就不會以他為地名。但比村落城鎮歷史悠久的森林湖泊等自然景觀，仍然保有提爾之名，這也能間接證明提爾的影響力在漸漸式微。

在古北歐語裡，「歐亞瑞香」（Daphne Mezereum）的花叫作「特維妲」（Tyvidr），似乎和提爾作為春天光明的天神有關，這個花種也被視為報春的使者。同理，冰島的紫羅蘭花也叫作「提烏斯菲歐拉」（Tírsfíola, Viola canina，或譯為「南山菫」），而丹麥也有諸如「提易斯隆」（Tiislund，意為「提烏斯的小樹林」）的地名。對於決定戰場勝負成敗的神來說，榛樹是神聖的。只有當他繼奧丁和索爾之後回來時，丹麥人才能夠在都柏林（Dublin）一處榛樹林裡供奉雷神索爾。而在法庭審訊或決鬥中以榛樹枝祈求神明保護，不管是透過審判或是武器執行法律，在在突顯了提爾作為會議庭之神的地位。人們會在作為天神武器的榛樹枝上面纏繞聖繩，圍成一個圓圈。審判者便坐在圓圈裡。而不管是決鬥或民間械鬥，都是宗教性的，有戰神為其見證，甚或是他指定的。發動攻擊的軍隊領袖或要求決鬥的人，可以指定交戰地點，這就叫作「榛定」地點，也就是用榛樹枝標誌地點。

在七世紀或九世紀建造的坎伯蘭（Cumberland）哥斯伏十字架（Gosforthkreuz）西側，繪有兩條毒蛇和一個狼首怪物。怪物前面站著一個男子，一手持號角，另一手持矛戟或短槍，他以手中的武器刺入狼顎，使得牠無法闔上嘴巴。這裡描繪的自然是芬里惡狼的降伏和牠的顎裂。號角是海姆達爾的，他使用這支號角呼叫整個世界，並召喚英雄們準備戰鬥。

弗西提

弗西提（Forseti）是巴德爾和南娜之子。他在天上的神殿叫作「輝煌宮」（Glitni，「光輝」），所有爭端到他那裡都能得到調解。那裡是諸神和人間最好的刑場（Gg. 32）。神殿金色樑柱上是銀色的屋頂，他大部分的時間都駐留在神殿裡，以和平解決仇隙（Grímn 15）。

他父親巴德爾的判決不能被推翻（Gg. 22），他的家裡也不容許任何不潔的事物；世上沒有其他國度像弗西提的神殿那樣沒有任何罪行。他的家也叫作「光明宮」（Breiðablik，「普照四方的白光」），意味家裡閃爍著黃金光芒（Grímn. 12; Yngl. S. 5）。

除了這些殘缺不全的描繪以外，諸如弗西特隆（Forsetelund）和弗西泰隆（Forsätelund，凡賽特之森）等農場名稱也突顯了他在挪威的信仰地位。

弗西提是諸神的法官，他是和平與正義的化身。他的名字「弗西提」（Forseti，「主席」）不是源自北歐，由此可以證明他不是北日耳曼的古老神明之一。更有甚者，在北歐庶民生活和法律實務裡，也遍尋不著關於這位主司法律的神明的隻字片語。

有個信徒提到西元八、九世紀時，黑格蘭島（Helgoland）上弗里西亞人對於弗西特（Fosite）、弗賽特（Fosete）和弗西第（Foseti）的信仰：

威利布羅德（Willibrord）來到丹麥和弗里西亞（Friesen）交界的島上，該島嶼是弗西特的聖地，島上的居民以神之名，把該島稱為弗西特島。牧羊人對該地相當崇敬，沒有人敢在那裡放牧牛羊或碰觸當地生長的動植物。那裡也有一處泉水，人們可以默默地到那裡汲水；若不慎發出聲響，則可能發瘋或者暴斃。居民也會獻上活人祭禮給弗西特（V. Willibrodi 10）。西元 785 年，聖路基（Liudger）率先讓信仰假神的弗西特島居民改宗基督教。所有弗西特神殿都毀於一旦，在原址建造基督教堂（V. Liedgeri 22）。自此，弗西特島也改名為海賀哥島；對所有的水手，尤其是海盜們而言，那也是極為神

聖的島嶼。傳言如果海盜踏足島嶼，就算拿走一點點獵物，都會死於海難或
戰鬥；任何人都無法倖免（Ad. Br. IV 3）。根據弗里西亞的古老傳說，那個
神明曾經親自傳授弗里西亞法典給他的人民，並且讓地底湧出一股泉水（D.
S. Nr. 445）。

　　黑格蘭島上的居民一直認為弗西特是至高神，其神殿、聖泉、放牧的牛
隻、活人祭，以及就連維京人都不敢破壞的島上和平，一再證實了弗西特的
地位。他是大能的天神，人們在其保護以及和平下安居樂業，他也主持法庭
並且調解所有糾紛。相較於手抄本上的弗西特，弗西提（Forsite）這個名字
還比較常見；「Forsita」或古高地德文的「Forasizo」都有「主席」的意思，
提烏斯・弗西塔便是司法管轄區裡的主席。弗里西亞和挪威自古就有通商關
係；在黑格蘭島上，挪威人認識了北弗里西亞地區的信仰，他們從近鄰同盟
那裡沿襲了至高神，甚至保留了其德語名字「Forseti」。如果對弗西特的解
釋是正確的（目前沒有其他佐證），那麼後來的北歐人則是以民間字源學的
方式扭曲了弗西提的來歷。在道德意義上，巴德爾逐漸發展成和平的守護者，
但由於弗西提這個外來神和光明的巴德爾在神性上幾乎重疊，於是冰島神話
學和民間信仰便把兩者混為一談，把弗西提當作巴德爾和南娜的兒子之一。
一直到斯諾里的《埃達詩歌》裡，巴德爾才把神聖的法官職位交給兒子，而
《埃達詩歌》裡對於父親和兒子的描述也如出一轍。

海姆達爾

　　海姆達爾是太陽神以及日光之神，尤其是清晨之神。他是諸神的守衛。
一開始，正如洛基所嘲笑的，許多困難的差事都推到他身上，他必須在風雨
裡堅守崗位，不眠不休地守護諸神（Lok. 48; Vǫl. 27; Grímn 13; Skírn 28; Gg.
27; Sk.8）。他所需的睡眠比鳥還少，無論白天黑夜，他都能看得很遠。他能
聽見地上的草以及綿羊的毛生長的聲音，他可以從一個聲響裡分辨出更多聲
音。正如其他瓦尼爾諸神，他也能預知未來（Thrymskv. 14）。他是無與倫

比的守衛，保護橫跨天地並且連結諸神的彩虹橋（Bifröst，「搖晃的天國之路」）不受山怪的侵襲。但也正因為如此，他仍然不算是彩虹的人格化或神格化，雖然「海姆達爾」（Heimdall）有這樣的暗示（「dalr」有「弓」的意思）。對於諸神守衛的神性和能力的描述頗有童話色彩。有個獵人射中了停在兩英里外橡樹樹梢上蒼蠅的左眼；而另一個獵人更能夠看到世界上所有森林、田野、高山壑谷；第三個人可以聽到地上青草和羊毛生長的聲音（K. H. M. Nr. 71, 134, 34）。直至今日，我們仍然以「他可聽見風生草長」來形容特別聰明的人。我們可大膽假設這些形容都是來自史前時期所有民族共有的文學寶藏。

海姆達爾的加拉爾號角（Gjallarhorn）雖然聲音響徹雲霄，但諸神在承平時代並不需要它。當世界末日將近，海姆達爾會從宇宙樹樹梢取下這支號角，召喚諸神投入最終的戰役（Vǫl 27, 46）。

因其外表，他也與巴德爾和弗雷並列，叫作「光明的愛瑟之神」、「最閃亮的愛瑟之神」（Gg. 27; Thrymskv. 14）。正如弗雷擁有金毛野豬「古林博斯帝」，海姆達爾也有一匹公馬叫「金鬃」。因為黎明時東方天空會有一條魚肚白，所以相傳海姆達爾也有 排金牙；冰雪反射的陽光也可能被認為是他的牙齒。清晨太陽緩慢升起，造成晨霧甚或海市蜃樓時，人們便相信是海姆達爾穿著雪鞋飛進大氣中的雲層。

海姆達爾住在「天山」上。在挪威人的想像裡，是垂直入海的岩壁，白雪皚皚的山峰反射著清晨第一道陽光；這座山位於天空的邊界，彩虹之橋的盡頭。這個諸神的守衛，在其舒適的家中享用詩人靈酒，有如艾克哈特（Eckehart）和呂迪格（Rüdiger）之類的哨兵或警衛，又如匈奴國的哈根（Hagen）。

諸神在商討如何奪回索爾被偷的雷神鎚時，他率先提議要強壯的雷神偽裝成新娘。他甚至在艾吉爾的宴席上對狡詐的洛基「直言不諱」說：「門是樹幹做的，而如果舌頭不乖乖聽話，所有人都會遭殃。」他騎著金鬃駿馬，佩戴閃閃發光的寶劍，前去參加巴德爾的葬禮。他是奧丁之子。

這些當然只是詩人天馬行空的杜撰，並沒有任何神話依據。關於海姆達

爾的神話共有三段，第一段是關於他的出生，第二段講述他和洛基的對決以及他的寶劍，而比較晚出的第三段，則是描述他如何為人類創造階級。前兩個故事都很隱晦難解。

有一首幾乎失傳的海姆達爾咒語詩歌說（Gg. 27）：

九個少女是我的母親，
而我是九個姊妹的兒子。

太初之時，九個巨人族少女在大地邊鄙生下這個以長矛聞名（或稱「持有魔杖之神」）、力大無窮的奧丁之子（另稱「諸神的血脈」）。海姆達爾從大地、冰冷的湖水以及神聖的祭血（或為野豬血）獲得神奇的力量。他比所有神都更加優秀，作為統治者，他比其他神都更加崇高，他也和所有人類有共同的親屬關係（Hyndl. 36-40）。

海姆達爾的母親是九個女海妖，她們住在海天一線的大地邊緣，她們可能是艾吉爾之女，用冰冷的海水養育兒子。之所以是九個母親，或許只是影射女海神的九個名字。諸神領袖、光明的天神奧丁（其實是提烏斯）和女海神生下海姆達爾，他是從海平面升起的晨曦之神，因此名為「海姆達爾」，意為「照耀世界者」或「光明者」。他的住所也位於太陽升起處，那明亮的大地東部邊緣，正對著西方的巨浪礁岩和阿爾卑斯山壁；他曾在那裡為了芙蕾葉的項鍊而和洛基大打出手。

北歐吟遊詩人說海姆達爾是洛基的死敵，他曾經協助找尋芙蕾葉的項鍊、爬上巨浪礁岩和阿爾卑斯山壁，在那裡為了女神項鍊和洛基大戰（Sk. 8）；洛基偷了女神項鍊，和海姆達爾是死對頭（Sk. 16）。洛基趁著太陽下山之際，偷走晨曦女神的項鍊（太陽），把它藏在西海的懸崖上。但是全知全視的太陽神變身為如海獅一般的鰭足動物緊追於後，和也變身為海獅的洛基搏鬥，最後奪回太陽女神的項鍊。

海姆達爾也死在洛基手裡，據推測是洛基偷走他名為「首級」的劍，然後把他刺死。在和蘇爾特的戰鬥中，弗雷也是被自己在向格爾德求愛時失去

的寶劍所刺死。此外，在巴德爾的神話裡，落入黑暗勢力的劍似乎總替光明之神的死亡鋪路，而同樣的主題也出現在日耳曼的呂迪格傳說，丹麥詩歌裡，也說席瓦德（Siward）和布倫希爾德（Brynhild）刀槍不入，只有自己的劍才能傷害他們。我們不知道為什麼海姆達爾的劍叫作「首級」，但「首級之劍」的故事可能是其中比較接近事實的解釋。在海姆達爾之劍的神話裡，也有個神祕難解的描述：「海姆達爾的劍叫作『首級』，有人說是因為他會被某個男子的頭顱刺穿。在海姆達爾咒語詩歌裡也提到這點，後來『首級』也被用來指稱海姆達爾之死，因為這把劍便代表了人的死亡。」（Sk. 8, 67）因此，「海姆達爾會因男人的頭而死」的說法使得寶劍名為「首級」，它不僅是個專有名詞，其中的文字遊戲也因為蘊含了「某個男人的頭」而晦澀難解。諸神死於自己的寶劍，也同樣相當諷刺。冰島的勇士格雷提原本應該會說：「我必須保全我的頭，才能保全我的命。」（Gtettis S. K. 63-7）但是這句話卻被改寫成：「我必須保全『海姆達爾的劍』。」現代讀者讀到這些隱晦而不知所以的用語或許會一頭霧水，但北歐人一直很喜歡這種吹毛求疵的猜謎遊戲。這個神話若不是記載於埃達神話裡，早就不可考了。據推測，可能的劇情是：優秀、善良而強壯的神、正向積極的代表海姆達爾，挑戰代表否定面的洛基，他那把無與倫比的「首級」是他的夥伴。但是不眠不休守護諸神的守衛有一次不小心被洛基調虎離山，他的對手便偷偷換掉了寶劍。於是，海姆達爾和洛基在戰場上使用的是交換過的武器，而在最終戰役裡兩敗俱傷。

清晨之神也是成長之神。海姆達爾也是人類的先祖或是創建者，他建立了階級差異，包括奴隸、農夫和貴族（Vǫl 1.）。人類是「海姆達爾之子」，或簡稱「白晝之子」（Sigdr. 3; Am. 62-6）。大約作於西元 890 年的挪威詩歌《里格敘事詩》（Rígsþula）曾說，金髮哈拉德臣服於挪威王室，而想得到丹麥公主蘭希爾德（Ragnhild）的芳心，當時的王朝被譽為最完美的國家體制，而國王則是凌駕所有階級之上的王國統治者，他是神的後裔，也和最有威勢的國王之女結婚。海姆達爾也會以里格（Rig，「王子」）之名出現，正如弗雷也有「神、國王」之類的別稱，而海姆達爾的貴族後代雅爾（Jarl，

「伯爵」之意）也繼承了這個名字，後來又傳給下一個王儲。所以里格，也就是年輕的國王，基本上和金髮哈拉德沒什麼不同。

有一次，勇敢而睿智的愛瑟之神海姆達爾化身為里格，沿著海灘旁的草徑輕快地散步。他在小屋裡看到一對夫妻亞伊（Ai，「曾祖父」）和埃達（Edda，「曾祖母」）挨著火爐。埃達給他一碗湯以及裸麥麵包；亞伊讓他睡她的床，而在其他冰島傳說裡，主人則是讓客人睡女兒的床。神待了三個晚上。九個月後，埃達生下黃膚黑髮的男孩「奴隸」，他是所有奴隸階級的先祖。

里格繼續他的旅程，到了一處農舍，「祖父」和「祖母」住在頂樓。男人砍木頭做屋樑，女人則編織布匹。他們以豐盛的餐點和熟牛肉招待這個不速之客。他又待了三個晚上，九個月後，「祖母」生下了紅膚金髮的兒子「卡爾」（Karl）。「奴隸」擅長編織樹皮、製繩以及搬運農作物，「卡爾」則會馴服公牛、製作木犁、建造房屋馬廄和種田。「卡爾」是農民階級的祖先。

神繼續往前走，來到一座宮殿，「父親」和「母親」坐在平坦的地板上。男主人削木製箭，磨亮箭鏃；女主人則穿著淺藍色長尾裙緊緊依偎著他。他們為貴客鋪上雪白的桌布，桌上擺滿了雞鴨，銀製酒杯裡斟滿了葡萄酒。神同樣停留了三個夜晚。九個月後，「母親」生下有白皮膚、淺色眼珠和頭髮的「雅爾」（伯爵），他從小就喜歡把玩長矛和盾牌，也學會射箭、投擲標槍、馴犬和騎術。里格親自教他盧恩符文，把自己的名字「里格」傳給他，讓他成為里格的嫡子，繼承里格的土地和人民。里格（即雅爾）揮舞寶劍、投擲長矛、騎馬馳騁，在戰場上奮勇殺敵，把珠寶首飾都捐贈給親族。他的小兒子叫作柯恩（Kon，「後代」的意思），正如他的名字所預示的，他將來會成為國王。國王比父親更深諳盧恩符文，他會鳥語，也能平息洶湧的波浪和烈火；他能挫鈍劍鋒，力氣比八個勇士加起來還大。年輕的國王騎馬穿過蘆葦和樹林，枝椏上的烏鴉對著他叫，要他攻打丹麥國王，並帶著其中一個女兒回家。比起初下的白雪，她的眉毛更加明晰、胸脯更明亮、脖頸更白皙。

可惜的是，這首社會哲學的詩作就此戛然而止；結局是柯恩牽著丹麥公主的手，心滿意足地把她娶回家。

霍尼爾

關於霍尼爾的敘事既怪誕又令人困惑，但肯定的是，在最古遠的年代裡，他曾扮演相當重要的角色。

有一首講述古代世界觀的詩歌，描寫奧丁、霍尼爾和洛德（Lodur）三神如何在地上找到第一個人，他雖不富有，卻也樂天知命。奧丁賜給他氣息，霍尼爾給了靈魂，而洛德則給他溫暖和血色（Vol 17, 18）。奇怪的是，霍尼爾在這裡的角色很類似他在瓦尼爾和愛瑟神族的大戰之後所扮演的角色：

瓦尼爾神族把富有的尼約德、弗雷以及其子送給對手愛瑟神族充當人質。愛瑟神族卻以霍尼爾為交換人質，霍尼爾高大英俊、形貌威嚴如領袖，和他同行的還有聰明的密密爾。霍尼爾來到瓦尼爾國之後便成為領袖，但實際上卻是密密爾替他運籌帷幄。如果沒有密密爾陪同，霍尼爾單獨走進會議庭或各種會議，遇到困難的情況必須裁決時，他總是回答：這個可以由其他人決定！瓦尼爾神族因此發現他們被愛瑟神族騙了；於是他們擄走密密爾，砍下首級，把砍下的人頭送回愛瑟國。奧丁用藥草、咒語詩歌，讓密密爾的頭永不腐朽（Yngl. S. 4）。

瓦尼爾神族為什麼不處死欺騙他們的霍尼爾，反而拿聰明的密密爾開刀，令我們大惑不解。幼稚、困惑又捉摸不定的霍尼爾，就這樣待在瓦尼爾神族，直到世界大火，才再度出現在洛德身邊。在新天新地裡，霍尼爾可能選擇了羅斯侏儒（Loszweig），他為羅斯侏儒預言未來，替下一代賜予祝福和好運，並為洛德提供船漆（Labsal）[2]（Vol 63）。

2　譯註。由松節油、松焦油和亮光漆以一定比例混合而成的物質，可增固船隻並保存材料。

傳說中霍尼爾、奧丁和洛基三神時常出外散步，而霍尼爾從不走在前頭。無論是在以綁架伊頓為終的不幸冒險，或是齊古爾傳奇的前傳，洛基害死歐特瑞斯（Otrs）導致諸神的贖罪和侏儒安德瓦利的詛咒，霍尼爾的表現都相當被動。北歐吟遊詩人說霍尼爾是奧丁的同伴、同行者和忠實朋友，霍尼爾和奧丁顯然過從甚密。此外他還有「神速愛瑟」和「大腳愛瑟」等和他的神性有關的稱號（Sk 15）。在提到「博學的」伊瓦（Ivar Vidfadme）之死的詩歌裡，國王問道：「誰是愛瑟神族裡的羅烈克（Hrörek）[3]？」霍爾德回答說：「是霍尼爾，愛瑟神族中最軟弱的！」（FAS I 375）。於是霍尼爾也有了獨特的稱號，例如「濕氣之王」或「春光之王」。

我們在挪威及冰島的文獻裡遍尋不著任何由霍尼爾扮演主角的段落。他不是陪同其他兩個好友，便是猶豫不決且軟弱依賴。不過，在一首極為感人且真實善良的法羅群島詩歌裡，霍尼爾倒是展現了另一面：

有個農夫賭上性命向巨人挑戰下棋並且打敗他。巨人以腦袋作保證說他能在一夜之間為農夫建造各式風格的宏偉建築。肥胖的農夫一早起來，喜出望外地看到華麗房子就在眼前，他便和妻子住在裡頭。巨人和農夫又下了一局，不過這次輸的卻是人類。如果農夫不把兒子藏好，就必須把他交給巨人。危急之下，他向愛瑟之王奧丁求救：轉瞬之間，奧丁便站在農夫桌前，並且帶走了男孩。奧丁讓一整片田野的植物在一夜之間長大，而他把男孩叫作麥穗，並將之變成麥穗上的麥粒。巨人用劍砍下一把把麥穗。男孩趕緊向奧丁求救，於是奧丁又把男孩帶回父母身邊。男孩的雙親接著又祈求霍尼爾的保護。霍尼爾說曹操曹操就到，他和男孩走在綠色沙灘上，不時便傳來七隻天鵝飛來的聲響。其中兩隻天鵝在霍尼爾面前降落，而霍尼爾則要男孩變成天鵝頭頂的一根羽毛。但是巨人仍抓住那隻鳥，扭斷牠的脖子。不過羽毛從巨人的嘴中滑了出來，霍尼爾把男孩拉到身邊，讓他安然無恙地回到父親那裡。現今，男孩的父母親只好求助於洛基。洛基出現了，不過在他和男孩離開之

3　譯註。據傳為九世紀丹麥西蘭島的傳奇國王，又是哈姆雷特之祖父。

前，要求農夫建造一棟有一大片玻璃窗的房屋，並在窗上橫擺一根粗鐵條。
而後洛基便和男孩划船到遙遠的海洋漁場，正如索爾當初和希密爾到熟悉的
海域捕捉中土巨蛇一般。洛基抓了三條比目魚，把男孩變成一顆卵，藏在最
後一條魚的肚子裡。巨人也抓到那條魚，細數每一顆魚卵，但正確的那顆卻
滑出他的手掌心。他們一路跑到岸邊，男孩刻意跨大步，不想在沙灘上留下
痕跡。巨人看到男孩了，他在後面吃力追趕，直到不支跪地。男孩匆忙中往
大窗戶直奔而去，頭部狠狠撞在鐵桿上。洛基馬上前來救他，替他接好一隻
斷腿。傷口很快就癒合了，但洛基必須把第二條腿敲斷，在身體和大腿之間
擺放石塊，不讓大腿和身體黏在一起，最後才分段治好他。男孩終於得救了，
於是洛基把他交給他的父母親。

男孩於今我歸還，
保護防衛已圓滿。

保護防衛已圓滿，
汝願亦已遂。

應允之事必實現：
巨人永不再擾煩。

一下是無生命的事物，一下卻又變成動植物，兩個對手變幻莫測的生死
對決，這樣的主題廣泛運用於神話和童話裡：被追捕者變成公主手指上的一
枚戒指，而追捕者則變成男人，買下她手中的戒指。戒指又變身成大麥粒，
而男人又變成公雞，大麥粒趕緊變成狐狸，一口咬死公雞（Vgl. K.H.M. Nr.
51, 52, 113）。

這個主題是以法羅群島的詩歌為基礎。而諸神在劇中的角色也都各自符
合其天性。奧丁是愛瑟諸神之首，因而是農夫第一個求救的對象，他也是豐
收神，主司農田的收成，所以可以讓麥田在一夜之間成熟。洛基是「鯨魚的

同夥」，他發明漁網，統治海裡的生物，足智多謀，讓巨人掉到他的陷阱裡。天鵝則是霍尼爾的臣民。這三個神明都樂意協助人類對抗巨人的暴力。

但霍尼爾和天鵝究竟有什麼關係呢？他走在綠色海灘上，有天鵝群聚四周，或者有兩隻天鵝停在他肩頭，聽候他的差遣，這一切都只是巧合嗎？把他的名字解釋成「如天鵝一般者」（*hauhneis；希臘文作「kukneīos」），也就是雲神，當然是有問題的。可是振翅飛越天際的天鵝，象徵天上飄蕩的白雲。作為變幻莫測的雲的神，他是愛瑟神族裡的飛毛腿，可以說有神足通。如果沒有水神密密爾的協助，他什麼事都做不好，而他也伴隨風神奧丁到處巡視，這一切都影射著由水氣成雲致雨、待風而動的特性。霍尼爾會求教於密密爾，奧丁也會在重要時刻尋求密密爾的建議。如果沒有水氣，雲就沒辦法致雨，所以密密爾可以說是霍尼爾的智囊。雲隨風而動，亦步亦趨，因而霍尼爾是奧丁的隨從。第三個同行的神是洛德，友善的暖夏之神。當輕快的風拂過田野，挪威人仰望隨著夏天暖風如霧一般飄蕩的白雲時，總會想起霍尼爾、洛德和奧丁。而熟諳雲的路徑的神，則安坐在天上，因而叫作「住在高處者」（*Hauhnijaz，「*Hauhni」是「高處」的意思）。由於雲是水氣上升形成的，本身有一定的水分，也會消融在霧氣裡，所以霍尼爾也稱為「濕氣之王」。

我們只有在法羅群島的詩歌裡才看到霍尼爾是天鵝之神，但在他處，天鵝是尼約德的聖物。這可能來自於法羅群島人的特殊想像。歲月之神由夏天的雲彩陪同出巡；而在日照回來的第一日，天鵝們會回到四面環海的荒島。如果說霍尼爾也是會賜予人間春天的第一道日光，那麼就可以解釋他的別名「春光之神」；同時，對法羅群島居民而言，遠古神話裡的大天鵝是第一批來訪的候鳥和春天使者，因此牠和春天第一道日光的神的關係也就昭然若揭。但是如果只把霍尼爾視為宣告冬夏季節更迭的太陽神，而不是雲神，尤其是春光明媚的雲神，那麼就無法解釋關於霍尼爾的其他故事。霍尼爾在瓦尼爾諸神之中到處吃癟的滑稽故事不是單純的神話創作，因為他在諸神當中的角色漸漸被遺忘，而他作為最軟弱的愛瑟之神的角色也一直很模糊不清。因此，我們只能從許多字源和解釋找到最可能及可信的說法。

奧丁

奧丁的名字、別名和歷史發展

　　沒有其他日耳曼文化的神明如沃坦（奧丁）一樣具有如此豐富而分歧的意涵。瓦尼爾神族和愛瑟神族之間的混戰，其實反映了瑞典當地古老的信仰戰爭，尤其是舊有的弗雷信仰以及從日耳曼經過丹麥往北發展的奧丁信仰之間的戰爭。瓦尼爾諸神的信仰主要是自然宗教，諸神是孕育萬物並且對人類友善的自然力量的化身，因此受到人類敬拜。另一方面，奧丁和愛瑟神族的信仰，卻可以說是擬人神論（anthropomorphisch）的宗教：人類力量是至高的，也就是說有資格統治世界，這些力量被神格化而受人崇拜。不過我們不能說奧丁的神性重點就在於其魔法師的能力。關於奧丁的基本解釋原則，正如其他主要諸神，都能從大自然裡找到蛛絲馬跡。他的名字，後來被基督教歷史家翻譯為「furor」（Ad. Br. IV 26），字根是印歐詞系的「vá」，有「飄揚」之意，再加上兩個後綴詞。日耳曼語中的「*votha」（憤怒、狂暴）和拉丁文的「lat vates」（被激怒）都是同一個字源，不僅是指暴風雨的變化，也指稱內心的反應（古北歐語的「óþr」意指「精神、歌曲、詩歌」）。古日耳曼語的「*Wôdanaz」、古高地德語的「Wuotan」、古斯堪地那維亞語的「Wôdan」、盎格魯撒克遜語的「Vôdan」和古北歐語的「Oðinn」，都以「-ano」作為後綴。基本上都是「狂暴」的意思，也說明了如何從這個字義衍生出風暴神、戰神或憤怒神。自古以來，在日耳曼文化裡，「風暴」一詞從大氣的擾動轉變成人類的戰爭，而詩人也把戰役叫作「奧丁的雷雨、冰雹、狂風和驟雨」。把精神、靈魂和擾動的大氣相提並論的結果，就是把神和心靈結合在一起：風神不僅是死者和靈魂的接引者，也不只是兵法家，同時也是所有藝術和科學的創建者。

　　奧丁的別名數量沒有任何神可以媲美。「知道所有這些名字源流的人，一定聰明不凡。他必須智慧過人才能解釋這一切。有些別名還是他的夥伴替他取的。」（Gg. 20）這些奧丁的別名或許不怎麼詩情畫意，卻大受歡迎，

也突顯了民間信仰的根源。他們原本可能是「**個別神**」（Sondergötter）[4]，例如和生物的蛻變、陣風、驚恐、地震有關的神，這些概念的意義界限都很**明確**，或者各自指稱一個**特定事件**。不過，現在它們都連接到**人格化的神**，它們的行為也都體現在奧丁的神性裡，與他緊緊相連，儘管奧丁的形象已經今非昔比，這些概念仍然留存下來。

關於北歐奧丁信仰起源的年代眾說紛紜。若奧丁信仰於西元 500-600 年間進入北方，則北歐歷史時代的開端和宗教傳入之間則差了 200-300 年，這樣的時間足夠發展出我們現在認識的奧丁形象了。奧丁信仰可能是從薩克森區經丹麥傳到北歐。丹麥必定先接受了奧丁信仰才傳到其他北歐國家。一直到更晚近，斯堪地那維亞人仍然認為奧丁是薩克森的神（FMS V 235），斯諾里很隱晦地提到奧丁和其他愛瑟神族如何傳入北歐。根據斯諾里的說法，奧丁是從薩克森地區傳到菲因島和西蘭島（Yngl. S. 5；《埃達詩歌·序言》10, 11）。除了古老的信仰中心，例如隆德、靈斯泰德（Ringsted）、萊德（Hleidra）和維堡（Wiborg），也有許多以奧丁為名的村落：在菲因島奧登賽（Odense）的奧丁斯威（Odinswe）、斯堪尼的昂斯維德（Onsved）、日德蘭半島的昂斯泰茲（Onsted）、昂斯堡（Onsberg）、昂席德（Onsild）等等；在丹麥的民間信仰裡，奧丁是丹麥人的守護神。許多瑞典地名也是以奧丁為名：昂薩卡（Onsåker）、奧丁薩卡（Odinsåker）、奧登佛斯（Odenfors）、昂席克（Onsike）、昂斯盧達（Onsluuda）、昂薩拉（Onsala）、奧登斯尤（Odensjö）、奧登斯塔（Odenstad）、奧登維拉（Odensvalla）及奧登斯維（Odensvi）。在挪威，除了多達十二個地名和索爾有關之外，也有十個地名以奧丁為名。隨著奧丁信仰在斯堪地那維亞南部落地生根，也成為諸神領袖，瑞典北方的耶阿特族（Gaut）也把奧丁叫作「耶阿特」（Gaut, Gautaty；「耶阿特族之神」）。

---

4 編按。一般對於羅馬宗教裡的諸神的分類。第一階段為「Augenblicksgötter」，指只和某個自然現象或行為有關的無名神；第二階段為「Sondergötter」，其名字和某個現象或行為有關；第三個階段則是人格化的萬神。

　　從薩克森經由丹麥前進北歐，是歷史上唯一可能的路徑，因為斯堪地那維亞半島和英格蘭的海上交通要到西元八世紀下半葉才建立；而由於英格蘭早已歸信基督教，奧丁信仰更不可能取徑英格蘭。在沃坦信仰傳入北歐前，奧丁一直是瓦尼爾和愛瑟神族的和平協議裡指定的諸神領袖，不過基本上還是個自然神。對萊茵河畔的伊斯特沃內族（Istwäonen）而言，沃坦已經向上躍居文明之神。正如北歐詩歌波瀾壯闊的描述，沃坦已成為王室、詩歌和勝利之神。他也是巫術、醫術、知識和詩歌藝術之神。伊斯特沃內族把沃坦視為各種文化成就的化身，這個想像在西元 800 年前（姑且不論更精確的日期）轉移到北歐的奧丁身上，也唯有如此，奧丁才會是世界領袖，無可爭議的諸神統治者和諸神之父。他的名字和許多意蘊深遠的神話有關，例如盧恩符文的發明或詩人靈酒的釀造。北歐特有的遺產都是世界的保存者奧丁開展出來的，而其反面正是破壞者洛基。當異教宣告終結之時，這個當時主流的動人觀點卻往往很悲劇性地遭到誤解。

自然神奧丁

　　奧丁可以變身為各種形態：他既是菲歐尼（Fjölni，「多形態者」），也是史威帕爾（Swipal，「變化萬千者」），他叫作格林和格林尼（Grim und Grímni，「變形者」），又叫作圖德（Thudr，「瘦弱者」）、哈爾（Har）或哈維（Hawi，「至高者」）。「奧丁變形了，而他原本的身體躺在那裡，好像睡著或死了。他變成蟲魚鳥獸，並為了他自己或別人的事，可以瞬間跑到國土之遙。」（Yngl. S. 7; S. 69）他借用辛弗提利（Sinfjörtli）的屍體扮作船伕，拒絕渡索爾一程。而作為軍隊統帥，奧丁會悄悄接近一頭牛以獲取牠的歡心；他也會以帽子遮住臉，而不被認出來；他會喬裝成打鐵匠，掩藏自己的真實身分；「因為那些魔法師，也就是諸神，都知道最優秀的魔法可以讓他變身，以各種樣貌出現，奧丁第三次才以敏捷的騎士身分現身。除卻外表之外，他們也能自由改變年紀。」奧丁也會穿上少女的衣裙，扮作四處尋覓愛人的流浪者（Saxo 78 ff.）。為了得到蘇頓格釀的詩人靈酒，奧丁扮作僕人。他變身成蛇，潛行到美麗的袞勒德身旁，他也幻化為老鷹，在女兒的

協助下獲取詩人靈酒之後就飛走了。蛇是地獄的權力象徵，而奧丁的綽號也和兩條蛇相關：「交纏之蛇」奧夫尼（Ofni）和「永恆沉睡、死亡使者」史瓦夫尼（Swafni）；倫巴底人（Langobarden）信仰黃金蛇圖騰的奧丁（V. Barbati）。「老鷹」、「鷹頭」是其別稱；而他也以鷹隼之姿從國王海德瑞克身邊飛走。

奧丁的兩隻烏鴉或許和變身術有關。在許多傳奇裡，沉睡者的靈魂會如呼吸或蛇一般從口中滑出來，並且體驗各種猶如夢境的經歷。奧丁的兩隻烏鴉原本可能是一隻，而這一隻其實是奧丁的靈魂。靈魂以烏鴉的形態從沉睡者的嘴裡飛出來，並於醒來時回到身體；法師則把以烏鴉為形的靈魂送至世界各地。斯諾里說奧丁**一大早**派他的烏鴉出巡，牠們必須在早餐前回來：這或許是暗示牠們必須在奧丁起床時回到他身邊（Yngl. S. 7; 264）。

奧丁的外貌也隱含著自然現象的意義。奧丁長得高大威武，長鬚垂胸（「Harbard」意為「灰鬍子」；「Langbard」、「Sidskegg」、「Siggrani」指「長髯」；「Hrossharsgrani」則為「如馬一般的長鬚」；「Grani」為「蓄長髯者」）。天神和許多日耳曼國王一樣頭髮濃密；披肩長髮也是國王的特徵之一（Egils S. V. 58）。寬鬆飄動的黑色或深藍的大衣，在他的肩頭飛舞著：人們能夠從大衣裡看到多雲的夜空，是故奧丁也叫作赫克魯曼（Heklumann）（Hackelberend；意為「穿著大衣者」）。他寬塌軟縐的帽子覆著額頭，叫作「雲帽」或「霧帽」，也因此奧丁別稱霍特（Hött，「帽子」）或席德霍特（Sidhött，「軟帽」）。人們對他望之生畏，所以也稱呼他為史基爾芬（Skilfing，駭人者」）。因為他代表強風，所以叫作尼庫德（Hnikud）或尼卡（Hnikar），都是「颶風」的意思。而暴風雨會招致傷亡，於是奧丁又稱為蓋古德（Geigud，「傷害者」）、布華克（Bölwerk，「犯罪者」）；暴風的怒吼則使他又別名為洛波特（Hropt，「怒吼者」）、瑞尤特（Hrjot，「喧囂者」）、亞夫德（Jalfud，「巨響」）、布里馬馮（Brimafeng，「縱火者」）、亞德莫古努（Hjaldrmognud，「製造吵鬧者」）、遜德（Thund，「噪音」）；加上其他綽號如多魯（Dörrud，「撼動者」）、瓦夫得（Wafud，「擺盪者」），都把奧丁形容為風神。

在古日耳曼的想像中，奧丁都是**獨眼**的：究其原因，當然和白晝的天空無關，而是由於夜空。雲層下隱隱若現的雷電讓人想起被雲霧的帽沿遮住的眼睛，或者是風雨前的濃密烏雲裡如牛眼或暴風眼一般的缺口。奧丁的一個別稱「哈爾」（Har），意思就是獨眼的（哥特語作「haihs」），而直到後來才有「高貴」的意思。薩克索筆下的奧丁是個獨眼老頭，白髮蒼蒼、身材異常高大，總是披著粗毛皮大衣，曾教授哈拉德國王兵法。他也以瞎眼漢的形象拜訪海德瑞克國王。而奧丁更變身為獨眼農夫，收留「梯子」羅夫國王（K. 46）。在晚期的傳奇裡，也有個女巨人在冥界看到了黑暗之王。由於她看到冥王也是獨眼的，便認為那就是奧丁（Egils. S. ok Asm）。即使到了基督教時期，人們對奧丁的印象還是獨眼的。西元 1180 年左右，索比悠（Thorbjörg）刺瞎了「索達之子」斯圖拉（Sturla Thordarson）的一隻眼睛後叫道：「我為什麼不讓你變成你最想模仿的人呢？那不就是奧丁嗎？」（Sturl S. II 35）我們也將於下文討論關於天神失去一隻眼睛的後期神話的含意。獨眼神奧丁也稱為必列格（Bileyg，「眼神溫柔者」）或巴列格（Baleyg，「目光如炬者」）。詩人反覆描述奧丁的外表，奧丁在丹麥詩歌裡皆以神的原形現身，在冰島傳奇裡則經常扮成不起眼的流浪漢：

他披著骯髒的上衣，未穿鞋襪，穿著緊貼著腳的亞麻褲子，手中持劍（Vol S. 3）。齊格蒙在戰場對上一個身穿藍袍、壓低帽緣的男子，他只有一隻眼睛，挺著一桿長矛（a. a. O. 11）。他披掛著一件綠帽外套，身穿藍色褲子，鞋子紮到大腿處，手裡拿著一根爬著毛蟲的樹枝（Norn. S. 5）。

北烏普蘭的溫鐸（Vendol）教堂旁曾發現鐵器時代晚期的頭盔。頭盔上描繪著馬上一個全副武裝的騎士，左手持盾，右手使矛，一條蛇在他面前昂首吐信，兩隻烏鴉飛到他的頭上：這位騎士可能便是奧丁。

如沃坦在日耳曼的形象，北歐的奧丁也是手持長矛，呼嘯策馬。奧丁也叫作阿特里德（Atrid，「騎馬進擊者」），或夫拉里德（Frarid，「靈活迅速的騎士」）。而他的馬則稱為斯雷普尼爾（Sleipnir），亦即「奔馳跳躍者」。

奧丁騎著斯雷普尼爾進入赫拉之國，赫摩德（Hermod）也奮勇追隨著他。斯雷普尼爾是天底下跑得最快的馬（Grímn 44），這匹灰色公馬有八條腿，是由變成母馬的洛基和巨人建築工的神馬生下的（Hyndl. 42; Gg. 15, 34, 42）。奧丁總是騎著他的馬往來巨人國。隆尼爾驚見一個戴著金色頭盔、穿山越海而來的騎士，讚說那真是一匹上等好馬。奧丁甚至願以他的腦袋打賭，翻遍巨人國也找不到如斯雷普尼爾一般出眾的馬；而隆尼爾卻以為他的公馬更強壯。奧丁飛馳的速度驚人，他總是能在巨人之前到達瑞格（Rägel）山頂（Sk. 17）。在薩克索的書裡（66），奧丁的坐騎是一匹高大的白色公馬。奧丁變身成獨眼的老頭子，把倉促逃跑的哈定攜到他的住所，又用他的馬把這位年輕人送回故居。整段過程中，哈定一直目瞪口呆地望著老人身上襤褸的大衣在海面上奔馳，看到那匹神馬的馬蹄如何踩出一條路來（Saxo 23, 24）。在民間傳說裡，往往會以馬腿的數量影射騎士的身分；奧丁及其八足神駒，也以出人意表的數字遊戲創造出高潮迭起的文學趣味。奧丁問海德瑞克國王：「哪兩個人有十隻腳、三隻眼，卻只有一條尾巴？」國王毫不含糊地說：「那正是騎著斯雷普尼爾的奧丁。斯雷普尼爾有八隻腳，奧丁有兩隻，而他們加起來共有三隻眼睛，斯雷普尼爾有兩隻，奧丁一隻。」

詩人讓斯雷普尼爾的腳比一般的馬多了一倍，以突顯牠奔馳的速度。依照自然象徵的手法來看，斯雷普尼爾是隨著奧丁呼嘯來去的旋風。宇宙樹也叫作「奧丁坐騎的白蠟」，而斯雷普尼爾則叫作「可畏者尤克（Ygg）之馬」。斯雷普尼爾的八足是指羅盤的八個點；天氣晴朗時，奧丁把他的風之馬繫在摩天樹的樹枝上，不時放牠去小跑覓食。這是多麼奇特卻又充滿北歐風情的景致！

戰爭迫在眉睫時，日耳曼的羅登史坦納（Rodensteiner）會趁著夜黑風高，連人帶馬、戰車、軍隊和狗、滑稽的弄臣，一起逃離他的宮殿。在夜色的掩護下，只聞其聲不見其人。而瑞典人相信，奧丁往往會在大戰前現身（Yungl S. 10）。十三世紀左右的挪威皇家傳奇也曾提到（FMS IX 55）：

某天傍晚，一名男子騎馬到打鐵鋪問鐵匠是否能留宿一晚，請他打造馬蹄鐵。主人說不成問題。距離天亮還有一段時間，於是他起身開始工作。主人問：「你昨晚是在哪裡過的？」「北泰勒馬克（Telemarken），」客人說。鐵匠說：「這個謊扯得可大了，那怎麼可能！」語畢，他開始打鐵，不過工作沒有他想的那麼順利。他說：「我以前打鐵從不曾這樣。」他的客人說：「你就照著鐵塊的樣子打造吧。」最後的成品卻比一般的馬蹄鐵要大上許多，可是相當合腳，於是鐵匠把它釘上去。這時客人說話了：「你真是蠢到家了，你為什麼不問一下呢？」鐵匠於是問道：「你究竟是什麼人？從哪裡來？又打算去哪裡？」客人答道：「我從北方來，而我在挪威待得夠久了！我現在要一路往南到瑞典王國，但因為我在船上待太久了，我還得先花點時間熟悉一下怎麼騎馬呢！」鐵匠說：「那麼你今晚還要去哪裡？」「很遠、很遠的南方。」他答。「這不可能辦得到！」主人說：「一般人七天都很難到達。」客人翻身上馬。主人再問：「你究竟是何方神聖？」客人回答：「你可曾聽過奧丁之名？」「我聽過人們呼求他。」「現在你可是見到他了。若你不相信我說的話，那麼就看我和我的馬是怎麼跨越柵欄的吧！」那匹馬低聲嘶鳴，他一夾馬刺，馬便飛越柵欄，而柵欄則文風不動。柵欄可是約有七厄爾（Elle）那麼高。從此以後，鐵匠再也沒看過那個男子。但是四天後，一場恐怖的戰爭便在當地發生。

同樣地，西元 1011 年 9 月 3 日，高貴的尼亞（Njal）被殺害前不久，奧丁也變身成無名男子，隨著他的灰馬現身（Nj. 125）：

一名男子半夜走在荒郊野外，卻聽到一聲巨響，天地盡皆動搖。他看到一圈火焰，火圈的中心有個男人騎著灰色戰馬。這名男子騎得飛快，轉瞬間來到他面前。他手中持著熊熊火炬。他就站在那名男子面前，面貌清楚可辨，整個人黑如瀝青。而此時，那騎士以用宏亮的聲音吟唱以下的詩：

> 我騎鬃馬，毛色純熟
> 汗髮濕額，邪惡所致
> 火炬兩端，餘毒在中

在他看來，騎士好像把火炬往東，向卑爾根的方向丟去，瞬時，眼前彷彿有巨大火焰高高升起，從所在之處到面前的山之間，他什麼也看不見。那名騎士似乎繼續向東，往火焰的方向騎去，消失在盡頭處。此時，見證一切的男人回到家中，陷入長久的沉睡。而這個「鬼怪騎士」則指向重要事件。

巴德爾擁有由兩匹馬拉的馬車（Saxo 74），弗雷、弗洛多和奧丁之子則是擁有戰車，同樣地，奧丁也稱為「戰車之友」（Snt. 22）。據傳古代諸神和君王也都搭乘戰車出巡。

群狗會在黑暗的風暴神身旁狂吠，而風、烏鴉和夜行性鳥類也會圍繞在他四周。

> 黑如烏鴉雙翅，
> 於風暴中，濕髮狂野飄拂。（易卜生《火災》）

民間傳奇至今仍把狗當作奧丁的同伴，但荒野中還有更多動物也適合驍勇的戰神。當盾牌相互撞擊發出聲響，森林裡瘦骨嶙峋的狼和如烏雲一般黑的烏鴉便會雀躍不已。牠們知道戰爭會死很多人，牠們就可以大吃一頓。死者的腐肉吸引老鷹飛下來，而身穿黑衣、腰帶號角的人正高唱著出征曲。在英靈神殿裡，蹲踞在奧丁腳下的，是名為蓋利（Geri，「貪婪的」）和弗列基（Freki，「貪吃的」）的兩匹狼。奧丁不吃任何東西，他用自己的碗盤盛食物餵牠們。對他來說既是食物也是飲水的酒，是只有偉大的國王才有權享用的（Grímn 19; Gg. 3ft）。這些細節顯然不是出自民間神話，而是詩人加油添醋之作。

烏鴉這個意象深植於一般人的想法裡，是故，奧丁也稱為「烏鴉鼻」、

「烏鴉神」或「向烏鴉探問者」。兩隻烏鴉飛離奧丁的肩頭，胡金（Huginn）飛到吊死者那裡，穆寧（Muninn）則飛到屍體那裡（Hdr. 6; Sn. E. II 142, 417）。

　　篤信索格爾、伊兒帕（Irpa）和雷神索爾的哈孔伯爵（Hakon）甚至把自己的兒子獻祭給索格爾，卻也曾經呼求奧丁。他在西元974年自丹麥歸國後，接著又到耶阿特地區到處巡視。為了求個好預兆，他舉行盛大的祭典。此時，兩隻烏鴉飛起並且嘎嘎叫。伯爵把這現象當作是奧丁悅納祭禮，也是他該降下的徵兆（Heimskr. Ol. S. Tr. 28）。當時的吟遊詩人曾把這件事記錄下來：「獲勝的伯爵出發去探問未來，大軍蓄勢待發。戰士看到預言未來的大烏鴉。牠們是獻祭者（異教的主祭者，也就是哈孔）的守護者，意欲征服耶阿特族的土地。」（Vol 21）奧丁也告訴齊古爾說，如果奧丁的聖鳥黑烏鴉在四周盤旋，對異教來說便是救贖的兆頭（Reg. 20）。當冰島的發現者弗洛基（Floki）從昔德蘭群島（Shetland）出發尋找遠方島嶼時，他也帶了三隻烏鴉上船，讓牠們在海上飛行：第一隻從船尾飛過，回到出發地；第二隻在船上盤旋；而第三隻穿越船前方的主桅，一路往弗洛基隨後發現冰島的方向飛去。這個「烏鴉報信」的故事也出現在聖經裡，證明奧丁是水手之神。當烏鴉停坐在船上時，人們便知道大戰將臨。北歐人一直隨著刻在桅桿上的烏鴉符號征戰沙場。西元1016年，丹麥軍隊於阿欣頓（Ashington）大敗英格蘭，後者從此歸順以老烏鴉旗幟為代表的克努特大帝（Knud）旗下。西元1157年，格拉塔赫德（Grathahede）之役的前晚，克努特公爵在兒子瓦德瑪（Waldemar）的夢裡顯靈，要他朝著隔日早晨烏鴉飛行的方向進軍（Knytl S. 117; Saxo 497）。

　　一般認為要有至高的智慧，才能了解鳥類的語言。烏鴉棲息於主人肩頭，絮絮叨叨地耳語著各種祕密（KHM Nr. 21, 33）。以下的北歐詩歌作便是建立在這個美麗的想像之上，其抽象的名字暗示它們是後期的作品：

　　奧丁肩頭停著兩隻烏鴉，牠們會對他耳語一切所見所聞。兩隻烏鴉分別

叫作「思維」胡金和「記憶」穆寧。一大早，奧丁便派出這一對烏鴉巡視世界。
約莫早餐時間，牠們便會歸來：靠著這樣，神無所不知。歌謠是這樣唱的：

> 思維和記憶得飛越人間，
> 日復一日；
> 我擔心我將失去思維，
> 但我無疑更珍惜記憶。
> （Grímn 20; Gg 38; Yngl. S. 7）

　　神的古老裝備包括他的長矛，那矛正是他在烏雲裡拋擲出來的閃電。不
過這個武器一直都是死神和戰神的象徵，名為古恩尼爾（Gungnir），頂部刻
有神聖的盧恩符文（Sigrdr. 17）。在愛瑟神族和瓦尼爾神族的第一次大戰裡，
奧丁揮舞著長矛，擲向萬軍，正如他在諸神終戰裡持矛和惡狼對戰敗北。技
藝高超的侏儒打造了這枝長矛，而正如童話故事所說，它無人可擋，在戰場
上所向披靡（Sk. 33）。

　　在許多故事裡，「擲矛」是開戰的象徵，其飛行軌跡也暗示著戰爭的結
局。投擲的動作意味敵軍全體都是獻給英靈神殿諸神的祭品。奧丁把長矛對
準齊格蒙，國王大吼一聲，槍劍交擊，劍斷成兩半，而國王也隨之身亡。奧
丁以長矛和奧斯孟德（Asmund）對戰，而國王和其他三千名士兵都成為亡
魂（FAS III 406）。

　　殺死渾丁（Hunding）的海爾吉在浴血之戰中贏得了齊格倫，其愛人的
父親和兄弟（除了達格以外），都死於海爾吉的劍下。達格曾發誓和他的姊
夫和平共處，但是為報血海深仇，也只好違背誓言。達格向奧丁獻祭，奧丁
把他的武器借給達格；海爾吉則因為奧丁無堅不摧的武器而落敗。他在姊姊
面前認罪：他殺了世界上最好的國王。他試圖以大筆金錢賠償卻被拒絕；他
又把罪怪在奧丁頭上，也只是徒勞無功；齊格倫不停地咒罵她的弟弟（H. H.
I. II）。

奧丁把自己的武器借給達格去對抗海爾吉，在另一個意義下也可說是神用閃電殺死了海爾吉。

在瑞典常勝王埃里克（Erick）對戰其姪子史第比恩（Styrbjörn）的前夜，他走進奧丁神殿，願意用自己交換勝利：他發誓將於十年後死亡，把自己獻給奧丁，這個祭品勝過從前一切的獻祭。埃里克立下誓言之後，看到一個高大魁梧、戴著寬帽的男人出現。男人交給他一根茅草，叫他把這根茅草扔向史第比恩的軍隊，並唸著：「奧丁得享你們全部！」埃里克便照做，他拋擲之際，空中出現一支長矛，朝著史第比恩的軍隊方向飛去，士兵們，甚至史第比恩自己，都因此瞎眼。埃里克便在奧丁的協助下大獲全勝，而史第比恩和他的同夥則都戰死沙場（西元 988 年，FAS V 8, 250）。

以下所引文獻也證實了這個巫術儀式早已深植於古老習俗中：斯諾里（Snorri）祭司和斯坦索（Steinthor）對戰時，斯坦索趁著斯諾里的隨從下山之際，依據「古老的異教傳統」，為了「好兆頭」，拋擲一根長矛到敵方陣營。長矛擊中斯諾里的親戚，使他無法再戰（Eyrb. 44）。這個儀式是其他祭禮的前身。吉蘇爾（Gizur）是國王海德瑞克的養子，他騎馬到匈奴人的軍營前叫陣，對匈奴人喊道：

你們膽戰心驚了吧！你們的領袖必死無疑，
戰爭旌旗已經高舉，奧丁要與你們為敵。
出來迎戰吧，到蒂爾加（Dylgja）和敦海德堡（Dunheide）來吧，
到雅蘇爾（Jösur）山脈，
戰場上我只會看到你們的屍體。
請奧丁遂我之願，向你們丟擲飛矛。
（Herv. S. 14）

這裡的擲矛不是指開戰，而是對死神的獻祭行為。日耳曼人的投槍（Gerwurf）是人們模仿神扔擲毀滅一切的閃電。在埃里克國王的故事裡，奧丁甚至把自己的武器借給埃里克，他把敵軍全數作為奧丁的祭品，扔擲閃電是奧丁的恩寵和奧援的符號。人們也會以活人祭獻給奧丁，他們用長矛刺穿男人身體，或者只是在他死前用矛頭在他身體劃一下。無論是被刺死或是死前用矛劃傷，都是在人身上做個神聖記號，作為奧丁（「長矛之王」）的祭物（Yngl. S. 11）。其中最特別的是以人畜血祭取悅神。冥界、諸神都渴望鮮血，而「耶阿特（奧丁）之祭」便成了「鮮血」的隱喻。

現在日耳曼以及斯堪地那維亞的民間傳說裡的奧丁形象，和十二、三世紀時有系統的神話學觀點，可以說大相逕庭。不過兩地民間傳說的吻合，也是替我們保證了奧丁形象的真實性和原創性。沃坦（奧丁）作為冥界、黑夜和死亡之王的陰暗面根深柢固，一直保留到現在。身著黑色大衣、頭戴低垂的寬邊帽，風暴之神和黑夜之神，率領夜行軍飛行肆虐、四處嚎叫、追捕殺害女人或如公馬、公牛、野豬和野鹿等動物。他會使得烏雲密布，讓黑夜襲捲大地，追捕並且摧毀太陽。不過太陽第二天又會復活，而夜間的獵日行動也會重新上演。因為太陽是不會死的，每天早上的重生都是為了晚上的死亡。

一部晚期的傳說記載，諸神之王奧丁和霍尼爾、洛基騎馬到森林裡玩樂。奧丁在林中發現一隻金色斑點的野鹿，立即上馬追獵，卻和同伴走失；他追了很久，但是抓不到那頭鹿，不過遇到三個美麗女子，她們在洞穴裡殷勤招待奧丁，並且送給他兩隻烏鴉。那兩隻烏鴉從此便跟在奧丁身旁，替他收集情報（Huldar S.）。在斯堪尼地區，奧登（Oden）會在夜裡徒步或騎馬打獵，腰間掛著獵人號角，手中拿著一桿長矛。他是遠古的國王，只要世界依舊存在，他便必須一直打獵。斯堪尼的奧登湖在異教時期很可能便是奧丁的居所。現在奧丁在瑞典仍然有「夜行獵者」之名，而他所到之處，總是引起強烈的旋風，這便是「奧丁狩獵」。他大多騎著馬，以寬邊帽遮住臉部，獵犬在四周咆哮。有時人們也會在夜裡聽見兩隻鳥的叫聲，其中一隻聲音低沉，而另一隻聲音尖細，所以也稱為「奧登之獵」，因為那些聲音聽起來像是獵犬的

吠叫聲。盲眼巨人奧丁坐在杳無人煙的島嶼上，或是讓人陶醉的岩壁洞穴裡，放牧他的夜之牛畜。人們會聽到忽大忽小的鈴鐺聲和牧羊犬的叫聲交錯著。儘管人們抱怨秋季收成時間太過緊迫，但奧丁仍然會庇佑播下的種子到耶魯節時都能有三倍的收成（D.S.）。

放牧和獵殺動物，其實都是太陽消失的另一種說法：「夜行獵者」奧丁摧毀了太陽。沙赫林姆尼（Saehrimnir）的神話也可以從這個角度去解釋：在冥界，奧丁和其他死者的靈魂晚上會以沙赫林姆尼為食，但是牠第二天就會重生，正如太陽野豬一樣每天復活。

古薇格神話裡關於太陽女神之死的段落，也因為這種美麗的猜想而有了獨特的含意（Vol. 21）。「神力」古薇格流下的眼淚會變成黃金，她既是喜愛珠寶的夢格蘿，也是金光閃閃的瓦尼爾女神芙蕾葉。奧丁把她趕到他的神殿，也就是冥府，對她投擲長矛，以矛頭和冥火殺死她；雖然如此，她還是能夠復活。丟擲長矛的奧丁獵殺太陽女神的神話饒富詩意，其敘事元素也交織在瓦尼爾之戰的故事裡。

正如獵殺太陽女神，黑夜之神也會如暴風雨一般追捕其他女人。在丹麥，烏恩（Un，奧登的簡稱）追獵他那有著豐滿而下垂的乳房的情婦。如果他追不上，她就有救了，但是如果他追上她，烏恩便會把她吊死，把她飛揚的頭髮綁在他的坐騎後頭。如果她逃走，她會愈跑愈小，最後只有原來的膝蓋那麼高。女神的金色長髮代表風神吹拂的秋天泛黃落葉；默恩島（Moen）[5]語的「Grönjette」意即「摧毀綠葉者」。被追逐的女性是整個植物的人格化，巨乳代表多產的自然力量。她在秋天會逐日縮小。夜行獵者奧登也會追逐森林女妖。

在夜裡，一個乳房大到可以甩到肩膀上的森林女妖逃避獵人的追捕，散落的髮絲在風中飄揚。這場追逐橫跨了森林和山區，有如群鳥飛行或暴風肆

5　譯註。默恩島，丹麥位於波羅的海的島嶼。

虐，一個獵人和兩隻黑狗緊追在後。不久，奧丁夜獵歸來，並結束了追捕行動。他把女人的雙腿扛在肩上，拖著她的腦袋和雙乳，鮮血流了滿地，而黑狗貪婪地猛舔。

黑夜之神、死神和冥界之神尤格或尤格榮（Yggjung，「可怖者」）也會保護剛萌芽的植物、農作物和牲畜。瑞典的斯堪尼和布萊金根（Blekingen）兩省在收割時會在田裡留一捆麥子給奧丁的馬吃。在默恩島，人們在收割時會把最後一捆麥子留在麥田獻給奧丁：「這是讓奧丁在耶魯夜給他的馬享用的！」如果人們沒有預留麥子給奧丁，他們的牲畜便會紛紛死亡；他們也擔心這個憤怒神會因此殘害他們的莊稼。奧丁可以讓田裡的作物一夜之間成熟，而把他守護的男孩叫作麥田裡的麥穗或麥穗上的麥粒。

瑞典多瑪爾迪（Domaldi）國王在位期間爆發大饑荒，瘟疫也似乎沒有稍緩的跡象。第一年秋天，他們在烏普薩拉以牛獻祭，卻沒什麼用。第二年秋天，他們行活人祭。第三年，國王決定把自己獻給奧丁，並將其鮮血灑在奧丁祭壇四周（Yngl S. 18）。開啟山林的「伐木者」國王歐拉夫（Olaf Tretelgja）[6] 也有相同的故事。韋姆蘭（Wermland）受饑荒之苦，他難辭其咎，因為瑞典人認為他們的豐收和饑饉都和國王有關。歐拉夫幾乎不獻祭。這觸怒了瑞典人民，他們認為那是歉收的主因。人民聚眾示威反對國王。他們包圍王宮，把他活活燒死。就這樣，人們把國王獻給奧丁，以此祭物換取豐年（a. a. O. 43）。

根據斯諾里的隱晦記載，奧丁也曾主動要求在冬季獻祭，以交換翌年的豐收；於是，為了來年，人們在隆冬時節獻祭（a. a. O. 8）。基督徒在耶魯節慶祝救世主耶穌的誕生，異教徒則是聚會讚美奧丁（Flt. I 564）。在荒年，神諭會告訴朱特人（Jüten），如果不把最俊美的青年獻給奧丁，豐年就再也

6　譯註。「伐木者」歐拉夫，挪威、瑞典的傳奇國王，約為西元 640 年生。

不會回來（Herv. S. 9）。

作為風神，奧丁當然要周遊各地，每一趟旅行都花上許多寒暑，轉瞬間就能到達最遙遠的國度（Yngl. S. 2, 7）。因而斯諾里也把他的一艘船稱為「斯基德普拉德尼」（Skidbladnir；木槳、或日神之盾即太陽），根據其他傳說，這艘船是侏儒為弗雷建造的。無論要到哪裡，總是一帆風順。而奧丁也因而別名為**「不知疲倦的旅人」**（Saxo 79）、「漂泊者」（Wegtam）、「流浪者」（Gangrad）或「倦行者」（Gangleri）。

塔西佗曾經把沃坦比擬作墨丘利（Merkur）：兩者都是旅行者的守護神，主司交通並且賜予好運和財富（Germ. 9）。奧丁又稱為奧斯基（Oski，「願望之神」），他能使願望成真。吟遊詩人哈弗雷高興地回到冰島時，他也讚美奧丁賜予他財富和啤酒（FMS II 154）。維卡爾國王和史塔克因強烈的逆風無法前進，他們問諸神如何才能一帆風順。神諭告訴他們要從軍中挑選一個人絞死，獻祭給奧丁。但是命運選中了國王（Gautreks S. 7）。

作為風神，奧丁也主司海洋。他一句話就能興風作浪，也可以讓大海縠紋不興（Hǫv. 153）。他也「管理天氣」（FMS Gg. 3），因此相當於在空中狂野咆哮的「神足」夏朗帝，或者主司風和氣候之神維德利；維德利的狗和惡狼在海島上四處嗅聞，追捕陣亡者的靈魂（H. H. I 3）。在齊古爾找渾丁的兒子報仇的故事裡，齊古爾和大軍在海上遇到狂風暴雨；但風雨漸漸平息，奧丁一到船上，就吹起了順風（Reg. 16 f; Norn. S. 5）。他的別名史威德里（Swidri）正是指「風平浪靜的神」；而其他名字如勒弗雷（Hlefrey，「海洋之主」）、兀德（Ud）和克亞拉（Kjalar，「海浪之神」）也都暗示他是風和海洋的統治者。他一句話就可以滅火、平息風浪，改變風向（Yngl. S. 7）。他賜予水手他們要的風向，而水手也要獻祭（Hyndl. 2, 3）。於是，他也成了「運輸之神」（Farmaty），財富都是來自於他，而他也是商賈的守護者。後來瑞典有句俗話說，有錢人家都是托奧丁的福。奧丁知道所有地底寶藏在哪裡，他也能以詩歌讓大地、山脈、岩石和墳塚裂開。他一句話就可以趕走居民，盡情奪取財物（Yngl S. 7）。

由於一般民間信仰認為人死後靈魂會變成風靈四處飄蕩，因此風神也稱

為「英靈聖父」（Walvater）、「英靈之神」（Walgott）或「英靈戰士的揀選者」（Korm S. V. 23）；後來也稱為「鬼魂之神」，因為活人祭都是被絞死的，奧丁又叫作「吊死鬼之神」或「絞刑架之神」。他讓烏鴉飛到被絞死的人跟前和他說話（Hov. 157; Yngl S7）。為了得到盧恩符文，奧丁也曾經倒掛在樹上九夜，所以說他也受過絞刑。埃吉爾在其子溺死時曾經哀嘆道：「如果我早就知道他只能活到奧丁把他領走的那一刻，那麼我也無話可說；但現在他要到天上去拜訪已故的親屬，實在太早了啊！」（Snt. 11, 18）

無風時，死神會待在深山裡的冥府。他因而自稱為「山中人」（Reg. 18），吟遊詩人則稱他為「岩壁之神」。奧丁所住的山也是宣誓之聖地（Atlakv. 31）。丹麥薩姆索島（Samsō）的昂斯堡和瑞典斯堪尼的奧登堡（Odensberg）都是以奧丁為名。而挪威的「靈魂野獵」（Aasgaardsreia）也會停駐在白崖區（Kviteberg）和泰勒馬克附近。

作為死神，奧丁要求一命抵一命。要延長性命的人，就必須拿另一個人的生命來獻祭：

瑞典國王奧恩（Aun）在烏普薩拉登基時已經年逾花甲，育有九子。他曾經舉行盛大的祭典乞求長壽，把長子作為牲物獻祭給奧丁。奧恩得到奧丁的回答，說他還能再活六十年。而當奧恩再次接近大限時，他又以次子獻祭。這次奧丁表明，只要每十年都獻祭一個兒子，他便能持續活下去；此外，奧恩必須根據獻祭出的兒子數量來為其國土命名。當他獻祭第七個兒子時，他多活了十個寒暑；而他已經無法行走，只能任人抬著椅子移動。他獻上了第八個兒子，又活了十個寒暑；他這十年來皆臥床不起。最後，他又獻上了第九個兒子，這十年寒暑當中，他只能如嬰孩一般以牛角杯飲水（Yngl. S. 25）。

在挪威童話《家裡的第七個父親》裡，主角和父親、祖父、曾祖父、高祖父、天祖父、烈祖父及太祖父同住在一個屋簷下。烈祖父坐在搖籃裡，身體縮水成嬰兒大小；最老的太祖父則是掛在牆上的牛角杯緣，猶如長著人臉

的煤屑。

以戰神、勝利之神、魔法之神聞名的奧丁可以施法使敵人的刀槍鈍掉而無法砍斫，而他所守護的一方則能夠出入敵營而安然無恙。奧丁也會在戰場上使敵人眩暈、麻痺或恐慌（Hǫv. 147, 155; Yngl. S.6）。他讓「戰牙」哈拉德（Harlad Hildetan）刀槍不入，而哈拉德則同意奧丁取走他所有的刀下亡魂（Saxo 247）。

在布拉瓦拉戰役中，瑞典的「戒指王」（Hring）把大軍排成楔形攻打哈拉德，突然襲來一陣恐慌。因為哈拉德是奧丁兵法的唯一門徒，他以戰場上所有亡靈向奧丁乞求勝利（Saxo 263 FAS I 380）。

當「歐拉夫之子」海爾吉（Helgi Olafsson）在戰場上殺死索格林姆（Thorgrim）時，他唱道：「我把英勇的索格林姆獻給奧丁！我們以他為祭，獻給我們的絞刑之神！而他的身體便留給烏鴉。」（Landn V 10; Isl. S. I307）

「毛褲子」朗納爾（Ragnar Lodbrok）之子席瓦德（Siward）在一場戰役裡身受重傷，被帶到鄰近地方治療。但嚴重的傷口幾乎無藥可醫，醫生也放棄希望了。這時候來了一個精神矍鑠的老頭，自稱叫作羅斯塔魯斯（Rostarus, Hropt），他走到病人床邊說，如果席瓦德同意讓他接收戰場上所有陣亡者的靈魂，他便會讓席瓦德復原。席瓦德一口答應了他的願望。醫生把手輕放在席瓦德的傷口上，壞蛆瞬間消失，傷口自行癒合（Saxo 304）。

正如印度、波斯甚或凱爾特人都有各異其趣的死後世界，日耳曼人對於死後生命（無論地底或天上）也有自己的獨特觀點。因此，阿里奧維斯特（Ariovist）[7]的日耳曼部下才能在戰場上所向披靡，他們藐視死亡，因為他們相信死後有新生命。而新生命並不是在陰暗的地底，而是回到諸神身邊（他們是這些戰士之死的始作俑者）。古老的日耳曼信仰認為，沃坦（奧丁）會

7　譯註。西元前 58 年左右的日耳曼部落首領。

有一支大軍，是他在天界堡壘的禁衛軍。根據古日耳曼傳說，奧丁和芙麗格在天上坐擁神殿，根據倫巴底關於「明天」的傳說，奧丁從神殿的窗戶眺望明天，而這個位置正是奧丁的至高者王座（Hlidskjalf，「門檻」）所在之處。一般認為，日耳曼人把沃坦的冥界描繪成一處山洞，但在維京時代的影響下，北歐則將之改寫成戰神的大殿，「亡靈之廳」、英靈神殿（Walhall），而這個說法並不是不可推翻的教條。英靈神殿是陣亡者的聚會所，這個字的第一個字根是泛日耳曼語；盎格魯撒克遜語的文獻指出，日耳曼人早在維京時代以前便知道女武神（Walküren）的存在。

在人間贏得身後名的英雄們，「奧丁的親族」，死後都住在英靈神殿裡；但他們是否被神格化為愛瑟神族的一員，則不可考。「人中豪傑」（Männerauslese）死後會到英靈神殿，而諸神會親自接引最優秀的英靈戰士（Einherjer）。古代王室子孫往往在小時候就被獻給奧丁，在戰場上被奧丁或其使者接到英靈神殿，分享奧丁的歡樂生活和權力。蓋洛德國王失去了奧丁的恩典，死得並不光彩。「你全盤皆輸，」神對國王說：「因為所有英靈戰士，就連奧丁自己，都不願意賜福或協助你；你非我族類，這是你的重大損失。」（Grímn 51）哈孔（Hakon）戰死沙場，奧丁之女（女武神）把他接到英靈神殿，對他說：「我們的軍隊擴編了。」詩人極力讚美奧丁有一人群英雄忠實地隨侍他。

即使冥界（Hel）也布置得有如王室宮殿，如英靈神殿一般堆滿了武器和黃金，然而英靈神殿裡住的是「愛瑟諸子」，而冥界卻是怪物的棲所。冥界之路經由冥河通到冥界大門，正如英靈神殿的大門也有一條路跨過河流，引領戰死者前往英靈神殿。儘管冥府富麗堂皇，在冥界的日子卻是痛苦難當，有如身處牢籠，但在英靈神殿裡的生活則是優遊自在。住在冥府往往飢寒交迫，而在奧丁的神殿裡則是生活愜意。奧丁的空中堡壘有著蔥籠翠綠的草地，但地底的外域（Utgard，意為「巨怪的住所」）則永遠是冬天。

奧丁的「兒子」都是他的「愛兒」，和奧丁一同抵達英靈神殿。就像人間的國王一樣，奧丁也為他們挑選了僕役和他們在神殿裡喝啤酒享樂。女武神也像人間的飲宴中的女僕一般，遞上盛滿詩人靈酒的牛角杯：「這是沃坦

的愛女悉心準備的，我將親自獻上美酒。」華格納筆下的布倫希爾德
（Brünnhild）對命不久矣的齊格蒙（Siegmund）說。英靈神殿裡的生活是日
耳曼王室的寫照：用餐時，國王高坐在王座上，席上擺滿珍饈美饌；用餐後
則會舉辦例行的比武大賽。「斯圖爾之子」斯諾里（Snorri Sturluson）擁有
一座宴客的大廳，而阿特利（Atli）甚至將其王室宮殿命名為「英靈神殿」
（Sturl. S. IV 48, V 12, 30; Atlav. 2, 15）。英靈神殿和《貝奧武夫》裡的王宮
一般，牆上都掛著鹿角，這是後來的吟遊詩人重要的詩歌主題（Grímn
25）。人間的國王在延攬人才時，會表彰其能力，好讓他們為國王效忠，奧
丁也是如此。進入英靈神殿，是對生前英勇事蹟的獎勵，同時也是「為諸神
招募新血」，畢竟諸神在最終戰役裡很需要英雄的協助（Hkm. 10; Em.6）。
雖然招募了龐大的軍隊，不過和芬里惡狼對戰的結果仍然顯示英靈戰士的實
力還是太弱了（Gg. 38）。

在人間的國王宮殿裡有神聖的和平，天上的王宮裡也是如此，英靈神殿
的最高處是一座莊嚴宏偉的神殿（Hyndl. 1）。而正如王宮四周會有神殿和
聖林，英靈神殿大門前也有一大片名為格拉希（Glasi，意為「閃亮」）的樹
林，其枝葉閃爍著金光，是天上地上最美的樹林（H. Hj. 1; Sk. 32）。

北歐詩歌裡關於著名的英雄死後歸宿的記載，頗多**相互牴觸之處**，因此
難以論斷英靈神殿的信仰成立的時間。我們即便不認為英靈神殿的想像來自
泛日耳曼文化，至少也應該承認，這種信仰最早不是出現於維京時代。關於
冥界的最古老文獻，大約形成於西元九世紀初，而記載英靈神殿的文獻也才
早了一點。後來冥界和英靈神殿可說勢均力敵地出現於文獻裡。在北歐人心
目中，這兩者的存在自始就是理所當然的事：北歐人的生活型態可以大致解
釋英靈神殿裡理想的戰士生活。在北歐充滿苦難、貧困、艱辛、戰爭和搏鬥
的生活裡，他們自然嚮往更美好高貴的生存方式，這個嚮往創造了一個理想，
同時也產生了對於過去黃金時代的想像，這便是英靈神殿戰士天堂的由來。

雖然巴德爾死於武器之下，卻來到了冥界，而他的冥界之旅正是巴德爾
神話的主題之一。女武神布倫希爾德把雅姆古納（Hjalmgunnar）送往冥界，

而不是接到英靈神殿（Helr. 8）。冥界女神赫拉接引了法夫尼爾（Fáfn. 21）。所有詩歌都說齊古爾曾到冥界一遊，而他自己也說：所有人都會回到冥界（a. a. O. 10）；布倫希爾德也曾乘車前往冥界（Helr.）。霍格尼曾把阿特利的使者送到冥界去（Am. 40）；而阿特利一族也有半數下冥界（Atlakv. 48, 52, 94）。古德蘭（Gudrun）呼喚死去的齊古爾：

> 可還記得，齊古爾，我們曾經約定：
> 你要從冥界返鄉，
> 一國之君的我，承諾以死相隨。
> 你騎著黑色戰馬，齊古爾
> 引領洶洶追者（Guþr. IV 20, 19）。

為了和在冥界的齊古爾團聚，古德蘭甚至命人把自己活活燒死。正如下文所述，布倫希爾德話裡指的不是英靈神殿裡的柵門（Walgrind），而是地獄之門；她殺死齊古爾的奴隸和寵物，並要求和她的情人一起燒死在柴堆上：

> 他的腳踵沒有碰到大門，
> 那閃耀的金色大門，
> 我的隨從跟在那如王者一般的英雄後面（Sig. III 69）。

根據冰島民間傳說，法力強大、驅鬼無數（儘管有些魔鬼使詐逃走）的賽門德（Sämund）一進去，冥界的鐵門便旋即關上，速度之快，使他的腳跟受傷了。他當下說：「這門太靠近腳跟了！」這個說法至今成了一句俗話。

安剛提爾（Angantyr）死去之際，眼見山丘開啟，於是說：「地獄之門自行開啟了。」如果有人夢見別人被冥界女神赫拉擁抱，這個夢便是預言他難逃一死（Fóstbr. S. 4; vgl. Saxo 77）。

有個農夫把兒子帶到戰船前，鼓勵兒子要勇敢一點：「一切都是命，你要勇敢。勇敢的人不會落到赫拉手裡，而誰都沒辦法拯救懦夫。敗逃時死亡

是最要不得的。」埃吉爾（Egil）在殺死擄走埃里克國王的綁匪時唱道：「這三個人在死後都會進入赫拉的大殿，所以他們要推三阻四。」（Eg. S. 45）

雖然英靈神殿只接引死在刀劍之下的人，但是這個限制卻極少付諸實行。北歐人認為，海上的驚濤駭浪和在戰場上奮勇殺敵一樣凶險艱難，相較於戰死沙場，淪為波臣並不會比較丟臉。

奧丁將被惡靈瑪拉踩死的文朗迪（Wanlandi）接到英靈神殿（Yngl. S. 18）。辛弗提利雖然是被毒藥害死的，卻還是住在英靈神殿（EM.）；齊格蒙（Sigmund）也住在那裡，而族中最著名的英雄齊古爾，卻只能住在冥界。「毛褲子」朗納爾被毒蛇咬死，卻可以進入英靈神殿，他開心大笑說：「奧丁從他的大殿裡派諸位女神來接引我回家了。我要和諸神一起高坐寶座、暢飲啤酒！噢！生命的時光，就這樣消失吧！我嘴角上揚、面帶微笑地受死！」（FAS I 310）

海爾吉的死以及回到齊格倫身邊，這兩個故事裡關於死後歸宿的描述既啟人疑竇又相互矛盾（H. H. II）：

在海爾吉的屍體上，隆起了一座墳丘。當他抵達英靈神殿，坐到奧丁身旁時，受到諸神的熱烈歡迎。是的，奧丁願意和他共同治理一切。夜間，一個女僕到墳旁查看，看到過世的主人騎著馬回來，身上傷口還流著血。他的隨從眾多，要女僕回去告訴他的妻子：她朝思暮想，要再次迎接耀眼奪目的英雄，這個願望今天即將成真；為了和愛人團聚，他從英靈神殿歸來。於是，齊格倫衝進丈夫的墳丘裡。他還沒來得及脫下沾滿血汙的外袍，她就上前擁抱親吻他。她開心歡呼，話裡卻影射了海爾吉一身是血的長相：「能再見到你，我實在太開心了。就像奧丁的雙鷹聞到屍體氣味時一樣迫不及待。」她也抱怨他的雙手有多麼冷，或是他全身都被戰場上的露水浸濕。海爾吉回答道：「這一切都得怪妳。妳掉的每一滴苦淚，都化成我胸前的血滴，又冷又

沉重。不過，我們來慶祝吧！讓我們歡飲香醇的詩人靈酒！我的胸口既無怨言，也毫髮無傷，因為我的妻子正在我這個死人身旁啊！」齊格倫鋪好床準備休息，她想靠在他胸口睡著，正如她在他生前習慣做的。這個連死亡也無法打敗的愛感動了海爾吉，他感嘆道：「沒人能預料到的事，不早不晚，就這樣發生了。充滿智慧的哈根之女，雖然仍活著，卻睡在死者懷中。」這對情人便這樣入睡，直到黎明時分，海爾吉必須醒來，在英靈神殿雞鳴之前，踏著西方的天橋酡紅的路回到英靈神殿。他們不得不分別；海爾吉騎馬奔向英靈神殿，而齊格倫只能回到寂寞空閨。夜裡，雖然她警告了忠心又不知害怕的女僕，自己卻仍盼望愛人從奧丁的神殿歸來。她的等待終究落空，她枯坐著冀望愛人的到來，最後只好離開墳丘；因為她的心在和愛人的聚散分離時早已經破碎，正如南娜在巴德爾的葬禮上一般。

在以上的故事裡，英靈神殿裡陣亡英雄的生活，顯然和對墳丘裡的死後世界的想像混為一談。全身是傷的海爾吉居然還能離開英靈神殿，騎馬到他的墳丘和齊格倫共度春宵，然後回到奧丁身邊，而不是像其他傳奇或民間故事一般，回到他家裡的床，這實在是難以想像。海爾吉在此被形塑為墳丘裡的死者，而不是英靈神殿裡悠遊自在的客人；而海爾吉請齊格倫別再落淚，好讓他的傷口癒合，也是自從萊昂諾傳奇（Leonorensage）以來便流傳甚廣的神話主題：生者以眼淚把死者從墳墓裡召喚回來。齊格倫的眼淚把她死去的愛人從赫拉的國度召回。而就算是這首詩歌的作者馳騁想像，也無法在英靈神殿和墳丘這兩個對立的觀點之間達到真正的和解。

相應於奧丁英靈戰士的信仰，人們也相信農夫死後會到索爾那裡，這個信仰只在文獻裡出現過一次（Harb. 24）。在英靈前簇後擁下的奧丁，也會接引不自由的英靈（Gautreks. S. 1）；而英靈神殿並不歡迎褻瀆神殿的人（Nj. 89）。

根據後期詩歌的**踵事增華**，在廣大的神之國度中，每個神的轄區都要大得多，諸神的住所也都在該地區裡（Grímn. 8 ff.; Gg. 38, 41）。例如，索爾的轄區叫作索魯海姆（Thrudheim）或索魯旺（Thrudwang），他的住所則稱

為「閃電宮」（Bilskirni）。由愛瑟樂園或「極樂世界」（Gladheim）衍生的住所便是英靈神殿，奧丁的勝者城堡、奧丁之牆、大廳或建築。其中亦可見巴德爾的居所「光明宮」（Breiðablik），那是愛瑟樂園的主要建築，也是「王者大廳」，包含了五百四十間英靈戰士的起居室。每一間都住滿了最近幾場戰役裡被接引的八百個英靈戰士，而這些英靈每天早晨都會在外頭模擬以往的戰爭。哈定在冥界看到兩軍交鋒：這些靈魂都是戰爭裡的陣亡者，他們從種種情景裡反覆看到自己死去的方式，以演出模仿過去的生活（Saxo 31）。在金光閃閃的英靈神殿裡，奧丁每天挑選在戰鬥中成為刀下亡魂的英雄。長矛是奧丁神殿的頂樑，盾牌則是屋瓦，長椅上鋪滿了盔甲；寶劍的光芒照亮整個神殿。北歐戰爭時的傳統習俗在此亦可見一斑：武器掛滿牆上，不僅是裝飾，也有枕戈待旦、迅速備戰的意味。人們也用黑暗戰神身旁的神獸裝飾屋椽上方的三角形山牆：狼高掛在大門西方，老鷹停駐其上。北歐住宅建築的山牆板脊於下方相交，通常有人或動物的浮雕。在北歐和日耳曼境內，也習於用粗雕的木製馬頭裝飾房屋的山牆。另外一個接近的傳統，則是用鹿角裝飾山牆。在某個詩人筆下，宇宙樹的枝枒延展至天際，奇特的是，一頭名叫「艾克圖爾尼」（Eikthyrnir，橡樹枝椏）的雄鹿站在英靈神殿的屋脊上，以宇宙樹為食，雨水從牠如橡樹枝椏般的鹿角流下。蜜乳山羊海德倫（Heidrun）也放養在覆蓋著金瓦的城堡屋頂上，正如其名，牠總是用清澈而源源不絕的瓊漿美液注滿英靈戰士的酒杯，以期得到如英靈戰士一般獨有的天賦。最初，在到處都是巉岩峭壁的北歐，人們的確以山羊奶為食；不過人們的需求漸多，山羊奶竟變成了蜜酒。海德倫也以名叫「雷拉德」（Lärad，「保護者」）的樹木嫩葉為食。

英靈戰士享用的食物，則是焦黑大鍋烤得黑亮的山豬沙赫林姆尼，而廚師由於長時間站在爐子前做菜，臉都被燻黑了。儘管必須供應這麼多個英靈，野豬肥美的燻腿肉卻不減分毫；牠日復一日地被人煮食，卻又於晚間恢復原狀。英雄們每天的活動就從室外演練作戰開始，捉對廝殺；他們一再戰死，又一再復活，騎馬到英靈神殿，和戰友一起飲酒作樂。奧丁是宴會的主人，但他只享用蜜酒；席間的肉都留給他的兩匹狼。女武神則和受邀的英雄們共

飲牛角杯的酒。戰士當然要喝啤酒（Grímn. 36, Hkm. 16; Kkm. 29）。古魯菲
（Gylfi）國王問奧丁，英雄在英靈神殿是否只喝水。奧丁回答，這些先祖、
國王或諸侯怎麼可能只為了一杯水而來他這裡作客呢？身負重傷或戰死沙
場，只為了奧丁的一杯水，代價未免太高了（Gg. 39）。住在城堡「蛇塔」
（Schlangenturm）裡的陣亡英靈，歡樂暢飲英靈神殿的啤酒。哈孔國王喝了
愛瑟神族的啤酒，臨終時唱著：「我看到了多變的奧丁（Odin, Fjölnis）諸女。
奧丁派妳們來，我樂意隨妳們前往「溫高夫」（Wingolf），和其他英靈一同
大口喝酒！」後來人們的觀點改變，啤酒不再是上等好酒，在英靈神殿裡開
始享用維京時代才有的葡萄酒。當女武神密絲特（Mist）和瑞絲特（Hrist）
替奧丁的牛角杯斟滿葡萄酒時，奧丁並沒有露出嫌惡的神情。在新世界裡，
甚至有一座大廳稱為啤酒廳，因為「那裡有瓊漿美酒」（Gg. 52）。「溫高夫」
（意為「酒屋、酒廳」）也是英靈神殿的別名之一。我們有間接的文獻證明，
這個別稱其實是很晚近才有的：「溫高夫」原本是女神的住所，後來騰給英
靈戰士們住（Gg. 14, 20）。克洛普斯托克（Klopstock）把「溫高夫」稱為「朋
友的房間」，後來又轉為「交誼廳」。其他學者則解釋為「愜意舒適的大廳」，
也有人解釋為「愛人的殿堂」，在那裡，女武神和英靈戰士們共浴在愛情裡，
不過這個說法不是很站得住腳。我們知道女武神會和英雄們談戀愛，但沒有
任何文獻證明英靈神殿裡有過任何男女激情的例子。辛弗提利指責古德蒙
（Gudmund）說：「妳生為女子，曾為女巫；在眾神之父的家裡，妳這個醜
八怪，也是個女武神。而所有英靈戰士為了妳這個凡人的身體大打出手。」
（H. H. I 39; Vǫls. S. 9）這個指控的背景其實是說，日耳曼戰士在開戰前會
用各種刻薄粗暴的言語對罵，正如荷馬筆下的戰士。因此，即便出現在文獻
裡，這些話語也不能證明英靈神殿裡有任何男女情事。海爾吉在英靈神殿時
也說過：

> 渾丁，你應該替所有英雄
> 洗腳生火
> 飼餵駿馬、看守獵犬

餵養家豬，方可入睡（H. H. II 38）

這算是海爾吉和渾丁在開戰前對罵的斷簡殘篇。除此之外，奧丁的神殿應該容不下有這種言行舉止的人。而英靈們也會譴責海爾吉的品行。

奧丁偶爾也會邀請剛到英靈神殿的英雄一同坐在他的寶座上，就像人間的國王會邀請賢士一起坐到他的王座上共商國是，不過當然只是暫時的。奧丁曾賜予海爾吉這個至高的榮譽。有兩首美麗的吟遊詩歌歌頌著賜予英靈的不凡榮耀。因為這兩首詩歌在巴德爾神話和諸神黃昏的故事裡相當重要，因而流傳甚廣。

西元 954 年，「血斧」埃里克在英格蘭和歐拉夫對戰中落敗，其他還有五個國王和眾多庶民跟著戰死。他的妻子貢希爾德（Gunnhild）要某個詩人為埃里克作了一首讚美詩（《埃里克之歌》）：

「這是什麼樣的夢境，」奧丁說。「我好幾天前就著手布置英靈神殿，等待陣亡戰士到來。我喚醒了死去的英靈，令他們復起，座椅鋪好軟褥、杯盞煥然一新；我吩咐女武神適時上酒，彷彿國王到訪一般款待。我盼望名聞天下的英雄到來，噢，我的心如此歡喜。布拉基，這如雷般的聲響是什麼？怎麼彷彿有數千個人在走動？」布拉基答道：「當巴德爾準備重返奧丁的廳堂，所有木板都嘎吱作響了。」「即使你平時無所不知，聰明的布拉基，這次你可糊塗了。這些木板是為了歡迎奧丁大廳的統治者埃里克，才發出如雷巨響。」奧丁轉向兩個沃松族的英雄，命令他們：「齊格蒙和辛弗提利，速速起身，去迎接國王到來！邀請埃里克來此，我衷心期盼他的英靈到來。」「為何你如此期待埃里克，」齊格蒙問：「更甚於其他國王？」「因為他在其他國家，」奧丁回道：「已用鮮血染紅了武器，並曾經背負沾血的寶劍。」「既然埃里克如此英勇，為何不讓他獲勝呢？」齊格蒙插嘴。「因為不知何時那匹灰狼會回來肆虐諸神的座席（芬里惡狼早已等待著伺機掙脫，在最終戰役和諸神大戰一場。因此，必須未雨綢繆，招募英雄增強戰力）。」「竭誠歡迎埃里克。」齊格蒙說：「勇敢的戰士啊，歡喜進入大廳吧！但我可要

問你：在這刀光劍影當中，有多少國王隨你而來？」「一共五個，」埃里克說：
「我可為你一一唱名，而我自己則位居第六。」詩歌於此中斷，再無下文。

　　挪威最後一位重要的吟遊詩人「剽竊者」艾文（Eyvindr Skaldaspillir，「敗
壞詩歌者」之意）在西元 960 年左右寫了以哈孔（Hakon）為主題的《哈孔
之歌》，也改寫了上述的詩歌。雖然哈孔伯爵信奉基督，卻對人民的異教信
仰相當寬容。他和人民共享異教的牲禮，在沒有十字架的情況下，喝了祭杯
裡的美酒。他的侄子，埃里克之子，在戰場上打敗了他，哈孔國王和大多數
的隨從都陣亡。「他的朋友把他的遺體送到賽海姆（Säheim），挖了個大墳
丘，把國王的遺體、武器裝備和最好的衣服都放了進去，除此之外，什麼也
沒有。他們沿襲異教習俗，在墳前朗誦祭詞，並指引通往英靈神殿的道路。」
（Heimskr. Hak. S. g. 32）篤信基督的國王以異教方式埋葬，在異教徒的禱詞
中入土為安，並被指引到英靈神殿；吟遊詩人又描繪女武神如何引領埃里克
國王和戰友到奧丁神殿，而奧丁這個異教的神也竭誠歡迎，以愛瑟神族的啤
酒迎接國王一行人的到來。是的，在這首感人的詩歌裡，某些段落與其說是
在描述古老的諸神信仰，不如說是對於國王行誼的感念。對我們而言，這首
詩特別有意思，因為在華格納的作品裡，布倫希爾德（Brünnhild）得知齊格
蒙（Siegmund）死訊的橋段，就是以這個故事為原型。

　　瑞典耶阿特人之神奧丁，派女武神根杜爾（Göndul）和史根杜（Sköndul）
去把國王接引到英靈神殿，他是因格威（弗雷）的後裔。她們身穿環甲，找
到比恩（Björn）的兄弟哈孔，那一直高舉著旌旗的英勇國王。他的船槳（寶
劍）插入水中（浸在血泊裡），他舞動著長矛衝鋒陷陣。哈孔國王意欲除掉
諸侯，率領黑格蘭（Halogaland）以及羅加蘭（Rogaland）地區的居民加入
戰鬥。仁慈的國王雖然得到人民的支持，卻成了丹麥島民的惡夢。他戴著鐵
頭盔昂然挺立。在侍衛簇擁下的國王迅速卸除戎裝，在開戰前跑到陣前，把
環甲扔在地上，誓言保衛國土。這位國王頭戴金盔，昂然站在大軍前面。而
諸侯手裡的劍勾住盔甲的鐵網，彷彿要把它砍成破銅爛鐵一般。長矛碰撞鏗

然，鐵盾應聲而破，刀劍砍在勇士們的天靈蓋。破盾和頭骨被北方仁慈的國王重重踩在腳下；島上廝殺的叫喊聲震天價響，雙方國王都誇耀自己用英雄的血洗刷盾牌堆成的堡壘。致傷之火（比喻刀劍）在血淋淋的傷口上熊熊燃燒，戰斧奪走人們生命；鮮血噴在盾牌上，而滿天飛的箭矢（比喻血）則落在灘頭。戰爭在層層的盾牌和盔甲當中愈演愈烈；鮮血湧到奧丁的風暴（比喻戰鬥）裡，許多人因失血而死。雙方國王都拔劍騎馬，手持刀痕滿布的盾牌、身穿殘破的環甲。他們的軍隊士氣大傷，因為他們要被接引到英靈神殿去了（意思是他們落敗了）。女武神根杜爾拄著長矛說：「而今統理一切的諸神欲歡迎哈孔及其偉大的勇士回到英靈神殿，諸神的隊伍將日益壯大。」女武神翻身下馬，若有所思，頭戴鋼盔，手持盾牌。哈孔說：「為什麼是妳來決定這場戰爭的勝負，聖矛史根杜？諸神應該賜予我們勝利才對！」史根杜回答：「我們只能做到讓你在戰場上屹立不搖，讓敵人逃之夭夭。我們現在欲騎往諸神的綠色家園，告訴奧丁說，只有奧丁親自來接引，那不可一世的國王才肯跟我們到英靈神殿。」

　　「林摩德和布拉基，」奧丁命令道：「你們去把那個國王接來吧。一位真正的戰場英雄和國王，要來我的神殿了。」浴血戰場的國王則說：「在我們看來，奧丁是邪惡之神。我們害怕奧丁之怒。」「你應該在英靈面前享有和平，來和愛瑟神族一同暢飲啤酒吧！所有貴族中的勝利者！你的八位兄弟都已經來到英靈神殿了。」布拉基說。「我們的軍備，」國王要求道：「如頭盔、環甲等都要由我們自己保管，手邊如果有隨時可上戰場的武器，是再好不過了。」而後國王如何守護聖地，便廣為流傳。諸神都歡迎這個國王的到來。

　　在這個美好的氛圍裡，英明的君主應運而生。後人莫不懷念哈孔國王在位期間的政績。在下一個英明的國王坐上空著的寶座前，掙脫枷鎖的芬里惡狼會接管這個人間國王的寶座（寧可世界毀滅，也不能讓這麼賢明的國王誕生）。牲畜都死了，朋友永別人世，大地一片荒涼。自從哈孔國王到異教諸神那裡以後，人民便淪於奴役。

把英雄接引到英靈神殿的，通常是女武神或奧丁自己。他會派女武神到戰場上，決定哪些人應該陣亡，並決定戰爭的最終勝負。她們總是三人一組，挑選註定要戰死的人，並且決定勝利屬於哪一方（Gg. 36）。她們也會依照奧丁的意志翻轉戰爭的結果，選定哪一方的戰士要死。那些讚美戰神且獻給他的活人祭，也都由她們接收。

英靈神殿的女武神，叫作赫爾揚（Herjan）之女，或赫爾揚的神聖少女，是神話裡民間信仰色彩最少的人物，也是北歐吟遊詩歌裡最引人入勝的角色。女武神的神性其實來自古日耳曼文化。此外，早在信史時代之初，女武神便可見於冰島以外的整個斯堪地那維亞地區，甚至也扮演相同的角色：奧丁的侍從。而女武神信仰的流傳和出現時間，也排除了以下假說：維京時代驍勇善戰的女人，直到西元九至十世紀時，才以「不讓鬚眉」的男性形象出現在詩歌裡。其實早在西元八世紀的「魔女」（eurynis-wælcyrge）傳說便足以證明，日耳曼人早在維京時代以前就有女武神的信仰。儘管或許是因為從丹麥傳到英格蘭之故，其信仰特徵可能沒有那麼明顯，但至少可證明在西元八世紀時，北歐各國的確存在女武神信仰。

但若認為戰爭頻仍的維京時代造就了北歐神話的好戰性格，更創造出戰神奧丁以及住著英靈和女武神的英靈神殿，這就未免言過其實。最早的吟遊詩人文獻提到，在西元 840 年以前，就有戰神奧丁、女戰神（Rdr. 12; Hlg. 17）和屋頂堆滿盾牌的英靈神殿；而哈格巴斯（Hagbarth）則必須進入殘忍的冥王用長矛串成屋頂的城堡（Saxo 290, 235）。換句話說，在西元 830-840 年間的挪威，這些顯然都是很流行的信仰。這些觀念也可以溯自上古時代，所以也比維京時代更加久遠。

雖然由各種角度看來，奧丁的主要神性都和日耳曼文化息息相關，歐洲南方及北方也都共同參與了神的形塑，不過似乎只有北歐詩人才知道要深入地描繪奧丁，以氣勢磅礴的詩歌賦予一個完整的形象。也就是說，儘管沃坦、英靈神殿和女武神等神話是北歐人和日耳曼人的共同想像，但是只有在北歐人筆下，這些神話才展現繽紛明亮的色彩，更是北歐文化特有的遺產。我們至少也能承認，在其形象的形塑過程中，女武神的形態原本南轅北轍，卻逐

漸匯集成追求冒險、勝利和戰利品的女神，也是熱中劫掠和征服的海盜們的最愛。女武神也是吟遊詩人特別喜歡歌頌的主題，而這些詩人多半也是驍勇善戰的英雄。

女武神在戰場上決定勝利和死亡，但是在英靈神殿，她們卻要替英靈戰士斟酒。正如布倫希爾德把盧恩符文傳授給齊古爾，女武神也傳授智慧並且激勵英勇行為。奧丁要她們去喚醒年輕勇士沉睡的英雄氣概，教導她們所青睞的戰士，並在戰場上盤旋以保護他們。換個詩意的語詞來形容，女武神的神性是：以靈性之火點燃黎明中的青年靈魂。齊古爾要女武神從沉睡中醒來，授予他知識，讓他所向披靡，她也以莊嚴隆重的儀式成全他的心願。齊古爾祈求女神賜予他智慧以及醫術，喝下魔法靈酒，於是學會使用能夠操控大自然的盧恩符文。

這些女神們對愛情的魔力並非不為所動，作為奧丁之僕，她們會以愛情喚醒少年英雄沉睡的力量，贈予他們一把神奇的英雄劍。以下故事來自《霍瓦德之子海爾吉之歌》（Helgakviþa Hjǫrvarþssonar），以優美的筆調描述神聖的女武神和純樸少年的關係，尤其是以愛情喚醒他的英雄氣概：

休瓦（Hjörward）和林間女妖齊格林（Sigrlinn）的兒子海爾吉瘖啞地坐在墳丘上，他還沒有名字。九個女武神騎馬路過，其中最美麗的當屬國王埃里米爾（Eylimi）之女史娃娃（Swawa），她替他取名為海爾吉，並且讓他開口說話。當時人們為孩童命名或給成人取別名時，都會致贈命名禮，而這個女武神也送他一把鋒利的劍，旋鈕、劍柄和劍鋒上都刻著盧恩符文。海爾吉以該劍成就了許多英雄事蹟，也報了外公的血海深仇。在天空和海上飛行的女武神史娃娃，往往在戰場上護佑海爾吉，而海爾吉甚至還趁著巨人哈提（Hati）坐在岩石上時，殺死了這個到處擄掠新娘的盜匪。哈提之女琳格爾德（Hrimgerd）為報父仇，決意在夜裡燒掉海爾吉的船。但頭戴鐵盔的史娃娃和兩個同伴在一片光芒中飛來，雲馬擺動身體，從鬃毛滴落的汗水在山谷裡變為露水，在樹梢上成為冰雹，於是船隻安然無恙。琳格爾德第二天晚上再度伺機而動，意欲摧毀海爾吉的船，卻被人纏著說話而無法行動，直到隔

日天明，她也因太陽而變成石像。海爾吉和史娃娃訂下婚約，兩人鶼鰈情深。趁著海爾吉四處征戰時，他的兄弟赫丁（Hedin）被魔法所誘，誓言要娶史娃娃回家。赫丁心生愧疚，於是把他的誓言告訴海爾吉。海爾吉安慰他，卻說喝酒時立的誓一定會成真，因為海爾吉感受到死亡了。事實上，海爾吉也真的就在戰場上陣亡。海爾吉在戰場上抱著他的新娘要她別哭，並要她嫁給他的兄弟赫丁。史娃娃卻立誓再也不會愛別人，而赫丁則替他那高貴的兄弟報了仇。

英雄海爾吉在沃松族裡也會以齊格蒙（Sigmund）和玻希爾德（Borghild）之子的身分再度出現（Helgakviþa Hundingsbana I, II）：

他在朋友之間如榆樹一般長大，到了十五歲，他便找那個奪走他的人生和土地的渾丁報了殺父之仇。因此，他也叫作「殺死渾丁的海爾吉」（Hundingbani）。渾丁之子原本應該報仇的，但是他們反而驚恐萬分地以贖金向齊格蒙求饒。但年輕的齊格蒙把錢退了回去，他期盼著奧丁之怒和蓋利的暴風雨。戰神麾下的雙狼貪婪地在場上嚎叫，身體是一株株播種的苗，躺著等人收割，而年輕的英雄把敵人整個部族連根拔起。戰爭結束後，海爾吉坐在鷹石下。山頭仍有閃電穿過天空；在頭盔之下、血淋淋的環甲裡，女武神在蓋利的光芒中翩然騎至，自天頂降落。海爾吉呼喚她們，邀請她們和他一同到大廳歡宴。但由霍格尼之女史娃娃轉生的齊格倫，卻在馬背上說，她的父親已經把她許配給冷酷而無人愛的赫布洛德（Hödbrodd），海爾吉必須把她搶過來。海爾吉聽了，便策馬攻打赫布洛德。海上風暴圍繞著他，一陣陣閃雷落下來，他只能把船帆扯得更高。此時齊格倫和她的同伴由空中降臨，暴風便平息下來。齊格倫也在這場因她而起的戰鬥裡保護她的情人。她願愛人於鏗鏘槍矛交鋒中安然無恙，而讓赫布洛德戰死。齊格倫之父和其他兄弟（除了達格以外）都在這場戰役中喪命。再也沒有人敢拆散這對年輕的夫婦。

這傳奇令已逝佳偶起死回生，也令其愛新生——齊格倫轉生為卡拉

（Kara），而海爾吉則成為哈定一族的海爾吉。轉生後的女武神仍以天鵝樣態遊行空中，守護在維納恩湖面薄冰上奮戰的海爾吉，令其奮勇殺敵。熱戰中海爾吉把劍舉得過高，不慎砍到了在空中飛翔的卡拉；這位女武神直往下墜，海爾吉之戰運隨之大減，最終還被敵人砍首。薩克索在《霍瓦德之子海爾吉之歌》中，也著有一篇以華美的文藻和優異的文筆寫就，關於瑞格納（Regner）及史旺薇德（Swanhwit）的佳作：

　　瑞典國王渾丁之妻索麗德（Thorild）對其繼子瑞格納和索艾爾德（Thorald）恨之入骨，命令他們去放牧。為了不危及孩子的寶貴性命，哈定之女史旺薇德帶著姊妹隨從來到瑞典。她發現眾多年輕的戰士都必須在夜裡站哨看護牲畜，而被許多鬼魂包圍。她警告她的姊妹們趕快上馬保護自己。哥哥瑞格納一個箭步上前說：「我們是人不是鬼！」女武神仔細端詳少年英雄的俊美容貌，回答道：「你眼神中的閃亮光芒，透露出你是王族而不是奴隸。」她向他警告要小心幽靈，並建議他清整農地。瑞格納因為衣著襤褸而自慚形穢，男子氣概並不總是昭然若揭，偶爾英勇的戰士也會藏在寬鬆的外袍底下。他不怕什麼鬼魂，宛若雷神索爾的化身，這個青年的剛毅令史旺薇德深深著迷。薄薄一片霧霾籠罩著她，眼前一片漆黑，而在這黑暗中，一道光線忽地出現，照亮她神聖的四肢。她送他一把神劍作為嫁妝，這把劍能殺死任何鬼魂，而她也要他任何時刻都展現和這把劍相配的英勇。這對訂婚的情人便整夜對抗怪物。到了早晨，整座農地都布滿幼蟲屍體，甚至還有那邪惡繼母索麗德遍體鱗傷的化身。他們一把火燒化了那些蟲屍。瑞格納成為國王，史旺薇德則成了他的妻子。她一再守護她的愛人，使他免於喪命於兄弟的構陷，當瑞格納死亡，她也跟著他死去，不願和他分離。

　　薩克索筆下的瑞格納和史旺薇德傳奇優美動人，如詩如畫。在鬼哭神號的夜裡，王子有不祥的預感，睜大了眼睛，女武神的少女形象綽約灼然出現在眼前。正如齊格倫，史旺薇德愛上了男人，也向瑞格納示愛，並不自覺地激起他的英雄氣概。少女純潔而青年高貴，一開始少女便許身於他，始終守

護著這個人中之龍。就在雙方說出第一個字的時候，幾乎便決定了堅定的愛情會超越死亡。

沃松族傳奇和海爾吉傳奇裡的女性，例如布倫希爾德、史娃娃、卡拉，某種程度上算是背叛了她們的神族血統，人們後來也相信，維京時代為數眾多的巾幗英雄可能成為女武神，而女武神也一直是著名國王的伴侶。

古德蘭放火燒死阿特利和他的隨從，因為他們殺了古納爾（Gunnar）和霍格尼，神盾少女（即女武神）也被火舌吞噬（Atlakv. 43）。根據冰島傳說（FAS I 379）和薩克索的作品（258），薇斯納（Wisna）、海伊德（Heid）和薇碧悠（Webjörg）等神盾少女都參與了古北歐時期著名的布拉瓦拉之役。丹麥國王「戰牙」哈拉德及其侄子、瑞典的「戒指王」以及其他北歐強權率軍相互攻伐。頭盔、環甲和寶劍和薇碧悠完全相配，她的英勇勝過人間最勇敢的戰士。神盾少女薇斯納更是單槍匹馬地平定了強壯的史塔克那狂風暴雨般的攻擊。

安剛提爾的女兒荷維爾（Hervor）也長成了娉婷少女（Herv. S. 6, 7, 18）。比起裁縫和刺繡，她在彎弓射箭、舞刀弄盾上更有天份。她身材高大壯碩，不能說乖巧，反而到處作怪。伯爵訓斥她一頓，她卻變本加厲，跑到樹林裡殺人越貨。不久之後，她身著男裝、提著武器，又消失無蹤：她到了維京人那裡，還成為他們的領袖。她奮勇攀上了水手視為畏途的火山島，披盔戴甲，勇敢地跨過狂野的火海，吟唱喚醒墳裡的幽靈的咒語。她會擲出具魔劍，這是她馳騁沙場的武器和標誌。但她的驍勇善戰也為她招致詛咒，當這把劍危及整個氏族時，荷維爾帶走了它。

她的孫女也叫荷維爾，是海德瑞克之女，也是所有少女中最美麗的，她長得如男子一般高大強壯。她勤練長矛和弓箭，最後死於艱苦的戰役中。

這些英氣逼人的女性形象，有一部分是西元八世紀末維京人時代的真實寫照。但如果說女武神的傳奇是以這些女性形象為原型，則未免太過牽強。

從日耳曼慶柏人（Kimber）[8]時期開始，一直到奧里略（Aurelian）皇帝[9]時期的哥德人，在古老的民族戰爭或荒原戰場上，女人一直是男人忠誠的夥伴，也會上場作戰，而晚期的維京人海洋探險時代，女性則很少參與戰事；相較之下，古日耳曼的傳統對於女武神形象的建立應該影響更大。希臘羅馬的史學家也曾提到日耳曼女人，正如伊迪西（Idisi）、女武神、沃坦的神盾少女的神話所描述的。青銅器時代的墳墓的考古證據也顯示，女性屍體旁有一把具有牛角柄的青銅短劍。西元 1902 年，在挪威的黑德馬克地區（Hedemarken）也發現了一名年約 20-30 歲的女性屍體，屍體四周有劍、戰斧、箭和矛頭，頭骨枕著圓盾的盾突，腳邊有一匹馬的骸骨。這是維京人時代早期的神盾少女屍體，據推測是根據當時的習俗安葬神盾少女。

戰神奧丁

奧丁是北歐原本的戰神和勝利之神。最早的吟遊詩人特別強調奧丁是主司戰爭的神：他是「戰爭之父、戰神、引起戰端者（Thror）、勝利者（Widur）、勝利之父、常勝神、軍隊之父、軍隊領袖（Herjan，相當於希臘文的「koiranos」，指揮官的意思）、好戰者、戴頭盔者、揮盾舞槍者」，而戰爭更稱為「奧丁的叫囂聲」。他不僅自己是常勝軍，也能夠讓他所支持的一方獲勝（FMS II 201）。斯諾里寫道：

奧丁是閱歷豐富的偉大軍人，許多國家都臣服於他的麾下。奧丁幾乎連戰皆捷，戰爭對他來說真是如魚得水，也因此他的手下都認為奧丁攻無不克，戰無不勝。當奧丁派隨從到戰場上時，他會把手按在他們頭上賜予祝福，他們也相信一切任務都會順利遂行（Yngl. S2）。

在戰場上，奧丁對於敵手從不手軟。他可以（以魔法）令對手失明、失

8　譯註。為日耳曼民族的一支，目前推測起源為日德蘭半島北部，於西元前 120 年開始向南遷徙。

9　譯註。奧里略（全名為 Lucius Domitius Aurelianus），西元 270-275 年在位，為羅馬帝國皇帝。

聰或因驚恐而喪失理智，使他們的武器鈍挫如棍棒（K. 6）。

他在瑞典病得奄奄一息、被矛頭刺傷而鮮血淋漓，就如其他陣亡者一般時，他說他要到諸神國度，他的朋友會在那裡迎接他。瑞典人因而相信奧丁住進了愛瑟樂園，並永遠待在那裡。自此，人們開始信仰奧丁，向他祈禱。在重大戰役之前，奧丁會現身在信徒面前，賜予某些人勝利，也會把陣亡者接到他的神殿：兩種結局都算是好的（K. 10）。

奧丁是能征善戰、名聞遐邇、一身戎裝的戰爭之父（Grímn. 19）。作為勝利之神，奧丁住在「勝者之家」（Sigtun）（Sn. E. Prol. 5; Yngl. S. 5），後來斯諾里也沿用這個詞語，瑞典城市西格圖納也以此為名。在諸神的最終戰役裡，奧丁戴著金色頭盔，緊握長矛，騎馬立於其他諸神和英靈戰士之前（Gg. 51）；他住在戰場之國（Walland），既會發動戰爭，也會挑撥貴族們相互征伐（Harb. 24）；他教導齊古爾種種陣法，使他連戰皆捷：如果擺出楔形陣（Swinfylking; Reg. 20-23）就能得勝。沃坦發動戰爭，也鼓舞人們奮勇殺敵。戰爭來臨時，人們會向他獻祭。正如羅馬戰神馬斯（Mars），在烏普薩拉的神殿裡，沃坦也是全副武裝（Ad. Br. IV 26）。

薩克索也以馬斯的形象描繪奧丁（66）：他是戰場上的大能者、獨眼者，芙麗格的可怕丈夫（an. Ygg）。他手持白盾，騎著高大的戰馬，混雜在戰士之間。瑞典異教徒要他們的指揮官菲利普（Philipp）到烏普薩拉神殿，迫使他「獻祭給馬斯，瑞典人稱為『奧丁』的戰神」。奧丁主司勝利（Ol. S. Tr. 201），也樂於把他的黃金分給部屬：他賜給赫摩德一套盔甲，贈給齊格蒙一把削鐵如泥的劍，其他英雄則從他那裡得到勝利和戰力（Hyndl. 2, 3）。

奧丁創造了「公豬鼻」陣法，這是以野豬的頭（Swinfylking）命名的楔形戰陣，阿里奧維斯特的部族也以此陣法作戰，他們當時把這種陣法稱為「拉尼」（Rani）。他也不吝於把陣法傳給哈定，奧丁提著一把不起眼的弓，前端尖小，卻能延伸得很長，他能十箭連發，同時射中十個敵軍士兵（Saxo 32）。一般認為奧丁之子烏爾（Ull）是神射手。奧丁的弓能伸能縮，而他的長矛看起來有如一根平凡的木棍。史塔克用它殺死了維卡爾，而這根長矛也

很像埃里克國王所說的「致命的長矛」，或霍德（Hödr）用來害死巴德爾的槲寄生樹枝。風神奧丁會以雨雲驅散哈定的敵軍施咒招來的大雨。奧丁也把後來著名的陸軍陣法以及全新的海戰陣法，一概傳給「戰牙」哈拉德（Saxo 248, 249, 263）；他也教人用石頭打敗看似刀槍不入的士兵們（Hm. 27; Vǫls S. 42; Saxo 281）。

陣亡的戰士知道他們隨即會被接到奧丁身邊。這也是為何預見自己壯烈犧牲的英雄，會在出征前夕說他們想到英靈神殿作客。而雙人決鬥開始時，也會互祝對方到英靈神殿。俗話裡的「奧丁所賜」意即「戰死沙場」，而「到奧丁那裡接受奧丁款待」也是「被殺」的意思。

在和十二名熊皮武士開打前，奧瓦爾（Örwar-Odd）在薩姆索島（Samsey）[10] 上對其戰友夏爾瑪（Hjalmar）說：「我們兩兄弟今天要到奧丁的英靈神殿作客了，而那十二個熊皮武士會活下去。」夏爾瑪反駁說：「他們才是奧丁的座上賓吧，我們會活下去的。」（FAS I 422）

有個戰士受重傷，在死前呼喊道：「諸位，再見了！我先走一步去讓奧丁請客了！」（FAS I 366）

齊古爾的祖先雷里（Reri）打算死後去拜訪奧丁（Vǫls. S. 2）；齊格蒙的寶劍被奧丁的長矛劈斷，他說：「奧丁不願我們今後舞刀弄劍了。只要他高興，我便能在戰爭中全身而退；我到奧丁那裡（英靈神殿）找尋以前嗜血的快感。」（K. 12）

亞斯洛（Aslaug）得知愛子之死，她安慰自己說：「他以滾燙的鮮血染紅了護盾，作為我的么子，他英勇地到奧丁那裡去了。」（Ragn. S. 9）

當敵方軍隊死而復活時，哈爾提（Hjalti）對巴爾基（Bjarki）說：「我們若不想晚上到英靈神殿作客，就絕對不可輕忽大意。」（FAS I 106）。

布拉瓦拉戰役後，戰勝的「戒指王」高聲大笑，把他的戰馬送到哈拉德國王的墳墓裡對他說，他不管是騎馬或乘車到英靈神殿都好。當哈孔國王的

---

10 譯註。丹麥島嶼，離日德蘭半島約十五公里。

隨從和朋友安葬他時，他也奔向了英靈神殿。霍格尼宣布要護送被長矛刺死的父親到英靈神殿去，「據說他把父親送到英靈神殿，隨著他進入武器廳。」（Nj. 80）

為了獲得奧丁的協助或成為奧丁的座上賓，日耳曼人以傷口的鮮血作為祭禮。他們把被長矛刺中的傷口獻給戰神，以此為記號，證明他們是屬於戰神的。他們輕騎衝入長矛四飛的戰場，因著他們拋灑的熱血，他們得以成為至高神的隨從，共享其榮光。

年度第三大盛典「祈勝祭」在適宜征戰和出海的夏初舉行（Yngl. S.8），各部落準備的獻禮也稱為「勝利之禮」（Kristni S. 11）。特隆海姆人在獻祭宴席上首先高舉奧丁之杯，祝國王贏得勝利和力量（Heiniskr. Hak. S. g. 17）。奧斯孟德大軍覆滅，而他自己則被俘。到了晚上，他們決定要把奧斯孟德帶到阿朗（Aran）墳前獻給奧丁以祈求勝利（FAS III 379）。陣亡的英靈屬於戰神所有：「死者仆倒在沙場上，分配給芙麗格的獨眼丈夫：我們因為死得其所而衷心喜悅。」（Sk. 1）西元九世紀，在奧克尼（Orkaden）麾下的埃納伯爵（Jarl Einar），由於當地沒有柴燒火，於是教導居民使用泥煤，並對被俘的哈夫丹（Halfdan）執行血鷹（Blutaar）之刑：用劍把戰俘的肋骨從背後一根根砍斷，向外扳開，讓整個肺部袒露出來，獻給奧丁作為戰勝的祭品（Okrn. S. 8; Ragn. S. 18; Reg. 26; Saxo 315）。奧丁是戰神和勝利之神，他也會干預英雄的命運、協助他們並維護其血脈，賜予他們武器和優異的天賦，既激起他們的英雄氣概，又無情地害死他們。奧丁渴想勇敢的靈魂，因此他到英雄的家裡挑選他們的子孫，訓練他們的勇氣，挑起重大的戰爭，好讓人類英雄能夠證明自己，而他也只揀選戰死沙場或自願獻身矛尖的英靈。被奧丁揀選的英雄必須把自己手刃的靈魂獻給奧丁，以交換名聲和短暫的生命。當英雄年事漸長，奧丁或許會憐憫他們，把這些靈魂接引到英靈神殿。然而奧丁並不只是要滿足英雄的虛榮而已，他需要能征善戰的勇士，為了應付諸神末日的最終戰役，英雄們再怎麼都不嫌多。

正如日耳曼的齊格菲（Siegfried）神話，奧丁也出現在北歐的齊古爾傳

奇的高潮情節裡：

　　奧丁在霍尼爾和洛基的陪同下，走遍世界各地，在途中也會決定好幾個世代的命運。

　　奧丁和他的兩個同伴被法夫尼爾、烈金（Regin）和他們的父親三人俘虜。他給了歐特（Otr）許多財物作為贖金，其中包括那只戒指，它被詛咒說，它的所有主人都難逃一死。為報復這個恥辱，奧丁便使齊古爾活過來，提供他武器，暗中保護他，但是即使如此，名聲最響亮的英雄最後也難逃死劫。奧丁替年輕的英雄選了一匹好馬叫作格拉尼（Grani），牠是斯雷普尼爾的後裔。而齊古爾也會以奧丁留在樹幹上的斷劍鑄成一把寶劍。他用這把劍替父親報仇，手刃惡龍法夫尼爾。奧丁替齊古爾平息復仇之路上的所有暴風雨，也教他行軍作戰的陣法，甚至在齊古爾等待法夫尼爾時在草原上現身，告訴他要在地上挖幾個坑，以排掉惡龍匯聚成河的血。女武神布倫希爾德不理會奧丁的意旨，而讓敵方獲勝，他便以魔法讓她長眠不起，只有真正不怕死的人才能喚醒她。而這個一身是膽的勇士便是齊古爾。布倫希爾德成為他最出眾的妻子，不僅教他各種知識，甚至使他的英名永世流傳。為了報復齊古爾的英年早逝，女武神展開一連串的血腥屠殺，滅掉尤庫恩（Gjukungen）家族。可是家族的最後一支血脈刀槍不入，此時出現一個獨眼老人，要她以石塊把他們打死。

　　奧丁操弄命運的手也影響了充滿傳奇色彩的丹麥國王「戰牙」哈拉德（Saxo 246ff., FAS I 361 ff.）：

　　如同雷里（Reri）及其妻，哈拉德的雙親長久以來膝下無子。父親到烏普薩拉的聖地去求神，神明回覆他，他的妻子將生個兒子，但他必須為兄弟的亡靈獻祭。因為奧丁的神諭而出世的男孩就叫作哈拉德。他是屬於奧丁的，也為奧丁全心奉獻。至高神賜予的生命，成了一代傳說的開端，而其一生也或多或少必須為奧丁服務。自孩提時代始，哈拉德便享有奧丁的偏愛和援助，

但最後，正如齊格蒙的下場一般，還是奧丁自己殺了哈拉德。

奧丁應許他刀槍不入。哈拉德也為此獻上死在他手裡的所有英靈。哈拉德身無盔甲，只著一件紫色長袍、頭戴皇冠，更像是祭典的盛裝，而不是戰場的裝備。他身先士卒殺入敵陣，所有朝他射來的箭矛都墜落在他跟前。

而奧丁，那身穿皮毛大衣的獨眼老人，也曾教他如何擺楔形陣，正如他指導齊古爾那般。照著天神的命令，「哈拉德的戰牙」啃蝕丹麥所有小國國王，不僅平定內亂，甚至抵擋外患侵擾。

哈拉德的父親將瑞典王國傳給姪子「戒指王」齊古爾（Sigurd Hring）。哈拉德的親信布魯尼（Bruni，意為「深褐色」）為兩個國王來回傳遞祕密情報。布魯尼在一次任務中溺水而亡，奧丁變身成布魯尼挑撥離間，使兩個國王嫌隙漸深，衝突一觸即發。他們相互宣戰，並且用七年時間備戰。

根據古日耳曼習俗，交戰地點必須由雙方事先議定，這場戰役便約定在東哥特蘭區巴威克（Brawik）海灣的布拉瓦拉平原。布魯尼指揮哈拉德的軍隊，一反往常地一字排開，反而變陣為尖頭楔形。年邁昏昧的國王站在戰車上，領導他的兵士。號角響起，戰鬥開始。天地宛若交撞在一起，森林田野沉落，戰場一片腥風血雨，好像回到太初時的混沌。天地在狂風暴雨中消失不見，世界被撕成碎片。然而，丹麥人的滅亡主要還是因為泰勒馬克的弓箭手突擊。盲眼國王從我軍的呻吟聲中判斷命運已經偏向敵方。他命令車伕布魯尼觀察戒指王的擺陣，布魯尼含笑回答說，敵人是以楔形陣作戰。哈拉德聞言勃然大怒卻又驚訝萬分，他疑惑究竟是誰告訴戒指王這種陣法，因為除了奧丁（楔形陣的發明者和大師）之外，沒有人知道這種戰術。布魯尼不發一語，他的沉默告訴了哈拉德國王，傳授戒指王陣法的人正是奧丁，那個和國王交好、現今不知是要幫他還是害他的神。哈拉德乞求神的憐憫，請賜予丹麥人勝利，承諾把戰死的亡靈都獻給奧丁。但布魯尼不為所動，驀地把國王推下戰車，使他摔落在地，他的拐杖折斷了，他的腦袋也破了。

哈拉德的死訊傳來，戒指王認定戰爭勝負已分。他瞻望哈拉德的遺體，為他舉行王室葬禮，也為死者的金頂戰車套上自己的坐騎。

這個傳說把奧丁的形象和行為描繪得淋漓盡致。他會饋贈年輕英雄各種禮物，但要求以陣亡的英靈作為交換。他在家族間挑撥離間而開啟戰端。他不願看到他喜愛的英雄沒沒無聞地死去，英雄應該在兩軍的護送下進入英靈神殿。因此，他才會要瞎眼的哈拉德吃他一棍，好讓國王像辛弗提利或齊格蒙一樣進入英靈神殿。然而奧丁不只是為了招募哈拉德才引起布拉瓦拉戰役，這場北歐最著名的戰役使得無數陣亡的英雄隨著哈拉德一起進入英靈神殿，其中的描述甚至令人聯想到最終吞噬天地的世界大戰。

維卡爾國王在出生前就被獻給奧丁，他後來也是以很特別的方式被奧丁接引到英靈神殿（FAS II 25, III 14-35; Saxo 184）：

奧丁承諾讓美麗的蓋希爾德（Geirhild）嫁給國王，條件是她只能信仰他，並且把長子獻祭給他。蓋希爾德的丈夫說：「我看到妳把兒子高掛在木架上獻給奧丁。」

在此之前也有個記載，因為船隻一直遇到逆風，於是維卡爾被當作祭品獻給了奧丁。這種形式的獻祭有多層意義：作為其協助的報酬，奧丁要求史塔克獻上維卡爾，而史塔克也同意了。神賜給他一根形似棍子的長矛。人們必須在上午準備好祭品，而史塔克也告訴他們該怎麼進行。附近有一棵松樹，樹枝高聳入雲。史塔克爬上松樹，把一根細枝壓低，用小牛的腸子綁起來。他對國王說：「國王，你的絞架已準備好！看起來一點也不危險，到這裡來吧！我會把繩索掛在你的脖子上！」維卡爾攀上樹枝，史塔克把繩索套在他的頸項之後就爬下樹。然後他用木棍刺向維卡爾國王，喊道：「現今就把你送給奧丁！」他一鬆手，松樹枝一彈，刺進國王身體的棍子竟變成一根長矛。牛腸變為緊實的繩索，樹枝把維卡爾高高彈起，而他的生命卻重重落下。史塔克因這件事而成為眾矢之的，他不得不倉皇逃走。

正如史第比恩的那根棍子，後來變成長矛的木棍其實是祭祀用的武器。就像巴德爾神話，它起初只是角色扮演的遊戲，最終卻成為殘忍的事實。當駭人的活人祭結束時，維卡爾的軍隊嚇得目瞪口呆，並且像愛瑟神族一樣群

情激憤。

史料也證明有些孩子自小便由父母獻給奧丁（FMS II 167; Flt I 385）：

黑格蘭島英勇抵抗「歸信者」歐拉夫的人裡頭，有個族長叫作艾文（Eyvind Kinnrifa），有個弟兄通敵出賣了他，使他被抓到國王面前。國王說，只要他領洗，他就可以得到金銀財寶以及國王的友誼。不過他拒絕了國王的好意。國王用燒得火紅的炭盆炮烙艾文，他說：「把這盆炭火拿走！有幾句話，我想在死之前說。」國王撤掉炭盆說：「你現在願意相信耶穌嗎？」「不，」他回答道：「我無論如何都不能領洗。」接著，他便講了一個故事，原來他父母親為了求子，準備豐厚的禮物求助於芬蘭人的巫術，可是他們也愛莫能助：除非他的父母親發誓，直到孩子去世那天，他都必須為雷神索爾和奧丁服務。「因此，」艾文最後說：「他們生下了我，把我獻給奧丁；而我也平安長大，我既然成人了，就要遵守他們的誓言。從那時起，我全心侍奉奧丁，成了強大的部落首領。無論如何，我一直都是奧丁的人，我不可能也不願意改宗。」語畢，艾文便從容就戮，但是他一直都是最擅長魔法的人。

國王哈爾夫（Half）的隨從烏特斯坦（Utstein）曾說：

我心硬如磐石，
如奧丁於青年胸懷所深植（FAS II 48）。

奧丁接收了英雄們的孩子，把他們撫養長大。少年蓋洛德（Geirröd）和安納爾（Agnar）遭遇船難時，奧丁和芙麗格自天而降保護他們，後來更把他們教育成人。奧丁陪伴著金髮哈拉德國王，助他登上挪威王座。奧丁甚至變身為「長鬚老人」（Hroßhars-Grani），好成為史塔克的養父（Gautreks. S. 7）：

九年來，奧丁一直把史塔克留在自己身邊，他們住在一座小島上，直到

史塔克成為如巨人般高大強壯的人。而後，奧丁引領史塔克到林間僻靜的角落，在那裡，林間精靈都向變身為「長鬚老人」的奧丁致敬，並且要決定史塔克必備哪些特質。索爾決定要他絕嗣，而奧丁卻允諾他可以活三輩子。索爾詛咒史塔克每一輩子都犯下罪行，奧丁卻賜予他最精良的武器和最好的衣服。索爾不許他待在陸地上，甚至不得擁有土地，而奧丁卻賦予他航海的天賦。索爾認為史塔克不應蛇心吞象，奧丁卻讓他在任何戰役中都銳不可當。索爾說，史塔克會在每次戰爭中留下傷疤，但奧丁則賜予他吟遊詩人的天賦，反應敏捷、口齒清晰。索爾說，史塔克應什麼都記不住，奧丁則認為他會成為最受尊敬、優秀高貴的男人。索爾最後說，史塔克會和所有低下的種族為敵。而林間的裁判者則決定說，凡是神所說的，都必成真。討論結束後，奧丁和史塔克回到他們的侍從那裡，神問他說：「養子啊，你如今是否可以獻身以回報我對你的養育之恩呢？」「好的，」史塔克回答：「那麼你得送我到維克爾國王身旁。」奧丁說：「但是我會送你一根像棍子或拐杖的長矛。」

英雄氣概、熱情、精力充沛、披堅執銳，以及四處擄掠的財富，這都是戰神的贈禮。挪威和冰島的哈定傳說也提到奧丁和他的侍從。雖然我們只能在薩克索的作品裡窺豹一斑，但是讀者可以從奧丁和索爾之間的對立找到若干基本模式，對詩人來說，這似乎影射了愛瑟神族和巨人族的紛爭，也是其信徒之間的紛爭，後來轉化為對奧丁信仰的歌頌（Saxo 20）：

哈定由巨人拉拔長大，具備了豐富且神祕的智慧。巨人之女哈格蕾（Hardgrep）如火一般熾熱地愛著他，尾隨他到戰場上，卻激起她同胞的怒火，害得她最後被同族所殺。她死後，奧丁第一次出現。奧丁和哈定約法三章，讓他得到維京人的援助。此後不久，奧丁又第二次現身。但這次奧丁是在戰火中救出哈定，如同他協助齊古爾去找格拉尼，他用戰馬引領哈定，以甜藥恢復其體力，並告訴他未來如果被囚該如何逃脫。儘管如此，哈定仍然沒有和撫養他長大的巨人族決裂。戰爭中生命危殆之時，他仍然乞求老朋友巨人的奧援，而巨人也會及時伸出援手，和他並肩作戰。不過，有一次哈定

殺了某個海怪，一個女巨人施以詛咒：他會因海難而漂流到某個陌生海灣，他自己的家園也會被異族入侵。當哈定替弗雷獻祭時，他的厄運似乎暫時停止了，他說服巨人把公主擄來，好讓他和公主結為連理。冬天的某一日，他坐在妻子身旁，一個女子從爐火旁的地上冉冉升起，衣裙邊緣鑲有花朵。這個女子領著他穿越死國，來到高牆前面。她投擲雞頭過牆，而那隻公雞竟叫起來。日後，當哈定再次作戰時，奧丁乘船來到他身旁，正如到齊古爾身旁一般。他傳授楔形陣法的奧祕，也首度和哈定一起上戰場，並使他大獲全勝。最後，奧丁應許哈定，哈定在遠方的戰役（和北歐維京人對戰）必連戰皆捷，而且絕不會死在他人之手，得以平安終老。十六世紀時有一首眾所皆知的冰島歌謠，便描述垂死的哈定歡迎奧丁的女武神的到來。哈定傳奇的結局便是如此，在薩克索筆下，這傳奇以主角平安老死作結。

　　哈定傳奇可以說見證了晚期愛瑟神族信仰，特別是奧丁信仰。粗魯、暴力，甚或是奧丁以前使用的盧恩符文的催命魔法，現在都轉移到巨人族身上。相較之下，諸神世界則是莊嚴崇高的。奧丁騎著駿馬，率領他所庇佑的英雄橫跨千山萬水，在戰場上隨身守護，射箭殺死敵軍，傳授兵法並教他如何脫困、如何讓風滿帆。奧丁告訴英雄他的命運如何，也讓他見識到神的僕人所住的諸神國度。在神的引領下，永生的花朵使得哈定一路追隨英靈戰士，直到冥界外的高牆旁。在那裡，雞鳴揭開了長生不老的神祕面紗。

　　即使是最聰明的巨人瓦夫蘇魯特尼爾，也無法參透永恆的祕密。但究竟要上演多少更美麗的景象，搖擺不定的信徒才會信仰諸神呢？關於巨人撫養英雄長大的主題，北歐傳說裡有更多這樣的故事：芙麗格的門生安納爾和一個女巨人住在一起，哈拉德接受老巨人多佛里（Dovre）的教導，而正如哈定在危難時會向養父求救，多佛里也應許哈拉德在作戰時會隨時保護他。和哈定一樣，哈拉德也和女巨人談戀愛。兩者皆受到奧丁特別的愛護，但只有哈定的詩歌才把英雄和奧丁的關係拿來和他和巨人的關係做對比，在其中，諸神和巨人兩個超自然力量為了爭奪人類而戰鬥。這並不代表古老的巨人神族被愛瑟神族消絕。詩歌的核心是要表現宗教的衝突：回溯到詩歌的誕生背

景，巨人信仰和愛瑟神族信仰之間的拉扯，是源自於當時愈演愈烈且影響到所有人的宗教問題。當時，基督教壓迫舊信仰，各種迷信層出不窮。當時的人都轉向巨人崇拜，詩人想要說的是，冥界高牆後的公雞報曉，宣揚生命戰勝死亡，而唯有敬畏以前的神，尤其是奧丁，才能得到永生。

當霍爾德決心打開如惡鬼般的索提（Soti）的墳丘時，出現了一個身穿藍色大衣的人，叫作比恩（Björn）。比恩交給霍爾德一把劍，要他用這把劍殺死妖怪。一說完，比恩就消失無蹤，「人們從此認為比恩是奧丁的化身」。

武功和財富都頗具盛名的弗羅格魯斯（Frogerus）是奧丁之子，不朽之神也致贈他許多禮物：沒有人能夠打敗弗羅格魯斯，除非對手在搏鬥中揚起他腳下的塵土。然而，弗洛多要求更換決鬥地點，逼使弗羅格魯斯離開原本所站的地方。於是弗洛多便揚起弗羅格魯斯足下的塵土，破解了他的防護罩，然後把他一舉殺害（Saxo 117）。

無庸置疑，傳說一開始不認為弗羅格魯斯是奧丁的兒子，而是天神的門生。但由於他從來都不會受傷，後來的人們便認為他是奧丁之子。

奧丁也應許維京人法拉瑪爾（Framar）有刀槍不入的木領（FAS II 132）：

他要求和凱提（Ketil）決鬥，而被挑戰的凱提挺過了第一波攻擊。凱提攻向法拉瑪爾的肩膀，法拉瑪爾卻不動聲色。劍刃沒傷到他，但揮劍強大的勁道使他身體晃了一下。凱提又砍向另一邊的肩膀，法拉瑪爾卻依舊毫髮無傷。凱提便抽出他旗逢對手的劍，高唱咒歌：「你的身體有邪惡的力量，讓你毫髮無傷。但我不相信你的劍刃會被你的肩膀彈回來，無論奧丁是否把它弄鈍！」他轉動手中的劍，劍刃往前引。當那把劍刺中他的肩膀時，法拉瑪爾還若無其事，可是髖部和身體兩側的傷口逐漸變大。法拉瑪爾垂死時說：「大膽凱提，鋒利劍刃，他行若無事地打破了奧丁的話（亦即法拉瑪爾應該刀槍不入）。啊，巴德爾之父欺瞞了我，信賴他果真不智！」

「梯子」羅夫國王在前往瑞典的路上，連續到奧丁那兒作客，不過，當他拋出神所提供的武器時，他卻激起神的憤怒。從此之後，神之怒如影隨形，他再也不敢上場決鬥，同時責怪自己是一切不幸的根源，但著實為時已晚（Hrolfa S. Kraka）。為奪回位於烏普薩拉的家產，羅夫國王招募了一百名精兵和十二名英勇的戰士。他們行軍的路上，來到名為拉尼的農夫那兒，他替軍隊洗塵，歡欣鼓舞地接待他們。但其臥房卻如此寒冷，導致除了羅夫和那十二名戰士以外的人，全都不抵寒凍。隔日一早，拉尼建議國王把半數隊伍送回家，他認為將有比冰冷的房間更為嚴重的危險在烏普薩拉等待著他們，而士兵數量也不是決定勝負的關鍵因素。第二天晚上，一行人又抵達了一座農舍，他們懷疑這主人和前一天晚上提供借宿的農民是同一位。但這一夜考驗羅夫同夥人的是乾渴，而第三夜則是焰火。只有國王本人和最優良的戰士通過了這些考驗，而拉尼也因此建議他們單獨繼續行軍。

在這篇傳奇當中，奧丁仍掌控一切。當羅夫質疑奧丁是否能夠接納這許多人，奧丁笑著答道：「我所在的地方，可未曾見過更少的人呢！」這可能是暗喻他的大廳英靈神殿。隨著好戰之神招募並訓練增強羅夫的軍隊，他也大膽提出了建議：首先，半數兵卒調頭歸去，而後，除了十二位最優秀的戰士之外，其餘的兵士也應返鄉。

自瑞典歸鄉的路途中，這些英雄在入夜時分來到一座農舍，農夫拉尼正站在門口。他想要獻上盾牌、寶劍和胸甲給國王，但國王不接受。拉尼為此怒不可遏，這對他來說是奇恥大辱，「你沒有自己所想的那麼聰明！」他撂下這句話。如此一來，他們是不可能借住一宿了。一行人只好不辭而別，在陰森森的黑夜裡兼程而行。此時巴爾基（Bjarki）停下腳步說：「現在追悔我們的不智行為，實在太遲了！我懷疑我們太愚蠢了，而和勝利擦身而過。」「我心裡也充滿同樣的疑慮，」國王這麼回答，「那個老人很可能就是奧丁，而他也可能是個獨眼人。」他們立即調頭往回騎，但農舍和農夫卻已不見蹤跡。巴爾基向羅夫進言，從現在起，他不應該輕起戰端，因為他不再是以前

的那個常勝軍。

羅夫國王有個同父異母的妹妹斯庫德（Skuld），是海爾吉和女精靈所生的。她無法忍受丈夫向兄弟勒索財物。他們藉口說要把俘虜送到國王那裡，率領大軍前往萊德。夜裡戰場淒厲恐怖，屍橫遍野。斯庫德坐在寶座上，高唱咒歌，令戰士們起死回生。羅夫的同行士兵說：「真如醍醐灌頂！如果我今天奮勇殺敵，不會得到任何獎勵。不過我仍不會鬆懈，因為今晚大家都要成為英靈神殿的座上賓！」巴爾基說：「這裡有這麼多來自世界各地的勇士，我們恐怕撐不到戰爭結束。看起來奧丁並未和他們同行，但我想那赫爾揚（Herjan）不忠的兒子就藏身在我們當中。只要有人揪出赫爾揚的兒子，他就會像最可悲的螻蟻一般被我掐死！」

薩克索說，奧丁騎著白馬、披著白色盔甲，在沙場上協助瑞典人，而巴爾基必須用手臂遮住眼睛，從手臂的縫隙看奧丁（Saxo 66, Vgl. Orv. Odds S. 43）。巴爾基的威脅說明了他的抗拒絕望，而其他民族的史詩也提到英雄如何對抗諸神。奧丁現身戰場，甚至手刃他的多年老友，我們對此不必太過驚訝。奧丁渴望英勇的靈魂，而無論哪一方獲勝，英靈都會到他的英靈神殿共聚一堂。因而，短視近利的人無法明白其行為的深層含意，率而指責奧丁既不忠誠又反覆無常。

法拉瑪爾說：「巴德爾的父親騙了我，信賴他果真不智！」而決鬥前，有人知會他的對手凱提：「奧丁會把勝利賜予法拉瑪爾，他很習於戰鬥。」一聽到奧丁的名字，凱提就怒不可遏，因為他不信仰奧丁。凱提說道：「我活到現在，也從來沒有敬拜奧丁。」巴爾基於是把奧丁叫作不忠的赫爾揚。國王哈爾夫搬到他岳父奧斯孟德那裡，他和他半數的手下都受邀前往磨坊。但是因斯坦（Innstein）勸他趕緊讓半數的人搭船回去，並警告說奧斯孟德在騙他：

奧丁將與你為敵

若你堅決倚賴奧斯孟德。

他會千方百計要騙你，
若你進退不慎（FAS II 39, 45）。

夜間，當哈爾夫及其士兵都在熟睡，奧斯孟德趁其不備放火燒了大廳，
把他們都燒死。國王也不久人世，因斯坦唱道：

我們必須償贖奧丁之恨
他剝奪了一個國王的勝利。

齊格蒙曾問奧丁，埃里克是否應在英靈神殿受到熱烈歡迎：「如果你認
為埃里克更加英勇，為何不讓他獲勝？」這個問題也暗示了奧丁的陰晴不定
和私心。在海爾吉殺死渾丁的傳奇中，奧丁也在其中挑撥離間（H. H. S.
265）。達格殺了她妹妹的丈夫，為此向她道歉說：

一切不幸，奧丁都難辭其咎，
他以邪惡符文使家族分崩離析。

奧丁變身為布魯尼，在哈拉德國王和「戒指王」齊古爾之間傳送假消息，
導致兩人相互猜忌。薩克索筆下的另一個故事，也提到奧丁既不可靠卻又慷
慨大方的神性：侵略弗洛多的匈奴軍隊遭遇饑荒，死了許多人，先知烏格魯
斯（Uggerus, Ygg，奧丁的別名）卻對匈奴人袖手旁觀。沒有人知道先知的
年歲，只知道他遠遠超過人類的壽限。他逃到弗洛多那裡，洩漏匈奴軍的整
體戰略。

在艾吉爾宴席上——指責諸神的洛基，也批評奧丁說他以不公平的方式
操弄戰場上的勝負結局，扭曲或翻轉一個事實狀態：

沉默吧！奧丁，你如此不公
在戰士間操控戰爭的命運；
你經常令不應得勝者生還，
使屈居下風者戰勝。

奧丁的名聲和雷神索爾相反：「我總是身處戰亂，招來動盪，唯恐天下不亂，不曾建立公平。」（Hárb. 24）埃吉爾（Egil Skallagrimsson），北歐軍隊、維京人和歌手的代表，其子葬身海底，他因而決定要餓死自己。他女兒卻要求他為兒子作一首輓歌，並設立一座紀念碑。於是父親著手譜寫歌謠，歌謠內容愈是悲壯，詩人內心的生命力便愈強勁。當他好不容易完成輓歌，心中又有活下去的動力了。在這首因為哀慟而作的詩歌裡，異教徒對於日漸沒落的強烈抗拒，也幻化為淒美動人的歌詞，他抱怨奧丁說：「我和長矛的神關係良好，我信任他，因而沒有憂慮，直到那戰車之友、那戰亂的源頭，主動和我絕交。」（Snt. 22）

史家「斯圖爾之子」斯諾里也以詩句暗指奧丁的陰晴不定，或者是影射奧丁對哈拉德的所作所為（FMS IX 455）：某些族長，特別是耶阿特（Gaut Jonsson），在哈孔（Hakon Hakonsson）國王和史古里（Skuli）公爵之間搬弄是非。某日，公爵語帶譏諷地問斯諾里：「你是否說過，煽動古代國王相互征伐的人名叫耶阿特？」「是的，大人。」斯諾里說，並開始吟唱：「耶阿特，那一手挑起戰爭的人，唆使戒指王對『戰牙』哈拉德開戰。」

這也是為什麼奧丁的別名叫作「狡詐成性者」（Galpswid）和「詭計多端者」（Skollwald）。

靈魂之神奧丁

對盧恩符文無所不知的只有一個人：沃坦（奧丁）。他的法力橫跨天上、人間和地底下，包含自然界的一切事物，而詩人也把所有天地間的生生不息歸功於他。他無與倫比的智慧也使他叫作「攜魔杖者」（Göndli）、「閱歷

豐富者」（Fjölswinn）、「識見卓越者」（Hwatrad）、「真實者」（Sann），
以及「真知」或「先知」（Sanngetal）（Saxo 158）。在和巨人瓦夫蘇魯特
尼爾的打賭中，我們才看到奧丁深諳盧恩符文法術，他透過私交取得這些知
識，是巨人間最擅於符咒的智慧老人。在侏儒族裡，亞維斯（Alwis）則是
法力最強且通曉符文者。他熟悉魔法咒文，並知道九個世界裡所有自然事物
的名字。不過，某個符文只有奧丁才知道，使得諸神的地位勝過巨人族和侏
儒族，那正是他對著巴德爾耳語，又允諾傳給哈定的咒語：不死之咒。

　　由於文化演進，祕密知識和魔法之神也蛻變成智慧之神。奧丁的神祕知
識和魔法，比他的智慧和詩藝更加源遠流長。使原始部落把奧丁稱為他們的
魔法師的法術，正是北歐巫師習用的法術。在日耳曼人和英國人心目中，沃
坦是法力高強的神，他的名字「furor」意指一種附魔狀態。奧丁使用魔法保
護人類並且提供奧援；他會傳授醫術（席瓦德〔Siward〕、琳達〔Rind〕）、
保護英雄抵擋敵人的武器（如「戰牙」哈拉德）或火攻（如史威德里
〔Swidri〕），也替囚犯打開枷鎖（如梅澤堡咒語）或絞架的繩索；奧丁能
讓邪惡的法術失效（Grettis. S. 79），也能平撫族群之間的敵意，或平息危害
車船的風暴和大火（齊古爾、哈定）（Hǫv. 145-163; Yngl. S.7）。邪惡又有
害無益的賽德魔法（Seidr），則是在基督和芬蘭人的影響下，才逐漸轉嫁到
奧丁身上：在丹麥的薩姆索島，他不僅會行巫術，變身成女巫挨家挨戶拜訪
（Lok. 24），他也使用賽德魔法引誘琳達。奧丁自己也會使用芬蘭人的可怕
巫術，卻比他們更厲害。

　　斯諾里亦把奧丁這個面向的神性描寫得活靈活現（Yngl S.7）：奧丁可
以在任何時刻（不限於沉睡時）讓靈魂出竅，隨心所欲地附身在各種物體、
動物或人類身上。他尤其喜歡附身在死者的身體，令其起死回生：「他有時
從地底喚醒死者，或是坐在絞架之下。」如果絞架上懸掛著死者，他便會在
屍體上塗畫盧恩符文，讓死者復活，和他說話（Hǫv. 156）。而他喚醒長久
沉睡於死亡的女先知，因而他也稱為「巫術之父」；為了救出巴德爾，他騎
馬到冥界（根據其子赫摩德的轉述），但是他也以魔法讓布倫希爾德沉睡。
古人認為死者的靈魂藏於頭顱裡，而巫師奧丁正是透過死者、其骸骨和頭顱

的幫助才得以預知未來。「奧丁把密密爾的頭留在身邊，它會講述所有國度的奇聞軼事。」

奧丁隨著愛瑟神族來到北歐，他們會使用各種法術，也把它們傳授給人們，後來一直為人類所用。對於這些法術，奧丁既無所不知也深得其中三昧。他的言談風趣生動，聽他說話的人，都會死心塌地相信他，正如奧丁的別名「尚恩」（Sann）或「尚格泰爾」（Sanngetal）。他如吟遊詩人一般，絕妙好詞信手捻來。愛瑟神族被稱為錘鍊詩歌的工匠，正是因為這門藝術起源於他們。奧丁透過盧恩文字和咒歌傳授法術，這些咒歌被稱為「噶爾德」（Galdr），愛瑟神族也因而叫作「魔法師」（Zauberschmied）。但是無所不知的奧丁也熟諳賽德魔法（致人於死的巫術），他可以透過賽德魔法預知人類命運、如何改變它、應對迎面而來的不幸、疾病或死亡，也會剝奪或賜予人類理智和力量。就這樣，魔法漸漸盛行，持續了很長一段時間。

（V.138）

我知道，我懸於隨風飄搖的樹上

接連九夜

身體被長矛所刺，獻予奧丁

我一手撐起的獻祭。

（掛在人類不知其根的高大樹上）（亦即宇宙樹）

（V. 139）

沒有人獻麥子給我，也沒有人供我麵包恢復精神

我的雙目低垂

呻吟著，我舉高盧恩符文

卻猛然墜落地面。

（V. 141）

我開始成長茁壯，又常在眾人心中

> 我日益強壯，也感到精神
> 詩句接連降臨，行雲流水
> 詩作一一浮現，夢筆生花（Hǫv.）

　　以上是奧丁自述如何連續九天掛在狂風吹拂的樹上，身上有長矛的傷口，把自己獻祭給自己，不吃不喝。他往下瞧，拿起盧恩符文，身體卻墜落在地上。後來，他便日益強大而名聲大振。

　　關於奧丁發明盧恩符文的「美妙崇高的」神話解釋，一直眾說紛紜。就基督教的觀點看來，這個故事的結論是上帝犧牲自身，而那用來作為絞架的樹也成了宇宙的象徵；為了滌盡世間罪惡，被朗基努斯（Longinus）的矛尖刺穿的耶穌，其十字架也稱為宇宙樹，這個形象可能透過維京人轉移到奧丁身上。

　　宇宙樹（Yggdrasil）原意為「奧丁之馬」，而也正因如此，奧丁上吊的樹和宇宙樹便產生連結。這個想當然耳的解釋忽略了許多明顯的難題：懸掛在巨大的宇宙樹枝上的，不是奧丁而是他的神馬斯雷普尼爾。「Yggdrasil」也不是指「尤格（奧丁）之馬」，不是說奧丁宛如騎著馬似的掛在樹上；相反地，這個名字其實是指「尤格之馬的榆樹」，也就是「斯雷普尼爾之樹」。如此，「身體被長矛所刺，獻予奧丁，我一手撐起的獻祭」，是誤以為奧丁吊在絞刑架上，才陰錯陽差置入的。

　　確實，宇宙樹並不一定是奧丁的座騎或奧丁的絞架。而提到宇宙樹的段落也沒有說到奧丁的絞架。「Yggdrasil」甚至可以解釋成「可怕的馬」，作為祭祀奧丁（而不是以奧丁為祭品）時的木架。

　　也就是說，奧丁所懸吊之樹，未必是宇宙樹；而即使這棵樹稱為「奧丁之馬」，指的也是奧丁獻祭的絞架，但未必是奧丁把自己掛在上面。況且，這棵樹之所以叫作宇宙樹，並不是因為奧丁的犧牲，而是所有日耳曼民族都會有一棵樹，代表民族的命運和財富，這個世界包含萬事萬物，應該有一棵守護它的樹，其生命便代表著世界的命運。

　　「身體被長矛所刺，獻予奧丁，我一手撐起的獻祭」不外乎是說「我把

自己獻祭給奧丁」，也就是說，奧丁既是獻祭的對象也是祭品本身。沒有任何證據說奧丁也是獻祭者，或是相當罕見地以自己作為祭品。垂死的奧丁指著自己身上的矛尖傷口，這是從斯諾里的文字裡推測出來的（Yngl S. 10）。不過詩歌的開展和斯諾里所述截然不同，因為斯諾里根本沒有提到懸掛在絞架上的事。他固然曾經提到獻祭儀式：例如尼約德把自己吊起來，以長矛刺入身體而死（Yngl S.14）；哈定在眾人面前自己上吊自殺，而史塔克也用長矛刺死維卡爾國王，把他掛在松樹上獻給奧丁等。我們可能因而聯想到古日耳曼習俗中，獻祭者會在死後升天，而獻祭的神聖死亡也會很神奇地增長其生命力。獻祭給索爾的羊竟死後復生；藉著一次次的獻祭，奧丁也更加鞏固他的神性地位。海格力士（Herakles）犧牲自己，而諸神則在宙斯的大廳迎接這個變容者。盧恩符文的發明和其他說明獻祭儀式進行的神話，有可能被混為一談：後者是一般的祭祀傳統，北歐人會以自己獻祭給奧丁，藉此增強其力量。死神奧丁自己也是透過獻祭儀式才抵達英靈神殿，正如斯諾里在奧丁國王的故事裡所影射的，而這也是絞刑架神話的背景條件。

以下關於這則神話的理論假設，也值得一提：

故事原本不是奧丁自己倒掛在樹上，而是用長矛把人刺死以獻給奧丁。神在他身上測試他的魔法：奧丁唸咒語，他的靈魂進入那人的身體裡，使其起死回生，那人摔落地面後，竟開始說話（308）。為了施展魔法，奧丁遵守其他巫師的禁食習俗。他連續九夜不吃不喝，才能擁有法力。奧丁起死回生的能力可以說出神入化，而他也因此名聞遐邇。自此之後，他也更加有智慧了。因為奧丁的靈魂進入被絞死的人的身體，後來以訛傳訛，故事竟變成了：天神自己吊死卻又復活。為了增添神祕的色彩，現在絞架也不是普通的樹了，至高神非得要吊在宇宙樹上不可（Hóv. 138: 5-6）。而因為在其他傳說裡，奧丁的智慧是來自密密爾，於是密密爾也在故事裡扮演某個角色，如以下奧丁朗誦的詩句：

（V. 140）

密密爾教我九種更有效的方法

我得到韻腳的醇釀，

從青春靈酒中萃取出來的。

換句話說，密密爾把盧恩符文的法術傳授給倒掛著的奧丁，而詩人則想像奧丁在絞架上抱怨口乾舌燥，於是又加油添醋：密密爾替奧丁斟酒。安納爾也獻了一杯酒，使得在兩堆篝火間烤了八個夜晚的神恢復體力。在奧丁神話裡，一般的樹穿鑿附會成了宇宙樹，尋常的酒便顯得太寒酸了，唯有詩人靈酒才相得益彰。所有添加的元素都顯露出詩歌和神話旁徵博引的精神，也就是吟遊詩人的精神。

從歷史事實的角度來看，盧恩符文的發明對沃坦宗教的傳佈影響甚巨，而北歐的奧丁神話也幾乎體現了南歐文化。因而，如果我們認為盧恩文字的發明神話是個**歷史神話**，甚或起源於日耳曼，也不算太過荒誕。在奧丁信仰萌芽之際，亦即在奧丁成為諸神之父之前，他曾經被其他敵對力量，也就是其他宗教的信眾打敗而淪為戰俘。儘管遭受種種困難挫折，他仍然存活下來。信仰和擁護他的人沒有離他而去，在他的庇佑下得到全日耳曼民族裡最高的智慧，盧恩魔法，並一視同仁地傳給奧丁的信眾，而奧丁更昂首闊步地發展成「諸神之父」。「知識就是力量」，在日耳曼文化中，知識的地位勝過任何人或是諸神。盧恩文字涵蓋了靈魂和事物的本質。由於發明了盧恩符文，沃坦（奧丁）便掌握了統治世界的力量：他無所不能。除了日耳曼人以外，沒有其他民族賦予書寫如此巨大的威力。而知識的力量也絕非無的放矢：盧恩文字的發明是精神世界的第一個產物，其影響向來不乏證據，例如，文字的發明其實是古騰堡印刷術的基礎。

其他關於奧丁的詩歌也說：

奧丁想出關於思想的盧恩符文並且指示刻寫。他把詩藝、智慧和刻寫的盧恩文字熔於一爐，符號的魔力便轉移到詩歌，他也把這些力量傳給天神，例如愛瑟神族和瓦尼爾神族、精靈或是優秀的凡人（Sigrdr. 15-18）。

　　在瑞典的民間傳說裡中，奧丁一直是盧恩符文的主人：凱提（Ketil Runske）從奧丁或是烏菲拉山（Ufvelaberge）的長老那裡偷走三根盧恩符杖，因而得到超自然力量。許多勇者都曾經遇到啣著盧恩符杖的騎士，如果他壯著膽子搶走那根符杖，就會得到無上智慧，能預知人們未來的一切。

　　根據古老的傳說，奧丁年輕時和他的舅舅走得很近，也就是聰明的巨人密密爾。奧丁從密密爾那裡學到九首咒歌，獲得詩人靈酒「歐卓里」（Ôdrôri）（啟發詩作靈感的蜜酒），也因而擁有至高的智慧：盧恩符文、魔法咒語和詩歌，這些正是使他在諸神中鶴立雞群的原因。我們絕不能斷然把這個假設斥為無稽之談，因為在古老的信仰裡，巨人一直保存著原始世界的智慧和寶藏，一直到諸神的手裡，它們才漸漸變成造福世界的恩賜。

　　而我們也知道奧丁和密密爾第二次迥然不同的會面：

　　密密爾泉位於宇宙樹根部，泉水蘊藏著智慧和洞察力。奧丁來詣泉水的主人，要求舀一瓢水喝。可是他必須付出一隻眼睛作為抵押（Gg. 15）。而從奧丁的抵押品裡湧出的瀑布，正好可以用水灌溉宇宙樹，或換句話說，經由泉水的擁有者和抵押品的保管者密密爾同意，奧丁得飲智慧之泉（Vǫl. 27）。密密爾每日早晨都會喝從英靈神殿之父的抵押品所湧出的靈酒（Vǫl. 29）。諸神的黃昏來臨之際，奧丁和密密爾的首級對話（Vǫl. 46），然後他騎到泉水處，請密密爾指點迷津（Gg. 51）。從密密爾的額頭和號角杯中汩汩流出的泉水，賜予奧丁靈感，而發明了盧恩文字，並且傳授給人類；奧丁站於山巔，佩著寶劍，頭戴頭盔：密密爾的頭顱總是先嘟噥幾聲才開始說話（Sigrdr. 13-14）。

　　密密爾的號角杯和頭顱是奧丁智慧的來源，甚至在密密爾不再照料智慧之泉後也是如此。關於斬首密密爾的故事如下：

　　愛瑟和瓦尼爾神族的和平協議規定雙方都必須提供人質，瓦尼爾神族交出尼約德和弗雷，而愛瑟族則以霍尼爾為交換。因為霍尼爾高大英俊，卻有

些蠢笨，所以愛瑟族讓密密爾隨行以祕密地獻計。霍尼爾隨即就被選為首領，他從密密爾那裡得到聰明的建言，才能統治有方。但是當瓦尼爾神族得知這個高大英俊的神其實不過是一場騙局時，他們一怒之下便砍下密密爾的頭，把他的首級送回愛瑟神族。奧丁替頭顱傅油防止其腐爛，對它施咒，使它能夠繼續思考、說話，遇到問題也能提供諮詢（Yngl. S.4）。

　　因為密密爾住在宇宙樹底下，而密密爾泉也日夜澆灌它，所以它也被稱為「密密爾之樹」（Fjǫlsv. 14, 18）。在世界末日時，宇宙樹沒有被蘇爾特的火燒掉，而一對劫後餘生的人類夫婦就藏身在樹梢，因此密密爾也稱為「如山一般的密密爾」（Hoddmimi, Vafþr. 45）。奧丁別名為「密密爾之友」，證明奧丁和密密爾過從甚密，這個別稱在十世紀的吟遊詩人之間就開始傳頌了。斯莫蘭地區（Småland）深不可測的湖水和它的支流，也都以密密爾為名（Mimis sjö），而河裡也有危險的水怪作祟。在十二、十三世紀的日耳曼英雄傳奇中，密密爾深居於黑暗森林裡，是個閱歷豐富的老工匠，他打造的武器廣受好評，是維蘭德（Wieland）的師父，也把齊格菲撫養長大；薩克索也提到一個叫作密敏古斯（Mimingus）的森林食人魔（Waldschrat），他佩戴著一把無堅不摧的劍以及伸縮自如的金戒指（70. 71）。

　　從關於密密爾的斷簡殘篇裡，我們看到他和泉水、奧丁以及宇宙樹的密切關係。密密爾這個名字的字根不太可能源自希臘文的「mimnēskō」（回憶），而應該是「mîm」（丈量）。「Mimir」同義於盎格魯撒克遜語的「meotod」（神），古北歐語的「mjǫtuðr」（命運），而他住在其下的樹，也叫作「mjǫtviðr」（Vǫl. 2），也就是決定吉凶悔吝的命運之樹。所以說，密密爾是能決定命運的聰明的水妖，是古代日耳曼人的信仰對象。水是他的元素，他依泉水而居，那是天上地下所有河流的源頭。所以他也是溪神、河神、湖神和海神，他的知識和他的元素一樣深不可測。日耳曼人認為他住在黑暗的冥府深處，依傍著嗚咽低語的泉水和神奇翻騰的山澗，是諸神們的老師，聰明而年長，技藝精湛而閱歷豐富。但是在北歐，密密爾則只不過是奧丁的朋友和父親，只有北歐人才把他和奧丁扯在一起。根據日耳曼語，湖泊、

河川、溪流和泉水，都是源自於他，那汩汩流出的、呶呶不休的源泉，在詩人筆下，就成了他的嘴巴，進而變成他的頭顱。「密密爾的頭」也就代表著「泉水的源頭」，也引申為「預言的源頭」，在古日耳曼信仰裡，清澈透明而不舍晝夜地流動的泉水，意味著智慧、知識和先見之明，都體現在密密爾身上。所以密密爾也被尊稱為「諸神的發言人」、「大議長」、「大魔法師」。在諸神黃昏到來之前，奧丁和密密爾的頭顱說話，神探訪至高智慧的泉源，求教於和密密爾不可分的元素精神。然而前述的奧丁之歌可能會使人誤解：詩人們心裡想到的，顯然是密密爾每天飲用的牛角杯，可是由「密密爾的額頭」流出的盧恩符文，卻證明了詩人把密密爾的頭當作真正的頭顱了。詩人愈描愈黑，把這個令人誤解的說法和瓦尼爾神族神話扯在一起，又加上為頭顱傅油和向它求教的橋段，以魔法和預言常見的習俗誤導人，於是把一顆腦袋變成了魔法；由於死者的頭顱能指點迷津且預言未來，根據日德蘭半島居民的迷信，人們必須用頭顱蓋喝酒以得到死者的靈魂。

密密爾每天澆灌宇宙樹，使它持續開花且伸展樹枝。不過，單憑密密爾主司的水還不夠，為不讓那棵樹（象徵著世界）枯萎或死亡，還需要陽光，密密爾也因此和抵押一隻眼睛的天神奧丁攜手合作。奧丁以一隻眼為抵押的這個合作關係，或許影射了某些歷史事件。奧丁必須打敗古老的神族才能夠掌權；而密密爾擁有豐富的知識和經歷，奧丁於是決定以最貴重的眼睛作為獻禮，和密密爾結盟，贏得一個好友、親信和謀士。

詩人在解釋奧丁失去一隻眼睛的故事時，也會以自然哲學深入分析單純的日常事件：天神及太陽神奧丁只有一隻眼睛，正如水中倒映的太陽。他每天去找密密爾交換眼睛，當然也要密密爾以對應的泉水作為交換。因為日復一日地抵押眼睛，兩人之間形成了堅不可摧的永恆結盟：太陽和水永遠焦不離孟。但是根據另一種自然觀察，太陽也可能是密密爾喝詩人靈酒用的牛角杯，或是太陽神的一只盤子，密密爾會盛滿泉水以灌溉宇宙樹。奧丁犧牲一隻眼睛，也可能和世界末日有關，他抵押眼睛以保護他的國度對抗威脅。奧丁是忠實的諸神之父，雖然明知諸神的國度難逃一劫，仍願意奮力一搏，奧丁的國度的悲劇也因此展開。

為人民，國王必須自我獻祭，

這是命運，也是世界的法則。

海姆達爾大聲吹起戰爭的號角：歸土吧，永恆的知識！瘖啞吧，古老的智慧！而這時候奧丁卻跑去向他的好友求教。

水中倒映的太陽，以及奧丁對世界的過去和未來的淵博知識，也可見於另一則美麗的神話：愛瑟樂園境內有一座輝煌的大廳，名為瑟夸貝克（Sökkwabekk，字面意義為「小溪流墜」，為瀑布所在地之意）。冰涼泉水的潺潺流動響遍整座大廳，**奧丁和薩迦**（Saga）每天在那裡用金色杯子開心地喝泉水（Grímn 7）。奧丁為得到智慧而去找女神薩迦，她的名字源自拉丁的「sāga」（聰明的女子），或是「sagire」、「sagax」（女先知）。而這則每天共飲泉水的神話，在諸神的傳說裡就變成上古時代絕無僅有而意義深遠的行為。薩迦每天告訴奧丁她的所見所聞，她和芙麗格一樣，住在海底宮殿芬薩利爾（Fensalir）。其實芬薩利爾和瑟夸貝克的意義大致相同，而薩迦恐怕也只是芙麗格的化身。現在的挪威韋斯比郡（Vestby sogn）有一座位於小溪旁的農莊就叫作塞克巴克（Sekkeback）

如前所述，奧丁從密密爾手中得到詩人靈酒「歐卓里」。而另一首神話也提到奧丁利用他和巨人之女袞勒德的愛，以詭計和甜言蜜語獲得詩人靈酒（Hǫv. 13, 14; 103-109; Grímn. 50）。

正如密密爾把智慧藏於泉水裡，而蘇頓格（Suttungr，從南方來的叫罵者）則是詩人靈酒的守護者。這兩個巨人是歷史的長子和見證者，他們是詩藝之父。奧丁是屬於年輕的神族一支，無法獨力釀造詩人靈酒，因此，他必須對兩個巨人威脅利誘，以獲得靈酒。蘇頓格之女袞勒德在一處岩壁中守護詩人靈酒，優雅和美麗是詩最好的守衛。但是神鑿破了岩壁，冒著生命危險，潛入四面都是石壁的巨人大廳，他自稱為「至高者」哈維。他以花言巧語贏得老巨人信賴，而假託為美麗的巨人之女芳心而來，對他來說是最簡單的了。

偽裝後的神被當成求婚者，相愛的兩人互許終身，立下海誓山盟。婚宴於蘇頓格的大廳舉行，衮勒德遞了一杯靈酒給坐在金椅上的神。不過，奧丁在新婚之夜喝光詩人靈酒之後就逃之夭夭，既美好又無私的少女衮勒德甚至協助他逃離巨人國。詩人靈酒「歐卓里」就這麼被他帶回英靈神殿。隔日，得知求婚者逃跑的巨人來到蘇頓格的大廳，質問哈維究竟身在何處。他們想知道這個作惡之人是否逃到諸神的國度，或是在逃亡的過程中被蘇頓格發現而擊斃。親朋好友一般會在婚禮第二天探望新人，詢問是否一切安好，現在卻是來問丈人是否殺了女婿。

至於諸神的酒，則有一段很長的前傳，我們可以看到後人加油添醋的元素：

瓦尼爾和愛瑟神族在和談時，雙方都對甕裡吐了一口唾液，而喀瓦西便由此誕生。兩個侏儒悄悄殺了他，把鮮血放流到兩個碗和一壺歐卓里裡。他們混合血和蜜，攪拌均勻。自此之後，這種酒便叫作詩人靈酒，只要喝一口，便成了詩人以及智者。

在其他文獻裡，侏儒往往也是藝術家和學者，上述的神話原本可能是獨立成篇的，後來才把這則神話和蘇頓格扯上關係：

侏儒致贈蘇頓格詩人靈酒，以補償殺父之仇。他把酒藏在山壁間，叫他的女兒衮勒德守護靈酒。到處遊歷的奧丁卻來詣蘇頓格。九個少年正在草原上割草，奧丁答應送他們更銳利的磨刀石。他把磨刀石擲向他們，少年們搶成一團，為了爭奪磨刀石而砍死對方。奧丁於是化名為包爾韋克（Bölwerk）（這首詩歌的名字後來也成了專有名詞）去找蘇頓格的哥哥。為了酬謝包爾韋克的辛勤工作，蘇頓格的哥哥帶他到衮勒德守護藝術靈酒的岩壁。奧丁鑽開岩石，如蛇一般溜進洞穴，立即變回神的形象引誘少女，並且偷走靈酒。蘇頓格追捕這個化為老鷹飛走的賊，卻不幸身亡。老鷹奧丁留下了若干激發

詩人靈感的靈酒，而蘇頓格的靈酒傳說是為了熟知音律的詩人釀造的。

　　雖然寫下這則故事的吟遊詩人對於化為老鷹的奧丁不假辭色，但是它在藝術上的成就和貢獻卻不可小覷。天神辛勤工作，卻只索取不成比例的微薄報酬，這讓讀者聯想到壯士漢斯（der starke Hans）[11]和熊皮人（Bärenhäuter）[12]的故事（K. H. M. Nr. 90, 101）：奧丁的工作有點像山妖（Rübezahl），他害死了九名少年，就像勇敢的裁縫殺死了兩個巨人（Nr. 20）。而名字類似女武神的哀勒德（意為「叫陣者」），與其說是熱戀中的巨人少女，更像是美麗的女妖，她用如黃金一般的美妙豎琴樂音，引誘青年騎士到湖邊，致贈他能治癒傷痛的祝福、豐富的寶藏以及流利的口才，最後卻斷然離開騎士。（見關於騎士提內〔Tynne〕的民歌。）

　　奧丁在逃逸時化身為老鷹，以及讓人逸興遄飛而長生不死的靈酒，都可以溯及古印歐的史前時期。屬於神的鳥（或化身為鳥的神）從天界飛下來，搶走惡魔小心守護的酒：因陀羅（Indra）[13]的老鷹、為宙斯叼來神酒（Nektar）的老鷹，以及化身為老鷹偷走靈酒的奧丁。不過，不朽之酒到了北歐就變成啟發詩人靈感的靈酒了。

　　有些論者甚至把盜取靈酒的神話追溯到共通的人性。一隻動物喝光全部的泉水或藏在缸甕裡，現在卻被迫要交出來。歐卓里不只是保存在不同的容器裡，也被藏在山中巨人的住處。巨人住在泉水源頭的深山裡，當然也把瓊漿美液藏在那裡。為了穿山越嶺找到水源，必須以鐵鎚或刀斧開闢一條路（例如赫拉克列斯、摩西或索爾）。奧丁自然也不例外，他在山裡鑿出一個洞，

---

11 譯註。〈壯士漢斯〉收錄於《格林童話》中，內容講述兩歲的漢斯和母親被強盜抓到山洞中，替強盜料理家事，後來漢斯打敗盜匪，回家和父親團聚，長大後殺死侏儒拯救公主。

12 譯註。〈熊皮人〉亦為格林兄弟所收童話之一，描寫一名士兵和惡魔交易，為確保金銀財寶，須日日披著熊皮大衣，形態可怖。最後拯救了美麗的少女和其成婚，恢復原本的俊美容貌，但也因此害死了少女的兩位姊妹。

13 譯註。又稱帝釋天，印度教神明。

挖出一條通往水源的道路。從山裡蜿蜒流出的泉水，在童話裡扮演著生命之泉的角色。巨人以瓶子分裝，悉心守護，而童話裡的英雄則必須用詭計和勇氣從巨人手裡搶走泉水。因為水是從天上雲間降下來的，所以往往被視為遙不可及。生命之水的主題，在斯諾里關於奧丁和歐卓里的神話裡被扭曲而誤解：一般童話裡的生命之水、原始民族的單純的水，在神話裡卻變成諸神和詩人的酒。

在最早期的吟遊詩人口中，奧丁就是**詩藝之神**（Sk.3）：詩被稱為「奧丁酒甕裡的甘露」、「奧丁啤酒」、「歐卓里的波浪」、「奧丁的贈禮」，「奧丁和袞勒德共宿（共枕）的賞報」，或「敵方國王（奧丁）的酒」。奧丁把智慧賞賜給許多人，也把詩藝傳授給吟唱歌手（Hyndl. 3）。作為戰神、勝利之神以及詩歌之神，奧丁賜予愛徒和養子史塔克雙重才能，令其熟諳吟遊詩藝，史塔克不僅能言善道，也會創作詩歌。在歐拉夫（Olaf）面前，奧丁變身為能文能武的國王（Ol. S. h. h. 171/2）。即便處於最深沉的痛苦和急難中，埃吉爾仍然把奧丁視為唯一可呼求和訴苦的神：「密密爾之友（奧丁）紓解我的苦痛，如今我把它當作解脫；他賜給我完美無瑕的藝術。」（Snt. 23/4）在所有吟遊詩人當中，只有埃吉爾盛讚詩藝及其守護神如何排憂解悶、安慰激勵。對他來說，詩不是供應奶油的乳牛，而是崇高的天界女神。

奧丁不僅是吟遊詩人之神，也是到處流浪的歌者之神。他是他們的守護神，會賜予他們好運。風暴之神其實也是聲音最雄渾高亢的歌手，這個到處流浪的神熟諳北歐所有的詩歌，更體現了當時行旅者的理型。表演者站在講台上，說唱他在烏爾德（Urd）泉聽到奧丁所說的話（Hǫv. 120）。一體適用的生活規範和法則，無論任何時候，都會被說成是奧丁規定的。

詩歌也偏好歌頌到處旅行的奧丁如何四處獲取新知、如何對陌生人展現自己的智慧：

奧丁欲探知智慧巨人瓦夫蘇魯特尼爾是否像他一樣博學多聞。芙麗格出於真誠的夫妻之愛，打算勸退他，奧丁卻回答：他到過許多地方，也做了許多嘗試，他必須知道，那通曉世界自始至終的命運的巨人、最聰明的神，是

否比奧丁更高明。因為巨人不讓奧丁近身，奧丁便化身為一個貧苦而風塵僕
僕的男子。比賽結果，神和巨人的知識不相上下。但是奧丁問道：「巴德爾
被掛在木架上時，奧丁在他耳邊低聲說了什麼？」瓦夫蘇魯特尼爾不知所對，
奧丁顯然略勝一籌。巨人只知道過去的事，對於創世且統治世界的神的精神
或生命，他卻一無所知，於是他驚呼道：

> 無人知曉，很久以前
> 你在兒子耳邊的低語。
> 古老的歷史和諸神末日
> 霜怪 [14] 那獻給死亡之口，皆能娓娓道來。
> 我敢於奧丁面前證明我的智慧，
> 但你仍是世上最睿智的生物！（Vafþrúþnismọl）

奧丁詩歌的第二首，蓋洛德國王的幸福和死亡之歌（《格林尼之歌》，
Grímnismọl），則是描述奧丁的智慧如何超越眾生，巨人、人類和其他諸神，
他的一切行為都是考慮到他對世界的統治權的：

國王勞登（Hraudung）之子蓋洛德和安納爾一同駕船到湖上捕魚，卻被
強風推到一望無際的海域。黑夜中，船似乎漂到陸地而停下來。他們雙雙登
岸，在一座小屋裡看到一個老人，和他共度了一整個冬天。老人照顧蓋洛德，
他的妻子則為安納爾費心。春天一到，老人便送他們一艘新船。他們陪著兄
弟前往海灘的路上，老人在蓋洛德身旁耳語。兩兄弟回到家鄉的港口時，蓋
洛德站在船頭，跳船上岸，卻把船推到海裡，大喊：「去吧！航向巨怪掌中！」
父親死後，蓋洛德繼承王位，成了國王；安納爾則和巨怪一同生活，甚至和
女巨人生了孩子。那看護蓋洛德的老農民其實就是奧丁，而照養安納爾的農
婦則是芙麗格。

---

14 譯註。此處原文為 Thurs，霜巨人的另一名稱，也是星期四的詞源由來。

奧丁和芙麗格坐在至高王座上俯瞰眾世界。奧丁說道：「妳可看看，妳照顧過的安納爾，如今在洞穴中和女巨人生孩子！而我所看管的蓋洛德，卻早已是一國之主。」芙麗格回答：「他如此撙節，做他的客人想必都要餓死！」奧丁不甘示弱，也反唇相譏，雙方爭執不休，決定打賭看誰才是對的。芙麗格派她的侍女芙拉（Fulla）去告訴蓋洛德，要他準備迎接一個巫師。而訪客到來時，就連最凶狠齜的狗也不敢朝客人吠叫。蓋洛德雖不是一毛不拔的鐵公雞，卻叫人把那個連狗也畏懼的訪客抓起來。巫師披著大衣，自稱是格林尼（Grimni）（變形者）。國王派人刑求他，要他說出他的法術祕訣。一個沒想要刻意隱藏魔法祕密的巫師，只是變身避難而已，居然遭受就連奧丁也抵受不住的刑求。巫師身旁有兩堆柴火，熊熊烈火煮著大鍋，他就這樣被折磨了八天八夜。國王的兒子安納爾，轉世重生的蓋洛德的弟弟，當時十歲，他跑到格林尼跟前，為他斟了滿滿一隻牛角杯的水說，國王折磨一個無辜的人，實在不公平。格林尼貪婪地喝光牛角杯的水，宛如得到他撲滅火焰的神奇力量。過程中還因為火勢太旺，他大衣的衣角也著火。奧丁此時大聲唸滅火咒：

> 烈火啊，你如此燥熱！如此貪婪地舔食！
> 退卻吧，火焰，從我身旁！
> 雖然我在空中冷卻它，但羊毛已微焦
> 而皮草已起火！

奧丁感激安納爾送水來，他要讓酒醉而昏聵的國王蓋洛德知道，被他刑求的人正是他的好友和守護神奧丁。他述說了許多關於至高神奧丁的故事，以及和蓋洛德有關的事，例如英靈神殿、諸神國度中的生活、女武神、奧丁之狼和雙鴉等。只有奧丁才知道這許多細節，如果蓋洛德神智清醒的話，他一定會明白眼前和他說話的人是誰。為了讓蓋洛德大夢初醒，奧丁甚至親身證明他所言屬實。他要求移開火上的大鍋，好讓天界諸神看到他並且下來救

他。即使在安納爾的懇求下，國王照做了，但蓋洛德仍然不願相信他便是奧丁。奧丁別無他法，於是他對蓋洛德說了一個只有蓋洛德才知道的別名。儘管格林尼顯然是奧丁的別稱，蓋洛德仍然不願承認。最後，神只好向不可救藥的國王宣布他的死期：

> 我所言所語，你一概不理
> 你的恩人使詐欺騙你。
> 我所見即將發生，我好友的寶劍
> 將因鮮血淋漓的鼻子而染紅。
> 你的下場歷歷在目！尤格將會領走
> 那死於鋼鐵之人。
> 諾恩女神編織你不幸的命運，奧丁現在正看著你
> 上前來吧，趁你還行的時候！

蓋洛德面前有一把已出鞘的劍，他聞畢便知道眼前的囚犯就是奧丁，於是立即要把他從火堆上救出來。寶劍在蓋洛德站起時不慎滑落，他也失足跌倒。那寶劍刺穿他的身體，他就此一命嗚呼。而奧丁也不見蹤影，安納爾則成了國王。

這首詩是在展現奧丁的莊嚴和恐怖。在最後一節詩裡，詩人甚至把尤格（Ygg）叫作「駭人者」。但是奧丁不僅處罰傲慢自負、愚蠢昏聵和怠慢的人，也會仁慈對待憐憫他、悉心照顧他的安納爾，所以是個恩威並施的統治者。不過，奧丁軟硬兼施的神性往往被吟遊詩人惡意誇飾或曲解而加油添醋。在上述詩歌裡，以神話描述產生的聯想斧鑿斑斑；作者肆無忌憚地斷章取義，幾乎刪除了其他詩節，只留下美麗卻做作的古老詩歌：巫術之神施咒滅火、展示自己偉大的能力，並詛咒刑求者蓋洛德將死於自己的劍下。在引言中，巫師奧丁也說，就連最凶惡的狗見到他也不敢吠叫。而事實上的確如此，地獄之犬在奧丁面前也是默不吭聲。（Baldrs. Dr. 2, 3）

最早的框架敘事[15]的相關材料來自挪威北部的諾爾蘭（Nordland）[16]和芬馬克（Finnmark）[17]郡的童話故事。位於遙遠的西方海域，在最外圍的礁島之外，有一座物產豐饒、風景優美的小島。只有每一代最傑出的人，才得以看到這座島，島上的民族比平常人優秀許多，他們的生活富庶，在海底深處有真正的住所。故事裡拜訪海洋民族的兩個青年，在詩人筆下被改寫成蓋洛德和安納爾，而一身藍衣的水手也變成了奧丁。引言中提到的第二個傳奇，則談到倫巴底人名字的由來的古德語傳奇（D. S. Nr. 389）。在日耳曼和北歐傳奇裡，沃坦（奧丁）高坐在天界的王座上俯瞰世界，兩地傳奇都說奧丁和其妻芙蕾葉（芙麗格）各有偏愛的人，在此處和其他詩歌裡，女神違背夫妻間的協議，屢屢施計傷害奧丁寵愛的一方，幫助自己偏愛的那一方。

四處遊歷的天神，風塵僕僕、毫不停歇地遊走四方，朗誦謎語以證明或贏得智慧，這個主題也出現在《流浪者之歌》（Wegtamslieder）[18]裡。「Wegtam」意為「習慣漂流者」。神不畏艱險地前往冥界，喚醒死去的女先知，向她探問巴德爾的可能死因。奧丁化身為**盲者蓋斯特**（Gest der Blinde），在海德瑞克國王面前出題，並向他展露詩人的智慧（Herv. S. 16）：

在日德蘭半島的海德瑞克國王治下，有個孔武有力的領主（Herse）[19]，叫作盲者蓋斯特（「Gest」音似「Gast」，意為「客人」）。他必須把寶物獻給國王，才能在法院當庭開釋而免於一死。但這兩種下場皆非蓋斯特所願，於是求助於奧丁並向他獻祭。某天夜裡，時辰已晚，一個也叫蓋斯特的陌生

---

15 譯註。框架敘事（Rahmenerzählung）為由一系列內容相關聯的故事而合成的文體。

16 譯註。位於挪威北部，為今日挪威國鐵最北可達之境。

17 譯註。挪威最北的郡，接壤芬蘭、俄羅斯。

18 譯註。《流浪者之歌》，別名《巴德爾之夢》，為講述巴德爾之死的《埃達詩歌》，內容簡述巴德爾作了惡夢，而奧丁則前往赫拉冥界，讓沃爾娃女巫復活。兩人對話過程提及巴德爾的命運，最後奧丁不慎透露自己的身分，被女巫趕出冥界。

19 譯註。維京軍隊的官階之一，可掌管約一百名手下，須向伯爵或國王回報。

人到來。那個陌生人主動提議要代替他去找國王，他們兩人交換外觀和衣物，陌生人便去見國王了。「你願意接受我的法官的判決嗎？」他一走進王宮，國王就憤怒地問道。蓋斯特問是否有其他的解決方式。「當然有其他方法，」海德瑞克國王回答，「如果你能出一個我無法回答的謎題，我就饒你一命。」蓋斯特寧可出題也不願上法庭，於是向國王提出一連串問題，但國王都一一回答。他的最後一個問題卻是問國王，在巴德爾上火堆受死之前，奧丁在巴德爾耳邊說了什麼，國王一聽之下便怒髮衝冠地大喊：「沒有人知道這個問題的答案。」他拔劍要刺死蓋斯特。這個陌生人蓋斯特（其實就是奧丁）霎時變身成老鷹，從窗戶飛出去。

　　奧丁在他處提出的謎題，多半是關於人類及諸神的命運，但在這首詩裡，他問蓋斯特的謎語，卻都是在自然現象的人為事物。「蓋斯特」自然是指來自遠方的奧丁，而不是枯守家中的領主，其別號「盲者」更直接意指那獨眼的天神。
　　沒有其他詩歌像《女先知的預言》那般盛讚作為創造神、世界之守護神及統治者的奧丁。

　　她註定要訴說世界的命運。她並非塵世女子，而是屬於巨人族，那古老而有預言天賦的族類。巨人扶養她長大，她也得到巨人的智慧。她知道天上地下所有地名，她不向任何國王稱臣，也不屈服於領主及其僕從，不理會企求她智慧的少數人類，她只在奧丁要求之下，向所有人類宣告世界和諸神的命運。她擁有法力和預言能力，這在我們祖先心目中是極大的智慧，因為她能根據過去和現在的敏銳觀察，準確地預言未來，於是奧丁時常向她求教。當奧丁要求證實她的智慧，她也大方讓奧丁見識到她可以知道他內心深處的祕密：她說她知道奧丁和密密爾之間的交易，世上沒有人知道這件事。不過，正如沃爾娃女巫的一貫原則，她沒有收到贈禮是不會開口的。於是奧丁送她戒指和金銀珠寶。沒有證據指出她是否如人間的沃爾娃女巫那樣，夜裡坐在十字路口等奧丁來訪，或者是巫術之神和死神奧丁把她從墓中喚醒的。儘管

如此，奧丁確實曾在地底尋找一個巨人族的女先知，利用還魂法術把她從墓中喚醒，向她探問巴德爾的命運。在埃達神話裡，只要提及沃爾娃女巫的預言的，都說女巫早已經死了。女巫完成任務後，會回到地下，亦即回到她們的墳墓中。

奧丁和其兄弟維利（Vili，「意志」）和維奕（Ve，「神聖」）從混沌裡合力擎起天空和大地，也創建了自然和人倫的世界秩序。風神奧丁把氣息灌注給太初的人類，那是人類塵世生命的基礎。戰神奧丁挑起愛瑟神族和瓦尼爾神族之間的戰爭，而在和平終究塵埃落定之後，他作為諸神之王，也持續維護世界秩序。兩個巨人族的工匠之死，開啟了諸神和巨人族無止盡的征伐，同時也威脅了世界的存亡。奧丁為了世界的福祉未雨綢繆，於是想了兩個對策。首先，他把海姆達爾的號角藏在宇宙樹底下，保護其安全，直到所有種族都被喚起作戰。在新天新地來臨之前，不會再有整個神族的大混戰。其次，他決定以自己作為祭品，並且和密密爾結盟，這似乎是他所想得到的最盛大的獻祭。他奉獻自己的身體，永恆的智慧源源不絕地灌注到他身上，宇宙樹也得以枝繁葉茂。他招募最勇敢的英雄來到神殿，他們在危難時挺身而出，諸神不至於戰力匱乏，奧丁甚至千方百計要降低洛基的毒血造成的影響。他隻身深入冥府，要探問巴德爾的死因，並且制裁凶手。只要非人族類或人類國土有智慧之名，他便會前往討教。在做出重大決策前，他也會求教於密密爾的頭顱，看看眼前等待他的命運會是什麼。舊世界即將崩壞，但奧丁仍鍥而不捨地照料（甚至犧牲自我），盡可能維持世界的存在。

因為奧丁主司自然界，也是所有高等生物的創造者和統治者，因而也叫作瓦克（Wak，「警覺者」）、鐵克（Thekk，「歡迎人類者」），或依照其地位而稱為奧米（Omi，「至高者」）；他是「大地之神」、「人類之神」、「人類或世代之神」、「時間的全能之神」、「至高統治者」、「諸神的師父」、「眾神之神」以及「眾神之父」：他管理國度裡的大小萬物（Gg. 3）。儘管其他諸神也擁有神力，他們卻如兒女一般服侍奧丁。索爾、巴德爾、霍德、尼約德、威達（Widar）、瓦利（Vali）和赫摩德都是他的兒子。挪威王

室極為注重奧丁的族裔：丹麥祖先史克耶德（Skjöldr）、來自黑格蘭的挪威王室祖先薩敏（Säming）、沃松族祖先齊吉（Sigi），他們的血統都可以溯及奧丁。

「眾神之父」（Allvater，「上帝」、「至高神」）雖有些基督教的味道，但是最早的吟遊詩人布拉基就把索爾叫作眾神之父的兒子。當奧丁成為天界的至高神，人們也逐漸以親屬關係去理解北歐眾神，「眾神之父」的觀點便在北歐扎根。十一世紀中葉甚至有個基督教詩人（Sk. 2）把奧丁稱為「眾神之父」：這個稱號和奧丁緊密相連，使得詩人完全沒有意識到，對他的信仰來說，只有基督教的神才能叫作「眾神之父」，反而自然地用它來形容奧丁。斯諾里當然也會想到基督教裡的全能的神，不過那是因為異教文化預先鋪好了路。奧丁、維利、維奕父子三人，很像是基督教的三位一體：眾神之父奧丁像是聖父，維利則是基督，或是早期教父所謂的「神旨」（Voluntas），而維奕則是聖靈。可是在最古老的吟遊詩歌當中，奧丁是以維利的兄弟姿態出現（Yt. 4），而以「*Vóðenn」（沃坦）為頭韻，更顯示維利和維奕兩兄弟最晚於西元八世紀就已經消失無蹤。哈爾（Har）、亞芬哈爾（Jafnhar）和特里狄（Thridi）等別名，也暗示了基督教的影響。不過特維基（Tweggi，「雙重者」）則大異其趣，它可能是指奧丁在生理和道德方面的雙重神性，或是他對待戰士忽敵忽友的作風。

在密密爾神話裡，奧丁顯然以天空神和太陽神的姿態出現，而關於太陽是天空的眼睛的這個想像，也有其他有趣的說法，一說是沃坦早上從窗戶眺望東方天際，又一說則是奧丁在至高王座上俯視整個世界，觀察人類的一切作為。在奧丁接收了舊天神的地位之後，他也一併接管了名為**「德羅普尼爾」**（Draupnir，「滴露」）的戒指，它每九個晚上都會複製出（滴出）八枚新戒指（Skírn. 21）。這枚戒指是侏儒打造的，象徵多產和生命，奧丁把它放在巴德爾的柴堆上，意味著巴德爾將來的復活。在比較早的神話裡，天神弗雷送給心上人格爾德的便是這枚戒指。正如尾戒每到第九個夜晚都會展現其力量，英雄每晚都在枕頭下發現一枚金塊（K. H. M. Nr. 60），每過九晚，德羅普尼爾也會生出八枚重量相同的戒指。在這則神話裡，是否保存了古日耳

曼人每九天為一週的習俗，我們存而不論。冰島上也有植物以奧丁為名，例如「奧丁之雞」（Tringa lobata）[20]，而三月也叫作「奧丁月」。

以下詩節很優美地總結了奧丁的神性：

讓我們懇求軍隊之父，　　賜予保護，
他喜歡把金銀財富，　　　贈予隨行士兵；
他賞賜頭盔和環甲，　　　予赫摩德，
削鐵如泥之劍，　　　　　送給齊格蒙。

他既賦予勝利，　　　　　也招來財富，
又傳授智慧，　　　　　　和睿智談話，
水手能有順風，　　　　　歌者吟唱如詩，
某些英雄則　　　　　　　精力充沛。（Hyndl. 2, 3）

正如包拉斯‧戴柯努斯（Paulus Diaconus）[21] 提到沃坦時說：「所有日耳曼部落都把他當作神來敬拜。」而基督徒斯諾里也寫道：「所有部落都認為必須把奧丁的名字轉換成他們的語言，才能向奧丁禱告。」（Gg. 20）即使是不特別偏祖奧丁的薩克索也說：「奧丁的顯赫威名遠播各地，所有部落都認為他是這世界的一道光，世界上沒有任何地方不向奧丁的崇高力量低頭。」

索爾

在壯麗又不失幽默的詩作裡，詩人以對比方式呈現奧丁和索爾兩位巨神（Hárbarþsljóþ）：

---

20 譯註。紅領瓣足鷸，學名 Phalaropus lobatus，最初出現於瑞典動植物學家及醫生卡爾‧林奈（Carl von Linne）的《自然系統》（Systema Naturae）一書中，當時把此類動物描述為「Tringa lobata」。此處作者稱其為植物，或許為筆誤。
21 譯註。倫巴底歷史學家（720 -799）。

索爾從波羅的海之旅歸來，路過一處海峽，於是上了岸，而奧丁就站在對岸。他打扮成水手，自稱為哈拔（Harbard，「灰鬍子」）。索爾對他喊道：助我渡過海峽吧，我會給你籃子裡的美味食物、燕麥粥和鯡魚。奧丁回答：別吹噓你的早餐了，農夫！你實在沒有理由如此大膽，或許你母親就在這個當下過世了。索爾答道：此消息真令人哀戚，若你所言為真。哈拔繼續說：不，你外表看起來不像個擁有三間農舍的農夫；你光著腳，衣著像乞丐一般破爛，可是貨真價實的流浪漢呢！索爾裝作沒聽到刺耳的話，好聲好氣地請求船伕駛船靠近。不過，誰才是這艘渡船的真正主人？船伕說：他名叫希爾朵夫（Hildolf，「戰狼」），他不准我載盜匪和偷馬賊渡海，此外，如果你要到對岸，可得先告訴我你的名字。索爾自然願意答覆這個要求，不過，他也想用層層堆疊的稱號來嚇嚇對方：我是奧丁之子，諸神中最強者，也就是索爾；你又該如何稱呼？另一頭傳來了喊聲：我是哈拔，自隆尼爾死後，再也找不到比他更英勇的人了。雙方便開始爭論不休，列出各自的英勇事蹟，看到底誰比較英勇。索爾驕傲地回憶道，他曾剿滅了鐵頭巨人隆尼爾。他問哈拔做過什麼，哈拔回答道：我曾在林木蓊鬱的小島上，協助國王打仗長達五年，我利用這個機會引誘公主；這難道沒有和你的事蹟一樣聲名遠播嗎？索爾提到他在東方諸國的旅程，講述他在那裡殺死了女山妖，而且略感不安地說，如果不這麼做，巨人數量會太多了。哈拔則提到他如何挑撥國王們征戰不斷，也提到索爾曾經因為害怕而躲在巨人史克呂密爾（Skrýmir）的手套裡。索爾無言以對，他知道哈拔的話屬實，也推託不了。於是他充耳不聞，繼續訴說他的東方之旅以及如何對抗當地巨人。巨人向索爾丟石頭，而他也確實屈服於落石的攻勢。這時候哈拔忍不住要模仿索爾的話語嘲笑他，他說他也去過東方，和一個如亞麻布一樣蒼白的女性共餐，得到她的金飾；這和索爾的行為完全相反，但結果卻是凱旋而歸呢！索爾持續夸夸其談，說他和女人牽涉頗深，而熊皮武士的女人可是最殘暴逆天的人：她們揮舞著鐵棍，攻擊他的船隻，比起女人，更像是餓狼！哈拔再度訴說他所參與的戰爭，他高舉暴雨的旗幟，染紅了鋼鐵。

　　從這整個故事看來，雖然索爾和巨人間的爭鬥大有斬獲，有時甚至是時勢所逼，奧丁的戰爭卻更加高貴，層級也更高。在機智敏捷、口若懸河的船伕面前，索爾無法替自己辯解，只能無計可施地忍受奧丁的揶揄，說他的妻子和一個惡棍（洛基）有染。無論怎麼威脅利誘，索爾都無法說服哈拔載他渡海，最終他毫無頭緒、猶疑地懇求道：如果你不願載我渡海，至少告訴我其他方法。當哈拔舌燦蓮花地描述替代道路時，索爾只能無力地回答說：我們今天的對話就這麼草草結束吧，你今天不讓我過海，下次我們走著瞧！

　　這首《哈拔之歌》可以說是最輕佻、隨興，卻又很有藝術價值的《埃達詩歌》之一。顯然，在彰顯心智和力氣（蠻力）的相互抗衡時，詩人喜歡以對比的方式呈現兩個暴力的神的唇槍舌劍。索爾被描繪為氣吞山河的勇士，以及巨人的征服者，在人煙罕至的波羅的海東邊，完成不凡的壯舉，「傷痕累累如舊皮鞋」、貧窮如流浪漢，早上飽餐鯡魚和燕麥牛奶粥以捱過一整天。他有勇無謀，智力平平，喜歡暴虎馮河的冒險，遇到困難卻會不知所措；雖然他容易被激怒，有時候卻很遲鈍，整體來說，還算是本性善良。這也是為什麼他最後會羞愧地離開。相對而言，奧丁是戰場領袖，在旌旗飄揚當中慫恿人間的國王上戰場；奧丁也善於誘拐女性，甚或有些如騎士一般的英勇冒險可以拿來說嘴。但是在上述詩歌裡，奧丁自始至終都是沉著冷靜的辯士，他口齒清晰伶俐，對答如流，從來不會誤用任何嘲諷的字眼讓對手暴怒。他的英勇不下於索爾，但是他的冷靜使他避免了無謂的舉動，他的機智和深思熟慮也永遠佔上風。畢竟，衝鋒陷陣、浴血鏖兵，並不保證獲勝，力量，特別是深思熟慮之後的力量，才是獲勝的關鍵：北歐人身處維京人時代以及外來部落的侵略當中，也有相同的經驗。在這段詩歌裡，詩人並沒有針對奧丁在其他詩歌裡常見的神性多加著墨：法術、盧恩符文以及詩藝。如果說索爾能使人們幸福，那也只是肉體的歡愉，就好像只要能整治農地，人們便會幸福快樂。索爾沒辦法賜予人們更高等的、心靈的幸福，因為他自己也沒有。奧丁也不敢一一列舉他的英雄事蹟，否則索爾會認出他來。奧丁和索爾的口舌之爭結束，奧丁獲勝，這顯示他在心智上的優越。最後，索爾誇耀說他是

奧丁之子，詩人也透露了他支持哪一方。整首詩歌裡不見任何描述索爾待人舉止的文字，也沒有提及關於他的敬拜儀式。畢竟，詩人心想的是戰場上的英雄事蹟，而不是農業或畜牧，對詩人和詩歌的聽眾而言，索爾攻打巨人的戰役象徵農業經濟的保護。索爾並不代表農夫，而奧丁也不是維京人的代理人。其權力和義務以奧丁信仰為基礎的諸侯階級，也沒有被拿來和信仰索爾的農民對立。換句話說，這首詩並沒有足夠的證據，說明索爾是北歐真正的國家神和民族神。

　　不過就算在其他文獻裡，索爾也不算是庶民或農人的神；下至百姓上至國王，都會向索爾呼求。我們也不能因為奧丁對詩藝的重要性，便認為奧丁是貴族階級的神。古斯堪地那維亞人並不特別偏好維京人時代的歷險和劫掠，他們絕對沒有鄙視和平時期的安逸閒適，他們甚至認為舞刀弄槍是奴隸才玩的低等把戲。林格里克（Ringerike）[22] 的國王「播種者」齊古爾（Sigurd Syr）[23] 和歐拉夫的使者，在「眾人收割、聚穗和撿拾」麥穗的田野上不期而遇。「國王和兩名男子跟著他一下到田間，一下又到穀倉。」這顯示工作被視為一種榮耀。奧丁所規定的智慧法則對所有人一體適用：奧丁信仰包括黎民百姓和詩人及其聽眾。《埃達詩歌》裡對於奧丁和索爾的區分，其實也僅止於行為上的差異。為了產生雷電、擊斃巨人，索爾必須擁有戰車、雷神鎚，當然還要有壯碩魁梧的身體；而敏捷機智和深思熟慮，自然歸於世間萬物的最高主宰、戰神和藝術之神奧丁。因為索爾總是樂於拔刀相助，於是人們在搏鬥時往往會呼求他的奧援。冰島的索爾德（Thord）是個訓練有素的戰士，他在和同族的「蛇信」袞洛格（Gunnlaugr）決鬥前夕，特別向索爾呼求。袞洛格打斷了他的一條腿，把他扔在地上，可是他自己的腳也斷了，跟著也倒下（K.10）。奧丁和索爾地位平等，各具擅場。人們在戰前祭祀奧丁，戰時祈求他站在他們這一邊，而當人們需要體力或堅毅去完成某事時，他們則會

---

22 譯註。位於挪威首都奧斯陸之東，為較為平坦的可耕作地帶，眾多著名國王都和此地有所淵源，如金髮哈拉德等，亦有不少可追溯至中古世紀的考古遺址。

23 譯註。「播種者」齊古爾約卒於西元 1018 年，為林格里克地區統治國王。

向索爾獻祭。同一個人可能這一次祭祀奧丁，下一次卻向索爾獻祭，一切依他想完成的事情而定。哈孔伯爵[24] 在拉迪爾（Hladir）[25] 地區建了一座神殿，收藏「霍加的新娘」索格爾（Thorgerd Hölgabrud）、伊兒帕和索爾等諸神雕像。但是文獻卻沒有提到坐在戰車上、站在正中間的索爾（Nj. 88），哈孔也向站在索爾身旁的奧丁獻祭，從起飛的雙鴉可以認定神悅納了他的祭品。特隆海姆的史文（Sven）時常向索爾獻祭，其子芬恩（Finn）詆毀諸神，史文告訴他，因為他對神不敬，命運因而岌岌可危，索爾固然完成了許多創舉，例如穿山而過、粉碎巨岩，然而奧丁卻主宰著人類的勝敗。於是芬恩向主教懺悔，說他和其他挪威人一樣信仰奧丁和「諸神之首」索爾，沒有其他神像他們那樣威力無窮（FMS II 201）。但是他沒有說明為什麼索爾是挪威人和冰島人的至高神。如果說索爾在瓦尼爾神族和奧丁信仰之前就傳入北歐，那麼我們會很納悶當時為什麼沒有任何關於不同信仰之間的衝突的跡象。

　　無論如何，我們至少可以確定，大多數男性或女性的名字都和索爾有關，而沒有任何一個移居冰島者的名字和奧丁扯得上關係。首先，這可能和命名的古老法則有關：在親屬間使用過的名字會一再重現。然而若是如此，那麼奧丁信仰特別盛行的「上層階級」應該會使用奧丁的名字，而「下層階級」則會以索爾為名。不過現實並非如此。一般人會認為，以奧丁之名為人命名太過神聖崇高了，就連號稱奧丁門徒的的吟遊詩人，都不敢在作品裡借用奧丁的名字為其角色命名。最後，種種地名都顯示奧丁信仰的存在，而我們也不能從那些地名推論成索爾信仰的勝出。古盎格魯撒克遜文獻指出，丹麥人最偏愛索爾，其他民族則是信仰奧丁（或即墨丘利〔Merkurius〕）：他們把奧丁視為至高神，在十字路口祭祀他，在陡峭的岩壁上獻祭；他的主要信眾都是異教徒，丹麥語叫作「Oþon」（Othon）。在十字路口向奧丁獻祭，和沃爾娃女巫信仰以及為了預見未來而「神遊物外」有關，那個地點證明了奧

---

24 譯註。「齊古爾之子」哈孔（Hakon Sigurdsson），西元 975-995 年掌管挪威，在傳奇中，他宣稱自己為巨人後裔，是奧丁和薩敏之子。

25 譯註。哈孔伯爵的領地，位於現今挪威中部特倫格拉德（Trøndelag）。

丁崇拜其實是民間信仰。

而人們把以索爾為名的那一天訂為會議日（Thingtag），更突顯了索爾的至高地位：人們往往把星期四訂為開議日；在冰島，夏天的第一天也往往是星期四，他們刻意讓每年的夏天都從星期四開始，於是他們寧可每七年閏一週，而不是每年閏一日。不過，日耳曼的異教徒把星期四當作聖日，這只是無稽之談。反倒是基督教會，為了紀念聖餐以及基督昇天，而把星期四當作聖日；在所有日子裡，只有星期二和星期四是食肉日，而人們也會選擇在那兩天舉行各式慶典，例如婚禮、集市和法庭；因為在那兩天裡，人們才可以大口吃肉大口喝酒。把星期四訂為休息日，或者星期二和星期四訂為開議日的習俗，追溯到日耳曼的異教文化，這其實有失偏頗，因而我們也不應該由此推論出雷神索爾的至高地位。

正如不萊梅的亞當（Adam v. Br.）主教從北歐人口中得知的，以下寫成於西元 1010 年的文獻也概述了神的靈驗：

瑞典有一座相當有名的神殿，位於西格圖納不遠處，名為烏普薩拉（Uppsala）。在這座以黃金建成的神殿裡，人們向刻著三個神明的神柱祈禱。其中權力最大的是索爾，他坐在宴會廳中央，左右各坐了弗利寇（Fricco）[26]和奧丁。他們說索爾是天神，他操控雷電，呼風喚雨，會賜予人們好天氣和豐收。他和他的雷神鎚相當於朱庇特（Jupiter）[27]的地位，瘟疫和饑荒來襲時，人們便會向索爾獻祭。

值得注意的是，文中並沒有提到索爾和巨人的大戰，但從瑞典人的觀點看來，那又是理所當然的事。瑞典是和挪威截然不同的國度，不同之處可見於雙方對待索爾的方式。挪威有群山環繞，因而有巨人神族以及打敗巨人的

---

26 譯註。弗雷的拉丁化神名。
27 譯註。羅馬神朱庇特，對應到希臘的神宙斯，是古羅馬神話中的眾神之王，也是拉丁語中星期四的起源。

索爾；而在沃野平疇的瑞典，索爾差不多如亞當所說的，是雷電、暴風雨以及豐收之神，可想而知，索爾也就成了瑞典人心目中的至高神。相較於亞當的說法，我們更能從索爾在神殿中的位置推論出其地位。如果亞當的敘述是正確的，那麼瑞典和其他北歐文化的宗教儀式有個重要的差別，這也說明了北歐並沒有一個統一的信仰，而是如日耳曼文化一般，依據各地風土民情而各異。於是，亞當在提到索爾時的說法和弗雷幾無二致，而或許也正是基於這個相似性，瑞典境內的索爾信徒和方興未艾的瓦尼爾神族信仰才沒有產生衝突。

在泛日耳曼的文化裡處處可見索爾這個名字的蹤影：古高地德語的「Donar」、古挪威語的「Thunar」、古北歐語的「Thorr」，其基本意思都是「轟然巨響」。索爾的母親是菲爾金（Fjörgyn），而有個男神菲爾根（Fjörgynn）後來做了女天神芙麗格的丈夫。

雷神住在山裡，他的母親菲爾金可能是女山神。直到今天，根據瑞典民間信仰，索爾一直住在山裡，德國的多娜山（Donnersberg）[28] 即為佐證。也有其他文獻說索爾的母親是巨人雅恩莎薩（Jarnsaxa），她的名字有「陰暗的岩壁」的意思，或者叫作約雅德（Jörd，「大地」）或洛丁（Hlodyn）。在下萊茵河（Niederrhein）和弗里西亞地區（Friesland），這個名字的拉丁文叫作「dea Hludana」[29]。或許這個名字源自「hlada」（裝載）或「hlóð」（土堆）（古代堆土做灶爐，因而衍生出爐灶的意思），因此索爾也和肥沃的土壤息息相關，又或者這個別名只是說明女神有眾多名號罷了。

索爾的妻子是金髮女神希芙。洛基偷偷剪掉她的金髮，索爾憤慨不已，決心要捏碎洛基身上的每一根骨頭。洛基承諾會叫侏儒用黃金打造希芙的頭髮，和原來自然的金髮一模一樣（Sk.3）。這是唯一一提到希芙的神話，傳說裡三言兩語就帶過她的故事，這和作為北歐人的民族神和主神的索爾顯得格格不入。

---

28 譯註。「Donner」意思為雷，因此多娜山字面意義便為雷山。
29 譯註。「Dea」為拉丁文女神之意，若參照下文解釋，則「dea Hludana」意為大地女神。

　　她的名字被認為是個形容詞，意思是「讓人歡喜的人」，或者她是以「氏族」（Sippe）為名的；因為索爾用他的雷神鎚為婚姻祝福，是維繫親族關係的守護神。

　　索爾和希芙有個女兒叫作索魯（Thrudr）。最早的北歐吟遊詩人把盾牌叫作「小偷索魯的鞋底」，相傳在和索爾的決鬥中，隆尼爾把他的盾牌踩在腳下，不讓索爾鑽到土裡，因為害怕索爾會從腳底攻擊他（Rdr. 1）。照這說法看來，巨人隆尼爾的確擄走了索爾的女兒。此外還有個插曲，那就是索魯和一個侏儒訂婚的故事（Alvíssmǫl）：

　　趁索爾不在時，索魯被嫁給了聰明絕頂的侏儒亞維斯。但是索爾不是很樂意。他不想看到年輕貌美又肌膚雪白的女兒跟著畏光的地精住在地底下：那侏儒住在地底岩洞裡，鼻子周圍的皮膚呈藍色，好像一直和長眠地下、夜裡偶爾會被喚醒的屍體同枕共眠似的。最後索爾不得不首肯，可是他要那博學多聞的侏儒在娶走女兒前證明自己的智慧，他必須說出所有天地萬物的名字：星星、大地、天空、太陽、月亮、雲、風、空氣、海洋、火、森林、夜晚等自然現象，以及種子、諸神的啤酒、巨人、侏儒、人類和冥界死者；在侏儒一一回答之後，索爾只好把女兒的手交到侏儒手裡。索爾必須承認他沒看過這麼多古老的知識，不過最後，他仍然想到方法逼走這個討人厭的求婚者：他讓太陽在大廳中升起，而侏儒因為陽光的魔法而變成了石頭。

　　巨怪和妖精的共同敵人索爾，設計構害了一個惡靈，他不斷和對方抬槓而拖住他，直到天空破曉，惡靈變成了石頭。夢魘的主題跑到索爾身上，而在有如人面獅身的斯芬克斯[30]的問答當中，吟遊詩人趁機展現索爾在神話上的博學。索爾在詩歌裡扮演了前所未見的角色，他既狡猾又精打細算，不像在其他詩歌裡那樣鹵莽而被人耍得團團轉。但即使如此，他的聰明才智也僅

---

30 譯註。此處原文為形容詞 sphingisch，名詞為 Sphinx。希臘神話中，斯芬克斯坐在懸崖上攔住來往路人問謎語，未答對者就會被牠吃掉。

限於被動地提出問題，再多就沒有了。

索爾的兒子叫作馬格尼（Magni）和莫迪（Modi, Móði）（力大無窮，脾氣暴躁）。巴達維人（Bataver）[31]有一段獻給「大力神」海格力斯（Hercules Magusanus）的碑文，其中字根「maguso」意為「能力、力量」。日耳曼人認為力大無窮是雷神的神性，而北歐人則由此想像出一個叫馬格尼的兒子。而吟遊詩人稱這個萬夫莫敵的神為「力量之神」，正如他們把奧丁稱為「勝利之父」。或許也因而以訛傳訛，使得人們後來認為索爾只有一子（馬格尼）一女（索魯）。馬格尼是索爾和雅恩莎薩之子，他才出生三天，便強壯到能把壓在索爾脖子上的隆尼爾的巨腳推拉下來（Sk. 17）。在新世界裡，莫迪和馬格尼繼承了索爾的雷神鎚（Mjölnir）（Vafþ. 51）。

希芙的兒子烏爾（Ull）是索爾的繼子（Gg. 31; Sk. 3），他的生父不詳。索爾有兩個養子，溫格尼爾（Wingnir）和洛拉（Hlora）（揮舞雷神鎚者以及閃爍的火焰），兩者的名字都是從索爾的行為舉止人格化得到的。

梅里（Meili）是索爾的手足（Hárb. 9），其名和性格都不詳。天神奧丁早在西元800年時便被視為索爾的父親，一直保有上一代的天神提爾（Týr）的影子，在索爾的故事裡，奧丁則是烏雲密布的大空之神。

弗雷有比基維和貝伊拉兩個僕人隨侍在側，索爾也有一對隨從夏爾菲（Thjalfi）和路斯卡瓦（Röskva），「工人和飛毛腿」，他們是閃電的人格化。斯諾里曾經描述索爾如何得到他的兩個僕人（Gg. 44）：

索爾和洛基乘著由公羊拉的車出遊，他們借宿在農民埃吉爾（Egil）家裡（Hym. 7）。索爾宰了他的公羊，剝了皮丟到大鍋裡烹煮。他邀請東道主和他的妻小一起吃晚飯，要他們把剩下的骨頭丟在羊皮上。為了刮下剩肉，農夫的兒子夏爾菲用刀劃開羊腿骨。索爾待了一晚，隔天早晨，他舉起雷神鎚，對著羊皮唸唸有詞，公羊竟然站了起來，但一隻後腿跛了。索爾注意到那隻羊的腿骨斷裂，於是說農夫和他的家人沒有好好處理吃剩的骨頭。農夫

---

31 譯註。古羅馬時代居於萊茵河三角洲的一支日耳曼部落。

驚慌失措，當索爾盯著他看時，他不由得跪下來。雖然他沒有和索爾四目相接，卻忍不住跪下。索爾緊緊握著雷神鎚，雙手的關節蒼白。農夫一家乞求索爾放過他們，願意用他們所有的財產作為交換。索爾看到這家人侷促不安的模樣，怒氣全消，但他仍然把農夫的兒子夏爾菲和女兒路斯卡瓦帶走，他們此後便忠心耿耿地服侍索爾。

說不定公羊的跛腳是洛基造成的（Hym. 37/38）。

夏爾菲是「世上跑得最快的男人」（Gg. 46），只有在和胡基（Hugi）（思考）比賽時才敗下陣來。在索爾和隆尼爾決鬥前，他替主人跑到決鬥地點勘查，卻偷偷告訴隆尼爾把盾牌踩在腳底下（Sk.1）。夏爾菲或即謝爾瓦（Thjelwar）是第一個發現哥特蘭島（Gotland）[32] 的人。這島原本昏暗無光，白天沉在水下，夜裡才會浮出水面。謝爾瓦是第一個把火帶到島上的人，自此島嶼便不再沉沒（Gutalag 106）。夏爾菲相當於把火種偷來給人類的普羅米修斯（Prometheus）[33]，也相當於工匠神代達羅斯（Dädalus）[34]；閃電魔、火魔或火神，都是文明的推動者：夏爾菲讓沉在水裡而不見天日的島嶼從此一直浮在水面上，也使它得到了光。

夏爾菲和閃電神或即火神洛基關係密切：公羊跛了腿，可能是洛基或夏爾菲所為。夏爾菲成為索爾的隨從，因而也和洛基成為好友，正如冰島俗話所說的：「當索爾和洛基攜手偕行，暴風雨也會接踵而至。」

雷電索爾是自然力量中最強大的，也會賜予好運。他會興雲致雨以滋潤大地，因而是農夫們的大善人，但他也會用閃電劈裂樹木和山壁，引起大火，所以也有致命的危險。古代的人們提到閃電時，不會說閃電「走過」天際，而會說它「駛過」，因而想像雷神一定是駕車飛行。瑞典人以前會說：「老

---

32 譯註。位於瑞典以東，是瑞典及波羅的海最大島嶼。

33 譯註。希臘神話中取火給人的天神，受懲罰被困於奧林帕斯山上。

34 譯註。希臘神話中的著名工匠，和其子伊卡洛斯（Ikarus）被關在克里特島的迷宮中。後來他做了一對蠟造的翅膀給伊卡洛斯，不料伊卡洛斯飛得太高，蠟因太陽之熱而熔化，伊卡洛斯也墜落而死。

索爾或神駕車」、「仁慈的老者或慈父駕車」；瑞典語的閃電「aska」音似
「*asaekia」（諸神行駛），或是口語的「toraka」（索爾行駛）。索爾因而
也叫作戰車之神、戰車御者、車伕或車伕索爾。他所到之處山崩地裂，大地
陷於火海（Thrymskv. 23, FMS II 154）。戰車是由山羊拉的而不是尊貴的戰
馬，因為山羊在山裡更能夠敏捷地跳躍。以自然現象解釋神話的人，認為那
象徵無處不在的閃電。哥特蘭島的方言甚至把漆黑的積雨雲叫作「索爾的公
羊」。這兩匹公羊分別是坦格尤斯特（Tanngnjostr，「咬齒者」）和坦格里
斯尼爾（Tanngrisnir，「磨齒者」）。索爾鮮少以徒步形象出現。他每天都
必須跋涉過三條湍急的河流，前往宇宙樹旁的法庭（Grímn 28）；他在去找
蓋洛德的路上，踩到巨人格莉德（Gridr）的短劍。巨人（不是人類）住在山
裡，而索爾也追捕且殺死巨人，因而有「山居者的毀滅者、讓巨人聞風喪膽
的人、山怪的摧魂者、巨人殺手、女山怪殺手」等稱號。

　　人們都看過閃電劈開樹木和岩石，認為那一定是雷神的武器所致，因此
雷神便有了武器雷神鎚。不過，雷神鎚也有可能不是源自閃電的視覺印象，
而是那轟然雷聲。有若干考古出土的石器，其用處和來源都難以解釋，人們
稱為「雷神三角石」（瑞典語「åsk-viggar」或「thorsviggar」），並相信這
些石堆是和閃電一起墜落的。像這樣的雷神三角石，直至現在都被認為可以
避雷和防止厄運。為了預防巨人跑來破壞釀好的酒，人們會在酒桶上方掛著
石斧；人們也會把它掛在漁網上當作錨定，這樣魚就會更容易鑽進網中；另
外，他們也用石斧磨藥醫治動物。由於這些石器都沒有手柄，人們因而相信
是未完成的雷神鎚，不過後來在穿鑿附會之下，古老的鬼怪故事和雷神鎚混
為一談，例如說，侏儒在打造雷神鎚時被洛基殺害，因而耽擱了一陣子。索
爾可以把雷神鎚扔到任何地方，無論多遠，每擲必中，而且雷神鎚還會飛回
他的手裡。必要時，雷神鎚也能縮小藏在大衣裡，這都是著名的故事情節。
因為雷神鎚的緣故，索爾也叫作「溫索爾」（Wingthor，「揮鎚者」，冰島
語作「vega schwingen」）。「Mjölnir」通常被解釋為「搗碎者」，不過也
有「炫目的閃電」（*miollr，「發出白光」）的意思。

在後期的傳奇裡，索斯坦（Thorstein）擁有一塊由侏儒打造的鐵塊和一顆三面體的打火石。三個面分別是白色、黃色和紅色。每次丟擲出去都會飛回來。敲打白色面，就能喚出冰雹；敲打黃色面則會晴空萬里，積雪全消；而敲打紅色面，就會看到雷電交加，火花四射（FAS III 182 ff.）。

薩克索筆下的索爾擁有一根無堅不摧的棍子。而雷神三角石在瑞典也叫作「索多恩斯可」（Thordönskolf）。在冰島有個關於雷神鎚的奇怪迷信：

如果想找出竊賊和贓物，則必須把手柄插入鐵鎚，唸咒說：「我要把你趕到戰神眼裡、冥王眼裡（兩者都是奧丁的別稱）、愛瑟神族的索爾眼裡！」小偷就會得眼疾，如果他還不肯歸還贓物，就再下一次咒。第二次下咒時，小偷會喪失一隻眼睛，而第三次下咒時，他會失去另外一隻。

手套是北歐嚴冬裡的標準配備。巨人也戴手套，就連索爾在扔擲雷電時也會戴上鐵手套。那其實是露出手指頭的掌套。索爾和洛基、夏爾基在去找外域洛基（Utgardloki）的路上，也在一只巨人的手套裡過夜，因為他們以為那是一棟沒有前牆的屋子。正如北歐人會在皮帶上披掛刀劍，索爾也有一條神力腰帶，只要繫上它就會力氣倍增。

索爾有著一頭紅髮。瑞典英雄史第比恩乞求索爾協助他對抗埃里克，索爾便以紅鬍子大漢的模樣出現在他的營帳裡。他也以紅鬍少年的形象出現在「崔格威之子」歐拉夫（Olaf Tryggwason）面前，講述他以前因北方人請託，用雷神鎚打敗巨人的故事。索爾一吹鬍子、一聲巨吼，就刮起風來，把接近其聖域的敵人都趕跑了（FMS I 302, II 204）。這位愛瑟神在狂怒下晃動駭人的鬍子，眼睛迸發怒火，所以他也叫作阿特利（Atli，「怒髮衝冠者、有勇無謀者」）。巨人索列姆有一次以為索爾便是芙蕾葉而想親吻他，可是一看到他有如熊熊烈火一般的眼神，立即倉皇而逃。索爾也曾經用會冒火的眼神盯著「中土巨蛇」。

索爾總是如暴風雨一般突然出現。人們一說到他的名字，他就會一下子

出現在眼前。當「咆哮的天氣之神」（Hlorrdi）如疾風迅雨一般襲來，群山也會跟著震動不已。在晚期傳奇裡，有個女巨人發誓，如果索爾助她對抗她的姊妹，她會為他獻上最好的公羊。神立即替她解決了對手（FAS III 365 ff.）。在戰鬥時，索爾胸中會鼓滿愛瑟神族的怒火和神力，因而稱為「像熊一樣強壯、行動敏捷、固執而力大無窮的神，諸神最強悍的守護者」。正因為如此，索爾敢和基督徒國王為敵，也不怕和基督徒起衝突。

挪威勞德賽島（Raudsey）的勞德（Raud，「紅色的」）是索爾的忠實信徒。「崔格威之子」歐拉夫國王有一次到黑格蘭，也在島上尋找勞德。在歐拉夫國王到達前，勞德的偶像索爾怒氣沖沖地預言國王的到來，他吸一口氣、吹鬍子，要逼使國王的船隻返航，卻徒勞無功。歐拉夫上岸並且傳佈新的信仰，勞德則回答：「我至今所有的、我的養父傳給我的信仰，我不願意改宗。我們神殿裡的索爾，我們不能說他比較遜色，因為他總是在危難中對我不離不棄，預言不可知的未來事件，我絕對不會背棄他的友誼。」他於是要國王和索爾對戰，親身體驗他的威力。歐拉夫戰勝了偶像，勞德卻說：「國王，現在證實了你在戰鬥中獲勝，我不再相信索爾。不過，離我願意領洗可還有一段距離。」於是勞德被抓起來，以酷刑折磨至死。勞德的主船比國王的船隻更大也更美侖美奐，更適宜航行，正當國王趁著順風往南走時，一個俊美的紅髮男子站在岩石上請求國王帶他走；國王答應了要求，他便混入隨從之中，說著：你們根本不配擁有強者勞德的船。以前索爾拯救了這個國家，免於巨人的荼毒，一直是人民呼求的救主，如今歐拉夫國王卻奪走了一切（FMS II 143, 146, 148）。

基督教士丹克布蘭（Dankbrand）的船在冰島碰上暴風雨，因而支離破碎，史坦沃爾（Steinvör）來找他，要告訴他聖域的事。「你可曾聽過，」她說：「索爾要和耶穌單挑，耶穌卻不敢和索爾開打嗎？把女巨人的孩子斬首的索爾摧毀了那艘船。諸神把那些守護船上的鐘（基督教的教士）的水手都抓起來。而索爾在摧毀船隻時，耶穌並沒有伸出援手：他沒辦法守護那艘

船。」史坦沃爾又說：「索爾把丹克布蘭的船拖到他的聖地之外，拆下它的甲板，再把它丟上岸。那艘船幾乎再也沒辦法航行，索爾送來的暴風雨會把它碎屍萬段（Kistni S. 8; Nj. 102; FMS II 204）。

索爾的聖地也叫作「強者之國」（Thrudheim, Thrudwang），他是暴風雨神，因而是「閃電宮之王」（stýrandi bilskírnis）。閃電宮（Bilskirnir）是他的堡壘，英靈神殿有五百四十扇門，閃電宮也有五百四十個房間。因為他在愛瑟神族地位崇高，又因他是愛瑟諸神當中力量最強者，比人類和任何諸神都強，於是也稱為「愛瑟王、愛瑟英雄、愛瑟的索爾」（Gg. 21）。無論是在天界或在人間，索爾的力量都無可匹敵（Saxo 44）。

索爾也比其他世界的眾生更能吃喝。相對於奧丁只喝酒維生，索爾在索列姆那裡大啖了兩頭公牛、八條鮭魚，喝了三桶詩人靈酒。在希密爾（Hymir）那裡，他光是晚餐就吃掉兩頭公牛。而到了外域洛基的住所，索爾把牛角杯的另一端浸在海裡，一口吸盡半座海洋，由於他喝得很急促，大海因此有了潮汐。巨人隆尼爾跑到英靈神殿挑釁，要索爾喝光他的兩大袋酒，以證明自己的力量。除了索爾之外，其他諸神只能望之興嘆。職是之故，古德布蘭山谷（Gudbrandstal）的索爾神像前面總是堆滿了麵包和酒肉。

有一次，泰勒馬克地區的烏勒布耶（Ureboe）同時舉行兩場婚禮，根據古北歐習俗，婚禮的賓客必須輪流喝一只滿溢著啤酒泡沫的牛角杯。索爾會降臨人間，探訪他的好友泰勒馬克人。他首先拜訪了舉辦婚禮的其中一家，受到熱烈歡迎。新郎抬起整個啤酒桶向索爾敬酒，索爾一口喝光。因主人的好客而心滿意足的索爾來到第二戶人家，也要來嚐嚐他們婚宴中的啤酒。不料這家的主人並沒有展現應有的尊敬，只盛了一小碗酒給索爾。索爾勃然大怒，把碗扔到地上，揮舞雷神鎚，拂袖而去。他領著前一家好客的夫婦來到一處人煙罕至的山丘，用他的武器使勁敲擊，山壁吱嘎作響，轟然一聲崩塌，落石掩埋了對他不敬的夫妻的家。後來人稱「新娘石」（Brautstein）的兩塊石頭保存了這次地震的痕跡。不過，索爾竟在該事件中遺失了他的雷神鎚。

他到處搜尋，也因而在巨大的岩壁中間開出了一條路。

挪威莫斯特島（Most）勢力龐大的首領羅夫（Rolf）的故事，也栩栩如生地描述了索爾信仰（Eyrb. 3, 4, 7, 10; Landn II 12）：

羅夫是索爾的好朋友，也在當地修建一座索爾神殿，因此人們稱他為索羅夫（Thorolf）；又因為他蓄鬍，於是人們把他叫作「大鬍子索羅夫」（Thorolf Mostrarskegg）。在向金髮哈拉德國王投降時，他問過索爾，自己是否要和哈拉德和解或是乾脆遠走他鄉。神諭要他到冰島去。於是他拆了神殿，挖走神龕下的土和大部分的木材，上了船，一路順風來到冰島。起初他的船在雷克雅內斯半島（Reykjanes）[35] 西南外圍，當海風漸息，他看到穿越島嶼的巨大峽灣。索羅夫把神殿樑柱的木頭丟下甲板，其中一塊木板刻有索爾的肖像。人們歡欣鼓舞地說，他們要在索爾的柱子靠岸的地方定居。這些木頭一下水，就往峽灣西方漂去。一陣微風吹來，他們隨著這陣風航向斯奈山半島（Snjofellsnes）。他們看到又長又寬的峽灣，兩側都有陡峭的山壁，索羅夫把它叫作布萊峽灣（Breidfjord）[36]。他從南邊上岸，把船靠在他稱為赫夫瓦格（Hofwag，「神殿之灣」）的海灣裡。他們開始探索那片土地，在海灣北方的海岬頂端發現索爾的樑柱，這片海岬便叫作索斯涅斯（Thorsnes，「索爾山」）。索羅夫接著提著火炬戡查了整片土地，從史塔法（Stafa）開始，一路到「索爾河」旁。他們在這裡搭建隨從住的屋子。他也親力親為，在赫夫瓦格蓋了一幢大房子，名為赫夫史塔德（Hofstad），下一步便是重建神殿了。

在赫夫瓦格和維格拉峽灣（Wigrafjord）之間的一片土地，索羅夫把它叫作「索爾峰」。在海岬上有一座山丘，索羅夫尊為聖地，任何人都必須沐浴潔淨才能踏入，也不准在聖地裡殺生，無論人畜。但若在聖地裡自然死亡

---

35 譯註。冰島西南端的半島，首都雷克雅維克位於此處。
36 譯註。後為常見姓氏。

則是可以接受的。索羅夫把這座山稱為「聖山」，他認為他死後會回到這座山裡，而他的親朋好友則會安葬在索爾登陸的那座岬灣。索羅夫雖年事已高，卻仍然能夠娶妻生子，他得到一個兒子，名為斯坦（Stein）。他把兒子獻給好友索爾，並且改名為索斯坦（Thorstein）。索斯坦後來也得知他會得子，名為格林姆（Grim），他也把兒子獻給索爾，說他會接管神殿，而改名為索格林姆（Thorgrim）。

正如索羅夫是索爾的好朋友，格陵蘭的木匠索哈爾（Thorhall）也是紅鬍索爾的忠實夥伴（Thorfinns S. Karlsefnis 7）：

在發現北美大陸的航程中，曾經發生緊急狀況，索哈爾對異教諸神的信心並不少於同行的基督徒的迷信。漁獲稀少，糧食短缺，而索哈爾竟然消失了。船上的人們向神乞求賜予他們糧食，不過神並沒有馬上回應他們的迫切需求。他們搜尋索哈爾，找了整整三天，才在山頂找到他。他躺在地上，雙眼凝望著天空喃喃自語。他們想知道他是怎麼爬上來的，他說沒人會相信他的話。他們叫他跟著一起回家，他也照做了。突然有一隻鯨魚游過來，他們捕獲牠並且分而食之。沒人知道鯨魚的來歷，但吃了鯨魚肉的人都覺得噁心想吐——信奉基督的敘事者如是說。可是索哈爾開口說：「現在紅鬍子索爾似乎比你們的耶穌更有用，我要把這個故事寫進我替索爾作的詩歌裡：他極少欺騙我！」

許多不願接受哈拉德統治的挪威人最後都逃到冰島，以拯救自己和諸神信仰。他們在島上所建的房舍柱子也會刻上索爾的頭像。船在靠岸時，他們會把刻著索爾頭像的柱子丟到水裡，讓索爾指定他們在哪裡蓋房子。柱子漂浮上岸的位置就算是索爾的指示。冰島人在蓋房子前會先祭祀索爾，好讓索爾在漂流木當中挑選當作寶座的木頭。大鬍子索羅夫的次子哈斯坦（Hallstein）也把他的幼子獻給索爾。一株高約六十三厄爾（Elle = 0.77m）、寬約六厄爾的樹木隨後漂流上岸，不僅供哈斯坦的寶座使用，幾乎附近的所

有房屋都用了其中一部分木材（Landn II 12, 23, IV 5-9, V 9; Laxd. 3）。

在出航或是從事特別困苦的任務時，即使身為基督徒，瘦弱的海爾吉（Helgi der Magere）也總是向索爾呼求。當他登陸冰島時，也到索爾神殿詢問該在哪裡落腳。神指示他到冰島北方去。海爾吉的兒子問說，如果索爾這麼說，海爾吉是否願意航向冰海，因為夏季已經過了，海員都很想上岸（Landn. III 12）。趁著夏日，海爾吉探索整片土地，在每個河流交會處點燃火堆，以古北歐傳統的火祭，宣告神賜予他的土地範圍。海爾吉是基督徒，因此也把他的住處稱為「基督之岬」。雖然他曾經領禮，但在遇到海難時，還是會向索爾呼求。「他的信仰實在匪夷所思。」敘事者如是說。

如下文所述，索基斯（Thorgils）[37]和他的族人也在新舊信仰之間拉鋸（Floam. S. 20）：

基督教傳入冰島時，索基斯率先改宗。有一次他夢見索爾面目猙獰地來找他，指責索斯基欺騙他：「你一直對我最惡劣，」索爾說：「我的銀飾都被你丟到臭水坑裡！我會對你懷恨在心的。」「上帝會幫助我，」索基斯卻說：「我很高興我們之間的關係結束了。」索基斯一覺醒來，發現他的豬死了。這是憤怒的神的第一個復仇行動，不過也只是開始而已。索爾再次在索基斯夢中現身，告訴他說，他現在要扭斷他的脖子，就和扭斷豬的脖子一樣不費吹灰之力。索基斯則說一切都掌握在上帝手中。索爾威脅要傷害他的家畜，索基斯則說他不介意。隔夜，一頭老公牛死去。索基斯在牲圈過了一夜，他早上回家時全身發青，人們認為是索爾在搞蛋。後來索基斯又想去格陵蘭島，卻夢見一個紅鬍子大漢對他說：「你這次謀畫的航行會困難重重。」夢中男子看起來很不高興：「如果你不回過頭來信仰我，」他說：「你們的航程會非常悲慘——我向你保證。」索基斯則感謝他的保護，並對索爾說悉聽尊便：

---

37 譯註。索基斯（Thorgils）原意為「索爾的劍柄」。

「我的航程會有什麼遭遇，都是由全能的上帝決定的。」然後他感覺到索爾似乎把船吹到充滿暗礁的海域，並有巨浪敲打山壁。「你會被困在這樣的海流中，無法脫身，除非你改信我。」「不，」索基斯說：「你走吧，惡敵！那以他的血拯救人們生命的神會來幫助我的。」不過索爾的威脅成真。他再度出現在索基斯的夢中嘲諷說：「我早就告訴過你了。」索基斯也不甘示弱地惡言相向。有些人願意向索爾獻祭以求得風平浪靜，索基斯則說：就算前途坎坷，也好過向索爾呼求。索基斯警告，如果有人向索爾獻祭，他就是上帝的叛徒。後來那個人又在他的夢裡出現，說：「你的人要向我呼求，你再次證明了對我是何等的不敬！為表達我的感激，我會站在他們那邊，如果我不伸手相救，他們都會沒命的。至於你，如果你真心悔改，你將在七天內駛進安全的港灣。」「就算我永遠進不了港，」索基斯答道，「我也不會向你獻媚的。」索爾說：「就算你想給我什麼好處，我還是會奪走你所有的財物！」索基斯想起來，在船上有一頭原本要獻給索爾的公牛。他令人把牛扔到船外，並且說：「原來是索爾的牛在這船上，難怪會禍害叢生。」

　　斯沃道爾島（Swöldr）戰役不僅讓挪威人痛失他們敬愛的國王，也讓教堂少了一個高貴的擁護者：「崔格威之子」歐拉夫。

　　歐拉夫擊退了丹麥人和瑞典人，就連「哈孔之子」埃里克（Eirik Hakonarson）試圖要搶劫國王的船隻，也都鎩羽而歸。歐拉夫說：「在家好好坐著，享用鍋中祭品，比起劫走我的戰船要輕易舒服許多吧；我們倒是不用害怕瑞典的那些食馬者，只要索爾伯爵一直在指揮他們的船隻，他們就不可能獲勝。」許多人，包含埃里克，都聽到了這段話。埃里克馬上發誓，如果他要奪下那艘船，就非領洗不可。為了證明他的信仰，他丟掉了甲板上的索爾頭像，而把十字架固定在前桅上。歐拉夫得知這件事，他說：「這位伯爵要走運了……現在索爾已經失勢，他被神聖的十字架取代。耶穌不只要一個信徒，他其實要兩個人都歸信他。」他指的是剛改宗的埃里克以及他自己這個老基督徒（FMS II 5, 324）。

　　這些故事的歷史價值並不高，只不過是當時流行的改宗故事而已：異教徒在危難時向基督教的神求救，並保證如果得救，便會改變其信仰；這與君士坦丁大帝（Konstantin）[38]、法蘭克（Franken）國王克洛維一世（Clodwig）[39]的作為有異曲同工之妙。索爾是**戰神**，在戰前或作戰期間都會有人呼喚其名，乞求強壯的神賜予他們力量和毅力。農家小孩要打架前也會向索爾呼求幫忙。不過史第比恩在戰前求助於索爾，並沒有給他太多好處。索爾也詛咒史塔克，使他每次戰役都會帶著不癒之傷而歸。索爾是英靈戰士之首，保衛諸神堡壘，抵抗巨人族來襲（Sk. 4:50）；他也幫助巴德爾對抗霍德（Hödr），猛力揮舞雷神鎚，粉碎所有擋在前頭的盾牌；沒有任何兵器不在索爾面前敗下陣來，也沒有人能在他的攻擊之下全身而退；無論盾牌或頭盔，都無法承受他襲擊的力道，而再怎麼壯碩魁梧的人都招架不住（Saxo 73）。諾曼人的教士會在出征前抽籤選出獻給索爾的活人祭，用牛軛（或一種棍棒工具）打破他的頭顱，剖開他的胸膛，露出心臟；他的腦部會被取出來，而震動不停的心臟則包含著出征時間的神諭；出海的士兵及其家屬會用人血塗抹頭部，然後上船出航：此後，海洋及其港灣和島嶼便是他們的故鄉，而海盜掠奪得到的寶物就是他們的收入。（Dudo, S. R. Norm. I 62）

　　奧丁不是唯一的王室先祖，國王哈拉德的血統也可上溯到索爾（Isl. II 433），家族中甚至出過一名索爾英雄（Saxo 220）：

　　出征時，哈夫丹使用一根有鐵環的棍子，或者他會隨地撿起一根松木，除去樹枝，變成手上的兵器。他以驚人的膂力，用鐵鎚殺死擄走公主的巨人，收留索洛（Thoro）這個武功高強而英氣勃勃的戰士，並且向埃里克（Erik）宣戰。敵人站在山坡上，而他們則爬到岩壁上把石頭往下砸。就這樣，哈夫

---

38 譯註。君士坦丁大帝（274-337）為首位皈依基督宗教的羅馬皇帝，頒布敕令，使境內信奉基督教為合法。
39 譯註。克洛維一世（466-511）佔據了今日法國、比利時等地區，統一法蘭克部落，建立了法蘭克王國。他在妻子的影響下皈依了基督宗教。

丹靠著落石贏得戰役。因為這個妙計，瑞典人也把他視為偉大的索爾之子，
如神一般尊敬他，也會為他舉行公開祭典。

　　索洛當然就是雷神索爾。當我們說哈夫丹把索爾召來時，其實就是說：
他高聲懇求索爾。而這種援助模式也符合雷神的天性，他一現身，群山震動、
岩石碎裂，在民間傳說裡，雷神也是山崩的始作俑者。因此，哈夫丹也使用
索爾在拯救巴德爾一役中萬夫莫敵的棍子。

　　索爾究竟是不是那個名叫維歐爾（Weor，「戰士」之意，源自「*Vihuz」，
相當於古高地德文的「Vigur」）的第一個英雄（Tacitus Germ. 3），仍有待
商榷；不過這名字一直被解釋成「聖所守護者」（*vé-vǫrðr）或「聖職人員」。
無論是日常事務、出海或出遊、擔心精靈或巨人作祟，人們都會求助於索爾，
他因而成了人們在生活中最習慣呼求的神。基於和人類的這層關係，索爾也
會守護人類從搖籃到墳墓的各個階段，被視為保衛人類抵抗外力的守護者，
或是造福人類的神（Hym. 11, 22）。這個守護人類的神，也會守護屋子裡大
大小小的事。丹麥有三塊盧恩碑文，上面寫著「索爾祝聖這塊盧恩石」或「索
爾祝聖這座墳墓」，也就是說他會守護該墳墓免於遭受辱罵傷害。眾多瑞典
和另外兩塊丹麥的盧恩碑石則是用鎚子的符號代表雷神鎚，也表達了相同的
祈願。日德蘭半島里伯郡（Amt Ribe）[40] 雷博格教堂（Laeborgkirche）旁的盧
恩碑文 [41] 前後，也刻有雷神鎚的符號。

　　索爾把雷神鎚獻給巴德爾的火葬柴堆。人們會把縮小的雷神鎚當作護身
符戴在身上，也會作為陪葬品放到墳墓裡。對日耳曼人而言，鎚子是象徵擁
有財產的神聖符號。

　　索爾既會賜予婚姻幸福，也會破壞它，正如他詛咒史塔克絕嗣一樣。索
爾也會賜予人們土地並且守護它，他是農耕的守護神，用雷電把寸草不生的
岩石土地翻鬆以利耕作，但是他也奪走了史塔克的國家和土地。人們會拋擲

---

40 譯註。位於丹麥日德蘭半島西南部，佔地約三千平方公里。
41 譯註。此碑石發現於西元 1638 年。

雷神鎚以決定土地的所有權，而在屯墾無主之土時，也會把佔有的土地獻給索爾：亞斯比恩（Asbjörn）便把他的「土地所得」獻給索爾，稱為「索爾斯馬克」（Thorsmark）（Landn. V 2）。

索爾會賜予晴朗的天氣和豐收（Ad Br; S. 355），使種子萌芽。許多植物也以索爾為名：丹麥牛蒡叫作「Thorhat」；紫花高烏頭（aconitum lycoctum）[42] 叫作「Thorjalm」（索爾的帽子或頭盔）；歐洲珠蕨（osmunda crispa）叫作「Thorbiöll」或「St. Olav's skjägg」（聖歐拉夫的鬍子）。由於索爾能讓植物生長茂盛，若干地方也以他為名：「Thorlöf」、「Thorslund」（草原之意）、「Thorsakar」、「Thorsager」、「Thorseng」（牧野、田園）。

榛樹原本是獻給統治一切的天神提烏斯，在提烏斯信仰逐漸式微後，也轉移到雷神身上。西元 851 年，丹麥入侵都柏林，該地成為諾曼人的權力中心，由索納爾（Thonars, Tomairs）家族統治，而奉獻給索爾的廣闊森林「索爾之林」，也從城市一路沿著海岸延展，愛爾蘭文獻指出那就是一片榛樹林。西元 998 年，信奉天主教的愛爾蘭高王布來恩（Briam）[43] 攻破都柏林，派人把整片索爾之林燒毀。

聖歐拉大欲摧毀古德布蘭山谷中的索爾神像，仍然信仰古老神明的民眾要求耶穌和索爾對決。他們要看到一天多雲無雨，第二天則晴空萬里：索爾做到了他們的請求（Heimskr. Ol. S. h. 118）。索爾甚至讓蒼穹閃亮的天體固定不動：他把奧凡迪爾（Aurwandil）的腳趾丟到天空，它就散發出如晨星一般的光芒；索爾也把巨人夏基的眼睛扔上明亮的天空（Hárb 19）。偉大的挪威人古德布蘭（Gudbrand）[44] 曾說，基督徒信仰的神誰也沒瞧見，可是異教徒的神，尤其是在多雨季節，卻每天都看得到（Heimskr. Ol. S. h. 118）。閃電劈開雲層，天空的水降落大地；閃電劈向地面，地表則湧出泉水；因此索

---

42 譯註。現代學名為 aconitum lycoctonum，為北半球山中草地的多年生開花草本植物，汁液有毒，常用於抹在箭上射殺野狼，因此又譯破狼草。

43 譯註。英語拼法為 Brian Boru，現代愛爾蘭語則為 Brian Bóramha，為愛爾蘭地區的第一位高王，後於 1014 年死於戰爭中。

44 譯註。其名稱亦有「神之劍」之意。

爾也是**泉水的創造者**：托斯馬瑟（Torsmase，原意為「雷洞」）[45]是東哥特蘭區的邊界標誌。挪威國民英雄歐拉夫（Olaf）繼承了索爾的許多特徵，有一次，他和隨從一行人飢渴難耐又遍尋不著水源，於是他把雙手插到土丘裡，一股清泉立即湧出；又有一次，他把帽子扔到山裡而找到水源，接著以雙腳踩出了泉水。

雷神的武器是閃電的象徵，它會賜予財富和多產，直至今日，雷神三角石仍有護身和治病的功效，也能減輕分娩的痛苦。在結婚時，新娘也會把雷神鎚放在懷裡，以此獻給雷神（Thrymskv. 30）。索爾既是風暴神，也是灶神和房子的守護神，人們在打地基時，會特別敬拜呼求索爾。人們在婚宴時的第一杯酒（minni）必須是獻給索爾的（FAS III 222）。民間傳奇也把索爾雲遊四海的事蹟和兩場婚禮連結起來。艾芙希爾德（Alfhild）不顧索爾的反對，和巨人成婚，神便找史塔克出氣，以賜予生命之神的身分，預言史塔克將沒有子嗣、流離失所且身敗名裂（Gautreks. S. 7）。如果新生兒在浸禮時以神為名，便會得到神的保護和協助，守護他度過險阻和困苦，賜予長壽幸福的人生。但是這個孩子往後並不一定要特別敬拜索爾。小時候被父親獻給索爾的索格林姆（Thorgrim）甚至成了弗雷的祭司。因為索爾是賜予生命的神，在遭遇各種病痛、苦難和生命危險時，人們都會向他呼求，不萊梅的亞當主教（Adam von Bremen）如是說。這個家庭和國家的守護神，無論是在其住所或神殿裡，都會坐在家主的寶座上，座位的椅腳甚至椅子上，都雕刻有索爾的神像；至於小一點的椅子，則會刻上雷神鎚的符號。熟諳魔法的葛力馬（Grima）有一張大椅子，椅背上刻著索爾的神像和雷神鎚（Fóstbr. S. 9）。船隻艕柱上也會有索爾的神像。

祭典或慶祝活動時所用的牛角杯，也往往會有雷神鎚的裝飾圖案：

拉迪爾的農民想要逼使善良的哈孔讓他們參加獻祭歡宴。齊古爾伯爵把首杯祭酒獻給奧丁，敬了國王，而國王則在牛角杯上畫了一個十字。有人大

---

45 譯註。相傳為雷打至地面，把土地劈開而憑空形成的寬深約一公尺的洞。

喊：「為什麼國王要做這種事？難道他不想獻祭嗎？」「國王正如所有相信自身能力和長處的人一樣，把這杯酒獻給了索爾。」齊古爾回答：「在他喝下前，他在牛角杯上畫了鎚子的符號。」（Heimstr. Hak. S. g. 18）

喪禮後的散宴上，也往往必須獻上一杯祭酒給索爾或其他諸神（Fagrsk. 55）。聖馬爾定（St. Martinus）[46]現身於歐拉夫國王面前說：「在聚會歡宴或會議中，先向奧丁或索爾敬一杯啤酒，再向愛瑟神族獻一杯祭酒，這是本國的習俗；現在，我只希望未來我們能夠為了榮耀我自己、諸神和所有聖人而喝。」（FMS I 140; Flt. I 283）

特隆海姆的冬季開始時，所有詩人靈酒都會獻給索爾、奧丁、芙蕾葉和愛瑟神族，以祈求和平、暖冬和來年的豐收（Flt. II 184）。「梯子」羅夫國王想要在戰場看到奧丁，他就會以雷神鎚為自己的雙眼加持（Saxo 66）。

丹麥王子馬格努斯一世（Magnus Nielson，卒於西元 1134 年）[47]自東瑞典遠征歸來，眾多的戰利品中包含了異常沉重的、人稱雷神鎚的鐵鎚（mallei Joviales, Saxo 421），對哥特蘭島的居民而言，早期它們代表雷神的聖物。小過馬格努斯一世認為劫掠諸神殿和搶奪索爾的財物是虔敬的行為，而島上最出色的景致至今仍稱為索斯伯格（Thorsborg）。

索爾似乎完全算不上是北歐人的主神，除了某些特殊關係之外，他在祭祀中也都不是居於主位。特隆海姆的摩里區（Moeri）有一尊以金銀打造的索爾神像，是諸神當中最受尊崇的。據說有一次「崔格威之子」歐拉夫以手裡的鎚子把索爾神像從神座上敲下來（Ol. S. Tr. 76）。這個十二世紀後半葉的故事雖然證明了索爾在摩里一直領先群神，但是我們不能因而就推論當地人們沒有同時信仰奧丁：歐拉夫的手下衝入神殿裡砸毀的是**所有的神像**。有另一篇文獻描繪索爾坐在兩頭木雕公羊拉的車裡，車輪固定在公羊腳邊，羊

---

46 譯註。聖馬爾定一世，生年不詳，卒於西元 655 年。
47 譯註。生於西元 1106 年，得年 28 歲，統治瑞典南方哥特蘭區，雖生前地位頗受爭議，今日已廣被認可為瑞典國王之一，又稱「強人馬格努斯」。

角上掛有銀製的韁繩：整件作品藝術性極高（Flt I 320）。在烏普薩拉老城區的神殿裡也有手持雷神鎚的索爾神像（Ad. Brem. IV 26）。在奇雅拉涅斯（Kjalarnes）[48]，索爾站在中間，其他諸神則分站兩側。在拉迪爾地區，索爾也是坐在戰車裡，身邊則是「霍加的新娘」索格爾和伊兒帕；有個惡棍偷走了每座神像上的金戒指，不過文中沒有說明為什麼索爾站在兩個天氣女神中間（Nj. 89）。

古德布蘭山谷也有神殿供奉索爾神像，他手裡提著雷神鎚，身材壯碩，無人堪比。不過這座木頭神像是空心的，底下擺設有如神壇一般，神像便立於其上。金銀裝飾不虞匱乏，每天都有粗食生肉獻祭。聖歐拉夫佔領神殿時，神殿管理者趕緊把索爾神像和祭壇搬走，好讓基督宗教的神進駐，當神像移出神殿時，村民在金碧輝煌的神像前敬畏俯伏，但國王的隨從卻猛力打碎了神像。這時候，木頭雕像裡跳出幾隻如貓一般大的老鼠、毒蛇和其他草蛇等，村民嚇得四處奔逃，有些逃到船邊，有些則跑到馬匹旁邊（Jüng. Ol. S. h. h. 107; FMS IV K 107; 33-38）。

史文（Sven）在哈孔伯爵統治期間住在特隆海姆，他的莊園裡有一座巨大的神殿，擺設富麗堂皇，置有許多木頭神像，不過索爾的神像仍是最受尊崇的。他不惜重金打造，整座建築巍峨華麗。因此，當史文被迫改宗時，十分捨不得這座索爾神殿。史文之子芬恩（Finn）卻嘲笑說，神像眼睛歪斜、滿布灰塵，甚至說諸神連自己身上的塵埃都沒辦法撣掉，遑論協助他人。史文的次子也叫史文，有一次索爾在他的夢裡顯靈，看來既生氣又傷心。索爾說：「人們說得對，狎近則生侮，我們也免不了。讓我離開我的神殿，把我的神像搬到森林裡吧，你的哥哥芬恩跟我已無話可說。」史文則回答：「我向國王宣誓再也不臣服於你，而我會謹守這個誓言。在我看來，如果你既沒辦法救你自己，也無法自己到你想去的地方，你也算不上什麼神。」翌日，芬恩拎著袋子和巨棍到神殿去，大門老舊，鐵門把也鏽蝕，整體看來一片狼

---

48 譯註。冰島首都雷克雅維克境內最少人居的行政區，居民人數約為六百人。

藉。他進入神殿，把眾神拖下神壇，拿下神像上所有值錢的金銀珠寶。他用棍棒猛力敲打索爾三下，神像砰的一聲倒地。他用繩索套住神像頸部，把索爾拖到岸邊，跟他一起上船去找歐拉夫國王，一路上時而把索爾神像泡在海水裡，時而鞭打它。歐拉夫國王接見芬恩時，看得出芬恩有多麼厭惡索爾。芬恩說：「我和索爾嫌隙已深，他應該受到更多嚴厲的懲罰！」他把索爾神像劈成碎片，丟進大火裡燒成灰燼。然後他把索爾神像的灰燼撒在油脂上做成粥，丟給惡狗吃。他說：「叫母狗把索爾吃掉是再好不過的事了，他自己就是狗娘生的。」（FMS II 150）

在一次豐盛的獻祭裡，勞德的索爾神像顯靈，既對他預言未來又吹起鬍子。八字鬍飆烈飄動，形成對「崔格威之子」歐拉夫不利的逆風。勞德經常和索爾一起巡視島嶼。索爾神像甚至可以使國王入火不焚，而神像自己則毀於祝融（FMS I 150）。

冰島的某座神殿中，索爾和弗雷的神像位於一側，另一側則是芙麗格和芙蕾葉，其他諸神像也分立兩側（Dropl. S. 26）。要說索爾神殿裡供奉上百個神的神像，如先前的記載，那未免言過其實（Jómsv. 12）。哈孔伯爵是索爾和奧丁的信徒，西元 970 年，他恢復了埃里克的兒子們禁止的古老祭祀。「令人尊敬的國王，讓被侵犯的索爾或諸神神殿，再度成為人民心中真正的聖地，因此諸神也協助哈孔，令其聲名大噪。睿智的國王命人民在神殿裡祭拜諸神，大地因而再度鮮綠肥沃。」（Vkl. 8）吟遊詩人哈弗雷也會在行囊裡攜帶用海象牙雕刻的索爾神像。

索爾信仰從挪威一路傳到冰島，在危險困難的航途中，人們會向索爾求助。例如，寇爾（Koll）和許多基督徒一同航行，在海上遇到風暴。寇爾便向索爾祈禱，暴風使他和同行的船隻分散，他漂進了港灣，船身支離破碎（FMS I 119, Hauksbók, Melarbók）。在從特隆海姆往冰島的路途上，吟遊詩人哈弗雷興高采烈地和同船海員把祭禮和三大桶啤酒獻給索爾或奧丁（FMS II 154）。無論是諾曼第或英格蘭，只要是北歐海員（「丹麥人」）踏上的

異鄉，都把索爾視為「丹麥人之神」，甚至是哥達利基人（Gardariki[49]，今日俄國）也認為索爾是北歐人的神。索爾的名字和神性，連同雷神鎚一併傳入芬蘭，至今依然可見其痕跡。今日，諾曼第等地仍有十個城鎮名字叫作索維拉（Thurville），而弗雷維拉（Freville）則只有兩處。

有個忠於舊信仰的異教徒，曾經撰文提到索爾最後一次顯靈的見證，既對於基督教的傳佈感到憂心，又充滿對索爾的孺慕和感激：

有一次，歐拉夫國王沿著海岸線，順著溫暖的海水向南航行。一名男子站在海岬尖角，大聲呼喚，希望能登上原本獻給他的船。那男子身材高大英俊，蓄著紅鬍子。他上船後就和國王的手下消遣博戲，船員都甘拜下風。他們覺得這個男子博識多聞，於是把他引見給歐拉夫。歐拉夫命他說出某個古老的祕密，那男子回答道：「我們現下航經的這片土地，曾經是巨人的住所。除了兩個女人之外，這個神族都被消滅了，這也是為什麼來自東方國家的人能在此落地生根。不過，這兩個倖存的女巨人也到處危害人們，使得民不聊生，於是人們決定呼求紅鬍子神明，我便用我的鎚子殺了那兩個女巨人。從此人們只要有危難，就會求助於我，直到你這個國王！你幾乎剷除了我所有的夥伴，這個仇我一定會報的。」他苦笑看著歐拉夫國王，如箭矢離弦一般由甲板一躍而下，跳入海中。此後再也沒人見過他（FMS II 182 ff.）。

這是索爾在世界舞台上的最後一次登場，卡萊爾（Carlyle）[50]認為這最後一道異教徒的聲音既動人又充滿悲劇色彩（On Heroes, Hero-Worship, and The Heroic in History）。索爾退位，整體北歐世界也式微，而新信仰又還沒有深入人心。認為索爾取代了原來統治大地的巨人族，這古老的世界觀也一直存在人們心中。

---

49 譯註。中古世紀時，北歐人對基輔羅斯（維京人所建立之政權，為現今俄羅斯的前身，存於西元 882-1240 年）的稱呼。
50 譯註。湯瑪斯·卡萊爾（Thomas Carlyle, 1795-1881），蘇格蘭散文、諷刺文學家。

＊　　　　＊　　　　＊

「當巨人們都還活著的時候，他們聲勢浩大：中土世界再也沒有人類存在。」（Hárb. 46）挪威俗話說：「如果不是索爾，世界早就被巨人摧殘得一片荒蕪。」索爾是力抗住在摩天崖頂的巨人族的勇士（Thdr. 1），是他們的死敵，讓巨人聞風喪膽（Hym. 11, 13），他也毀滅了整個山中巨人族（Hym 17.）。有個瑞典農夫邀請一個山中老者到家裡，不過當老頭知道外頭有耶穌、馬利亞和彼得守護著，甚至還有索爾，他便裹足不前了。現在民間信仰仍然普遍認為「雷電」是巨怪和巨人族的最大的敵人，很可能就是源自索爾打敗巨人的古老信仰。「雷電」會追著巨怪跑，他們在閃電時會變身為各種動物逃到人類家裡，接著「雷電便接踵而至！」反過來說，雷電也會使莊稼和種子長得更茂盛，收成也會更好。於是瑞典語裡的「閃電」有「照見農作物」的意思，挪威語則是「農作物之母」。而瑞典語裡雷電交加的暴風雨則是「莊稼漢」的意思。巨人聽到雷聲，問其妻那是什麼聲音，妻子回答：「那是農夫，他正扛著莊稼過橋呢！」

為數不多的山谷錯落在挪威終年冰雪的山脈之間，宛如被人劈開岩壁，或者被人一掌開山裂石。山谷裡氣候溫和，林木茂盛豐富。這原本都是人煙罕至的山壁，是巨人之國；任何人要在貧瘠的土地耕作，都會無功而返，但是索爾以他勢如破竹的雷電為人類鋪路，從此每天守護著田地，抵擋外來的侵擾。簡單地說，這便是索爾形象的核心，也是《埃達詩歌》和斯諾里既詳盡而又加上各種瑣事增華以及寓言的故事所要訴說的。索爾搗碎了石怪，又摧毀風魔和冰怪的國度。《索爾之歌》（Thorsdrapa）裡每一首詩歌結尾的疊句，都會提到烈火熊熊的三角鎚如何敲碎巨人的頭顱。所以說，索爾是諸神中最平易近人的，也是信徒最喜愛的朋友，他孜孜不倦地工作，也鼓勵能幹勤奮的人。索爾的謙退脾氣也贏得人們的信賴，他和農民一起耕作，一起消遣娛樂；他心情好的時候，人們偶爾會扯他的紅鬍子。不過那不會傷害彼此的感情，只是更加心悅誠服。不可否認，這種信賴關係也有其崇高的一面：

和人類如此親近的索爾，同時也會約束大自然裡所有狂暴的元素，人們堅信雷聲代表著他們好朋友的聲音。

　　大多數的索爾故事並沒有創造出什麼象徵性的自然觀，而都是天馬行空的幻想；各式各樣的童話和民間傳奇則都圍繞著自然神話的核心打轉。詩人隨意擷取神話遺產，在詩歌裡盡情加油添醋，或者根據自身的風格恣意杜撰，或從民間流傳的鄉野奇譚裡採集合適的故事。

　　諸神的堡壘在瓦尼爾和愛瑟神族大戰中被摧毀殆盡，而一個巨人族的建築工打賭說，如果他能在一個冬天內重建城堡，芙蕾葉就歸他。諸神賭輸了，而索爾竟不顧約定，殺死了巨人。諸神成了毀約者，而巨人之死也揭開了諸神和巨人族危及世界存亡的無盡征戰的序幕。因為一次不可原諒的毀約，雙方就此展開永恆的對立（Vol. 25/36）。

　　斯諾里也寫過（Gg. 42）：

　　為了抵禦巨人，諸神需要一座城堡，但是他們的救主不是索爾，而是洛基的機智。索爾雖殺了巨人而毀約，但是畢竟合乎情理，因為城堡到了夏天都還不算完成。巨人要在一年半內建造城堡，要求的不僅是芙蕾葉，甚至包括太陽和月亮。那是洛基提議簽訂的合約：如果他能在一個冬天的期限內蓋好抵擋巨人族的城堡，便能得到報酬，可是在這期間，只有巨人的馬「斯瓦迪法利」（Swadilfari）能幫忙他。冬天一到，巨人便開始工作，他叫馬搬運巨石。眾神驚見那匹馬搬運了大量石頭，更別說牠和主人一樣勤奮，於是他們開始擔憂：這個賭約是在見證下立約，而且索爾並不在家。冬天就要結束時，巨人工匠正在建造城堡大廳，它高大而固若金湯。距離夏天只剩三天，工程也到了搭建城門的階段。眾神互相指責，問究竟是誰提議把芙蕾葉當報酬，而沒有想到天空會遭到破壞：如果太陽月亮被巨人奪去，蒼穹會陷入黑暗之中。這當然是邪惡的洛基的主意。洛基於是承諾會不計一切代價讓巨人空手而回。巨人工匠晚間和馬一同搬運石頭時，一匹母馬朝牠而來，對牠嘶

叫。斯瓦迪法利陷入瘋狂，牠扯開韁繩，追隨母馬進入林中。兩匹馬整夜相互追逐，巨人完全管不住他的馬。隔日巨人無法照原本的進度工作，他也知道恐怕無法如期完工。他怒不可遏，此時諸神才發現原來他們的建築工匠其實是個巨人。於是他們向索爾呼求，索爾馬上現身，奮力揮舞雷神鎚。他打死了巨人，把他的頭蓋骨打得粉碎，這便是巨人的辛勞所換取的酬勞。不久後，洛基生下了一匹八足灰馬，那就是天上地下最出眾的神駒「斯雷普尼爾」。

　　洛基的角色和「斯雷普尼爾」的誕生都不算是這則神話裡的原始元素。而索爾的登場則和他在整個北歐神話裡的形象相去不遠，其他諸神認為談判一下就行了，這個巨人的殺手則主張暴力。可是這則神話原本就是把低俗的神話觀念附會到索爾身上的。人們把同一個傳說附會到諸神城堡，正如他們也附會到隆德（Lund）和特隆海姆地區的教堂，接著筆鋒一轉，把傳說世界裡最高貴的神駒斯雷普尼爾也扯進來了。在無數的日耳曼神話裡，惡魔或巨人總是承諾在短時間內完成某項工程，以交換少女或者立約者的靈魂；不過，他們也往往被騙而在破曉的陽光裡變成石頭、被司晨的雞鳴嚇跑，或者因為被叫出名字而死掉，到頭來還是沒有得到應有的報酬：這些結局都是由惡靈信仰衍生而來，芙蕾葉相當於素樸的民間傳說裡的少女。古代的智者或許會聯想到自然現象，尤其是索爾的出場，更讓人想起一則和大氣現象有關的神話。索爾的代理人歐拉夫國王的神話，也把這個特色發揮得淋漓盡致。有個巨人答應聖歐拉夫，要在某個時間內單槍匹馬建造特隆海姆教堂，內部用弓箭和各種物品裝飾，外部則是鋪以堅硬的燧石。至於報酬，他則要求得到太陽、月亮或聖歐拉夫本人。不過就在工程結束、教堂尖頂安置好時，一陣恐怖的聲音呼喚他的名字，使得他從塔頂閣樓上摔落地面，粉身碎骨，變成了燧石。這個建築工匠的名字意指氣候與風、風箱、禿頭者，都和冬天的自然景觀有關。他是個北歐的冬天巨人，會在冬天堆起雪山和冰山。但若認為巨人的頭顱碎片是北歐冬天暴風雪裡常見的冰雹，那就未免太牽強了。

　　索爾一覺醒來，遍尋不著雷神鎚，為此幾近瘋狂。無計可施的他向狡猾的洛基求救，告訴他雷神鎚可能被偷了。洛基建議一起去找芙蕾葉，問她是否願意出借她的羽毛外袍，讓他找回被偷的寶物。女神說就算那是用金銀打造的，她也樂意出借。於是洛基穿上羽衣呼嘯飛走，女神的住所被拋在腦後，他一下子就到了巨人國。巨人國王索列姆（Thrymr，「喧囂者」）坐在山丘上，一邊用金繩打扮他的狗，一邊梳理馬毛。他承認自己將那把呼風喚雨的雷神鎚藏在地下八呎處，只要芙蕾葉願意做他的妻子，就能拿回雷神鎚。洛基聞畢，趕緊飛回諸神處。

　　芙蕾葉正因為她那閃閃發光的項鍊斷裂而惱怒不已，一聽到巨人的要求，整座大廳都因為她的狂怒而搖晃。她素來像男人一般英勇，也要跟著進入巨人國。眾神開會商議對策。如果雷神鎚仍然完好，就必須回到神族手裡。海姆達爾提議把索爾打扮成芙蕾葉送給巨人，他要穿戴面紗、鑰匙和迎風飄盪的女式長裙。索爾反對說：他這身打扮未免太娘娘腔了。洛基勸他，如果無法取回雷神鎚，邪惡巨人索薩（Thursen）就會在愛瑟樂園（Asgard）稱王。這個說法打消了所有的反對念頭。洛基自己則打扮成巨蛇（Magd）陪同雷神前往。

　　他們趕緊把公羊套上挽具，山河動搖，大地燃燒，索爾乘車飛往巨人國。

　　索列姆忙著準備婚禮，布置新房，坐擁金角牛和財富，讓他沾沾自喜，他有堆積如山的金銀財寶，獨缺芙蕾葉。傍晚時開宴，啤酒佳餚一應俱全。而新娘竟吃掉一頭牡牛、八隻鮭魚和為所有女人準備的辛香料理，又喝了三大桶詩人靈酒。新郎起了疑心，而洛基則緩頰道：芙蕾葉因為太想見到他而廢寢忘食。索列姆貪婪地彎身要親吻可愛的女神，卻被嚇得跑回大廳大叫：芙蕾葉的眼睛會冒火！洛基又安撫索列姆說：芙蕾葉因為太想要到巨人國，已經八天未曾闔眼了，那想望正如火焰一般熾烈啊。索列姆的姊姊走進大廳，想要芙蕾葉手上的金戒指作為新娘的見面禮。新郎則要求趕緊進行婚禮，把雷神鎚端上來，根據習俗，新郎現在可以碰新娘的胸部。不過，索爾一看到雷神鎚，開心得放聲大笑，他拿起鎚子狂暴地揮打索列姆及其親屬，而剛才要求新娘贈禮的姊姊，得到的是一陣痛毆而不是寶貝，只是挨了一頓鎚擊，

哪裡有什麼紅戒指——索爾於是奪回他的雷神鎚（Þrymskviþa）。

在這個故事裡，我們同樣要抽絲剝繭，盡可能找出它的核心。每當打雷的時候，就是索爾在揮舞他的雷神鎚。不過，一年中多數時間並沒有打雷，那一定是因為雷神鎚被巨人偷走了。但是到最後空中仍傳來雷聲，表示雷神又奪回了他的武器。這個在神話裡不斷重演的事件，對吟遊詩人來說，代表著一個共同的主題：索爾醒來發現雷神鎚不見了。於是他們發展出各種主題：索列姆一定很聰明，才知道怎麼偷走雷神鎚，可是又不夠聰明，到頭來還是保不住它；他像其他巨人一般好色，要求諸神以最美麗的女神作為贖金，女神當然不願意。事情恐怕只能智取，而比索爾更聰明的神想到一個辦法；索爾打扮成女人到巨人國，奪回他的武器，並且卸下他的偽裝。除此之外，諸如海姆達爾和巨人姊姊的串場，其實都是詩人虛構出來的。於是，這則簡單的神話裡有個重點完全被人拋到腦後：山區裡的暴風雨被描寫成索爾到巨人國尋找他的雷神鎚，可是既然索爾還沒有奪回他的鎚子，就不可能有暴風雨呀。或許詩人的詩歌是要用來解釋雷神鎚的祭典，此外，洛基在故事裡變成巨蛇，陪同打扮成新娘的索爾，他有可能扮演了古日耳曼的伴娘或教母的角色：她們要替新娘回答問題，必要時也要替她道歉。

整首詩歌大體上詼諧幽默，試想索爾男扮女裝，真是天大的笑話！不過這個強壯的神總算沒有喪失其尊嚴。有勇無謀的索爾力量再大，這時候也無用武之地。倘若對手詭計多端，他便無計可施；他願意無條件交出芙蕾葉，在他簡單的腦袋裡，他的雷神鎚比愛神和多產女神來得重要。而他在巨人大廳裡的表現一點也不像個新娘，在在突顯了他憨頭憨腦，沒辦法扮演預定的角色。他擔心諸神會嘲笑他男扮女裝，更是天真可笑！不過，一旦他奪回雷神鎚，又成了好漢一條。這時候，再也不能開索爾的玩笑，一旦感覺到愛瑟神族的力量回來了，他便忘了新娘嫁衣和叮噹作響的鑰匙，戲謔最後會要人命的。

有一次，有人送給吟遊詩人修多夫（Thjodolf von Hwin, ca. 900）一面盾牌，上面刻了索爾和巨人隆尼爾的戰鬥（Hlg. 13-20）：

索爾，巨人族最害怕的神，用他會冒火的雙眼把隆尼爾從他的石洞裡挖出來。大地女神之子（索爾）一撥弄武器，月亮的軌跡（蒼穹）便嗡嗡震動。索爾渾身是膽，他在天界的所有住處（空中）都在熊熊燃燒，索爾飛過的所有地方都遭到冰雹風暴的鞭笞。山羊拉著戰車，車上的索爾飛向戰場，大地轟然作響。對於肆虐人們的惡敵（隆尼爾），巴德爾的手足（索爾）絕不手軟。高山動搖，峽灣裂開，天空的上半部也燃燒起來。那黑麋鹿國裡的狼（巨人）一看到馳騁著戰車的神，便望風而逃。閃閃發光的盾牌一下子就飛到他腳下，那正是女戰神所要的，也是諸神所致。嗜血的巨人不必等太久，那堅決而可靠的雷神鎚就迎頭痛擊。索爾以盾牌敲擊巨人（殺死了他）；山谷的統治者死在銳不可當的鎚下；索爾把可怕的敵手剿滅。不過，巨人的一塊磨刀石（而不是長矛）砸到索爾的天靈蓋，神的血當場噴出來，小石塊卡在頭蓋骨上，直到斟酒的女神高唱咒歌，尖石才從頭骨裡掉出來。

也有人暗示，隆尼爾擄走了索爾的女兒索魯，可是索爾一回來就打碎了他的頭蓋骨。

斯諾里的敘述又更詳盡（Sk. 17）：

索爾在東方和巨人作戰，奧丁騎著斯雷普尼爾到巨人國，用他的項上人頭和隆尼爾打賭，看看神的座騎和隆尼爾的金鬃馬哪一匹比較快。隆尼爾急著要搶先抵達山巔，卻不小心掉進愛瑟樂園的籠子，因而輸掉了比賽和他的腦袋。

但是諸神卻邀請他去喝一杯，端上索爾用來解渴的大碗，隆尼爾喝醉了。他醉得神智不清，自吹自擂說他要搬走英靈神殿、殺死諸神，把芙蕾葉和希芙據為己有。只有芙蕾葉還敢替他斟酒，不過醉醺醺的巨人把諸神的啤酒一飲而盡。直到他精疲力盡，連吹牛皮也沒力氣時，諸神便呼喚索爾。索爾立即出現在大廳上。看到巨人居然成為座上賓，怒不可遏的他把雷神鎚揮舞得虎虎生風。隆尼爾一看到他的死敵就酒醒了，他向奧丁質問這是待客之道嗎，

指責索爾說，如果他殺死手無寸鐵之人，那是個「卑鄙惡行」（Neidingswerk, níðingsverk），而要求到荒島上決鬥（Holmgang）[51]。從來沒有人提出這種要求，於是索爾答應他的挑戰。

索爾和夏爾菲一同到決鬥地。巨人族卻擔心一旦巨人族的勇士隆尼爾輸了，索爾會把他們整個滅族。巨人族要找一個和夏爾菲旗鼓相當的對手，特地為隆尼爾打造一個夥伴，名叫「莫庫爾卡菲」（Mokurkarfi，「如雲霧一般的小腿」），他們用黏土造出一個身長九哩、臂長三哩的人。因為巨人沒辦法打造一顆大小適中的心臟，於是用母馬的心臟代替。隆尼爾的心是堅石做的，邊緣銳利，有三個尖角，他的頭也是石頭做的。他的盾牌則是以木頭和石頭打造而成，隆尼爾以飛石為武器，等待索爾到來。不過夏爾菲卻提前跑來告訴隆尼爾，說索爾已經看到他了，他打算鑽入地底，從腳底攻擊他。於是隆尼爾趕緊把盾牌踩在腳下，雙手拿著磨刀石。霎時閃電交加，索爾以愛瑟之怒疾馳飛來，人還在遠處就揮舞著雷神鎚。隆尼爾用雙手把磨刀石擲向雷神鎚。兩件武器相撞，磨刀石碎成兩半，其中一半掉到地上，便是突起石山[52]的由來；另一半則打中了索爾的頭，把他擊倒在地。而雷神鎚卻擊碎了隆尼爾的頭，他的身體往前仆倒，剛好倒在索爾身上，一隻腳壓在神的咽喉處。夏爾菲兩三下就打敗對手，他想把隆尼爾的腳抬開，卻搬不動。索爾才三天大的兒子馬格尼跑過來把巨人的腳推開，一邊還說：「可惜我來得太晚了，要不然我會用雙拳打死巨人！」索爾站起身來稱讚兒子日後肯定是個勇士，又把巨人的金鬃馬送給馬格尼當作酬謝。這可惹得奧丁不高興，他原本想要把那匹馬據為己有。索爾回到諸神之山的家裡，那一小塊磨刀石碎片仍然卡在他頭上。這時候女先知格蘿亞（Groa）到來，她是「不敗者」奧凡迪爾（Aurwandil）的妻子。她對索爾高唱咒歌，要讓碎片掉出來。索爾感到碎片鬆動，為了讓格蘿亞開心，便告訴她說，他曾跋涉過冰雪風暴，用籃子

---

51 譯註。北歐語中的決戰之意，通常於發出挑戰後的五到七天內發生，字面上的意義為「走於小島之上」。

52 譯註。原文為「Wetzsteinfelsen」，磨刀石狀的山壁。

背著奧凡迪爾，從北方高地的約頓國（Jötumheim）救他出來。為了取信，他還說當時奧凡迪爾從籃底露出了一隻腳趾在外，由於天寒地凍而結成冰，索爾把它拔斷往天上一丟，就成了現今人稱「奧凡迪爾腳趾」（長庚星）的星座。格蘿亞欣喜其丈夫即將返家，竟忘記咒歌內容，導致磨刀石碎片沒有真正掉落，一直留在索爾的腦袋上。

　　修多夫的故事和斯諾里所述相去甚遠：在雷電交加下，雷神鎚和飛石相撞，閃電也相互撞擊；天際劃過一道閃電劈開山頭，而索爾也正是如此打破巨人的頭顱，變成碎片。雖然就名字和情節看來，這都更適合深山裡的巨人，因為劇烈的天氣變化而搖晃，最終山崩落石，不過這篇故事至少也把隆尼爾視為石怪，而他的夥伴則是以黏土打造。黏土巨人、夏爾菲、馬格尼、格蘿亞及奧凡迪爾，都沒有在《埃達詩歌》裡出現；《埃達詩歌》的索爾也是由一個女神高唱盧恩咒歌才解決石頭的問題，而格蘿亞是不是相當於斟酒的女武神，我們不得而知。索爾的頭傷應該只是要說明這場戰鬥的艱險。斯諾里的故事開頭可能和上古時代的風神和風魔賽跑的神話有關。而關於愛瑟神族的宴會的描述：隆尼爾的大吃大喝、醉後的自吹自擂，以及其他賓客對他只喝第一杯的譏笑，乃至於他一看到索爾就噤聲不語，這都是詩人天馬行空的遊戲之作。巧匠打造的黏土巨人，竟然只是為了和夏爾基對敵而創造出來的怪物；索爾和夏爾基（雷和電）因押頭韻而成了共同體，或許以前就有個傳統，他們才會並肩作戰，和隆尼爾展開決鬥。斯諾里的故事大致上可以分為五個段落，他任意更動了吟遊歌謠的神話基礎，以其他故事替換，藉此互文，盡量滿足聽眾渴望冒險故事的需求，而整體看來，這篇故事顯然也旨在博得聽眾一笑。決鬥的導火線，亦即隆尼爾綁架索爾的女兒，在文中消失無蹤。文章最後一段提到索爾頭上的碎石片，也只是作為奧凡迪爾和格蘿亞的故事的引子罷了。

　　驍勇善戰的英雄奧凡迪爾如何征服北歐的冰雪世界，我們不得而知，而這對夫妻如何重逢，我們也沒有任何線索，不過我們倒是知道「奧凡迪爾腳趾」這個星座的由來。古北歐語的「éarendel」就是指晨星，而「Aurwandil,

Aurvandil」也意味著「閃閃發光的漫游者」或是「愛光者」、「愛晨者」，兩者都可能影射白晝或年節的神話。甚至其妻格蘿亞（Groa，漸綠的大地）也令人聯想到夏天的陽光。不過，索爾扛著奧凡迪爾這個成年男子穿越冰雪風暴，聽起來不太可能。這應該是兩個完全不同的傳說湊起來的，其中之一是關於在冬之國誕生的春天如何倚著索爾的肩膀來到世界，而另外一則故事則提到年神如何回到妻子身邊，斯諾里的故事也有可能是取材自類似的民間故事的場景「黃金男孩」（Typus Goldener）（卡拜爾人的童話）。在故事中，索爾取代了「森林鐵人」的角色（K. H. M. Nr. 136）。他穿過冰天雪地，把奧凡迪爾從巨人國裡救出來的故事，正如森林精靈把他守護的男孩送回人間；民間故事裡，男孩掉進一處禁止進入的山泉，頭髮、手指和腳都浸濕，上來時全身鍍了一層金子，而奧凡迪爾的腳趾則探出簍子，凍結成冰。索爾折斷腳趾丟到空中，而鐵人則是把伸進禁忌之泉的手指上的黃金刮掉，把金箔丟回山泉裡；在索爾的傳奇裡，天空取代了泉水的角色，而那結凍（實際上是鍍金）的腳趾則留在天空成了星星。由於「奧凡迪爾」令人想到黃金之子、黃金人、晨星工了等，這篇民間故事和北歐諸神神話的連結也就更加理所當然了。

索爾和風暴巨人的決鬥，兩個雷電的正面交鋒，這個情節也出現在索爾和蓋洛德的戰鬥裡。最古老的文獻是吟遊詩人「古德蘭之子」埃里夫（Eilif Gudrunarson）的《索爾之歌》，在西元十世紀，他的詩歌為致力於重建舊信仰的哈孔國王的工室增色不少，後來則為斯諾里引用。斯諾里也引用了另一首更古老而簡單的詩歌，在這首吟遊詩歌裡，並沒有提到洛基如何被蓋洛德囚禁，雖然也沒有說到投宿在女巨人格莉德那裡的故事，卻提到她的魔杖。除此之外，斯諾里所引用的這首古老詩歌，和他自己筆下的歌謠故事主軸約略相同。洛基的角色不是很重要，他只有在設陷愛瑟諸神時才出現。

有一次，洛基披上芙麗嘉的鷹衫，飛到蓋洛德的庭院裡。他停在大廳屋頂上，透著天窗窺伺大廳內部。巨人看見他，便要人抓住這隻鳥。抓鳥的人爬到屋頂上，姿態之笨拙，讓洛基大樂，除非那人真的靠近，否則他也不想

飛走。不過當那個人探出雙手抓他時，洛基竟然牢牢黏在屋頂上動彈不得。於是他被捉到巨人跟前。巨人一下子就看穿這眼睛並不屬於禽類，而這隻老鷹也不是鳥。巨人命令老鷹說話，洛基沉默不語，於是巨人把洛基關在籠子裡餓他三個月。三個月後，巨人從籠中取出老鷹，洛基才坦承自己是誰。為了保全性命，洛基答應巨人要把手無寸鐵的索爾（既沒有雷神鎚，也沒有鐵手套或神力腰帶）騙到蓋洛德的住處。

此時吟遊詩歌登場：

海蛇之父洛基想辦法慫恿對抗巨人的戰士離開家裡：他謊稱有一條綠蔭道路通往蓋洛德的家。索爾一下子就上當了，正如斯諾里所說，雖然女巨人格莉德，也就是索爾瘖啞的兒子威達（Widar）的母親，曾經警告索爾：蓋洛德是個孔武有力的巨人，聰明絕頂，絕對不會被騙。格莉德把自己的神力腰帶、鐵手套和魔杖借給索爾。索爾穿戴好借來的裝備，穿過威力強大的風暴，冰雹在其中飛舞，那個風暴名叫維穆（Wimur，漩渦）。他繼續往前走，半路上洪水愈漲愈高，一直到他的肩膀，大地圓滾滾而滑溜的腳（比喻石頭）沒有睡著，那奔流而下的山泉朝著他們滾滾湧來。索爾大叫一聲說：如果不是女巨人汩汩鮮血流個不停的話，他的蠻力會直達天際。原來蓋洛德的女兒嘉爾菩（Gjalp，燃燒者）早在索爾到來之前就埋伏在路上，她站在山壁之間，雙腿分開，佇立河中，使得河水高漲。夏爾菲（斯諾里說是洛基）抓住索爾的神力腰帶，他的心並沒有顫抖。索爾丟擲石頭趕走了女巨人，抓著懸崖上的花椒樹枝一盪，就跳到巨人蓋洛德的家。馬上有人把陌生客迎入客房，裡頭只有一張椅子。雷神一坐到椅子上，就忽然彈到天花板。他用格莉德借他的魔杖頂住山形板，用全身的重量把椅子壓回地面。這時傳來一聲恐怖的尖叫聲和喀擦聲。原來蓋洛德的兩個女兒嘉爾菩和格萊菩（Greip，盜賊）蹲在椅子底下，想要用屋椽撞碎索爾的頷骨，卻反而被索爾壓斷了脊椎。蓋洛德把索爾請去，要和他比畫比畫。蓋洛德坐在寶座上，大廳兩側依據北歐傳統點著火炬。他用火鉗夾了一塊熾熱的鐵塊，和賓客打賭說，他要把燒紅的鐵

塊朝著索爾扔過去，而索爾用鐵手套一把接住。蓋洛德跳到鐵柱後面，但索爾把鐵塊丟到空中，整座大廳晃動不已。鐵塊穿透柱子，在巨人身上砸出個大洞，甚至穿過屋牆，直沒入地底。索爾一擊得手，順勢殺死了所有巨人族，這使得路斯卡瓦的兄弟夏爾菲憤怒不已，索爾獲勝了；不管是索爾或夏爾菲的心都沒有因為恐懼而顫抖。

薩克索也知道這個傳說，他和丹麥國王格姆（Gorm）[53] 到處旅行增廣見聞，也引領國王到了冥府，這個但丁的先驅，讓國王見識了各種稀奇古怪的酷刑（286 ff.）：

格姆在索齊爾（Thorkil）帶領之下，和三百人一同闖進格魯圖（Geruth）[54] 的居處，雖然傳說堆積無數金銀珠寶，但是畢竟路途險惡：他們必須先橫越包圍大地的世界之海，然後把太陽星辰拋到腦後，深入地底的冥府，來到不見天日的黑暗村落。他們首先拜訪格魯圖的兄弟古德蒙（Gudmund），看到了河上的黃金橋，這是人間和鬼域的分界。古德蒙讓一行人通過，他們到了格魯圖的城堡，堡壘黑暗荒涼，彷彿虛無縹緲的雲霧；醜陋又陰鬱的鬼魂四處游蕩，一切都令人作嘔，無法忍受的腐爛糞便氣味瀰漫空中。凶猛的惡狗四處俯臥，守護著城堡大門。一個老人身體穿了個大洞，三個女人身體扭曲，似乎沒有脊椎，他們坐在岩壁之間。索齊爾告訴同行者，雷神索爾曾經因為巨人的挑釁而用燒得通紅的鐵塊砸穿了格魯圖的心臟，那是格魯圖自找的，而那鐵塊又往前飛，劈開了高聳的山壁；那些攻擊索爾的女人則不幸被閃電打斷她們的脊椎。

而索斯坦傳奇裡的神話則被完全扭曲了（FAS III 182 ff.）：

---

53 譯註。丹麥開國國王，約生於西元 900 年，卒於西元 958 年。
54 譯註。蓋洛德的別稱。

火燙的金球取代了熾熱的鐵棍，溫度高得火花四射，油脂滴落如同滾燙的瀝青。約頓國由蓋洛德統治，他在石屋裡親切接待索斯坦，後者為了來訪，也像索爾一般穿越了危險而冰冷的河川。進餐時，他們要以丟擲石頭彼此較勁。國王命人呈上他那重約五十公斤的熾熱金球，它火星飛濺，就像在打鐵匠的工坊裡一般。「誰讓這顆球落地，就輸掉他的國家和財產，不敢接球的人就是個懦夫。」那顆金球砸碎了其中一人的顱骨，燒掉了另一個人的鬍子，兩人同時斃命。最後那顆球飛出窗外，掉到護城河裡，溪流頓時成了一片火海。眾人一團混戰，爭奪搶喝魔法牛角杯的酒，以獲得預言的能力。索斯坦用打火石和鐵塊砸中蓋洛德的眼睛並且殺死了他。

「暴君」哈拉德國王（Harald der Harte, 1047-66）的歷史傳說裡（FMS VI 361）也影射了類似的神話：

挪威國王和吟遊詩人修多夫行經小巷，聽到皮匠和鐵匠在吵架。「現在就為我即興作詩吧。」他要求詩人：「這兩個傢伙其中一個是巨人蓋洛德，另一個便是索爾。」修多夫馬上作詩描述索爾如何從打鐵鋪裡以公羊肉打出閃電，擲向正在剝皮製革的巨人，國王盛讚他真是個優秀的吟遊詩人。

這則神話的原型相當古老。傳說本身雖然流傳甚廣，但是後來的異教徒時期和基督教時期改編的版本，反而使舊有的神話散佚。邪惡的蓋洛德是索爾的仇敵，他象徵閃電致人於死的面向，索爾則象徵仁慈的面向。蓋洛德的女兒是蹂躪山谷的傾盆暴雨、陣雨或洪水。出借魔杖、腰帶和手套給索爾的女巨人格莉德，她的配備和神相同。在冰島民間故事裡，女巨人也會把神力手套借給她守護的人，有時候則是送給侏儒。她的魔杖具有法力，如同呼風喚雨的女巫和沃爾娃女巫。詩人在構思魔杖時，可能參考了雷神鎚的設定。格莉德是個女風魔，有一則比較晚近而簡略的傳奇，提到格莉德如何從鼻孔噴出陣雨、暴風雨和冰雹（FAS III 653）。而女巨人的名字也有「怪物」的意思。

　　洛基在故事裡被魔法黏住，以及在河流和椅子上的冒險等細節，也在民間童話《被遺忘的新娘》（Die vergessene Braut）裡出現。只要有人坐上去就會彈飛的椅子，相當於在魔法城堡的房間裡飛來飛去的床。有個年輕人想知道恐懼是什麼玩意兒，就躺在一張這樣的床上；高文（Gawein）[55] 躺在一張在房裡飛來飛去的床上，躲過不知從哪裡來的石頭和箭矢（K. H. M. Nr. 4; Woframs Parzival XI.）。有個女巫有五張顏色各異的椅子：坐在白椅子上的人會沉到深海；坐在紅椅子的人身體會著火燃燒；只有黑椅子才坐得安穩。

　　早先我們也提過古德蒙如妖精一般到處引誘人的女兒，我們在後面也會提到分判陰陽的冥河以及永生國度。

　　索爾接受了農夫的兒子們作為贖罪的祭品之後，便把山羊歸還農夫，和洛基、夏爾菲、路斯卡瓦等人往東到了巨人國。索爾游過大海，一行人走進巨大的森林，在一座大宅院裡過夜，屋子的大門和整座屋子一樣寬。到了午夜時分（鬼魂出沒的時間），忽然有一陣強烈的地震，床下的地板像汪洋中的小船一般晃個不停，整間屋子都在震動。他們逃到小屋右邊的穀倉，索爾站在門旁握著雷神鎚警戒。整個夜晚，轟隆聲和鼾聲不絕於耳。破曉時分，索爾走到屋外，看到不遠的森林躺著一個體型壯碩的男人正在打呼，鼾聲極為駭人。他終於知道昨晚的聲響是從哪裡來的，索爾氣不過，便想用雷神鎚打死那個巨人，但是那陌生男子卻忽然醒轉，趕緊跳了開來，他自稱為史克呂密爾（Skrýmir，「大演說家」的意思）：「我不必問你的名字就知道，」他說：「你便是愛瑟神族的索爾吧！你把我的手套拖到了哪裡？」索爾這才發現，他昨晚以為是房子的東西，原來是巨人的手套，而旁邊的小屋原來是手套的大拇指。史克呂密爾扛起他們的糧食袋，加入諸神行列。整天跋涉後，他們在橡樹下稍事歇息。史克呂密爾一沾地就睡著了，索爾卻怎麼也解不開巨人的腰帶。他一怒之下，竟用雷神鎚用力朝巨人砍了下去。巨人半睡半醒，竟也咕嚕問道：是否有片落葉掉在他頭上呢？索爾又砍了第二次、第三次，

---

55 譯註。亞瑟王傳說中，圓桌武士的一員，同時也是亞瑟王的表親。

直到雷神鎚砍破了巨人的頭蓋骨。巨人摸摸臉不得其解:「是有一顆橡實掉在我頭上了嗎?頭上的橡樹枝肯定有許多小鳥,我感覺有好多鳥羽掉落下來呀。不過我看是時候停止囉,我們離外域(Utgard)城堡不遠了,在那裡,你們會看到跟我完全不同的巨人。」他拎著腰帶,就這麼消失在森林中。

正午時分,諸神在原野上看到一座城堡,高聳巍然,諸神抬頭仰望,才看清楚整座城垛。城堡大門緊閉,諸神無法令其開啟,只得強行穿過鹿砦,來到一座敞開的大廳。外域洛基對這幾個陌生訪客瞧也不瞧一眼,譏諷地咧嘴笑問,眼前這個小東西就是名聞天下、駕著戰車到處跑的索爾嗎。他接著又問他們究竟有什麼能耐,因為這裡可不接待無能之人啊。洛基和洛吉(Logi)比賽誰吃得快,不過他剛吃完一盤時,他的對手卻已經連肉帶骨加上杯盤都吞下去。夏爾菲和胡基(Hugi,「思考」的意思)賽跑,不過就算他迅如閃電,仍然瞠乎其後。索爾必須喝光三大杯酒,外域洛基的人民如果輸了酒,就必須喝乾牛角杯。但即使索爾使盡全力灌酒,酒杯的酒也只減少了一點點,大概就是可以傳來傳去而不會溢出來的量而已。索爾又試著舉起地上的灰貓,牠拱起背,就算最強壯的神使盡力氣,還是只抬起牠的一隻腳。他又和外域洛基的女侍艾莉(Elli,「老者」)搏鬥,也好不到哪裡去:他愈是使勁,那老女人卻站得更穩。最後索爾竟不支跪在地上。

第二天早晨國王送他們出去,臨別時才說出了真相:「如果我早知道你強得如此可怕,我不會讓你有機會到城堡裡來。我們用幻術欺騙了你。」原來外域洛基在森林裡變成史克呂密爾和諸神相遇,用鐵線捆住糧食袋,在索爾猛力砍斲史克呂密爾時,他用高山擋在前面,他的住處前面的四角形山谷就是雷神鎚留下的痕跡。洛基是和火焰比賽,而夏爾菲則是和思想賽跑,沒有任何人能比思考跑得快。至於索爾所喝的牛角杯尖端,其實是插在海裡,因為他的狂飲,大海從此有了潮汐。那隻灰貓其實是「中土巨蛇」,索爾提起灰貓的一隻腳時,所有人都嚇得臉色蒼白。他其實是和「歲月」在角力,他還以為眼前是個老女人,對上「年老」,誰都沒機會獲勝。

索爾聞畢,便想抓起雷神鎚揍他一頓。不過外域洛基已逃之夭夭;他們想要回城堡時,卻只看到一片廣闊綠地,城堡已經不見蹤跡(Gg. 45-47)。

　　這篇故事沒有太多神話價值，洛基、夏爾菲和路斯卡瓦都是多餘的角色。索齊爾的基督徒角色，以及外域洛基所代表的魔鬼角色，都是薩克索虛構出來的。索爾去找蓋洛德和外域洛基的故事，在他筆下都成了地獄之旅。在這裡，我們不必過度強調古希臘羅馬或基督教的影響：世界上許多民族文化裡，像這樣到黑暗世界的旅程不知凡幾。而古典時期的故事和耶穌的地獄之旅，雖然可以和北歐傳說相互呼應，卻不能說是其源頭。「惡魔的三根頭髮」[56]的故事也被薩克索套用在外域洛基身上，整個情節自然也移到冥界（K. H. M. Nr. 29）。「惡魔的三根頭髮」的故事主角要得到某種神諭，衛兵問他為什麼夜之泉再也沒有水，而擺渡人也問他為什麼來來回回；他要橫越廣大的惡水，地獄黑暗而潮濕，在薩克索的世界裡，地獄是陰暗荒涼的不毛之地。基督教的說法則大異其趣：耶穌死後到了地獄，在那裡和異教的至高神索爾結盟（FMS II 201）。薩克索是這麼說的（292 ff.）：

　　格姆在風暴裡發誓，又行贖罪祭獻給外域洛基，天氣才轉晴，讓他順利回到格魯圖的住處。年老時，他因不知自己死後何去何從而憂煩苦惱。

　　嫉妒索齊爾的宮廷侍臣卻認為應該敬拜外域洛基，任何疑難雜症都應該以他的神諭解決，比起索齊爾，外域洛基更能夠統領大眾。雖然不情願，那些毀謗索齊爾的人卻必須陪他一程。他們來到既無太陽也不知星辰為何物的國度，就如永夜一般，完全籠罩在黑暗之下。索齊爾在洞裡遇見兩個在火堆旁的黑巨人：石牆因霉而變黑，天花板髒兮兮，地板則爬滿了蛇。因為火熄了，他們只能吃生肉，於是索齊爾向他們求火，他用三句話講出了三個答案，使巨人相當滿意，因而取了火。他再用三句話講了三個真正的答案，巨人也為他指點迷津。索齊爾攜回火種，他和同伴們在伸手不見五指的黑暗中，在堅硬的山崖峭壁旁，在地獄裡，看見外域洛基。他雙手雙腳被巨大的鐵鍊捆

---

56 譯註。推測此處指的應該是《惡魔的三根金髮》（Der Teufel mit den drei goldenen Haaren）。

住，發臭的頭髮又長又硬，宛如一枝枝箭鏃。索齊爾拔了一根惡臭的頭髮，
毒蛇和巨人從四面八方欺上來，對他們不停吐有毒的口水。只有索齊爾和其
他兩個同伴存活下來（索齊爾向宇宙之神發誓才能活下一事，並非出自薩克
索之手，而是後人添加的）。格姆國王聽見他一直敬拜的原來是這樣的怪物，
嚇得魂飛魄散，以異教徒（被打敗的異教徒）的身分，一命嗚呼（索齊爾則
改信基督教）。這段插曲在薩克索筆下變成了改宗的故事。

在民間故事裡，通常是壞國王欲致英雄於死地，不過在薩克索的故事裡，
則變成善妒的侍臣使壞。索爾和同伴在外域洛基那裡進行的比賽，相當於索
斯坦的球賽、打架和鬥酒，而索齊爾必須接連兩次講出三個答案來。在流傳
更廣的故事集裡，有個青年被國王派去找一個智者，面對一連串的問題，如
果都能正確回答，便能得到豐厚的獎賞。有個維京人到岸上取火，他在岩洞
裡遇見醜陋的女巨人格莉德和她的女兒。如果他告訴她三個事實，她就願意
把火交給他。維京人說：山洞很黑、女巨人很醜、女兒很美（FAS III
653/4）。

正如薩克索筆下的世界，斯諾里的故事也大量取材自民間傳說，可是藝
術成就高出甚多。雖然有些細節三言兩語就帶過（例如提到索爾時，只說他
游泳橫渡大海，而史克呂密爾也到最後才被揭穿是外域洛基所扮），故事裡
充滿各種冒險犯難、討喜的幽默和字斟句酌的譬喻等，卻相當引人入勝。至
於索爾誤闖巨人手套裡的事，也出現過兩次（Hárb. 26, Lok. 60, 62）；此外
關於索爾到巨人外域洛基那裡的冒險故事則付之闕如。在民間故事裡，有個
巨人把鼓手藏在鈕釦眼裡，另一個巨人則讓鼓手坐在帽沿：鼓手坐在上頭開
心地打鼓（K. H. M. Nr. 193）。巨人在山泉裡洗澡時，有人朝他的頭丟了一
塊大石磨，巨人大叫說：「誰在那裡鬼叫，還拿沙子丟我的眼睛，把那些母
雞給我抓來！」（K. H. M. Nr. 90）史克呂密爾把索爾的劈擊比喻為落葉和橡
實，可能是衍生自這個橋段。索爾和夥伴則相當於遇見四到七個奇人異士的
王子（K. H. M. Nr. 134）。在這些旅人當中，有個人特別魁梧，他一口氣可
以吃掉三百頭牛，喝乾整座紅海，一跨步的距離比一般人行走三百個小時還

遠。在萊辛（Lessing）[57]的《浮士德》（Faust）裡，有個速度和思考一樣快的鬼魂。比賽也是民間故事裡重要的一環（K. H. M. Nr. 70, 134），惡魔和兔子賽跑，但是怎麼都追不上；他也和人類的祖先野熊打架而元氣大傷；而就連巨人也可以在摔角當中戰勝死亡（Nr. 177）。不過在民間故事裡的詭計並不那麼複雜，而斯諾里的故事則考慮到所有的藝術元素。就連神也打不過「歲月」，這個象徵筆法真是令人嘆為觀止！

在外域洛基的國度裡經歷的冒險，也可能直到後來人們不再認為索爾是所向披靡的勇士時，才附會到他身上的：諸神當中力量最強的神，也會被騙子愚弄和羞辱。他不再是那個擁有愛瑟族的神力、攻無不克的神，而只是個有勇無謀的莽夫，被精明的江湖術士佔便宜。

索爾還是年輕小夥子時，想要去找中土巨蛇，來到巨人希密爾（使暮色降臨者或使雲霧籠罩）的國度。希密爾早晨外出捕魚，索爾也要一起出海，巨人卻認為索爾年紀太小，幫不上忙：他還不習慣在海上待那麼久，搞不好會凍死呢！希密爾的冷嘲熱諷讓索爾很憤慨，甚至想舉起雷神鎚打死巨人。不過他想要把力氣用在別的地方，於是按捺住怒氣。索爾聽說要自備捕魚用的餌，於是扭下希密爾一頭公牛的腦袋上了船。他一坐下來，就發了瘋似的划船，不久，巨人眼看差不多該到他習慣捕魚的漁場了，也不敢再往外海去，就要索爾停下來。但索爾卻逼他往外海划，直到索爾以為的中土巨蛇的棲息處。他垂降釣線，把公牛頭掛在魚鉤上，一下子就沉到海底。海蛇馬上就撲了過來，吞下公牛頭，於是魚鉤卡在上顎，牠劇烈搖晃騰躍，想要掙脫，使得索爾必須用雙腳撐著甲板。索爾使出全力對抗海蛇，雙腳都踏破了船，甚至踩到海底，他就這麼釣起中土巨蛇。索爾如閃電般的雙眼瞪著中土巨蛇。牠不停搖晃、吐著毒氣，沒有任何景象比眼前這一幕更可怕的。巨人一看到這條海蛇，又看到自己的船正往下沉，嚇得臉色大變。他趁著索爾伸手要拿雷神鎚時，衝過去用剪刀剪斷了釣線，於是巨蛇又回到海底。索爾緊追不捨，

---

57 譯註。萊辛（G. E. Lessing）為日耳曼啟蒙時期的重要詩人及文學理論家。

有些詩人說索爾在海底砍下巨蛇的頭，不過其實中土巨蛇仍然好端端地躺在海底。索爾扭著巨人的耳朵，往回划到岸邊（Gg. 48）。

在這則質樸的故事裡，我們看得到古老民間信仰的影響。斯諾里歌頌著索爾和中土巨蛇的大戰，而希密爾的釣魚技巧也只是為了讓索爾有機會戰鬥才杜撰出來的。這兩個天生的敵人，早在世界末日大戰裡相互毀滅之前就已經交過手了。若不是巨人從中作梗，索爾早就完成他的英雄事蹟，也能證明自己是最強壯的神。不過這篇故事的口吻和索爾的其他故事截然不同。故事不再那麼荒誕幽默，整個情節是很嚴肅的，也影射著諸神末日大戰的主題。

西元九、十世紀時，索爾和怪物的戰鬥是吟遊詩人最愛的主題（Rdr. 14-19; Hdr. Hlg.）。斯諾里在故事結尾也暗示了這點，或許同時也影射了《埃達詩歌》裡的**希密爾之歌**：

諸神和海神艾吉爾共同進餐，索爾忽然想讓艾吉爾難堪，便要求他替愛瑟諸神釀造美酒。索爾此舉反成了搬石頭砸自己的腳。艾吉爾說，只要索爾能找到夠大的鍋子，艾吉爾什麼酒都釀得出來。其他諸神也不知道去哪裡找來這麼一個大鍋，於是提爾提議：「在最遙遠的東方、蒼穹的盡頭，住著巨人希密爾，他是索爾的父親，他就擁有一只深約一哩的鍋子。」於是兩個愛瑟族的神便飛快趕去，整整花了一天才到巨人的住處。他們把公羊留置在農夫埃吉爾（Egil）（夏爾菲和路斯卡瓦的父親）那裡，走進希密爾的大廳。提爾看到希密爾的母親有九百顆頭，讓他厭惡不已。而提爾的母親，也就是巨人的妻子，則是全身閃耀金光，宛如新娘一般白皙。她為兒子端上啤酒以示歡迎，卻又警告他們巨人有多麼恐怖殘忍，要他們躲在鍋子底下。希密爾打獵歸來，踏進大廳時，小冰塊在他鬍子上叮噹作響。他的「下顎森林」（Backenwald，指鬍子）都結冰了。那如新娘一般白皙的提爾之母悄悄告訴巨人，兒子已經和人類的守護者索爾一同從遠方歸來了。他們原本躲在柱子後面，但是柱子在巨人一瞪之下就粉碎，粗壯的橫樑也變成碎屑，鍋子發出咯吱怪響，從鍋架摔下來，兩個客人只好現身。可怕的巨人緊緊盯著巨人族

的敵人，他一看到索爾，心裡沒有好預兆。在索爾證明了自己的能力後，他才願意交出大鍋。晚宴時，他命人煮了三頭牛，索爾一個人就吃了兩頭。吝嗇的巨人一看，認為若不去釣魚，明天的食物恐怕沒有著落，而只要希密爾願意提供釣魚用的魚餌，索爾也可以一起去。希密爾叫索爾自己以他養的家畜做魚餌。索爾衝進樹林裡，黑公牛用牛角頂他，索爾一把就擰下牠的腦袋。就這樣，儘管希密爾怒不可遏，索爾還是通過了第一次的力量考驗。接著索爾要巨人往外海划，巨人實在不願意。索爾在釣魚比賽中通過了第二次的力量考驗。那力氣驚人的巨人猛力一拉，釣起兩條巨大的鯨魚，索爾則是事先把釣魚線綁在船舵上，魚鉤上掛著公牛頭，而那中土巨蛇貪婪地吞下魚餌。索爾以有力的雙臂把這條大毒蟲拉到船邊，拿起雷神鎚，朝牠醜陋的頭砍了下去。這時群山動搖，古老的大地震動不已，大蛇趁機回到海底。快快不樂的巨人在回程時不發一語，到了岸邊，他對同行的索爾說，要不把鯨魚抬回家，要不就把船栓在岸邊。索爾逕行從前龍骨處舉起整艘船，連同船裡兩頭鯨魚、水和划船器具，一起扛回巨人的住所。不過，就算索爾通過了第三次的力量考驗，如果索爾沒辦法打破巨人的酒杯，巨人也不願意承認他的能力。索爾坐著拿起酒杯用力一摔，石柱和樑都碎了一地，酒杯卻完好無缺。此時巨人的妻子建議他用酒杯砸希密爾堅硬的頭，索爾於是半起身，以愛瑟神力使勁一丟：希密爾的頭顱毫髮無傷，酒杯卻破掉了。於是，希密爾向索爾提出第五個，同時也是最後一個挑戰，要索爾把大鍋搬離大廳。提爾試了兩次，大鍋卻文風不動；接著索爾抓住了鍋邊，踩破了大廳的地板，高舉大鍋過頭。鍋子把手鏗鏘的聲音隨著腳步作響，但是他們沒走多遠，索爾一回頭便看到希密爾那個多頭的夥伴從山洞中追上來。索爾把鍋子扛在肩上，大手一揮嗜血的雷神鎚，殺死了希密爾的族人。索爾的公羊也在其後的路程上摔斷腿。不過索爾還是把希密爾的大鍋搶到手，從此以後，每年諸神都會齊聚一堂，享受艾吉爾不得不應允釀造的美酒。

晚近的神話詮釋認為希密爾代表「籠罩、遮蓋者」，也是陰霾的天空之神，他或許是遠古普照大地的白晝之神提烏斯的化身，是「提瓦茲·渾雅茲」

（*Tiwaz humjaz）。地平線旁堆起的雲層可能是希密爾在天空邊界的住所，而這個有九百顆頭顱的祖先則是雲朵造型的聯想。詩歌的開端也是其核心元素，應該是以古老的秋天神話為基礎：天空之神提爾和雷神索爾對抗邪惡的雲神希密爾，提爾的母親光之女神被他囚禁，這是遠古春天神話《史基尼爾之歌》的一段插曲。在這兩首詩歌裡，奧丁都沒有出場機會，這可能意味著詩歌的年代早在奧丁成為主神之前，當時提爾才是主神。不過這個推測或許失之牽強，相較之下，以下的解釋更為合宜：

《希密爾之歌》的架構在於索爾如何取得大鍋，以及艾吉爾的第一次諸神饗宴。在這個架構下，提爾勇闖巨人國、索爾和巨蛇的搏鬥、以酒杯比賽、公羊的跛腳，所有的情節都混在一起。索爾似乎殺死了怪物，可是在斯諾里的故事裡，希密爾是被索爾一拳打死的，所以他在詩歌裡應該沒死，因為酒杯比賽裡有他。提爾在故事裡的角色很不幸，詩人彷彿在主要劇情裡完全忽略了他的存在。說到索爾為什麼要替艾吉爾找來一只大鍋，詩歌的開頭有很幽默的交代，同時也替整首詩歌設定了基調，而盜取鍋子更是索爾冒險之旅緊張刺激的開場。對詩人和觀眾來說，歷險才是一切。索爾再次進入巨人國，在巨人的五次挑戰裡證明自己的能耐。正如民間故事裡強壯但頭腦簡單的漢斯，索爾笨拙但善良，強壯得嚇人，能戰勝任何怪物。詩人也展現了怪誕幽默[58]的想像：一般的釣線居然可以釣到鯨魚，索爾扛在肩上的鍋子隨著他一步步走動而喀答作響，這些插曲和男扮女裝的索爾相得益彰。巨人的角色也和北海冰天雪地的自然景象很相襯：他的住處在冰山之間，有寬敞的大廳，有如國王的王宮一般，周圍有無數的多頭怪物，他們住在山洞裡，也為他服務。巨人每天都出海釣魚。巨大的冰山在海中浮沉，冰山堆得太高，也會砰的一聲沉入暗潮湧動的冰海。希密爾就在寒冬出外打獵，他的步伐穩健，整座冰山都嘎吱搖晃；房屋的樑柱在他的注視下裂開：詩人有可能影射冰雪凍裂事物的破壞力。讀者也感受到詩人對高地北歐冬季以及陰暗而荒蕪的冰海

---

58 譯註。原文為 Grotesk-Humoristische，Grotesk 有奇特之意，於歐陸藝文脈絡中，更特指人獸或動植物混雜的圖像或雕飾。

的深刻理解，他以濃厚色彩刻意渲染，讓聽者如坐針氈、聞者毛骨悚然。在荒誕的幽默中，詩人也帶領我們進入巨人之屋，那勇敢的提爾和強壯的索爾驚慌害怕地躲在大鍋下——但是這浩大聲勢究竟所為何來呢？希密爾根本不像外表那樣恐怖，他連客人的一根寒毛也沒碰。

正如外域洛基的故事，在這篇故事裡，讀者也隨著巨人登場而進入童話場景。在流行的故事集裡，主角到食人族的巨人家裡，被好心的女主人藏起來。巨人回到家馬上大叫：我聞到了人類的味道！冰島故事提到一個精靈公爵在耶魯夜時衝進藏著一個男人的浴室裡叫道：這裡有個人！這裡有個人！眾所皆知，有著三百顆頭的女怪物是惡魔的祖母，而如黃金一般耀眼、如新娘一般白皙的少女則是食人族巨人的妻子，她悉心保護並且嘗試拯救那個人。巨人和人類角力，不過人類總是比巨人機靈許多。弱小的人類看似費力的事，卻成了對於神的力量的真正考驗，例如，人類本來要去取水的，卻問巨人是否要把整座泉水都一起搬來。把大鍋高扛在頭上的索爾，相當於把大鐘頂在頭上的強壯漢斯（K. H. M. Nr. 90）。我們於此清楚看到所有主題都隨意地摻上童話和怪誕的風格。

在哥斯伏教堂附近山上的石碑，刻有索爾釣魚的故事，圖中兩個人共坐一艘船，以魚代表海洋，另外也看到中土巨蛇以及用公牛頭做的釣餌。索爾左手握著釣線，右手則提著雷神鎚，作勢要砍怪物。驚慌失色的巨人手裡則拿著一把刀或斧，下一刻他便會一躍而起，砍斷釣線，讓世界之蛇再度回到海中。

巴德爾

巴德爾（Baldr）和瓦利（Vali）是兩兄弟，他們是奧丁的兒子，原本則是天神提烏斯的兒子。兄弟倆的名字都有「光明」的意思：巴德爾是「光亮、散發光線的」（日耳曼字根「*bal-paz」、立陶宛語為「baltas」、希臘文為「phalos」），由於古印歐語的「bhaltos」意指「發光」，同時也有「快速、勇敢」之意，在比較古老的文獻裡，這兩個概念或許也被套在驍勇善戰的巴

德爾身上。巴德爾別名叫作「拜爾戴格」（Bäldäg，「光明的日子」），但沒有「國王、神」之類的含意（Sn. E. Prol. 4）。瓦利也是「發光者」，從命名就看得出他是巴德爾的弟弟。薩克索筆下的兩兄弟甚至有相同的頭韻：巴德魯斯（Balderus）和布依波烏斯（Bui-Bous），「光明和力量」。

基於口傳民間故事，斯諾里大略描繪的巴德爾形象如下：

關於他的都是好事，他是出類拔萃的神，大家對他讚不絕口。巴德爾是如此俊美又聰慧，彷彿從內在散發光芒。若有草花能和他的睫毛比擬，那花一定是最潔白的，如此才能想像他的頭髮和軀體之美。他是愛瑟神族中最能言善道也最善良的神。他住在英靈神殿裡的光明宮（Breidablik），那裡沒有任何邪惡不潔的事物（Gg. 22; Grímn 12）。

絲卡蒂（Skadi）在挑選伴侶時，只准觀察諸神的腳，她說有一雙腳特別美麗，又說：「我選這雙腳的主人，在巴德爾身上應該沒有不美的部位。」但那其實是尼約德（Sk.1）。換句話說，大家認為巴德爾的腳也有獨特的美。在北歐名為「巴德爾的睫毛」（Baldersbrå）的小白菊花，有著黃色花芯以及如光線四射的白色花瓣：這名字也影射了巴德爾有多麼美麗、光明燦爛，有著潔白透明的肌膚、白睫毛和金黃色的頭髮。

但我們仍必須承認，這個高貴、純真、溫和又耀眼的光明之神及其華麗的宮殿，可能是出自基督徒對於「潔白的耶穌」的想像的影響，對他們來說，巴德爾相當於死後復活的耶穌，斯諾里於是把巴德爾視為諸神中的佼佼者，頌聲載道、邪惡不近其身。然而巴德爾的核心形象卻和諸神好戰的神性沒有任何衝突，就像在英雄傳奇中，齊格菲好戰的天性和真誠純潔的性格並存不悖。在諸神國度中，巴德爾和弗雷體現了日耳曼詩歌中如太陽般耀眼而天真的英雄，正如齊格菲、沃夫迪特里希（Wolfdietrich）、貝奧武夫，以及兩位海爾吉。詩人刻畫新世界裡純真善良的生活，又把巴德爾和霍德視為永恆和平的代表，而同一個詩人在同一個詩節裡，卻把言歸於好的兄弟描繪成戰神、戰爭的代表，他們住在奧丁枕戈待旦的宮殿裡（Vǫl. 62）。最古老的詩歌也

明確指出巴德爾的好戰天性。洛基在艾吉爾的宴會上抨擊芙麗格時，她抱怨說，可惜巴德爾已經過世，否則一定會為她報仇的（Lok. 27）。這裡證明了巴德爾是愛瑟神族中最勇敢、強壯又善戰的神子，只有愛瑟神族中最強的索爾才差堪比擬。

「博學的」伊瓦（Iwar Widfadmi）國王把他的老師霍爾德找來解夢，他問霍爾德：「誰才是愛瑟神族中勇敢的哈夫丹？」霍爾德答道：「眾神共同哀悼痛哭的愛瑟神族的巴德爾。」（FAS I 372）哈夫丹隨軍征戰國外，打下了一部分的英格蘭，而巴德爾也像哈夫丹那樣所向披靡。薩克索提到巴德爾（Balderus）和霍德（Hötherus）為了爭奪南娜而大打出手，也是基於傳奇中巴德爾的好戰面向。

巴德爾一直被視為勇敢的騎士。芙麗格再也見不到巴德爾躍馬諸神宮廷，可能也要怪罪於洛基（他拒絕為巴德爾哭泣）（Lok. 28）。光明之神有一匹神駒，在火葬時，這匹馬和鞍轡都被放在死者身旁的薪柴上（Gg. 15, 49）。他為快要渴死的戰士裂開大地，湧出的泉水使得軍士精神振奮。在往可本哈根的方向，距羅斯基勒（Roeskilde）[59] 約兩公里處，有一處泉水汩流的小鎮，叫作巴德爾斯布隆（Baldersbrönd，意為「巴德爾之泉」），便是紀念巴德爾的（Saxo 74）。當地傳說巴德爾國王的戰馬用馬蹄踏出一處泉水，或許當地人也挖到馬蹄吧。巴德爾含糊說了幾句話，就坐上由兩匹戰馬拉的馬車揚長而去（Saxo 74）。巴德爾也和維京人一樣，擁有一艘威風八面的船，是所有船隻中最頂尖的（Sk. 5），那艘船也在火葬巴德爾時被燒掉。

若我們比較以前的詩人和斯諾里筆下的巴德爾，便會發現早期文獻裡的巴德爾和斯諾里所描繪的判若兩人。斯諾里所說的巴德爾，已經不是在他之前數百年的文獻所描述的那個巴德爾了，因此我們也必須更加謹慎。「瞎眼的霍德」並不是預設條件，也還沒有洛基陷害巴德爾致死的橋段，早期文獻反而強調巴德爾和霍德逞凶好鬥的一面。斯諾里和古代詩歌所流傳下來的巴德爾只有一點相符：巴德爾都是被槲寄生樹枝打死的。

---

59 譯註。丹麥西蘭島東部的一座城市。

有一首年代久遠的旅人之歌（約於西元 900 年）可說是《埃達詩歌》裡的《巴德爾之夢》的前身，以五段詩節開頭：

諸神共聚一堂，討論為何惡夢困擾著巴德爾。奧丁起身騎上他的神馬斯雷普尼爾飛到地下，去找死亡女神赫拉（Hel）。惡兆顯示這趟旅程可能不會有好結果。胸前沾滿血汙的地獄之犬加姆（Garm）攔住奧丁，對著這個陌生人狂吠，不過在法術之父面前，牠最後還是夾著尾巴，跑到後面去。奧丁往前騎，來到赫拉高聳的宮殿。東邊正好是已故的沃爾娃女巫的墳墓。奧丁高唱亡者咒歌，讓女巫不情願地從墳丘裡醒來，問道：「這個打擾我安息的人究竟是誰？我從來沒見過他。大雪覆在我身，大雨無情襲來，露水也浸濕了我——我已死去很久了。」奧丁擔心如果他表明身分，女巫會隱瞞真相，於是自稱為華坦（Waltam，「熟諳戰爭者」之意）之子維格坦（Wegtam，「漂流者」之意），問道：「赫拉的長椅有閃亮的金環，門廊也鋪著黃金，這一切都是為了誰呢？」女先知的答案讓奧丁嚇一跳，她說赫拉在迎接巴德爾的到來，準備要盛大歡迎，而愛瑟神子則會因此陷入絕望抑鬱之中。而究竟誰會殺死巴德爾，女巫則回答：「霍德會把這個不世出的著名英雄擄來地下世界，他濺灑巴德爾的血，奪走奧丁之子的性命。」奧丁追問誰會替他報仇，把殺死巴德爾的凶手也放在火葬堆上燒死。女先知則答道：

琳達生下瓦利	於西方大廳，
在一夜間戰鬥	成為奧丁之子；
他不會梳頭	也不會洗手，
在巴德爾之敵	橫躺柴薪前。

奧丁問道：「那為了巴德爾之死而流淚的女子是誰呢？」沃爾娃女巫答道：「那些哀悼死去之神的，正是艾吉爾的女兒。」

洶湧的潮浪是為死去的巴德爾哭號、吟詠的哀歌，海流則是女海妖奔流

不止的鹹味眼淚。但奧丁的問題「誰要為巴德爾流淚？」其實沒有前幾個問題那樣直接，而是暗藏玄機的謎題；沃爾娃先知只有在遇到無解的問題時，才知道她眼前是奧丁，因而要求他趕緊回去。而比起上述的種種問題，女先知更可能是因為奧丁詢問「神在巴德爾死前對他說了什麼話」，這才得知奧丁的真實身分：

在人們把巴德爾抬到柴堆之前，
奧丁在他耳邊　喃喃說些什麼？

雖然沃爾娃女巫比奧丁更清楚知道巴德爾之死的細節，但是那句話只有奧丁自己才知道，除了神，任何人都無法揣測真相，這也讓女巫聯想到神的卓爾不群。瓦夫蘇魯特尼爾和海德瑞克同樣無法回答這個問題。「奧丁在巴德爾死前對他說了什麼話」是分布甚廣的異教信仰最喜愛的主題，不過我們不可以認為原因在於問題本身的難解，或是因為異教徒認為只有他們才知道盧恩符文。「哈定傳奇」歌頌說，永生不死是愛瑟信仰的特權，而根據詩人的說法，在巴德爾的火葬裡陪葬的戒指「德羅普尼爾」（Skírn. 21, 22）既是安慰死者，也有重要的象徵：戒指是多產和生命的象徵，它每九個夜晚便分裂出八只新戒指，這應該是象徵巴德爾的重生。

我們目前所引的文獻都沒有提到巴德爾之死和洛基或槲寄生的關聯，而這兩者導致巴德爾之死的情節，直到《女先知的預言》一詩裡才出現，女先知的這種預言技術以前是由奧丁保管的（Vǫl. 32-35, 62）：

她明確看到那個嗜血的愛瑟神族、奧丁之子巴德爾的命運。有一根細長光滑的槲寄生樹枝（Misteltein）高聳入雲。那是一株看起來像箭矢一樣瘦削的樹。霍德把槲寄生射出去，而芙麗格則在其宮殿裡哀悼英靈神殿所遭逢的不幸。巴德爾的弟弟瓦利是早產兒；他出生的第二個夜晚就能夠戰鬥，在把害死巴德爾的人送上火葬柴堆之前，他不梳頭也不洗手。女先知看到洛基被綁在湧泉森林裡的奸詐模樣，希格恩則坐在那裡為她的丈夫（洛基）感到傷

痛⋯⋯不過當世界之火熄滅，大地再度果實纍纍，所有的惡人都會變好，這時候巴德爾和霍德也會從冥界回到英靈神殿。

蘇爾特的火焰熄滅以後，威達和瓦利進駐諸神的住所（Vafþr. 51），他們其中一人為父親奧丁復仇，另一人則報了手足巴德爾的血仇，所以才被湊在一起。

值得注意的是，作者用「樹」稱呼細瘦的槲寄生，可見他並不認識這種植物，而弱小的槲寄生竟然是古代神話裡致神於死的武器，也讓人百思不解。「細長」、「光滑」之類的語詞，其實更適合形容致命的武器，一般認為是名字也叫作「銀槲劍」（Misteltein）的劍。除了對於槲寄生的笨拙描述以外，也有類似的情節透露了類似的誤解：名為「銀槲劍」的劍看起來雖然很不起眼，但其實是一把致命的凶器；奧丁的弓弩原本很小，卻能自行變大（Saxo 32）；而奧丁看起來不怎麼樣的棍子，卻是能變成手刃維卡爾國王的長矛（FAS III 31, III 239; FMS V 250）。

還有一點沒有提到的是：槲寄生是芙麗格唯一沒有要求宣誓的植物。因為槲寄生只能生長在北緯五十九度半以南的地區，照理說這個情節應該不會起源於挪威。在整個大自然都陷入死寂的冬天，槲寄生仍舊綠意盎然、開花結果，它是茂盛生命的代表。而由於在冰島上根本看不到槲寄生，不認識這種植物的冰島人便認為它有致命的危險魔法。在祖國生長的美麗植物搖身一變，成為可怕的死亡植物。對挪威人來說，槲寄生則是完全無害的生物，若芙麗格真的要求萬物宣誓，卻獨獨漏掉這種具有療效的植物，那也是無傷大雅的事。不過就在名為「銀槲劍」的劍被誤植為「槲寄生」之後，除了被遺忘的小東西以外，世界萬物都曾經發誓，這第二個誤解似乎也就順理成章了：芙麗格沒有要求槲寄生宣誓。冰島詩人斯諾里便利用這子虛烏有的基礎打造他的巴德爾之死的故事。

照這推論看來，這個情節只可能起源於冰島，是獨立的冰島產物。其中也提到洛基被綁在湧泉森林裡，這個詩段只有在冰島火山的背景下才有意義；相較之下，挪威文獻則如此描述：「女先知看到戰爭勳章授帶扭曲起來，變

得極為堅硬，那原來是以瓦利的腸子作成的捆神索。」

瓦利向霍德報了仇，這也是故事的重點。霍德害死巴德爾，他所使用的武器自然是名為「銀槲劍」的劍。可是巴德爾的死，洛基也脫不了干係，洛基之所以受罰，是因為他**拒絕哀悼掉淚**，那會阻礙巴德爾的重生。於是「巴德爾傳奇」裡出現一個新的情節。年輕俊美的愛瑟神之死使得諸神哀傷不已，起先只有芙麗格掉淚，再來是女海妖，最後是整個世界萬物，就連無生命的大自然也為他哀慟。但幸災樂禍又陰險的洛基卻沒有跟著哀悼：他的確是間接（而不是主謀）害死巴德爾的凶手。值得注意的是，在這樣的劇情擴張之下，古老的神話信仰產生了新的意義，生者的眼淚不會讓死者不得安寧，反而會讓他從冥界裡甦醒過來。

後來關於巴德爾之死的文獻，便不再添加什麼重要的新情節。國王埃里克的讚歌提到巴德爾回到奧丁的宮殿，也提到他的死亡和重生，關於他的死因卻隻字不提（約西元 950 年）。為了巴德爾而闖入冥界的赫摩德，他和布拉基被奧丁派去迎接哈孔國王。約於西元 975 年，烏吉（Uggi）之子烏爾夫（Ulf）在婚宴上朗誦的詩歌則更具價值。在慶典場所的牆上和穹頂都掛有彩繪木雕，刻畫各種神話場景，例如海姆達爾和洛基之役、索爾和希密爾出海釣魚，以及巴德爾的葬禮。烏爾夫是虔誠的愛瑟神族信徒，他正是看著這些圖畫寫出慶祝的詩歌（Húsdrápa，「家的頌歌」）：

身經百戰的弗雷首先趕著羊群、騎著金鬃公豬，到奧丁之子的火葬柴堆。充滿智慧的奧丁接受烏鴉建言，命諸神為他死去的兒子堆起柴薪，而莊嚴的海姆達爾也騎著他的神駒來到。就連舉世聞名的奧丁也騎著馬來到不遠的柴堆處。女武神和烏鴉也翩然到來，要描述這些得花不少詩節。狂暴的女山神，女巨人希羅金（Hyrrokkin）把「海洋之馬」（比喻巴德爾的靈船）推到海裡，但奧丁如利劍一般的狼（比喻英靈戰士）殺死了女巨人的騎獸（她騎的馬）。在奧丁殺死女巨人希羅金的同時，另一種傳奇形式也隨之出現（SK. 4:58）。

這首詩只提到布置慶典會場的景象，而我們也從中得知：巴德爾和北歐

海盜一樣，死後會於擱在沙灘的船上，堆起火葬用的薪柴，其屍體則安置在熊熊燃燒的船裡，在女巨人的協助下，被推到海裡，在諸神的見證及弗雷的領導下，舉行喪宴謝飯。

這些並列的故事，在斯諾里的推敲斟酌之下，改寫成有前後順序的故事。巴德爾的火葬和西元 921 年阿拉伯人伊本・法德蘭（Ibn Fadhlan）所描述的如出一轍，只是在此處的習俗更具藝術風格和信仰價值罷了。

女火魔奮力把亡靈船推到波濤洶湧的大海裡，船隻底下枕著圓木，劇烈的摩擦就像點火一樣，引起熊熊大火。索爾獻上大火，保護巴德爾的聖體不受魔鬼侵襲。不過斯諾里卻認為女巨人就是魔鬼，她也差點死在索爾手下。最後還是找了個侏儒丟進火裡當替死鬼。斯諾里顯然不熟悉另一個文學譬喻：英靈戰士無法馴服的狼，原本就是指會引起大火的暴風雨。而斯諾里則從這個典故裡創造一匹真正的狼，並以毒蛇取代繩索，正如沃爾娃女先知和女巫會和毒蛇一起出場；他同時也讓奧丁呼喚四名熊皮武士拉住狂暴的野獸。

眾神都為巴德爾哭泣。以下的詩寫於十九世紀末：

> 大家同聲哭泣，
> 而我也是，
> 這一切看來如此莊嚴美好，
> 為了從冥界再度救回巴德爾。（Bisk. S. I 648）

「芙麗格之子巴德爾英年早逝，實在是悲劇一樁。他可以算是出生高貴。赫摩德想要為其延壽，但冥界終究吞噬巴德爾。萬物為其哭泣，哀思痛切。這故事廣為人知，而我又何必畫蛇添足、以字詞描述？」（Mhk. 9）

斯諾里的故事以前人的重要文獻為基礎，並加以彙整發揮。除了前引的段落之外，他也引用兩首約作於西元十一、十二世紀的詩歌，其內容已經亡佚，我們只知第一首提到巴德爾之死，而第二首則是關於赫摩德的冥府之遊。根據這兩首詩歌，斯諾里各寫了一節詩：

凶兆的惡夢使得善良的巴德爾惴惴不安，於是跑去告訴愛瑟諸神（見《巴德爾之夢》）。諸神經過一番討論之後，決議保護巴德爾安全。芙麗格要求世上萬物都發誓不傷害巴德爾，火焰、鋼鐵、水、礦岩、樹木、病痛、鳥類和毒蛇都答應了。為了測試他們的誓言是否有效，巴德爾站在聚會廣場正中央，其他諸神則朝他射箭、扔武器或丟石頭：無論諸神如何攻擊，都無法傷到巴德爾分毫。大家一致認為這方法相當好。

洛基眼見這一切，心中滿是嫌惡。他變身成女人去找芙麗格，問她知不知道諸神在廣場上對巴德爾做了什麼。她回答道，眾神向巴德爾丟出武器，但他無法為任何事物所傷：

無論武器或林木皆無法傷及巴德爾，
這些我都曾令其起誓。
一棵小樹幼苗（槲寄生）生於英靈神殿之西，
看來太過弱小，我沒有要它發誓。（Vol. 32）

芙麗格說完後便離去。洛基則跑到芙麗格所說的地方，把槲寄生連根拔起，拿到聚會廣場。瞎眼的霍德站在圍觀諸神外圍。洛基問他：「為什麼你不朝巴德爾拋擲什麼東西呢？」霍德回答：「我看不見他站在哪裡，再說，我也手無寸鐵。」洛基又說：「就像其他人一樣往他身上丟去就好，我會替你指引方向。來吧，用這根樹枝。」（Vols 33）霍德拿著槲寄生，依照洛基的指示，擲向巴爾德，那樹枝如箭矢一般射穿了巴德爾，他當場倒地死亡。這可以說是人神界中最不幸的一箭。諸神面面相覷，對於害死巴德爾的人怒氣沖沖，不過他們無法在這和平之地上報仇。他們想說話，但是還沒有開口，眼淚就搶先流下。沒有人能以言語述說自己內心的傷慟。諸神之中，奧丁最為悲傷，沒有其他神比他更理解愛瑟神族會因巴德爾之死遭遇多大的損失和挫敗。

待得諸神稍稍平靜，芙麗格問說，是否有神願意到冥界女神赫拉的王國，

把巴德爾找回來，她願意為此獻出自己的愛。勇敢的奧丁之子赫摩德自告奮勇。這時有人牽來奧丁神馬斯雷普尼爾，他便上馬揚塵而去。

　　諸神把柴薪堆在巴德爾的船上，而其遺體也移靈過去，他們把遺體和船隻一同送入大海。不過在女巨人希羅金（Hyrrokkin）到來前，他們都推不動這艘大船。希羅金以毒蛇為韁繩，騎著狼出現。奧丁底下的四個熊皮武士沒有用韁繩就馴服了那匹狼。索爾想趁機殺了巨人，諸神連忙阻止（Sk.4；在該處，索爾當真殺了女巨人）。南娜眼睜睜看著巴德爾的遺體被放到柴堆上，心痛欲裂。索爾用雷神鎚保護柴火，並且把侏儒利特（Lit）的腳放到大火裡（Húsdrápa）。許多神都是葬禮的賓客：首先是奧丁，與其同行的有芙麗格、女武神和奧丁的烏鴉；弗雷乘著由金毛野豬拉的戰車來到；海姆達爾也騎著金鬃神馬出現；芙蕾葉則和她的貓一起出席。同時為數眾多的霜怪和山怪也紛紛到來。奧丁把戒指「德羅普尼爾」（Skírnismǫl 21, 22）、巴德爾的戰馬和其他陪葬物一起放在火堆上（Húsdrápa）。

　　赫摩德在黑暗壑深的山谷中騎了九夜，完全不見任何事物，直到冥界之河「糾爾」（Gjöll），看到了鑲著黃金的橋。莫德古德（Modgudr）看守這座橋，她一一盤問來者何人，從何而來，並且說：「昨天巴德爾和五百名男人一起過這座橋，但你單身一人，腳下的橋卻仍轟轟作響。往北或往下騎都是前往冥界之路。」赫摩德聞言便往前行，到了冥界大門，下馬拴好韁繩，又再度上馬。他用力踢了馬腹，戰馬奮力一跳，躍過了大門，甚至連上緣都沒碰著。赫摩德往宮殿方向前進，到了宮殿之後，他下馬走進大廳。他看到其兄巴德爾坐在寶座上，便決定在此過夜。隔日早晨他要求巴德爾和他一同回去，但是愛瑟神族的所有人和物，無論是生是死，都必須為巴德爾哭泣：否則巴德爾只能永遠留在冥界。赫摩德起身，巴德爾送他出了大廳，把金戒指「德羅普尼爾」交給他以作為給奧丁的信物。南娜則致贈芙麗格一條頭巾，送芙拉一枚金戒指。

　　愛瑟神族眾神命令萬物一同哭泣，從死國裡救回巴德爾。無論人畜、大地山河、樹木、金屬，都為巴德爾同聲哭泣，正如他們突然從冰冷的環境掉到熱浪裡忍不住掉淚一般。諸神在山洞裡遇到女巨人希羅金，而他們也要求

她照做，以找回巴德爾。她回答：

索克（Thökk）用乾淚哀悼
巴德爾登上了柴堆；
他在世時如此，死後也對我毫無用處：
就讓赫拉保有她的所得吧！

這女巨人其實是洛基打扮的，他一發現眾神都對他憤恨不已，便逃之夭夭；不過他們還是逮到了洛基。

斯諾里關於巴德爾傳奇的描述可以說是書中最引人入勝的段落，不僅結構清楚、富含倫理思想，也如童話一般純樸而動人。就整個世界演變的過程看來，巴德爾的命運比其他諸神重要得多，不只戲劇效果強烈，也是神話世界的轉捩點。散落在新舊文獻裡的情節，在此極為巧妙地串成前後一貫的故事，沒有用的元素都被捨棄，也增加了新的細節。詩裡也交織著對於身為父母的奧丁和芙麗格的心理的入微觀察。奧丁的傷痛最深沉，因為他知道諸神要承受多大的損失，而芙麗格「整個人便如破碎的母親之心」！至於奧丁對巴德爾命運的擔憂、如何遴選復仇者、如何預知巴德爾的重生，則是隻字未提，雖然斯諾里應該很熟悉這些情節才對。洛基的受罰取代了瓦利的復仇行動，洛基被推上了前台，而霍德則成了配角。巴德爾和霍德間的敵對關係被擱置一旁，整個故事建立在善良的巴德爾和邪惡的洛基的對比上，洛基利用了瞎眼的霍德，有如使用無辜的工具一般，而基督教善良的天使和惡魔間的關係，正好相當於美好純真的巴德爾和邪惡的洛基這兩個道德角色之間的對比。文中的確有中古世紀惡魔信仰的影響，卻是斯諾里刻意為之的產物。他從神話傳統裡擷取了特定的角色，而就某個程度來看，基督教神話裡關於天使和惡魔的想像也揮之不去。「槲寄生」也是一把劍的名字，使得「槲寄生」這致人於死的凶器成為整個故事的中心。世間萬物除了槲寄生以外都立誓不傷害巴德爾，也對應於整個大自然（除洛基外）都為他同聲哭泣。在童話故

事裡，睡美人因為紡織機的紡錘而喪命，否則任何事物都傷不到她（K. H. M. Nr. 50）。而在萬物都發過誓後，諸神和巴德爾一起測試其效果的作法，也令人想起每天死亡只為隔日再起的英靈戰士。在冰島的民間傳奇裡，也有住在山洞裡的人，傳說他們擁有一種可起死回生的藥膏，不斷讓人殺死自己，然後又復活。再者，我們也看得到耶穌被羅馬士兵虐待的影子。

赫摩德騎著奧丁的神駒前往死國，這個情節並不是基於以前根深柢固的神話，而是以騎著斯雷普尼爾到冥界找尋沃爾娃女巫的奧丁為藍本。在斯諾里以前的詩人都提過赫摩德的冥界之旅，而且赫摩德和奧丁一直關係良好。他也是愛瑟神族裡驍勇善戰的神，和「勇者海爾吉」分庭抗禮（FAS I 372）。他和布拉基一起去迎接死去的國王英靈，他既是奧丁諸子中最勇猛的，也總是忠實完成諸神交代的任務。諸神之父奧丁據說正是因為其英勇事蹟，才致贈他頭盔和環甲（Hyndl. 2）。「勇於戰鬥者」赫摩德原本是奧丁的別稱，也是他的神性的擬人化。

在這之前，沒有任何一首詩歌提過**霍德瞎眼**的事。他的名字意為「戰士」，早就蘊含了戰神的概念。相較於同時代的作品，薩克索筆下的霍德（Hötherus）力量更為強大、技藝也更為傑出，特別是在賽跑時，身手既迅速又輕巧靈敏，就連雷神鎚也無法傷到他分毫。即便如此，斯諾里卻只是以含糊的寥寥數語形容霍德：「霍德不缺力量。」（Gg. 28）但是也因為沒有任何神敢直接向他報復，還必須遴選復仇者，霍德被描寫成不尋常、危險的敵人，而這個角色在斯諾里筆下竟是如此無助而且不能視！洛基插手巴德爾之死，也同樣不合常理：他站在霍德身後，在眾目睽睽之下，叫霍德往巴德爾身上拋擲，眾神應該馬上就知道凶手是洛基才對。霍德的瞎眼，被人們解釋成戰神和戰爭的勝敗一樣盲目。或者我們會認為那是採擷自朗基努斯的傳說：用長矛刺穿耶穌身體的羅馬百夫長朗基努斯，眼睛不可能全瞎，在耶穌受刑時才第一次睜開雙眼，發現眼前的男人真的是神子（或者是保羅因為見到大馬士革的異象而失明的故事。《使徒行傳》9:8, 9, 17, 18）。在斯諾里的時代，傳說有士兵把長矛交到瞎眼的朗基努斯手中，告訴他往哪裡刺，而據信斯諾里也採用了這個情節。繪畫藝術在這裡也必須負責任：在烏爾夫所描

寫的彩繪壁畫上，霍德為展現自己對洛基的依賴，閉起雙眼或用布蓋頭使他自己「瞎眼」，斯諾里則是把遮住眼睛的舉動改寫成真正的失明。關於這點，一直沒有令人滿意的詮釋。特隆耶的哈根（Hagen von Tronje）[60] 強壯卻眇目；拉脫維亞語的「盲」不只是指失明的人，也代表「使人們伸手不見五指的黑暗」。霍德的瞎眼和冥界的黑暗，在這裡形成了某種關聯。

雖然有線索指出，斯諾里知道奧丁和琳達生下瓦利以及瓦利復仇的情節，但是斯諾里的故事裡並沒有收錄這個部分，因為斯諾里把洛基描寫成凶手，而所有的重點都放在對他的懲罰。薩克索仔細描寫過奧丁追求琳達的情節，《埃達詩歌》裡大約寫成於西元 900-925 年間的一首詩歌，也提到這段故事（Hǫv 95-101）：

奧丁自己就說，那個陰晴不定的比隆（Billung）[61] 少女對他極壞。她的美麗有如太陽一般，他們相約私會，奧丁依約躲在蘆葦叢中，但那聖潔的比隆之女卻讓他枯等。漫長的等待令人疲倦，奧丁最終決定探看愛人究竟在哪裡。他的探哥並非徒勞無功，他發現她正在床上睡得酣香。公爵家族的權勢似乎沒有嚇退他，少女因他的靠近而醒來，很想把這不請自來的愛人趕走：如果他要和她談話，那就傍晚再來。奧丁飽受相思之苦，徘徊不去；到了傍晚，他要再度去找愛人，但是等候他的卻是特別的排場：戰士全副武裝，手持燃燒的蠟燭和火炬。不過即使少女悍然拒絕他，也無法趕走奧丁：破曉時分，奧丁再度歸來，發現大廳守衛盡皆睡著。不過在少女的床上，竟然躺著一個被五花大綁的老嫗，原來比隆之女早已被帶到安全處過夜。此時這個壞心眼的少女大剌剌地告訴奧丁，說他可以找動物發洩他的情欲。

這個美麗的比隆少女不是別人，就是琳達；在薩克索的作品裡，奧丁被這個情人整得更慘。

---

60 譯註。《尼伯龍之歌》中的主角，名字據傳是由海尼衍生而來。
61 譯註。比隆家族為西元九至十二世紀統治薩克森地區的公爵。

　　英雄渾身力量地來到世間，出生後立即開戰，也擊敗了對手，這樣的情節在神話、童話或民間故事當中一再出現：赫爾莫斯（Hermes）早晨出生，中午時就會撥弄豎琴，到了晚上還會趕牛；海格力斯（Herakles）在搖籃裡殺死了赫拉派來的毒蛇，阿波羅則是在出生後立即除去毒龍培冬（Python），為他母親報仇。索爾之子馬格尼才三天大就能拯救父親（SK. 1）；沃松在娘胎裡就會說話，剖腹出生後，還在母親嚥下最後一口氣前親吻她；「搗蛋鬼」提爾（Till Eulenspiegel）[62] 還裹著尿布就會惡作劇了。

　　根據日耳曼復仇誓言的習俗，瓦利蓄髮鬚，也不修剪指甲；當然，在完成緊急任務之前，他也絕不梳洗（Tacitus, Germania 31; Paulus Diaconus 317）。金髮哈拉德國王發誓在用弓箭、稅收和權勢拿下挪威之前，都不讓人修剪或梳理他的頭髮，否則他會死去。

　　薩克索的《巴德爾傳奇》的兩份主要參考文獻是出自冰島，他把兩個故事混雜在一起。比較古老而簡短的故事，提到巴德爾和霍德如何爭奪南娜的芳心、巴德爾如何被霍德殺死，而寶劍也在火葬和復仇場景裡扮演重要的角色。薩克索的第二個參考資料則是主題更豐富的十二世紀散文體冒險故事，和《史前傳說》（FAS）風格雷同，但是神話的價值不大：巴德爾和霍德都是人類王子，其中熟諳所有技藝的英雄會被一個智者國王撫養長大，他也會把美麗的女兒嫁給這個英雄。奧丁和女武神在此介入。一個森林食人魔看守著寶劍和戒指，但是正如侏儒安德瓦利被洛基欺騙、兩名侏儒為齊格拉米（Sigrlami）國王耍得團團轉，他也被巧計愚弄了。薩克索把這兩個南轅北轍的故事揉合在一起，創造出既怪誕又不符合日耳曼風格的想像（卻有荷馬的影子）：巴德爾是個神明，為了一個平凡女性，和凡人霍德爭風吃醋，而諸神也出手加入戰爭，到頭來，人類竟然把諸神打得落荒而逃。由於神性和人性的混合，再加上薩克索對於古老諸神的偏見、裝腔作勢的拉丁翻譯和曲解（兩三次遇見非女神或女妖，就像密敏古斯〔Mimingus〕被嚇到一樣）、恣意竄改的情節，我們在閱讀薩克索所謂的「歷史故事」和神話時，都應加

---

62 譯註。日耳曼家喻戶曉的民間傳說人物，其惡作劇也屢屢諷刺地反映了人性邪惡面。

倍小心。在關於薩克索的研究裡，巴德爾和霍德的故事算是最傷腦筋的難題之一，而我們只能暫時假設薩克索引用的第一份文獻和《埃達詩歌》有幾分雷同，更何況薩克索也有引用同時期和諸神故事無關的丹麥故事：巴德爾是個國王，他命人民掘井取水，這個傳說也體現在一處名為「巴德爾之泉」的地方和他的墳丘。有個葺爾小國叫作霍伊亞（Hoyer），國王霍德和統治山區國家的巴德爾打起仗來，後者死後也葬在山丘上。霍德大敗巴德爾且殺死了他，把他的遺體運到山上。在這個小國國王的傳奇裡，也有個叫作「波烏斯」（Bous）的傢伙為巴德爾復仇：

　　瑞典王子霍德（Hötherus）除了身手矯健之外，歌唱彈琴也是無人能出其右。挪威國王嘉法魯斯（Gevarus）的女兒南娜因此愛上了他。但奧丁之子巴德爾（Balderus）窺見南娜沐浴，頓時心中充滿無盡的愛意，決心要用劍把霍德趕到一邊涼快去，贏得美人歸。這時霍德在打獵的回途中因濃霧而迷路，不小心走到森林女妖的家（女武神或天鵝少女）。她送他刀槍不入的衣服，並且警告他，敵手是半人半神的巴德爾，他是天界的神祕種子，她又建議霍德不要用武器攻擊對方。接著屋子就突然消失了，徒留霍德站在空曠的天空下。打獵回來後，霍德便向嘉法魯斯請求把女兒的手交給他，國王因為畏懼巴德爾而沒有答應，畢竟巴德爾擁有神聖的身體，連鐵都無法使他軟化（萬物都發誓答應芙麗格，絕不傷害巴德爾）。國王要霍德去找食人魔密敏古斯，奪取一把可以致巴德爾於死地的劍，那個妖怪也有一只能使財寶倍增的戒指（德羅普尼爾）。霍德乘著鹿橇，穿越滿覆冰雪的山谷，來到人煙罕至的密敏古斯的住處。他依照國王嘉法魯斯的指示，在山陰處搭帳篷，好讓密敏古斯所住的山丘的影子遮住帳篷，但是食人魔的屋子的影子又不會遮住帳篷。這個不尋常的陰影使得食人魔心生疑慮，反而決定不出門。霍德不眠不休地窺伺多日，才看到密敏古斯的影子遮住帳篷。霍德用長矛射中密敏古斯，趁他來不及逃跑之前把他五花大綁。霍德威脅要殺死他，逼他交出寶劍和劍扣。這些東西原本是薩克森國王蓋德魯斯（Gelderus）在戰爭時要從他身上搶走的，最後卻落入霍德手中。

這時候，巴德爾也拿著武器來到嘉法魯斯的國家，要求娶南娜為妻。嘉法魯斯要他自己去問南娜，她卻不答應他的求婚：血肉之軀的人類不該和神結為連理，兩者的本性天差地遠。巴德爾惱羞成怒，決定和霍德在海邊決鬥。

這簡直是一場人神大戰：奧丁、索爾和諸神的軍隊都跑來替巴德爾助陣，而這也是一場諸神和人類力量混雜的戰爭。霍德身穿刀槍不入的戰袍，衝進諸神嚴密的楔形陣，以凡人的力量對抗眾神。索爾用雷神鎚摧毀了擋在面前的所有盾牌，敵人挑釁他發動攻擊，他的戰友也為他掩護。沒有人能在他的雷神鎚下活著逃走，他總是一鎚就要了他們的命。從來沒有任何盾牌和盔甲能攖其鋒，力氣再大、身型再壯碩都擋不住他狂風暴雨的攻擊。若不是霍德趁著他的士兵前仆後繼之時砍掉雷神鎚的把手而使雷神拿捏不住，天神的軍隊應該會大獲全勝吧。諸神發現武器被對方奪走，便倉皇而逃。

巴德爾也跟著逃之夭夭。直至今天，仍然有一座港口以巴德爾為名，紀念他的逃亡：即今挪威希特拉島上的巴斯涅斯（Balsnes auf Hitteren）。巴德爾的盟友薩克森國王蓋德魯斯也在這場戰役中身亡，霍德則把他和其他船員的遺體安放在由船隻殘骸堆成的柴薪上，莊嚴地火化了他們；以盛大的葬禮尊敬地送國王一程。就這樣，他回去找嘉法魯斯，娶了南娜為妻（巴德爾的火葬情節轉移到蓋德魯斯）。

薩克索把故事的場景從挪威搬到丹麥、西蘭島和日德蘭半島。霍德雖被自己的人民尊為王，卻也感受到命運的捉弄。他剛剛戰勝巴德爾，就在下一場戰役中被他打敗，從西蘭島逃到嘉法魯斯那裡。而巴德爾為了替士兵解渴，便掘地得到一處新的泉水。口渴的士兵張嘴喝下湧出的甘泉，那處山泉至今仍然沒有乾涸，雖然水量不如從前（羅斯基勒東方的巴德爾斯布隆），其遺跡也因其名而永恆保存。巴德爾在夜裡一直作惡夢，形似南娜的幼蟲令他痛苦（《巴德爾之夢》），他愈來愈虛弱，甚至站不穩。正因為如此，他養成以兩匹馬拉的車子代步的習慣。那佔據他心中的愛也折磨著他，讓他氣力全失。

霍德藏身在日德蘭半島，而且替躲藏的山崖取了名字叫作霍伊亞。他四處遊蕩，在洞穴裡遇見三個有智慧的女人。她們建議他去尋找巴德爾強大力

量（以及刀槍不入的能力）的來源，然而那不是一把隱藏在某處的劍，根據冰島「能言善道的埃里克」的傳奇（Saxo 126），巴德爾的力量來自某種有法力的食物：他必須找到使巴德爾力大無窮的魔酒，獲得它的法力，身體的力量也會提升。

決戰前兩天的夜晚，霍德離開藏身處，前往刺探敵人的位置。他看到三位仙女（丹麥的女精靈或日耳曼的「露珠仙女」〔Taustreicherin〕）在破曉前替巴德爾帶來神祕的食物，接著又翩然離去。露水痕跡洩漏了她們的行蹤，而霍德便在她們的住處找到她們。他假扮成樂手，甚至用她們的豎琴彈奏出美妙的音樂。三個仙女養了三條蛇，每天用毒液烹煮使巴德爾增強力量的食物。其中兩個仙女無法拒絕霍德的請求，不顧最年長仙女的警告（她看出那樂手其實是巴德爾的敵人），讓霍德也嚐一嚐神奇的食物。

霍德沿著原路回去，和巴德爾狹路相逢，用劍刺穿他的脅下，巴德爾倒在地上，元氣大傷。這件事傳到士兵耳裡，霍德的陣營中響起一陣勝利的歡呼，而丹麥卻為失去巴德爾而感到哀傷。巴德爾感受到那不可扭轉的命運正朝他靠近，他在傷重中站了起來，第二天繼續戰鬥；他不想丟人現眼地死在營帳裡，在對方的叫戰聲中，他坐在轎子裡上場應戰。接著，他在夜裡夢到普羅斯庇娜（Proserpina）[63]（就是赫拉），她對巴德爾說，他沒幾天就會在她的懷裡安息（《巴德爾之夢》）。這夢中的預言真的應驗，三天後，巴德爾傷重身亡。他的軍隊用國王的儀式替他舉行葬禮，把他埋在堆高的墳丘中。

關於這座墳墓的傳聞，直到薩克索的時代都一直存在，甚至有人想要盜墓，看看是否能找到什麼寶藏。

巴德爾的葬禮過後，奧丁詢問先知如何替他的兒子復仇。芬蘭人洛斯提斐斯（Rostiophus, Hrossthjof）答道，奧丁和俄羅斯國王的女兒琳達（Rinda）所生的兒子註定要為他的兄長巴德爾報仇。於是奧丁壓低帽子把臉遮住，不讓人認出來，加入琳達父親的軍隊而屢建戰功。不過，當他請求琳達賜給他一個吻時，琳達卻賞了他一個耳光。次年，奧丁又喬裝成名叫羅斯塔魯斯

---

63 譯註。希臘羅馬神話中的冥界女神。

（Rosterus, Hropt）的金匠，不過琳達還是打了他幾個巴掌。第三次，奧丁變身成身經百戰的戰士，但即使如此，狠心的少女仍然不假辭色：她賞給奧丁的耳光甚至使他跟蹌跪倒在地。於是奧丁用刻著咒語的樹皮碰她，使她心智失常（Sk. I 12）。

第四次，奧丁男扮女裝，自稱是通曉醫藥的薇佳（Wecha, Vetka）（「女巫」之意）來到宮廷，服侍病弱的公主。她說公主必須喝下魔法果汁才能得救。但是果汁味道嗆鼻，必須找人綁住公主的手腳，否則她會受不了劇烈的療法。奧丁趁著公主動彈不得，遂了他的願望。琳達生下一子，名為波烏斯（Bous）（Vǫl. 33, 34）。奧丁得知波烏斯勇敢又好戰，就把他接來，要他替巴德爾復仇。於是波烏斯率領俄羅斯軍隊出征，不僅大敗霍德，還殺了他。波烏斯雖然打了勝仗，卻也身受重傷，要以盾牌支撐身體，才能讓士兵扛著回家。隔日，他也重傷身亡。

以下的冰島傳奇也提到巴德爾和霍德，也是以童話和冒險故事的形式呈現（FAS II 363 ff.）：

冰島傳奇裡有一對兄弟，名叫比德爾（Bildr，也就是巴德爾）和瓦利。比德爾在早先的一場戰役裡被洛蒙德（Hrommund）的士兵殺死，他們擁有一把名為「銀槲劍」（Mistiltein）的劍。瓦利要替兄長報仇雪恨，他首先施展魔法，令洛蒙德丟失寶劍：寶劍沉入冰冷的維那湖底（Wänersee）。就這樣，這把致命的劍回到地底冥界，而洛德蒙則靠著他的冒險精神把劍救回來。「銀槲劍」原本是瓦蘭（Walland，「死國」）國王索雷恩（Thrain）施法搶來的寶貝，他年歲已高，知道自己命不久矣時，便令人把自己活埋到墳丘裡，以寶藏和這把寶劍陪葬，這把劍曾經助他在決戰（Holmgang）中戰勝一百二十四人而毫髮未傷。從第三者那裡（正如霍德透過嘉法魯斯得知）聽到這個消息之後，洛蒙德闖入墓中，戰勝了幽靈，並把國王的頭砍下，從墓中奪走寶劍和國王項鍊上的戒指，正如霍德奪走食人魔的寶劍和劍扣。

　　薩克索筆下的英雄是霍德而非巴德爾，而劇情的動力則是為了爭奪南娜。巴德爾並不是被霍德的槲寄生射中而死在諸神眼前，而是死在有法力的寶劍底下。就連海姆達爾也是被洛基所殺，他死於自己的寶劍底下；在末日大戰中，弗雷手無寸鐵地和蘇爾特對陣，他早在追求格爾德（Gerd）時，就把自己的武器獻給她了；霍格尼（Högni）也因那把致命的劍聞名天下，寶劍一擊必中，對手也會成為劍下亡魂。寶劍是光明的象徵，如果落入黑暗力量的手裡，光明之神的力量便會消退熄滅。雖然薩克索沒有提到這把武器的名稱，不過它只可能是「銀槲劍」，而不可能是黑暗之劍或霧之劍。正如洛蒙德從墳丘裡搶走銀槲劍，這把劍也被藏在密敏古斯的山洞裡，被陰暗如冬天的力量控制，薩克索可能把密敏古斯的藏匿處想像成芬馬克或挪威北部。霍德和洛蒙德都憑著這把劍而獲得金戒指（德羅普尼爾），它代表著太陽，也令人聯想起芙麗格的項鍊。從這一連串關於寶劍的神話故事裡，我們也能推測，因為巴德爾的武器落入敵手而使他死於自己的武器底下。或許在挪威，巴德爾的劍就是以「槲寄生」為名，這種植物不僅代表著傲立冰霜的生命力，也意味著光明之劍落入黑暗力量之手的命運。

　　相較於死在諸神眼前，霍德最後手刃情敵的方式和場景，似乎更加合情入理。他們在夜裡狹路相逢，霍德用劍刺穿他的脅下。斯諾里筆下的南娜是忠誠和堅忍的愛的神性象徵，不過她的「被動而不作為」在古代神話風格裡是很罕見的。她的名字意思是「勇者」，也說明了以勝利之姿現身的光的本性，正如日耳曼女神「如巨人一般的女戰士」或「出征者」欣德根特（Sinthgunt）[64]。

　　巴德爾神話在北歐流傳甚廣，在丹麥、挪威、冰島等地卻有各自不同的版本。日德蘭半島、斯堪尼（Schonen）、瑞典南方、特隆海姆、法羅群島和冰島都看得到「巴德爾之眉」（Baldrsbrá, Anthemis cotula）這種小花，它黃色的花蕊和周圍的尖細花瓣組合在一起，形似天空的眼睛：太陽。瑞典人

---

64 譯註。日耳曼神話中的女神，曾於西元九至十世紀古高地德語作品《梅澤堡咒語》
　　（Merserburger Zauberspruch）中登場。

叫它「白眼睛」，英國人則稱為「daisy」（白晝的眼睛），證明我們不可以把菊花理解為「國王的衣領」。「brá」一詞原本並沒有「衣領」的意思，而「baldr」也只是詩裡才會出現的語詞，並不是一般指稱「國王」的說法，最後，我們也不知道英國國王當時是否穿著白色環狀摺疊領。若據此推論關於巴德爾的通俗文化影響了全世界，還是有些言之過早。

信仰巴德爾的地方，包括西蘭島的巴德爾斯布隆（Baldersbrönd）、巴德爾斯霍許（Baldrshöj）（皆見於薩克索）、巴德爾斯羅夫（Balderslöf），現在北什列維格的博德斯雷本（Boldersleben）；巴爾德斯涅（Baldersnes），現今特隆海姆峽灣的巴斯涅斯（Balsnes，亦見於薩克索）、挪威的巴德爾斯霍爾（Baldersholl）和巴斯堡（Basberg）。松恩峽灣地區（Sognefjord）[65] 的雷亢格（Lekanger）教區，也有諸如巴德爾格羅夫（Baldersgrov）、巴德爾佛爾德（Baldersvold）和巴德爾哈基（Baldershagi，「hagi」意為草地）等觀光勝地。

雖然不是很確定，我們仍然可從文獻裡知道，在以前的國王貝禮（Beli）行宮附近的巴德爾哈基，舉行過巴德爾祭典。

巴德爾哈基有一處聖地，那是一座四周都是高牆的巨大祭壇。神殿裡雖然也供奉數個神明，但最受敬拜的仍是巴德爾。在該聖地裡不准傷害人畜，男人和女人也不准在此約會。即使如此，弗里斯約夫（Fridthjof）仍多次和因碧悠（Ingibjörg）私會，他對她的愛意多過對巴德爾的畏懼。在某次慶典裡，女王在巴德爾神像前升起聖火，弗里斯約夫走近，卻注意到女王手上戴著他送給因碧悠的戒指。他一把抓住女王的手用力一搶，不慎把巴德爾和另一座神像推到火堆裡。兩座傳了油的神像被大火吞噬，火燄衝上屋頂，整座祭壇陷入火海。巴德爾哈基國王後來又重建這塊聖地（FAS II 83 ff.）。

---

65 譯註。松恩峽灣位於挪威中部，向內陸延伸兩百四十公里，為挪威第一長、世界第二長的峽灣。

洛基

　　洛基是北歐神話裡相當耐人尋味的角色，雖然不是最討喜的。他在神界裡處處和神作對、興風作浪，其子孫後代又都是巨人；他一下提供建議協助，一下扮演小丑讓眾神開心，卻也是他們最可敬而凶狠的敵人，他甚至引起了吞噬世界的大火。他既是神話裡的唐璜（Don Juan）[66]，也是亞果（Jago）[67]，外表雖俊美和善，內心卻邪惡多變而無法捉摸（Gg.33）：他只要一出場，必定詭計多端。他的雙重性格可能是因為他是諸神和巨人的後代，但這個善惡混合的設計是否和他的形成年代有關，則是個有其正當根據的問題。

　　除了火魔蘇爾特以外，斯堪地那維亞也有火神和火祠。

　　洛吉（Logi）代表了能吞噬一切的火焰，其名字也和「火」（Lohe）有關：

　　洛基在外域洛基面前自吹自擂說，說起吃東西，沒有人比他更快，在城堡裡工作的巨人洛吉，卻主動請纓說要來一場大胃王比賽。盛滿肉的巨大長條盆被抬了進來，雙方各自從長條盆的兩端開始吃。他們都使出全力，正好在長條盆的正中央相遇：洛基把肉都啃光了，剩下骨頭，但是洛吉卻是連肉帶骨，甚至盆子也一起狼吞下肚，洛基只好甘拜下風。事後洛基才知道，原來對手洛吉其實是野火或飛火，難怪他無法獲勝（Gg. 46）。

　　這篇短短的趣事幾乎完全取材於童話故事，而敘事者如何利用寓言的人物和情節，也同樣值得注意。不過這場激戰的基調在於雙方的個性和名字的相似性。火既是如巨人一般原始而難以馴服的自然力量，另一方面來說，它又是如神一般造福人類的力量。另一段傳奇不僅把洛基描繪為大自然的毀滅

---

66 譯註。西班牙情聖代表人物，為人英俊瀟灑、風流多情，曾周旋於眾多貴族婦女之間。
67 譯註。莎士比亞《奧賽羅》（Othello）劇中的主要反派角色，以誠實的表象編織謊言、操縱他人。

力量的化身，也體現了和火的使用有關的文化：

佛恩尤特（Fornjotr）的兒子叫作哈洛吉（Halogi），意思是「高大的洛吉」，因為他也是巨人族的。他的妻子葛蘿德（Glod）生了兩個女兒，艾莎（Eisa）和艾蜜莉雅（Eimyria），她們替他誘拐了兩個公爵到荒島上，此後，這個島嶼便適宜人居（FAS II 383）。

從字面上來看，洛吉和葛蘿德代表著火和熱，艾莎和艾蜜莉雅則是灰燼和炭灰：她們誘拐公爵到荒島，也象徵著把分類有序的事物和家中爐火傳到島上來。就字源學而言，挪威的「黑格蘭島」這個名字可能就是由「洛吉」衍生而來，而火不但可以維持生計，更是人類文化的協助者和創立者，這也是這篇傳奇的意義。

洛德是友善而溫熱的火神，不過他只在和奧丁、霍尼爾攜手創造人類時出現過，除此之外，北歐神話對他著墨甚少。「洛德」這個名字和印度代表暑熱的惡魔相同，於是這個邪惡而炎熱的惡魔，到了北歐竟搖身一變，成了夏天溫暖氣候的和善的神，他讓人類煥然一新、充滿活力。正因為如此，他也把自己的天賦賜予最初的人類：溫暖、表情姿勢以及繽紛的色彩。但是那能賜予人們活力的溫暖，卻在荒涼北歐的冰天雪地裡逐漸失色，最後被熊熊燃燒的火焰取代。洛德消失了，取而代之的是火神洛基。他和奧丁正式立約，成為三聯神之一（Lok. 9）。奧丁、霍尼爾和洛基一起在冒險過程中遇到法夫尼爾和烈金（Regina）的兄弟歐特（Otr）以及巨人夏基。法羅群島的農夫在和巨人的比賽裡輸掉自己的兒子時，就曾經向這三聯神求助。

「洛基」也有如「終結者」的意思，不過太抽象普遍了，和他原本的角色似乎有些落差。至於說洛基是路西法（Lucifer）[68]的別名，因而衍生出「終結者」的意義，這個說法的真實性微乎其微。我們既不知道在盎格魯撒克遜

---

68 譯註。一般為被逐出天堂前的魔鬼或撒旦的稱呼，現代流行文化中多用來指稱魔鬼的首領。

地區的民間文化裡，對於路西法的看法，再說，源自基督教神學系統的神應該不可能如此深入民間信仰，而留下語言遺產，讓數世紀以後的人們都能琅琅上口，如下所述，冰島語的「loki」有烈焰和火的意思，和其同義詞「logi」的字源相當接近。火神洛基便是從「loki」這個語詞脫胎而生，事實上，在洛基的角色設定裡，所有情節都能從火的特性去理解，就連他的雙重性格也是如此：對人類而言，火是既有用也很危險的元素，洛基亦復如此，他忽而是個和善的神，忽而是壞心眼的惡魔。

> 當人類馴化且看守著火……
> 火的力量會造福人群；
> 但若它掙脫了鎖鍊，
> 其神力又相當駭人。

　　洛基的雙親名為法布提（Farbauti，危險攻擊者，亦即閃電）和諾爾（Nol）或勞菲（Laufcy，針葉或樹葉的意思）。當閃電擊中乾燥的針葉或樹葉時，便會起火燃燒，這樹葉或針葉也就成了洛基的母親。而那危險的攻擊者，則是閃電之神本身。這也就是為什麼索爾和洛基總是焦不離孟，就像閃電和雷鳴總是同時出現一般。「洛基和索爾（閃電和打雷）走在前頭，暴風雨接踵而至。」冰島人如是形容突然的暴風雨。忠誠陪伴著被五花大綁的惡人洛基的妻子希格恩，如果不是詩人為了對應於南娜的忠實而杜撰的角色，就是要表現風雨欲來的積雨雲（挪威語的「siga」有「滲漏」的意思）。在雷電和狂風暴雨的共同作用下，涼爽清新的風也隨之而生，而洛基和希格恩的兒子就叫作「清涼的風」納里（Nari）和「刺骨的寒冷」瓦利。洛基的兄弟則叫作布列斯特（Byleipt，挪威語「bynja」有打雷或吵雜之意）和赫布林狄（Helblindi，意為「如冥界一般黑暗」）。而洛基別名洛普特（Lopt），意指「在空中滑稽飛舞的火花」，也進一步證實了他是火、熾熱和閃電之神的想像。吟遊詩人總是讓洛基和奧丁成雙成對，因此奧丁也被稱為「洛普特之友」。洛基擁有一雙能行走於空中和水上的鞋，這也是雲的象徵。

　　無論古今的語言，都有許多諺語或譬喻可以證明洛基的確屬於火。冰島至今仍然把有火光和硫磺味的鬼火叫作「洛基的煙霧」，把天狼星稱為「洛基之火」，而用來點火的木屑則是「洛基之屑」。在泰勒馬克，當燃燒的木塊劈啪作響，人們會說是「洛基在處罰孩子」。冰島俗話說：「萬物都為了把巴德爾救出冥界而落淚，除了燒炭之外。」因為洛基拒絕為巴德爾之死落淚，所以可以說「燒炭」意指火神洛基。若草地上忽起燎原之火，冰島人會說：「洛基正飛過原野。」斯莫蘭（Småland）的孩子換了牙，會把掉下的牙齒丟到火裡，一邊高呼：「洛克（Locke）！洛克！讓我長新的虎牙吧，現在你有金牙了。」或是「為了這顆金牙，給我新的虎牙吧！洛克！洛克和瀾（Ran）！」「瀾」這個別稱有「吹牛皮者」之意，也很符合這個自吹自擂的嘲弄者。在許多用語當中，我們很難說洛克、洛克耶（Lockje）、火神洛基或其他名字都源起於「火焰」（Lohe）。而以下的俗語如「洛基今日要播種燕麥」、「今天洛基要放羊」（日德蘭半島），描繪濕熱夏天的蒸騰熱氣籠罩大地，又地表上如滾水或火焰產生的蒸氣或煙，則間接影射洛基的基本性質就是火。「雞冠花」和「高山鐘花草」[69]在冰島當地也叫作「洛基的獵物」和「洛基獵物的手足」。丹麥人說「洛基喝水」，意思是「太陽蒸發了水」。中了圈套或落入陷阱時，人們會說：「為了修補他的褲子，洛基嚐到苦頭了。」「在洛基的鐵耙下行走」意思是換毛期的禽鳥失去了羽毛。洛基搖身一變，成了騙子和壞蛋，這個形象老嫗能解。「聽信洛基的故事」代表相信謊言，而「洛基的謊言」就是在形容謊言。

　　在古日耳曼文化裡的所有技藝當中，**打鐵**是第一位。但是如果沒有火，這個技藝也不可能存在，而洛基原本也是個鐵匠（Sk. 33）：

　　洛基出於惡作劇，剪去了希芙的一頭長髮。若不是洛基發誓在黑精靈的幫助之下，還給希芙黃金製成的頭髮，索爾簡直要把他碎屍萬段。這批精靈不僅打造了頭髮、建好名為「斯基德普拉德尼」的船，也打造了奧丁的長矛

---

69 譯註。因其花上有細小微毛，又稱絲絨鐘花草，為多年生草本植物，原產於歐洲。

「古恩尼爾」（Gungnir）。洛基和一對侏儒兄弟打賭說，他們絕不可能造出三件成就如此高的藝術品。其中一個侏儒把一塊豬皮放在灶上，另一個侏儒則不斷鼓風。洛基變身成蒼蠅，想要擾亂他們的工作卻徒勞無功：弗雷的金鬃公豬在灶上完美無缺地誕生。接著侏儒再丟金塊到火裡，洛基不時飛去打斷操控風箱的侏儒：金戒指「德羅普尼爾」也分毫未損地完成。第三次侏儒兄弟又開始專心打造寶物，而洛基也鍥而不捨地擾亂鼓風手，在他的雙眼間飛來飛去，使得侏儒放開風箱驅趕蒼蠅，但如此一來，風箱便停了下來：索爾的雷神鎚雖然完成，把手卻短了一截。諸神裁決這場洛基和侏儒間的打賭，結果是侏儒獲勝。洛基應該交出項上人頭，但是因為對手還沒有想到，他就趁機穿上鞋子逃之夭夭。索爾又把他抓回來，兩個侏儒就把洛基的唇縫死，不過洛基最後仍扯開了縫線。

許多童話情節交織在斯諾里的故事裡。洛基變成蒼蠅騷擾侏儒，在童話裡，大黃蜂也戳了狐狸的尾巴，不讓牠插手洞穴裡的鳥獸人戰，還讓走獸們四散竄逃而獲得勝利[70]（K. H. M. Nr. 102）。不過洛基在侏儒打造寶物的過程中，甚至做出只有他們的主人才能達成的事：他是打鐵技藝裡所需的火的化身，而這也是這篇故事的神話重點。他和侏儒共同裝潢夢格蘿（Menglöd）的城堡（Fjǫlsv. 34），也發明了魚網，眾神日後就是用這張網子捉住他。

洛基在受縛前也展現過火神的能力（Lok. 64, 65）。他在艾吉爾的宴會上取笑眾神、譏諷女神之後，終於在索爾面前氣弱。不過在退席之前，他還是忍不住脫口而出：「艾吉爾，你再也沒機會準備酒宴的啤酒了。你這裡展現的所有東西啊，都會在火燄裡熊熊燃燒，最後火舌也會炙烤你的背！」

火神洛基也會變成水裡的**鮭魚**，這點很耐人尋味。他曾經變身為海豹，更有「鯨魚密友」的稱號，在在指出了洛基的魚形以及他在水裡待過一陣子。

---

70 譯註。出自童話《山雀與熊》（Der Zaunkönig und der Bär），內容講述熊侮辱了鳥王山雀之子，因此鳥王集結會飛的鳥類和昆蟲等大軍對抗熊、公牛等獸類，其中狐狸是獸方軍隊的統領，陸地上行走的動物都看牠的尾巴行事。在大黃蜂刺了狐狸的尾巴之後，牠受不了刺激，便把尾巴放下，動物獸類自然也就各自散逃。

但是水阻止不了火神洛基，正如海神艾吉爾很少踏出他的領域，火光和火花
（在海面上的極光、發光的海洋的倒影）也是洛基的屬下。洛基會變身為蒼
蠅、母馬、老鷹、跳蚤、女巨人或巨蛇，自然也能套上鮭魚銀色的鱗衣，藏
身於冰島充滿鮭魚的湖裡，對於盛產比目魚的法羅群島人來說，鮭魚在神話
裡還是扮演一定的角色。有一篇解釋為什麼鮭魚尾端如此細長的童話，也因
而和北歐諸神神話產生了連結。

　　奧丁斥責洛基在地底下待了八個冬季，變身為農家女，擠牛奶又生小孩
（Lok. 23）。如果這些指控都有自然象徵的含意，那麼洛基應該也是令植物
生長茂盛的植被之神，他以女性的形象躲在地底下八個冬天，當冬天結束，
他又和在地底生的小孩一起回到地面。讓洛基在地底下擠奶的母牛，則被解
釋成溫泉，即使是冬天，洛基也讓其流瀉不已，因此洛基就像是地底的植物
培養者，也是火山的火源。冰島民間傳說提到一個男人變成公牛或母牛，他
在極其恐怖的尖叫聲中生出一頭小牛；人們聽到他的哀鳴，就像在地底下、
在人群的腳底下被刑求審問一般。

　　洛基被縛的神話故事，其神話主題仍不脫地熱和火山熔漿的人格化：「洛
基被捆綁起來，丟到溫泉和岩漿源頭的樹林底下。」（Vǫl. 35），換句話說，
在冰島的溫泉底下。冰島人自然而然地把火山視為恐怖危險的元素，並把這
些特質轉移到他們至今信仰的火神洛基身上。火神在掙脫其鎖鏈時，地表不
時感受其力道，於是火神受縛的畫面便隨著不容小覷的火山活動及其無傷大
雅的地震而生。照理說，受縛算是懲罰，受罰者想必是犯了什麼滔天大罪，
而能把他囚禁起來的人，肯定也比他強壯。在巴德爾的傳奇裡，洛基不肯為
巴德爾之死而哭泣，他挺直叛逆的胸膛，對芙麗嘉說：「妳再也看不到巴德
爾騎馬入宮，那是我一手造成的。」（Lok. 28）這原本是他受罰的理由，不
過絕非暗示洛基便是害死巴德爾的凶手。一直到西元 1000 年的詩作裡，洛
基才被描寫為謀畫巴德爾之死的始作俑者。

　　洛基化身成女巨人索克，拒絕以眼淚幫助巴德爾從冥界歸來，諸神得知
此事，洛基因而自憤怒的諸神面前倉皇逃離艾吉爾的宴席。他化身成鮭魚藏

在瀑布底下，卻被諸神用他親手所做的網子捕起。索爾緊緊抓住他，洛基試著從縫隙裡溜走，尾巴卻被卡住。這也是鮭魚的尾端總是細長的原因。眾神把捉到的犯人關進洞穴裡，他們在高處安置了三塊大石頭，在上面鑿了大洞，又抓住洛基的兒子，將其中一子變成狼，咬死了他的兄弟。眾神於是拿他死去兒子的腸子做成繩索，把洛基綁在三顆岩石的尖角上。絲卡蒂（Skadi）將毒蛇捆在洛基的眼睛上，毒液一點一點滴到他的臉上。洛基的妻子希格恩坐在他身邊，用碗承接滴下來的毒液。但只要碗一滿，她就得暫時離開把毒液倒掉，這時洛基的臉就會被毒液灼傷，他掙扎拉扯，力道如此之大，整個大地都為之顫動：也就是今日我們所稱的地震（Lok 65; Gg. 50）。

洛基的兒子被神變成狼，咬死自己的兄弟後，取其腸來捆綁洛基，這件事相當殘忍恐怖，令人髮顫，同時也和古日耳曼的父債子償（無論是用身體或生命）的道德觀相悖。這裡顯然有些誤解。被原有世界放逐禁錮的洛基，應當在曠野過著如狼一般飄泊的生活而不得停歇，不過，晚期以殘忍刑罰為樂的人們，不再理解為什麼要把嫌犯叫作「狼」，卻產生了這樣奇特的刑罰想像。無害的繩索變成堅韌又扯不斷的鎖鍊，就像芬里惡狼使盡全力也扯不斷的那條，同理，看似弱小的槲寄生竟然成了危險的箭，甚至要了巴德爾的命。

洛基被逐出愛瑟樂園，來到了外域，像犯人一般被縛在荒郊野外，最後他掙脫鎖鍊，吞噬一切生命。後來，被逐出原生世界的洛基便名為「外域洛基」、「外域洛庫斯」（Ugarthilocus）或冥王（Saxo 312, 293）。索齊爾被格姆國王派到地底，要在人煙罕至的巨人住處獲取神諭，他也在那裡遇到外域洛庫斯：他的雙手雙腳都被怪異而沉重的鎖鍊捆住，長髮又臭又硬，銳利可比長矛。故事裡沒有提到巴德爾或希格恩，更別說是絲卡蒂的毒蛇了。那些纏繞著來訪者、噴毒汁攻擊他們的蛇，其實是地底常見的怪物。薩克索更簡潔的故事證實了，舊有的文獻只提到可怕的惡魔，而洛基介入巴德爾神話，其實只是晚期神話的穿鑿附會，把他和巴德爾之死扯上關係，指示霍德投射不幸之箭，也因此被捆綁起來。

　　盎格魯撒克遜的哥斯伏十字架上，洛基位於被囚禁的芬里惡狼正下方，手腳被綁縛在石頭上。洛基頭上有隻蛇正在吐毒液，而一名女子（罪犯忠心的妻子希格恩）坐在他身邊，端一只碗在蛇頭下面接住滴下來的毒液。看起來就像是提爾為報復惡狼而以長槍或長棍戳刺一般，以另一隻手把洛基推至無底深谷。

　　毋庸置疑，洛基原本是火神或火怪，他最後的形象也完全來自冰島。

　　詩歌愈是專注發展洛基的神性，他的形象就愈是偏離原本神話和自然現象的基礎。洛基只不過是如火一般的毀滅元素，至於他的人格化也只是約略提一下，相較之下，蘇爾特早就是最終要吞食世界的惡魔了。但是洛基有其道德上的意義，他幾乎是邪惡的化身，而他對諸神命運的影響也無法單從神話角度來判斷。

　　在法羅群島的民謠詩歌中，洛基是仁慈而對人類很友善的神，雖然他也恰如其分地展現他的狡詐。他和奧丁（風和火）或索爾（電和雷）的關係，也透過他所代表的元素而昭然若揭，不過在詩歌裡，這一切都隱而未顯。他不是溫暖春風的化身，陪同索爾去找索列姆時，扮演著聰明、狡猾而一肚子詭計的智多星。雖然洛基在旅程中鞠躬盡瘁，索爾仍然不信任他，把他叫作騙子，我們由此看到洛基漸漸過渡到邪惡的形象。他不只安排索爾到蓋洛德的住處，在他為自保而棄伊頓於不顧，卻還是把她接回來，因而造成了夏基之死。在巨人建築工匠的傳奇裡，也是由道德的角度來描繪洛基。諸神趁著索爾不在想要耍詭計；除了愛上母馬之外，沒有其他方法能轉移公馬的專注工作。洛基想得出這個方法，可說是一絕，而這粗鄙的笑話如何讓北歐人也發出如馬鳴般的笑聲，幾乎躍然紙上。正如詩人路德維希‧雅寇保斯基（Ludwig Jacobowski）在小說裡強調的，洛基造成的禍害在希芙的頭髮一事上尤為突出，他也會基於自保而把芙蕾葉和伊頓獻給巨人。他承諾把無力抵抗的索爾交給蓋洛德，索爾的公羊摔倒而跛了腳，那也是洛基所造成。在他設計害死巴德爾，使諸神岌岌可危之前，洛基總是幸災樂禍、充滿惡意、詭計多端，想出一個又一個惡作劇，把諸神耍得團團轉，在末日大戰前，削弱他們的力量，再把無力抵抗的神推上戰場。

扮演滑稽角色的洛基自己就是個小丑。在諸神為了絲卡蒂被害的父親而要補償她時，他用低俗的笑話讓大家發噱，甚至使絲卡蒂願意和解。在外域洛基的故事中，洛基也是個喜劇演員。他是愛瑟樂園的弄臣，用笑鬧和插科打諢取悅國王奧丁，想盡辦法教唆人做壞事。看到他困窘得又哭又叫，大家就拍手叫好。年代最晚近的洛基傳奇如是形容他：奧丁總是告訴洛基他計畫要攻打誰、要完成什麼任務。洛基也會把聽來的一切轉告奧丁。他聽到芙蕾葉願意以身相許，換取侏儒打造的項鍊，就跑去告知奧丁。奧丁聽了就要他去偷那條項鍊。他說那是不可能的事，不過奧丁不聽他的話：如果洛基沒有把項鍊偷來，就再也不用出現在奧丁面前。眾神等著看好戲，洛基只好唉聲嘆氣地照做。《洛基競賽》（Lokis Wettstreit）詩歌便是奠基在洛基的滑稽可笑、機智聰明，以及他在實質和倫理上的敗壞。而詩人對洛基性格的描述更是入木三分，把他轉化為當時的靈魂人物，那是個既沒有信仰、喜愛嘲諷，也不承認任何神聖事物的時代。

泛日耳曼神話裡的光明和黑暗的對立，轉移到洛基這個惡神以及光明的諸神的敵對，洛基的形象也搖身一變，成為黑暗之神。他盜走芙蕾葉的項鍊。在西元九世紀下半葉，洛基便被稱為「女神項鍊之賊」（Hlg. 9），西元 975年，烏吉之子烏爾夫如是吟唱這個神話（Hdr. 2; Sk. 8, 16）：

遠近馳名又足智多謀的海姆達爾看守著通往神界的道路（彩虹橋），在石牆附近和法布提絕頂聰明的兒子（洛基）對戰。勇敢的洛基有八個母親，擁有閃閃發光的海洋之腎（項鍊）。洛基把偷來的項鍊藏在遙遠西方的海峽深處，但時時刻刻在天界入口守衛的海姆達爾替芙蕾葉找回她的首飾。他套進海豹衣裡，再次擊退也變身成海豹的洛基。

這條項鍊象徵著太陽；晨曦和夜晚的黑暗對立。當黑夜將近，洛基從早晨才出現的女神那裡偷走了項鍊，藏在西海的海溝深處，但晨曦之神會把它歸還給女神。文中描寫的雙方決鬥，不過只是前哨戰，世界末日時會再次上演，到時勝負也會揭曉。海姆達爾和洛基會在最後時刻開戰、一決生死。

洛基在北歐的世界末日神話裡扮演要角，根據日耳曼信仰，大火有一天會吞噬世界，不過現在火神取代了不為人知的黑暗之神的地位（原本和天神提烏斯或奧丁作對），在北歐異教信仰裡，世界之神奧丁以及破壞世界秩序的搗亂者洛基也就形成了敵對關係。戲劇化的情節使得洛基成為諸神公敵，霍德淪為他手下一枚單純的棋子。不過一旦地獄勢力脫韁而出，洛基便顯得形單影隻。他親自為赫拉的冥王船掌舵，當他掙脫鎖鏈時，火焰和蒸氣四起，甚至直衝天際，大海震盪捲起巨浪捲向人間。大火和海洋狂放不羈的力量結合成極強的破壞力，這顯然是對於火山及其自然現象的觀察。因此，在神話裡穿插火神的角色，也顯得流暢自然。

一旦洛基和諸神水火不容，而他又是叛黨首領，因此和叛黨的關係更加密切。他的妻子安格波妲（Angrboda）（悲傷使者）便出身巨人族。她和洛基生了三個孩子：芬里惡狼、中土巨蛇和赫拉（Gg. 34）。這是「諸神和人類之恥」，他也是其他怪物的源頭，他是牠們的父親。早在西元九世紀末，吟遊詩人就稱洛基為「狼之父」、「赫拉之父」（Hlg. 8; Yt. 13; Rdr. 9; Yt. 12）。到了十二世紀下半葉，一個博學多聞的冰島詩人也在詩句中提到洛基後裔的淵源（Hyndl. 42, 43）：

> 洛基和狂野的安格波妲生下了狼……
> 那蛇，那駭人怪物……
> 洛基吞下了溫熱灰燼裡
> 焦黑如炭的女人心臟──
> 洛基讓這個令人作嘔的女人懷孕：
> 這也是所有怪物的由來。

有個詩人在一首挖苦的諷刺詩裡譴責當時的腐敗和褻瀆，把洛基形容成諸神的敵人和嘲弄者。他內心當然希望，當時的不信者會臣服於古老信仰的真理：諸神將會敗落，但新的黃金時代也會接踵而至。他認為這個信仰和基督教關於永恆的教義一樣美好，因此他在假借丑角洛基之口譴責諸神時，其

實是向當時的人下戰帖，要他們全力對抗那些不信者的入侵。不過所有詩歌的要旨也不能如此一概而論，我們要知道，這些詩歌分別來自不同的獨立個體，各自代表不同的意見，讀者不必在每一句嘲諷背後找尋共同的神話核心，相反地，我們應該把整個詩歌視為一種見證，詩人們以瀕臨死亡的異教的崇高精神振衰起弊。對我們而言，詩歌結構相當戲劇性：洛基的譏諷如箭矢一般射向諸神，他似乎愈來愈放肆大膽，情勢也愈來愈緊張，最後他在暴力的面前投降。不過這不是「諸神的單幕喜劇」，洛基自信滿滿、口若懸河、狡詐聰明又懦弱，就算是無傷大雅的小事，在騙子和誹謗的口中，也會變成滔天大罪。他嘲笑提爾質押在芬里惡狼嘴裡的右手，卻絕口不提事件背後的英雄行徑。他的嘲諷虛虛實實，有時誇大有時扭曲，即使我們不明其中原委，至少也聽得出他不懷好意的口吻（Lokasenna，「洛基的謾罵」）：

艾吉爾廣宴諸神，只有索爾因為在東方而無法出席。佳餚美饌，賓主盡歡。這時洛基出現在穿堂，艾吉爾的侍者艾狄（Eldi）在入口想把他趕走卻無功而返，只好警告他要提防諸神的報復：這些應邀而來的諸神和精靈沒有一個喜歡他。這反倒激起了洛基的好勝心，他譏笑回答道，他會敗壞愛瑟神族吟詩作歌的興致，讓他們一肚子火。他不願和這僕人多說什麼，直接進入宴會廳。他一出現，諸神歡暢的談話戛然而止，這沉默如同冰霜，說明了這不速之客有多麼不受歡迎。而這個偽君子則小心翼翼地說話，諸神不知道他其實是要愚弄他們。他說自己只是個快要渴死的旅人，來到這裡討一杯酒喝，好客的人是不會拒絕這種請求的。諸神仍然沉默不語，使他快快不樂。但洛基盡力克制自己，他決定如果他們不給他位置坐，就必須挑明了趕他走，他是絕對不會自己離開的。另一方面，諸神並不想違背就算是死敵也應享有的待客之道，其中只有布拉基才能決定誰能享有客人的待遇，正如他接引哈孔國王到英靈神殿一般。布拉基馬上否決了洛基入席的請求。洛基說了些客套話，轉向奧丁，提醒他由來已久的手足之情，又提到諸神之父以前說過要他的作陪饗宴。洛基這次呼叫並沒有白費。奧丁叫威達起身讓位給洛基，因為他知道勇猛但沉默的威達會聽從他的命令。威達一起來，洛基便搶著坐下。

在他開始喝酒前，他看似友善地舉杯敬了在座的諸神和女神，感謝他們為他保留座位。但話鋒一轉，洛基射出第一把冷箭，強調他感謝的對象不包括布拉基。布拉基害怕洛基陰險的性格，雖然有失戰士的尊嚴，他還是盡量按捺住脾氣，不受洛基的話語影響。但一切已經太遲，布拉基先前的粗魯行為激怒了處處找碴的洛基，現下他的忍讓只是讓洛基更軟土深掘：對不配稱為戰士的膽小男人如布拉基來說，洛基聲稱，馬和武器都是多餘的，別人在征戰沙場時，他只能在旁邊擦板凳。這時布拉基的妻子伊頓插嘴，不准布拉基和洛基起口角。沒有什麼比對手被警告不要和那人瞎攪和更讓摩拳擦掌的洛基生氣的了。他高漲的怒氣狂瀉而出，為了找架吵，他列舉諸神過往最不名譽的行為，由於他很清楚諸神個別的弱點，總是一語中的。他把追求女神造成的混亂歸咎到伊頓、格芙昂、芙麗格、芙蕾葉、絲卡蒂和希芙身上，還誇耀說自己擁有提爾之妻絲卡蒂和希芙的寵愛。他曾經坦白卻憤世嫉俗地對絲卡蒂吹噓說，他在她父親死前為他完成某件巨大貢獻，又在緊張的情勢下向芙麗格坦承他才是阻止巴德爾從冥界歸來的幕後黑手。在座的神沒有人說得過洛基，他比所有神都伶牙俐齒，甚至勝過了言語和智慧之神奧丁。

　　故事的高潮則是索爾純潔的妻子希芙替洛基斟了一杯酒，請求他在針鋒相對時放她一馬。儘管她百般示好，她仍被指控和洛基一起背叛了誠信之神索爾。不過洛基話才說完，情勢卻大變，災難突然降臨。群山嗡鳴聲響，雷神乘著坐駕正好歸來。他衝入宮殿大廳，要讓這無恥之徒閉嘴。他對洛基大喊：「安靜！你這可惡的無賴！」他的喊聲如雷，又威脅要用雷神鎚讓洛基乖乖閉嘴，不然就打碎他的骨頭。這一招果然見效。雖然洛基還是不免要損索爾幾句，但是他顯然既害怕又緊張。只有在索爾面前，他才會稍微收斂，因為他知道索爾真的會把他碎屍萬段。洛基就這樣離開了艾吉爾的宮殿，臨走時還不忘詛咒東道主會遭逢不幸和災難：宴會的主人不該再舉行慶典，火會燒光他全數財產。就在暗示他的敗德天性和世界大火的話語中，他從此消失無蹤。

烏爾

　　烏爾（Ull）是希芙之子，索爾的繼子。他既是神箭手，也能穿著雪靴飛奔，他在這兩項技能上無出其右。他英俊瀟灑，具有戰士應有的優勢，在決鬥中往往佔上風（Gg. 31）。他的弓是以歐洲紫杉造的，在遠古時代也在紫杉谷（Eibental）建了一座高聳的宮殿（Grímn. 5）。他是愛瑟的弓箭之神，這個愛瑟獵人用他的武器遍獵了滿覆白雪的荒野和群山。

　　女神絲卡蒂是傑出的女射手和雪靴飛毛腿，烏爾也會在挪威的冬天裡扣上雪靴的皮帶，或在丹麥穿上以麋鹿骨頭造的簡易雪鞋。傳說中他擁有魔力，在骨頭上刻咒語，那骨頭就像有人划槳的船一般，載著他飛越橫阻前方的河流和海洋（Saxo 81）。傳說中他以盾牌當作船，令人不可置信。烏爾是「愛瑟的盾神」的意思（Sk. 14），盾牌因而被稱為「烏爾之船」。順著這個脈絡，雪靴應該叫作「烏爾之車」，不過北歐慣用「板、盾」指稱雪靴，因此在雪靴比較不常見的地區，也有可能把口語中的「烏爾雪靴」訛誤為「烏爾之盾」。如此一來，盾神其實應該指的是「雪靴之神」才對。

　　儘管《埃達詩歌》對烏爾著墨不多，烏爾在北歐神話裡卻地位很高。奧丁困在兩堆大火中間，被蓋洛德嚴刑拷打時，承諾會特別恩寵烏爾以及前來搶救他的諸神（Grímn 42）。古德蘭憑著奧丁的山和烏爾的戒指詛咒阿特利（Atl. 31）。以烏爾為名的村鎮也為數眾多，如瑞典的烏勒維（Ullevi，烏普蘭和維斯曼蘭〔Vestmanland〕），挪威至少也有十三處相關的地名，在松恩峽灣（Sognefjord）至少就有兩座村莊名為伊達（Ydal，意為「紫木杉」）。

　　薩克索所描寫的烏勒魯斯（Ollerus）相當於在北歐地位崇高的烏爾。我們從名字便知道烏勒魯斯就是神話裡的烏爾，薩克索的故事裡也提到用骨頭做的雪靴，烏勒魯斯穿著這雙雪靴橫跨海洋。

　　奧丁強暴琳達之後，神的光環因此有了汙點，他也受到諸神排擠。他們

奪走他以往的所有榮耀和祭品，留下他一人痛苦貧乏。諸神推舉烏勒魯斯取代奧丁，不僅僅繼承其地位，也接替他的神性，他們甚至連奧丁之名都轉交給烏勒魯斯。烏勒魯斯於是領導眾神長達十年。諸神對於放逐奧丁也都心下不忍，他們覺得十年算是很重的處罰了。奧丁脫離了低下屈辱，終於重返榮耀。烏勒魯斯被放逐，到瑞典去傳布自己的信仰，卻被丹麥人殺死（Saxo 81/82）。

薩克索也提到諸神第二次放逐奧丁，包括另一個和奧丁的名字有關的巫師密特奧丁（Mithothin）：

芙麗格從她丈夫的黃金畫柱上取下黃金，並且背叛了他。奧丁遭受兩次這種不平的待遇而選擇自我放逐。有個名為「密特奧丁」的巫師趁奧丁不在時以法術來找眾神。奧丁從遠方回到他的王國和妻子身邊時，密特奧丁的法術也告終。他逃往芬蘭，在那裡被殺害。奧丁回復以前的名譽，就像光明終究劃破黑暗的烏雲一般，驅散了其他巫師（Saxo 25, 26）。

「密特奧丁」不是專有名詞，而是「mitoðinn」，古冰島語作「mjǫtuðr」，意為法官、裁決者，也是神的稱號，這裡最有可能的便是烏爾。

人們往往把奧丁兩次被放逐於諸神王國之外，被烏勒魯斯（烏爾）或密特奧丁取代的事件，詮釋為關於季節更迭的神話。自然界生命在冬天死亡，死神奧丁也是冬神。這個特質在奧丁之子烏爾身上發揚光大，成為獨立的神性。他的名字有「莊嚴偉大」之意。在芬蘭人或拉普蘭人所居之地，烏爾或絲卡蒂會對芬蘭人顯靈，因而人們會想像冬神住在極北之地。塔西佗便說過，芬蘭人因為沒有鐵而用骨頭削木製箭，他們的希望全都賭在箭頭上，但獵人仍然如女人一般打不到獵物（Germ. 46）。烏爾是個捕獵好手，而絲卡蒂更是百步穿楊、穿著雪靴疾奔，這是芬蘭人自古以來的兩項傳統技能。因為有了雪靴或雪橇，芬蘭人才有了「滑雪的芬蘭人」（Skridifinn）之稱，而如果不是發明了讓他們在雪地長途行走、採集食物的裝備，他們幾乎不可能在嚴

酷的環境裡生存下來。其他地區的北歐人從芬蘭人那學到滑雪的技巧，也應用在打獵上。芬蘭人也擁有高超的巫術，「密特奧丁」是個「巫師」（Sitones），這是他的門徒對他的稱呼（Tac. Germ. 40），而他後來也是逃到一切法術的根源地芬蘭。同理，烏勒魯斯也熟諳巫術，他對著骨頭下咒，便能像乘船一般，坐著骨頭乘風破浪。

威達

人們把那個沉默寡言的愛瑟之神叫作威達（Widar, Vida, Vidar）。他有一隻巨大的鞋，幾乎和索爾一般強壯。無論什麼情況下，諸神都很信賴他（Gg. 29）。吟遊詩人稱他為「寡言的愛瑟」、「鐵鞋的擁有者」、「芬里惡狼的對手」和「殺死惡狼的神」、「諸神復仇者」，也是諸神之父宮殿的繼承者和居住者、奧丁之子和愛瑟諸神的兄弟（Sk. 11）。他母親是女巨人格莉德。索爾在格莉德住處稍作休息，跟她借了神力腰帶、鐵手套和魔杖，才轉頭去找蓋洛德。

就沃坦（Vóðenn）和威達（Vidar）押頭韻而言，這兩個神祇之間的關聯最遲應該在西元八世紀時就已經成形。奧丁在艾吉爾的宴席上要求威達起身讓洛基入席，他也是唯一一沒有被洛基指摘的神。他一心一意只想著為父親報仇，因此他不多話。民間傳奇花許多篇幅描寫英雄年少輕狂、虛擲光陰的故事，他們所犯下的錯誤經常替他們的童年或青少年時期蒙上一層陰影，不過在黑暗中總是會靈光乍現，有如壓抑已久的力量。這些少年英雄在成名前無所事事或受人鄙視，蹲在爐灶旁、馬廄裡，一旦逮到機會，便從這些灰撲撲的環境裡崛起。在寂靜的樹林裡、沉默的維蒂森林（Widi）裡，他年輕氣盛地騎馬奔馳，直到命運呼喚他為父親復仇（Grímn 17）。奧丁被芬里惡狼吞噬後，這個力拔山河的英雄騎馬趕來，一劍刺穿巨怪的心臟，替父親報了仇（Vǫl 54）。斯諾里詳細描寫了整段過程：

　　惡狼吞下奧丁後，威達急忙趕來，一腳踩住惡狼的下顎。他腳上穿的正是以前蒐集的皮革拼湊而成的鞋子，每一塊都是在愛瑟神族危難時主動伸出援手的人類提供的，他們把鞋的腳趾或鞋跟部位拆下來提供給愛瑟神族。威達的另一手撐住芬里的上顎，撕裂惡狼的血盆大口，這匹惡狼也因而死亡（G.51）。

　　殘害無辜的仇非報不可，這是北歐人的正義觀。蘇爾特的火焰熄滅後，奧丁和巴德爾之死的復仇者，威達和瓦利，共同統治諸神的世界（Vafþ. 51; Gg. 53）。他的名字意味著「來自維蒂森林的戰士，那長滿樹叢和長草的草原」，雖然他的名字（Widar）並沒有詩節裡「維蒂」（Widi）字尾的長音「i」。古高地德文的維特利（Witheri）意為「跟隨大軍征戰四方的戰士」或是「征服各地的英雄」。因和沃坦押頭韻的關係，威達和維特利都是沃坦的古老別名，代表了神的某種神性（例如奧丁的別名「Widförul」意為「漫遊者」），到了北歐，這樣的神性也在詩人的妙筆生花下，成了另一個獨立的神。

　　《埃達詩歌》並沒有提到威達的鞋子，只有斯諾里才曉得他的鞋若不是用極厚的鐵做的，便是用人類的鞋皮拼湊成的鞋子。而人們為了替威達做鞋子，便割下自己鞋子的皮革，這是相當晚近才添加的非神話產物。芬里咬下提爾伸到牠嘴裡的手，如果威達要把腳伸進芬里的下顎，他的腳就必須有什麼防護才行。於是詩歌裡對於威達的鞋子就有了各種材質的想像，有時是鐵，有時是一層層拼湊起來的皮革。

　　哥斯伏十字架的東面有一隻蛇身怪物，兩端分別為狼頭。怪物前面有個人像，他右手拿著長矛，左手頂著狼頭的上顎，把它撐高，而左腳則是踩著狼的下顎。這幅圖畫顯然是在描繪威達和芬里惡狼的決鬥。

　　丹麥薩靈半島林姆峽灣（Lime, Salling）教堂外的大理石雕，是否以基督教的觀點表現這個異教徒的神話，我們不得而知。

　　由於空間狹小，藝術家沒辦法讓威達站在惡狼前方，如哥斯伏十字架上的那樣。他讓威達趴在狼背上，鞋子所扮演的角色不值一提。雕刻家也表現了芬里如何吞下奧丁，牠用狼牙撕裂至高神的頭，他的手仍然垂懸在狼嘴外

面。騎在狼上的威達，在世界末日後倖存的神，將會在更美好的新天新地裡統治神界，也是克服死亡和罪惡、全能之神的象徵，接替父親的王位。

布拉基

奧丁獲取詩人靈酒後，便和懂得吟詩作對的人分享。奧丁賜給他們作詩的能力，因此文思詩才也被視為奧丁尋得並且贈予的禮物。除奧丁之外，愛瑟神族中還有另一個神和詩歌有關：布拉基。

布拉基聰敏過人，尤其是口若懸河、辭藻優美。但他最擅長的仍是吟詩，也因此詩歌藝術以他為名，稱為「布拉格爾」（bragr），不分男女，只要擅長音律，都能以「布拉格爾」稱之（Gg. 26）。布拉基是第一個鑽研詩歌藝術的神，也是最傑出的吟遊詩人（Grímn 44）。他舌頭上刻有盧恩符文（Sigrdr 16），也就是說因為擅長詩歌而聞名。他是伊頓的丈夫，也叫作佝僂長者、長鬚愛瑟神，為大鬍子奧丁之子（Sk. 10）。

伊頓會成為布拉基的妻子，想必和老態龍鍾的模樣有關，伊頓一消失，諸神變得老態龍鍾而白髮蒼蒼，直到她再度歸來。布拉基是歌者的開山祖先，拿著蘆葦、蓄著長鬍，儘管地位崇高，仍然無法掩蓋其年歲頗高的外表，和伊頓結合則讓他重拾力量和年少的清新。關於伊頓被巨人夏基擄走的主要神話裡，雖然不見布拉基的蹤跡，但「布拉基的女人」所指的也只可能是伊頓（Grettis S. 66）。這對佳偶都是艾吉爾宴會的座上賓：

布拉基深知洛基心胸褊狹，不准洛基參加宴會，也不為他安排座位和酒，奧丁卻還是讓洛基入席了。他在向諸神敬酒道謝時，獨獨漏掉當時也坐在椅子上的布拉基，布拉基便獻上駿馬、戒指和寶劍賠罪。洛基因為布拉基不讓他赴宴而心生怨恨，認為布拉基的和解及寬容只是害怕和懦弱，說他是在場所有愛瑟神族和精靈裡最畏戰的神。布拉基怒火中燒，放聲說如果現在不是

在聖地，他早就砍下洛基的頭了。洛基嘲諷說：「坐在那裡有膽放話，卻拖拖拉拉不敢做，不過是掛在椅子上的一條蟲罷了。」此時伊頓介入，要醉醺醺的布拉基冷靜下來，不要被激怒決鬥。她還要他以孩子和女婿之名發誓，不在背後說洛基壞話（Lok. 16）。

詩人顯然知道布拉基和伊頓的子女是誰，布拉基的養子是一群相當特別的英靈戰士，他們是住在英靈神殿裡的吟遊詩人。晚期的信仰認為，布拉基把生前獻身詩藝的英雄納入麾下，成為英靈戰士。

我們並不知道洛基指控布拉基是懦夫，究竟有什麼根據。關於詩神，並沒有什麼英雄事蹟或彪炳戰功；甚至他的膽量或勇氣，在神話裡也不見著墨。或許這和真實的歷史人物有關，埃吉爾（Egil）和血斧埃里克（Eirik）國王交惡時，有人要他效法「波德之子」布拉基（Bragi Boddason）的例子，後者為了在瑞典國王比恩（Björn）的怒火下拯救自己的項上人頭，連夜做了一首二十連節歌功頌德的讚詩，才保住了一條小命。埃吉爾有樣學樣，也做了有名的《保頭之歌》（Hauptlösung）。對詩人來說，這真實的例子和神話密不可分。在洛基口中，無傷大雅的偶然事件也可能被扭曲或抹黑，吟遊詩人布拉基取出馬匹和戒指餽贈他，卻好心沒好報，對當時的北歐人來說，肯定成了嘲笑的對象。

《詩的藝術語言》（Skáldskaparmál，亦即詩學）的第一章便是所謂布拉基的故事，描述布拉基和艾吉爾的談話。

奧丁請了海神與會。他命人於晚間飲宴開始時把寶劍扛入宮殿大廳，整座廳堂並無其他照明，但頓時都因為寶劍光芒而燦若白晝。牆上裝飾著美麗的圖畫，諸神也一一入座，布拉基坐在艾吉爾旁邊，他們一面暢飲一面高談闊論。布拉基告訴海神諸神的故事，諸如伊頓被擄、吟遊藝術的由來、奧丁和哀勒德等。

我們或許可以推測，因為斯諾里讓布拉基自己說出伊頓被擄和洛基的故

事，布拉基自己在故事裡的角色便退居幕後。但伊頓被擄一事，畢竟仍是北歐人建構出來的外來產物，因而沒有把布拉基放進去。

西元十世紀，在歌頌戰死的挪威國王抵達英靈神殿的吟遊詩歌裡，布拉基以詩歌及言語之神的身分粉墨登場。他的地位僅次於奧丁，為了迎接國王到來，和奧丁討論、爭執甚至相互咆哮，而巴德爾自冥界歸來也有相同的過程。奧丁命令他和赫摩德一同把善良的哈孔國王接到英靈神殿來，致以竭誠的歡迎之詞：「你在這裡得享英靈戰士的安詳，也能喝到愛瑟神族的啤酒。」

埃吉爾的報導（ca. 975）則晚於兩首歌頌戰死沙場的挪威國王的詩歌（西元 935 年及 951 年）：完美的布拉基在床上誕生，接著就提到詩人靈酒，它源起太初的巨人國，為愛瑟眾神帶來歡樂喜悅（Snt. 2, 3）。如果譯文正確的話，那麼布拉基的誕生就和愛瑟神族獲得詩人靈酒有關：詩神是奧丁和守護詩人靈酒的袞勒德所生的兒子。奧丁在巨人國的袞勒德那裡待過一陣子，並且獲得詩人靈酒。

在喪禮謝飯最後，會以特殊的酒杯喝酒，耶魯節時也會為了迎接新年而以節慶酒杯一飲而盡，這些習俗裡的酒杯都稱為「諸侯杯」（bragarfull）而不是「布拉基之杯」（Bragafull），可見這些習俗其實和詩歌之神一點關係也沒有。

布拉基算是北歐諸神天界中最晚出現的角色之一，他既不是源自古日耳曼文化，也不是北歐民間傳說裡的詩神，而是維京時代的詩人筆下的產物。「布拉基」（Bragi）似乎衍生自古北歐語的「bragr」（詩、詩歌藝術）（古印歐語的「bráhma」，巫術），而不是「bragr」（最好的、最正式的）。布拉基甚至可能只是個凡人，後來才被擢升到和諸神地位平等的英雄詩人。他是諸神的御用詩人，在奧丁面前也要讓道迴避，就像宮廷詩人看到國王一樣。有人認為，愛瑟神族的布拉基可能影射人稱「吟遊詩人之神」的波迪（Boddi）之子，挪威詩人「老布拉基」。神格化的詩歌語焉不詳的開頭，剛好和歷史裡真實存在的挪威吟遊詩人同名，這個巧合為含糊不清的概念充填了血肉。如此一來，雖然我們不能確定吟遊詩人「波德之子」布拉基的詩歌是否是偽作，但是持平而論，我們不能否則這個人的存在：他的確是九世紀前半葉的

人物，為了避免觸怒瑞典國王，而為他譜寫了歌功頌德的詩歌，保住自己的項上人頭，這是真實的歷史事件。洛基指摘愛瑟詩神布拉基是個懦夫，便也因此說得通了。雖然布拉基是愛瑟諸神的一份子，他的角色卻如宮廷詩人一般，只是在諸神宴會時敬酒或向賓客致詞歡迎。他雖是北歐宮廷裡的詩人典範，但沒有一位詩人從他那裡獲得天賦或靈感。在北歐關於吟遊詩歌藝術的語彙裡，沒有任何一個字和布拉基有關；相對地，奧丁才是詩歌直接的創造者和贈與者。歷史上的吟遊詩人布拉基早就存在於各式傳奇和詩作裡，以下的傳奇更可能指出他從人過渡到神的過程：

老布拉基暗夜乘車穿過林間時，一名巨怪婦女向他搭話，問是誰駕車經過。布拉基回以謎語般的詩歌，包含了六條暗指吟遊詩人的線索，而這其中甚至有四條是把所有的詩歌靈感和才能都歸功於奧丁。最後老布拉基自己揭開謎底，他說：「這若不是吟遊詩人，還可能是誰呢？」

第十章

女神

芙麗格

　　所有日耳曼民族都信仰女神芙莉雅，她是至高神、主宰天空的光明之神提烏斯的愛人或妻子。很早便有證據顯示，當古老的日耳曼神傳到北歐後成為提爾，他便不再只是戰神，更成為議會庭之神、光明的天神，在沃坦（奧丁）改變局勢之前，他位於諸神位階之巔。鋪蓋大地的蒼穹之神，其妻子便是大地；光明白晝之神的妻子，自然便是太陽女神。不過既然北歐人沒有提到提爾的妻子，這丈夫的角色就落在接續的奧丁身上。

　　在這個前提下，對於芙麗格不斷重複的情史的指摘才有其意義。就像芙蕾葉，她也有個類似的項鍊神話。她要金匠從原本獻給奧丁的黃金畫柱上取下黃金以為己用。奧丁處死金匠，讓畫像重拾光輝，她竟然願意對侍者以身相許，共謀以詭計破壞畫像獲取黃金，用來打扮自己（Saxo 25）。正如芙蕾葉的故事一般，這裡的黃金也代表太陽，金匠則相當於替芙蕾葉打造女神項鍊的侏儒，而只有在芙蕾葉和他們共度良宵之後，他們才願意把項鍊交給她。

　　芙麗格在艾吉爾的宴席上想要調停洛基和奧丁的齟齬，洛基抨擊她說：「安靜吧，芙麗格，妳這個菲爾根（Fjörgynn）的情婦！」（Lok. 26）菲爾根是上古時代民間信仰裡的主神的別名之一，很可能代表在山裡隆隆作響的雷神。奧丁從芙麗格的前夫那裡把她搶來，而她和奧丁的關係很可能就像喜歡歪曲事實的洛基所說的那麼不堪聞問，這也給了好事者在男女情事上加油添醋的機會。「妳這妓女，」洛基繼續罵她：「總是看到男人就撲上去。以前維利（Vili）和維奕（Ve）都是妳的裙下臣。」斯諾里也提到這個指控背後的故事，證明那不是空穴來風：奧丁出外遊歷不在國內期間，其兄弟維利和維奕暫代統治。有一次奧丁出門太久，看似歸期遙遠，兄弟二人決定平分他的財產，共享芙麗格，直到奧丁回來，再度把芙麗格納為妻子（Yngl. S3）。不過這裡並沒有任何關於金飾的隻字片語。

　　作為光明之神巴德爾的母親，芙麗格想必也是個光明女神。巴德爾之死影響了英靈神殿諸神，她也為此傷心落淚。她要求世間萬物發誓不得傷害巴

德爾，也派赫摩德到冥界去。她要求死寂的自然為巴德爾哭泣，南娜也送她一條來自地底、象徵家庭婦女的頭巾。芙麗格傷心哭泣，也請世界一起哭泣，北歐這個引人入勝的故事，相當於忒提斯（Thetis）和其他寧芙仙女（Nymph）為阿基里斯（Achilleus）哭泣[1]，或者是聖母馬利亞為了受十字架苦刑的耶穌而落淚的動人故事。

　　漫遊者在一天結束時必定會返家，太陽在傍晚也會沉到海裡休息，因此太陽女神芙麗格就住在海洋宮殿「芬薩利爾」（Fensalir）（Vǫl. 34）。在瑟夸貝克（Sökkwabek），奧丁每天都會和學識淵博的說書人「薩迦芙麗格」（Saga-Frigg），那重新升出水面的太陽，一起用金黃的酒杯飲酒（Grímn. 7; Gg.35）。正如太陽照耀且滋潤人類和大地，芙麗格也是愛情與婚姻女神。奧丁會喚醒靈魂，特別是驍勇善戰的靈魂，而芙麗格則是婚姻幸福之神和愛情的守護女神。奧丁是整個世界的創造和統治者，芙麗格則是「愛瑟諸神和女神的王后」（Sk. 19），她是深思熟慮的諸神和世界之母，在奧丁身邊打理大家庭的一切。她坐在奧丁身邊，俯瞰世界，是監督宮殿事務的女主人（Grímn.），也和奧丁一同出席諸神的各式宴會。她會戴上面紗，手執紡紗杆，打扮成家庭主婦的模樣。雖然不作任何預言，她卻知曉未來（Lok. 29; Gg. 30），這也是為什麼奧丁在和瓦夫蘇魯特尼爾鬥智時會跑去向她請教。她傷害了奧丁心愛的蓋洛德、幫助自己青睞的安納爾，以女性獨有的聰明機智勝過奧丁。沃松族最早的先祖雷里（Reri）國王和其妻懇求諸神賜予子嗣。芙麗格和奧丁都聽見了他們的請求，他叫來女武神，芙麗格則把會賜予多產的蘋果放到她手裡，要她拿給國王。奧丁手下的少女幻化為烏鴉，飛往國王坐著休息的山丘。她讓蘋果掉到他的懷裡，要他帶回家和妻子一起吃。國王便生了兒子沃松（Wǫlsung）（Vǫls. S1; K. H. M. Nr.47, 53）。芙麗格也像芙蕾葉一樣，會在分娩時幫助難產的母親（Oddr. 8），芙蕾葉有一次甚至把鷹

1　譯註。寧芙仙女是古希臘神話中的女神，是大自然幻化的精靈，多以少女形象出現。忒提斯為寧芙仙女，嫁給一個凡人後生下阿基里斯。為了讓阿基里斯也長生不死，她在他出生後便抓住他腳踝，將他整個人浸到冥河當中。結果除了腳踝之外，阿基里斯當真刀槍不入。

服借給一個母親（Sk. 19）。芙麗格是服務眾神的女神，這樣的描述對其神性和力量的展現都有其重要性（Gg.35）：

豐饒和財富女神芙拉，在日耳曼民族裡是芙麗格的姊妹（II. Merseburger Zauberspruch），比其他女神更活躍而獨立。這位少女有一頭蓬鬆披肩的頭髮，金色髮帶說明她仍是處女。她是芙麗格的親信，也捲入女主神的祕密計畫當中。有一篇吟遊詩歌約略提到芙拉前額會散發如太陽一般的金黃光輝，便是暗指她的金色髮帶（Sk. 30, 34）。芙麗格派她傳訊給蓋洛德，警告他要注意法師的巫術，於是，當奧丁化身為格林尼去找國王時，遭到國王嚴刑拷打。地底世界的南娜送給芙拉一只黃金戒指，這可能也顯示了芙麗格私下諮詢的事情究竟為何。除此之外，芙拉也替芙麗格搬衣箱，為她保管鞋子。在北歐，收養孩童或身分證明都必須用到鞋子，而這個法律的象徵也和主司法律的至高神的妻子相得益彰。

另外，關於芙麗格的其他侍女，只有另外三件事值得注意：瓦爾（War）負責監誓，辛恩則是守護會議庭的少女。某個故事裡也約略提到瓦爾：索列姆說雷神鎚就在那偽裝的新娘膝蓋底下，他說：「和瓦爾的手一同獻給我們吧。」（Thrymskv. 30）主司誠信、誓詞和法律程序的芙麗格侍女，也顯示了芙麗格和議會庭之神提烏斯的古老關係。女性的醫術也以女神為代表，體現在「助人者」愛爾（Eir）身上（Fjǫlsv. 36, 38）。

在冰島，據說可用於愛情魔法的根爪蘭（Orchis maculata）[2] 仍然叫作「芙麗格之草」，在挪威，根爪蘭則叫作「聖女草」（Mariengras）[3]。獵戶星座的腰帶反倒叫作「聖女裙」（日耳曼）、「芙麗格之裙或紡錘」（瑞典）。

---

2 譯註。原為雛蘭屬（Orchid），現今已被歸入根爪蘭屬（Dactylorhiza），原生於歐洲，因其塊根有如手指狀，故得其名。

3 譯註。Mariengras 德文原意為茅香，指分布於歐亞大陸北方或北美洲，有特殊香氣，通常可用來製藥草或酒的草本植物。照上下文之意，此處應該是採字面意義，而非指茅香，故翻為聖女草。

芙麗格不僅是愛情女神，其形象更是紡織或編織女神，她因而特別關照勤奮工作的女性，相當於日耳曼的霍妲（Holda）[4]和貝希塔（Berchta）[5]。正如芙拉會看管芙麗格的珠寶盒，瑞典的馬利亞（Maria）也有個「鑰匙侍女」隨侍在側。瓢蟲[6]也因此獲得了「少女馬利亞的鑰匙侍女」的美名。在瑞典，只要是星期四夜晚，所有的紡織機都必須停下來，因為這是索爾和芙麗格紡織的時間。不過這個「索爾」並不是愛瑟神族的索爾，芙麗格也不是奧丁之妻，更可能是星期四（Donnerstag, Thorsdag）和星期五（Freitag, Fredag）這兩天的人格化。正如上德語方言[7]把星期四稱為普芬茲日（Pfinztag），也正是把普芬茲河[8]當作神話人物的影響。

赫拉

地底冥界和死亡女神赫拉（Hel），「保密者、隱匿者」，是私人地獄（也就是墳墓）的人格化。人死後都會進入陰影世界（halja，或德語的「Hölle」）的想像，是日耳曼文化所共有的，而北歐則從冥界（hel）衍生出女神赫拉。由於死亡代表生命的毀滅，赫拉也變成邪惡洛基的女兒，被奧丁放逐到陰暗寒冷的「霧鄉」（Niflheim）（Gg. 34）。只有少數文獻提到她原本是死者的主宰，後來戰死的英靈被迎接到英靈神殿，溺死者成為「瀾」（Ran）的座上賓，而病死或自然老死的人則歸赫拉管。在中世紀的基督教想像裡，十字

4　譯註。據說是農業和女人手工藝的守護女精靈，名字詞源和北歐林間女妖相似。雅各‧格林（Jacob Grimm）想要將其提升為德語地區的女神。

5　譯註。阿爾卑斯高地德語地區的紡織女神，其名字詞源既有明亮也有隱晦之意，據說會在聖誕節的第十二天出現，觀察女人紡織工作。

6　譯註。瓢蟲德文為 Marienkäfer，其中 Käfer 為硬殼昆蟲之意，而 Marien 則為 Maria 的變形，故若照字面直翻則為聖女蟲。

7　譯註。今日德國麥茵茲河（Mainz）流域或南圖林根省（Thüringen）等地，說上德語的方言的地區。

8　譯註。普芬茲河為德國萊茵河的分流之一，流經卡斯魯厄（Karlsruhe）等地，全長約六十公里。

架和生命樹的根會延伸到地底的死國，因此基督教認為，惡人死後會到赫拉那裡，接著轉往霧鄉，也就是第九層世界（Gg.3），而赫拉也住在宇宙樹（Yggdrasill）地底根系的深處（Grímn. 31）。

沒有任何神話提到女神赫拉，這正好證明她是很晚近的神。和她相關的文獻都在描述她宮殿裡的象徵性設備，不僅年代較晚，而且是用基督教的觀點去解釋這個女神對新的祭品是如何貪得無厭：

赫拉在霧鄉裡的城堡十分宏偉，圍牆高聳、城門巨大。其宮殿叫作「艾憂德尼爾」（Eljudni，疲勞和瘟疫），其桌子是「飢餓」、刀是「匱乏」，「懶惰」是她的僕人、「無力」是她的侍女，大門名為「腐敗不潔」，門檻為「不耐」，進入房間後，床是「病床」，床套窗簾則名為「慘澹不幸」。她的外表半黑半白，相當容易辨認：她那垂掛的頭看起來怵目驚心（Gg. 34）。

赫拉手下的少女會出現在臨終者面前，正如她向巴德爾告知死期一般，宣布他們會在她的懷裡安息（Sól. 38, 57）。人們會對大限不遠的人說：赫拉會如你妻子一般躺在你胸口（Fóstbr. S. 6）。「我自己知道，如晚期基督教歌謠所唱的，西元 1200 年左右，疾病肆虐，而赫拉的少女在我跟蹌返家的途中夜夜出現。她們在我身上綁了堅硬冰冷的鎖鏈。若天空陰鬱不見陽光，就可以聽到冥界大門可怕的嘎嘎響，好像在死者踏入後便隨即關上，速度之快，甚至會撞到腳後跟。冥河（似乎混雜著血）在我左手邊奔流咆哮，地獄烏鴉把說謊的人的眼珠啄出來。就算這首詩是基督教時期的產物，仍然包含了許多源自古代異教信仰的流行想像，而對冥界的這個想像也轉移到基督教的地獄觀。赫拉的侍女便像是女病魔，是疾病的擬人化。盎格魯撒克遜關於巫術的俗語裡，致病的惡魔會以強壯的女人形象現身，她們身著戎裝在空中飛行，有如女武神一般。外貌嚇人的女性或許正是這種或類似的性格，她們磨土成沙，摻進食物裡，拿給虐待她們的男人吃。

赫拉的蘋果便是在中世紀基督教的背景下誕生的，但是文獻僅提過一次（Isl. S. II 351）。知識樹的果實，使人被貶謫到凡間，現在則成了死亡的果

子，和生命樹的果子恰恰相反。聽到妻子說他的死期不遠時，索比恩說：「這女人給了我赫拉（死亡女神）的蘋果。」貪吃使人淪落到冥界深處而無法得救。喜愛吃石榴的普羅斯庇娜（Proserpina），哀慟逾恆的刻瑞斯（Ceres）[9]怎麼都找不到她，從此天人永隔，正如冥界的暗流不可能有極光的璀璨顏色，也正如伊莉絲（Iris）[10]不可能在黑暗的洞穴彎弓射箭。

在世界毀滅時，赫拉也要求大量的祭禮。正因為如此，她才得到巴德爾。當幽冥船（Naglfar）準備出海，她便派大軍對抗諸神。赫拉的兄弟芬里惡狼和中土巨蛇分別殺死了奧丁和索爾，其父親洛基則和海姆達爾兩敗俱傷，死在對方手裡。

赫拉總是貪求獵物，一旦到手便死抓著不放，武器正是以她為名：聖歐拉夫就稱其戰斧為「赫拉」（FMS V 248）。

絲卡蒂

絲卡蒂，「閃爍的諸神新娘」，在女神當中是喜好打獵的代表，她以精力充沛和穿著雪靴奔馳聞名（Grímn 11; Yngl. S. 8; Sk. 23; Gg. 23）。在古日耳曼習俗裡，丈夫或父親被人殺死，凶手要娶寡婦或喪父少女，以替代她們的丈夫或父親。愛瑟諸神也在絲卡蒂的巨人父親夏基死後，讓她挑選一個丈夫作為補償。絲卡蒂原本想選巴德爾，不料卻選中了尼約德。她的另一個條件則是要他們逗她發笑。讓人發笑的主題在童話和民間軼事裡一再出現，而笑話大多很粗鄙。自上古時代，人們在社交聚會都會演出「笑鬧劇」（Scherzspiel），其中逗笑是最重要的事，無論是笨拙的肢體動作、瘋狂的舞蹈、諷刺或口出惡言，以犀利的言詞揶揄對象，有如變裝遊行或狂歡節一般。絲卡蒂渴望住在山裡，不喜歡跟著主司商業和航海的瓦尼爾神族一起住在岸邊。洛基被縛時，她把一隻不停滴著毒液的蛇掛在惡人洛基頭上，使他

9　譯註。希臘羅馬神話中，帶來豐收的農業之神。
10　譯註。希臘羅馬神話中的彩虹女神和諸神使者。

痛苦得抽動，而大地甚至為之震動。人們把她視為飛越萬年雪地的女雪神，或是蘊藏有最壯觀的瀑布的女山神，或是雪原和冰河滲出冰水的女神。

　　絲卡蒂不是年代古老的女神，因為以雪靴在雪地上行走的技術，是芬蘭人或拉普蘭人傳到挪威和瑞典的，這個技術對極地的民族來說，應該是亙古以來便存在的知識。而在挪威，雪靴應該是在屯墾冰島時期之後才漸漸流行的。

　　尼約德和絲卡蒂仳離之後，奧丁娶了她，生了四個兒子，其中一個叫作薩敏（Säming），傳說哈孔伯爵（Hakon Jarl）的家族血統便是源自於他（Yngl. S.8）。洛基對絲卡蒂不貞的指控是否和她的再婚有關，我們不得而知（Lok. 52），而就我們所知，她和洛基也沒有任何不倫的關係。

　　薩敏是黑格蘭（挪威、芬蘭人或拉普蘭人在極圈裡最北的居住區域）領主的先祖。因為這層關係，他的出身和名字也被視為是日耳曼父親和拉普蘭母親的結合。古北歐語的「sámr」意為「黑色」，拉普蘭語則是「sabme」、複數形為「Samek」，拉普蘭人用這個字來稱呼自己。弓箭和雪靴這兩項芬蘭人獨有的技藝，更指出其中芬蘭人的影響。而絲卡蒂最後成為愛瑟神族的新娘，也說明了她不再被視為斯堪地那維亞的日耳曼神明的一份子，這個神話更見證了該區域裡的原初部落，如芬蘭人或拉普蘭人，被信仰愛瑟和瓦尼爾諸神的諾曼人趕走的歷史事實。從這個角度看來，這個神話倒也有其意義。「絲卡蒂」這個名字可以從由日耳曼的字源去解釋（「危害者、敵人」）相當於釀害的暴風雨，或哥特語的「skadus」，意為「影子」。芬蘭人穿著雪靴住在山間，雪女也會在該地區捲起風暴，也因為絲卡蒂住在極地，她的外觀才會和芬蘭人很相似。

　　「Skadi」是個陽性名詞，證明人們把她想像成一個男人婆。《沃松族傳奇》一開頭便有個男子叫作史卡弟（Skadi），我們只知道他替一處大雪堆取了個名字而已。他身邊的小廝名為布雷迪（Bredi），是個極為傑出又幸運的獵手。在同場競獵中，他打到的獵物比奧丁的兒子齊吉（Sigi）還要多，卻也因此喪命於齊吉手中，屍體被埋在雪堆裡。史卡弟四處尋找他的僕人，後來在雪丘裡找到他。此後，巨大的雪丘都叫作「布雷迪的雪堆」。齊吉在挪

威待不下去，便在奧丁的協助下逃到日耳曼（Vǫls. S. 1）。

由於女神「絲卡蒂」這個名字的陽性名詞字尾，男子的形象於焉誕生。為了從知名的挪威英雄的血脈得出最初的先祖，法蘭克人的《齊格菲傳奇》緊挨著挪威，直接將其部族的先祖移植過來，並且結合了挪威的獨立民間傳奇。除了薩敏這個挪威的第一任國王之外，奧丁和絲卡蒂還生了其他孩子，而齊吉可能正是戰神和女神的兒子之一，因為他在其母親統治的地區裡為非作歹而遭到放逐。

伊頓

我們沒有證據顯示伊頓是民間信仰的女神，也找不到任何和她有關的宗教儀式。如同其丈夫詩歌之神布拉基，伊頓也是吟遊詩人杜撰的神話人物，只有在其詩歌裡，伊頓的形象才鮮明生動起來。《埃達詩歌》裡有一處提到伊頓（Lok. 16, 18）：她叫莽撞的丈夫不要毀謗洛基。洛基卻恩將仇報，說她是所有女神當中最愛漁獵男人的，甚至獻身給殺害她兄弟的凶手。

伊頓的寶箱裡藏有蘋果，諸神一旦開始老化就吃蘋果，才能永保年輕（Gg. 26）。吟遊詩人稱她為「布拉基之妻」、「青春蘋果的守護女神」，那是愛瑟神族對抗年老的仙丹，巨人夏基把她從諸神那裡擄走，成為他的戰利品（Sk. 22）。諸神把永保青春的寶物交給伊頓保管，相信她的細心和保護，卻差點鑄下大錯。

吟遊詩人提歐朵夫（Thjodolf von Hwin）提到他獲贈的一面盾牌，上面畫著索爾的遊歷、他和巨人隆尼爾的大戰，以及綁架伊頓一事。

武盾圓拱外側可見奧丁、洛基以及霍尼爾三巨神的出遊。巨人夏基身穿鷹袍向他們飛來，在三神獵殺且炙烤公牛的地點降落，讓他們的食物沒辦法熟透。奧丁怎麼都找不出哪裡不對勁。此時一株老樹上的老鷹忽然對他們說話，要求分一口獵物吃。奧丁答應了，巨人便狼吞虎嚥了起來。洛基趁機抓起他的法棍，一棍打在巨人雙肩之間。但棍子竟然黏在巨人身上，洛基的手

緊抓著棍子末端。老鷹洋洋得意，試圖飛起來傷害洛基。洛基痛得哀號求饒。夏基則要求洛基把保管諸神抵抗年老祕密的女神交給他，如果洛基答應他的條件，巨人就放他走。洛基便把女神交給夏基，巨人族雀躍不已。愛瑟諸神變得老態龍鍾而白髮蒼蒼，他們來到議會庭上商討對策時，原本光鮮亮麗的外表都變得醜陋不堪。庭上證明伊頓在失蹤前是和洛基在一起，於是諸神齊聲責備詭計多端的洛基。「如果你不能把賜予諸神幸福的女神找回來的話，你也死期不遠了。」索爾大吼。此時洛基披上鷹袍飛走了。夏基變身成老鷹，振翅追趕那身穿鷹袍逃走的惡徒。諸神也迅即舉起光滑的矛柄，它們熊熊燃燒著（亦即矛柄射出火燄）。巨人被灼傷（意喻被擊中）而無法飛行。這便是盾牌上的故事（Hlg. 1-13）。

　　而以上的詩歌更是下述散文故事的來源（Sk. 1）：

　　奧丁、洛基和霍尼爾三神在旅途中烤一頭公牛來吃，但牛肉卻一直無法熟透。夏基正是搗蛋的人，他變身為老鷹，棲身在三個神明頭上的樹梢，直到他們答應給他一塊肉飽飽口福。夏基可是完全不客氣，他一口就吞下一片臀肉和兩隻前腿。洛基一氣之下，賞了他一棍。這隻大鳥展翅欲飛，而因為洛基的棍子卡在鳥背上，洛基又抓得牢，竟然跟著飛了起來。老鷹低空飛行，洛基的腳甚至劃過地面上的石子和草叢，但他的雙臂卻好像要從腋下斷掉一般。他乞求老鷹放他一馬，不過夏基並不答應。他只好發誓獻上女神伊頓和她的蘋果，洛基剛說完就掉了下來，回到他的夥伴那裡。

　　洛基托詞在森林裡發現甜美的蘋果，和伊頓約在林間見面，要求她拿出自己的蘋果比較看看。此時巨人夏基又變身成老鷹出現，挾著伊頓飛走了。伊頓消失後，眾神形容憔悴，不一時便老邁而白髮蒼蒼。他們憤怒地到處搜索這個騙子。洛基被抓住後，眾神以死刑相逼，要他把伊頓找回來。他嚇得滿口答應，也要芙蕾葉把鷹袍借他用一用。那天巨人在湖上，伊頓獨自在家裡，洛基把她變成一枚核桃，藏在鷹爪裡遠走高飛。夏基一回家就發現女神不見，抓起他的鷹袍，在洛基身後窮追不捨。眾神見到老鷹飛來，早就堆好

了木屑。洛基一降落在城牆，他們便放火點燃木屑堆。老鷹沒辦法逃走，火燄撲上牠的羽毛，眾神一擁而上，殺死了牠（索爾殺了他）。為了紀念這件事，索爾把夏基的眼睛變為天上的星星。

故事中最後的奇怪情節，應該是「諸神燃燒」這一段話的訛誤。而伊頓變成核桃則是新增的橋段。

伊頓原本是布拉基的妻子，後來才成為蘋果的守護女神。由詩神的伴侶保管長保青春的蘋果，暗示著詩歌也有把倏忽生滅的生命保存在歌謠裡的神奇力量。但是我們也必須承認，吟遊詩人虛構出伊頓及其任務，作為北歐諸神長生不老的象徵，而使諸神靈性的青春變成在詩歌裡永遠綻放的花朵，如此這個精神性的解釋才能切中神話的原始意義。可是在伊頓的主要神話裡，也就是蘋果的搶奪，布拉基卻完全沒有出現。

如果伊頓自始就是個女神，那麼她應該是從芙莉雅衍生出來的，也可以在她身上看到晚期文學味道濃厚、關於大自然生生不息的象徵，冬天的力量（夏基）只能暫時俘虜她。這個層次上，伊頓這個名字（意為「更新者」）便再合適不過，洛基對她不貞的指控，也或多或少可以理解。詩人的各種踵事增華也和著名的童話主題相關。《技藝高超的獵人》（Der Gelernter Jager）也有相同的開場情境（K.H.N. Nr. 111）。少年遇見三個巨人坐在熊熊火堆旁邊烤著公牛串。其中一個撕了一小塊肉要塞到嘴裡，不過年輕的獵人把巨人手裡的肉射落，巨人又試了兩次、三次，結果仍然相同。然後巨人要這個厲害的射手和他們一起坐在火旁吃肉。正如洛基緊抓著棍棒，死亡也沒有從蘋果樹上掉落，惡魔也仍然坐在椅子上（Nr. 82），甚至有七個人黏在金鵝身上（Nr. 64）[11]：那個沒有人能逗她笑的公主 —— 令人想起帕西法（Parzival）[12]的坎娜韋爾（Kunneware）—— 竟然一見這個情景就放聲大笑；在故事的發展過程中，遇害的夏基的女兒絲卡蒂，要求眾神逗她笑以贖罪。

11 譯註。來自《金鵝》（Der goldene Gans）此篇童話。
12 譯註。圓桌武士團之一。

小丑、愛瑟樂園的宮廷弄臣洛基就把繩子一端綁在自己身上，另一端則綁在公羊的鬍子上，兩邊一起拉，一起痛苦大叫。然後洛基倒在絲卡蒂身上，她咯咯笑了起來，諸神的罪也告終結（Sk. 1）。在冰島神話裡，年輕的國王在盛怒中用來刺穿牛肚的長矛也具有魔力，長矛卡在牛的肚子上分不開，國王也被拖著越過遍布石礫的原野和沼澤。

　　如同生命之水，永保年輕的蘋果是永恆生命的象徵，正如我們熟知的許多日耳曼和北歐神話（K.H.M. Nr.17），它和伊頓的存在沒有太大關聯。北歐人一直到異教時期結束前，都還只知道野蘋果，它的味道既苦又澀，實在很難和神話裡的蘋果的神力聯想在一起。《創世紀》2:9 和《啟示錄》2:7；22:1-2，都提到樂園裡的蘋果樹[13]，它以明亮如水晶的河水維生（生命樹，分辨善惡的知識之樹[14]，很早便被認為是蘋果樹），兩者都能保持永生，亦即使人不老。童話裡的蘋果就是源自生命樹上的果子。保護蘋果的女神被綁架的主題，則非源自基督猶太世界，而是出自希臘羅馬神話。希拉（Hera）結婚時收到金蘋果（也就是色澤金黃、氣味芳香的木梨），保存在阿特拉斯（Atlas）[15]的女兒赫斯佩里斯（Hesperiden）女神和一條惡龍共同守護的神聖北海之地（Hyperboraer）。海格力斯替歐里修斯（Eurytheus）偷取三顆珍貴的金蘋果，而雅典娜（Athene）把它們拿回赫斯佩里斯的花園（Apollod 2, 5, 11）。赫斯佩里斯的蘋果在愛爾蘭叫作希斯伯那斯（Hisbernas）的蘋果，有一篇愛爾蘭傳奇如是說：

　　三兄弟化為蒼鷹，盜走了希斯伯那斯的蘋果，啣著贓物飛走，其中兩隻

---

13 譯註。中文和合本聖經《創世紀》第二章第九節：「耶和華神使各樣的樹從地裡長出來，可以悅人的眼目，其上的果子好作食物。園子當中又有生命樹和分別善惡的樹。」《啟示錄》第二章第七節：「聖靈向眾教會所說的話，凡有耳的，就應當聽！得勝的，我必將神樂園中生命樹的果子賜給他吃。」而第二十二章一至二節經文為：「天使又指示我在城內街道當中一道生命水的河，明亮如水晶，從神和羔羊的寶座流出來。在河這邊與那邊有生命樹，結十二樣果子，每月都結果子；樹上的葉子乃為醫治萬民。」

14 譯註。原文為拉丁文 scientes bonum et "malum"。

15 譯註。泰坦族之一，負責把天空扛在肩上。

各拿了一顆蘋果，第三隻拿了兩顆，一顆在爪中，一顆在喙裡。外國國王的
女兒化成一隻獅鷲（Greifengestalt）[16] 在後頭追趕。就在蒼鷹快要逃出獅鷲的
獵捕範圍時，後者忽然從鳥喙和眼中射出火焰，射中了蒼鷹的羽毛。牠們受
不了高溫，就變身成天鵝降落到湖面。此時獅鷲放棄追捕，三隻偷走希斯伯
那斯蘋果的蒼鷹也因而得救。

愛爾蘭的傳奇和冰島故事簡直是一個模子印出來的，就算撇開洛基變成
蒼鷹而夏基變成老鷹的橋段不談，也能肯定其中必定有什麼歷史關聯。敵我
雙方化身為鳥類相互追逐的故事流傳甚廣，但在這些前提下，我們也只能想
到法羅群島的民間歌謠，有個農家子弟為了逃避巨人追捕而變身成麥穗、天
鵝和魚。伊頓藉著洛基之手逃出夏基的控制、用火焰威脅追獵者，則相當於
海格力士和赫斯佩里斯的蘋果的故事。這個神話證明了，北歐人和基督徒在
英國群島上交流的過程中，不僅接受了猶太基督教觀點，也認識了希臘羅馬
神話和傳說。

---

16 譯註。獅鷲，又譯為鷹頭獅，有著獅子的身體，老鷹的頭、爪和翅膀。

第四部

獻祭儀式

第十一章

獻祭儀式概述

簡樸和隆重的獻祭儀式

在這個繽紛又紊亂的世界裡住著各種鬼魂、邪靈和巫師，他們有時雖會傷害人，有時倒也能幫上不少忙。人類要不是得和他們對抗，就是必須向他們稱臣。我們用飲食供養父輩，即便他們辭世後還是持續以這套模式告慰其靈。不過要把祭品傳遞給超自然的力量並不一定要經由焚燒，只要利用簡單又原始的辦法，就是把祭品裝在碗裡，或者將牲畜的屍體懸掛起來即可。就算是盛大隆重的祭典也不見得總是採取**火祭**，伊本・杜斯塔（Ibn Dustah）就寫道：「部落的先知（也就是首領）有時會要求族人準備祭品供奉他們的造物者，可能是任何東西，好比婦女、男子或馬匹，而族人必須無條件遵循他們的指示，姑且不論有些先知的地位原本就凌駕王侯之上。抓住那些用來獻祭的活人或動物後，先知便會往他們的脖子套上吊繩，接著把他們掛在樹上，直到斷氣為止，然後宣稱這些犧牲者是獻給神的祭品。」不管是將戰俘懸吊在絞刑台、像奧丁那樣把自己倒掛在狂風飄搖的樹上，又或者是史塔克（Starkad）向神獻祭挪威國王維卡爾（Wikar）的舉動，類似的奉獻方式到後來仍被視為最古老的祭儀。儘管當時的人還不懂得以火祭與神溝通，不過利用巫術之火驅趕惡魔的作法倒是從很久以前就有了。

除了為節慶舉行的祭祀活動，平時民眾也會以祭品向諸神或亡者表達感念之情，好比在筵席間以酒水向亡者或眾神致意。在比較講究的祭祀場合上，和他人進行熱絡交流是一項不可或缺的重要環節，出席喪禮時同樣必須注意到這一點。眾神與諸靈只會走向歡慶的人群，他們想見到的可不是勞動和瘟疫，而是欣喜的氣氛。一旦他們親臨人間，眾人就應該而且非大肆慶祝不可，否則將招來厄運。我們之所以必須在某些特定日子停下手邊工作，正是承襲自這項古老習俗。至於血祭通常是在高壇舉行祭祀時會採用的特殊習俗，祭司會把收集來的鮮血塗覆在神器上，灑向信眾：顯然是分送聖血給信眾的早期雛形。「崔格威之子」歐拉夫（Olaf Tryggwason）就曾斥責瑞典人坐在家裡把祭祀用的盆器舔得一乾二淨的行徑；此外，當時的人在結束戰爭後，也

會將死者的鮮血塗抹在祭壇或用來吊掛屍體的聖樹上（Herv. S. 12）。

在還不懂得向神獻祭之前，古代的北歐人會試圖透過**巫術**直接干預支配自然現象的力量：他們認為——按照類比原則（similia similibus）——只要在人世間仿製某些流程，就能影響上天的運行，例如，他們相信用水淋濕或澆灌某個人或物品，就能撥開層層雲霧，讓天上的水滴落。

在瑞典，農人會在收割完的第一捆莊稼裡擺上一瓶白蘭地，博取那些有著老人面孔、小孩體型的精靈歡心；或者在脫粒時，在第一束麥穗附上一罐啤酒或一瓶白蘭地，外加一塊扎實的蛋糕。這項傳統習俗其實是一種古老的祈雨巫術，透過把水澆在收成作物上的祈福儀式，就能施展法力，召喚雨神從天降下潤澤的水珠，讓大地之母來年孕育出豐厚的秋收，也讓播下的種子成熟茁壯，結出一捆又一捆的麥穗。不難想像，這套儀式最初應該是整個部落以盛大遊行、歌舞表演，還有獻祭等慶典活動進行。漸漸地，原本利用巫術仿製自然時序的作法逐漸發展成大型的秋祭慶典，並且透過活人獻祭的方式向神祈求來年能有創造豐收的溫潤夏日：他們會先殺死用來獻祭的人選，然後替他冠上花環、灑上聖水，最後把屍體沉入水底。當瑞典人因連年歉收遭逢饑荒，導致民不聊生、無以為繼，他們選擇進行一連串的祭神儀式：第一年的秋季獻祭牛牲，第二年則奉上活人，到了第三年更犧牲了他們的國王（Yngl. S.15）。

相較於立即見效的巫術，向神獻祭的人無非是希望爭取神的眷顧，好間接達到自己的日的。當然在此之前，他必須先滿足無所不能的神。祭儀和巫術的分界到後來其實愈來愈模糊，像是獻祭過程中唸誦的禱文就是希望獲取巫術咒語所創造的效果。不論在日常生活中，或是面對不同階段的家庭生活時，一般民眾多半會以誓詞或巫術咒語這類簡單的儀式展現對宗教的需求，反覆練習這些技巧能讓沉浸其中的個人感到自己擁有勘比神靈的力量和謀略，甚至足以與之抗衡。然而從本質上來說，對至高無上的天神表達崇拜應該是一種照護的行為，而非防衛。信眾以飲食供神，向神祈禱，鮮少是為了拉開自己與神的距離，多半會希望藉由供奉飲食影響神的想法，不過當然不是加以脅迫，而是傳達自己強烈的善意。除了呈上供品，祭拜者也會唸一段

禱詞，向神表達邀請及讚頌之意，禱詞通常有一定的韻律，有時也會伴隨著吟唱、樂音和舞蹈。這些儀式背後的想法就跟孩子的心思一樣單純：可以讓人感到開心的事物，勢必也能討神喜歡，同時把那些讓他感到欣喜的祭物視為友善的表現。日耳曼人也會透過各種表演活動來取悅神祇，例如有如血祭的兵器決鬥、摔角、競走、賽跑、舞劍等。人也會和神共享部分祭品，因為神會將他的救贖悄悄轉移到那些他懷著慈悲之心收下的東西。這也是為什麼祭品能為人類和動物，甚至是那些我們沉浸其中、碰觸到的、噴灑或塗抹在身上的物品帶來力量和好運的原因。

北歐人和神之間的關係就好比一名勢力龐大的酋長和忠心耿耿追隨他的手下。崇高的基督教教義認為，在全能永恆的造物主創造萬物之前，一切都被覆蓋在粗鄙的塵土之下；異教徒卻抱持截然不同的觀點：他們藉由奉獻、祈禱，以及懇求神的寬恕和支持來展現自己的信仰，但也認為一旦神收下人的獻禮，就必須認知他們有義務做出同等的反饋。芙蕾葉（Freyja）想要協助虔誠的信徒奧塔爾（Ottar）繼承他父親留下的遺產：因為奧塔爾供奉了許多祭品給她，多到焚燒祭物的熱焰不但熔化了堅石，還把石頭都燒製成了玻璃（Hyndl. 10）。至於虔誠的信仰是否連帶影響這名信徒的道德或倫理價值觀，幾乎從來不是問題所在。直接了當地說，就是「寧願沒有人禱告，也好過收受太多獻祭：所有的祭物都是為了換取報償。」（Hǫv. 144）人類通常會小心翼翼向神明祈求示意的訊號，確認他願意接納供奉。比較特別的是，索齊爾（Thorkil）竟然還斥責神為他指出的明路。

正式向約姆斯維京人（Jomsvikings）[1]宣戰之前，哈孔伯爵（Hakon Jarl）將自己七歲的兒子奉獻給神，換取「霍加的新娘」索格爾（Thorgerd Hölgabrud）和伊兒帕（Irpa）兩位掌管氣候的女神為他出力。兩位女神颳起狂風暴雨，讓約姆斯堡（Jomsburg）[2]的軍隊蒙受極大損失。然而過沒多久，哈孔發現風雨似乎逐漸減弱，便再次急切召喚了索格爾和她的姊妹伊兒帕，

1　譯註。西元 960-1043 年間以約姆斯堡（Jomsburg）為據地的維京人。
2　譯註。一個位於波羅的海南岸的堡壘。

控訴兩人未盡職責，他為了打贏這場勝戰，連親生兒子都獻給了她們（Jómsv. S. 44）。

人總會一心期待，甚至直接要求神要有所回報，也就是所謂的「投桃報李」；日耳曼人則簡單用「互惠」（do ut des）一詞來表達供奉神的行為就像做生意一樣，神究竟出了多少力來回饋，人類可是算得一清二楚。有時召喚神的人甚至會和他討價還價，試圖讓神明做出讓步，好用更少的供品換取上天的庇佑與恩典。遭遇饑荒的瑞典人就是採取這種手法解除了連年乾旱的危機：他們先試著宰殺性畜祭神，然後改以活人獻祭，最後由於災情毫無改善，才向神奉上最高級的祭品，也就是他們的國王。

哈孔伯爵曾在戰況陷入危急之際，探訪一座猶如涅圖斯海因（Nerthushain）[3] 一般矗立在小島上的神聖森林。他一抵達小島即面朝北方，跪跌在一片空地上，俯下身來開始祈禱。他呼喚自己的守護女神索格爾，全心向她膜拜。然而女神對哈孔的聲聲呼喚與殷切祈禱卻充耳不聞，遲遲沒有回應。哈孔心想，女神一定是對他感到很生氣，便準備了各種祭物供奉女神，但索格爾一點也不為所動。他進一步從求得的籤文得知，若是以活人獻祭，女神就願意接納。於是他將自己的手下全都獻給了索格爾，除了他自己和三個兒子，同時更竭盡所能，甚至不惜以邪惡的巫術獻祭來贏得女神的援助。凡是女神可能出現的方位，他一律五體投地、鞠躬跪拜，因為他深信唯有讓神接受自己的請求，才有存活的可能。不過這麼做顯然還是不夠，哈孔只好讓索格爾從所有族人裡挑選她想要的祭品，不過不包含他和兩個比較年長的兒子。女神挑中了他年僅七歲的三子埃爾林（Erling），一個在各方面都有大好未來的男孩。至此，哈孔終於確信，索格爾聽見了他的祈求，將會賜予他勝利。

3　譯註。一座位於德國北方波羅的海小島上的雜木林。

祈禱、禮拜與奉獻

如果我們把一個人跪在酋長跟前進貢，然後大膽提出請求的姿態加以擬人化，這幅奉獻的畫面其實就和祈禱沒兩樣。祈禱和請求的意思是相同的，只是對象從一般人變成了神明，而我們供奉給神的祭物，就和一般世俗帶給他人的伴手禮沒兩樣。

古北歐語的「祈禱」（beten）其實是「通過請求說服」的意思，而「bón」（古英語「bén」，相當於希臘文的「phōnē」、「phēmi」）的原意是「唸出咒語」，由此可知祈禱源自靈魂的信仰。奉獻一向伴隨著祈禱，在一再重演的神聖儀式中，祈禱有其固定形式：敬神就是要替神的事蹟、力量與榮耀慶祝，祭祀者會邀請他來參加盛宴，然後向他提出各種要求。另外也有形式不受限制的祈禱，像是直接說出當下的需求或願望，沒有供奉的環節。女武神布倫希爾德（Brynhild）醒來後大聲呼喊：「偉哉，愛瑟神族！愛瑟神族的眾女神，萬歲！用救贖的目光注視我們，賜予我們勝利吧！」（Sigrdr. 3; Oddr. 9）哈孔伯爵完整的祈禱內容如下：

「噢！索格爾，請打開耳朵聽向這裡，看看那名總是準備豐盛祭品向妳祈求，而妳亦未曾辜負他的男子。他對妳的崇敬遠勝其他神祇，多次蒙受妳的救贖，讓他免於面臨不幸威脅；尤其處境愈是艱難，他對妳的愛慕之情也就更加強烈。現在，請用和善的目光注視這名男子，完成他的心願，滿足他最迫切的渴望：助我們一臂之力，贏得勝利。神哪！不論是地面上或地底下的存有全都聽命於妳，妳讓風揚起又復歸平靜，妳颳起風暴，降下冰雹和驟雨，在在彰顯妳的無窮威力，眾人因而心懷畏懼、臣服於妳。那些理應享福又無比喜樂的人必然向妳供奉了最珍貴又上等的祭物，才能換得妳的施惠；遭到妳的遺棄就等同於蒙受最大的不幸，因為激怒妳的人將得到最可怕的懲罰。如果妳沒有滿足我的請求，對我相應不理，我就會懷疑自己是否得罪於妳，儘管我不會知道箇中原由。請用妳智慧的光彩掩蓋我的愚癡，讓那個總

是以謙卑態度崇敬妳，一向忠誠遵循妳旨意的人享受勝利的喜悅吧！我懇求妳。」

　　哈孔雙膝跪地、面朝北方，選擇了他認為最動聽的措辭朗誦這篇祈禱文。向神尋求協助時，祈禱的人會用「taugen」（意近協助、慈悲對待）這個動詞，例如芙蕾葉便以「懇請各方諸神『助』奧塔爾一臂之力」回應海恩德拉（Hyndla）（Hyndl. 51）的詛咒，就連已經受洗的詩人哈弗雷（Hallfred）也在遭到旅伴狡詐的攻擊時，向耶穌呼喊道：「快『救救』我！充滿智慧的耶穌！」（FMS II 175）索爾的神像才剛被送達古德布蘭山谷（Gudbrandstal），當地的農人就連忙跳起身來，向他鞠躬。人類在祈禱時會在神的面前俯下身來，臥地祭拜。哈孔希望索格爾助齊格蒙（Sigmund）一臂之力時，就曾在她的神像前俯身跪拜，久久不起（Fär. S. 23）。此外，由於神的光芒太過耀眼，人在祈禱時會用手稍微遮擋自己的雙眼（Nj. S. 89）；也有人會直接仰望天空，尋找神的蹤跡：在北美洲進行探索之旅的索哈爾（Thorhall）身陷絕境時，就曾俯身跪地，仰頭朝天，張大口鼻，嘴裡喃喃唸著給守護神索爾的祈禱文——當基督教的神丟下他的家人不管，這名蓄著紅鬍子的雷神卻送來一頭威猛的巨鯨。伊本·法德蘭（Ibn Fadhlan）曾為斯堪地那維亞的羅斯人（Rus）[4]留下極具價值的報導，他詳細記錄了該族人的祭神儀式，包含向神祈禱和獻祭、在神像前跪拜、供奉的盛宴、謝神的禱文與祭品。

　　只要船一到定點下錨，每個人就會帶著麵包、肉品、洋蔥、牛奶和酒，在高聳蒼翠的樹林間找一棵木紋看來貌似人相、周圍有許多小型雕像的樹木。一旦選定之後，他們會走向眼前的巨木，跪地祈禱：「噢！神哪！我從遠方來到這裡，帶著許多少女和大量貂皮。」陸續唸出準備販售的貨物後，

4　譯註。維京人居住的地區多數不適合農耕，必須透過航海與其他地區交易或搶奪資源，以維持生活所需。他們一路由波羅的海進入今天的俄羅斯地區，南下與拜占庭帝國進行貿易，拜占庭便稱呼這些維京人為「羅斯人」。

才又接著說：「我為你帶來了獻禮，」然後一面把自己帶來的東西一一攤放在巨木前，一面繼續訴說：「我希望可以遇上一名荷包滿滿的買家，一口氣買下我所有商品，而且全盤接受我開出的條件，毫無異議。」講完自己的心願之後，這些人便轉身離開。要是生意不如預期而被迫改變原本的行程，他們就會再次帶著獻禮前來，有時甚至必須來回三趟。假設這麼做還是無法如願達成目標，他們就會從圍繞在巨木旁的小型雕像中挑選一尊，另外替他準備一份祭禮聊表心意：「這些是我們酋長珍藏的稀寶，」希望藉此打動他幫忙說些好話。如此這般，每回都會特別禮遇其中一尊，一尊又一尊地輪流向他們謙恭行禮，請託他們幫忙施力。基本上，大多數人幾乎都能順利賣掉所有貨物，完成不少好交易。他們會說：「上天滿足了我的願望，現在我有義務回報他。」他們會宰殺數頭牛羊，其中一部分分送給窮人（這裡指的可能是其他共同參與謝神宴的群眾），剩餘的牲禮則擱在巨木還有周圍那些小型雕像的前方，然後把牛羊的頭高掛在聳立的巨木上。等到夜裡，成群的野狗就會把所有牲肉啃噬得一乾二淨，這時還願的人就會高喊：「神對我替他準備的祭品感到相當滿意，他吃掉了所有的牲禮。」

　　至於人如何親近神？關於這個問題，我們也找到不少資料。其實只要抹去斷垣殘壁上那些因長久遭人遺忘而堆積的破瓦碎礫，從人類學的角度看待史前那段野蠻時期各種神祕玄妙的習俗，就不難理解為什麼裸露會成為祭神儀式中的常態，而且是各種魔法生物普遍呈現的形象，以及為什麼這種行徑曾經具有超乎尋常的意義。最初的時候，人必須全身赤裸才能向神供奉或祈禱，因為唯有如此，才能擺脫日常中的不潔，褪去塵世間虛與委蛇的外殼。真實世界以外的形體同樣多以裸露示人，特別是那些比較低階、遊走人間與神界兩個領域、負責傳遞訊息的鬼怪。他們多半是脫離肉體的靈魂，依附著流水或浮雲，也可能化作底層的邪魔，一般人會叫他們妖精或女妖。

　　這也是為什麼冰島人相信，鬼魂不敢攻擊全身赤裸的人；如果你真的遇上他們，最好的辦法就是把全身脫光光。一般民間習俗追求的無非是窺探未

知的未來，解讀各種神祕現象，所以即使到了今日，徹底或部分裸露在宗教儀式中仍是必要的。如果一名男子想知道自己將娶誰為妻，只要在聖誕夜穿上女裝或不著內衣褲，也就是全身赤裸地坐在椅子上，就能見到未來的另一半；至於對此感到好奇的女孩就只需要輕鬆套上男裝即可。另外，相傳施洗者約翰節前夕的露水富有特別療效，只要汲水沾濕赤裸的身體，不管什麼疾病都能夠痊癒（冰島）。猶太教信仰則有項規定，凡罹患不治之症的人必須全身赤裸走進教堂，在通往祭壇的階梯上下來回三趟，並且大喊病症名稱三次。

據說有種廣為流傳，甚至一路傳承至今的傳統療法可以讓人擺脫身體長期的不適：爬進或穿過位於地底下、岩石中或者是樹幹上的洞，就算是人工鑿出的洞也行得通。習俗上來說，這樣的舉動意味著重生成為一名健康的人。

枝幹相互交錯所形成的圓形開口被稱作「精靈洞」，即將分娩的孕婦會被塞進這個洞，然後穿過去（瑞典），而不管是用鑽爬的或是半推半扯，都必須重複三次才會有用（丹麥）。這項習俗也經常需要用到烤箱：如果子女患有佝僂病，他們的母親就必須從九個不一樣的地方討來麵粉，將麵粉揉成麵糰後，利用大酒桶塑形，烤成圓筒狀，然後讓自己的孩子爬過中間的洞（瑞典）。直到今天，我們還是可以在有裂洞的樹木周邊發現披掛的衣服或碎布，附近通常也會有聖泉流經，布面上沾染著孕婦遭人推擠或拉扯通過樹洞時遺留下的斑斑血跡，間接證實了這套流程的確是一種祭儀。丹麥西蘭島（Seeland）的法克瑟自治市（Fakse）有棵橡樹，有痛風毛病或扁桃腺發炎的患者必須全身赤裸鑽過樹上的洞。不過在那之前，得先從樹幹削下三或九塊薄木片，連同一件衣服一起擺在橡樹下：整個過程必須在日落後靜默地進行。希望自己未來能順產的女孩，除了必須在午夜時分全身赤裸鑽過原本包裹幼馬的胎膜（丹麥），還得答應幽靈提出的另一個條件：如果生下男孩，他們將成為狼人；若是女孩，就會變成母馬。有些人鑽過樹幹上的裂洞後，會在一旁留下銅幣，然後在樹枝綁上從患者身上取下的棉線或繫帶。瑞典中

443

部的西曼蘭省（Westmannland）就有棵古老又高大的橡樹以「穿洞的橡樹」
著稱。

　　直到現今，該地區的居民還是會讓生病的孩童穿過這個樹洞。這套儀式
必須在每週四的夜晚進行，連續三週，而且過程中必須徹底保持**安靜**。此外，
舉行儀式當天的日落時分，還必須用乳酪抹醬或奶油塗覆「精靈石臼」**三次**。
他們相信，這些經過水珠不斷滴蝕而在岩石表面形成的環狀凹陷其實是精靈
製造出來的，而精靈石臼上被稱為「精靈盆」的圓形凹洞也具有同樣功能：
兩種都是用來塗抹或供奉祭物，好替患病的孩童祈福。

　　和上述信仰有關的還有古北歐的**穿過草皮底下**（見後續介紹法庭的章
節）的法律傳統，這項儀式象徵了生產的過程，其中土壤就是母親，而鑽進
草皮底下的人等同於母體內的胎兒。只要從地上抓起一把代表神聖大地之母
的草，放到頭上，不但可以隱形，還能辨識出誰是女巫。這是因為置身在草
皮下就等於跨入地底的冥界，可以獲得超乎一般人類的特質，像是隱形和敏
銳的理解力。這套儀式更高一層的含意則代表在土地的懷抱獲得重生。今日
的丹麥還是會有人替生病的孩子剪下三片草皮，將其中兩片垂直豎起，再把
另一片水平架在上方，搭建出一個「ㄇ」字型的洞，然後讓患病的孩子在日
落之後光著身子安靜地穿過這個洞三次。

　　前面曾經提過挪威有個迷信的傳統：想要窺探未來的人會全身赤裸坐在
椅子上，或是穿上另一種性別的衣物。這項習俗其實源自一個古老的信仰：
由於信眾不敢在上天無所不能的法眼之前暴露自己真正的面貌，於是想方設
法不讓人認出自己。假設有段文化時期已經創造出雌雄同體的神，而且對幻
化為動物形態的變身術深信不疑，那麼性別轉換的舉動看來也就無傷大雅
了。在那些幾乎以原始狀態生活的部落慶典上，男人會裝扮成女人，而女人
則是讓自己看起來像個男人。在歡慶的場合或過程中**變裝**成另一種性別，其
實就像**利用動物皮毛遮蓋**，或是**把臉塗黑**等掩飾手法，可以讓人在親近神的
同時隱藏自己，也能嚇走妖魔鬼怪，或巧妙騙過邪惡的女妖。我們依然可以
在現今的北歐見到這項民間習俗，像是迎接初春降臨，或是慶祝耶魯節時；

只不過原本的意涵已不復存在，而僅作為純粹的節慶娛樂。

　　十六世紀的大奧勞斯（Olaus Magnus）[5] 曾說，參加狂歡節的人會依據自己的社會地位來決定裝扮：肉販會戴上有角的牛頭或羊頭，模仿牛或羊的叫聲；如果扮的是豬，就會發出呼嚕呼嚕的咕噥聲。上個世紀的瑞典也有類似的習俗：民眾會在聖誕節前後把自己的臉抹黑，或是塗上其他色彩，扮成僕役演出一場戲。其中會有一個人負責呈上祭品，奉獻過程中需要用到的東西也都一應俱全，整場表演會隨著音樂或歌聲的節奏進行。有時扮演牲禮的人會披著動物毛皮坐在椅子上，嘴裡叼著一束切割整齊的麥梗，長度剛好和兩耳距離一致，看來就像是豬的鬃毛。挪威人則會扮成耶魯節的雄山羊，他們披在身上的羊皮不但毛茸茸，而且還長著兩根角。演出的人除了模仿公羊的叫聲，也會跳來躍去取悅群眾。

　　直到今日，原始部落的舞蹈和節慶競技依然保留了這些古老的習俗。總歸來說，不論是年度的祭典，還是慶祝豐收或迎春的活動，祭神的隊伍或遊行都會伴隨著戲劇表演、歌唱或音樂。這些年復一年的節慶活動一路傳承至今，例如亞洲和非洲的遊行隊伍就會利用火炬、鈴鐺（Saxo 185）或打響鞭製造出火光和喧天價響，驅趕妨礙作物生長的妖怪和田野間的鬼魂。另外，過去亦曾有文獻一度提及紅色長袍的祭服（Vatns. S. 26）。

　　祭祀過程必須謹守神聖的**肅穆**，儘管最初的動機可能只是害怕遭到鬼魂攻擊才這麼做。接受民俗療法時，好比施展巫術的當下，患者也會被強烈要求保持靜默。

　　負責點燃驅邪之火的聖潔男童會在黎明或黃昏之際，在迎接慶典的肅穆氣氛中鑽木取火。部落集會時，主席會以「請安靜」來吸引群眾的注意力；斯堪地那維亞的吟遊詩人準備在王侯公爵的面前發表作品或引吭高歌時，也

5　譯註。瑞典神學家，曾於西元 1555 年著述《北歐民族史》一書。

會先用這句短語開場，像是詩篇《女先知的預言》開頭第一句就寫著「請聽我說」。瑞典的牧師至今仍會在婚禮或慶典上要求大家保持安靜，而同樣必須默默進行的還有取用聖水的儀式。赤著腳的信徒必須在日出之前或日落之後靜靜喝下具有療效的聖水，或是用這些水浸濕自己，然後繞行聖泉三圈，並且誠心祈禱。另外，在踏入神聖的場所之前，必須徹底卸去所有兵器刀械。

三和九這兩個數字在祭祀儀式中扮演著極為關鍵的角色。據猜測，萊德（Hleidr）[6] 和烏普薩拉（Uppusala）兩地的盛大祭典都會歡慶長達九日，而瑞典國王奧恩（Aun）則是每九年固定在烏普薩拉向奧丁獻祭一名兒子，為自己延年益壽。

丹麥民眾認得九種不同型態的佝僂病，瑞典人則把這種病症區分為三種。為了消滅傳染病，瑞典民眾會撿取九種樹枝或灌木條加以焚燒；丹麥人則是以末端分裂的柳枝治療腰痛或身體突然出現的不明刺痛：他們會在樹枝末端開叉處扣上九條細枝，然後在患者頭部上方依序朝著東、南、西三個方位各揮擲三次。這兩個神聖的數字也一再出現在咒語和宗教儀式中。奧丁為了取得盧恩文字，拿長矛刺傷自己後，倒吊在狂風飄揚的樹上九日九夜。不過這個傳說或許只是把一般北歐男子供奉奧丁的儀式轉嫁到奧丁身上，因為他也一心想要透過犧牲來增強自己的威力。另外，為期九天的喪葬儀式主要供人補償或哀悼，最後一天才會以獻祭畫下句點。直到 1901 年，冰島人在召開議會前仍會一起高聲呼喊九次：克里斯蒂安國王（König Christian）萬歲！不禁讓人聯想到近來中國備受熱議的三跪九叩禮。

· 在原始日耳曼語裡，一般使用古北歐語「blót」表示奉獻，「blóta」加上某人作為直接受格，某物為間接受格，就有「透過奉獻向某人表達崇敬」的意思，但也有「任命某人成為神職人員」之意：這些受人尊崇者除了自己

6　譯註。即現今丹麥西蘭島上名為萊爾（Lejre）的小鎮。

的本名，會另外獲頒神的別號。統領挪威霍達蘭郡南方（Südhördaland）莫斯特島（Most）的首領羅夫（Rolf）因為和索爾有特殊交情而自稱索羅夫（Thorolf），他把自己步入老年後才生下的兒子斯坦（Stein）獻給索爾，並因此替他取名索斯坦（Thorstein）。之後，索斯坦也把自己的兒子格林姆（Grim）獻給索爾，任命他為索爾神廟的祭司，並以索格林姆（Thorgrim）稱之（Eyrb. S. 7, 11, 344）。除了「blót」以外，「forna」則是專指血祭。另外，古北歐語的「húsl」（哥德語「hunsl」，古英語「húsel」，英語「housel」）一般解釋為神聖的儀式（等同於立陶宛語的「szwentas」，教會斯拉夫語的「svętu」，或袄語的「spenta」，意即「神聖的」），但同時也代表計量單位裡的「百」（hundert，çatám，centum），最初用來指稱供奉給神的一百頭牛：[7] 在丹麥西蘭島舉辦的盛大祭典就奉獻了包含活人、馬匹、犬和雞等各種牲禮，共計九十九份之多。古日耳曼語的「*Laikaz」（德語的「Leich」）指的則是在獻祭過程中常見的節慶舞蹈；古北歐語的「leika」和古英語的「lâcan」都有「擺動的、跳躍的、群眾隨樂聲起舞」之意。這些讓人隨之起舞的樂曲多半取材自神話，這一點和古老的法羅群島的舞曲一樣；直到今天，這些詩歌依然在汪洋中的法羅群島上裊裊傳唱。同屬祭儀一環的還有圜舞，伴隨圈舞所吟唱的詩歌內容則包羅萬象。按照不萊梅的亞當的說法（IV 27），許多不受重視的輓歌反而被人拿來在奉獻過程中吟唱。史塔克厭惡烏普薩拉地區陰柔的身體擺動，也不喜歡演員在舞台上的喧鬧和鈴聲輕盈碰擊的聲音（這些都是向弗雷獻祭時會出現的感官體驗）（Saxo, 185）。群舞就和競技表演一樣，屬於日耳曼宗教節慶中固定的環節。根據文獻記載（Tacitus, Germ, 24），最古老的日耳曼舞蹈是由全身赤裸的日耳曼男童演出的劍舞，據推測只有在祭祀戰神或天神時才會安排這樣的節目。古北歐人表演劍舞的流程大致如下：多名參與演出的男子會先排列成圈，一面環繞而行，一面朝空中揮舞帶鞘的劍。繞行三圈之後，他們才會抽出劍來，隨著氣流依循一定的形式擺動舞弄，讓劍鋒交疊出六角玫瑰形。接著倏地各自散開，像

---

7 譯註。古希臘時期的用法。

是擊劍般相互在他人頭上擺弄，彷彿要畫出一朵四角玫瑰。下個瞬間，表演者的動作轉為急促激烈，不斷讓彼此的劍刃鏗鏘交擊。突然間，各自往後一躍，這段伴著樂音和歌聲的精采表演便嘎然落幕（Olaus Magnus）。

「Leich」這個字在古北歐語多半表示戰鬥之意，因為征戰期間的跋涉行軍可說是最嚴肅的圈舞，也是最艱鉅的一段考驗。我們可以從當時使用的語言得知，不斷四處征戰的軍隊（folkleikr, herleikr）有專屬的聖詩，贏得勝利或達成和平協議（sigrleikr）時，也會有特別的歌舞慶祝；此外，所有盛大隆重的節慶（Asleikr）也必然會有取悅諸神的歌舞，舉例來說，像是獻給芙蕾葉（可能是古日耳曼人慶祝聖誕節的表演節目之一，也可能只是單純的「飲酒作樂」？）、奧丁或是女戰神希爾德（Hild）。如果我們把古英語的「lác」解釋為「奉獻」，就能證實在古日耳曼語裡，祭獻過程中的競技表演、舞蹈和詩歌其實是密不可分的。

供奉的飲食

一開始時，人類也會用烹煮過的食物祭神，因為他們認為唯有這樣才能讓神明好好享用。古冰島人「紅鼻子」索斯坦（Thorstein Rotnase）就曾經把一堆剩食扔進瀑布裡，當作奉獻的祭物。

向神獻上自己有得吃的東西，是再自然也不過的作法：農人多半供奉田裡生產的水果，畜牧者則會呈上各種肉品。不過我們並沒有辦法在歷史軸線上清楚界定，這兩種產業分別在什麼時間點端出帶血和不帶血的祭品。大致上，只要是由整個部落或祭祀組織所舉辦的大型慶典，檯面上幾乎清一色是帶血的牲禮；如果是個別家戶進行祭祀，其實只要準備穀物、麵包、牛奶和鮮花這類不帶血的祭品就很足夠。有時祭祀者迫於生活拮据，也只端得出簡單、**不帶血的供品**。

不論是播種期間、結束播種後，還是後來的豐收祭，部落祭天祈福時，都會向神供奉水果和各種飲食。如果田地已經翻過土，他們還會另外準備穀

物、麵包或雞蛋祭神。不過用來祭祀的供品並不是平時食用的麵包，瑞典的農人會用精細的麵粉製作成聖誕麵包（Weihnachtsstollen）[8] 或番紅花麵包（Julgalt, Juleber），風乾後保存到隔年早春，然後將其中一部分磨碎和水果拌在一起，餵給犁田的馬匹，另一部分則由耕種的農人自己吃掉，藉此祈求豐收。裝飾性的鮮花也是祭祀儀式中少不了的元素之一。許多在遠古時期因富含療效而被視為珍品的藥草，如今已完全不受重視。當時的人認為藥草是神賜予的貴重厚禮，為了表達感激之情，除了在祭祀時獻上療效最好的花草，他們也會用花草裝飾那些準備奉獻給神的牲畜或活人，以及舉行祭典的聖所和周邊環境。隨著儀式的進行，信眾會走向四周有綠葉環繞裝飾的聖泉，往裡頭投入插上鮮花的糕點作為獻禮，祈求豐收，然後再緩緩喝下帶來救贖的聖水。

從冰島發現的文獻指出，神廟裡的麵包坊主要由女性照料。她們會把麵糰揉製成神像或神聖的動物，抹上油後，送到聖所烘烤。有時神像製作得太大，例如捏成巴德爾（Baldr）的麵團，導致烘烤的過程看起來就像整座神廟都燒了起來。日耳曼尼亞（Germanien）[9] 全區都可以找到類似的烘焙坊遺跡。此外，用來烘焙的器具要不是和特定的時節有關，就是為人生中不同的重要階段準備的，這些器具等於為當時的供品留下了見證。這個時期的人會使用各形各色的模具烤製祭神的糕點，像是牛角、山豬、山羊，還有戰馬等不同造型。人類假借這些動物的形體象徵各種牲禮，經過祭司加持後，這些祭品便會獲得神聖的力量，能帶來救贖。依據情況的不同，有時甚至具有補償的效果：一旦把祭品吃下肚，這些力量就會轉嫁到食用者身上，等於是神明收下祭物後給奉獻者的回禮。

至於祭典上不可或缺的啤酒，可能是由女祭司釀造的。由於挪威國王歐

8　譯註。一種質地像硬麵包，但製作材料和水果蛋糕一樣的糕點。
9　譯註。古代歐洲的一處地名，位於萊茵河以東、多瑙河以北，同時也包括被古羅馬控制的萊茵河以西地區。

拉夫一世強制推行基督教，迫使冰島的異教徒不得不逃離家園。他們向神立誓，如果神能賜予他們有利的風向，事後將以三桶啤酒還願；換言之，他們等於承諾要舉辦一場盛大的飲宴敬神。

根據記載，金銀珠寶或綢緞衣裳等珍品也會被拿來當作祭神的獻禮（FMS. II 173）。哈孔伯爵就曾建議齊格蒙奉獻一些東西給索格爾，只要把那些準備好的銀飾擺放在神像前的椅子上即可。（Fär.S. 23）

瑞典人則會在弗雷陵墓前的三座窗台上擺放金幣、銀幣或銅幣還願。直到十九世紀，往聖泉裡投擲錢幣仍是很常見的作法，而且就算是銀幣，也會原封不動躺在池子裡，因為人們相信拾起這些錢幣會招來厄運（挪威）。

患病的人爬鑽過樹幹上的裂洞後，會把衣物吊掛在樹枝上，或是把碎布擺放在聖泉周遭的樹木或灌木林底下當作祭物。直到 1882 年，挪威人都還保留著這項習俗。修繕或建造廟宇和祭壇也是一種奉獻的方式，還有一種習俗則是把兒童獻給特定的神，讓他們成為神的僕役。又或者像拉芬克（Hrafnkel）把自己一半的財產都獻給他最愛的天神弗雷，而且不只是各種稀世珍寶，還包含他的愛駒「弗雷鬃毛」（Freyfaxi）。

把麵包捏製成神聖動物的形體，用來祭神，就等於獻上宰殺的牲禮。儘管帶血的祭品似乎要比不帶血的更具份量，而活人祭又比一般**牲禮**更加崇高慎重。牲禮的選擇則會隨著神的屬性而有所不同，諸神各自有其對應的牲畜：祭拜天神，也就是後來的奧丁，就得用馬，供奉索爾要宰殺雄鹿，獻給弗雷的必須是野豬，而和海姆達爾（Heimdall）搭配的則是公羊。信眾只宰殺可以吃下肚的牲畜，這也是為什麼古北歐語稱公羊為「sauþr」，也就是水煮和炙烤的意思。牲禮的古北歐語是「tafn」，古高地德語則是「zëbar」，古英語稱為「tifer」，而拉丁文是「dapes」，表示「奉獻的筵席」。對當時的北歐人來說，火祭的效用還未經證實。不過用來獻祭的只有牲畜的首級、毛皮還有骨頭，剩餘的部分多半會加以烹煮，然後分送信眾吃掉。這麼做對神並無不敬，因為骨頭和頭蓋骨是牲畜身上可以保存下來的部分，只要沒有受到損傷，神就能讓牠們再次重生。牲畜的毛皮、骨架還有腸子會擺在柴堆上方，在這之前，每位參與祭祀的民眾會先從中拿取一部分，好比一塊骨頭（Lokis

Rat an Thjalfi）、一小片毛皮或是凝固的血塊。他們相信這些剩下來的祭品具有魔法力量，可以對抗疾病和壞天氣，因為它們原本是神的一部分。此外，民眾也會把動物脫落的外皮或外殼掛在聖樹上；牲畜因感染牛瘟被宰殺後，則會留下牠們的頭顱保存在屋脊，當作人神之間和解的聖約。不過神承諾的庇佑其實也只是靈魂的寄託，其效果就和一般的巫術沒兩樣。直到今天，在挪威北部的諾爾蘭郡（Nordland）仍四處可見該習俗的痕跡：許多住家或畜舍建築正面的三角楣飾[10] 都是兩顆相互交錯、粗略雕鑿的馬頭，牠們用舌頭舔去房舍的灰塵，並以守護神之姿看守房舍、驅散惡魔。不過如果把木雕的馬頭，或是任何具有神聖力量的木製獸首嵌鑲在榛木杖上，並且讓牠們的嘴對著房舍，就會為建築物帶來厄運。萬一這顆頭還露出齜牙咧嘴的表情，一張大口被塞在嘴裡的木片直挺挺地撐開來，更會帶來不堪設想的後果。此外，也有人會在木棍上刻寫盧恩文字對某個人施咒。

祭典上的牲禮一般會用鮮花、彩帶和一根根的玉米加以裝飾，如果供奉的是牛，牛角也會特地染成金色（H. Hj. 4）。至於牲禮的挑選通常是由信眾按照自己的標準，從放養的畜群中抓出最漂亮、最強壯的來獻給神，但有時也會直接讓神自己決定，換句話說，就是隨機挑選。一旦選定要在烏普薩拉慶典上獻祭給神的牛犢，瑞典人就會努力將牠養肥：由於餵食得相當勤快，後來這頭牛反而主動親近人類（Yngl. S. 26）。

戰馬不但是最早用來獻祭的牲畜，也成為祭典盛宴上大快朵頤的佳餚。只不過基督教取得勝利後，馬祭就成為不折不扣的異教行徑：只要吃馬肉，就可能被懷疑暗地裡供奉舊神明或偶像，進而被當作冥頑不靈的異教徒懲罰。食用馬肉或人肉被視為只有巨人族才會有的醜陋行為。

在丹麥萊德舉行的盛大祭典，一共獻祭了九十九匹馬，大啖馬肉的瑞典異教徒事後必然遭到國王歐拉夫一世的狠狠訓斥（Yngl. S. 347）；烏普薩拉的祭典則宰了九頭種馬獻神，牠們的鮮血可用來抵罪，頭顱和毛皮也吊掛在

---

10 譯註。建築橫樑上一種三角形的裝飾形式，由柱子或壁柱支撐。

神廟四周的聖樹上。丹麥國王史文二世（Sven）[11] 在位期間，抗拒基督教的瑞典人牽著一匹馬出席公民大會，當場把牠大卸幾塊供眾人享用，最後還把馬血塗抹在聖樹上——很可能是烏普薩拉神聖林裡的某一棵。（Herv. 17）

身為基督徒的哈孔一世一再和他王國內堅信異教的民眾發生衝突，齊古爾（Sigurd）則試圖居中協調。在拉迪爾（Hladir）舉行的祭典上，農人們團團包圍他們的國王，要求他吃下馬肉，但哈孔拒絕妥協；眾人又叫他喝下清湯，他仍不從；讓他吞進馬油，哈孔還是不肯。眼看就快遭群眾圍剿，一心想平息眾怒的齊古爾便請求國王走到正在烹煮馬肉的滾燙湯鍋旁，把頭伸到油膩的湯鍋握把上方，然後張大嘴巴。國王依照他的建議走上前，用一塊布纏繞住湯鍋的握把，再正對著湯鍋張開他的嘴，之後便走回自己的王位。儘管如此，不管是國王本人或農人，都還是感到氣憤難平。哈孔也曾在摩里（Möri）舉行的祭典上被迫嚐了幾口馬肝，而且沒有先用十字架敲打酒杯，就喝下祭酒（Hák. S.g.18）。

就連聖歐拉夫（Olaf der Heilige）也對特隆海姆（Drontheim）的農人感到相當惱怒，因為他們早就受洗成為基督徒，卻在入冬之際舉辦了一場廣邀眾人參與的大型盛宴，席間不但以酒對愛瑟神族的眾神表達愛意，還宰殺牛牲和馬匹，用牠們的血塗抹祭壇；農人坦承這場盛宴的目的是為了祈求來年豐收（FMS I104）。

根據冰島流傳至今的傳奇故事，還有出土的遺跡看來，馬匹死後會被埋進地穴。其中有些甚至是進到地穴之後才遭人宰殺，從一處古老祭殿挖掘出來的骨骸證實了這一點：研究人員從地底深處的殘渣灰燼中發現摻雜了馬的牙齒。毫無疑問，這一定是崇拜異教的信眾在這座神廟宰殺牲禮後遺留下來的。儘管接受了基督教的教義，冰島人還是保留食用馬肉的傳統習俗。距今約 150 年前，島上爆發大規模饑荒，農人迫於無奈必須宰殺馬匹，卻因此遭受神職人員的非難與譴責。

---

11 譯註。於西元 1047-1076 年間擔任丹麥國王。

在所有公開的祭祀儀式中，**活人祭**是最慎重其事的一種。一旦事關整個部落的存亡，人類就會以這種血腥的方式向神表達敬畏之意，而且不僅限於提烏斯（Tius）、弗雷、奧丁、索爾或索格爾等地位崇高的神祇，遠古時期的人也會供奉相對低階的自然神，特別是水神。我們發現不管到了哪裡，所有人都深信**建物祭**（Bauopfer），尤其是活人祭，可以保障房舍的穩固：只要把活生生的動物或人監禁起來，就能避免房舍倒塌或遭受任何破壞。其中的關鍵並不在於獻上人類的肉或鮮血來取悅神祇，而是透過禁錮人類靈魂讓房舍變得穩固。這其實是一種以殺人為代價的巫術，早就偏離活人祭的原始用意；然而隨著歷史的演變，後來蛻變為一種奉獻的形式。

在斯堪地那維亞，活人祭並不僅限於眾人共同參與的祭典，有時個人也會基於特殊狀況採取這種方式敬神。冰島的哈斯坦（Hallstein）向神獻上自己的兒子，祈求能有塊浮木向他漂來（Gisla S；König Aun；Vatnsd. S. 16, 30）。

活人祭多半帶有代價的意味，但有時**懲罰**也能帶來類似效果：受到法律制裁的罪犯會被帶到神的面前，因為他背叛個人所屬的部族和自己的守護靈（或守護神）。當時的人認為，犯行者唯有以死謝罪才能使神息怒，因此每次處決都是一場獻祭。日耳曼人的大型慶典同時也是重大的審判法庭和公民大會，凡是打破固有規範、違反自然或是其他共同遵守的傳統習俗，好比侵犯神聖的個人與其財產時，就必須向神謝罪。古冰島人會將罪犯從懸崖推入海裡，獻給索爾。由於每場戰鬥都等於是神對戰敗者的審判，因此獻祭罪犯的同時，也會一併處決戰俘。普羅柯匹厄斯（Prokopius）就曾提及這一點。

歐拉夫一世原本和固執的特隆海姆人約好在摩里盛大舉行的隆冬祭典會面，但他竟先行設宴，並廣邀鄉紳名流參與。對此，他向特隆海姆人解釋，如果要恢復異教信仰，他認為有必要透過大規模的活人獻祭，彌補他先前汙衊侮辱異教眾神的嚴重罪行。他不會像平常一樣獻上奴隸或罪犯，而會犧牲十一位在他統治下最受人景仰的地方首領，換取來年的豐收與平安：如果特隆海姆人對此有異議，就必須轉而接納他的信仰。面對國王這般威脅，加上

他身後眾多隨從步步逼近，這些農人便接受了洗禮。除了誓言堅守這份信仰，他們還放棄了所有獻祭的義務，並且提供抵押品（FMS I 74）。西元1000年，就在基督教正式成為冰島法定宗教的前夕，異教徒舉行了一場大型聚會，決議向諸神展現他們熱切的決心。他們從每個地區挑選出兩名男子獻祭給神，表達不希望讓基督徒橫行全國的強烈訴求。不甘示弱的基督徒也聚集起來表示：「異教徒挑了最差勁的人選獻給他們的神，還以令人憎惡的死亡和亡者的罪行來榮耀神：他們將那些被挑選出來的人從山上往下推，或是推進峽谷裡；相反地，我們會從那些誓言為勝利犧牲的男子當中，挑選出最適合服侍神的人。」（Kristni. S. 11; FMS II 228）

通常只有當部落或國家陷入束手無策的困境，才會採用活人祭，尤其是面對勃然大怒的神，或者不管用淨化之火（Notfeuer）燒了多少祭物，依舊無法擺脫饑荒、歉收或瘟疫等災禍時。一旦抓來男童、幼童和處女之後，這項儀式就形同箭在弦上、勢在必行，不會有人想要解救國王打算獻祭的人選。每隔九年，萊德和烏普薩拉兩地都會由國家主辦盛大的贖罪祭，兩場祭典分別奉獻九十九和九個人給神——幾乎猶如一場撲滅罪犯和戰俘的大屠殺，而且還是在眾目睽睽下堂皇盛大地進行。

不少民間傳說都流傳著一種說法，要讓長期肆虐某個地區的暴風雨平靜下來，唯有讓特定人士以死償還。通常上天屬意的都是位高權重者；此外，一般認為以幼童獻祭會有特別的效果，因為要讓神消怒，最好獻上完全純淨的造物。

日德蘭半島（Jütland）一度爆發嚴重饑荒，島上居民幾乎全面滅絕。先知便預言，命運已定，如果不把最尊貴的年輕人奉獻給神，豐收之日將永不降臨。於是海德瑞克（Heidrek）指出，國王哈拉德（König Harald）[12]之子哈

---

12 譯註。即 Harald Valdarsson，綽號「老人」（the Old）。

夫丹（Halfdan）[13] 是所有人之中最崇高的，哈拉德卻表示，女婿海德瑞克之子安剛提爾（Angantyr）才是最符合條件的人選。眾所皆知，海德瑞克的父親是最出色的審判者，在父親的建議下，他藉公民大會向群眾表明，自己的兒子安剛提爾的確可能是全國最尊貴的人，應該選擇他成為神的祭品，不過前提是：除非國王哈拉德同意讓一半的手下對他宣誓效忠並且追隨他，否則他不會交出自己的兒子。眾人隨即如他所願，但海德瑞克竟高喊：「如果我用國王、他的兒子，加上他的子民取代我的兒子，想必奧丁會更高興！」宣戰大旗就此升起，號角也隨之吹響，雙方陷入你來我往的激烈爭戰。這是一場嚴峻的戰爭。最終海德瑞克憑著無堅不摧的魔劍「提爾鋒」（Tyrfing）贏得勝利，國王哈拉德和他的兒子則成了戰敗的一方。海德瑞克把哈拉德與其子哈夫丹的鮮血塗抹在聖壇上，並且把所有戰敗者都獻給奧丁，祈求更豐盛的收穫。但他也因此成了殺害自己連襟的凶手，根據侏儒的預言，這是這把魔劍第二度犯下卑鄙的重大罪行。海德瑞克的妻子得知父親的死訊後，悲憤得上吊自殺（Herv. 9）。海德瑞克從父親那裡得到的建議似乎和史塔克向神奉獻維卡爾國王的作法有異曲同工之妙：王室氏族被一舉殲滅，成為向奧丁贖罪的祭品。在開戰之前，海德瑞克曾誓言要將國王以及他的軍隊獻給戰神，而他在戰後也實現了這項誓約。

據說瑞典國王多瑪爾迪（Domaldi）為補救歷時三年的歉收而犧牲自己的性命，後來瑞典人將他的鮮血潑灑在祭壇上。儘管他們已經向神獻祭了牛牲和低賤的人，但神仍不為所動，烏普薩拉的地方首領因此齊聚一堂，共同決議必須以眾人之中最尊貴者，也就是國王，向神祈求救贖（Yngl. S. 15）。同樣的情況也發生在於維納湖（Wänersee）旁的韋姆蘭（Wermland）稱王的「伐木者」國王歐拉夫（Olaf Tretelgja）身上。由於該地區後來移入過多人口，導致饑荒發生，人民認為國王應該為此負責，因為不論收成結果如何，瑞典人早已習慣把所有問題都歸咎給他們的國王。然而歐拉夫的不斷推託觸怒了他的子民，更讓他們確信這就是長年歉收的原因。民眾因此集結

13 譯註。即 Hálfdan snjalli，綽號「勇者」（the Valiant）。

龐大的軍隊，把國王的住所團團包圍，然後放火燒掉一切。之後，他們將國王獻給奧丁，藉此向他祈求豐收（Yngl. S. 43）。至於早在出生之前就被獻給奧丁的維卡爾國王，則是被史塔克吊起來刺穿後才交給奧丁，用來換取對航行有利的風向。

　　換句話說，國王必須為天候以及作物的收成負責。多瑪爾迪和歐拉夫付出了性命來彌補他們的失職，相反地，喜悅的豐收甚至讓人對神更加崇敬。

　　黑王哈夫丹，也就是「金髮」哈拉德之父，不幸在騎馬橫渡結冰的河流時溺斃。由於在他的統治之下，全國年年豐收，人民便將他的屍體分成好幾塊，分別放在四個不同的地方：因為他們相信，凡是哈夫丹所在之處，不論他是生是死，他的庇佑仍舊會延續下去，所以把他當成神一般地崇敬（Flt. I 658；Hálfd. S. Sv. 9）。同樣身為國王的「蓋斯塔的精靈」歐拉夫（Olaf Geirstada-alf）最終也被自己的子民奉獻給神，儘管該國在他的統治下維持了相當長久的和平與豐收，不過後來爆發饑荒，他還是免不了要犧牲自己的性命，換取豐收的一年（Flt. II 6）。當時的瑞典人也會向死去的弗雷獻祭，祈求豐收與平安的一年（Yngl. S. 10）。紅鬍子艾瑞克[14]的後代當政時，挪威曾爆發饑荒，農人一概認定這全是國王的錯（Haralds. S. grafeldar 17）。直到人稱「犧牲者伯爵」的忠誠異教徒哈孔伯爵重新恢復對獻祭的重視，當年的收成隨即獲得改善，不但收獲了穀物和鯡魚，大地也一片綠意盎然、繁花盛開（Fagrskr. 44）。古斯塔夫‧瓦薩（Gustav Wasa）[15]就曾在韋斯特羅斯（Westerâ）[16]的國會上埋怨（1527）：「身為國王的命運實在是悲慘。天不下雨，百姓就怨國王；沒了日照，也是國王的錯；日子不好過、爆發饑荒和傳染病的責任也得由他來扛。」

----

14 譯註。亦稱紅髮艾瑞克（Erik "der Rote" Thorvaldsson），維京探險家，曾因犯下謀殺罪而從冰島流亡至格陵蘭。
15 譯註。挪威國王，即古斯塔夫一世，於西元 1523-1560 年期間在位。
16 譯註。瑞典中部的一個城市，也是西曼蘭省首府。

在饑荒時期犧牲老人或是遺棄幼童，似乎也是一種祭神的方式。冰島曾在西元 975-976 年左右遭遇飢寒交迫的嚴冬，當地居民因此決定向天祈願。然而神廟的祭司要求他們立下誓言，不但要向神廟奉獻，還必須拋棄幼童、殺死老人（Vígask. S. 7；Landn. I 323; FMS II 226）。除此之外，歉收或收成不佳時，他們甚至必須遵照神的旨意驅逐部分族人：這群人祭拜的神掌管著神聖之春（Ver sacrum），在神的主導下，後來果真得償所願（S.R. Dan. II 49; Hist. Norm, I 4b）。相較於在饑荒時期殺掉老人和不具生產能力者，或是讓他們挨餓，驅逐部分族人的作法明顯和緩許多。對北歐的異教徒來說，這其實是一種好的轉變，甚至有部分男性表明他們反對這種殘忍的習俗，並試圖要讓個人對神的崇敬回歸本心，提升到更純淨的境界。

活人祭的方式其實有很多種，像是獻祭維卡爾國王的過程中就採用了血祭和絞刑。根據普羅科匹厄斯的記述，當時的人並不是直接拿刀弒殺犧牲者，而是利用絞刑或其他方式將他折磨至死。在萊德和烏普薩拉的祭典上，信眾會把活人掛在樹上，冰島人則會在祭祀索爾的高台上打斷犧牲者的背骨，留下清晰可見的斑斑血跡（Eyrb. S. 10）。不過等到他被人從高山或懸崖上推落，也許就再也記不清那段後頸斷裂的過程了。後續將介紹更多活人祭的方式，例如血鷹（Blutaar）之刑、擊碎頭顱，還有輾壓血祭（Rollenrötung）[17]等（詳見：戰爭時期的獻祭儀式）。其他像「伐木者」國王歐拉夫則是被活活燒死，而活活淹死犧牲者的作法也時有所聞，也就是所謂的「滅頂祭」（Opfersumpf）（Kjalnes. S. 23; Ad. Br. Schol. 134）。另外，如果獻祭的人選是罪犯，也可能會把他埋在海陸交界的潮間帶（Grettis. S. 19; GulaÞings. L. §23）。

---

17 譯註。即利用船艦下水的過程輾壓犧牲者，藉由遍染船底的鮮血向神獻祭。

獻祭的流程

按照古老的習俗，如果要舉行獻祭，所有農人會前往神廟所在地。他們會各自準備可能持續數日的盛宴，同時也會捐出水果、牛牲和珠寶當作祭物。參加祭典的人會用鮮花和花圈裝飾自己，不武裝、不戴帽、不穿鞋，只著一身亞麻衣料踏進聖殿。有些人會俯身祈禱，有些則抬頭仰望神在天上的居所，所有人抱持崇敬的心，靜默待在專屬信徒的長屋裡。接著，預定要獻給神的人選或動物會被套上綠葉編製的花環，在聖殿或群眾圍成的圈內繞行三回，才迂迴穿過一張又一張的座席，進入另一頭的圓弧狀建築裡。一座鐵鑄的長型祭台隔開了保留給群眾使用的長屋，這個區塊裡不僅掛滿神廟供奉的神像，還有一只用來盛接鮮血的銅鑄祭壺；過去尚未使用祭壺之前，則是讓血直接滴落到一個凹洞裡。除此之外，還有一把形似灑聖水器的利劍、立誓用的聖環和聖火，牆面上則掛著裝飾用的壁毯（Isl. S. II 404），木造的樑柱雕鏤精細，地面上鋪滿了麥稈或蘆葦，因為在遠古時期就算是神也會坐下來用餐。

祭典上的神聖祝禱通常會伴隨著讚美神的呼聲與歌詠，當然也少不了助興的舞蹈，在這種熱烈高昂的氣氛下，信眾會當著神像的面砍下牲畜的頭顱、打碎活人的背骨。特地為這場盛典在手臂套上神聖誓環的祭司，負責盛接滴落的鮮血，用來澆灑整座祭台、神廟裡裡外外的牆面以及祭祀用的聖樹，最後也會淋在參與盛會的群眾身上，好讓他們分享上天恩賜的救贖與饒恕。那些供奉給神的心臟、肝臟和肺臟就擺在祭台上，剩餘的部分會在祭典結束後加以烹煮，由祭司分送給大家。至於要獻祭的人體，還有動物的頭顱和毛皮則掛在外頭的聖樹上。

獻祭儀式全部結束後，所有祭品會被送到神廟的長屋舉行**盛宴**。眾人會在火爐上架設湯鍋，熊熊烈焰幾乎要燒掉兩旁的座席。在瑞典和挪威，通常由國王或伯爵主持祭典的筵席，在冰島則換成祭司，他們會坐在屋內正中央的大位，木製的椅腳上雕繪著精細的神像。主席會先為滿桌的美酒佳餚祈福，

然後眾人就可以盡情享用那些祭拜過後的肉塊、油脂和高湯，一同暢飲啤酒，好好地大快朵頤一番。餐宴上所需的一切通常是由參與的群眾自行準備的。至於那些礙於空間有限而無法進到室內的民眾同樣也能分得食物和酒（Hǫv. 143-4），就像現今的鄉村或小鎮人家，只要在入秋後宰殺牲畜，也都會分送給鄰居或親朋好友。

　　飽餐一頓後，眾人便開始**飲酒**。先向諸神奉過酒後，分坐在煮鍋兩旁的信眾會隔著爐火相互敬酒，筵席的主席也會發表慶賀的祝酒辭。第一杯斟滿的酒是用來向當天祭祀的神表達愛意（Minnetrinken）：如果想要祈求勝利和力量，就得乾掉敬奧丁的酒；想要一整年都平安順利則必須向尼約德（Njörd）和弗雷獻酒，有時對象也可能換作索爾和芙蕾葉；另外也有人會藉酒追憶已故的至親好友。

　　旦氣氛不再熱絡，眾家男子便會重新振臂舉杯，再次向神獻酒（Gisla S.）。哈孔四世（König Hakon der Alte）[18] 保留了為耶魯節準備大量啤酒的傳統，同樣地，後來的基督教文化不但沒有禁止這項向神表達愛意的飲酒習俗，反而把這套儀式搬進教堂裡，原本異教徒以酒獻神的意涵也就隨之發生改變，除了可能表示向異教諸神致意，也可以用來表達對耶穌基督、大天使米迦勒和聖馬爾定的愛。聖馬爾定出現在歐拉夫一世的夢中，要求身為基督徒的他應該要有相應的作為：不管是原本在祭祀筵席上獻給索爾或奧丁的啤酒，或者是裝滿了牛角杯向愛瑟神族表達愛意的酒，從現在開始都應該用來向身為聖人的他致敬（FMS I 141）。

　　以莊重儀式揭開序幕的祭典，最終以熱絡喧鬧的盛宴畫下句點。有些英雄會趁著宗教節慶帶來的簇擁歡騰大膽立誓，用來立誓的酒杯稱為「諸侯杯」，而非按照字面解釋作「詩神布拉基之杯」（bragar-full）。這只酒杯原本是王室繼承人在喪宴上用來遙祭逝去的國王，並且必須在乾杯之際慎重立下誓約，只不過這層含意後來就逐漸大眾化了。

---

18 譯註。西元 1217-1263 年在位，為挪威國王。

　　國王或伯爵的喪宴一般由有意繼承遺產的人張羅主導，他必須先坐在大位前方的板凳上，等著盛滿酒的「布拉基之杯」端上桌，然後起身對著斟滿的酒杯立誓，再一口氣乾掉這杯酒。如此才能以年輕王侯之姿被領往父輩曾經穩坐的大位。整段儀式至此，才算完成遺產的繼承（Yngl. S 36;Hák. S. g. 14; Fagrsk. 44）。也有人會在耶魯節期間藉諸侯杯向弗雷的公豬立誓（H. Hj. 3; Herv. 10）。另外還有種作法則是把一隻腳踩在石頭或階梯上，然後說明：「我在此發誓，什麼時候要完成這件或那件事，否則我將死去。」（Hardar S. 14; Hoensa Thóris S.；Fagrsk. 55；Hrolfs S. kráka 42；Holmverja S. 14）一般來說，誓詞的內容多半不脫得到絕世美人、進行復仇、發動戰爭、襲擊或是其他危險的行動，好比撬開一座古墓。當然也有其他與這類主題截然不同的誓詞：袞洛格（Gunnlaugr）[19] 就曾立誓絕不以德報怨，而他的兄長則誓言絕不拒絕載運瀕臨生死關頭之人（Þrogrims. S. 13）。有些人甚至是在微醺狀態下或一時興起和友人打賭，鹵莽立下誓約，直到隔日一早清醒後才感到悔恨不已。

個人日常的獻祭儀式

　　以部落為單位的祭祀當然遠不及整個地區或聯合獻祭的規模，更不用提個人家戶了。盛大舉辦祭典的主要目的便是敬神，齊聚一堂的民眾無不緊抓著自己的供品，打算奉獻給無所不在的靈體和自然界的諸神。好比懸崖也是舉行獻祭的場所之一，而森林、流水、樹木以及其他受人崇拜的物體，諸如巨大的神木與初長成的小樹（FMS V F. F. 239）、灌木林與丘陵地、聖地和樹籬圍起的廣場（Gutn. Urk. 32），全是神靈或高等精靈的聖所。就算是受奧丁特別庇佑的信徒還是會對著石頭祈禱（Landn. II 17）、向瀑布獻祭，或是在耶魯之夜祭拜肥沃的丘陵地，祈求一整年能平順安穩：因為他們的親友

---

19 譯註。袞洛格（Gunnlaugr ormstunga, 983-1008），知名冰島詩人。

就是葬身在高山和丘陵地上。冰島的教會在西元 1133 年頒布訓諭：「凡崇拜異教侏儒者，將遭驅逐流放；所有人皆不得對石頭進行任何宗教形式的膜拜。」挪威議會則明訂法令禁止崇拜偶像、丘陵和祭祀場所，亦不得信仰以灌木林、丘陵地或瀑布為家的大地之神。然而，個別家戶簡陋的祭儀卻清楚勾勒出哥特蘭島（Gotland）的真實情景：儘管基督教已經傳入很長一段時間，「那裡的居民還是會把自己的子女、牛牲，還有飲食奉獻給神，活人獻祭是這塊土地上最崇高的祭儀。至於小規模的部落集會只需要簡單準備一些牛牲和飲食奉神，一般多會把這種小型的祭祀活動稱為『同伙共食』（Sudgenossen），因為大家會聚在一起烹調煮食。」（Gutn. Urk. 32）

北歐人從哇哇墜地那刻起，到闔上雙眼辭世為止，一輩子都與祭祀的禮儀和習俗密不可分。光從一個人的名字我們就能看出他的信仰，由此可知宗教對日耳曼人影響至深，而一般擁有這種名字的人要不是特別虔誠的信徒，就是神的僕役。

以「愛瑟」（As）或「烈金」（Regin）開頭的人名，有全然臣服於神之意，至於「海爾吉」（Helgi）或「海爾嘉」（Helga，等同於俄語的「Olga」）則代表「那位男性或女性聖人」，而帶有「維奕」（vé）的名字通常與「聖殿」有關。此外，凡是以埃爾弗（Alf）、弗雷、耶阿特（Gaut）、葛蘿亞（Groa）或伊頓（Idun）命名，亦或是任何由因格（Ing）或弗雷衍生的人名，就表示和某個特定的神有關。由於挪威人和冰島人特別崇拜索爾，自然有不少人的名字和索爾有關。另外，北歐女性的名字大多源自驍勇善戰的女戰士和女武神，而名字中帶有「rûn」的通常和研究或操控能力有關。詩人也有一套他們的規則：「所有愛瑟神族的名字都適用於男性，或者也可以選擇巨人族的名字，只不過後者大多帶有憎恨或咒罵的意味；根據精靈之名來命名似乎也是不錯的選擇。女人同樣也能以神的名號來命名，例如愛瑟神族的女神、豐富女神蒂絲（Disen）、諾恩三女神（Nornen）和女武神。」（Sk. 29）

不過有時候，根據神名所取的名字不見得是我們原本認知的性別，例如，索爾德（Thord）娶了索爾利斯（Thoris）之女索格爾為妻，他們一共生下十

九名子女，其中有七個兒子和三個女兒都以「Thor-」命名（Landn. III 10）。「紅色的」索斯坦（Thorstein Iunan）和他的兒子索基斯（Thorgils）是第一批移居冰島的住民，索基斯之女阿絲萊芙（Asleif）的後代子孫也一再以雷神之名作為命名依據：阿絲萊芙的曾孫取名為索爾柏格（Thorberg），其父為索爾拉克斯（Thorlaks），祖父叫作索哈爾，而曾祖父則是聖人索爾拉克斯（Kristni S.）。「格雷提」歐費克（Ufeigh Grettir）娶了魏斯塔（Westar）之女阿絲妮（Asny）為妻，他們生了兩個兒子奧斯孟德（Asmund）和亞斯比恩（Asbjörn），女兒則叫阿絲雅（Asa）和阿絲沃爾（Aswör）（Grettis. S. 3）。諸如此類的例子不勝枚舉。挪威的郊區松恩（Sogn）住著一名頗具聲望的男子，他堅守著異教徒的聖殿（古北歐語為「vé」），因此被稱作菲格爾（Wegeir）。菲格爾的子女，包含六個兒子和一個女兒，全都以「菲」開頭命名。至於常見的人名柯提爾（Ketil, Kessel）則源自於「祭盆」（Opferkessel），而蘇德（Sud）或斯坦（Stein），例如弗雷斯坦（Freystein）和索斯坦，則是取自「祭台石」（Opferstein），也就是那塊用來進行活人獻祭的岩石平台。

在原有的名字另外附加上神名的作法也很常見，這麼做無非是希望獲得神的特別眷顧，像是在危急時給予庇佑，或是活得長壽又健康。例如有個原本名叫奧德（Odd）的人，後來替自己的名字加上索爾之名，成為索爾奧德（Thorodd）。這種舉動背後的動機其實就和孩子的心思一樣單純，彷彿掛上神的名號就能和他成為朋友。

這齣和神明當「朋友」的戲碼也不斷在各地輪番上演，好比摩斯特島的地方首領羅夫和格陵蘭人索哈爾就是索爾的朋友，弗雷的朋友則有拉芬克·弗雷斯葛迪（Hrafnkell Freysgodi）、索齊爾、索格林姆和屠龍士齊古爾，與奧丁親近並且受他重視的人包括沃松族（die Wölsungen）、史塔克、蓋洛德（Geirröd）、「戰牙」哈拉德（Harald Hildetan）、哈定（Hadding）和其他族繁不及備載者。然而這種朋友關係也可能隨時消失：丹麥國王羅夫（König

Hrolf）就稱奧丁缺乏忠誠度，法拉瑪爾（Framar）也在臨死前指奧丁一點也不可靠。「嗜殺者」古倫（Viga Glum）則是在大夢初醒後，發現弗雷並沒有站在他這邊，當下隨即決定「不再對他的神那麼友善」。原本和對手崇拜同一位神，而且極為虔誠的拉芬克在大敗之後，宣稱敬神只會讓人不快。和其他人不同，埃溫德・金瑞法（Eywind Kinnrifa）反倒以受盡折磨的死亡來宣示他對奧丁的敬愛；早在他出生之前，父母就已經把他的性命獻給了奧丁，長大成人後，他重新宣誓，將自己全心的愛奉獻給奧丁：由於奧丁給予他無微不至的照護和庇佑，所以就算有人在他的肚子擺了一盆燒燙的炭火，埃溫德還是對他的守護神忠心耿耿。同樣地，維卡爾國王也是在尚未見到世界的亮光前，就被獻給了奧丁。

人神之間的關係愈是密切，人類的**墮落**就愈容易被視為毫無忠誠可言的背叛，一般把變節的人稱作「神的叛徒」。仔細想想，人拿來和神交換的東西無非是祭品或輸誠，那麼他此刻可以寡廉鮮恥地背棄原來崇敬的神，就只為了向另一個陌生的神奉獻嗎？

「毋庸置疑，我從來都寧願受死，也不能放棄侍奉我們的神。」一名異教徒如此回應歐拉夫一世，最終為自己的信仰犧牲了性命：處決異教徒的絞刑（FMS I 33）。同樣面對這位篤信基督教的國王，勞德（Raud）答道：「不管處境多麼危急，我相信只要仰賴索爾，必能迎刃而解；只要他繼續支持我，我就不會輕易破壞我們之間的情誼。」眾神組成的軍隊嚴厲譴責了瑞典民眾：「長久以來，你們不但樂於接受我們的幫助，更因我們的守護才得以在父輩留下的土地上過著快樂、平安又富足的生活；你們供奉了祭物和誓約，我們也歡喜接受。現在你們卻只送來普通的東西……如果還想繼續享有我們的庇佑，你們就不應該縮減奉獻，反而要付出更多才對，而且還要用更重大的誓約來換取。」（V. Anskar. 26）

改宗者其實不只背棄原本的神，也等於拋下自己的居所：對神不忠，就

是對家族不忠；反之亦然。

　　有個父親在兒子改宗後，出現在他的夢裡對他說：「你已成為族人的巨大汙點。」（Gests. S. Bard. 11）另一名父親則承諾把所有財產，包含爵位的榮耀都留給自己成為基督徒的兒子：「只要他放棄那個讓他咒罵所有親友的信仰。」（Egils þ. Halssonar 3）還有人表示：「打從我接受這個宗教那刻起，我的母親就認為她失去了自己的兒子。」經過公民大會的研議，冰島人曾明文規定，對神不敬或咒罵、羞辱神明者，將失去原有的權利以及安寧。因為褻瀆神就等於冒犯了以神為支柱的家族。一旦犯下這類罪行，單靠人類的律法並不足以讓犯行者贖罪；要消除神的怒氣，唯有付出終日不得安寧的代價，並且成為「狼族」。

　　族人的忠誠有賴共同的宗教信仰維繫，因此新舊信仰之爭也被視為異教諸神與基督教唯一真神之間的對抗。

　　塔爾‧古德布蘭（Thal-Gudbrand）不敢相信「一向亟欲復仇」的索爾竟然對「哈拉德之子」歐拉夫（Olaf Haraldsson）宣揚基督教的行徑視若無睹；一心想要殲滅第一批傳教士的冰島人曾揮舞著武器，群起激憤地鼓譟吶喊，大聲向他們的神疾呼（FMS II 154）；挪威的農人則是在入冬之際舉辦了盛大祭典，向神宣誓，絕不讓基督教教義滲透他們的生活（FMS II 161）。在和基督教進行最終的決勝之戰前，冰島的部族甚至對神立下誓約，向他獻祭了活人，因而如願取得勝利；反之，丹麥人認為他們之所以慘敗，就是因為他們敞開大門迎接基督教，致使諸神降下懲罰（V. Anskarii 31）；瑞典人則相信，每每遭遇的不幸與磨難都在提醒他們必須對抗新的信仰（Hist. Canuti 1）。索爾最後和基督教的神展開決鬥，取得了勝利；冰島卻在公民大會仍熱烈討論是否接納新信仰之際，爆發了熔岩流，顯然是激怒神明的後果。

　　諾恩三女神會在產婦**分娩時**現身提供協助（Fáfn. 12），陪產的族人則會

在手和紗布帶上寫下盧恩咒文，祈求命運女神給予庇佑（Sigdr. 9）。在眾神之后芙麗格（Frigg）、芙蕾葉和夢格蘿（Menglöd）的殷勤關切下，加上性情溫順的侏儒也好心幫忙，這道咒文帶來強大的療效，並且釋放出神奇的魔力，讓產後的婦女恢復健康（Oddr. 6, 8）。至於是否留下新生兒的決定權則落在父親手上，如果產下的幼兒有畸形或身體虛弱等問題，一般會先試著用水浸潤，或者透過命名來挽救他的生命；一旦這兩種方法都行不通，就只能宣告放棄。不過要是遺棄經過受洗的幼兒，就得面臨失去所有財產，並且被逐出家族的後果。此外，新生兒的命名也多由父親做主，通常會用水替自己的孩子施洗後，才幫他命名。這項以水祈福的儀式屬於原始日耳曼的習俗，雖然類似基督教的浸禮，但絕不可能，或至少從歷史發展來說，不可能是由後者衍生的。新生兒要一直到出生後的第九天才會被視為真正的人類，而姓名會為他塑造出獨特的個性，同時賦予他應有的權利。幾乎所有民族都對**名稱（字）**有一籮筐的想像、信仰和迷思，直接喊出某些人、動物或是過程的名稱（字），又或者在特定的時間和地點這麼做，都可能造成傷害（禁忌）。例如，喊出妖精的名字就能揭露他的真面目；齊古爾則是為了避免遭到詛咒，而對臨死前的侏儒法夫尼爾（Fafnir）隱瞞自己真正的名字。古代的挪威人和冰島人相信，如果讓未出世的胎兒繼承將死之人或往生者的名字，不但能利益逝者，日後也會替新生兒帶來幸運。不論是古老的文獻記錄，或是後來新發現的證據都顯示，當時的人會通過託夢來達成這個目的。透過讓新生兒沿用先人的名字，就能讓已逝者繼續存活在新生兒的身體裡。

據傳剛產下新生兒的婦女會把產後的第一餐奉獻給命運女神。等到長出第一顆牙，幼兒就會得到一份贈禮，也就是牙仙帶走乳齒留下的金幣：愛瑟神族則在久遠的史前時代把精靈國（Alfheim）當作牙仙的贈禮送給弗雷（Grímn. 5）。

深諳魔法的埃吉爾（Egil）到訪一座農舍時，發現農夫之女病得很重，後來有人在女孩床邊找到一根刻滿盧恩文字的木杖。實際上，那個在木杖刻畫符文的人並不懂法術，他原本打算刻上示愛的盧恩文字，卻反而留下一道

讓人虛弱的詛咒。於是埃吉爾刮去木杖上的符文，將削下的松木片送進火堆裡燒掉，然後把女孩的衣物高掛在通風處（Egils. S. 72）。史基尼爾（Skirnir）則是替他的主人弗雷向女巨人格爾德（Gerd）傳遞愛意，然而不論他百般懇求、大方承諾，甚至是威脅利誘，格爾德完全不為所動。最後，史基尼爾只好恐嚇她，要用盧恩符文對她下咒；格爾德終究還是屈服在魔法的威力下。同樣藉助魔法之力的還有格琳希爾德（Grimhild），她不但讓齊古爾忘了自己深愛的未婚妻布倫希爾德（Brynhild），還灌輸他對古德蘭（Gudrun）產生傾慕之情：除了酒壺裡混合了強效的土壤、冰涼的海流和公豬的鮮血，牛角杯裡還有好幾塊刻著鮮紅符文的神祕木片。另外，只要用盧恩文字在指甲上刻寫下「災難」一詞，然後分別在手背上還有盛著愛情魔藥的牛角杯刻下「啤酒」，就能抵擋陌生女子的迷惑。如果想讓藥水具有更強大的威力，就必須再經過大量魔咒、詩歌和盧恩文字的加持。

　　然而就算少了愛情魔咒，人心也能找到彼此。通常緊接在訂婚之後登場的就是婚禮，**婚姻**對個人、氏族和部落都具有重大意義，因此不難理解為何會有這麼多和婚姻有關的宗教習俗與傳統。

　　當時的婚禮傳統流失至今已所剩無幾，少數僅存的也讓我們完全摸不著頭緒，而其中最古老的就屬新娘的淨身儀式：新娘必須經由沐浴洗去所有罪過才能走入婚姻，因為唯有如此，她們才不致遭神降下厄運及憎惡。婚禮上也必須向冥界眾神靈獻祭，而新娘要一直等到這個環節才能夠以真面目示人：身著婦女長袍假扮成新娘的索爾被帶到霜巨人索列姆（Thrymr）面前時，也是用新娘蓋頭遮掩自己的容貌；新娘其實也就是蓋在布巾底下行走（Rígsþ. 40）。這些古老的獻祭儀式和淨身傳統的主要用意在於避免激怒諸神，同時確保他們庇佑處女；除此之外，偉大的眾神也被視為守護和支持婚姻的力量，其中尤以掌管天候和大地的崇高之神索爾為最。不過在瑞典人眼裡，弗雷才是支配降雨、日出和婚姻幸福的神；亞當曾清楚提到，瑞典人會在婚禮上向弗雷獻祭。然而比較普遍的作法是把雷神鎚放在新娘的裙襬上，藉此向索爾致意，因為雷神的武器象徵閃電，能為人類帶來祝福和肥沃的土壤。婚禮上

通常有固定形式的禱文，擁有家廟的人會在聖殿裡吟誦這段禱文（Holmverja S. 19）。「新娘的奔跑」（Brautlauf）一詞多半用來形容史前時代爭奪新娘或搶婚的行徑，也可指稱新娘一路前往新郎住所的過程，可能是徒步或搭車。直到今天，新郎和新娘仍會在婚禮結束後上演這齣你追我跑的戲碼，而新郎必須設法捉到新娘。參加婚禮的賓客也會相互比賽誰跑得快，有時甚至會在寒冷的冬日裡光著腳跑。這種競賽就和舞蹈一樣，都是原始日耳曼人慶祝婚禮的活動，而且過程中一定會吟唱節慶的詩歌助興。除此之外，戴上面具變裝，或是把臉塗黑等也是婚禮上不可或缺的一環。

有一部傳奇描述了古北歐人慶祝婚禮的各項環節，雖然是後來的記錄，但撇開所有無關緊要的修飾，這份著作仍詳實保留了完整過程：飲酒、吟唱、弦樂演奏加上舞蹈，以及最重要的環節：向那些以芙蕾葉為首、掌管愛與婚姻的女神祭酒（FAS II 222, Bósa Saga 12）。

要等到所有男子都入座後，新娘才會被領進場和眾多美麗的伴娘同坐在一張長凳上；新郎並不會和新娘並肩而坐，而是坐在國王鄰座的高位上。已就座的齊古爾手裡抓著豎琴，待祭神的酒杯端上桌，便開始撥弄琴弦。美妙的樂音從他的指間流瀉而出，在場賓客無不如癡如醉、齊聲讚好。婚宴上的第一杯酒會先獻給索爾，此時，撥弄琴弦的齊古爾會送出陣陣旋律，讓一切都活絡舞動起來：刀子、盤子、桌子、與會的眾人；精靈之舞（Albleich），奧布朗（Oberon）[20] 的號角已響起！接著，斟滿的第二杯酒則是向愛瑟神族的諸神致意，隨之傳來的曲調更是讓所有人又驚又喜，忍不住從座位上一躍而起；不過國王與一對新人仍保持端坐不動。緊接著，齊古爾又一連演奏了《巨人之舞》（Gygjaralag; Riesenleich）、《夢的訊息》（Drömbud）和《赫蘭達之歌》（Horantes liet），這時才準備向奧丁獻上愛慕之酒。彈奏豎琴的齊古爾會以一種名為吹去罩紗（Faldafeykir）的方式輕輕揮舞一只白色滾金邊的手套，讓女性的蓋頭飄落，氣氛再度隨之沸騰。最後登場的一杯酒則屬

---

20 譯註。即《仲夏夜之夢》的仙王奧布朗。

於備受愛戴的芙蕾葉，呈上這杯神聖的酒後，喧鬧的婚宴也就跟著落幕。

　　婚禮儀式或其他節慶的獻祭不一定非由祭司主持不可，後來的基督教會則是費了好大一番工夫，才得以全面掌控婚禮的流程。一般民眾可以按照自己的意願好好發展天賦，祭司階級卻無法享有這種美好的自由。年輕的族長必須一手包辦獻祭、祈福和其他敬神的習俗。

　　關於死亡在宗教上的意義與習俗，先前已做過介紹。這裡我們將試圖從文獻資料所記述的個別環節來了解族長及其家族如何處理**喪葬後事**。

　　除了用一塊布蓋住亡者遺體，在世的人還會替他洗淨頭部和雙手、梳齊頭髮，然後修剪指甲。由於遺體不能從一般人使用的門戶進出，所以遺族會把亡者頭部正對的牆敲掉一部分，以倒退的方式將遺體抬出屋外（Eyrb. 33）。另一種可行的辦法則是在南面的牆底下挖出一個洞，把遺體拖出去（Egils. S. 61）。隨著歷史的演進，「遺體善後」成為每個人的義務（Sigrdr. 33; 34）。依據冰島法律規定，未以布覆蓋亡者即轉身離開者，將被處以放逐之刑；即便是謀殺他人者，也必須替手下亡魂蓋上一塊布。闔上或遮蓋亡者雙眼、嘴巴和鼻孔的目的，是為了阻止靈魂再次經由這些孔洞回到肉體裡。為了讓瀕死之人的靈魂順利離開，還必須卸下窗戶的玻璃；之後，必須把玻璃翻轉一圈，讓原本朝外那面轉為向內，才能重新安裝回去（Jsl.）。另外，把載運遺體的馬匹反綁在墳場上，也是一種傳統的喪葬習俗，這麼一來，逝去的靈魂就找不到回家的路（挪威）。原本鋪在遺體床上的麥稈也要帶到野外燒掉（挪威）。死去的鬼魂不敢攻擊裸體的人：期待遇到鬼的人，建議你全身脫光光（冰島）。子然一身前往冥界的亡魂必須獨力推開沉重的大門（Sig. III 69）；通過這扇門後，他將在死後的世界繼續生活。為了確保亡魂不致孤伶無依，遠古時期的人會殺死婦女、奴隸還有動物一起陪葬，讓他們的鬼魂繼續到陰間從事相應的勞務。南娜（Nanna）便是和巴德爾共赴黃泉；布倫希爾德則是躍進焚燒齊古爾屍體的火海中自盡，一同葬身烈焰的還有她的僕役、童年時期的玩伴、兩隻蒼鷹與兩隻狗，以及她的嫁妝。

直到基督教傳入後的初期，挪威和冰島似乎還是存在這種**女子跟著同歸於盡**的習俗。

年輕的貢希爾德（Gunnhild）之所以拒絕哈孔伯爵（逝於西元 995 年）的求愛，正是因為當時的哈孔已垂垂老矣，而這位女孩擔心他沒多久後就會死去；根據當時的法律規定，為人妻者必須跟著丈夫一同進到墳墓（FMS X 220）。早在覲見歐拉夫二世（逝於西元 1030 年）之前，瓦爾高特（Walgaut）就已吩咐妻子，一旦獲悉他的死訊，必須馬上舉辦喪宴，並且燒毀他們擁有的一切以及她自己（FMS X 338）。據傳曾經有名往生者不滿自己竟和奴隸一起埋在墳墓裡，夜裡因此傳來他的喃喃吟唱，控訴那些低劣的夥伴；族人後來便順了他的心意，移走了奴隸（Landn. II 6）。

一般要不是在柴火堆上、船上或車上火化亡者的遺體，並且以雷神鎚祝禱祈福，就是用泥土或石頭把遺體堆埋起來，又或者葬在土丘或礫石丘底下；其中最耗時費力的便是在山丘上的葬儀場舉行葬禮。送葬者會祈求索爾保護墳丘，同時也會準備往生者喜歡及重視的東西作為陪葬品，好讓他的靈魂獲得安息：埃吉爾的父親在世時是一名熱愛鍛造且擁有高超技藝的工匠，他的陪葬品就是一組工具（Egils. S. 61）。喜歡四處探索遊歷的人勢必得仰賴大量步行，所以陪葬品通常是一雙堅固耐穿的鞋子，也就是「赫拉之鞋」（Helschuh）。在世者會以悼文緬懷亡者：在墳前唸誦祝禱文可以指引亡者前往英靈神殿。喪禮結束後會舉行喪宴追思亡者，藉由舉杯飲酒向他表達深切的懷念。古德蘭在古納爾（Gunnar）和霍格尼（Högni）兩位兄長去世後，為他們舉辦了喪宴；阿特利（Atli）也曾為他陣亡的追隨者這麼做過（Am. 72）。

除非女人擁有繼承權，否則就不能舉辦喪宴。

舉行喪宴（erfi; erfiǫl）的用意不單是為了感念亡者，也是為了承先啟後，

因此會依照各地不同的傳統習俗來慶祝。我們可從冰島規模最大的兩場喪宴一窺當時的盛況空前，根據數據顯示，其中一場喪宴邀請了九百名賓客出席，另一場甚至來了一千兩百名賓客共襄盛舉（Laxd. S. 27; Landn. III 118）。一場喪宴大致包含下列環節：祭奠、賓客輪流向亡者致意的追思飲宴、哀悼的輓歌、融合詩歌的舞蹈，以及筵席結束前的競技表演。繼承人會先帶領所有賓客向辭世者獻酒致哀，待眾人一飲而盡，繼承人便會對著「布拉基之杯」立下鄭重誓約，然後起身離開原本的座席，走向屋內的高位，象徵從此刻起，他將接替前任族長留下的位置。之後，眾人才開始以酒敬奉眾神，其中尤以索爾為最；基督教時期則改為向耶穌和聖米迦勒（St. Michael）獻酒（Fagrsk. 55; Ol. S. Tr. 39；FMS I 36）。至於世俗性的喪宴是否必須在特定的日子舉辦，古北歐人並沒有太多設限，不過治喪期極有可能長達九日，供人致哀弔唁，並且在最後一天以祭祀畫下句點。

戰爭時期的獻祭儀式

　　對日耳曼人來說，不論是部落間的爭戰或是一對一的決鬥，都是一場由戰神親自主持的宗教儀式，因此少不了立誓、祈禱和獻祭等環節。行軍前往敵營的過程就是一場神聖莊嚴的儀式，本質上和熱鬧歡騰的遊行隊伍沒有兩樣：在屬於神的重要節日裡，吟詠禱文和讚美詩來榮耀他。在戰場上奮勇殺敵就是服侍戰神的方式，戰士英勇犧牲自己的生命向神獻祭，如果神感到滿意，便會欣然接受：他們把自己的生死交到神的手中。德國有不少根深柢固的傳統習俗都是源自北歐，那些以「leich」為字根的單詞就是證據。

　　一般來說，開戰的信號要不是透過信使傳遞，就是在山頂或岸邊點燃烽火，又或者挨家挨戶發送令箭，徵召善戰之士。距離不遠的話，也可以吹響號角；北歐神話裡的海姆達爾便是吹響尖銳刺耳的號角聲，號召諸神起身對抗破壞世界的邪惡力量。由於號角的回音足以穿透廣闊的森林或原野，日耳曼人才能及時集眾抗敵。和敵方約定好開戰的時間和地點也是早期的習俗之

一，神話世界同樣遵循了這項規矩，蘇爾特（Surtr）大戰諸神的曠野維格利德（Wigrid）便是早就決定好的戰場。「他們設定方圓百里內為戰場，」然後用一根根的榛木條築起籬笆，圈起整塊區域。榛木是用來獻給提烏斯的聖物，而這名天神在距今最久遠的古老年代裡，正是負責掌管戰爭和法律。以榛木柵欄圈地其實是一種崇敬田野的儀式，目的在於換取部族之神的庇佑；祈願者必須把某塊地「榛木化」（haseln），也就是利用榛木條築起的籬笆標示出某個區塊。這項古老的傳統當然只適用於人數不多的軍隊，也因此在過往的歷史中，只要是「為作戰而用榛木圈起特定區塊」，多半就只剩「決定戰場」的意思。

日耳曼人將恐懼視為仇敵，這種認知不僅根植於他們攻擊時義無反顧的勇氣，更多時候是受到宗教因素的影響，因為他們的一生都和宗教息息相關。

在進行戰鬥或展開戰爭之前，古北歐人會觀察牲品的內臟或血液流動的狀況來確認神的意向。諾曼人的軍隊在出征前會抽籤決定獻祭人選，敲碎他的頭顱後，取出腦部和心臟祭神。他們會從心臟抽搐的方式研判該從哪個方位發動攻擊，並且在臉上塗抹鮮血後，才踏上征途。古丹麥詩歌裡的英雄會在頭盔上纏繞紅絲線來防身，這種作法源自獻祭儀式中所使用的巫術。當時的丹麥人認為大船下水是一件值得慶賀的盛事，然而有次移動船艦時，竟有名男子不小心跌落到滾筒下方遭輾壓致死，「滾筒染血」因此被視為一種不祥的徵兆（FAS I 264）。赫丁（Hedin）在森林裡遇上美麗高䠷的根杜爾（Göndul），她不但讓他喝下失憶的藥水，還慫恿他：如果想贏得聲名威望，就應該擄走摯友霍格尼之女希爾德（Hild），並且趁著大船下水之際，把她丟到船身底下。赫丁也曾讓自己的龍舟在下水前輾壓過女王的身體（FAS I 334）：一種贖罪的獻祭儀式，手法類似建物獻祭，祈求船隻出航期間風平浪靜。

如果出兵征戰前出現好預兆，部落族人便會向神獻祭，為過往任何觸怒他們的行為祈求饒恕，希望諸神能就此網開一面、既往不咎。不過要平息神祇的憤怒，人類就得付出流血的代價，因為日耳曼人想像中的神不但孔武有力，而且暴躁易怒。在這場尋求救贖的祭典上，他們也誓言將把戰場上首次

斬獲和橫掃敵軍的戰果當作大禮回報神的寬厚。向敵軍大喊「奧丁將成為你們的災難！」可說是最卑劣的戰略，因為凡與奧丁為敵者，必將遭遇毀滅性的慘敗。萬一戰局一夕生變，情勢不再有利，就必須再次向神獻祭，消弭他的怒氣。「一旦戰況陷入膠著，他們就會從眾神中召喚一名前來協助：倘若贏得勝利，當然優先向這名伸出援手的天神獻納。」（Ad. Br. IV 22）哈孔伯爵為對抗侵略挪威的約姆斯維京人（Jomswikinger）而在海上展開激戰時（988-989），一開始幸運之神並未眷顧他，直到他失去許多族人後，向索格爾獻上自己年僅七歲的兒子以換取勝利，而這名女神後來也製造出威力十足的暴風雨來對付維京人的艦隊。

丹麥王法規定，除了預定的繼承人，族長必須將其他已成年的兒子驅逐出門。許多熱中參戰的年輕男子因此加入軍隊的行列，他們打造船艦、整裝待發，向索爾獻祭之後，便航向大海（S. R. Norm. 218）。

一旦時節進入適合征戰和航海的初夏，一年之中規模第三盛大的祭典也會隨之登場，目的在於祈求勝利：傳統的夏日獻祭原本是農人為祈求豐收而舉行的儀式，然而進入維京時期後，每年只要時序漸暖，部落族人就會開始四處掠奪征戰，這項傳統才逐漸轉變為「求勝祭」（Yngl. S. 8），而每回大舉出征前向神祈願的祭品則被稱為「勝利捐」。

到了西元 1000 年，冰島上的異教徒和支持基督教成為官方信仰的人馬相互對峙，冰島各地堅守傳統信仰的民眾決定要獻祭兩名男子，然而基督教這方的領袖也不甘示弱，不但同樣挑選兩名男子作為「勝利捐」奉獻給耶穌基督，甚至還是最傑出的兩名。投身布拉瓦拉戰役（Brawallaschlacht）的「戰牙」哈拉德曾向奧丁祈禱，允諾贏得勝利後，將把戰死沙場者全都奉獻給他；同樣向奧丁獻祭的達格（Dag）則是為了報殺父之仇，後來奧丁便把自己的長矛借給他。瑞典國王埃里克（Eirik）曾和他的姪子史泰邦（Styrnbjörn）在開戰前親赴奧丁的聖殿，誓言自己願意在十年後交出性命。在此之前，這位國王開出的交換條件都無法令奧丁感到滿意，不過這一次奧丁終於現身，交給他一根蘆葦，要求他將蘆葦射向敵軍的上空，並且大喊：「奧丁逮住你們

所有人了！」由於埃里克擲出的蘆葦在空中看來就像是一把長矛，使他得以蒙蔽敵軍：在奧丁的協助之下，他如願贏得最終的勝利。

　　凱旋歸來的軍隊會在感恩祭典高歌歡舞，以酬謝天神帶領他們贏得勝利。第五世紀的斯堪地那維亞人會把第一批戰俘當作謝禮獻給提爾，獻祭的方式可能是絞刑，或者把人丟進荊棘叢裡，再不然就是折磨至死。對奧丁來說，執行血鷹之刑發出脆裂聲響也是一道莊重的儀式：行刑者會沿著俘虜後背的脊椎將肋骨截斷，再拉出肺臟（Orkn. S. 8; Reg. 26; Har. S. hárf. 31）。大肆虐殺戰俘的目的是為了履行戰前對神立下的誓約，可說是「遲來的還願」。這項習俗的起源是由於日耳曼人相信，戰俘的命運是經過眾神討論之後才確立的決定；實際上，每場戰役都是神對戰敗者的審判。毫無疑問，一口氣摧毀所有掠奪來的戰利品也是為了向令人敬畏的戰神獻祭，後來的人從什勒斯維希（Schleswig）[21] 和丹麥的泥沼裡挖出大量的武器和設備，顯然是當時用來兌現類似誓約所留下的遺跡。這些後來出土的武器表面布滿敲打和刺擊的凹痕，長矛的矛頭都已彎折，刀劍殘破不堪，矛身和弓也斷裂破損；另外還有好幾塊盾牌堆疊一起，一旁的銅壺則被劈得傷痕累累。被留在廣場上的一切，包括珍貴的金銀製品、一堆已成廢鐵的武器、木缽、陶器和被宰殺的馬匹，全是一支強大軍隊奉獻給神的勝利捐；其中最有價值，也最受矚目的遺跡是在索爾之丘沼澤區（Thorsbjerg-Moor）發現的。

　　就算是**決鬥**，宗教同樣具有決定性的影響力，敵對的雙方也會事先約定好決鬥的時間和地點，然後築起榛木柵欄標示出戰場的範圍。

　　一旦確定要展開對戰，便會有人在地面上攤開一塊五肘 [22] 長的布，布的四個角分別用金屬環固定在插著頭顱的木椿上。負責設置場地的人必須俯身

---

21 譯註。位於德國境內，鄰近丹麥邊界的一個城市。
22 譯註。「肘」是一種古老的長度單位，也稱為腕尺，即手肘到中指頂端的距離，一般定義的長度約在 45-55 公分之間。

從兩腿間望向天空,然後保持這種姿態緩步走向木樁,同時雙手抓住耳垂唸誦一段祭拜木樁的咒語(詳細內容已失傳):這套儀式原本是一種古老魔法,可以讓人的雙眼變得更加敏銳,看清晦暗不明的世界;但在這裡已經成為一種法律習俗(Kormaks. S.10)。

索爾德趁著和對手「蛇信」袞洛格(Gunnlaugr)決鬥的前一晚向索爾祈求勝利;當天,場上纏鬥的兩人相互抓住了對方,袞洛格的猛烈攻擊雖然讓對手雙腳跪地,但他也不小心扭傷了自己的腳,跌坐在地。根據挪威傳奇的記述,決鬥結束後通常會舉行獻祭儀式。埃吉爾為了爭取妻子的遺產而前往挪威,但因阿特利拒絕讓步,雙方於是展開決鬥。正當兩人激戰之際,一旁有人牽了一頭老邁的巨大公牛進場,那正是準備讓取得勝利一方宰殺的祭品。有時祭物只有一頭牲畜,有時則由決戰的雙方各自帶來。阿特利才剛敗下陣,埃吉爾便隨即一躍而起,奔向公牛所在之處。他一手抓住牛嘴,另一手則握緊牛角,奮力一扭,砰的一聲就把牛翻倒在地,四腳朝天,牛頸骨也跟著四分五裂(Egils. S. 68)。

寇爾馬克(Kormark)在決鬥中狠狠重傷索瓦德(Thorwag)後,也旋即把預備犧牲的牛大卸八塊祭神。掙扎站起的索瓦德為了盡快復原,便向通曉魔法的女巫請益。她建議他就近找一個精靈凹洞,將寇爾馬克宰殺牲畜收集的鮮血塗在上面,然後用牲禮的肉替精靈準備一頓盛宴。痊癒後的索瓦德再次向寇爾馬克發出戰帖,卻還是重演了前次的命運,倒是寇爾馬克對於這波不在預期中的攻勢樂得予以回擊,之後仍按照習俗宰殺了祭神的牛(Korm. S. 22/23)。

法庭的獻祭儀式

據傳在日耳曼人眼裡,法律並非人為制定,而是由眾神頒布。不過他們的認知是否真如我們所想像的那樣,這點倒是有待商榷,至少法學界仍為此爭論不休。不過要是有人相信古日耳曼法有其特殊的祭司傳統,大可捨棄這

種觀點，因為這套論述所指稱的職責與意義是古代祭司從未承擔過的。但是另一方面，我們必須承認執行死刑本身就是一種祭祀儀式；追根究柢，日耳曼人的犯罪法即是根植於宗教的贖罪概念。就算《埃達詩歌》裡弗里斯蘭人（Friesen）的正義之神弗西提（Forseti）後來到了斯堪地那維亞，和他的父親巴德爾共同分攤審判的工作，卻撼動不了天神提爾在日耳曼人心中的地位：擁有強大力量的他才是統御公民大會和軍隊的最高指揮官。在提爾的守護和指揮下，部落的族人得以在戰時驍勇善戰，和平時期則積極建言。祭司以其之名要求肅靜，施以刑罰。日耳曼人的法律和宗教幾乎密不可分，以至於這個世界只存在各種不公不義，直到歷經諸神的黃昏，新世界才真正建立起穩定且神聖不可侵犯的法律秩序。諸神守護的不只是生活秩序，還有家族的血緣關係；由於犯法等同於宗教性的褻瀆行為，因此棘手的家事審判並非由人類自行處理，而是交由諸神主持。

如同人類源自於諸神，也就是海姆達爾所屬的愛瑟神族，**階級秩序**同樣是神的創造物。海姆達爾創造出奴隸、公民（自由民）和王室貴族三種階級的說法，或許只是詩人的想像，不過一般民眾確實得以國王作為人神之間的中保。自有歷史以來，貴族便憑藉著優越的出生背景凌駕於公民階層，也就是所謂的「仕紳」（Herr-Mann）；他們被認為擁有神的血統，先祖自古便持續受人供奉與景仰。就連民間信仰也相信尊貴之人擁有過人之處，例如通曉鳥語。此外，貴族世家的土地與成員向來受神庇蔭也是普遍的認知，因此這個階級的人不論在法律上或社會上都享有更高的價值，這也是為什麼國王從來都出身於貴族階級；換言之，率領全體族人進行獻祭儀式的祭司或國王，與該氏族的守護神之間正是一脈相承。追本溯源，主持烏普薩拉祭儀的瑞典國王，還有在萊德的丹麥國王，其實都是瓦尼爾神族弗雷的後代；總括來說，北歐的國王通常被視為弗雷或提爾的後人。在挪威和瑞典，主祭官或祭儀的主席則多半由國王、伯爵或領主（Herse；意即受封成為某個地區統治者的侯爵）擔任。

軍隊和戰爭是日耳曼人大眾生活的核心，他們的宗教、規章制度和法律其實全都建構在戰鬥精神的基礎上。凡是預定要進行決鬥或公開審判的場

地，古日耳曼人就會在四周圍起神聖的榛木籬笆，向主司戰爭和正義的天神提爾獻祭，祈求他守護這塊廣場的公平正義，不論是透過戰鬥或審判來決定。至於他們是如何**榛木化議場**（Haselung der Thingstatt），可以在傳奇裡找到詳盡的描述。

平坦的空地上豎立著圈起的榛木柵欄，柵欄外圍則環繞了一條所謂的「神聖之繩」。圈起的場地裡一共坐著三十六個分別來自三個不同盟區的審判長，全場瀰漫著一股非比尋常的神聖氛圍；祭司早在前一晚就已經指示，必須以崇敬慎重的態度對待這塊以榛木柵欄與神聖之繩畫定的範圍。假若有人剪斷繩帶、推倒柵欄、蠻橫闖進這塊聖域、擾亂會場至高無上的祥和之氣，無疑等同於犯下滔天大罪（Egils. S. 56; Frostathingslǫg I §2）。

以柵欄畫定決鬥場地或召開公民大會的議場時，除了必須依循一定的習俗，誦咒亦是不可或缺的一環，只可惜這套儀式的詳細內容早已失傳，不復存在。不論在戰時或是和平時期，波羅的海南北兩端的地區都屬提爾的統治範圍，他不僅掌管劍與矛的對決，也為各種紛爭主持正義。一般為了回應訴訟或解決紛爭，當事人之一會通知對立方在特定時日前往指定的議庭；同樣道理，當互生齟齬的雙方打算訴諸武力做個了斷，其中一方也會向對手提出決鬥的時間與地點。也因此，古代北歐的令箭不僅用來召集兵力，一旦共同維繫的和諧遭到破壞，也可作為議庭的到案通知。

進行審判的地方同時也是獻祭場所，執行血鷹之刑的祭台則設在不遠處，有時一旁還會有用來溺斃死刑犯的聖泉。冰島人的全體大會一向選在神廟周遭的廣場召開，來自挪威的移民「大鬍子索羅夫」當初拆解了家族的神廟，飄洋過海帶到冰島，並於重新組建時，在神廟所屬的區域裡一併規畫了該區的集會所。後來，由於島上需要一套共同的法律秩序，眾人便委請聲望甚高的挪威人烏弗洛喬特（Ulflojot）幫忙擬定。這套新頒定的法規不僅在全國各地一致有效，最重要的是，它將全體國民皆可參與的集會（Allthing，即全體大會）定為冰島最高的審判及立法機構，並且設置宣判官

（Gesetzssprecher）[23]。這個露天議會的所在地就位於今日冰島西南方的辛格韋德利（Thingvellir,Thingwöllrw；「集會平台」之意），議會廣場上有座突起的小丘，宣判官會站在上面朗誦法條或宣布重大消息，這些小丘也因此被稱為法律石。

除了一開始的獻祭儀式，全體大會的序幕還包括：在會場四周築起柵欄，並且宣告場內的和平原則以及保持靜默的規定。祭司奉神之名向群眾提出要求後，場內隨即滿溢著祥和寧靜之氣。常見的模式大致是：「敬請諸位集中心緒，切勿分神。」（也就是要聚精會神，避免心不在焉。）勸勉的話語告一段落後，這個階段也就在祭司和群眾的共同參與下順利結束。

在神的感召下，與會民眾無不懷著虔誠崇敬的心。接下來的審判程序處處可見宗教的印記，嚴謹地遵照神廟禮俗一一進行。一旦少了站在聖壇圍屏前立誓的環節，審理庭上所援引的法律就不具任何效力，當然也就無法發揮應有的功能。

據傳有名男子在神廟立下誓詞，當時他手裡拿著銀製的誓環，環上則抹了牲禮的鮮血（Vígagl. S. 25）。奧丁也曾為了維護自己的聲譽而持環立誓；古德蘭則對著散發白光的聖石立下神聖的誓言，希望藉此證實自己的清白（Guþr. III 3）。海爾吉和齊格倫（Sigrun）曾向冥界之泉、烏娜（Unn，也就是海神艾吉爾〔Ægir〕之女維勒〔Welle〕）（H. H. II 29）之石立下神聖誓詞；阿特利則是一再違背自己許下的諾言，不管是在太陽底下對著古納爾，或者是向勝利之神奧丁所在的高山、雙人床的床柱，以及在烏勒（Ull）之環見證下所做的各種誓約（Atlakv. 31）。沃倫（Wölund）曾站在甲板上的船舷邊，以刀鋒和戰馬的腿股為籌碼，允諾情人父親開出的所有條件（Vol. 33）；哈弗雷（Hallfred）則坦承「弗雷、芙蕾葉、強悍的索爾還有奧丁也許會對我感到憤怒」。而固定在審理庭上宣讀的誓詞則是：「我依法以此環立誓，換取弗雷、尼約德以及全能愛瑟神族的協助。」

---

23 譯註。負責在召開議會時記誦法條，並於必要時大聲朗誦出來。

　　前述的誓詞還可細分為新舊兩大類型，其中後者承諾的層次仍相當低階：這類誓詞就和詛咒沒什麼兩樣，多半是偽證時脫口而出的違心之論，等於是召喚魔法來對付自己。立誓人通常會帶著熱鬧歡慶的高昂情緒，彷彿宣讀魔咒般地大聲唸出誓詞；「發誓」其實就是「以類似吟唱的音調大聲表述」的意思，而「用以立誓」的可以是自己的武器、船艦或馬匹。沃倫的誓詞和下列宣言都是明確的例證：「如有半句虛言，那麼我將遭可怖的巨人族（Thursen）追捕，成為絞刑台上的犧牲品。」（Am. 32）相對於此，後來的立誓人則會召喚諸神為他們的誓詞見證，甚或成為幫忙實現的執行者；換言之，就是預設諸神和人一樣具有道德感，願意為了守護永恆真理而奮戰。

　　祈福、禱詞或法律裁決通常會由祭司遵循莊重肅穆的儀式為全體族人宣讀，請求諸神降下力量幫忙實現，但**詛咒**則不然：願望和詛咒二者都是希望產生影響力，甚或應該如此；不過發願追求的是美好，詛咒卻旨在造成不幸。一旦召喚諸神，祈求他們執行已公開宣告的判決或迫害行動，詛咒就會帶來驚人的強大威力，那些為人憎惡或鄙視者將深刻感受諸神的憤怒與敵意。

　　吟遊詩人埃吉爾為爭奪岳父留下的遺產而和一位頗具聲望的挪威人爭論不休，他的對手不但取得死者名下所有動產與不動產，他更因為王后貢希爾德（國王埃里克之妻）強勢干預，而在全體大會上屈居下風。離開前，他放聲高喊：「我呼喚所有聽得見我說話的男子，各位諸侯、專業法律人和所有民眾，請為我見證，我要詛咒所有土地與房舍，任何人都無法在上面耕種或加以利用；不管是我的對手或任何人，包含本地的、外來的、富人和窮人，只要有人試圖在這些土地上耕種或住進房舍裡，不但將損害土地權益、破壞部落和諧，更會引起眾神的憤怒。」埃吉爾的詛咒等於放了一把火，燒毀了房舍和莊園。在一首直指「血斧」埃里克的怨憤詩文中，這名吟遊詩人高呼著：「眾神與奧丁勃然大怒！噢！大地之神，讓這名暴君逃離他的領土吧！弗雷和尼約德也將與眾人同仇敵愾，仇視那些毀壞聖殿的無恥之徒。」（Egils. S. 56）為了替弗雷贏得女巨人格爾德的芳心，擔任說客的史基尼爾竟對這名

美麗的女子下咒：「妳觸怒了愛瑟神族的首領奧丁，弗雷亦將與妳為敵，妳這個壞透的女孩！眾神的憤怒將席捲而來。」（Skírn. 33）

也有人會詛咒憎惡的對象變成專門擄掠、囚禁和折磨人的惡魔，或是變成霜巨人痛恨不已的巨怪、精靈和女巫（Bósa, S. 5）。我們在傳奇裡發現不少相關的記述，譬如把無恥之徒丟給巨怪，或是詛咒他們下地獄，遭赫拉（Hel）的惡犬狠狠啃噬；《埃達詩歌》收錄的詩歌裡倒是沒有見到類似內容。如果人犯了有損名譽的罪行（Neiding），會遭到所有人的厭棄和憎惡。

通曉巫術的布斯拉（Busla）想迫使東哥特蘭（Ostgotaland）的瑞典國王「戒指王」撤銷對他兒子赫洛德（Herraud）和養子伯希（Bosi）做出的死刑判決，因此對國王下了一道威力驚人的詛咒，並且重複喃喃唸誦，直到終於達到威嚇目的才停止。假如國王堅決不釋放這兩位英雄，那麼他的下場就會和每首詩歌講述的結局一樣，終將招致大難臨頭：倘若他不願讓赫洛德歸來，也拒絕確保伯希生命無虞，那麼堅石將會崩解、大地震盪，前所未有的風暴也將席捲而來；他的心臟會遭毒蛇吞噬，雙耳失聰，兩眼全盲。只要出航，船索必毀壞；駕船則船槳斷裂、迷失航向、繩索腐朽（H. H. II 22, 30; Am. 37）；試圖馭馬則韁繩鬆脫，再好的種馬也疲軟無力，出兵必敗，行軍定如陷五里霧，山徑坡道彷如無限迴圈、詭譎難辨。就寢便覺烈火焚身，每坐高位就猶如乘風破浪，搖晃不已。假使他不願讓赫洛德歸來，也拒絕確保伯希生命無虞，那麼即便想要縱情享樂也欲振乏力（Bósa, S. 5）。這套強大的魔法必須在日落之前施展。「告訴我，『戒指王』，這些（以盧恩文字寫成的）名稱是對的，」女巫繼續吟誦：「否則所有我向你詛咒的苦難都將成真。」顯見巫術詩歌仍要仰賴盧恩文字的魔法。

立誓發願是「人類贖罪」的方式，與此相對的則是「神的滌罪」。人相信神會直接降下懲罰，而**神的審判**正是由此衍生；即便是塵封多年、不為人知的陳年舊事，仍然無法逃出神的手掌心。近來有人提出，神的審判是經由

基督教文化才導入日耳曼法律系統，然而綜觀整個斯堪地那維亞地區的信仰傳統，我們並未發現任何足以支持這種說法的可靠證據。倒是存在神明裁判制度中的「熱水審」[24]確實是從德國輾轉傳往北方的，遭赫科嘉（Herkja）指控與人通姦的古德蘭曾自願接受熱水審，她說：「讓『南方人』的國王薩科希（Saxi）來主持吧！他知道該如何向滾燙的鍋爐祝禱。」據悉，古德蘭順利通過神聖的考驗，證實自己的清白後，反而是一開始提出控訴的赫科嘉必須將手伸進滾燙的熱水裡拾起石塊；最終這名控訴者並沒有成功，因而被沉入水坑溺斃（也就是以死謝罪）（Guþr. III 7）。希臘悲劇作家索福克里斯（Sophokles）早就在他的作品中提及背負火燙鐵塊的「熱鐵審」，至於「水審」[25]則是從凱爾特人就有使用的記錄；換言之，不管是火審還是水審，都能回溯至原始印歐人的年代，就算當時可能只是用來強調實現誓言的決心。古北歐的**歃血為盟**（Blutbrüderschaft），會藉由名為**「草皮道」**（Rasengang）**的傳統習俗**，彰顯締約者對承諾的重視；同時，他們也會召喚天神前來見證各自應承擔的義務。要進行這項儀式，必須先在草地上切割出一塊帶狀草皮，但不截斷左右兩端。接著，取一根長矛穿過草皮底下，由另一個人抓住矛頭撐起草皮。結盟者必須各自在身上劃一刀，讓血滴落在翻起草皮的泥地上，然後以土拌血，攪和一番。這個時候，所有人必須雙膝跪地，誓言待彼此如親手足，不分你我、同仇敵愾，眾神則為他們全程見證（Gisla S. I 11）。總括來說，整套流程可分成三個階段：一、穿過草皮底下，象徵從大地的懷抱重生；二、讓血直接滴落到翻起草皮的泥地上，然後把土和血拌攪在一起；三、立誓。奧丁和洛基，還有齊古爾和古納爾也都是以血結盟的夥伴（Lok. 9；Brot af Sigurþ. 18）。我們或許可以假設鮮血一開始是從腳部流出，經過腳的攪拌跟土和在一起，然後在摩擦過程中重新沾黏回腳上。非洲大陸還有部分地區至今仍保留了這種經由皮膚破口讓混合物進入受傷部位的作法，我們同

---

24 譯註。據悉是歐洲最古老的神明裁判方式，被告必須徒手伸進滾燙的熱水中，撈出一只指環或一塊石頭，之後，被燙傷的手及手臂會隨即包紮起來並予以標記；數日後，若傷口沒有化膿，被告便通過考驗，證明其清白。
25 譯註。水審分成冷水審及熱水審兩種。

樣只能從靈魂信仰的立場來解釋這種儀式。氏族成員之間不僅仰賴血緣維繫，他們彼此的靈魂也是相通的，不過每個人也可以自己決定是否要和他人相互交換血液，也就是透過混血建立血親關係：只要和他人交換一部分溫熱的鮮血，彼此就能成為真正擁有血緣關係的兄弟。一開始，人類先是把經由大地之母孕育而出的孿生現象與這個遠古時期的習俗連結在一起，到了後來，這種互相結為一體的作法逐漸成為祭神儀式中神聖賜福的法律傳統。

在遠古時期，除非是犯下傷害家族或氏族的罪行，或是侵犯守護族人的神靈，否則不至於動用**死刑**。因為唯有死亡才能止息眾人及神靈之怒，換言之，死刑其實就是讓罪犯**以死謝罪**。倘若眾人無法逮到犯罪者，便會將他驅逐出部落；他不但失去平靜生活的權利，更得和隨時都能一口吞掉他的森林猛獸還有凶狠的野狼同處一地，「森林流放人」（Waldgänger）通常被迫逃往森林或沙漠，人人皆能弒之，沒有人會提供庇護。他們已經喪失法律上的權利，將由神做出最後審判，不過不是由人類親手奉獻給神，而是神會在冥冥中憑藉他無所不能的偉大力量，降下犯罪者應得的懲罰。一般多會以「你們將親身體會奧丁的殘暴」形容那肉眼不可見的憤怒，以及上天懲戒的可怖威力。冰島英雄強者格雷提（Grettis）的傳奇故事講述的正是一名森林流放人曲折離奇的一生。

普遍來說，懲罰具有雙重特性，即世俗性與宗教性：打破部落和平共處的秩序，將遭氏族驅逐，同時喪失所有權利；要是犯下不可饒恕的重大罪行，就必須以死謝罪。死刑作為一種宗教行為，自有一套特殊的繁瑣程序：執行絞刑的繩索有別於一般細繩，必須另外使用牧草編製，同時還要以枯木取代絞刑台，或是讓絞刑台豎立在海岸邊，在行刑後讓死者正面朝北。除此之外，同樣遭吊死的狗和狼也會一同陪葬。概括論之，不管是絞刑、沉入聖池溺斃、折斷背骨、從懸崖墜落、血鷹之刑，還是撕扯肺臟等儀式，都明確被定義為宗教的刑罰。由於死刑是一種相關規定極為嚴格的宗教儀式，因此必須由熟悉各項環節及規矩的人來執行，也就是祭司。

關於各種瀆神的罪行以及與之相應的懲罰，我們僅提及了最重要的兩項。破壞**神廟祥和**（Tempelfrieden）的人被稱作「聖殿之狼」，且犯行者將

因此喪失法律上的權利。**破壞神廟**的建築本體或設置在內部的神像皆屬嚴重逾矩的瀆神行為，一般相信，神自然會針對這些為亂者採取強烈報復：據說只要破壞神廟，就永遠無法前往瓦爾哈拉（Nj. S. 89）。這種可恥的行徑甚至被形容為「前所未有」的罪行，罪大惡極的程度遠勝親手弒子（Kjaln. S. 5）。

褻瀆神祇的下場就是遭驅逐流放，換言之，犯下瀆神行為的人將永遠與神隔絕。在冰島人眼裡，火山爆發正是諸神為了教訓無神論者而降下的懲罰。

同屬這個範疇的，還有兩種跟法律有關的案例值得我們關注，儘管它們和祭祀儀式之間的關聯性遠不如巫術還有靈魂信仰的影響。

十世紀後半葉，有個名為葛爾瑞德（Geirrid）的女子和她的兒子索爾亞瑞恩（Thorarin）居住在冰島西部，她所屬的氏族來自挪威最北端的黑格蘭（Halogaland），相距不遠處就是芬馬克郡（Finnmark），在那裡生活的是同樣通曉巫術的拉普蘭人（Lappen）；兩邊的居民一直有所往來。葛爾瑞德擁有強大的魔法能力，幾乎和她父親不相上下。年輕的袞洛格，也就是索比恩（Thorbjörn）之子，經常前來向她討教巫術的技巧。至於住在附近的寡婦卡特拉（Katla）雖然面容姣好，卻是一名邪惡的女巫，而她的兒子奧德同樣也好不到哪裡去。奧德時常陪著袞洛格四處閒晃，卡特拉也一再邀請他到家裡過夜，但袞洛格總是婉拒她的盛情邀約，妒火中燒的卡特拉於是指控他和葛爾瑞德之間有不可告人的關係。入冬不久，袞洛格再次由奧德陪伴前去拜訪葛爾瑞德，一不留神就待到了傍晚；袞洛格堅持要打道回府，葛爾瑞德便告誡他：夜裡會有許多巫師出沒，還有邪惡的鬼怪經常會偽裝成年輕貌美的女子，而他看來似乎不怎麼受幸運之神眷顧。儘管如此，兩名男子終究還是動身上路，原本已經就寢的卡特拉要求自己兒子留下袞洛格過夜，袞洛格卻還是一心急欲返家。然而那一晚，袞洛格並沒有回到家。直到深夜，他才被自己的父親發現失去意識橫臥在家門前，躺在血泊中的他遍體鱗傷、奄奄一息。整個漫長的冬季，袞洛格都躺在床上養傷，關於他一病不起的原因眾說紛紜，但奧德認定是葛爾瑞德對他施展了巫術。隔年春天，葛爾瑞德遭到正

式起訴，出庭受審的她被指控為暗夜（女）騎士，是致使衰洛格一病不起的罪魁禍首。負責做出裁決的是十二名陪審員，她的兄長更站到神廟的祭台上擔保她的清白，這才使得葛爾瑞德獲判「無罪」（Eyrb. 15. 16. 20）。

　　按照北歐的法律規定，凡利用咒語或巫術致使人或牲畜死亡或患病，就必須面臨最嚴格的審判機制，也就是由十二人組成的陪審團做出裁決。葛爾瑞德成功捍衛了自己的清白，她和索比恩之間的法律糾紛也隨之化解，而她在這樁事件所蒙受的冤屈後來也得到眾多矚目。在她的大力協助下，儘管卡特拉使出渾身解數，最終還是和兒子奧德一同遭到逮捕，接受制裁。即便她招認傷害衰洛格的罪行，仍然慘遭重石砸死，而奧德則被送上絞刑台。值得注意的是，由於卡特拉和奧德施展了極為殘酷的巫術，因此未經任何審判程序便直接予以處決。至於為何同樣具有犯罪嫌疑而遭到控訴的葛爾瑞德，反而有機會站上全體大會的審查庭，詳細原因我們並不清楚，不過很可能是因為她並未像卡特拉那樣，在施展魔法之際被人逮個正著。由此看來，似乎早在異教時期，巫術就已被視為某種不必然要遵照審判程序的「特殊犯罪」（crimen exceptum）形式。

　　葛爾瑞德遭人指控的罪名，暗夜（女）騎士，指的是讓精靈族聞風喪膽的女巫，或是利用深夜施展法力的女妖。西哥德人在法律上用來指控女性的羞辱性字眼和刻薄程度可說是最為嚴重的：有人曾在暮光中見到一名女子頂著一頭蓬鬆亂髮，以巨魔之姿掙脫束縛，騎著馬奔出柵門。不過最耐人尋味的就屬接下來介紹的這段內容：如何依正當程序處置犯下侵占罪和殺人罪的鬼魂。

　　冰島在西元 1000 年正式改奉基督教。同年夏天，來自赫布里底群島（Heibriden）的女富豪索爾古娜（Thorgunna）和她的車伕，一名都柏林人，來到冰島，並且選在弗洛達（Froda）的莊園落腳，然而到了秋季，她便與世長辭。莊園主人索爾奧德依照這名基督徒生前的心願，將她的遺體運送到後來成為主教駐地的斯考爾霍特（Skalaholt），下葬在當地一座教堂旁。不

過他並沒有遵守對死者的承諾，為她焚燒寢具，於是接二連三發生了一連串駭人的離奇事件。早在運送遺體前往斯考爾霍特的途中，眾人無不爭相迴避索爾古娜，等到送葬隊伍重新回到莊園，竟在牆面上發現一只飄移的倒掛半月（即「諾恩三女神之一的烏爾德〔Urd〕之月」），等於是宣告死亡即將到來的訊號。沒多久後，莊園裡有個牧童彷彿著魔般痛苦死去，同樣的慘劇接連上演，不斷有人喪命。這時出現了一隻幽靈般的海狗，預示索爾奧德的死期將屆，他會在海裡溺斃而死；後來眾人向逝去的索爾奧德祭酒時，他確實是濕漉漉地和其他夥伴一起現身。連續有人喪生的恐怖威脅讓剩下的倖存者每到夜裡都不得安眠：莊園裡原本有三十人，卻已被奪走十八條性命。直到鄰近部落一位強而有力又足智多謀的「酋長」斯諾里（Snorri Godi）建議：假使索爾古娜還有任何遺願尚未達成，應盡速替她實現；此外，所有歸來的亡靈都必須接受審判，並且交由門廳法庭（Türengericht）裁決，也就是在進出房舍的大門前進行公開審判。結束後，祭司必須一邊唸誦禱文，一邊以聖水澆淋莊園，並傾聽倖存者告解。眾人隨即採納斯諾里的建議，依序邀請夜裡坐在火爐邊的歸來亡靈「出庭」，說明自己曾從事的不法行徑，以及傷害過哪些人的肉體或生命。原告則會安排自己指定的裁決者坐在屋外的一扇門前，然後宣讀亡靈的口供，讓來自鄰近地區的陪審員針對被告的罪嫌發表意見；一切就「如同是公民大會的審判法庭」。最後，那些歸來的亡靈將一一接受裁決，他們按照出庭的順序輪流在屋內起身，然後從後門離去，離去前固定會帶著嘲諷的口吻丟下簡短的一句話，好替自己編個理由找台階下。所有流程結束後，祭司會端著聖水和聖物繞行所有建築，並在隔日舉行獻祭儀式，好為整齣鬧鬼事件畫下句點。這就是後來在冰島眾所皆知的弗洛達傳奇（Frodawunder）（Eyrb. 50-55）。

在法律之前，歸來的亡靈依然享有等同於在世者的權利，但他們也必須服從法律規定，儘管百般不願，還是得忍受審理過程中的各種煎熬：門廳法庭的機制原本就是用來審理破壞氏族和諧或犯下殺人罪的人類，若非如此，根本不可能有辦法利用同一套機制處置疑似犯下相同罪行的幽靈。不過這套

法律程序不僅沿襲自異教時期，另外也摻雜了不少新信仰的色彩。由此可知，這是一段適逢新舊信仰交替的時期，特別是從斯諾里的個人特質也可察覺這種跡象，因為他明顯對這一前一後兩種信仰都抱有疑慮。此外，這套機制極有可能是後來教會用來審理田鼠、金龜子和其他害蟲的原始雛型。動物審判的重點並不在於為動物定罪，更不是以巫術去邪除魔，像驅除人類或惡魔的靈魂那樣。實際上，審判本身便是巫術的一環，動物審判就是幽靈審判。因此不難想像，異教時期確實存在　套專門審理鬼魂的法律程序，用以嚇阻或驅趕幽靈。

商會的獻祭儀式

宗教慶典佔據了部族生活的絕大部分，由於日耳曼人認為自然界裡的偉大造物皆是神的化身，所以祭神就等於是一場自然的慶典。因此，四季循環的週期和宗教上的紀年是重疊一致的，人類日常使用的曆法同時也是舉行祭神活動的依歸。遠古時期的人只區分冬夏兩季，而且冬季先於夏季，猶如夜晚在白晝之前。當時的人普遍認為，光亮與溫暖分別由黑暗與寒冷所生，於是他們以夜計日，按冬計年；日照會在冬至和夏至兩天進行交替，由此畫分出夏季與冬季：最長的白晝與黑夜分據兩端，其中一邊的日照時間逐漸遞減，另一半則趨於拉長。冬日轉換之時，就代表在一片死寂中沉睡的萬物即將復甦：北日耳曼人會在這個時候舉辦大型祭典，向神祈求豐厚的秋收（Yngl.S. 8）。日夜的長短在入冬還有初夏這兩個時間點則是不相上下，日耳曼人會從九月底或十月初展開新的一年，然後在三月底或四月初進入夏季。透過觀察太陽升起的至點（Solstitien）和晝夜平分點（Äquinociten），他們就能確立上述四個不同時節的起點。

除了將一年畫分為四個不同時節，也有不少人認為日耳曼人的一年其實只有三個時節：每年的 10 月 11 日北方國度便會進入冬天，一直到隔年 2 月 10 日才會迎來初夏，能夠見到陽光的時間明顯跟著增加，而第三個節慶則落在 6 月 9 日。直到西元 940 年，挪威國王哈孔一世（König Hakon der Gute）

才將迎春慶典從 2 月 10 日改成慶祝耶穌誕辰的日子（Flt. I 53/54）。至於一
年有三個時節的說法主要是根據下列的文獻資料推斷而來：

按照習俗，日耳曼人會在入冬時向神獻祭，祈求一整年平安順遂，到了
冬至則會為了祈求豐收而再次祭神。接下來會在盛夏之初舉辦三場祭典，祈
求出征得勝、凱旋歸來（Yngl. S. 8）。特隆海姆的農人會在入冬之際大擺筵
席，備妥豐盛的美酒佳餚迎接川流不息的賓客，藉此祈求更好的一年；到了
冬至，為祈求能平安順利度過漫漫冬日，他們會再次獻祭：傳統上，他們會
先在秋季舉辦祭典，迎接冬日的到來，然後待冬至和初夏來臨時，再分別向
神敬拜奉獻，其中後者主要是為了迎接夏日的到來（FMS IV 102-104）。按
照慣例，享有聲望的挪威人齊古爾一年會舉行三次獻祭，分別是入冬時、冬
至和初夏前後。儘管後來基督教文化逐漸普及，但是為了持續舉辦盛宴，他
仍然保留了舊有的習俗：秋季饗宴多半僅邀請好友參與，冬季的盛宴則是為
了慶祝耶魯節，最後一場主要用來迎接復活節（FMS IV 112; Flt. II 227; Olafs.
S. h. 117）。居住在挪威南部的農人哈瑞克（Harek）每年則固定在三個時節
舉辦盛宴，分別是耶魯節、冬至和復活節（FMS XI Hak. þ. Harekss. 1）。

我們並沒有任何資料顯示異教時期的日耳曼人會在夏至來臨時舉行慶
典。一般推測，可能是因為當時的北歐人在這期間有繁重的農務或牧場工作，
因此無暇兼顧，又或者部落裡的男人全都出海航行，後者倒是維京時期的真
實情況。夏至時分是自然萬物欣欣向榮、成熟醇美的神聖時刻，然而實際上
各種慶祝活動多半是以施洗者約翰節的名義進行，不過我們仍然可以從點燃
篝火的儀式感受到這個日子的古老神聖力量：水鬼在施洗者約翰節這一天會
特別猖狂，大肆作亂之餘，甚至要求人類以活人獻祭；聖泉在這天的療效也
格外顯著，各地民眾亦會紛紛前往朝聖。但由於有不少專家學者認為冬至和
耶魯節之間並不存在任何關聯性，連帶也影響了上述推論的可信度。

根據普羅科匹厄斯的描述，斯堪地那維亞半島最北端的居民會在度過整
整三十五個暗無天日的日子後，派人爬上最高的山峰，確認太陽還要多久才

會升起。一旦觀測者回報嶄新的陽光將會在五天後照亮山谷深處，便會引起歡聲雷動，沒有人不為這個好消息歡欣鼓舞、大肆慶祝：這就是極北之地最大型的慶典。他們擔心有朝一日太陽不再升起，於是不斷宰殺祭品奉獻給諸神、掌管大氣的崇高力量，還有天空和大地（B. G. II 15）。每年初始，民眾都會固定向納瑟斯（Nerthus）獻祭，同一時間，瑞典人也會以遊行隊伍向弗雷致意；西蘭島上的萊德則是早在一月就會舉辦大型祭典，至於烏普薩拉的祭典要到春分前後（Ad. Br. Scholion 137）或二月時才會登場：除了祈求來年諸事順利、天下太平，也為國王祈福。進入夏季時，也會有大型慶典「迎接夏日」的來臨（Egils. S. 49）。透過觀察今日北歐人迎接春天的習俗，仍可一窺當時部落**春季慶典**的輪廓：

在五月的第一週到來之前，幾乎不可能舉行春季慶典，因為通常過了這個時間點，空氣和種子才會釋出夏季即將到來的訊息。不過實際上還是必須視所在位置而定，像是北海或北角（Nordkap）一帶的春祭慶典就會再晚一些。好比丹麥的布穀鳥爭相啼叫、山毛櫸枝頭冒出綠葉時，達拉納（Dalarne）的錫利揚湖（Siljansee）依然覆蓋著靄靄冰霜，特隆海姆也還是一片雪白世界。丹麥的春季慶典從 5 月 1 日開始，會一路延續至聖靈降臨節，緊接著就是仲夏節的到來。在傍晚降臨之前，就會有人點燃名為「沃普爾吉斯之火」（Walburgisfeuer）的篝火：據傳烈焰能嚇阻黑夜四處肆虐的惡靈，尤其是那些徹夜狂歡的巫師。如同在其他盛大祭典上直沖天際的熊熊烈焰，這團篝火必須使用「野」火，而非一般火種點燃，也就是人類開始使用鐵器以前取得火源的方式：鑽木取火。

日耳曼全境指稱這類篝火的用詞其實大同小異，其中尤以意同「摩擦之火」（Reibfeuer）的瑞典語「gnideld」（丹麥語和挪威語「nodild」，德語「Notfeuer」，古高地德語「niuwan」，「nûan」有摩擦之意）最清楚明瞭，讓人一看就懂。**摩擦之火**在過去主要用來淨化空氣，藉此消滅疾病，換言之，只有爆發傳染病時才會點燃。隨著時代演進，畜牧者為了徹底阻隔病菌，確

保牧群維持在良好狀態，便逐漸改為每年固定進行的儀式，到了最後更發展成各部落在所有大型慶典，用來向偉大眾神表達崇敬之意的熊熊烈焰。

　　直到今天，北歐各地的民眾還是會在山上和丘陵燃起「沃普爾吉斯之火」，成群年輕人會圍著篝火，通常是繞成兩到三個圓圈，興奮地跳舞慶祝，然後把春天裡最先盛開的鮮花獻給天神。如果火焰和煙霧往北傾斜，代表瑞典將迎來涼意十足的春季；若朝南偏移，就會是暖春。達拉納的居民至今依然保留一項習俗：他們會用九種不同品種的樹木或灌木枝葉點燃「沃普爾吉斯之火」，然後躍過火焰。在挪威，一旦牧群中有牲畜遭野狼咬傷，為了避免其他健康的羊隻受到感染，牧人會以鑽木取火的方式點燃兩到三堆篝火讓羊隻跨過燻淨。接著必須由八十一個已婚人士，每回九人，取兩根木棒摩擦生火，點燃後再放進一開始升起的火堆裡，讓火勢愈燒愈旺。即便到現在，不論是針對氣候變化、收穫情形、愛情或是死亡進行預言，也都會燃燒神聖之火。泰勒馬克郡（Telemarken）的居民會在復活節前夕，利用九種不同樹木的柴火點燃壁爐，把躲在煙囪裡的巫婆一掃而空，並且觀察煙霧飄散的方向：如果是往教堂那頭移動，代表這戶人家不久後就會有人去世。

　　正當部落族人紛紛湧向迎接春日的篝火，看似空蕩的房舍裡卻透著一股詭譎神祕的氣氛，只留下最重要的人守在屋子裡。外頭則是人聲鼎沸、喧鬧歡騰，但也不是所有人都圍在篝火旁，年輕的小夥子和女孩們必須前往森林採集鮮花、摘採綠枝，以便隔日一早「妝點」自己的住家。有時群眾也會趁著篝火之夜豎起五月柱（Maibaum），或是加以裝飾，以便隔日一早就能完整展現。

　　丹麥人慶祝五朔節（Maifest）的主要目的，是為了「把夏天的氣息帶進城區」，然而在瑞典，5月1日這天登場的嘉年華會則象徵著**冬夏之爭**。充滿活力的年輕男子分別組成寒冬與盛夏兩大陣營，其中一邊裹著厚重的毛皮大衣，另一支隊伍則由披覆一身鮮花綠葉的「花之伯爵」（Blumengraf）領軍。接著，兩方人馬上演正面交鋒的戲碼，一旦寒冬遭夏日壓制在地，冬季隊伍

的成員就會扔出灰燼和火星，而夏日陣營必須以樺木樹枝和吐出新芽的菩提枝葉自我防衛，最後圍觀群眾會把勝利頒給夏季陣營。瑞典人要一直到施洗者約翰節才會豎起五月柱，也因此仲夏柱（Mittsommerbaum）這個名稱反而顯得更貼切；另外，古瑞典、挪威和丹麥的編年史、城市規畫以及各式檔案資料裡，也替五朔節的演出留下不少記錄。

　　全副武裝騎在馬背上的青年們一早就會在森林外圍推選出一名五月伯爵（Maigraf），有些地區則會選出兩名，比方說隆德（Lund）、卑爾根（Bergen）和哥本哈根都是如此，不過馬爾摩（Malmö）只會選出一名。獲選為五月伯爵的人將被授予一只花環，以彰顯其尊貴；然後他會替自己挑選一名伯爵夫人，其他參與遊行的男子則各自選擇一名五月新娘：每位五月新娘都會得到一個小花環，整支遊行隊伍看起來就像是一小片花海，而這些花環其實是女孩們在前一晚事先製作好的。接著，五月伯爵便會下令啟程返回家園。隊伍穿越森林的途中，每個人會從樹上折下花朵盛開的枝葉拿在手上，一路上跟著吹奏的笛音和響徹雲霄的鼓聲盡情歡呼、高聲歌唱。乍看之下，彷彿一座綠色森林正緩緩往城區移動。（馬克白！）[26] 這支向家園前進的遊行隊伍是五朔節慶典中最重要的一個環節，目的是要「把夏季載往城區」、「把五月抬進城裡」或者「把綠意盎然的五月引領進來」。有個更老的習俗則是直接把五月柱整根拔起，帶回自己家重新豎起，然後所有人圍著它唱歌跳舞。達拉納的居民偏好在夏季舉行婚禮，年輕的小夥子會在新婚之夜互相集結跑進森林裡，砍倒最高的那棵落葉樹後帶回新居。他們會將麥稈鋪在較粗壯的樹枝上，當作起居室的座椅，圍著它飲酒作樂。現在的五月柱多是已經去除粗糙外皮、表面光滑的樹幹，立柱過程則是要先從樹頂上方套進兩到三個大環，

---

26 譯註。莎士比亞戲劇《馬克白》中有一幕，女巫告訴馬克白：「除非城外那一片森林能移動，否則沒有人能打敗你。」然而馬爾康（Malcolm）率領大軍前來討伐的途中經過該座森林，便下令士兵砍下樹枝戴在頭上偽裝掩蔽。當隊伍再度向馬克白的城堡前進，遠遠望去，就像一座移動的森林。最後，馬克白果真如女巫的預言，為馬克道夫（Macduff）所殺。。

再把它們懸掛起來，最後才由上而下利用花串和飾品加以妝點。每年的 6 月
25 日開始，從斯德哥爾摩到拉普蘭區的耶利瓦勒（Gellivara）一帶，無處不
豎立著這些五月柱。任何人都可以握著熊熊燃燒的火炬，登上鄰近斯德哥爾
摩或錫利揚湖邊的堡壘，與眾人一同歡慶仲夏節，然後隨著罕見的瑞典搖弦
琴（Schlüsselharfe）[27] 樂聲，吟唱古老的詩歌、跳舞或進行其他娛樂活動。
假如有人認為這樣還稱不上是大肆慶祝，顯然他在腦海裡揣摩的大概是一千
多年以前的陣仗：不論是迎接春日或夏季的到來，異教時期的古北歐人都會
以盛大的遊行慶祝。一直到今天，丹麥和瑞典的年輕人還是會沿襲自古以來
的習俗，群聚在五月柱下狂歡跳舞。1594 年就曾有一名住在卑爾根的男子，
趁著深夜破壞直立在海灘上的五月柱，後來因此受罰。一旦遊行隊伍進入城
區或鄉鎮，歡呼聲便不絕於耳，所到之處更是熱鬧喧騰。這股歡欣鼓舞的氣
氛會一直持續到深夜，眾人又歌又舞，享受盛大的「五月伯爵宴」。一直要
到所有人全都盡興開懷地暢飲一番後，慶典才算真正落幕。1586 年，隆德選
出的五月伯爵甚至必須先和他的兄弟一起代墊五噸啤酒的費用，不過之後他
行使了自己的權利，才得以如願減免貨物稅。

　　全副武裝的遊行隊伍其實是對過往的一種緬懷：懂得使用兵器的軍隊會
在春天到來之際集結起來，重新精進經過漫長冬季而顯生疏的戰鬥技巧，同
時為準備在盛夏出征的隊伍進行配置與規畫。在烏普薩拉則會陸續舉辦名為
「蒂森女神大會」（Disenthing）的大型春季市集，其前身即為古代的春祭。
按照古老的習俗，一年之中第三大的祭典會在夏天登場，也就是所謂的祈勝
祭（Yngl. S. 8）。不過這一系列因應春天到來而衍生的傳統習俗主要都是為
了驅趕殘存的寒冬氣息，迎接屬於春天和夏日的諸神，好比西蘭島的納瑟斯
慶典，或是瑞典人為弗雷舉辦的盛大遊行。
　　一旦太陽爬升到頂點之後，便會開始慢慢往下降。日照最長的這一天，

---

27 譯註。即瑞典國寶樂器 Nyckelharpa，是一種有鍵提琴，在樂器譜上屬於搖弦琴的近
　親。

大地閃耀得甚至有些刺眼，令人窒息的酷熱流竄至每個角落。突如其來的暴雨和冰雹肆虐了田野、摧毀了草原，牛群也全數遭傳染病侵襲。丹麥人有種迷信的說法：相傳各種千奇百怪的毒草會在施洗者約翰節前夕一口氣冒出地面，惡靈的力量在這一晚也會變得特別強大。據說只要在仲夏夜的十字路口點燃以九種落葉植物堆成的柴火，就能藉由火光看到每晚在此聚會的巫婆。此外，由於擔心惡靈為非作歹，人類也會在某些地方開火射擊，尤其是牛棚（挪威）。**仲夏節**有不少習俗其實和春季慶典相互重疊：遊行隊伍、向神獻祭、點燃篝火、競技表演、豐盛筵席和喧鬧的飲宴。據傳施洗者約翰節這天的水特別富有力量，可說是一年之中威力最強大的一天，因此挪威人會紛紛前往聖泉朝拜，部落也會展開朝聖之行，祈求水神賜予豐厚收成。朝聖時，信眾會靜靜俯身靠近用花環裝飾的聖泉，用杓子舀取擁有神奇法力的泉水，然後獻上鮮花、金錢，甚至是血淋淋的牲禮，又或者留下一件衣物，至少會是一片碎布。克努特大帝（Knut Lambert）[28] 嚴禁他統治的丹麥民眾和盎格魯撒克遜人在河岸或水源地周邊，利用祭物和火炬敬拜異教諸神；通常選在聖泉旁點燃火光，多半是為了解讀神諭。所有朝拜聖泉的信眾在結束之前，會繞行聖泉三圈，然後從中汲取一部分帶回家。由於這些水在神聖的日子經過獻祭的加持，一般認為可減緩或治療多種症狀與疾病。渴望得知未來另一半長什麼模樣的人，也可以在充滿神祕力量的仲夏夜前夕，依照具有深刻意涵的傳統習俗一窺究竟。在現今的瑞典，仲夏節已然成為最受大眾歡迎的傳統節日，深獲人心的程度完全不是其他節慶堪以比擬，不論貧富貴賤，人人為之著迷，就連平時旅居國外的瑞典人也會想盡辦法在這一天回到家鄉。話雖如此，在目前可取得的文獻資料中，僅有一處提及仲夏節的獻祭活動（Ol. S. Tr. 65; Egils. S. 49），同篇記述中還另外介紹了冬至慶典（FMS II 162）。

每年的十月或十一月，丹麥本島和鄰近的博恩霍姆島（Bornholm）都會舉辦盛大的**秋季慶典**，至於瑞典和挪威則是固定在十月。傳統上習慣以瑞典語的「slagtmanad」或「Blótmanad」指稱這個時節，古北歐語則是

---

28 譯註。藍伯特（Lambert）為克努特大帝受洗後獲得的教名。

「Gormánadr」（「gur」指「宰殺牲畜時清除的腸道內容物」，也就是屠宰月）。宰殺牛牲是部落舉行豐年祭時最重要的環節，換言之，整場慶典的重頭大戲就是向神獻上血淋淋的牲禮。至於應該先在哪個區域舉辦謝神祭、哪些地方稍後才舉行，當然得視天候狀況和農作物的等級高低而定。德國南部以及下薩克森邦（Niedersachsen）一帶的豐收祭通常會在九月底或十月初這段期間舉行，盎格魯撒克遜人所在的區域則陸續在十月或十一月登場，而最早進入冬季的斯堪地那維亞半島大多集中在十月辦理。即便到了現在，北歐的農人還是習慣把 10 月 14 日視為入冬的第一天，而這個時節舉辦的「秋祭慶典」或「迎冬獻祭」主要是向掌管天空、大地，還有氣候的諸神表達崇敬之意。

索格林姆想在入冬時舉辦一場盛宴，邀請好友一同迎接寒冬到來，同時向弗雷獻祭（Gísla S. 27）。在冬日初來乍到之際，準備豐盛筵席與賓客同歡，然後在夜裡向神獻祭，對許多人來說是長久以來的習俗（a. a. O. 18; Yngl. S. 8; Ol. S. h. h. 104, 112）。默恩島（Moen）上的農人會在收割作物後，把最後一捆燕麥稈往田地一扔，然後說：「這是要獻給天神奧丁的，好讓他在耶魯節的夜晚餵食他的馬。」要是有人沒這麼做，他所飼養的牛群就會死亡，又或者，憤怒的天神會踐踏他所在的城鎮。斯堪尼（Schonen）和布萊金根（Blekingen）兩地的農人同樣會在收成後，在田野間留下一捆作物給奧丁的馬，這個習俗延續了很長一段時間。初冬時節除了廣邀賓客參加饗宴，民眾也會舉行獻祭儀式，慎重地向眾女神表達感念之意（Dísablót; Vígagl. 6）。另外還有各式應景的競技活動，好比布瑞德費爾汀人（Breidfirdinger）會在秋季舉行球類競技，迎接冬天的到來，而這個地區亦自此被稱為「競技小屋平原」。周遭城鎮的居民都會來到這個為競技搭建的大型帳篷裡，然後在裡頭住下來，一待就是半個月或者更長的時間（Eyrb. S. 43）。

冬至祭典或耶魯節是向冥界力量獻祭以祈求豐收的日子。不過參與其中的不僅限於農人，牧人和一般民眾也會共襄盛舉，造就出一場隆重又盛大的

獻祭儀式,除了感謝諸神過往的庇佑,也向神祈求來年同樣賜予他們豐收。冬至祭典公認是特隆海姆最盛大的慶典,相傳信眾會向神獻祭活人,祈求豐收與平安(FMS II 162, 165),或是庇佑他們衣食無虞、順利過冬(FMS IV 103)。丹麥國王長者哈夫丹(König Halfdan der Alte)[29]就曾在冬至來臨時舉行盛大祭典,祈求上天讓他活到三百歲(Sk. 62)。在這段神聖崇高的慶典期間,所有人會聚集在一起狂歡作樂,大街上湧入滿滿的慶祝人潮,南來北往的船隻也都靠岸,齊聚在預定的停泊點。接連好幾天,各個聯盟人設酒宴,廣邀眾家好友和部落族人盡情暢飲。相互熟識的友人之間會輪流作東,今年作客的人,下一年便會張羅筵席招待眾人。居住在格陵蘭島上的北日耳曼人要是連一場飲宴都無力負擔,代表他的日子一定不好過;反之,只要曾經廣設筵席,就會獲得崇高的聲譽(Fóstbr. S. ; Thorfinns S. Karlsefn. 6)。

此外,群眾也可以在這個夜晚透過各種儀式一窺不可預知的未來,他們感到好奇或關注的問題其實包羅萬象:豐收的一年,還是歉收?一整年的天候狀況、收成損失,以及能否順利完成採購和交易。至於未婚女性介意的當然是和終身大事相關的種種,好比未來另一半的社會地位和外貌。在挪威,一旦進入齋戒期,四處都可見到披著動物毛皮、滿臉塗黑的青少年。精靈族通常會在聖誕節到新年這段期間進行遷徙,他們不但更換棲息地,而且在狂風暴雪中乘著風勢移動,而人類多半會準備滿滿一桌佳餚,向他們獻上天使啤酒(englöl)或祭品(alfblót)。

他們會在屋子裡的每個角落點亮一燭火光,把整間房子打掃得窗明几淨、一塵不染,然後敞開大門歡迎精靈入內作客;除了滿桌的豐盛菜餚,當然也免不了要奉上一壺酒。挪威的聖歐拉夫曾於入冬之際,指派詩人賽瓦特(Sighwat)前往哥特蘭島(西元 1018 年),後來這名吟遊詩人便將這趟艱辛旅程的種種遭遇寫進詩歌裡。有一晚,他來到一座農莊,但前來應門的女主人請求他不要進到屋內,因為她正在向精靈獻祭:「我們是信仰諸神的異

---

29 譯註。約於西元 762-800 年在位。

教徒，不希望激怒奧丁；這名農婦就把我攆出他們的莊園，彷彿我是一匹狼。」（Olafs. S. h. 91）精靈其實就是亡者的靈魂，而聖誕節期間陸續展開的驅魔儀式，讓人相信幽靈會在這段期間出沒作亂。這也是為什麼那些戴著面具四處收送禮物的人，總是會在身上戴著發出響聲的小配件。一開始，耶魯節敲門的習俗是為了獵捕惡靈，後來才逐漸在丹麥和瑞典演變為今日的「聖誕禮物」（Julklappe）：人們會在聖誕夜戴著面具或套上變裝衣物前往熟識的人家，送上對方意想不到的驚喜禮物；他們會用力敲該戶人家的門，或在門口高喊「聖誕禮物」來了，然後一溜煙地跑掉。

　　按照傳統習俗，每戶人家必須在聖誕夜取一大塊「耶魯木柴」（Julblock），扔進壁爐裡燃燒，並且小心看守，不能讓火焰在天亮之前熄滅，否則將招致厄運。之後，再把表層灼燒得焦黑的木塊丟到田野中。這塊燃燒的柴火其實就象徵著冬至過後努力發熱的太陽，溫暖地催促綠葉、花朵和果實依序綻放；換句話說，它等於是室內的冬至篝火，甚至完全取代了原本在室外為節慶點燃的大型營火。由於聖誕夜天寒地凍的氣候並不允許群眾在空曠的田野間狂歡作樂，只好將慶祝活動轉移至各自的住家進行。也因此，無法在戶外圍著篝火大肆慶祝的瑞典人會轉而在屋內點燃壁爐來替代。一旦壁爐的火焰開始熊熊燃燒，屋裡的每個人就得抓起一小塊火苗點燃麥稈紮成的火把，然後舉著火把在田野間繞行，除了驅趕那些阻礙作物生長的惡魔和女妖，同時也藉聖火為耕地祈福。

　　對挪威人來說，在聖誕夜出席啤酒飲宴可說是一種宗教上的義務（N.G.L.I 6.413），不過享有高度聲望的社會人士會另外設宴招待賓客，取代原本「與眾人同享啤酒」的形式。這場慶典的目的雖是向耶穌基督和聖母馬利亞表達崇敬之意，祈求能有「平安順利的一年」，但追本溯源，異教信仰的諸神無疑才是人們一開始獻祭和祈禱的對象。基督徒在聖誕節這天慶祝的是耶穌基督的誕生，而異教徒則是為了崇敬榮耀他們可鄙的天神奧丁而齊聚一堂（Flt. I 584）。各種關於聖誕禮物的習俗也經常被提起，除了王公貴族之間的禮尚往來，君主也會以聖誕禮物獎賞有功的附庸，當然朋友之間也

會彼此餽贈禮物（Gunnlaugs S. 7; Nj. 31; Laxd. S. 22; Egils S. 70）。哈孔伯爵習慣在耶魯節前夕召集所有附庸，從中挑選新的隨從在耶魯節當日協助各項慶祝活動（Flt. I 148）。為節慶舉行的各項競技也會隨之展開（Holmv. S. 22）。

　　異教徒慶祝的耶魯節和基督教的聖誕節通常會是同一天，但不總是如此。哈孔一世登基時，即明令規定基督徒一如既往在同一段期間慶祝耶魯節，而且挪威境內的每戶人家都必須為這個節慶釀造四十壺啤酒；直到眾人把這些啤酒喝到一滴不剩，耶魯節才算真正落幕。在此之前，慶祝活動會從夜晚拉開序幕，接連慶祝三天之後畫下句點（Flt. I 54）。不過我們真的只能以現有的基督教習俗為基礎，倒錯其年代，然後宣稱這些就是北歐異教徒慶祝耶魯節的傳統嗎？有人證實，北歐人慶祝聖誕節的傳統（例如禮物、新年魔法、聖蹟、預言、燭光與常綠植物、化妝遊行、幽靈作亂和驅魔儀式），並不是源自遠古時期北方的異教習俗，而是沿襲自基督教文化：哈孔一世自小便在英格蘭接受基督教文化的洗禮與薰陶，極有可能把不同於耶魯節的傳統一併帶到挪威。不過耶魯節不單只是一個原始日耳曼語的名詞，它也代表了異教徒的冬至慶典，這一點可從冰島所流傳下來的傳奇故事中獲得應證，特別是斯諾里的歷史作品。我們沒有理由認為斯諾里那些關於異教徒慶典的記述只是無中生有的創作，因為他的作品確實參考和引用了古老的資料。然而耶魯節和太陽的運作並沒有太多的關聯，這個節日的精神並不是為了上天或太陽神的復甦而歡慶，冥界之神、大地的力量、黑暗以及死亡，才是這場慶典真正的核心；如此一來，夜晚和死亡之神奧丁的登場也就顯得理所當然。如果從字源學的角度來看，耶魯這個詞其實更加黑暗。部分學者將「耶魯」理解為迎接太陽回歸或是光之神重生的慶典，因為他們把「耶魯」（jul）一詞和古北歐語的「hvel」（輪、日出日落）或是「*jiuls」（全新、年輕、新生）放在一起解釋；另一派則認為「耶魯」表示歡樂、有趣（拉丁文「joculus」）或屠宰祭（Schlachtfest，拉丁文「jugulare」）之意。而根據最新的解釋，耶魯節相當於「黑暗期」，正好相對於「復活節」的「光明或照亮期」。

國家的獻祭儀式

傳統上，同族的民眾會一起舉行祭典，向氏族神膜拜致意。長久以來，每逢重大節慶，族人會在祭祖儀式上奉獻血淋淋的祭品，藉此強化彼此間的連結。宗族的祠堂同時也是族人聚會的場所，他們除了在此進行交易，節慶時則用來展示商品或舉辦市集，在烏普薩拉神廟所舉辦的祭典就是一例。宗族以及宗族祭儀的完整有賴祭司的維繫，除此之外，保存和守護神的規條與法律也屬祭司的職責。然而對宗族來說，共同的祭儀不僅代表一脈相承的結果，更指出了他們的源頭。邦國的神廟主要由部落或地區的居民負責照看和維護，而神廟裡高掛的神像則象徵諸神具體可見的化身。因格瓦人（Ingwäonen）因祭祀女神納瑟斯而團結一致，居住在西蘭島靈斯泰德和萊德地區（Ringstedt-Hleidr）的丹麥人則因同樣擁有獻祭弗雷的傳統，而和烏普薩拉的瑞典人結盟；特隆海姆人共組的聯盟除了向位於摩里的索爾神廟奉獻，他們在拉迪爾地區還有另一座主廟。此外，來自費爾迪爾（Firdir）、弗嘉利爾（Fjalir）和松恩等部落的居民會前往蓋拉（Gaular）朝拜，而生活在維克（Wik）的人則會聚集到克里斯蒂安尼亞峽灣（Christianiafjord）[30] 西側的斯克靈薩（Skiringssal）[31]。除了萊德，丹麥人在菲因島（Fünen）的奧登賽（Odense）、日德蘭半島的維堡（Wiborg）以及斯堪尼的隆德（Opferhain，即「進行祭儀的灌木林」）都設有國家聖殿。哥特蘭島的居民除了共同參與島上最隆重的祭典，約有三分之一的人也會在家舉行簡單的祭儀；另外，部落召開小型集會時，也會有小規模的祭儀（Gutn. Urk. 32）。舉行主要祭典的場所同時也是最高法庭的所在地。丹麥境內多屬海峽及峽灣地形，可居住的土地被切割得破碎零散，因此必須設置多處祭祀場所與法庭；瑞典人則將兩者統一設在烏普薩拉；由於挪威是到後來才由一位國王統整成為一個國家，

---

30 譯註。克里斯蒂安尼亞（Christiania）為奧斯陸舊稱。

31 譯註。維京時期曾是聖殿所在地，即今日奧斯陸市的赫塞比（Huseby）。

因此並不存在全民參與的獻祭儀式或集會場所，也沒有專屬於國王的宅邸。不過在挪威境內，除了分屬各地的主要神廟，每個集會組織也都有各自的廟宇，冰島上的神廟則多半位於法庭附近：每個部落、地區，上至整個國家都有一座特定的神廟被指定為主要的神廟。

一般來說，部落每年都會舉行獻祭儀式，祈求上天的庇佑與饒恕。然而**全國性的贖罪祭**（Landessühnopfer）則是很久才會登場一次，至於每隔多久舉辦一次、祭品的數量，包含慶祝期間的長短，都是以神聖數字九為基準。梅澤堡（Merseburg）的提特馬（Thietmar）就曾寫道：（I 9）

我聽過不少講述丹麥人如何獻祭的動人故事，一點也不希望它們就此散佚，無人聞問。故事發生在一個名為萊德倫（Lederun；即今日的萊爾，又名「Hleidra」）的地方，也就是高瑟隆（Gau Selon，即今西蘭島）王國的首都。每隔九年，全國民眾便會在一月湧入當地，大肆慶祝耶穌顯靈，所有人齊聚一堂，向神獻上祭品：宰殺九十九名活人以及相同數量的牲畜，包含馬匹、犬隻，還有用來頂替老鷹的雞群。

不萊梅的亞當主教（Adam von Bremen）曾描繪了瑞典的全國性贖罪祭：

每隔九年，瑞典各地會在烏普薩拉共同舉辦一場盛大祭典，所有人都必須貢獻出力，不論是國王或是一般百姓，都會把祭品送往烏普薩拉。不過對基督徒來說，這種以金錢換取救贖的方式，比任何懲罰都還要殘酷。整場獻祭儀式的流程大致如下：每種雄性祭物的數量都必須是九，按習俗要將牲禮的鮮血奉獻給神，以換取救贖；經宰殺的屍體則會被帶到距離神廟最近的小樹林裡吊掛起來。由於祭物死亡或分解後間接（經由土壤）沾染了每棵樹，所以對異教徒來說，這片樹林同樣是神聖且令人敬畏的。一名基督徒向我轉述，除了人的遺體，他還見到犬隻和馬匹的屍體混雜交錯地吊掛在樹上，數來一共有七十二具殘骸。至於獻祭過程中吟唱的哀悼詩不但雜亂繁多，且多半不甚得體，就先暫且不提。祭典和盛宴會持續進行九日，每一天都會向神

獻祭一名活人和其他牲畜，連續宰殺九日正好是七十二份祭禮。祭典在春分之日舉行。信奉基督教的瑞典國王阿努德（Anund）因拒絕按照國家傳統向魔鬼獻祭而遭到流放，一名烏普薩拉的祭司則因侍奉偽神而雙眼失明（IV 27. 28. Schol. 136/37）。烏普薩拉可說是所有重大祭典的場地首選，放眼北歐，沒有任何一個地方能夠與之匹敵（Ragn. S. Loð. 8）。

關於這場慶典的種種，已有過詳盡介紹：為了祈求和平與勝利，國王必須向神獻祭，來自丹麥各地的群眾齊聚在廣場上，場邊則有熱絡的大型市集，處處洋溢著歡欣和樂的氣氛。烏普薩拉的祭典嚴禁攜帶武器，就像納瑟斯的慶典會替所有鐵件上鎖的道理一樣，當然他們會謹慎監管扣留的武器，避免遭竊。任何一個前來朝聖或參觀市集的外地人都不難察覺，瑞典國王所擁有的力量遠超出他們的想像。對此，羅馬史學家塔西佗（Tacitus）做出下述結論：「這裡不像其他日耳曼地區那樣可以自由使用武器，而是集中在某個小屋裡統一保管。畢竟讓無所事事的一群人持有武器容易滋生事端，更何況國王一點也不想藉助武器壓制王公貴族、一般民眾，甚或是被解放的奴隸。」（Tac. Germ. 44）

第十二章

祭神的地點

眾神並非無所不在，而是只存在特定的時空裡，他們發揮力量的場域也僅限於本尊或其使者所在之處。信眾可以在特定的住所或聖地找到他們，好比如果想要獻祭冥神、風神或是水神，就必須把祭品埋進地底、撒向空中、沉入水底、掛在聖樹上，或是澆灌在聖石表層。後來，眾神的居所和所在地逐漸轉變為神廟；人類懂得搭建房舍之後，便為他們的諸神蓋起廟宇。地方的大型聖殿通常會設在方便眾人前往的地點，除非有明確跡象顯示諸神在他處顯靈，才有可能在該地規畫新的祭祀場所。整個自然界隱約蘊藏著許多深不可測的神祕力量，任何自然現象或事件都可能觸發強烈的想像，或是喚醒深埋在我們體內的恐懼和敬畏之心，進而被解讀為神的啟示或鬼怪的威力。不過一旦人神之間失去緊密相依的連結，當然也就不可能會有神或是任何超自然力量的存在。

在挪威人眼裡，舉凡石頭、森林、流水和樹木都屬神聖的獻祭場所；哥特蘭島的居民則相信灌木林及丘陵地、聖地和那些用柵欄圍起的廣場皆有其神性。克努特大帝禁止丹麥人民崇拜火、川流、水井和石頭，還有任何形式的林木。有個冰島人曾對著一堆石頭敬拜（Landn. III 17），「紅鼻子」索斯坦則是向瀑布獻祭，而瑞典人會在耶魯節前夕祭拜「肥沃之丘」，祈求未來一年順利平安（FAS II 136）。樹木、森林、岩石和流水通常被敬奉為精靈或諸神的住所，也是舉行獻祭的地點；只要天空放晴，北歐人就會前往聖泉或灌木林祭神，凡是含有「Hof」（神廟）、「Hörg」（岩石祭台）或「Vi」（聖地）等字源的地名，都曾是過往舉行獻祭儀式的場所。

聖所的出口處通常會有一口**水井**，而這些神聖的場所一般要不是在樹叢底下，就是藏身在森林之中。在北歐，只要是供奉異教神祇的廟宇都會有一口用來進行預言或沉入活體祭品的深井或水池。烏普薩拉神廟的聖泉也是在一座神聖的灌木林裡，被富有神性的林木重重包圍，儘管實際上只是用來掛祭品的樹木。為了保持水質潔淨，井口或水池上方通常會架設一組用來覆蓋水面的木製結構，但也不是每座聖池都有這樣的設備。基督教傳教士進入後，驅逐了守護水井的女神，開始宣揚基督教教義。他們不但汲取最受異教徒崇敬的泉水為改信基督教的民眾進行洗禮，更在聖池之上或一旁搭建小型的木

製教堂。信眾膜拜和獻祭的對象也因此從當地傳統信仰的神祇，轉換成聖母、使徒、聖人和聖女，等於是換湯不換藥。

除了聖泉以外，**樹祭**同樣被視為構成神廟基本祭儀的一種原始型態。在日耳曼語的系統裡，**灌木林**（Hain）和神廟這兩個概念很多時候是互通的。「神廟」的哥德語「alhs」，盎格魯撒克遜語「ealh」，以及古撒克遜語「alah」，似乎都源自希臘文的「alsos」，意即灌木林；而「灌木林」（古高地德語「parawâri」，有祭司之意）的盎格魯撒克遜語「bearu」，應該和斯拉夫語「boru」（雲杉、雲杉林）有關；另外，古高地德語「haruc」、盎格魯撒克遜語「hearh」和古北歐語「hǫrgr」則可以連結到拉丁語「carcer」（圍柵）或古普魯士語「karige」（山梨樹）。古北歐語「vé」最初指的是神聖的灌木林或場域，後來才逐漸轉變成「聖殿」之意，有時也會用來指稱經過神靈加持的物體或符號，或是祭祀器具。好比召開公民大會或審判法庭時，掛在圍柵上圈起場內一片神聖祥和的繩索，就叫作「聖地之繩」（vé-bǫnd）。「Vé」原本是指遭到驅逐或破產的人，本名和這個字淵源極深的挪威人菲格爾（Wegeir）便是個最好的例證：他最為人所知的便是犧牲自己，成為活生生的祭品。

對生活在遠古時期的人來說，恐怕再也找不到比植物和樹木更適合映照人類生長與消逝的事物了。因此不難理解，當時的人從林木中瞥見逝者的靈魂，進而對樹祭拜。在這個脈絡底下成形的祭儀後來逐漸演變為對自然力量的崇敬。活躍於斯堪地那維亞和羅斯一帶的瓦良格人（Waräger），和義大利人以及印度人一樣，都會向遭人砍伐或枯槁的樹木獻祭。根據伊本・法德蘭的記述，每個人上岸後都會找一棵高聳挺拔、表皮貌似人面（一張比較年輕的面貌），周圍有許多小型雕像環繞的樹木祭拜，往樹的後方看去還有一片繁盛茂密的林木（FAZ I 293; Hálfs D. K. 2; Flt. I 40）。農人們相信守護農場的神靈就住在名為「守護之樹」或「莊園之樹」的聖樹裡，憑藉超自然力量庇護人類、掌握人類命運的神靈通常會以佇立在聖池旁的聖樹為居所，而來自各地的群眾就聚集在繁盛綠葉的涼蔭下召開全體大會。宇宙樹遍覆萬物的寬闊胸懷便是從這些聖樹萌芽而來。

　　榛木叢除了作為祭拜天神，特別是雷神的神聖場域，還有各式各樣的用途，像是只要圍起柵欄就成為審判法庭和格鬥的場所，不但能抵禦邪魔惡靈，也具有救贖和療癒的功用，更能指引人類發現水源或神祕寶藏，甚至是魔法精靈。公有森林裡的榛木和橡樹是禁止砍伐的，因為這兩種樹象徵和平。在齋戒期期間替雌性槐樹澆水則能避免罹患不治之症（瑞典）：「現在我獻上祭品，請不要傷害我們。」另外，種下一棵槐樹並且在耶魯節澆灌樹根，就能對抗由亡魂組成的靈魂野獵（Aasgaardsreia）（挪威）。古老的北歐有句諺語是這麼說的：「人必須崇敬替他支撐起安身之所的橡木。」（Egils. S. 68）瑞典觀光協會則以「人應該敬重為他們提供乘涼綠蔭的樹木」為該會之宗旨，而民眾也會在耶魯節期間向自家橡木供奉啤酒、牛奶和甜品（瑞典）。雖然在北歐的水源地仍可見到這類在灌木林裡祭神的遺跡，但多屬例外；真要證實日耳曼語的神廟原本意指灌木叢或森林，還是必須借重傳統的考究。在備受尊崇的烏普薩拉的林區裡，沒有一棵樹是不神聖的；靈斯泰德和萊德一帶的森林也是同樣情況。甚至到了今天，我們還是可以找到以神為名的林地，例如索爾斯隆德（Thorslund）和弗洛斯隆德（Fröslund），就連斯堪尼省最大的城市隆德，都是以舉行祭儀的灌木林而命名的。神聖林地裡的樹木並不屬於經濟作物，這些象徵守護及自由精神的林木至今仍然嚴禁砍伐，「因為以這些樹木為居所的女神不想被人用刀劈斬。」（瑞典）塔西佗就曾指出，除非加以捆綁束縛，否則任何人都無法踏入鄰近蘇維比（suebisch）王國塞姆諾內斯人（Semnonen）聚落的提爾‧赫爾曼納茲（Tius Ermnaz）神聖林地（Germ. 39），而位於北方的弗洛斯隆德（Fjöturlund，束縛之林〔Fesselhain〕）（H. H. II 27）似乎也有同樣的傳統。

　　瑞典的「巨石圈」或「巨石陣」常被視為古老的祭祀遺址：數塊巨大的岩石圍成一圈，多半是九塊，每塊巨石間相隔一定的距離。巨石圈所在地的附近通常會有水井，其中有一些直到最近都還是會有人用來獻祭。假設遠古時期最古老的神廟確實都設立在公民大會的場址，那麼廟裡祀奉的神祇勢必受到全體民眾和軍隊的愛戴與崇敬，也就是戰神提爾。

神廟

　　個別家庭的房子逐漸擴展成神廟，原本的家長則由酋長或祭司取而代之，家祭儀式也演變為部落或國家的慶典。由全體公民組成的審判組織似乎也和家庭一樣，成了宗教團體；透過擁有共同的神廟和共同的議場，成員之間得以維繫、凝聚彼此的關係。所有法律規定皆受宗教保護，每種法律行為也都與宗教習俗密不可分；同理，諸神和他們的祭典以及神廟也享有法律的保障。北歐的神廟明顯是從私宅發展而來的，兩者唯一的差異就是神廟的火葬場另設有供奉神像的建築，不過有時裡頭也能見到原本只在家屋裡敬拜的偽神。至於座位的安排以及飲宴上應注意的規矩，不管是在私有的家屋裡或在獻祭慶典上，則都沒有太大的不同。

　　私人建造的廟宇稱作「祭屋」，一般會以「院」（Hof）替神廟命名，代表神廟所涵蓋的區塊，在哥特蘭語裡則有「圍著柵欄的廣場」之意（Gutn. Urk. 432）。另一個遠古時期用來指稱神廟的用詞（特別是奉祀女神，而且由女性擔任主祭官的廟宇），在古北歐語裡是「hǫrgr」，古高地德語是「harug」，意即樹林（拉丁語作「lucus」、「ncmus」）[1]。「hǫrgr」原本的意思早已失傳，由於一般多把這個字解釋作「山峰、突出的岩壁」，才會進一步衍生出「岩石祭台」這樣的錯誤理解。在奧塔爾（Ottar）殷勤積極的獻祭下，芙蕾葉的祭台甚至成了一塊玻璃；這是由於澆淋在岩壁上的鮮血很快就凝固成薄薄一層，形成平滑的紅色玻璃光澤。相傳有不少這類神廟都奉祀著尼約德（Grímn. 16; Vafþr. 38），假若真是如此，那麼這種說法所憶及的就是尼約德最古老的形象和性別，也就是一名女神。很顯然地，這些神廟絕大部分後來都由他親愛的女兒芙蕾葉所繼承。

　　也許冰島有部分神廟是利用岩石和泥炭建造而成，除此之外，所有位於北歐境內的神廟清一色以木頭構築，四周圍著可上鎖、約莫半個人高的柵欄。

1　譯註。拉丁文的 lucus、nemus、silva 和 saltus 皆有樹叢、森林之意。

神廟的規模則大小不一，舉例來說，長一百二十呎、寬六十呎的區塊在冰島
就已經算是很驚人的規模。神廟主要由兩個不同的空間組成，其一是作為前
廳的長型空間，另一個與其相連的小空間則類似基督教教堂的聖所，也就是
主要的聖殿。以環狀護欄圍起的祭台就設置在聖殿裡，信眾必須站到上面向
神立誓。主神通常高立於祭壇後方和中央的位置，又或者坐在高位上，其他
神祇則依序列位左右兩側，拉出一弧半圓：諸神所立身的柱面皆有花樣雕飾，
有些柱身龐大高聳，有些則為一般尺寸。神像通常身著華美長袍，佩戴大量
金銀飾品。前廳主要是提供給一般民眾聚會使用，其建築形式沿襲了冰島廳
堂的居室規畫：左右兩側各有一排座椅沿著牆面擺放，兩排座椅中間是預留
給王公貴族的高位。其中一張被高柱環繞的席位會保留給神廟的所有人，而
這些柱子則象徵著「神之釘」或「排釘」，具有神聖的意涵。至於私有的家
屋裡，一家之主所坐的高位是否也有類似的高柱環繞，仍有待商榷。

　　神廟的大門是可以上鎖的，有些門會另外配置金屬環扣，比如萊德神廟
的門環就是金製的，不過後來的人發現那其實是銅製的。誓環通常也是以金
或銀打造，重量並不輕，因為佩戴誓環的祭司擁有足以抵抗劍擊的能力
（Eyrb. S. 44）。一張張掛滿牆面的大幅壁毯則讓整座建築更顯雄偉華麗。
有個富有的冰島人命令自己的兒子替神廟打造一只銀製的門閂，兒子們卻不
願從命，於是他便將所有財產埋藏起來（Landn. V 12）。冰島上另有一座神
廟是用金、銀加上其他貴金屬打造而成（Dropl. S. 108）：廟裡供奉了索爾、
弗雷、芙麗格和芙蕾葉的神像，個個身著華美長袍。哈孔伯爵在特隆海姆的
森林中央擁有一座廟宇，廟宇四周圍著柵欄，裡裡外外的精細雕刻全都另外
以金銀裝飾，讓整座建築顯得閃耀華美。神廟裡供奉了不少神像，大量的玻
璃窗戶使得整座神廟無一處不明亮耀眼（Fär. S 23）。烏普薩拉神廟繁複華
麗的裝飾甚至讓整座建築看來金碧輝煌，這座位於谷地的神廟就猶如劇場般
被四周的高山包圍著，鄰近則有一片小樹林，樹林裡有棵枝葉茂盛、不斷向
外擴展的高聳巨木，不論寒冬酷暑，終年蒼綠。樹底下有道聖泉潺潺流經，
瑞典人會把祭品擺在岸邊，或是把人活生生沉入水底。廟宇、森林、獻祭用
的川流，加上神廟的資產和牛牲，這些元素集結一起，共同組成日耳曼民族

的聖地。這座烏普薩拉的神廟還另外在山牆上掛了一條金鍊，沿著屋簷把整座建築繞了一圈，凡是踏進神廟的人都無法忽視這道閃爍金光（Ad. Br. IV 26, Schol. 134/135）。巨石圈也是以同樣的模式，利用神聖之繩串連起來。國王古斯塔夫‧瓦薩最後一次召集烏普薩拉民眾召開全體大會的議場旁，就是三座雄偉的「國王墳丘」的所在地，該遺址直到今天仍是北歐相當知名的景點。這三座墳丘高十八公尺，直徑達六十公尺，分別以奧丁、索爾、弗雷為其命名。這些殘存的遺跡屬於鐵器時代後期比較古老的部分。

朝聖之旅對北歐人來說並不陌生。有個冰島人為了向他外公曾經擔任過廟祝的一座神廟獻祭，每隔三年就會和母舅一同在夏季出航，一路從冰島出發，向挪威前進（Landn. V 8）。許多挪威人移居冰島後最要緊的大事，無非是立刻在新的家園重新安置他們原有的祭神習俗，其中有些人甚至會把整座古老的神廟或神廟的一部分跟著搬遷過來，以便在新的土地上重新搭築（Eyrb. S. 4; Landn. IV 6）；那些沒有這麼做的人至少也會把建造廟宇列為最優先處理的事項，而且是一落腳就馬上著手進行，即便耗費巨資也在所不惜（Vatnsd. S. 15）。因此也就不難理解，儘管歷任挪威國王都任由民眾自行決定要成為基督徒亦或信仰異教，各地隸屬國家層級的神廟和獻祭儀式仍不免相繼分崩瓦解，因為這些支持舊有信仰的基礎逐漸為國家體制取代；再者，摧毀私家廟宇的行徑和嚴禁家戶獻祭的命令，也早已違背了保障個人信仰自由的承諾。

維護主要的神廟和主導祭典的舉行是神的職責，廟宇的捐款便是用來協助他完成工作，「就如同後來教會的十一奉獻，」有部傳奇這麼備註。這筆款項很可能出自所有參與全體大會的民眾，後來也一再被指為人頭稅（Eyrb. S. 4）。至於祭典上奉獻給神的牛牲，事後會用來招待賓客（Kjalnesinga S. 2）。冰島在結束第一次佈道大會後，有不少人放棄偶像崇拜，不再捐錢給廟宇（Kristni. S.）。基督教雖然保留了這項傳統，但把這筆錢轉作教會之用，並且從中撥出一部分供主教維持生計。由於祭典活動相繼取消，全體大會也停止召開，加上原本支付給廟宇的捐款，使得繳納給教會的十一奉獻成了一筆可觀的數目。

神像

　　佇立在烏普薩拉老城區神廟裡的神像雕柱刻畫了全副武裝的奧丁、體格健壯的弗雷，以及站在中間、手握雷神鎚的索爾。神像全是以木頭雕製而成，有些和真人等身大小，有些則高大魁武、超乎常人，有時又精巧迷你到可以讓人放進口袋；不過後者通常是銀製品，或者利用鯨魚的牙齒製作而成。

　　位於古德布蘭山谷的索爾神像使用了金銀加以裝飾，而佇立在洪特索普（Hunthorp）的索爾雕柱則是以手握雷神鎚的姿態呈現：神像雖然高大魁梧，但呈中空狀，手裡則抓著雷神鎚；如果雕柱立於室外，柱底便會加上底座，當然也少不了金銀裝飾。信眾每日都會向這尊神像奉上四塊蛋糕以及牲品，後來神像遭到破壞，一群被供品養得又肥又胖、「跟貓一樣大的老鼠，還有蜥蜴和蛇」都竄了出來。勞德賽島（Raudsey）所供奉的索爾神像不但能開口說話，還會行走，甚至加入對抗基督教國王的戰鬥。哈孔伯爵最喜愛的女神「霍加的新娘」索格爾的神像則綁著頭巾，伸出的手臂，彷彿遞給哈孔那只掛在他身上的誓環，不過也可能是要奪回誓環。弗雷的神像被放在一台車上繞行全國各地，而他的長袍則披在「赫敏」古納爾（Gunnar Helming）身上。另外，也有用陶土捏製而成的神像，弗里斯約夫（Fridthjof）曾在巴德爾的神廟裡見到一群婦女忙著為神像加熱、塗抹聖油並且烘乾。這尊陶燒的巴德爾神像相當巨大，使得整座神廟在燒製過程中看來就像被火舌吞噬一般。挪威法律規定：「任何人皆不得於私宅設置刻有神像的雕柱或祭台，亦不得持有任何與巫術或祭祀有關的物品。一旦在未加上鎖的住宅內發現這類物品的存在，像是把麵糰或陶土捏製成人形，當成偶像祭拜，罪嫌就必須透過三人

共誓（Dreiereid）[2] 的方式來證明自己的清白；假使無法完成宣誓，就得支付三馬克（Mark）[3] 的贖罪金。」（Eidsifja þings lǫg. I § 24）

　　每間廟宇會同時供奉多位神祇，不過主神通常只有一位，因此神廟裡多半會有好幾尊神像供信眾崇拜敬仰。

　　有篇記述指出，哥特蘭（Götaland）有間供奉索爾的神廟一共設置了一百尊神像，這個數字顯然過於誇大（FMS XI 40）。

　　有座位於畢亞爾姆蘭（Bjarmland）的神廟同時供奉了索爾、奧丁、芙麗格和芙蕾葉（Sturlaugs S. starfsama 17）；而另一座挪威神廟裡的索爾神像則是站在他的座車上，索格爾和伊兒帕分立於他的左右兩側，三位神祇的手臂上都戴著威力強大的金環（Nj. S. 89）。

　　索爾面對著摩里的方向，手握雷神鎚，威風凜凜地站在由公羊拉的車上；就連這些公羊也雕琢得活靈活現，甚至為求逼真，還在羊的身上覆蓋了毛皮（Flt. I 320）。

　　巴德爾的神廟裡雖然同時供奉了許多不同的神祇，但其中最受人崇敬的還是巴德爾；即便是特別崇拜弗雷的拉芬克也會在家廟裡祀奉其他神祇。最常出現在神廟和雕柱上的神像就屬索爾和弗雷，不過尼約德也擁有「為數不少的神廟和祭祀場所」（Vafþr. 38）。

　　一份冰島人在十七世紀留下的遊記寫著：「他們崇拜一尊雕工粗劣的木造偶像，不過由於擔心神像恐遭路德教派的神職人員奪走或破壞，他們幾乎

2　譯註。宣誓斷案法為中世紀的一種審判方式，係指被告可以在刑事或民事訴訟中通過宣誓，證明自己無辜或起訴無依據，並由一到十二名不等的宣誓助訟人（通常為其鄰居或親戚）予以證明，不過證人需要證明的並非案情事實，而是被告的人品，同時表明相信其宣誓。被告如果無法依規找到足夠人數佐證，或證人宣誓方式與要求不符，將獲敗訴。

3　譯註。此處的馬克為古代歐洲的貨幣計量單位，最初相當於八金衡盎司（249 克）純銀，後來演變為半磅。但隨著時間演變，馬克的重量在各個地區也跟著發生變化，折合為不同的重量單位。

不會把它擺放在明顯之處。」

　　虔誠的家主會以頂端雕有動物頭顱或諸神頭像的木樁，把院子四周圍起來，希望以形式最簡單的圖騰守護族人。然而隨著時序演進，後來的工藝創作自然會想要藉由想像力，替那些凌駕於人類之上的強大力量模擬出完整而具體的形象。這些木製雕像不僅與真人等身，身上披的也是真正的長袍，此外還會佩戴各種金銀飾品，顏面和外露的部分則以彩釉塗覆；換句話說，這些神像等於是比照人類的體態與樣貌，另外打造出來的美好形象。據傳只要虔誠地潛心祈禱，就能親眼目睹神像微妙的表情變化和肢體的一舉一動，就像教會也有聖像顯靈的傳說一樣。

　　有種說法宣稱斯堪地那維亞人的禮拜儀式中並不包含神像的存在，這種認知當然是錯誤的。諸如此類的報導顯然落入一個看待異教文化的既定框架，這種傲慢的偏見最早可追溯至第一批進入希臘羅馬的基督教神父；同時，這也說明了為什麼不萊梅的亞當主教會做出許多根本不符合希臘羅馬神廟的描述。真實情況是，古北歐語裡並不存在專門用來指稱神像的詞彙，因為按照該語系的使用習慣，表述者會直接講出「索爾」，而不是「索爾的神像」。神像的存在絕對無庸置疑，那些用來裝飾的木雕作品和圖樣就是最好的見證。

　　有張寬大扶手椅的靠背上刻鑿了與真人等身、手裡抓著雷神鎚的索爾（Fóstbr. S. 9）；埃里克伯爵（Jarl Eirik）則是把索爾的神像擺在船艦的艏柱上（FMS II 252-55）。在歐拉夫的孔雀屋裡，可以見到上釉的木製浮雕分別呈現巴德爾的火葬、索爾驅車前往巨人希密爾（Hymir）的住所，以及海姆達爾與洛基之爭。哥斯伏十字架（Gosforth-Kreuz）上描繪威達（Widar）和芬里惡狼（Fenrir）的纏鬥激戰、狼的束手就擒和被捆綁的洛基，而在哥斯伏教堂旁的一塊石頭上也有索爾捕魚的雕刻。有塊在哥特蘭島的提恩維德（Tjängvide）發現的墓石，上面刻畫了一個騎士和一匹八足駿馬，一旁則有個女性伸手輕觸牠的獸角，他可能是奧丁和某個女武神的化身。島上某個私人的十字墓碑則在碑身上描繪了北歐的英雄傳說和神話故事的情節：奧丁大

戰芬里、海姆達爾吹響號角、英靈神殿、索爾和中土巨蛇等。

神廟的寶藏

對諸神來說，動產、不動產、庇護所和發源地都是神聖不可侵犯的。

「崔格威之子」歐拉夫命令手下撬開拉迪爾神廟的大門，搜刮所有寶物，就連諸神身上的飾品也一掃而空。他特意為自己留下一只沉甸甸的金環，這只金環最初是由哈孔伯爵捐獻給神廟，之後就一直掛在廟宇的大門上。大肆掠奪一番後，歐拉夫放了一把火燒毀廟宇，連同裡頭祀奉的神像皆盡付之一炬（FMS I 230）。特隆海姆的弗雷神廟旁是諸神放養坐騎的地方（Flt. I 237）；富庶的烏普薩拉神廟則是北歐著名的神廟，神廟裡所有的物品和權利都歸屬於當時統治瑞典的國王。這座神廟由弗雷親手打造，他不但將自己主要的居所設在其中，還把名下所有的動產與不動產全都捐給這座神廟（Yngl. S. 10）。

冰島的神廟多半是由起造人投入全部財產搭建而成，有時也會仰賴後來的捐贈。神廟及其庭院所在的聖域之所以會不斷向外擴張、延伸，很可能是陸續有人向神奉獻土地所致。

索斯坦和哈孔的領地之間隔著一片無主的高山草原，於是他們在那裡建造了一座神廟，從此該地就稱為神廟草原（Landn. IV 2）。吉讓（Jorund）[4] 不但蓋了一座雄偉的神廟，還用火燒光四周的土地，把它們全都畫設為神廟所屬的區域（V 2）。亞斯比恩則把他強奪豪取來的土地獻給索爾，並且命名為索爾斯默爾克（Thorsmörk）（V 3）。

4　譯註。斯堪地那維亞因格林王朝（Yingling）的瑞典國王。

不論是個人或部落都會向神廟進貢。

為了取悅索格爾，哈孔伯爵提議在她的座椅上嵌上銀飾（Fär. S. 23; FMS II 173）。冰島人一旦獲得有利風勢，便會酬謝諸神。有一年，冰島人因面臨嚴重歉收而決定向神立誓發願，以換取有利作物生長的氣候。不過應該立下什麼樣的誓約，眾人卻遲遲無法達成共識；廟裡供奉的神明不但要求他們奉獻，還要驅逐幼童，殘殺老者（Vígask. S. 7）。西元 930 年，烏弗約特（Ulfljot）為適用冰島全國的法律立下基礎，他的義兄弟格林則為了找到最合適的議會場所而行遍全島。這趟旅程獲得一筆由國家稅收撥出的補助，每位國民平均負擔一芬尼，不過格林並未動用這筆款項，而是捐給了神廟。

神廟的肅穆祥和

不論是大型的祭神慶典、全體大會，或是審判法庭，場內一向籠罩著肅穆平和的氣氛。**議場的和諧**為參與活動的群眾提供更加穩固的法律保障：凡是行為惡劣而導致他人身體受損者，不再只是像過往單純流放至森林，而是必須償付兩倍法定贖罪金，若是致人於死就得賠上三倍。場內眾人一片祥和之際，遭驅逐者則必須迴避，遠離議場，不得跨入以場界為起點之弓箭射程內。神廟及其所在的周遭亦皆屬寧靜祥和的場域，位於松恩峽灣旁的巴德爾神廟便是一例，這座神廟所在的區域被視為崇高的聖地，除不得隨意傷害任何人或牲畜，更嚴禁男女並肩同行。

擔任挪威酋長的長者索爾哈德（Thorhadd der Alte）也是摩里神廟的祭司，在遷徙到冰島之前，他毀壞了神廟，然後帶著殘磚碎瓦以及樑柱一同離開。他選擇在冰島東岸落腳，重新搭建起摩里的神廟，讓整個海灣成為神的聖域：在這個區域裡，沒有任何生命遭到宰殺，包含自家飼養的牛（Landn. IV 6）。「大鬍子」索羅夫（Thorolf Mostrarskegg）視冰島上的索斯涅斯

（Thorsne）海岬為聖地，這裡不但以索爾之名命名，更是索爾神像的發源地，當然也少不了為索爾搭建的神廟。索羅夫不希望任何人玷汙這片涵蓋範圍甚廣的肅穆聖域，不論是盛怒之下濺灑而出的鮮血，亦或是隨地便溺的行徑。除此之外，還有一處備受崇敬的懸崖，所有人莫不以敬畏的心情面對這片神聖威嚴的峭壁：未淨身沐浴者，不得隨意望向該處，同時嚴禁在山崖上宰殺活人或牲畜。然而索羅夫去世後，部分議會成員便不再朝拜這處崖區，因此引發激烈紛爭，議場甚至慘遭血染，被迫遷離原本的所在地；因為舊址已失去應有的神聖與崇高地位。儘管重新畫定的聖域幅員堪稱前所未有，卻也不再禁止人們隨地便溺（Eyrb. S. 4, 9, 10）。

神廟並不允許攜帶武器進入。「崔格威之子」歐拉夫和他的軍團進入位於摩里的神廟時，全都遵循異教信仰的習俗，徹底卸除身上的武裝配備，除了國王一人：他手裡握著金戟，一把砸毀索爾的神像（Flt. I 319）。就算是一時疏忽，忘記繳出兵械，一旦扛著武器跨過神廟的門檻，對祭司而言就是不可饒恕的舉動。

有個名叫拉芬（Rafn）的挪威人，原本應該將手裡那把光彩奪目的寶劍交給身兼冰島酋長及祭司的英吉蒙（Ingimund），不過由於他過於投入與酋長交談，沒有注意到自己還握著劍，便一腳踏進神廟裡，因而被要求償付贖罪金。「按照傳統，」英吉蒙對他說：「不能攜帶兵械進入廟宇。你這麼做會激怒諸神，唯有繳納贖罪金才能消弭這項罪行。」「最萬無一失的作法，」他接著補充道：「就是拉芬將寶劍的保管權移交出來，由我妥善處理，這樣就能安撫諸神的怒氣。」（Vatnsd. S. 17）蓋拉最大的神廟舉行春祭時，沒有任何人攜帶兵械，全因「廟宇為神聖不可侵犯之地」（Egils. S. 49）。

凡是以暴行破壞大型神廟祥和之氣者，一概稱之為「聖堂之狼」，意思是，到聖殿敬拜諸神卻因犯下罪行而遭驅逐流放的信徒。其他受到尊崇的聖地同樣不允許有罪之人停留，因為遭人鄙視的賤民不應出現在神聖的場合，

神廟的所有人弗雷絕不容許這種事發生（Vígagl. S. 19）。

　徹底毀壞神廟或廟裡供奉的神像，尤屬重大罪行。

　冰島人拉普（Hrapp）不但一把火燒掉古德布蘭德和哈孔伯爵共同持有的廟宇，還掠奪了那些用來裝飾神像的珠寶，然後將它們全部丟棄；對此，哈孔伯爵宣稱，整樁罪行的始作俑者將遭瓦爾哈拉摒棄排除（Nj. S. 89）。布伊（Bui）燒毀了冰島某座神廟，在祭司眼裡，這是前所未見的重大罪行；更加慘無人道的是，他旋即又殺害了自己的兒子。就連布伊的養母也不得不承認，唯有絞刑才足以抵償這等滔天大罪。「金髮」哈拉德則認為此等窮凶極惡之嫌，實已罪無可赦：「你燒毀了守護我們家園的神靈，然而看在你臣服於我的威嚴之下，便暫且饒你一命。」（Kjaln. S. 5）

　毫無疑問，諸神以及他們所在的殿堂、居所，包含祭神慶典，無時無刻不滿溢一片肅穆祥和，散發出崇高美好的特質。面對諸神及其族類，不僅應該極力避免任何不敬或違逆的惡行，親近他們更能讓人類和動物享有平安和樂的生活，同時遠離所有不潔之物與罪過的威脅。

第十三章

祭司職

祭司

　　日耳曼人的祭司並沒有專屬的階級，通常由家主主持獻祭儀式、宣讀誓詞，並為整個家族祈福。如果是村落、地區性，或是國家層級的聖殿，則會由遴選而出的人負責照料，並統籌所有與祭神相關的工作。酋長和國王所掌握的世俗權力其實亦結合了宗教的功能，一般家長所行使的同樣是這種二合一的權力。塔西佗所提及的祭司便是執行祭司職務的酋長：絕大多數的酋長會在戰時擔任軍事領袖，不過仍有一部分的酋長身負向神獻祭的重任，祈求上天幫助部族贏得勝利、保衛神聖的軍旗，並且守護軍隊至高的肅穆和諧，嚴懲任何破壞軍紀的行為（Germ. 7. 10, 11, 40, 43）。挪威農人和國王哈孔一世共同達成的協議也清楚指出，按照傳統習俗，大型祭典的主席將由國王或代理國王的伯爵擔任，主席必須遵循古老的儀式，站在高位向神敬酒獻饌。這麼一來，人民就可以把每年收成結果的好壞算到首領頭上。獻祭儀式的開銷主要由首領負擔，不過民眾亦會自掏腰包參與祭典上其他的娛樂活動，或支付聚會的額外費用。換言之，挪威的首領不但必須照料神廟（Eyrb. S. 3; Landn. V 8）、主持祭典（Hák. S. góda 16），還得維繫獻祭的傳統（Heimskr. Ol. S. Tr. 75）。

　　這種缺乏祭司階級的社會結構，後來成為扶植基督教的最大功臣。在這種條件之下，根本沒有所謂的宗教排他性可言。對一名祭司來說，勝任這份職務最重要的前提要件，就是相信某個特定宗教即是真理，因此自然會形成排他意識。相對來說，酋長最主要的工作是對某個區域負責，宗教功能僅是其中附帶的一小部分，因此不論從內在或外在認知來說，宗教的佔比都略顯薄弱。

　　丹麥和挪威的祭司大致上和荷馬史詩裡所描繪的祭司相當類似，都是由深受王侯信任的下屬擔綱，不過這個職位亦兼具通曉法律的世俗功能。透過丹麥石碑上以盧恩文字刻印的祭司別名，如「諾里（Nori）的祭司羅夫（Hrolf）」和「索維（Solwi）的祭司阿里（Ali）」，可推知他們是某個人

的下屬。軍事審判的權力雖掌握在伯爵手裡，但判決的宣告會由祭司執行，審判過程必須在眾目睽睽下進行，否則最後做出的判決就不具法律效力。一開始，祭司的職責僅限在國家議會上宣讀法律。不過自從祭司成為君主的附屬後，除了原本在神廟的職務，還兼任地方議會的宣判官[1]：挪威祭司因此同時也是「宣判官」。我們了解得最透徹的就屬冰島的法律講述人，他們除了主持公告法律的集會，平時也行使綜理萬機的首長權。另外，宣讀最後做出的判決，並一一向受審人說明他們應負的法律刑責，亦屬其職責範圍。他們一整年都在全體大會講述法律，但不會參與任何實際執行的過程。法律講述人可說是輾轉從祭司職務分化出來的一個角色，最初和審判官完全沾不上邊，只能算是法律知識的代言人，等於是一本活生生的法律專書。

在一般民眾眼裡，政治和宗教的權力密不可分，也因此，神職在**冰島**被視為建立新興霸權勢力的起點。「墾殖時期」遷徙至冰島的移民全是素昧平生、偶然湊在一起的人群，不具任何組織性，因此一開始當然也就沒有所謂的國家權力。後來移入人口持續增加，才衍生出管理權力的需求，而這股權力便是從據有神廟開始發展。家世顯赫的移民離開挪威時，會將家廟主要的樑柱一併帶走，然後在搶奪來的新土地上重新搭建；其他沒辦法這麼做的一般民眾，便會按個人意願，依附某個有名望的移入者。透過這種自由集結的方式，以神廟為中心的社群便逐漸成形，而神廟的所有人自然成為群體的首領，由他帶領群眾向神獻祭，神廟營運的開銷則由所謂的神廟稅支付。傳統上，古日耳曼時代的國家權力是由祭司階層掌握，由於冰島已有既存的祭司階層，尚未成氣候的世俗權力理所當然會依附於此或由此衍生。冰島的祭司一開始是地方上（Godord）負責管理宗教及神廟的人，之後才逐漸成為掌握更多統治權限的世俗首領，他一方面要照料神廟、舉辦公開的祭典，另一方面則得主持公民大會以及與此連結的法庭事務，費心維護神廟周遭的肅穆祥和，留意日常中的各種動靜與改變，支持並鼓勵追隨他的民眾，甚至為他們

---

1 譯註。在法庭上為民眾朗誦或敘述法律傳統及相關規定的人，通常由享有聲望且通曉法律之士擔任。

挺身而出：為履行祭司的職責，不論何時何地，他都被授予驅逐犯行者和對民眾發布公告的權力。只要有來意不明的陌生船艦靠近，他有權優先登船蒐集第一手重要情資，也被允許任意挑選船上裝載的貨物。前往議場的路上，祭司會慎重地穿上正式的長袍及耀眼的武裝配備，因為對他來說，贏得眾人目光並且引來全場讚嘆，就是一種無上的榮耀。不過，祭司及其親屬必須和其他人一樣繳納贖罪金，甚或補償金，並不享有任何特權。

冰島祭司的頭銜可以連同神廟，經由繼承、贈予、販賣或交換等形式移交給他人，甚至多人，就和一般資產沒兩樣。實際上，祭司所管理的區域並沒有清楚的界定與畫分，出席公民大會的人數也並非固定不變：每個人都可以自由選擇想要依附的祭司，參與任何一場公民大會，或者解除自己與祭司之間的關係，也就是脫離議會組織。換言之，即便搬遷至他處，也不代表必須和原本所屬的祭司區塊切割得一乾二淨。

關於祭司取得統治權的來龍去脈，拉芬克・弗雷斯葛迪的傳說提供了相當有趣的線索。儘管他聲稱「我認為信仰神是一件荒謬的事」，而且自此就不再奉獻，但還是有辦法以一座神廟為核心，建立一個全新的祭司統治區（K. 14）。

換言之，口耳曼人最重要的祭司機構幾乎就等同於國王權力的分支，儘管如此，所有的日耳曼民族還是使用一個共同的**名稱**。我們發現，斯堪地那維亞所使用的「祭司」（guði，goði；盧恩碑文為「kuþi」或「hofgoði」意為「神廟祭司」）一詞和後來烏爾菲拉（Wulfila）[2]用來翻譯希臘文的「ierens」的哥德語「gudja」之間存在著明顯的連結，而哥德語裡的「神」（guþ）便是由此衍生；此外，兩者也和祭司執行法律職務時佩戴在手上的誓環有關（Land. IV 7）。假設「神」這個字最初是魔法或盲目崇拜的意思，那麼祭司對我們而言就像是狂熱的迷信者或薩滿，一開始也只是作為「召喚者」或「發言人」，也就是巫師。「巫師」後來在冰島備受推崇，進而成為整個神廟區

2　譯註。最先向日耳曼人宣揚基督教的傳教士之一，並成功勸化大多數哥德人皈依基督教。

最高政治領袖，連帶全面取得統治權和主權權力的過程，對後來的宗教發展可說極富價值、貢獻良多。

女祭司

在冰島，神廟區（一個設置有祭司、管理及審判機制的院區）甚至可以傳給女兒，不過所有的機制運作當然必須交由該區的一名男子統籌管理。神廟的女祭司，也就是頂著祭司頭銜的女性（gyðja），其實不只存在於杜撰的傳說或神話故事裡（Yngl. S.4; Hyndl. 13），就連可信度極高的冰島傳奇也曾經提及。只不過女祭司當然不可能行使所有屬於首領的權限，而是僅能執行該區的祭司職務，至於涉及國家尊嚴的主權權力則依然掌握在男性手裡。特別是供奉女神的廟宇舉行獻祭儀式時，女祭司就會成為肩負重任的重要角色。眾神打造出愛瑟樂園後，緊接著搭建了一座神廟，裡頭擺著十二張供諸神就坐的座椅和奧丁的寶座。之後，他們又設置了第二處聖所，也就是屬於女祭司所有的露天祭壇（Hörg）（Gg. 14）。有個名為史坦沃爾（Steinvör）的冰島女祭司負責照料主要的神廟，所有農民都必須向這座神廟繳納稅金，不過有名基督徒拒絕配合，讓她困擾不已（Vopnf. S.10）。瑞典有間供奉弗雷的大型神廟同樣是由年輕女性擔任祭司，她因此被稱為神妻，並且捧著弗雷的神像一起出席了祭神慶典的餐宴。相傳雄偉的雅爾馬蘭神廟裡一共有六十名女祭司負責打理一切廟務，包含舉行並主持祭神慶典，然而這項消息要不是擷取了芬蘭的情況，就實在是太荒謬了（FAS III 627）。女性人名裡的「vé」字根一方面象徵著某種社會地位，另一方面則指出女祭司的特殊作用，例如菲芙蕾葉（Wefreyja）、菲狄絲（Wedis）、菲妮（Weny）都是擔任祭司的女子，菲碧悠（Webjörg）專門守護聖殿或祭品，而菲勞克（Welaug）則是負責為犧牲者沐浴或清洗聖殿及牲禮的處女。

探究未來

按照口耳相傳的說法，**獻祭和問卜**是密不可分的一體：想要預知未來，就得先向神獻上牲畜和活人流淌的溫熱鮮血，然後拋擲經過搖晃攪亂的樹枝或木片。諾曼人會在艦隊出航前選定要獻祭給神的活人，搗碎他的頭骨讓**大腦暴露在外**，然後觀察搏動的心臟，決定龐大的軍團該航向何方。除了鮮血，遠古時期的人也把大腦和頭骨視為生命之所在，因此會利用這些部位來施展預言的魔法。

蓋洛德國王擁有一只充滿魔力的巨型牛角杯，杯口有顆被皮肉覆蓋的頭顱，這顆頭不但能說話，還能預言未來（FMS III 391）。另一顆光禿禿、屍首分離的人頭則出現在一個小夥子面前，對著他吟了半節詩後，便揭露死亡和戰爭即將到來（Nj. 77）。

有個名為索爾萊夫（Thorleif）的冰島人砍下一顆孩童的頭顱後，為了進行預言，又從一名醉漢身上摘下頭來：每回讓這顆頭顱開口預示之前，他會獻上麵包和酒；其他時候，他就小心翼翼地將它藏在箱子裡或岩石的裂縫中。1648 年，有個冰島巫師原本應該遭到處決，行刑時斧頭卻文風不動；後來人們在這名巫師的鞋子裡發現一小塊人的頭蓋骨，上面刻寫著盧恩符文。直到今天，還會有人利用人的頭蓋骨施展魔法，丹麥就有一套殘忍的手法，教人如何從被絞死的屍體上削下頭蓋骨，放到火上烤，直到油脂滴出為止。這塊經過特殊處理的殘骨不但可用來治療患有癲癇或嗜酒毛病的人，還可以讓人隱身，甚或預測未來。密密爾的腦袋被人砍下後，奧丁便對這顆頭顱施了不朽的咒語，每每需要建議時，就會找它商量。在這個前提之下，假使我們把古老神話中的表述——奧丁向元素精靈（Elementargeist）[3] 探問自己的生命元

3　譯註。中古歐洲流行的概念，當時的人普遍相信世界由地、水、火、風四種元素（精靈）構成。

素，解讀為某種魔法般的獻祭習俗，明顯就是一種誤解。

占卜與獻祭必須合而為一。因為一旦誤解卜籤之意涵，光憑占卜就無法辨清真相；已經做成的決定也可能仍有疑慮，所以必須仰賴某個倒向這一端或那一頭的示意出現為止：因此有必要再以另一種方式探問神諭，而其中尤以血祭最為常見（Hym. 1）。

神話故事中的因林格傳奇（Ynglinga Sage）就提到烏普薩拉國王熱中「問卜」的事蹟。

不論是「問卜」一詞，或是另一種說法「求籤」，都顯示**占卜命運**是一種常見的方式，用以探知未來，或是獲得建議和指引；木籤和木片上則刻印著盧恩符文。

通曉鳥語的瑞典國王達格（Dag）擁有一隻會向他講述各種新鮮事的麻雀，就像奧丁的烏鴉一樣：這隻麻雀一會兒飛到這個國度，一會兒又往另一國去。然而有次麻雀沒有歸來，為了「問出」牠的下落，達格便將牲群裡最壯碩的公豬獻給弗雷（Yngl. S. 18）。

國王葛拉姆（Grammar）依照習俗，在年初約莫入夏之際，動身前往烏普薩拉獻祭，祈求國泰民安，不過擲落地面的木片卻指出他將不久於人世（Yngl. S. 38）。

老哈夫丹登基之初曾在隆冬舉行了一場盛大的獻祭典禮，並且祈求上天讓他持續統治三百年；卜卦的結果顯示，他雖然僅擁有一般人的壽命，不過至少在三百年內，族人之中無人能出其右（FAS II 8; Sk. 62）。

身為芬蘭後裔的女王貢希爾德則向諸神獻祭，以探知帶頭反抗自己兒子的首領們私下做了哪些商議。

祭神慶典結束後，國王弗洛狄萊夫（Friedleif）前往神廟，請求命運女神為其子女預言未來的命運（Saxo 181）。

哈丹（Haldan，即哈丹努斯）一得知自己的妻子不孕，便迅速趕往烏普薩拉，祈求神讓她早日受孕。奧丁則如此回應他：想要擁有子嗣，他就必須

將情同手足的友人獻祭給神。哈丹照辦後，果然喜獲麟子，他就是後來成為傳奇知名人物的「戰牙」哈拉德（Saxo 246）。

「大鬍子」索羅夫舉辦了一場盛大祭典，向他信賴的朋友索爾詢問，是否該和哈拉德王重修舊好，亦或斷然離去；神諭指出，他應該前往冰島。

松恩峽灣的因格夫（Ingolf）藉由一場大規模的冬季獻祭，向神問及他的命運，神給了他前往冰島的啟示（FMS I 116）。

族人會在獻祭時向神提出心裡的疑問，而對象通常是奧丁、索爾，也許還有弗雷。

有個瑞典人與他人一同驅逐高茲伯特（Gauzbert）主教後（840），開始擔心自己的行為恐已激怒眾神：於是他依照傳統去找祭司幫他占卜命運，確認自己褻瀆了哪個神，以及該怎麼做才能贖罪（V. Ansg. 18）。

國王阿努德建議丹麥人攻擊繁榮興盛的畢亞爾科（Bjarkö）市集，不過丹麥人想要透過占卜來確認神是否希望他們摧毀這個地方。他說：「那個地方有許多偉大又強而有力的神，很久以前蓋了一座教堂，不少基督徒都會前來敬拜耶穌，因為他不但擁有超越眾神的力量，更會傾盡全力，協助信眾達成心願。因此，最重要的就是先向神確認，你們的行動是否符合眾神的意旨。」基於傳統習俗，他們不能跳過這個環節，然而占卜結果卻顯示，這項行動並不會帶來令人欣喜的結局。於是他們又再問，那麼該往何處去才能掙得足夠的錢，不致空手而回，辜負家鄉族人的殷殷期盼。後來神諭便將他們指引到另一座更遠的斯拉夫城鎮（K. 19）。

聖安斯加爾（hl. Ansgar）前往瑞典請求歐拉夫國王收留他時，歐拉夫回答，他必須先向他們的神請示，並且訪查民意後，才能做出決定。國王於是召喚眾臣，共同研議應如何處置主教的請託，之後眾人做出決議，認為應該透過占卜取得眾神對這件事的看法。他們按照習俗走到田野上拋出卜籤，卜籤落地後（即占卜結果），得知神同意引進基督教（K. 26/27）。

有支瑞典軍隊試圖圍攻坐落在道加瓦河（Düna）旁的某座城鎮，卻慘敗作收，甚至擔憂無法順利撤回船艦上。徹底亂了陣腳的他們決定卜卦問神，確認諸神是否願意協助他們完成未竟之業，取得最終勝利，或者至少能活著

離開。他們拋出卜籤,卻沒有任何神祇表態要助他們一臂之力。此時,在場的商人想起不萊梅主教安斯嘉里烏斯(Ansgarius)在西格圖納(Sigtun)發表的談話,他曾指出耶穌基督將超越眾神成為至高無上的神,而現在顯然是向他尋求協助的最佳時機。於是眾人再次丟擲卜籤,順利從耶穌那裡得到正面回應。這次出其不意的突襲讓同樣筋疲力盡的庫爾蘭人(Kurländer)大吃一驚,只好提出對瑞典人相當有利的和平協議(K. 30)。而亞當對此所做的記述是:瑞典人會以占卜處理所有私人事務,至於公共事務甚至會參酌惡魔的意見(IV 22; Schol. 128)。

日德蘭半島遭逢大規模歉收,智者(即祭司)便藉祭典向神求籤,占卜結果指出,除非將全國最優秀的青年獻祭給神,否則年收不佳的狀況永遠無法獲得改善(FAS I 451)。

維卡爾國王有次出航遇上強烈逆風,於是拋擲卜籤,希望求得順風(Saxo:「他們把籤丟進一只鍋裡」);結果顯示,奧丁要求以抽籤的方式,從軍隊中選出一人當作祭品,而且必須以絞刑處之。最後雀屏中選的就是維卡爾國土(FAS III 31; Saxo 184)。

占卜的形式有兩種,第一種是從眾多紛雜的選項中,決定出一個或多個結果:每個人在木籤上刻畫屬於自己的記號,然後以最先被抽出或最後剩下來的籤決定中選者;又或者在所有木籤中,替其中一支或多支刻上可辨識的相同記號,也同樣可行。上述兩種辦法,不管用的是哪一種,都只要憑著籤條就可以直接做出決定,不需要針對任何特殊意涵進行解讀。因此,刻畫在木籤上的記號必須相當明確,至於記號的意義可能依據情況不同而有正面或負面之別,而解籤者的任務便是將符號所傳達的概念串接起來,成為可理解而且有意義的組合。有時刻畫的符號是字母,也就是第一組音節的符號,這種時候就需要具備詩人的天賦,才有辦法從中拼湊出押頭韻的占卜結果,讓刻印符號產生意義。上述兩種形式都必須使用**盧恩文字**,盧恩文字可說是「透過線索解密」、「察覺」(希臘文「ereunaō」)的重要元素,有「求問」之意;古北歐語「reyna」的母音變音後會成為動詞,表示「透過占卜向神求問」、

「確認」、「探知」。由於刻印在木籤上的盧恩文字是不可或缺的一部分，所以這些符號或標記也稱作盧恩符文。

換句話說，盧恩文字被當作神祕的記號刻印在木籤上，再經由占卜師創造或組合出具有宗教意味的格式和咒語。這些失傳的符號本身並不具任何意義，唯有以詩歌的形式加以朗誦吟唱，才會真正富有鮮活的生命與意義；盧恩文字正是組成詩歌的骨幹。每種物件都有與其本質相符的專屬符文，只要利用咒語活化從物件「剝除」的盧恩文字，就能以魔法操控物件的本質。占卜用的木籤上刻有盧恩文字的證據如下：

為了替弗雷贏得格爾德，說客史基尼爾祭出以盧恩符文組成的咒語威脅她；一旦拒絕，她將永遠被逐出自己的族群：

我要刻下三道盧恩符文，詛咒妳：
荒唐放縱、喪失理智，和失控憤怒；
然而我也可以刮去這些刻痕，
一旦有此必要，而且有用時（Skírn. 37）。

史基尼爾手裡早已拿著一把刻有細痕的手杖（盧恩字母「þ」，表示巨人之意），不過杖身上的咒語刻畫得不深，隨時都能磨滅。直到有人透過一個個符號賦予它生命之前，「盧恩」其實只是一塊枯死的槁木，而「þ」就是那根為詛咒格爾德而被刻畫符號的樹枝。這根手杖並不是史基尼爾製作的，有一次他在尋找進行獻祭儀式的樹木時，走進一座綠意盎然的森林裡，卻發現一株狀似盧恩字母「þ」（Thurs）的幼芽；把自己倒吊在樹上的智慧之神也是以類似方法「得到」盧恩文字。

由此可知，占卜用的盧恩文字並不是由人類創造的，而是經眾神之手展現在樹上的成果，是上天賜予人的饋禮。特定形狀的小樹枝就是最古老的盧恩文字，不過必須仔細尋找才能發現它們。後來的祭司便直接把樹枝（藤）

截成好幾段小木棍，複製這些形態，製作成堅固的卜籤，供民眾問神使用。如果想針對特定對象施展巫術，就必須在作法用的木籤上刻畫個人的特殊符號加以活化；換句話說，也就是必須利用數根形態相同的木籤，有多少木籤就畫上多少符號，而每根籤上所註記的特殊符號都不能重複。

由於盧恩文字頻繁出現在巫術的應用上，人們才逐漸注意到，盧恩之名最先是經由觀察而來。假設求取勝利的盧恩文字必須分別刻畫在劍身上三個不同的地方，且其中兩處需提及勝利之神提爾之名，那麼根據提爾命名的盧恩字母「T」（↑）就會出現兩次。同樣道理，如果希望避免遭女性施展巫術或下毒，就得在牛角杯和手背上刻印代表啤酒的盧恩文字，然後在指甲上畫出 Nauþ（「χ」，「災禍」之意）。

這些占卜用的盧恩符文就是我們所熟知的二十四個盧恩字母嗎？出於考古研究上的需要，一般會把盧恩字母的發明歸於二世紀末或三世紀初的南日耳曼人，據悉他們當時曾針對日耳曼民族的境況及需求改造了拉丁字母。不過是否真有一名「出色的日耳曼導師」為他的族人建立了字母，縱使我們遍覽整部文化發展史，仍難有任何蛛絲馬跡足以證實此說。更不用說大量的盧恩文字絕不可能從拉丁字母衍生而來，因為不論是數量或順序，甚或是「盧恩」這個古日耳曼用詞，都無法在拉丁文的系統中找到任何原型的痕跡。基於種種難以駁斥的例證，原本廣為接納的主流觀點已逐漸式微，且人們有足夠理由相信，早在盧恩文字出現以前，日耳曼人可能就已經在使用非字母系統的魔法符號（原始盧恩），其中一部分後來甚至被羅馬人沿用，成為書寫文字。這套原始日耳曼的盧恩文字並不是刻畫在木片上，而是由蒐集來或修剪過的細小樹枝所匯集而成的。

有次出現了一個相當引人注目的占卜結果：

哈孔伯爵擁有兩只光彩奪目的深盤，由銀熔鑄而成，外層則以鍍金包覆。除此之外，還有一金一銀兩只秤陀，陀面上另繪製了人相；當時的人把這種秤陀稱為「命運之籤」，而擁有這種籤是遠古時期的一種習俗。只要說明完兩個秤陀分別代表的意義，哈孔就會把它們放到深盤上。一旦他心裡想的那

顆秤陀往上爬升，另一顆就會倒在盤子上，製造出響亮的撞擊聲。後來哈孔把這些珍寶全都送給冰島的吟遊詩人埃納（Einar）；另一種新的說法則是：哈孔送給埃納各重一磅的金碗和銀碗，碗上繪製了哈孔崇敬的邱比特和普魯托，或者是奧丁的畫像。這些畫像卻深藏著不為人知的強大力量：每當埃納因幸運而欣喜不已，這些力量似乎就會透過碗釋放出來；反之，它們就一動也不動。

我們可能必須想像這兩只命運之籤的重量是一樣的，不但都很輕巧，而且可以輕易移動它們。當其中一只承載著人心嚮往的願望，另一只就代表與心願違逆的選項。哪顆秤陀往上移動，它所代表的內涵就會成真；至於最後哪顆秤陀會出線，就全屬機運了。繪製在秤陀上的人像應該是富有神性的，而人正是希望透過占卜向他們索求答案（FMS XI 128; Jómsvík, S.14; Flt. I 188）。

另外有種用來探知神意的傳統作法，就是將自家供奉的木雕神像扔出甲板，然後在神像靠岸的地方安頓下來。出於相同考量，在旅途中身故者，屍體並不會被吊掛在柱子上，而是裝進棺木，投進大海裡；將死之人之所以同意這麼做，就是希望死後能繼續守護自己的族人（Landn. I 18; Egils. S. 27）。起造一間房子之前，北歐人似乎也會透過占卜，確認新居能為他們帶來好運。一旦房子的大小經過多次檢查，確認符合神意，問卜者便會感到心滿意足；要是空間不足，可能就會心情低落。換言之，他的狀態完全取決於測量的結果（Korm. S. 2）。北歐人並不怎麼擅長幾何學，所以要準確量測出一塊方正的場地，讓四角形的兩條對角線的長度分毫不差，絕不是一件容易的事。場地的四邊和對角線必須經過一再地量測，一旦尺寸對了，就代表神已為這塊地做了見證：造屋者將會獲得幸福，既然這麼困難的一件事都能馬上讓他感到快樂，想必日後也會有接連不斷的好運氣。

有時獻祭似乎會伴隨著特定**前兆**。索寇爾（Thorkel）認為，活宰的牲品若是一刀斃命，代表弗雷將會給出令人滿意的答覆。哈孔伯爵獻祭時，兩隻烏鴉正好嘎嘎叫地從空中飛過，他因此確知，奧丁已寬厚地接納了他的奉獻，

並且同意賜予他勝利。除了這些讓人殷殷期盼、萬般祈求的前兆，有更多徵兆根本是不請自來，甚至不從人願。一般來說，人在預想可能發生的狀況時，很容易受到另一個與個人意願毫無關聯的事件影響，例如遇上一隻動物、一道閃電、隆隆作響的雷聲、突然傳來動物或人的聲音。如果正好要著手進行某件事或展開一段旅程，像這樣突如其來的徵兆就會特別受到重視（中古高地德語「aneganc」）。對英雄來說，當一隻黑色烏鴉在頭上盤旋不去，或是準備動身時，見到街上站著兩名亟欲爭取榮耀的戰士，又或者聽見灰狼的嚎叫，就代表救贖已然降臨；反之，假設這名英雄在前往戰場的途中腳步蹣跚，就說明已無力回天（Reg. 20ff.）。透過鳥的飛行和叫聲，或是馬匹來進行預言的實質意義並不亞於占卜術；尤其這兩種動物後來成為了神的信使與侍者，特別適合用來領會眾神靈至高無上的智識。戰馬的躲避、顫慄和喘息，至今仍被視為死亡的訊號，這種透過戰馬宣告死亡將臨的傳統無疑是沿襲自過往動物崇拜或預言的儀式，而這些儀式後來亦出現在敬拜神明的場合。不過，戰馬之所以被人選作預言的工具，並不是因為牠替弗雷效勞賣命，而是因為牠們生來就具有預感能力，因此能夠預言未來。有鑑於此，後來的人在向弗雷獻祭的過程中，也適度保留了這套動物崇拜儀式中根本的元素。只要國王瑞格維德（Hreggwid）的戰馬披掛馬鞍出征，就代表此戰必定得勝，同時，國王那把平時沉寂無聲的長矛也會發出震天價響（FAS III 239）。相傳「崔格威之子」歐拉夫也曾利用占卜和觀察鳥類飛行的方式進行過多次預言（Ad. Brem. II 38）。

有個名為勞杜爾夫（Raudulf）的挪威先知曾對「哈拉德之子」歐拉夫說：「我可以從風中察覺到一些跡象，天體、太陽、月亮和星辰的運行也能給我一些啟示，另外還有一些則來自夢中……如果我想透過夢境來確認一些重要的事情，就會穿上全新的衣物，讓自己躺在一張擺在新位置的新床上……我會特別留意這一晚的夢境，醒來後再仔細回想斟酌，究竟我該怎麼解讀這個夢。」（FMS V; Raudulfs þ. 1）

人類相信可以從天體的運行預見未來的事件，有個冰島人就曾詢問主教

席格（Bischof Sigurd）是否能像過往的先賢那樣，透過天體為他預測命運
（FMS III 182）。

　　先前已提過，現身在夢境之中的死者或鬼魂，造就了夢的意涵及預言。
不過在隆重的獻祭儀式上，夢的預示絕對是不容忽視的關鍵：

　　每當巴德爾作惡夢，眾神便會告訴他箇中緣由。「嗜殺者」古倫夢見弗
雷在震怒之下簡短回應他，醒來後他便決定，不再視弗雷是平易近人的。當
丹麥國王史文·史文森（Sven Svensson）向索爾表明自己再也不會向他獻祭；
在那之後，索爾悲憤地現身在他的夢中，並痛苦萬分地離去。索爾前後一共
在索基斯的夢中出現五次，只為威脅這名格陵蘭島的舵手不得出航，否則將
招致許多怨懟與不滿。年邁的科德蘭（Kodran）則夢見自家的守護神穿著一
件殘破老舊的毛皮大衣，有別於他以往一向容光煥發的姿態。有一晚，畢約
恩夢到山神來訪，請求他與他一同走入人群；從那時起，他的財富便迅速成
長（Landn, IV 12）。弗羅西（Flosi）則是夢見一隻披著羊皮的巨大山怪，手
裡拿著一根用來召喚將死之人的鐵棒（Nj. 134）。有個晚上，老邁的索爾狄
絲（Thordis）已然熟睡，卻仍不斷翻來覆去，隔日有人要喚醒她，遭到她的
兒子婉拒：「讓我的母親繼續沉浸在夢裡，也許夢境揭露了不少她想知道的
事情。」索爾狄絲醒來後，先是深深地吸了一口氣，然後緩緩說道：「夜裡，
我跟著幽魂四處遊歷了不少地方，此刻我獲悉許多前所未聞的事情。」
（Fóstbr. S. 9）

魔法與預言

　　在介紹獻祭儀式的過程中，我們的眼界所及，早已跨越最古老的北歐歷
史。但顯然這樣還不夠，我們的雙眼還想盡情遊歷，不僅要看清煙霧瀰漫的
遠方，眼前還有一條清晰可見的道路，將引領我們前往在任何歷史文獻都無

法瞥見的人類樣貌。《埃達詩歌》為諸神打造了至高無上的形象，然而在這個框架以外，我們見到了處於自然狀態、擁有動物形體的神，以及由諸神化身而成、供人崇拜的偶像。透過獻祭之火，我們發現了史前的魔法之燄。身兼多重角色的北歐祭司至今仍被視為巫醫和蠻族祈雨師的一員，而早在莊嚴肅穆的讚美詩出現之前，原始的魔法咒語就已經存在了。也因此如果有人宣稱，神廟祭司才是最先以詩歌形式創作並傳唱神話史詩的人，根本是不攻自破，完全站不住腳，儘管詩歌的管理與保存一向交由神廟祭司全權負責；再且，日耳曼的祭司機制並沒有形成獨立於一般民眾的社會階層，也使得這種說法難以成立。**謎語詩**（Rätselgedicht）被視為印歐民族以及《埃達詩歌》裡最古老的神話詩歌，甚至可遠溯至印歐民族的史前時期。舉行獻祭儀式的過程中，祭司必須透過講述節慶神話以及由此衍生的傳統，讓部落族人了解各種與祭儀相關的習俗，一般則多以問答的方式進行說明：「哪兩位神祇會現身議場？他們兩個加起來一共有三隻眼睛、十隻腳和一條尾巴，而且就以這副模樣遍行各地。」答案是：奧丁與他的八足神駒斯雷普尼爾（Sleipnir）。不過從《埃達詩歌》和《吠陀經》異曲同工的內容看來，祭司階層興起的一連串發展，其實是史前時期印歐民族共同的遺產。

「詩歌」原本指的也是巫歌，而不是召喚神靈的歌舞：群眾一邊唱歌，一邊圍著祭壇跳舞，繞了一圈後，原本應該是手牽著手的人們就會放開彼此，從圈舞隊形解散開來；如果是這種只繞一圈就結束的圈舞，那麼這裡的「詩歌」實際上應該是「分解」的意思。同樣地，「galdr」[4] 在所有日耳曼語言裡，最初代表「巫歌」、「巫詩」，後來才逐漸發展出「巫術儀式」的意涵。包含「rún」也可以用來指「巫詩」，而且斯堪地那維亞人早在古老的年代就把這個衍生意涵傳到芬蘭；芬蘭語「runo」的原意就是巫歌，後來才轉變為只剩詩歌之意。除了詩歌，另外也有詩詞；同理，除了以吟唱的方式施展魔法，還有唸誦的贖罪咒文。舉例來說，相較於意為「敘述、故事」的盎格魯撒克遜語「spell」和古冰島語指稱「傳奇、談話」的「spiall」，英文的「spell」

4　譯註。即噶爾德，一種以古北歐語吟唱的咒法。

則有「魔咒、魅惑」之意：代表「敘述、談話」的日耳曼語「*spella-n」其實是衍生自「說、唱」的意義範疇。北歐用來指稱詩人的「Skáld」也是指稱「說」：「Skald」（吟遊詩人）一詞最初指的是傳達神諭者、預言者、先知或覺者，後來才衍生出詩人之意。古北歐語裡用來形容「詩作技巧」的「bragr」也許和梵語的「bráhman」（「通曉咒語者」）、愛爾蘭語「bricht」（「魔法」）和拉丁文「forma」（「固定形式」）系出同源。如果想超越人類的限制，將影響力擴及其他生命體或亡者，古北歐語裡的「Seidr」（賽德魔法）可說是僅次於「Galdr」（噶爾德）的重要工具，而「Seidr」正是源自於印歐語的「唱」和「說」。

透過這些文字的表象，我們得以追溯魔法和字詞還有詩作技巧之間的重要連結，而現在也已證實，巫歌就是北日耳曼人、日耳曼人和印歐民族最古老的詩作技巧。

至於**巫醫**則是經過很長一段時間，由各式巫術和迷信的偏方集結而成，大概就是那些如今稱為民俗療法或家庭醫學的相關知識，也就是運用具有神祕力量的文字和象徵性的手法，或者利用具有療效的藥草、石頭或其他物質來進行醫療行為。我們聽說有種藥草可以讓斷肢免於腐敗，甚至可以重新接回原本的身體繼續生長（FAS III 396）；另外還有一種藥草，只要把它枕在女孩頭下，就能施展愛情的巫術（FAS III 576）。疾病就是那些以破壞為樂的惡魔任意妄為的傑作，不過後來只要激怒神祇，也會遭遇同樣的後果。治癒疾病的方法除了當眾唸誦咒語、制式的誓詞或祝頌詞，也可以透過象徵性的習俗來破除魔法的詛咒；如果想平息神的怒氣，就得仰賴祈禱和獻祭。巫醫通常就是祭司和女智者，他們會祈禱、祝頌、畫印盧恩文字，或使用其他具有療效的物質，而祈禱的對象不外乎掌管各種病症的神祇：如果有傷口，大概得向戰神或劍神求救；婦女病症則是向芙麗格、芙蕾葉和夢格蘿尋求協助；對抗惡靈要召喚雷神索爾，而雷神鎚作為一種神聖的象徵，經常被人拿來當作護身符佩戴或刻印在重要的物品上。一旦掌握盧恩文字，要不是得以終身免於特定危害的威脅，就是將擁有永不滅絕的特殊能力；相對地，魔法的施展則是每一次都得特別動用意志的力量。使用盧恩文字施展魔法的關鍵

在於物體本身，而策動魔法的則是人。盧恩文字就是一個概念、一個物體或一段儀式的靈魂與奧祕，只要掌握這個無懈可擊的奧祕，就是天下無敵。因此，

想成為醫生，就學習肢體的盧恩文字，
還得知道如何治療傷口，
找到森林裡那棵枝幹東傾的樹，剝除樹皮（Sigrdr. 11）。

「盧恩文字具有解毒的能力。」（Hóv. 136）埃吉爾前往韋姆蘭的途中，曾短暫停留在一戶農家吃點東西。這戶人家的女兒病得很重，後來他才發現，原來是藏在女孩床上的一片魚鰓所帶來的詛咒。然而，鄰村的農家青年一開始想在魚鰓上刻畫的其實是求愛的盧恩符文，卻不小心誤植成咒人身體羸弱的文字。於是埃吉爾刮去魚鰓上的符文，用火加以灼燒之後，重新刻上具有療效的符文，再放回女孩的枕頭底下。女孩彷彿從沉睡中醒來，表明她感覺好多了，只是身體還有些使不上力。埃吉爾這才告訴她，這場病其實是因錯誤的符文才引起的。

也就是說，盧恩符文可以引發疾病，也能讓人痊癒。不過要是使用者沒有以利益他人為出發點，任意運用這項能力，就會造成危害。為此，埃吉爾指出，「如果不了解其中的意涵，任何人都不應隨意刻畫盧恩文字，因為有些人可能會受到黑暗符文的誤導。我在那片光滑的魚鰓上見到十個神祕的盧恩文字，而它們就是讓女孩長期臥病在床的原因。」

在北歐，施展魔法的招術雖有不同，但彼此間重疊的情況也不少，例如以盧恩文字刻畫出來的魔法符號或咒語，可能是詩歌或魔法陣式，另外還有魔法藥水和其他魔幻的手法，最後則是最強大也最讓人害怕，卻最不受重視的一種招術：賽德魔法，一種魔法詩歌和部分習俗會使用的幻術，作法時似乎必須有多人同時在場。不過其中最普遍，也最為人所知的仍屬最前面兩種（咒語）。

每個人都可以擁有使用盧恩文字的能力，因為這是一項可以習得的技藝：

你將發現盧恩文字，在勸誡世人的木杖上，

具有強大力量的木杖，療癒無數的木杖，

由吟者之王所觸發，

由萬能的神所創造（Hóv. 142）。

布倫希爾德教導齊古爾各種盧恩文字的用途（Sigrdr. 5ff.）：

只要在那些用來替啤酒增添風味的香草莖梗上刻畫愉悦符文，魔法的力量就會滲進飲料裡。這就是盧恩文字，只要是真誠坦率為己所用，不任意妄為，就會湧現豐沛的魔力；這大概是所有人都希望擁有的盧恩文字（Sigrdr. 19; Gríp. 17）。求取勝利的盧恩文字應該刻印在寶劍上，而牛角杯上的啤酒符文則是為了避開女人的詭計；安胎和順產的守護符文必須畫在兩隻手上，然後雙手合十置於膝蓋處。至於用來救援船艦的巨浪符文得分別刻畫在船的外殼、螺旋槳和船舵上，而醫療者或創傷醫學所使用的肢體符文則是刻在樹皮和枝幹上。人人都應該學習談話的盧恩文字，才不至於在議場上冒犯對手；此外，還必須熟悉思考的盧恩文字，才可能超越他人的智慧。

替木塊灌注魔法力量的作法源自盧恩之神，而他亦是因為獲得盧恩文字，才得以成為全知全能的天神（Hóv. 144-161; Yngl. S. 7; Rígsþ. 44ff.; Gróg. 6-14）。女巫蘇里德（Thurid）靠著刻在樹根的盧恩符文，就輕易奪走冰島英雄格雷提的性命；然而要是光明磊落地進行決鬥，根本沒有任何人能夠擊倒他（Grettis. S. 78ff.）。

蘇里德年少時就已是一名法力高超的女巫，但眾人擔心邁入遲暮之年的她也許早就忘了當年純熟的技藝。她緩緩走到沙灘上撿起一塊樹根，差不多是一名成年男子可以一肩扛起的大小。她反覆仔細檢查這塊厚重的木材，其中有一面看來似有燒焦痕跡，她便將它打磨得光滑無痕，然後從袋子裡掏出

一把刀，在平滑的板面上刻畫盧恩文字。接著，她在刻好的符文上塗上自己的血，一邊喃喃唸了一些咒語，逆向太陽運行的軌跡而行，不疾不徐地繞著樹根走了一圈。儀式結束後，便把樹根拋向大海，在魔法的加持下，這塊樹根迅速朝著格雷提的藏身處破浪直進。前兩次，格雷提把這塊樹根從所在的小島丟回大海；第三回，他則拿了一把斧頭卯足全力向它劈去，但刀斧滑出了木柄，掉落的瞬間，正好往格雷提右大腿上方切下一道深深的傷口。一開始，這道傷看來並無大礙，直到第四晚，大腿竟劇烈腫脹發炎，黑得發紫。不斷襲來的劇烈痛楚讓格雷提片刻不得好好靜養休息，他這才意識到身上的傷並無法醫治，因為這是巫術帶來的傷害：「我可以在戰鬥中捍衛自己的生命，但現在有個經驗老到的年邁女巫戰勝了真正的鬥士；然而真正具有魔法威力的，其實是小人的讒言。」

另外還有用來傷害憎惡對象的忌妒之杖，杖身上頭除了嘲諷性的圖示，也會刻印盧恩符文。一般多會利用榛木這種最普遍的魔法道具，刻畫醜化對手的畫像和具有殺傷力的咒語，有些人甚至還會在木杖頂端嵌上戰馬的頭骨，然後用這根木杖指向敵方：

埃吉爾被迫離開挪威之前，就是以這種方式對付血斧埃里克和他的妻子貢希爾德，他還唸了一段咒語：「我在此立起斥責之杖，表示對國王埃里克及其妻貢希爾德的藐視。」接著他又將木杖轉往挪威大陸，「我要詛咒棲居在這片土地上的所有靈魂，他們將顛沛流離，再也找不到自身歸屬，直到將國王及王后逐出國土為止。」語畢，他將杖頭的戰馬頭骨指向大地，在杖身刻上咒文。

生命中幾乎沒有什麼問題是不能透過魔法符號和咒語處理的，不管是替自己解套，或是助別人一臂之力。盧恩符文允許人類達成原本只有神才做得到的事。只要學會奧丁吟唱的第九道盧恩咒語（Hóv. 153），或者知道如何刻畫狂風大浪的盧恩文字（Sigrdr. 10），就能讓驚滔駭浪復歸平靜；法羅人

有首民謠就是描述一名航海人為了平息風暴，而丟了一根刻印盧恩符文的木棍到大海裡。女神芙蕾葉曾喚醒一名死者，讓他開口說話；然而只要利用奧丁的第十二道咒語，人類同樣也能做到類似的神蹟（Hóv. 156），就連至高天神奧丁也是透過盧恩符文施展這套魔法（Baldrs dr. 4）。

另外有種魔法可以創造出更高段的神奇力量，卻不需要藉助任何道具，而是直接附著在個人體內，有時也會搭配盧恩符文一起應用。傳奇雖然不乏這類內容，不過鮮少詳述如何施展這些巫術，又該遵循哪些方法或步驟，至於進一步說明各項細節的資料就更少見了。然而相關的文獻記載還是引發不少討論和解讀。

早在格琳希爾德將盛滿失憶藥水的牛角杯遞給古德蘭之前，她就已在所有木籤上刻畫了讓古德蘭摸不著頭緒的紅色字體，並且陸續在酒杯裡添加一隻冥界的毒蟲、未切碎的莖梗和取自不同牲畜的內臟（Guþr. II 23）。類似的盧恩魔法其實很常見，只是格琳希爾德採取了更加複雜，也更具毀滅性的形式。埃吉爾（Egil Skallagrim）之子的自傳裡記錄了許多關於盧恩魔法的珍貴資訊，其中光是講述如何將盧恩文字和詛咒結合在一起，就佔去全書三分之一的篇幅：王后貢希爾德和酋長巴爾德（Bard）舉辦了一場向女神蒂絲獻祭的慶典，埃吉爾也出席了這場盛宴。王后和酋長兩人在酒杯裡下藥後，吩咐人送去給埃吉爾。埃吉爾見狀，便掏出刀來，往自己的掌心劃了一刀，然後接過牛角杯，開始在上面畫印盧恩文字。他一面用鮮血塗覆，一面說道：「我在牛角杯上畫下盧恩符文，用我的鮮血染紅這些文字，而我選擇將這些文字刻在酒杯上。」意思是說，我刻印了這些字，讓它們牢牢烙在杯身上，以便發揮應有的作用。「我隨時都能喝下這杯啤酒，但我倒想看看，巴爾德向我奉上這杯酒的用意究竟何在。」不過由於刻印在杯身上的盧恩符文威力太過強大，導致牛角杯突然爆裂成兩半，灑得滿地酒水。

這段故事有兩個值得注意的地方，首先是相信鮮血具有魔法般的效力。結盟的雙方用鮮血簽署共同契約的橋段，一再出現在惡魔和巫師的結盟過程

中，此外，女巫蘇里德同樣也是利用鮮血染紅刻印在樹根上的盧恩文字，進而奪取壯士格雷提的性命（Hóv. 142，143，146. Guþr. II23）。後人逐漸改用紅色顏料取而代之，也就是以一種俗稱為鉛丹的化學物質，填補刻印的凹痕。其次，相關的文獻記錄也指出，光是憑著盧恩符文仍不足以產生預期中的威力。埃吉爾最後說的那一段話其實夾帶了魔咒在裡頭，他等於間接對酒水下了指令，要求它釋放出原始的本質。這麼看來，把沒有生命的物體視為活生生的生物，並對著它唸出咒語，也能收到同樣效果。然而，實際上並不存在專門為無生命體打造的咒語，多半是根據當下的需要，才對著物體講出詩歌般的詞語。儘管有些時候確實能找到以既定公式呈現的咒語，但這些明顯是針對物體本身所制定的，而且大多無法用來召喚神靈。

史旺（Swan）想保護提奧斯多夫（Thjostolf）不受敵軍侵擾。為此，他和其他人一起走到屋前，抓起一張羊皮在頭上揮舞，並且唸了一段咒語：「大霧將起，所有追捕你的人都將面臨恐懼與前所未有的驚異。」語畢，四周隨即漫起陣陣濃霧，放眼望去盡是一片暗無天日，迫使徹底迷失方向的敵軍不得不取消尚未執行的任務（Nj. 12）。

倘若施展魔法不需要特別向神立誓，而只需要針對物體的本質，運用相應的盧恩文字和咒語，那麼北歐人也就沒有必要畏懼巫術了。

獲奧丁親自賜與刀槍不入之身的維京國王法拉瑪爾向凱提邀戰，當凱提發現刀刃竟傷不了對手，便透過「吟唱」的方式，命令自己的劍進行攻擊。凱提這段對武器的談話果真發揮了預期的效果：原本受到魔法保護的法拉瑪爾慘遭腰斬，顯然凱提吟唱的是一段魔咒，而且他並不畏懼巫術。

要擊敗巫師，就得靠睿智、勇氣，或是技高一籌的魔法，然而巫師不可能和威力足以壓制人類的幽靈聯手，否則就變成是幽魂在保護巫師了。不過由於施展魔法必須見招拆招、隨機應變，因此也就不難理解，為何唯有對著

物體唸咒，才能真正發揮魔法的效力。一旦魔法師察覺即將遭受劍擊，就會讓利刃成為鈍器，同時用另一把劍或棍棒回擊對手；換言之，一旦他來不及找到恰當的舉措抵擋對手使出的新招，就可能因此喪命。不過從傳奇的記述看來，發生這種狀況的機率可說微乎其微。

對於尚不熟悉的武器，驍勇善戰的北歐人一向會特別留意防範；同時，他們也會不斷升級自己的裝備能力。

有位愛爾蘭公主替歐爾瓦（Örwar-Odd）特製了一件衣服，穿上後不僅能抵禦武器的攻擊，甚至感受不到寒冷和飢餓，就算在水裡游得再遠也不覺疲憊（K.22）。「毛褲子」朗納爾（Ragnar Lodbrok）的戰袍則是能夠保全他毫髮無傷，且不受毒害。英國國王埃拉（Ella）命人將他丟進蛇坑之前，便先要求他褪去戰袍，這麼一來，那些極北蝰[5]才能置他於死地（FAS I 352）。年輕的國王「戰牙」哈拉德擁有一套強大的護身咒，在魔法的威力下，沒有任何兵器傷得了他（FAS I 374）。儘管奧丁賜予他刀槍不入之身，然而最終奪走他性命的，也是奧丁：這名天神藉著哈拉德用來四處征戰的木製釘頭錘擊敗了他。貢霍姆（Gunholm）則是先利用魔咒鈍化對手的刀刃後，再以劍柄將弗利德萊夫（Fridleif）制伏在地（Saxo 119, 244）；哈爾丹為了對付懂得使用咒語鈍化兵器的哈奎烏斯（Haquinus），特別製作了一根滿布鐵栓的巨型狼牙棒，就是希望藉助堅固的木棍擊敗魔法力量（Saxo 219）。

一般認為，通曉魔法之士，尤其是熊皮武士，他們的力量並不亞於奧丁引以為豪的能耐（Hǫv. 147）：**只要被他們瞟一眼**，對手的武器就會馬上成為廢鐵。而另一方為了自保，就必須在遭到攻擊前，抽出事先準備好的第二把劍。

哈爾丹非常清楚，一旦他的劍遭格里莫（Grimmo）用眼角餘光掃過，

5　譯註。一種分布在非常北端，甚至接近北極圈一帶的蛇類。

就不再鋒利。於是他把劍拋到一旁，從刀鞘中抽出另一把，砍碎對手的護甲和盾牌（Saxo 223）。為了反制羅斯人維辛努斯（Wisinnus）致命的目光，史塔克便在決鬥之前替自己的劍鍍上一層薄膜：這麼一來，不論是魔法的威力，或是身體的強度都再也不足以讓這名巫師保全性命（Saxo 187）。直至今日，北歐人依然相信邪惡的目光具有神奇的魔力；光是一個眼神，女巫就能輕易取人性命（瑞典）。傳授法術給貢希爾德女王的拉普蘭人，只要直盯著某個生物，就足以讓牠窒息（Har. S hárf. 32）；而女巫羅特（Ljot）的目光則讓人驚恐到彷彿著魔般，像頭狂野的動物東奔西竄（Vatnsd. S. 26），他們只覺眼前一陣天翻地覆，教人陷入瘋狂（Vatnsd. III 4）。

下面這段敘述雖然沒有明確提及邪惡的目光，卻大致描繪了鈍化刀鋒的特殊魔法：

蘇里德在決鬥過程中，發現有名女子躲在房子後頭的廣場跑動：她把自己的衣服披在身後，然後低著頭從兩腳間望向天空。於是蘇里德從圍牆裡追了出來，一把抓住她的頭髮，再從後方撕扯她的皮膚。這名女子也不甘示弱地揪住蘇里德的頭髮，拉扯她的耳朵和一邊的臉頰。索爾利斯則趁機施展鈍化武器的魔法（Gullthoris S. 17）。

如果想要迴避邪惡目光，最好的辦法就是用**動物毛皮套在有此嫌疑的人頭上**。葛爾瑞德（Geirrid）褪去身上的大衣走向卡特拉（Katla），手裡則抓著她帶來的海狗皮，蓋在卡特拉的頭上（Eyrb. S. 20; Hrólfs S. Kr. 30; FAS III 345）：殺害魔法師之前，必須先把他們的頭用袋子套起來。

遭敵軍擒拿的「磨刀石眼」哈伯約恩（Halbjörn slíkisteinsauga）被帶上船時，頭上同樣套著一塊毛皮，直到出海後才有人替他取下，但又隨即用石頭頂住他的脖子（Laxd. S. 37）。哈伯約恩的兄長，巫師史提甘迪（Stigandi，「流浪漢」之意）則是中計遭逮，抓住他的人也趁他睡著之際，用袋子矇住

他的頭。不過這只袋子破了一個洞，因此他還是可以觀察四周的狀況；他透過這個洞瞄到了山丘的側坡，這片土地便自此寸草不生，猶如遭龍捲風橫掃肆虐（a. a. O. 38）。類似的情節也出現在後來的挪威民間故事中：有名女巫和其他同為女巫的姊妹騎著掃帚在空中飛行時，突然有人**叫喚她的名字**，她因此跌落至地面，遭人逮捕並判處以火刑。被帶上刑場的柴火堆時，她央求褪去一些蓋住眼睛的束帶，當作是一種恩惠。這個請求獲得允諾，一旁的人於是小心翼翼地讓她轉身，面朝岩壁，避免正對田野和草地。結果，凡是她目光所及之處，無不枯萎凋零，就連遠處的森林也彷彿有大火竄燒，成了一片焦土。

邪惡的目光之所以被視為一種魔法，很可能是人們察覺到，那道由眼底直直竄出的目光傳遞出一股銳不可擋的巨大能量。普遍也都認為，掠食者或蛇的眼神擁有某種足以震懾獵物的力量。許多人試圖要解釋這類揣測和假設性的想法，進而發現一些值得玩味的東西，某種程度上正好可以用來釐清或說明這個民族為什麼會發展出這種信仰。易卜生劇作《海上夫人》裡的女主角艾梨達（Ellida）過著幸福快樂的婚姻生活，一日，有個突然現身的陌生人不斷藉由他的存在和聲音慢慢迫近她，特別是他的目光讓人無法動彈，彷彿對她施了魔法，就像一條蛇直直盯著一隻嚇壞的鳥兒。醫生也證實確有這種魅惑魔力的存在。

談到魔法，**預期心理**絕對是不可或缺的關鍵元素。在一個人們普遍相信先知及其天賦的年代裡，預言之所以成真，很多時候正是拜這種深信不疑的心態所賜。一旦相信預言具有力量，人就會在無意間做出與預測完全吻合的舉動，儘管他們極力想制止自己。有部冰島傳奇不但特別提到這種崇拜預言的心態，更一步步鉅細靡遺地描繪預期心理所帶來的功效（Vatnsd. S. 10、12、15）。

後來成為冰島大族瓦騰斯達人（Watnsdälir）族長的英吉蒙與國王哈拉德參與哈伏斯峽灣（Hafrsfjord）的戰役，而哈拉德王因此得以一統挪威。戰後

他搬回老家與父親同住，在那裡遇見前來邀他出席盛宴的教父英格嘉德（Ingjald）。英格嘉德與其妻在這場筵席上舉行了咒法儀式，無非是希望在場眾人皆能得知自己的未來。一名能夠預見未來的芬蘭女巫也出席了這場盛宴，她坐在一張璀璨華麗的高椅上，所有人都起身走向她，好讓她預測自己的未來，並且詢問自己的命運。女巫依序為每個人預測他們即將遭遇的未來，不過並不是所有人都對結果感到滿意。有一對被人領養的兄弟沒有向女巫請益自身命運，他們表示自己對此從不關心。女巫問起：「為什麼那兩位年輕男子不來詢問自己未來的命運？我認為他們是全場所有人當中最與眾不同的。」英吉蒙答道：「對我而言，預先得知命運並不重要，而且我也不認為妳真能看出我未來的命運。」「即使你沒有問，」女巫說：「我還是要告訴你。你將居住在一個名為冰島的國家，此時那裡還是荒蕪一片，但你將成為那片土地上的偉人，並且在那裡終老，你的後代子孫也將在這片土地上享有同等聲望。」英吉蒙答道：「那就太好了，因為我已下定決心，絕對不會到那座島上定居；我也不打算賣掉氏族持有的大批良田，搬到空無一物的寂寥荒野。」女巫說：「我的預言將會成真，為了證實我所言不假：哈拉德送你的護身符已經從你的袋子裡消失不見，它會出現在你即將定居的林地裡，而上面會有銀鑄的弗雷神像。等你打造自己的莊園時，就等於應驗了我的預言。」英吉蒙答說：「要是妳藉此羞辱我的養父，就要用妳的人頭作為償還的代價。」隔日，英吉蒙四處遍尋不著他的護身符，這似乎不是什麼好徵兆。那年冬天和隔年夏季，他都待在老父身邊，然後舉行了婚宴，國王哈拉德也出席了這場慶典。英吉蒙對他說：「我對自己的命運相當滿意，可以獲得你的祝福是莫大榮耀，不過我一直忘不了那位芬蘭女巫指出我將遷徙至他處的預言。我一點都不希望這個預言成真，因為我不想離開自己的家鄉。」國王說：「也許弗雷真的希望讓他的神像在那裡重現，並且興建神廟。」英吉蒙坦承，他也感到很好奇，一旦到那裡設立家神，是否真能重新找回神像。「實不相瞞，閣下，我將委託數名能夠向我回報當地狀況的芬蘭人前往冰島。」英吉蒙一共聘僱了三名熟稔魔法的芬蘭人：「我會提供奶油和白鑞[6]給你們，而你

6　譯註。即錫鉛合金。

們將代替我前往冰島尋找我的護身符。」三人答道：「對我們而言，這是一項危險的請託，我們需要閉關在一間屋子裡，任何人都不得打擾我們。」三日過後，英吉蒙前往探視三人，他們站起身來，深深吸了一口氣，然後說道：「我們歷經重重考驗與難關才得以預見未來的發展，一旦你到達該處，就能依照我們的描述認識那片土地。不過要找到護身符對我們而言太困難了，芬蘭人的預言多半都會成真，為了要達成你的期許，我們不惜身陷險境。」緊接著，他們詳細描述了該地的狀況：「護身符就在一片小樹林裡，不過每當我們想撿起它，它就彈到另一座林地；儘管我們窮追不捨，它卻總是一再逃脫，而且它的上方籠罩著一抹濃霧，致使我們無法靠近，也許你必須親自前去撥開那片霧。」英吉蒙便表示他會馬上動身，因為抗拒也沒有用。他付給芬蘭巫師豐厚的報酬，並且在莊園裡靜待了一段時間後，才前去向國王稟報自己的計畫與想法，卻得到出乎意料的回應：要違抗命中註定的事是極為不易的。於是英吉蒙舉辦了一場盛宴，請求在場賓客聽他發言。他向眾人宣告：「我決定要改變我的心態，遷居冰島，這一切全是順應命運和縝密的占卜結果，而非我自己的想法。你們可以自行決定是否追隨我一同前往。」他這段談話獲得了熱烈迴響，也等於告知眾人，此番前去勢必損失慘重，不過世上能戰勝命運者為數不多。英吉蒙約莫在西元 890 年啟程航向冰島，抵達後，他根據芬蘭巫師的描述，辨識出周遭環境，並應驗了先前的預言，找到他的護身符。

　　古北歐語的「taufr」（巫師）同時有**護身符**之意。史前時代那些用牙齒或貝殼，後來則改以銅或金製作的掛飾，其實不僅是飾品，也是具有魔法力量的物件，可以用來對抗敵人的攻擊，或是向其他超越人類的力量尋求支持，像是威猛如熊或迅捷如鹿等特殊能力。石器在北歐人的眼裡就和其他地區一樣，是足以對抗所有急難或危險的護身符，例如斧狀的琥珀或是石製的戰斧（長五‧五公分）都象徵令人畏懼的雷神，可讓人倖免於雷神之怒，因為人們相信，唯有以惡才能制衡令人恐懼之惡。從古墓中挖掘出屬青銅時代早期的護身符有：牙齒、骨頭、動物的爪或蹄、蛇尾、小片木塊、小片燧石、植

物或植物組織，以及一只外層有囊袋包覆、長一‧五英寸的縫製皮鞘，裡頭還裝著一塊年幼獨角獸的下顎和幾塊小石子。鐵器時代早期製作的黃金薄片幣經常以「萬字符號」作為神聖、幸運及平安的表徵，由於萬字符一向和大型雄性動物的頭顱一起出現，自然被視為眾神的象徵。有人曾在丹麥和瑞典發現十只銀製的小型雷神鎚，而在挪威只找到了一枚。透過鎚身尾端的小環，可將這些小型鎚飾掛在項鍊或綁繩上。

護身符在冰島上應屬常見用品，因為俗稱為「灰雁法典」的古老法規曾明文禁止（Ia. 22）。基督教信仰逐漸普及後，象徵「耶穌基督勝利符號」的十字架就幾乎只被當作魔法道具使用。

「防禦巫術，因為少有人能與之抗衡。」（Grettis S. 69）要列出所有施展巫術的道具和手法是不可能的，而且也沒有意義，因為多不勝數。舉例來說，我們得知逆向太陽運行軌跡而行的舉動，以及這個舉動背後存在魔法的力量，它能喚醒暴風雪，讓積雪崩落，埋沒敵人的莊園（Gisla S. 33）。巫師不但能在饑荒時為海洋填滿漁獲，也能蠱惑動物，更可以依自己的心意操縱風向，或者扭轉占卜結果，擁有各式數不清的能力（Landn. II 22; Fóstb. S. 14; Vatnsd. S. 42）。然而在不需要使用盧恩文字的前提下，最常被提及的魔法能力就僅剩呼風喚雨和改變人類外在形體這兩種。

我們發現每個民族都存在操控天氣的魔法，而驅動這項魔法通常就和施展其他巫術沒兩樣，必須赤裸著身體進行。這類操縱天氣的魔法多半會試圖仿效自然環境的變化，藉此驅使那些超越人類的力量製造出期望中的天候。

魔法師只需要將一張毛皮或一件大衣高舉過頭，不斷擺動，就能召喚暴風雨（Yngl. S. 46; Nj. 12）。曾有一名巫師光靠一只天氣寶囊，就製造出足以凍結一整座湖的冰天雪地，讓人得以騎馬渡過湖面，前往羅斯人所在地（FAS II 412）。能預知未來的海爾嘉利用魔法製造出由大量冰雪堆積而成的酷寒冰川，致使原本約定好的兩人無法進行決鬥（Vatnsd. S. 34）；女巫葛力馬（Grima）則是和蘇里德一樣，想起年輕時吟唱的古老魔法詩歌，便隨之颳起一陣強風（Fóstb. S. 10）。在丹麥備受推崇的維京人奧多（Oddo）不

需要乘船出海，就能透過咒語召來暴風，讓敵軍的船艦全面覆沒（Saxo
128）。一對來自赫布里底群島的冰島夫妻遭人指控犯下竊盜及使用巫術的
罪行，應予以驅逐流放，他們兩人於是坐在魔法椅上低聲唸著咒語，沒多久，
海上就掀起了狂風巨浪，那些指控他們的人於是連同被擊碎的船，一起沉入
海底（Laxd. S. 35）。挪威人強者勞德一向利用巫術控制風勢以利航行，對
抗國王「崔格威之子」歐拉夫時，他便召來暴風驟雨（FMS I 78）。面對同
一名國王的埃溫德（Eywind）也施展了巫術，降下如黑幕般的濃霧，讓歐拉
夫從一開始就看不見他（FMS II 198）。吟遊詩人索爾萊夫詠唱一段關於雲
霧的傳說，開頭是這樣的：「外頭漫起大霧，雷雨迫近西側，盜取寶藏的煙
霧正往此處襲來。」大廳裡一片漆黑，一陣短兵相接後，死傷無數（FMS III
97）。

變身能力亦是北歐異教信仰裡常見的一環。奧丁作為所有神祕力量的起
源，就擁有**變換成任何形體**的能力；因此，擅長魔法的人也能把自己或他人
變換成另一種形體。

由於冰島有艘破敗的船艦遭丹麥人視為廢棄無用的漂流物，冰島人便嘲
諷丹麥國王「戈姆之子」哈拉德（Harald Gormsson）作為反擊。為了報復冰
島人對他的羞辱，哈拉德決定親自前往冰島，並在動身前先派遣了一名巫師
前去勘查敵情。這名巫師於是化身成一頭鯨魚，不停地繞著這座島嶼打轉。
當他往這座島的北端游去，發現滿山遍野還有洞穴裡盡是大小不一的幽靈；
試圖登陸之際，先是出現了一條巨龍，緊接著又冒出無數的爬蟲、蟾蜍和毒
蛇，不斷向他吐出毒液。隨後更飛來一頭翼展橫跨兩座山頭的猛禽，另外還
有一頭體型碩大、怒吼咆哮的公牛，身後領著一群大地之靈，而最後才現身
的則是一隻手拿鐵棍、傲視群丘的龐然山怪。於是這名巫師只好沿著東岸游，
然而他在那裡並沒有見到沙灘、荒漠或是巨浪（Ol. S. Tr. 33）。事實上，阻
撓他登陸的那些怪物正是由這個國家權力最高的四位首領化身而成：變身成
鯨魚的渾丁國王（Hunding）攻擊一名維京人的船艦，這名維京人的兄長於

是把大衣攤開高舉過頭，並且禁止其他人叫喚他的名字，否則他就會喪命。接著，他就在眾人眼前變身成另一頭鯨魚，在船艦周遭浮出水面，和渾丁國王化身而成的鯨魚相互搏鬥，終而在一番苦戰後，成功壓制對方（FMS III 506）。

埃吉爾落入死敵「血斧」埃里克和貢希爾德的手裡：要是他沒來得及在夜裡寫出一曲讚頌詩獻給國王，人頭就得落地。此時飛來一隻燕子停在窗邊啁啾叫個不停，讓他片刻不得寧靜。埃吉爾的一名摯友走到窗邊坐下時，恰恰撞見一名女巫匆匆離開這棟房子；直到這時，他才終於完成詩作。實際上，這隻擾人的燕子正是貢希爾德化身而成的，目的就是為了讓她痛恨的仇敵無法挽救自己的性命（Egils S. 59）。

根據關於夢魘的民間信仰，如果化成夢魘的生物受到傷害，那個作惡夢的人也會有相同的遭遇。同理，賽德女巫可以變身成其他形體，出現在另一個地點，通常是變成一隻動物，雖然她的身體還是留在魔法椅上；一旦分身在外期間受到損傷，甚或遭人殺害，留在原地的身體也會立即出現同樣的傷痕。

海爾吉國王趁弗里斯約夫出海航行時，委託兩名女巫施展咒法殺害他：她們坐在施法的扶手椅上，讓自己的靈魂附著在一頭鯨魚身上，以便追蹤弗里斯約夫。不過弗里斯約夫用船鉤刺穿了其中一人，另一人則遭艦底的龍骨壓斷背脊；就在同一個時間點，這兩名女巫留在挪威「靈魂出竅」的軀體也因喪命而從椅子上滑落下來（FAS II 72, 73）。

就算是一般人，也可以藉由魔法的力量變身成動物，在不少童話故事和民謠中都有類似記述。

卡特拉將一張山羊皮高舉在頭上揮舞，讓她的兒子奧德變成公羊出現在追捕者眼前：眾人只見這名女巫坐在椅子上逗弄她的公羊，一會兒捲起牠前

額的毛髮和鬍鬚，一會兒又忙著梳理牠的鬃毛。當追捕者再次到訪，她則要求自己的兒子躺在一堆灰燼旁；眾人尋遍整座農莊都未發現其他動物，除了卡特拉家中躺在灰燼堆旁的一頭豬（Eyrb. 20）。

變身術唯一無法改變的部分就是眼睛（Sig. III 36; Vǫls. S. 29; FAS I 50, II 116, III 642）。一般來說，變身的效力可維持九天，和古老神話中的時限相符；遭人施咒而變身者在第十天就會恢復原樣，一絲不掛或臥或躺在某處。

一名芬蘭公主因為繼子輕蔑以對，而用自己的狼皮手套揮打他，把他變成一頭凶猛野蠻的熊：牠只能吃自己父親飼養的牛，而且永世無法擺脫受詛咒的命運。這名變成熊的國王之子遇見自己的愛人，對她特別友善，而她也從牠的眼神認出了他。王子在白天是熊的樣貌，只有到了夜裡才能變回人形；他的愛人告訴他這個情況後，起疑的繼母便派人獵殺了這頭熊，並且強迫王子的愛人吃下牠的肉。不過她只放了一小塊進嘴裡，然後一口氣吞下去。這名芬蘭的公主一共有三個兒子，其中有一人只有上半身是人形，下半身是駝鹿；另外一個兒子則從腳背開始就與狗無異；唯有第三個兒子完美無瑕，也就是畢亞爾奇（Bjarki），同時也是傳奇人物丹麥國王「梯子」羅夫（Hrolf Kraki）陣中的英雄之一（FAS I 30），而他也繼承了變身的能力。在那場全軍覆沒的恐怖戰役中，曾有隻巨大威猛的熊走到畢亞爾奇面前，然而不管是棍棒或射箭全都傷不了牠，牠反倒將所有士兵和戰馬撲倒在地，用利牙和銳爪撕裂敵軍。這隻熊其實是畢亞爾奇靈魂的化身，他真正的軀體則沉睡在莊園裡的某張椅子上。待他醒來後，熊也就跟著銷聲匿跡，丹麥人亦自此陷入苦戰。因為此刻敵營的王后終於得以坐在她的魔法椅上大展身手：她派出一頭有著狼一般銀灰毛皮的巨大野豬對付羅夫的軍隊，而牠身上的鬃毛則不斷射出，猶如利箭（FAS I 102）。

除了盧恩符文和魔咒，北歐的巫師也使用其他**法術**，像是動物的毛皮或皮囊（醫藥袋）、朝太陽運行軌跡逆行，還有一開始就必須做到的裸身等，

都已多次提及。**魔法杖**似乎也是必要的道具，只要用魔法杖往左臉頰敲三下，就可以消除記憶，再朝右臉頰敲三下，記憶就能恢復（Vatnsd. S. 44）。有個女先知猜想，只要在審判過程中以魔法杖影響她的對造，就可以讓他忘記原本要回應的內容（Landn. III 4）。將魔法杖的前端浸入水裡，並且咬住杖身的環飾，堵塞的流水就會神奇地疏通散去（Landn. IV 5）。有人曾在一個女巫的墳墓裡發現一大根魔法杖（Laxd. 76），杖身嵌著一只黃銅打造的金屬釦，釦面上還鑲了一圈寶石（Eiríks S. r. 3）。由於這種名為「vǫlr」的魔法杖多半是女占卜師在使用，因此這名女巫也被稱作「沃爾娃」（Wǫlwa；「持杖人」之意）。施展魔法的人一般會坐在比較高的位置上，不過四腳**魔法椅**會隨著不同的就坐者變換各種高度（Laxd. 35）。有次，一群人來到一間房子裡，發現此處正是巫師施法操控他們的地方。他們見到一張豎直的四腳凳，其中一人鑽進椅凳下，在上面刻了一段破壞咒語的**逆勢魔法**。後來，巫師才一坐上這張凳子，凳子便馬上裂成兩半，把他摔得人仰馬翻；不但如此，他還像著魔似地跌入森林裡的水坑和深淵（FAS III 318）。現今在民俗醫療中常見的**魔法食物和飲料**，其實早在遠古時期就有使用的記錄，古特索爾姆（Gutthorm）便是因為吞下經過施咒的食物，才會興起謀殺齊古爾的念頭，只不過這盤混合多種食材的餐點似乎不怎麼美味：

一頭經過煎煮的狼，一條切成好幾段的蟲，
還有禿鷹的肉，全都被放進古特索爾姆的餐盤裡，
配上啤酒和其他被施了魔法的東西（？）（Vǫls. S. 30; Brot 4）

古德蘭喝下一杯按照下列配方調製的飲料後，才忘卻齊古爾被殺的椎心之痛：這杯冰涼飲品讓人嘔出滿腹苦水，其中摻雜了強效土壤、凍寒洋流和公豬血。

許多傷害性的物質 和啤酒混合一起：
大量的樹葉、燒焦的山毛櫸堅果、

廚房的煤煙、煮熟的腸子、
家畜豬的肝，平撫了恨意（Guþr. II 34）。

下述魔法相當神祕而難以理解意義何在：

吟遊詩人寇爾馬克和他的愛人史坦葛爾德（Steingerd）受制於一道魔咒而被迫分離無法結合，寇爾馬克更因此成了殘暴之徒，必須在決鬥中擊敗索瓦德，也就是後來娶他舊愛為妻者的兄長。有人告訴他，這場決鬥幾乎不可能是一場榮譽之爭，因為索瓦德會使用巫術。於是寇爾馬克便向女巫索爾狄絲（Thordis）求助，請她施展魔法讓對手的劍傷不了他。索爾狄絲允諾了他的請求，並且讓他留宿一晚。寇爾馬克醒來後，察覺他在頭頂上的營帳外有個東西在暗中摸索，他坐起身，在床上喊出聲後，便緊緊跟著那叢黑影，打開門一看才發現原來是索爾狄絲。她已經去過了決鬥的場地，大衣底下還藏著一頭鵝。寇爾馬克問她究竟發生什麼事，索爾狄絲這才放下鵝對著他說：「你為什麼不能安靜一點呢？」於是他又躺回床上，但保持清醒，因為他想看看接下來會發生什麼事。等到他再次向外望去，那名女巫已經宰殺了兩頭鵝，身旁放了一只碗盛著鵝血。這時，她又抓起第三頭鵝準備殺牠，寇爾馬克出聲說：「小媽，妳在做什麼呢？」「情況看來不妙，」她答道：「我可能幫不上忙了，不過我打算解除先前施加在你和舊愛之間的魔咒，讓你們重修舊好；只要在被人發現之前，盡快宰殺第三隻鵝。」（Korm. S. 22）

就和請示神諭一樣，有時施展巫術前也必須先進行**獻祭**。

女巫羅特（Ljot）習慣在夏季時分進行獻祭，一旦她完成這項儀式，幾乎可說無往不利；她甚至擁有一間專門用來獻祭的小屋（Vatnsd. 25. 26）。丹克布蘭（Dankbrand）前往冰島進行傳教時，當地的異教徒與巫師加勒德拉（Galldra-Hedin）達成協議，由他來奪取這名基督徒的性命。於是這名巫師舉行了一場大型獻祭，當丹克布蘭躍上馬背，這匹坐騎腳下的土地立刻迸

裂開來（Nj. 102）。「紅鼻子」索格林姆（Thorgrim Nef）是個心思縝密的魔法師，他不但能透過魔咒和巫術召喚強風暴雨，也能藉由施咒引發悲痛與仇恨，致使所有人都拒絕幫助亡命之徒吉斯里（Gisli）；他因此獲贈一頭畜養九年的公牛，供獻祭時宰殺，以便唸出真正強而有力的咒語。（Gísla S. 31）

不過在施展巫術之前必須舉行活人祭的說法並未經證實。

最後一種巫術的形式是**賽德魔法**，同時也是威力最強大的。我們並不清楚施咒的根據究竟為何，但是施咒儀式必須遵照一定的規矩進行：追隨者必須唱完整首魔法詩歌，他們相信透過這種方式能夠招來神靈，讓他們同意為人作嫁；除此之外，還需要搭配施咒棒、施咒椅和其他魔法道具。施咒前的準備工作通常會從傍晚開始進行，直到隔日有人登上施咒椅為止。

施展咒術的魔法師叫作賽德巫師，若是女巫就是賽德女巫。

這種「邪惡的」魔法和「虔誠的」巫術（噶爾德）截然不同，賽德魔法一向帶有懲罰性質，卑劣且不光彩，是針對罪行所做出的嚴厲懲罰。瓦尼爾神族的巫師古薇格（Gullveig）因使用賽德魔法導致鑄下大錯，終而受到眾神可怕的裁罰。相對地，「噶爾德」旨在促進人類福祉，是一套以眾神良善美意為基礎和依歸發展出的儀式。然而後來的人把噶爾德和賽德魔法混為一談，不僅把它用來對付其他部族或敵人（理所當然可施展賽德魔法的對象），甚至連奧丁自己後來也會使用這種充滿敵意且暴虐無道的芬蘭魔法。賽德魔法一開始是以惡作劇的方式造成傷害，使用巫術的機率多過於魔法，相較於合乎使用規範的魔法，這種懲罰意味濃厚的巫術因以傷害他人為主要訴求，一向令人深惡痛絕。

賽德魔法之所以迥異於一般魔法，主要是受到芬蘭暗黑魔法的影響。我們可以從安徒生童話的《冰雪女王》（Die Schneekönigin）和約納斯・李（Jonas Lie）的小說《三桅帆船未來號》（Der Dreimaster Zukunft）與《透視者》（Der Hellseher）得知，拉普蘭人至今仍是北歐地區最強大的魔法師。然而真正描寫賽德魔法令人髮指之邪惡的段落其實也只有一處：

　　冰島人索爾萊克（Thorleik）向擁有魔法技能的寇特克爾（Kotkel）及其妻葛力馬（Grima）請求，對他的敵人魯特（Hrut）下咒。兩人趁著夜色，帶著他們的兒子一同來到魯特的莊園，準備大展身手。直到他們開始吟誦魔法咒詩，屋子裡的人都沒有意識到此舉的用意，只覺得傳來的唱誦悅耳動聽。唯獨魯特察覺異狀，於是他命令所有人不得在夜裡向外張望：每個人都必須盡可能保持清醒，這樣就不會有人受傷。然而眾人最終還是紛紛入睡，魯特則是撐到最後才昏睡過去。他心愛的兒子卡里（Kari）年僅十二歲，因抵擋不住誦咒的擾亂而煩躁不安；他從床上一躍而起，望向窗外，打算朝唱誦聲走去，卻跌了一跤，然後就倚著門沒了氣息。

　　施咒目的之一無非是希望神靈為人指引未來，而要感知平時無法觸及的事物本質，就必須遵循特定的習俗。**靈魂的世界並非與世隔絕！**通常只要彎下腰來，從兩腿間看出去，加上一再提及的全身赤裸：透過張開的兩條腿和地面所形成的洞看出去，就猶如從門上的鑰匙孔窺視密閉的房間，這麼一來，人類就能一窺平時無法用肉眼看見的靈魂世界；換言之，這種姿勢賦予人的眼睛一股神奇力量。

　　根據斯堪地那維亞的民間傳說，人類就是以這種方式發現隱居在森林深處的女妖族（Huldra）；奧瓦爾（奧德爾）同樣也是透過同伴張開的手臂，才得以辨識出每根手指都能射出利箭的女巨人族（K. 48）。受到強權壓制的巴爾基（Bjarki）在憤慨之餘希望求見奧丁，其姊便要他走到她身旁，透過她彎起的手臂看出去；不過在此之前，他還必須先用象徵帶來勝利的雷神鎚為他的雙眼祈福，才得以在不受任何威脅的情況下親眼見到神（Saxo 62）。

　　古老的北歐民族深信人死後靈魂不滅，**招魂**正是建立在這個信仰基礎上；不僅如此，他們認為相較於活著的人，靈魂不但更加睿智、強大，也更臻完美。

　　按照北歐詩歌的描述，如果有人想預知未來，那麼他就會利用魔法從陵墓中召來亡者，強迫他們給出評論或答覆。

　　為了將一名已逝的沃爾娃女巫從陵墓中喚醒，奧丁前去拜訪冥界女王赫拉（Hel），好讓這名女巫為他揭露未來；芙蕾葉則是為了得知讓她傾心的奧德有何命運，而喚醒了海恩德拉。年輕氣盛的英雄史威戴格（Swipdag）之所以前往母親的陵墓，是因為她會起身傾聽他的請求，並且以魔咒為他設下防護；同樣地，好戰的荷維爾（Hervor）透過唸誦咒文把自己的父親從陵墓中召喚出來，除了要求他將那把受到詛咒的寶劍交給她（這把劍原本已依照古老習俗跟著逝去的英雄一同下葬），還要他為她揭示未來。基於同一個理由，丹麥國王哈定才會在夜裡進到一間正為屋主舉行葬禮的房舍。如果想藉助魔法得知眾神旨意，就必須將魔法咒語（盧恩符文）刻畫在小木棍上，擺到亡者舌頭下方，這麼一來，亡者就會被迫以聽來殘酷冷血的詩歌揭示未來（Saxo 224）。

　　現在向亡者靈魂祈求庇護的通靈術（Spiritismus）和全球各地的習俗與信仰並沒有兩樣，都是由過世的亡魂揭露未來。為了迫使死者開口，北歐人有一套專門的亡靈魔法：他們把向眾靈請示的儀式稱為「露天就坐」（útiseta），因為這種儀式通常在戶外進行，並且由沃爾娃女巫主持帶領。她們會在特定時間及地點，通常是十字路口，尋找或等待四處遊蕩徘徊的鬼魂，然後拿著魔法杖吟誦特定的詩歌，依照一定的施法步驟讓鬼魂回答人類的提問；不過也只有真正召喚來鬼魂時，才可能做出預言。這種形式的預言多半由女巫進行，除非遇上例外狀況，才會改由男性擔綱。這類女咒術師會周遊各地，接受民眾宴請及償付，然後為其預言。下列文獻有更具體的描述：

　　約莫十世紀末，格陵蘭島遭逢海豹及鯨魚枯竭的危機，陸地上也爆發了傳染病。有錢的農夫索寇爾（Thorkel）請來一名沃爾娃女巫，想要確認這段艱困時期還會持續多久。這名年輕的女咒術師叫作索比悠（Thorbjörg），她

雖是九個姊妹中排行最小的，但是和其他八個年長的姊姊一樣富有智慧。她
會在入冬後前往全國各地，每到一個地方就會為那些想要得知自己命運和來
年運勢的人們預言未來。索寇爾也前來向她求助，並在傍晚時分按照禮俗將
她奉為上賓款待；他們為她準備了一張高椅，椅子上擺了一只以雞毛填充的
枕頭。索比悠穿了一件繫有腰帶的深色大衣現身，大衣的表面鑲嵌了滿滿的
寶石；另外，她還在脖子上佩戴一條透著玻璃光澤的珍珠項鍊，頭上則戴了
一頂黑色羊毛帽，帽子內襯墊的是貓的毛皮。她手裡的魔杖附有黃銅製的球
形把手，球面全鑲滿了寶石，而包覆雙手的手套同樣是用貓的毛皮製作的，
至於腳上穿的則是有著長長繫繩的粗糙羊皮鞋，綁帶末端是錫製的釦件。她
的腰間圍了一條軟木帶，上頭掛了一只大皮囊，裡面裝滿各種用來施法的工
具（也因此正好當作一只「醫藥袋」）。索比悠一進到屋內，所有人似乎都
必須以合宜的方式向她問候致意，主人索寇爾則牽起她的手，將她帶到專為
尊貴之人所準備的高椅旁，並請她幫忙觀察同住一室的人、放養的牲畜，以
及他們所在的這棟建築物。這位女預言師的晚餐除了羊奶麥片粥，還有一道
用各種動物心臟所烹調的菜餚。不過這個夜晚她並沒有發表太多談話，而且
按照她的說法，直到明天一早，她好好睡過一覺之前都不會再開口了。到了
隔日的傍晚時分，一切都已差不多準備就緒，隨時可展開施咒儀式，唯獨缺
少一個懂得召喚靈魂咒語的女子。古德莉德（Gudrid）只記得一首她年少時
在挪威學會的詩歌，但她又難免有所疑慮，身為基督徒是否應該參與異教徒
的活動。由於抵擋不住眾人苦苦哀求，她最後還是點頭同意出席。索比悠坐
在魔法椅上，在場的所有女性則圍著她繞成一圈，接著古德莉德用她美妙的
聲音吟唱出動人詩歌，讓所有人陶醉不已。沃爾娃女巫謝過了她，並表示接
下來如果有任何鬼魂現身，她不會再來幫忙了：「現在我已經知道許多先前
不清楚的事。」接著她預言了饑荒何時終結，也告知每個人未來的命運，然
後就跟著另一個村莊派來接她的信使動身前往（Eir. S. r. 4）。

　　有個名為海德（Heid）的女子，她不但是一名沃爾娃女巫，也是賽德女
巫，因此具備預知未來的能力，她會出席農村舉行的盛宴，為居民預言他們
的命運、氣候以及其他狀況。另外與她同行的還有一群少年及少女，各十五

人，他們負責吟唱詩歌，讓那些從未來世界帶來消息的鬼魂感到放鬆。有次，某個住在挪威維克一帶鄉村地區的英格嘉德向她提出邀請，並且將她奉為尊貴的上賓，不但親自帶領眾多隨從迎接她的到來，更遵照所有禮數將她請進自己家裡。他們兩人約定在夜裡舉行一場大規模的施咒儀式，等到所有人都入睡後，海德便和她的助手趁著寂靜無聲的暗夜開始誦咒。隔日一早，她表示自己已獲知與莊園主人有關的消息。她先要求眾人坐下，再一個個輪流到她身旁聽取自己的命運。接著她又針對接下來這一年將會發生的種種事項做出宣告。此時，突然有名聽眾表示他不信邪，因而引起一陣騷動，這個人就是奧德，這場聚會也隨著他的登場就此終結。儘管他放話威脅海德，不得做出和他有關的預言，否則就要她付出代價，海德還是以詩句道出他未來的命運：他會活到三百歲，但其壽命將因他的戰馬法西（Faxi）而告終。奧德在盛怒之下，朝著她的頭丟出一根棍棒。這名沃爾娃女巫亦隨即收拾好自己的裝備與道具，儘管英格嘉德試圖以厚禮加以安撫，而她也確實收下了這些，但仍未多作停留，馬上動身前往他處。為了避免預言成真，奧德不但下令宰殺法西，還將牠埋進深深的地底。等他歷經將近三百年冒險犯難的豐富人生，再次重返舊地，憶及當初沃爾娃女巫所做的預言，不禁加以嘲諷一番，卻被馬的頭顱絆倒；這時一條蛇從馬頭掉了出來，一口毒牙就朝他的後腳跟刺了下去：最後奧德便死於這道傷（Orv. Odds S. 2）。

奧德碧約克（Oddbjörg）會在某個地方四處漫遊，和人談論所知的事以及所做的預言。不過她會根據自己受到的待遇，適時調整自己的言論，而其中的關鍵似乎就在於每戶女主人接待她的態度（Víga Gl. S. 12）。冰島的沃爾娃女巫索爾狄絲與她那根充滿魔力的咒杖一直是眾人熱中討論的話題，享有高度聲望的她幾乎無所不知，特別是她針對法律事務的預言，深獲瓦騰斯達當地居民的高度評價。她在議場上有個專屬的小房間，而且會身著連帽的黑色大衣——這是霍爾格·德拉赫曼（Holger Drachmann）[7]針對一名富有智慧的丹麥現代女性所做的描繪（See- und Strandgeschichten, Reclam, S. 40）。

7　譯註。丹麥詩人和劇作家，1846–1908。

　　相對於廣義的賽德巫師，沃爾娃女巫和女預言師之間仍有不同之處。預
言師或女預言師唯一的功能便是提供預言，他們多半會利用賽德魔法或其他
方式取得訊息，但除了這個目的，賽德魔法其實還有許多截然不同的用途。
值得注意的是，不管是哪種型態的沃爾娃女巫都一概被視為芬蘭人，就算其
中有些並非來自芬蘭，後來的人也認為她們一身的技法是向芬蘭人學來的。
芬蘭人的魔法多半是招魂術，因為他們相信萬物皆有靈，並且有各自相應的
咒語；芬蘭魔法師的言語幾乎可以創造出任何東西。薩滿巫師則掌管世上萬
物，包含人與物、動物和靈魂；他們的指尖能射出利箭，不論是打獵、捕魚
或在旅行途中，都能輕易搶得先機；他們能製造出風、雲、霧和狂風暴雨，
也能平息或驅散這些現象；他們能像靈魂一樣在空中飄浮，也能踏進地底冥
界，利用巫術迫使眾神為他們服務；簡單來說，他們無所不能，遠超出另一
個民族所能企及的程度。如此一來也就不難理解，芬蘭魔法師何以在北歐盛
名遠播，而他們超群的技藝顯然是源自這個民族的生活模式，以及這個國度
先天具備的自然環境：狩獵型態的生活賦予他們驚人的敏銳度和魔法般的射
擊能力，用來護身的長袍則要拜芬馬克郡熱絡的毛皮交易所賜；山區或樹叢
中急速變化的氣流，讓他們得以製造出各種天氣型態或召來魔法之霧，出色
的駕駛技巧則要歸功於芬蘭造船工匠的卓越聲譽。上述這些法術的使用者其
實不僅限於北歐地區的魔法師，幾乎全世界的巫師都能夠操弄施展。唯一令
人費解的是，這些邪惡的招術多半以破壞或殺傷為主要目的，這一點和日耳
曼民族自古以來崇尚人性尊貴靈魂的美名有所矛盾。仔細想想，像是北歐神
祇烏勒和絲卡蒂（Skadi），或是擅長操控天候的女巫索格爾，都是以芬蘭人
的形象現身，而拉普蘭和芬蘭亦一向被視為邪惡帝國之所在。各種隨之四起
的傳聞似乎也就言之鑿鑿：除了在北方拉普蘭一帶設有魔法高級學校的說法
不脛而走，人們也深信，挪威的邊界地區因接近芬蘭領土而助長了魔法的傳
播，其中，當然也包含傷害和狡猾的特質。多虧歷史故事、神話傳說和語言
分析等文獻資料為這些想像的續存提供了可靠的基石，儘管我們無法從北歐
用來指稱魔法的字眼推敲出它們和拉普蘭的淵源：

金髮哈拉德某次出外訪查，曾以牛角杯向一名拉普蘭的公主獻酒，當時他感覺自己全身發燙，便將這名女子迎娶回家。他對她的愛幾近瘋狂，甚至不惜放棄統治者的地位和國王的榮耀。由於她死後臉色仍顯紅潤，彷彿還活在這世上，哈拉德國王因此未將她下葬，而是坐在她身邊長達三年之久。周遭的人認為這一定是魔法的傑作，芬蘭巫師顯然在她身上覆蓋了魔法斗篷，所以儘管香消玉殞，仍無損她動人的光彩。後來有個智者移走了那塊布，她的屍體便在瞬間腐敗成一團。從那時起，任何形式的咒術和魔法都可能觸怒哈拉德國王，而原本在這個國度活動的巫師要不是遭到處死，就是被驅逐出境。甚至連他的親生兒子羅根瓦德（Rögnwald）也因為被芬蘭人和族人視為咒術師和「人形鬼怪」（Schrat）而無法倖免，最終連同其他八十名咒術師，一起被奉命殲滅巫術的兄長「血斧」埃里克活活燒死（FMS X 207, I 10, II 181）。不過埃里克的妻子貢希爾德也是一名邪惡女巫，她曾在年輕時特地到拉普蘭向兩名資歷最深的拉普蘭人學習巫術。她們不但擁有堪比獵犬的追蹤能力和高超的滑冰技巧，而且箭無虛發，沒有任何人或動物可以逃出她們的手掌心；一旦她們怒火中燒，凡目光所及之處勢必天崩地裂，任何出現在她們眼前的生命，全都只有死路一條（Har. S. hárf. 32）。後來貢希爾德亦曾兩度嘗試用芬蘭人的魔法對付死敵埃吉爾。

在對抗挪威第一任基督教國王的行列中，賽德巫師亦佔有一席之地；他們藉助芬蘭人的法術，保護舊有信仰的權利，並且給予變節者重重的回擊。在芬蘭人的幫忙下，他們召來了強勁逆風、狂風暴雨、濃厚雲霧以及洶湧巨浪。

芬蘭巫師洛斯提斐斯（Hrossthjof）依循神祕的傳統，為一心想替兒子巴爾德復仇的奧丁進行預言；奧丁亦為了援助受他庇護的哈定而施展芬蘭人的法術（Saxo 32; S. 293）。

551

　　在古北歐的基督教律法中,「芬蘭人」(Finn)一詞不僅指擅長巫術的拉普蘭人,更泛指所有巫師;該律法明文禁止「前往芬蘭人所在地旅遊」、「驅車前往芬蘭人聚集地」或「信任芬蘭人」。可想而知,從事上述行為的人無非是為了像貢希爾德一樣,向芬蘭人學習魔法,或者尋求魔法的協助。一旦經證實曾前往芬蘭人所在地,不但將喪失所有權利,成為罪不可赦之人,全部財產亦會遭到沒收(Ngl. I 390, 403)。古北歐語「芬蘭人的傑作」一詞指的就是魔法,塔西佗則以「西同能」(Sitones)稱呼芬蘭人,但也可能是「魔法師」(古北歐語「siða」意謂「施展巫術」)(Germ. 44)之意。儘管北歐人從祖先那裡繼承的資產是一點一滴從鄰國的寶庫汲取而來,兩個看似同質的民族之間對於魔法師的理解依然存在歧異:在拉普蘭人眼裡,預言活動屬一般民情風俗,他們並未像日耳曼人那樣意識到更高形式的存在,當然也就沒有相關的祭神儀式;對他們來說,巫師甚至可以讓眾神為其效勞,因此享有至高無上的威望。然而在斯堪地那維亞人的認知裡,通曉魔法的聲名卻是醜陋不堪的,他們甚至認為,唯有死亡才能讓這類人獲得真正的尊嚴(Laxd. 36)。鮮有英雄願意和魔法扯上關係,他們只想將辛苦創建的豐功偉業歸功於自身的力量(Bósa S. 3)。僅有少數大內高手會把異邦的法術當作自己的屏障。由於施展魔法勢必造成死傷無數,因此普遍受到男性輕鄙,多半羞於使用,倒是女祭司並不在此限(Yngl. S. 7)。尤其甚者,為父者棄絕其子,為人子者亦難認同其父(FAS II 136),父子關係就此斷絕。毫無疑問,魔法產業的興盛不僅損害了咒術師的道德名譽,對原本就頗受敬重與尊崇的沃爾娃女巫更是毫無助益。一般處置魔法師多會利用石刑[8],可能是因為他們幾乎刀槍不入,另外也有投入水中淹溺或以火焚燒等處死方式。不過就算成為亡魂,他們亦無意停止讓人深惡痛絕的作為;一再有傳聞指出,化作鬼魂的巫師會爬出陵墓,像過往那樣胡作非為。於是人類就會挖出他們的屍體,把頭敲爛,然後往他們的胸口狠狠刺進一根木樁(Eyrb. 34, 63; Saxo 26, 163)。

8　譯註。意即用石頭活活砸死。

　　因此，早在普遍信仰異教的時期，民間就有黑白兩種魔法的區分：黑魔法專指那些抱持卑劣心態召喚鬼魂，蓄意傷害他人的法術，加上這類法術受芬蘭魔法影響甚深，因而給人暗黑的印象。這麼一來也就不難理解，為何十世紀的挪威會湧現大量魔法師。

　　就算不萊梅的亞當針對國王「崔格威之子」歐拉夫的描述都錯誤的，認為他不但擁有解讀符號的能力，習慣以抽籤做決定，還把所有希望都寄託在鳥禽帶來的徵兆上，並且全面接納挪威過剩的魔法師；但是歷史證實，這名國王熱中於追隨所有賽德巫師和女巫。亞當後來亦再次重申，儘管在崇拜異教信仰的地區確實存在魔法師過剩的問題，但其中最擁擠的就屬挪威：那裡充斥著各種先知、鳥占者、幻術師和召魂人，他們操弄各式戲法和詭計，致使不幸的靈魂全都成了惡靈的玩物；聖歐拉夫所崇拜的正是這一些人（II 55；III 18）。居住在北極圈以北沿海一帶的挪威人，甚至能夠透過堪比神威的強大魔法及招魂術，清楚掌握世上所有人的一舉一動；靠著喃喃唸咒，他們就能吸引巨鯨群游向海灘。舉凡出現在文獻記載中的魔法招術，只要稍加練習，他們就能輕易上手（IV 31）。至於瑞典則以先知、觀鳥者和黑魔法師居多（IV 16）。

　　異教信仰崇拜的眾神在基督教文化的詮釋之下成了惡魔和邪靈，以至於後來即便兩種形式迥異的魔法被混為一談，似乎也不足為奇。斯諾里（Snorri Sturluson）除了將眾神的奇幻力量歸因於噶爾德及賽德魔法，還把奧丁及愛瑟神族視為咒術師，而他們在薩克索（Saxo）筆下則成了魔法師。斯諾里雖然也稱奧丁為賽德魔法的創始者，但他留意到，更正確的說法應該是：原本在瓦尼爾神族廣為流傳的賽德魔法，是由芙蕾葉傳授給愛瑟神族的（K. 7; 4）。不論是在《埃達詩歌》或其他可靠的文獻中，奧丁一向被描述為詩歌與盧恩魔法的創始者，且從未以賽德巫師的角色現身。洛基痛罵奧丁以巫師之姿在薩姆索島（Samsey）挨家挨戶施展賽德魔法，然而這種責難其實和洛基其他的抨擊一樣，都是歪曲事實的（Lok. 24）。賽德巫師這個十惡不赦的

反派，顯然是交由古薇格（芙蕾葉）來承擔：她用巫術召喚幽靈（Vǫl. 22-3）。人類不僅焚燒魔法師，若他們死後依然肆無忌憚、胡作非為，便會予以分屍，避免再生禍害；同樣地，這名施展賽德魔法的瓦尼爾族女神，也遭人一再用矛刺穿，甚至被狠狠燒了三回，確保她不會復活重生。也因此，我們可以合理推測，那些向奧丁懺悔或是崇拜瓦尼爾神族的信眾，早就能夠辨別黑白兩種魔法的差異。奧丁的信眾不僅批判瓦尼爾神族醉生夢死、追求感官享受的生活方式，也鄙視他們以嗜血著稱的賽德魔法。這種對立到了十世紀顯得有些模糊，直到拉普蘭的魔法一路從北方大舉入侵，以強大的咒語收服了廣大民眾，黑白魔法之別也就此銷聲匿跡。教會和世俗性的法律體制於是透過各種嚴格的法規來抑制魔法的活躍。

　　古老的冰島教會法規定：「凡是吟唱詩歌以施展魔法或巫術者，將遭到絕罰；凡是以咒語或魔法致使他人或牲畜得病者，將流放至叢林。」挪威法律則將召喚惡靈的巫術與露天集會視為罪不可赦之犯行，而以「巫術大師」稱呼他人者，因極盡羞辱之能事，視同最嚴重罪行。「發表預言或從事相關活動者，將喪失權利與自由，全部財產亦予以沒收；施展魔法及巫術者，將遭驅逐出境。」特隆海姆的法律則明訂：「露天集會屬不可赦免之罪，與芬蘭人接觸或前往芬蘭求取預言，視同情節重大；傷害牛隻或小牛、婦女或孩童之巫術屬罪大惡極之犯行。只要被發現床上或坐墊上藏著巫術道具，或是頭髮、青蛙腳、人的指甲以及其他可用來施法的東西，就必須找來三名婦女同擔其罪。任何人都不得信仰芬蘭人、魔法師、巫師或是獻祭的對象，亦不得膜拜樹根。凡是操作魔法道具，並且明確表示能以此協助他人（「贖罪」）之女子，即視同犯罪，將處以三馬克之罰鍰；一旦女子遭控疑有操縱男子或其隨從之行為，並經證實者，同樣處以三馬克之罰鍰。」

　　即便是現在，還是有不少人膜拜魔法和預言，四處都能看到這種群體幻覺以千奇百怪的方式燃燒迸發。那些在鄉下地方由「富有智慧的覺者」所「提供」的療程，其實是源自遠古時期的泛靈論信仰，並不會傷害任何人；城區

裡那些醫術不盡理想的庸醫或是「治癒性祈禱」的神奇療效，多半是採用這些民俗療法。我們相信人類在兒童時期的性格會受到前世靈魂的影響，同樣的道理，對於已發展至文明階段的人類來說，通靈術仍有其不可磨滅之價值與意義。一名以嚴謹著稱並且鑽研古今各種迷信現象與魔法的權威學者就指出，在這個年代裡，只要是思慮縝密的研究者，絕不可能一口就否認人類仍具有許多與生俱來但未經開發的潛在力量；不過至少有一點是可以確認的：直到今天，還是沒有人能夠為這些不可知的力量找到無法駁斥的證明。

第五部

世界開端與盡頭的想像

世界的創造

　　北歐人對宇宙生成論的理解雖然完全以神話的自然觀為基礎，但其中值得思索的價值並不會因此而有所減損。最先要討論的，就是用來創造世界的空間。由於這個空間僅僅是整個太空的一部分，所以我們可以想像裡面什麼都沒有，就連光明與黑暗都被安排在其他空間。在北歐，這個絕對空無的空間就叫作**無底深淵**（Ginnungagap）。

　　陸地和海水尚未分離，大地還沒成形，抬頭亦望不見天空，存在的只有一道巨大但寸草不生的鴻溝；這就是史前時期看起來的樣貌。在這個即將成為我們世界的空間裡，只住著最初的巨人（咆哮、狂暴的）尤彌爾（Ymir）。不過後來包爾的兒子，也就是奧丁、維利（Vili）、維奕（Ve），從洪流（即尤彌爾）中抬起大地，創造了美好的中土（Midgard）和露出成堆石塊的海洋底部。等到太陽升起，綠色植物便從土壤中吐出嫩芽。在巨人和眾神誕生之後，緊接著登場的是「與人類形體相似」的侏儒，然後才是人類。一開始，侏儒和人類各有兩名，也就是後來為各自族群繁衍出龐大後代的先祖。隨著第一對人類伴侶的出現，史前時代和世界的創造也宣告終結。眾神齊聚「勞動之地」（Idafeld, Idawöll）生產糧食、冶煉黃金、製造鉗子和其他工具，然後搭建聖壇與神廟。人類從他們身上學會最簡單的應用技術，以及該如何敬拜他們慈愛的教導者；至於眾神則無憂無慮地沉迷於棋藝的較勁，樂此不疲：他們所使用的物品全是以黃金打造的，這是屬於他們的黃金年代——直到這片廣大的土地上出現三名擁有超能力的女孩，諾恩三女神。她們的出現為眾神這段最初的快活時光畫下句點，就此開啟一段無人倖免的艱苦磨難，以及永無止境的征戰與災禍：世界爆發了有史以來的第一場戰爭（Vol. 3-21）。

　　如果把天空和大地，甚至是整個世界全都抽離，剩下來的就是無底深淵這個空間，也就是無垠虛空中成為**我們**世界的那個部分。只要抬頭望向高處，

或從山頂遠眺俯瞰，就會相信這個世界一度空無一物，猶如一個塞滿原始物質的空間，由於裡頭的東西全都糾結纏繞在一起，因而形成一個無法拆解的整體。從這個無盡的空間同時向上向下延伸，就會衍生出各種想像，而世界正是由這些想像組構而成：從無垠虛空中，以及這個空間裡某個被界定的區塊；從深淵裡，一片混沌的原始物質，經過漫長的發展與解離，世界於焉成形。這個後來成為世界的空無被尤彌爾給填滿，他向外伸展的四肢填補了無底深淵，不過一旦走到大海或陸地的邊際，就會直接掉進巨大的深淵裡。分別從西面和北面包圍北歐人的海洋在遙遠的他方必然有其盡頭，加上陸地是一塊被海洋環繞的平坦板塊，一旦持續向北方航行，就很容易掉進裂口大張的深淵裡。位於北邊的區塊滿覆冰雪，南端則燃燒著熊熊烈火；這種想像正好符合北歐實際的氣候狀況（北部寒冷、南部溫暖）。這麼一來，無底深淵勢必得落在大海以外的某處，一開始的設定大約是在挪威以北，後來隨著不斷向西延伸的航海探險，到了十四世紀就移動到文蘭（Winland，即新斯科細亞省）和格陵蘭島之間，也有一說是介於文蘭和馬克蘭（Markland，即紐芬蘭島）之間，最後在十七世紀再度更動位置，被畫在格陵蘭島和赫爾路蘭（Helluland，即拉布拉多省）中間一帶；當時的地圖上甚至還標示出「無底深淵海峽」所在的位置。「暴君」哈拉德試圖從挪威以北的冰海航向世界盡頭，然而眼見陸地板塊逐漸縮減，世界的邊際顯然落在前方那片未知的黑暗之中，他於是馬上折返，逃離幾乎沒有人能夠走出來的「混沌深淵」（Ad. Br. IV 38）。

上一段依序介紹了最初的空間、尤彌爾、眾神、陸地、中土，以及太陽的照射促進植物生長。不過其中還少了太陽與天空的成形，因此稍後我們會在陸地出現之後、尚未進入黃金年代以前，插入另一段擷取自某首古老詩歌的詩節，而該首詩歌主要談及了世界最初的架構（Vǫl. 5, 6）：

太陽，月亮的伴侶，一路從南而來，彎起右手環抱天際。太陽不知道何處是它的殿堂（星辰也不清楚該何去何從），月亮也不曉得自己擁有多麼強大的力量。那些有權與會、崇高神聖的眾神坐進議場，就此進行討論。他們

為夜晚還有月亮的週期命名,加上早晨跟午間,午後和傍晚則是用來計算年份。

　　這也就是說,從南方升起的太陽直到午間都停留在該處,之後才會慢慢沿著天際往北邊和西側下降。然而太陽並不會真正沉落,因為它不知道何處是自己的殿堂,於是伸出右臂掛在天際上。在詩歌的第一節裡,太陽先是以天體之姿為世界灑下恩惠,到了第二節則轉為擬人化的角色,除了肩負照亮日間的任務,還必須和月亮同步登場,只不過仍是以伴侶的身分斷斷續續在天空漫步徘徊。真是多麼令人驚嘆卻又充滿神祕色彩的想像!不過對謙卑的人來說,這場由**午夜太陽**策畫的感官饗宴是那麼地自然,只消盡情享受這片滿溢美妙氛圍的景致、絢爛華麗的色彩和那耀眼奪目的光芒。然而,他將驚訝地發現,太陽並沒有照著平時的路徑下沉,而是迅即再次升起,重新運行。一名深受感動的吟遊詩人經過多番查證,遂將北歐極地一幕幕磅礴浩然、雄偉富麗的自然景致濃縮成一幅完整圖像,儘管簡短,卻餘韻十足。他試圖按照自己的方式清楚呈現這些景象:太陽希望像平常一樣,回到它位於地平線底下的住所,靜下來好好休息。但是它迷失了方向,只好用右手緊抓住天際不放;它一點也無法好好休息,只能不斷沿著地平線由左至右的路徑翻來覆去,一再升起。它和月亮雖同時盤踞在空中,月光卻在另一半強烈地映照下顯得有些蒼白。太陽「步履蹣跚」在瑞典是相當典型的一種說法。由此看來,史前時代的世界秩序尚未完全底定,天體也還沒有固定的運行軌道。不過詩人倒是從脫離導軌的現象中,辨識出靜止的終點:每逢夏季,居住在最北端的眾神就會坐進議場,中止這場毫不停歇的運行,然後重新校準太陽的軌道和月亮的運行,以及人類的計年,並且設定一天之中的不同時刻。

　　先前討論的詩歌裡,並沒有針對尤彌爾的誕生和他作為宇宙本質的意義多所著墨,也沒有提及他和其他創造世界的眾神之間有著什麼樣的關係,以及這些眾神又是從何崛起。《埃達詩歌》中的兩篇詩歌(Grímn. 40/41, Vafþr. 28-35)填補了這些遺缺,尤其是**斯諾里的詳細記述**(Gg. 4-9),他引用了《埃達詩歌》裡相關的詩歌,因此我們應該先看看斯諾里的內容再進行討論。除

了後來成為世界的空間，斯諾里也描述了世界形成前的大致情況：南方之焰持續遞送陣陣暖流，而北端的冰雪則成為構成世界的原料。冷與熱兩種相對的極端，連帶影響大自然隨著時序更迭的復甦與消逝，尤其在北方更容易察覺到其間的變化與差異，相對來說，南方就不那麼明顯。《埃達詩歌》呈現了一個包羅萬象的宇宙，而正是在這種壯闊浩麗的環境之下，才得以造就北歐人的鮮明特質。

　　史前時代的白晝其實是空虛的，沒有碎石，也沒有海洋，沒有冰冷的湧浪，也沒有大地，就連天空也不存在；唯一有的就是一道寸草不生的巨大深淵。早在大地浮現的許多年前，「霧鄉」（Niflheim）就已經存在了：在它中央是「滾鍋泉」（Hvergelmir），這道湧泉就像一只不斷發出聲響的鍋爐，噴出合稱為「冰浪」（Élivágar, Eliwagar，意即「許多條驟雨沖刷的河流」）的十二條大河。「霧鄉」尚未出現以前，南方就有個名叫「火國」（Muspelheim）的世界，那是個明亮炎熱的世界，但如果不屬當地居民，就無法踏進一步。「冰浪」遠離源頭之後，仍不停向前奔流，直到河道裡翻騰滾動的劇毒冰流彷彿熔渣凝固般凍結成冰。由於這些靜止不動的冰堆疊累積，導致一路隨著滾滾毒流（冰流）揚起的粉塵全都落到冰面上，化成了冰晶。這條冰河最終流進了裂口大開的深淵裡（無底深淵），堆積了大量的冰雪，也帶來了寒風細雨，進而造就鴻溝以北冰天凍地且暴風吹襲的天氣。至於鴻溝以南則多虧「火國」持續遞送宜人暖流，然而這股來自南國的暖流卻也不斷往北迫近，所到之處，原本層疊堆積的冰雪全都融化。融化後的冰冷水滴匯聚成一個巨人的身體。一開始，這個巨人並不具有生命，直到後來一股源自南方的暖流注入他的身體，他才活了過來。這個從寒冰而生的巨人就叫作尤彌爾，是巨人族最初的先祖（Hyndl. 34）。

　　這段文字的講述者其實是一名基督徒，他刻意改掉範本的開頭，希望這段異教信仰的傳說能夠呼應《創世紀》和《希伯來書》（11:3）的內容。宇宙的第一階段就只有史前時代和無底深淵，而最早存在的「火國」則是南方

充滿火光和熱焰的明亮世界：在萬物誕生之際，火焰有如一股充滿愛意和生命力的暖流；後來世界開始崩毀，火焰反而成為吞噬一切的邪惡力量。我們之所以認為世界起初只有一整片無盡的冰雪，主要是來自北歐大陸冰川形成的靈感：這些冰雪一路從又黑又冷的「霧鄉」往「無底深淵」移動，過程中因逐漸解凍或融化，進而凝聚成大量團塊，而這也是為什麼寒冷會被視為促進世界形成的要素之一。很顯然地，這些想像並不是憑空捏造的夢境，或是受到任何外界的影響，而是以實際的觀察作為其內涵。那些駕著龍形船艦穿越層層流冰、突破暴風吹襲，一路遠征冰島、格陵蘭島，甚至逼近美洲大陸的北歐航海英雄，對於「霧鄉」的一切是再熟悉也不過了：終日瀰漫的大霧、致命的酷寒，還有經年累月堆積而成冰川。聽來實在可怕，但他們一點也沒有誇大。即使到了今天，如果有人試圖前往極北之地那片終年籠罩在陰霾之中的未知世界進行探險，勢必會遭遇狂暴驟雨接連不斷的襲擊，這就是大自然用來保護這塊區域的方式。只要想想富蘭克林（Franklin）、凱恩（Kane）[1]和格里利（Greely）[2]等人在探險過程所歷經的奮戰與苦難，就不可能會再懷疑這些令人不寒而慄的想像全是虛幻不實的空想。

總而言之，有三個空間是一開始就存在的，分別是無底深淵、「火國」和「霧鄉」。三者各自有其時間概念、構成物質、空間性以及所在位置，例如「霧鄉」和「火國」就分別位於無底深淵的北側和南端。同時，這三個一開始就設定好的宇宙生成的世界，也完全符合北歐人對於世界整體架構的認知，那些原本從自身生活環境汲取而來的深刻體會，就此延伸成對宇宙生成的想像。尤彌爾則是世上最古老的水，流動起來轟隆作響，而就連他的源頭「霧鄉」奔流的噴泉，從中噴流而出的冰川受到源自南國陣陣暖流的吹拂，融化作水，匯聚成巨人的身軀（也就是非常大量的水），一股富有活力的暖流灌注，讓他擁有了生命，這也都和北歐的天然環境不謀而合。入秋後，凜

1　譯註。美國北極探險家以利沙・肯特・凱恩（Elisha Kent Kane, 1820-1857）。
2　譯註。阿道弗斯・華盛頓・格里利（Adolphus Washington Greely, 1844-1935），為美國海軍少將，也是美國國家地理學會創始人，擔任美國第一次國際極地年北極科學考察隊長。

列寒風會從北方的冰海吹進歐洲大陸的深處，讓從冰川直流而下的河水結成冰，一層又一層的白雪不斷往上堆疊，徹底覆蓋整片大地。早春的暖風則會一路從南向北吹，將河道裡凍結的冰和大量積雪全都融化成流水，大地重現，彷彿再一次從尤彌爾的身體誕生。因此，世界最初的物質就是水，不過這些水所分布的空間從一開始就是受限的，而且是處於流動的狀態；因為後來成為世界的那個空間在最初的時候並沒有水的存在，水是後來才從「霧鄉」流進無底深淵裡的。

　　冰的出現不但與尤彌爾的誕生同時發生，母牛奧頓姆拉（Audhumla, Audhumbla）也一併跟著登場。由於牠的乳頭分泌出四道乳汁，因此引來尤彌爾；牠自己則靠著舔食冰塊上的鹽粒維生。對挪威人來說，嚐起來帶點苦味卻能帶來活力的鹽絕對遠勝甜膩的蜂蜜。打從母牛奧頓姆拉從某塊鹽岩舔舐出眾神的始祖，他們就已經意識到鹽的重要性：第一天，牠先是舔出了一名男子的頭髮；第二天，男子的頭就全都露了出來；到了第三天，這名男子就完整地來到世上。像這樣充滿想像力的故事也許是在生活中經由觀察獲得靈感後，再加以拼湊或組織而成的，好比舔舐的動作，還有那名在母牛協助下才得以誕生的年輕男子應該具備的形體；不過，這應該只是一個對照尤彌爾誕生才成形的神話故事。總之，這個男子名叫布里（Buri），也被稱作「孕育者」，他同時擁有兩種性別，是男也是女：日耳曼民族的先祖托伊斯特（Tuisto）也是雌雄同體，他被視為從大地誕生的神，而布里則是從鹽岩中被舔出來的（Tacitus, Germ. 2）。布里擁有姣好面貌，高大壯碩，還有一個名為包爾（Bor）（誕生者、兒子）的兒子。包爾後來娶了貝絲特拉（Bestla）（編織植物纖維的女子？亦或是妻子、女神？古弗里西亞語「bôst」表示婚姻之意）為妻，她也是「邪惡巨人」博爾頌（Bölthorn）之女。古老日耳曼民族所崇拜的神提爾也被稱作因格瓦茲（Ingwaz）、伊斯特瓦茲（Istwaz）或赫爾曼納茲（Ermnaz），這三個別號原是從因格瓦（Ingwäonen）、伊斯特沃內（Istwäonen）和赫爾米諾（Erminonen）三人的名字衍生而來，而這三人則是塔西佗筆下特伊斯托之子曼奴斯（Mannus）之後；類似概念也出現

在包爾和貝絲特拉這對天神眷侶所生下的三個兒子身上：奧丁、維利、維奕成為世界和大地的統治者。尤彌爾也是雌雄同體；他總是睡得滿身大汗，這時他的胳肢窩會變成卵巢一般，不斷生出男人和女人來，而他的兩腿間也生出了一個有著六顆頭的兒子（Vafþr. 33）。進入睡眠狀態代表靈魂已離開身體，同時也顯示出尤彌爾自身根本無動於衷。有人會把這名男子誕生的事蹟拿來和從大腿出生的戴歐尼索斯（Dionysos），或是從亞當肋骨誕生的夏娃做比較，但除了他，還有另一個同樣古老的生命也在這個時候降臨：由世界上第一對孿生伴侶所構成。講述者等於是將兩到三篇內容完全相符的不同報導整合成一篇，可惜手法不怎麼高明。儘管這兩首《埃達詩歌》都有濃厚的北歐色彩，但它們一致證實了塔西佗的記載是正確的。

由此可知，世界在創造之初，眾神還未現蹤跡，他們是後來由物質所形成的，卻啟動了世界的歷史，創造出文化。至於那些用來製作出眾神，或眾神從中誕生的原料，都是既有的東西，並未經過眾神插手干預。然而他們存在的意義並不僅限於帶來毀滅、維護秩序或是讓人改頭換面。他們不但為自己的造物注入一股全新的動力，並且為萬物制定一套嶄新的法則；就這個面向來看，他們確實富有創造的能力。天體的設置及運行正是在眾神的主導下才得以實現，而侏儒族的問世同樣要歸因於眾神的建議；最重要的是，後來證實他們才是將自己塑造成創世者的幕後推手，甚至加以大肆宣傳；不僅如此，他們還自導自演，擔綱賦予人類完整且獨立靈魂的角色。換句話說，他們的任務就是負責把那些未經塑形的原料轉換成具有形體的物質，於是他們按照尤彌爾身體組成的結構替他進行肢解，然而分割尤彌爾只不過是拼湊出完整圖像前的前置作業。

一直到這個階段為止，世界的發展一向依循自然法則，從未有更崇高的力量插手干預，不過接下來，打造世界的任務就改由三名神祇接手：

他們殺了尤彌爾，滾滾流出的鮮血徹底淹滅了霜怪族，只有一人帶著部屬逃了出來，他後來成為（新一代）霜怪的先祖；據傳這名歷經劫難的巨人

是在一艘船上（方舟？）誕生的（Vafþr. 39）。後來，眾神將尤彌爾拖到巨大深淵的中央，用他的肉填出大地，讓他流淌的血化作洶湧大海，以其骨造山，豎其髮為林，最後則取他的頭蓋骨搭起穹頂。不僅如此，他們還摘下尤彌爾的眼睫毛搭建人類世界中土，拿他的額頭揉成不祥的密布烏雲（Vafþr. 21; Grímn. 40. 41）。《散文埃達》另外補充說：眾神取其牙與裂骨造石，拔下他的眼睫毛構築抵禦敵軍的堡壘城牆。他們把用來當作天空的頭蓋骨架設在地面上四個突出的末端，並且按照東、南、西、北四個方位，在每個末端下方安排一名侏儒看守。接著再從「火國」取來閃爍的火花，然後站在無底深淵中央，將火花鋪在天空，把大地照得明亮；在眾神的安排下，每盞亮光都有專屬的位置，而我們正是按照這些排列來計算日與年。

還有其他神話故事也提到類似內容：奧丁或索爾打敗夏基（Thjazi）之後，把他的眼睛拋到天空，成為星辰；奧凡迪爾（Aurwandil）冰凍的腳趾則是被索爾放上天空，化作星座。

每個與眾不同的民族都有屬於自己的洪水傳說，內容多半講述人片家園慘遭恐怖大水橫掃肆虐的模糊回憶。在距今最久遠的年代裡，水道仍處於相當原始的狀態，並沒有經過太多自然的調節與人為的規畫，洪水氾濫的情形只會一次比一次加劇。因此雅利安人發展出一套有別於巴比倫神話和舊約聖經的洪水傳說，而在墨西哥、祕魯和古巴的傳統文化裡也有類似的故事情節。雖然有人認為，北歐的洪水傳說應該是受到聖經故事諾亞方舟的影響，不過這種論調未經證實。北歐人同樣可以像其他民族一樣，依據自身經驗打造出屬於自己的傳說。倒是另一種說法反而更值得關注：只要是洪水引發的歷史事件，幾乎都和光明之神巴德爾的傳說有關。這名神祇渡海而來，登上了光明之丘；一道新生的光明冉冉升起，彷彿有道強勁的海嘯奮力將太陽火球抬起。年輕的洪水之神被人裝箱抬上山，待他再次現身已站在高點，並自此成為人類世界之父暨開創者。在「宙斯之子」丟卡利翁（Deukalion）的傳說裡，這種洪水和光明之間的連結尤其明顯；丟卡利翁則因登上「光明之丘」（Lykoreus）成為希臘人的祖先。如同諾亞和摩西為人類的延續和猶太教的

自立奠定基礎，又好比羅穆路斯（Romulus）和居洛斯（Kyros）開創了羅馬和普魯士帝國，唯一遭到流放而倖存下來的霜怪也替巨人族掀開新的一頁，成為新一代的先祖；儘管當年他看來仍相當年幼，乘著漂浮的方舟或搖籃，逃離洪水的侵襲。

　　許多民族都會巧妙地把人類的軀體比作世界整體，或者視為一個純然獨立的世界，又或者想像成浩瀚宇宙中的微型小宇宙；印度和法屬交趾支那[3]的傳說故事即是其中一例，另外，古希臘泛神論者吟唱的讚美詩，也把天空比擬為宙斯的頭部，日月則成了他的雙眸，大氣化為胸膛，而大地仿如腹部，大海就是佩掛的腰帶。類似的比喻手法還有將大地描寫為無微不至的母親，而在這個意象當中，大地不僅成為與人類無異的有機體，而且還是個女性。這麼一來，在世界更高一階的成形過程中，被視為構成原料卻未有具體形態的流水，當然也就能夠以強壯男子的姿態登場，也就是所謂的巨人；在稍早的段落亦曾提及將大地比作男性的想像。不論是把身骨和肉體看作自然世界的高山與大地，或者將日月比為天空的雙眸，對我們來說都是熟悉普遍的形容方式。在最早的詩歌裡，髮絲則幻化為植物；把頭蓋骨比作穹頂，也是遠古時期常見的聯想，由於兩者外型皆屬圓拱結構，因此使用同一個單詞指稱（希臘文「koîlos」，拉丁文「caelum」，古北歐語「heili」，即大腦；弗里斯語「heila」則有頭部之意）。同樣古老的聯想，還有把人類的血液比作海洋，因為血液是流動、噴濺的液體，而流動液體的概念在這裡就等同於圓拱罩頂的弧形空間，都是最初促發聯想的原點與立基。正是這種簡單通俗的核心架構讓我們得以輕易領會尤彌爾的神話，而不需要教會神父的釋義解說。

侏儒和人類的誕生

　　比較過兩種宇宙生成論以後，我們不難發現：凡是《散文埃達》未有提

3　譯註。Cochinchina，即南圻，位於越南南部、柬埔寨之東南方的地區，曾為法國殖民地。

及的內容或概念，在《埃達詩歌》裡同樣無跡可尋；至於那些經過斯諾里進一步詮釋而擴充開展的古老想像，亦未有一絲一毫違背《老埃達》的基礎思想。換言之，新舊兩種版本並非各持截然不同的宇宙生成論，反而是同一個核心的兩種體現。從下列講述創造侏儒和人類的段落就能看出端倪。

介紹完神殿的建造，以及眾神無憂無慮的美好生活之後，這篇詩歌緊接著添了幾句闡述創造侏儒的過程：

眾神仔細忖度應該由誰出任侏儒的王，然後便從尤彌爾腐壞的肢體創造出兩名侏儒王。由於沒有女性侏儒，所以他們無法透過生殖的方式繁衍後代，兩名侏儒王於是藉助與生俱來的技能，用土捏造出更多和人類外型相仿的族人。從侏儒的起源來看，他們絕不可能是精靈，不是水妖，也不是霧妖，而是以泥土、岩壁或石塊為居所的矮人。不過他們之中有一部分後來從岩石高原穿越滿覆碎石的地區，移居至地勢較低的砂質平原（Vǫl. 9-16）。

然而，不論在文學上或思想上，侏儒的誕生並未獲得任何人的重視。上述這段報導充其量只是為巨人始祖尤彌爾的段落作嫁，這部分到了斯諾里筆下就顯得更簡略了：

眾神各就其位，各司其職。就他們印象所及，從地底深處逐一誕生的侏儒就彷彿肉塊上的蛆，因為他們最初是以尤彌爾的腐肉打造而成，與蛆無異。不過現在他們已經按照眾神的意志得到了人類的理智和形體，只不過他們還是像之前一樣，居住在泥土和岩石裡（Gg. 14）。

有一派看法就此衍生：最初兩個生活在泥土裡的侏儒王不但曾經試圖創造人類，還製作出兩棵後來由至高天神賦予靈魂的樹木。世人大多普遍接受人類的起源必須歸功於神，人類與他們所屬的階層皆源自海姆達爾。不過前段講述整個侏儒族全是由兩個先祖一手捏製的詩人，也提及眾神僅創造了兩名人類：

奧丁、霍尼爾（Hönir）和洛德（Lodurr）這三個無所不能又慈愛寬厚的
神祇，在某個窮鄉僻壤發現漫無目的四處遊走的阿斯克（Askr）和恩布拉
（Embla），當時兩者皆未化身成人，因此沒有氣息、沒有靈魂，毫無溫度
和姿態可言，更別說煥發的光彩。於是風神賦予他們賴以維生的氣息，霍尼
爾則為他們灌注豐富精神的靈魂，不過人類一直要到擁有足夠能力察覺那股
健康暖流如何通過他的軀幹、能夠慎思而後行，以及受到和煦如夏日的慈愛
天神洛德贈予煥發氣色潤紅他的雙頰時，他的存在才會真正具有價值與意義
（Vǫl. 17. 18）。

該段內容經斯諾里改寫如下：

包爾的三名兒子奧丁、維利和維奕在海灘散步之際，發現了兩棵樹，於
是用這兩棵樹創造出人類：奧丁賜給他們靈魂，維利賦予他們生命，最後維
奕讓他們擁有聽力與面貌。這三名神祇還替他們穿上衣服，為他們命名：男
人就叫阿斯克，女人則是恩布拉；兩人共同繁衍出定居在中土的人類族群
（Gg. 9）。

德國有句話叫「人靠衣裝」，而古挪威也有句意味相近的諺語：「我把
自己的**衣物**給了外頭石楠荒原上那兩隻**樹精**，他們穿上衣服後，便自翊為英
雄；至於赤裸之人則惹來抨擊責罵。」（Hǫv. 49）
上述這段諷刺短詩裡，有如魔法般神奇的想像力讓人和樹相互融為一
體，讓這棵樹就此幻化為一隻看似「地靈」（Kobold）一般活靈活現的生物。
一再有傳聞指出，侏儒、住宅守護靈和地靈是人類不可多得的好幫手，而人
類也會酬謝他們辛勞的付出，或者因同情他們總是赤裸著身子而贈予衣物；
只不過，一旦他們獲得回饋，反而會變得自視甚高，認為自己不應該再繼續
勞動，然後一溜煙跑掉。這些北歐的樹精即是由樹的靈魂幻化而成，也正因
此，神話故事才會安排人類始祖從那些生氣盎然、拔地而起的樹木誕生，而

不是枯槁而毫無生氣的木塊或柴堆。不過這一丁點民族智慧經過詩人一次又一次地傳誦，已多番改頭換面、脫胎換骨了。為了找出人類之所以能夠隨心所欲四處移動的原因，慈愛的眾神於是成了一開始替生命及命運注入氣息、靈魂和溫度的起源。遠古時期的人普遍認為人類與樹木無異，人是從樹演變而來，阿斯克和恩布拉亦是由樹而生，因此取名時，必須讓人一眼就能看出系出同源。是故，男子便依梣樹（askr；也許就是宇宙樹？）為名，而女子則按另一棵樹取名「Elmja」（源自古北歐語的「almr」，即榆樹），後來演變為恩拉（Emla），恩布拉則有「孜孜不忘」之意。然而，單是憑藉詩歌仍不足以宣稱人類由樹而生，因此我們不得不猜想，阿斯克和恩布拉其實是莊園之名。不過這麼一來，斯諾里改寫的版本就說不通了；在他調整過的內容裡，人類是從神祇在海邊發現的枯枝誕生的，而這種想像很可能是源自冰島漂流木在海岸成堆的特殊景象。

世界的規畫

印度人、波斯人、希臘人和日耳曼人都認得世界的三個分區：按照古日耳曼人的想像，人類居住的中土是位於中間的世界，北歐人則認為大地是圓盤狀的，圓盤四周有深沉大海環繞，就像一條巨蟒團團纏繞住大地（Gg. 28）。對日耳曼人來說，森林不但是天然的界線，也是他們安居樂業的環境和區域；也因此，大地這塊圓盤的周圍環繞著一條林木高聳、枝葉繁茂的綠林帶。前往討伐外域洛基（Utgardaloki）的途中，索爾、洛基和夏爾菲（Thjalfi）一行人橫渡汪洋大海後，便是進入一座廣大的森林裡；不過我們並無法確定這座「鐵林」（Eisenwald，即德國的伊瑟隆〔Iserlohn〕）指的是坐落在巨人國那端，或是中土這邊的林地。北歐人已能夠辨識四個方位，並且認為自己位於最西邊，因為在西元 787 年以前，他們所認知的世界被無法渡越的大海阻隔在這個地方。因此，遠古時期所有未知的神祕之境都位於北方和東方，少數落在人類（也就是北日耳曼人）居住的南方，不過倒是從未聽聞有任何神祇在西方出沒。

天空猶如一座圓拱橫跨在大地之上，這是第二個世界，也就是**眾神之域**愛瑟樂園。古薩克森人和盎格魯撒克遜人認為天空之境應是一片青翠蔥綠的神之牧地，是綠意滿盈的眾神居所；同樣地，北歐人亦曾提及諸神生活在一座常綠殿堂裡（Hkr. 13）。彩虹橋（Bifröst）以西便是英靈神殿（H. H. II 48），也是瓦尼爾神族的聖域（Lok. 34）；索爾則一路往東展開他的長征之旅。分流出十二條大河的「冰浪」將眾神與巨人族分隔開來，即便是駕著公羊拉車全速前進的索爾，都得耗費一整天的時間，才能從愛瑟樂園抵達河的另一端（Hym. 7）；史基尼爾則是從愛瑟樂園輕巧躍過被水打濕的岩石，進到巨人族的領地（Skírni. 10）。眾神在天國與大地之間架起「彩虹橋」（Bifröst，擺盪之路、繽紛大道、彩虹），每個神祇在愛瑟樂園都有屬於自己的領地和殿堂，十二座殿堂中雖然僅有少數幾座璀璨奪目勝過閃耀明亮的天空，例如「閃電宮」（Bilskirnir）、「光明宮」（Breidablik）、「輝煌宮」（Glitnir），但大多數人還是會在自由創作的詩歌中，將神殿外觀描繪得富麗堂皇、美輪美奐。有趣的是，有不少宮殿的名稱都和屋主的名字押頭韻。

第三個世界則位於地底，也就是**霧鄉**。不僅止於死去的人類，包含神祇（巴德爾、南娜、霍德、洛基）（Lok. 63）、巨人（Gg. 42; Fáfn. 21）、精靈和侏儒也都會落入地獄。基本上，這個世界的生活完全是比照地面上運作的模式打造的。沒錯！在詩人的想像裡，冥界簡直是另一個複製的人間，同樣配置有四個方位（Vǫl. 36-38; Gg. 52）。

斯利德河（Slid）一路由東往西、沖刷著「可怕的東西」向前流去，大氣中盡是一片荒涼寂寥，籠罩住整個北方。以斯利德河為界，往北便是侏儒族崛起的據地，也是侏儒宮的所在地，而座落在南邊的「不凍之地」（Okolnir，即炎熱地區）的宮殿則屬巨人族所有，至於位在兩地之間、終年不得日照的正是赫拉的宮殿。巨人布里米爾（Brimir）的啤酒宮主要用來安置死去的巨人，他就等同於冥界的蘇爾特；「黑山」（Nidafjöll）則有一座為侏儒和精靈搭建的黃金宮殿，因此被視為冥界的霧鄉，至於「不凍之地」則好比冥界的「火國」。

在人類的想像中，地獄是一個冰冷、潮濕又多霧的地方，因此冥界的周圍除了古老的霜世界和霧世界，還有無數源自這片極寒之地、往四面八方奔流的大河（Grímn. 27. 28；Gg. 4）。巨人族的預言女巫徹底淹覆在霜雪中，於是奧丁前往冥界，吟唱咒詩將她從沉睡中喚醒。霜雪也覆蓋了海吉爾的頭髮，血珠從他靜靜躺在陵墓中的屍體滑落下來，滴落在地。如同柯林斯（Korinth）的新娘「巴不得以蒼白的嘴，啜飲被血染得暗沉的酒水」，死去的海爾吉也因為喝下尊貴之酒而復甦。同屬這套古老想像的還有巴德爾的傳說。早在他抵達冥界之前，就有一杯斟滿的酒在那裡等著他。

只要往北方的低地前去，就能抵達尼夫赫拉（Niflhel），也就是「霧獄」；在通往這座冰封之境的道路上，會途經幽暗深邃的低谷和水氣豐沛的高山；若是從天堂出發，就得騎上九天九夜的馬才能夠抵達。長久以來，民間似乎深信人在死亡後，會有一匹黑色戰馬來接送亡者前往由赫拉主宰的冥界（Guþr. hvǫt 19）。後來，丹麥的民間傳說甚至出現一匹更引人注目的「冥界之馬」（Helhesten），牠不僅一身灰，而且只有三隻腳，凡是牠停駐的門前，目光凝聚之處，必有亡者；只不過亡者通常必須自行徒步前往冥界。

冥界的邊境之河斯利德一路從東流經有毒的山谷，河水裡載浮載沉的刀劍也跟著漩渦捲起的白沫翻騰滾動。這幅情景顯然是擷取自挪威的自然景致。我們也將談論冷冽如刀割的東北，關於那冷酷無情、猛烈苦澀，甚至含有劇毒的冰凍嚴寒，而山谷之所以有毒，勢必是刺骨寒風陣陣吹襲的後果。這條河也稱作「矛河」（Geirwimul），意即「滿載長矛」，或是表示「翻騰咆哮」的糾爾（Gjöll）（Grímn. 28; Gg. 49）；就連薩克索也知道這條河。

由於哈定國王曾一度造訪，因此冥界也被稱作「哈定之國」（Guþr. II23）。穿越一陣朦朧大霧後，哈定走上一段經過長年踩踏的平緩道路，途中與好幾個身著紫色大衣的尊貴男子擦身而過，最後終於來到一片陽光普照、儘管時值冬日仍綠意盎然的郊野。接著他走近一條有道陡峭瀑布的湍急河流，見到各式各樣的武器在滾滾奔流的河水裡翻攪浮沉；河面上則有座橋

跨越，銜接起分隔的兩岸。渡橋後，哈定碰上兩支為延續舊有生命而進行戰鬥的軍隊（英靈戰士），不過後來他就被一道難以突破的高聳城牆擋住了去路；這座城牆圍起的部分其實是某種型態的天堂，或者說，一個嶄新的生活空間，「不朽之地」（Odáinsakr）或「東南方的曠野」（Undornsakrar）。

後來的版本更增添了傳奇色彩。如果有人想要策馬渡過這條邊境之河，身上衣裝必須足以防水，否則一旦沾濕，不僅得忍受冰冷河水傳來的刺骨寒意，更可能因此喪命。曾經有匹馬躍入河裡，濺起的水花潑灑到索爾斯坦的腳趾，腳趾馬上變得又紅又腫，索爾斯坦便當機立斷砍下自己的腳趾（FMS III 183）。奧克尼雅爾有個名叫「紅髮」洛芬（Hrafn）的隨從，曾經兩度前往羅馬，為自己犯下的罪行尋求救贖。他在 1014 年的布里昂戰役（Briansschlacht）中被人逼迫到不得不踏進一條河裡，那時的他確信自己即將遭受地獄般的折磨，魔鬼早就迫不及待要將他生吞活剝。於是他高聲向使徒彼得呼救，發願再次前往羅馬，後來果真幸運地逃過一劫（Nj. 148）。即便是今天的日德蘭半島也還流傳著：亡者只要從墓地沿著通往地底的綠色小徑走，就能抵達一座寬敞的大池子，池面上有許多白色鳥兒雀躍飛舞，而牠們全是未經受洗的孩童之靈。

根據挪威民謠《夢之詩歌》（Draumakvaedi）的描述，通往冥界的「糾河橋」（Gjallarbrú）高掛在空中，只要走在上面必定頭暈目眩；惡魔就藏在附近的沼澤深處，在挪威的民間信仰裡，這些全是地獄沼澤。南森（Nansen）[4] 認為，愛斯基摩人也從北歐大陸承襲了同樣的想法。

河上有座橋，橋上有巨人莫德古德（Modgudr）鎮守；從這座橋往北走，即可通往赫拉的城堡，城堡四周有高聳的圍柵。亡魂或走或駕馬通過這座貼滿金箔的渡橋，過程卻靜得好似什麼都沒發生；就算有五百匹載著亡魂的戰駒同時疾馳而過，仍遠不及一個在世者策馬渡河所引起的騷動（Gg. 49）。如果想走得更遠一點，或者想穿越有如刀割一般的刺骨風雪，就需要一雙耐穿又緊實的好鞋。

4　譯註。Fridtjof Wedel-Jarlsberg Nansen，挪威探險家、科學家、人道主義者和外交家。

冥界的入口主要由埋伏在「岩穴」（Gnipahellir）的地獄之犬加姆（Garm）守護，加姆就如同一隻忠誠又機警的莊園看守犬，牠只讓墮落敗壞、應下地獄者進入，而且只進不出，因此被視為犬界之最（Grímn. 44）。曾有一隻胸前沾滿血的狗在前往赫拉居所的途中撞見奧丁，也許正是同一條狗。在諸神末日大戰時，加姆和提爾對戰，雙雙陣亡。至於「加姆」這個名字是否源自希臘羅馬神話裡看守地獄的三頭犬賽柏洛斯（Cerberus），我們不得而知；但是把它解釋為「咆哮者」（挪威語「garma」）或是「殘酷凶猛者」（gramr）反倒更加合理。莊園裡除了看守犬，當然也少不了家禽公雞。不過這隻地獄之雞不比住在神界、頂著金黃雞冠的「古林肯比」（Gullinkambi），牠有一身煤炭灰的羽毛。當末日到來，諸神及巨人族的雞群會喚醒眾家戰士上戰場；同一時刻，地底深處的公雞也會高聲啼叫，警告冥界鬼魂。丹麥的抒情詩提到頗具代表性的環節：天國之門在黑色公雞啼叫後，便跟著打開；最後冥界徹底關閉了進出柵欄或圍牆的大門，只有放行亡者進入時，才會砰的一聲讓大門重重關上（Sól. 39）。

這裡矗立著赫拉高聳擎天的宮殿（Gg. 34; Egils S. 45），其中兩座加上位於「死屍之壑」（Naströnd）的殿堂（Vǫl. 38, 39），一起稱為埃琉德尼爾（Eljudnir）。

這裡沒有太陽光的照射。一般冰島住家多半把大門設置在西側，然而這幢恐怖宅邸的大門卻是朝著荒涼的北方。此外，原本應該以蘆葦和枝條編織製作的牆面，竟爬滿成群纏繞的蛇；穿過屋頂煙囪灑落下來的也不是熟悉的明亮白光，而是一陣又一陣狂暴的有毒雨水。附近一帶除了有立下假誓的男子、殺害他人或引誘已婚婦女的傢伙費勁涉渡湍急激流，也可見到惡龍尼德霍格（Nidhöggr）夥同惡狼吸乾邪惡侏儒的屍體後，再將他們碎屍萬段。蓄意欺騙他人亦會受到同等嚴厲的懲罰，犯者必須長時間待在刑罰之河裡徒步涉水；以不實說詞欺騙他人者，同樣必須為此付出極大代價（Reg. 3, 4）。被齊古爾喚醒的布倫希爾德告訴他：要遵守你親口立下的誓約，否則，如惡

狼般讓人避之唯恐不及的厄運自會降臨到違背誓言者身上（Sigrdr. 23）。

　　僅憑上述內容，我們無法得知赫拉掌管的冥界是否如同基督教信仰所描繪的地獄一般，是個執行刑罰的場所；唯一可以確定的是，那裡有殘酷的命運在等著邪惡的侏儒。基本上，好人和壞人的區分完全不受最高審判長干預，而把徒步涉渡湍急激流當作一種懲罰，只出現在異教信仰的煉獄裡。其實這種作法在水量豐沛的日耳曼尼亞並不少見，只要是無法以橋或舟渡河的地方，居民就必須徒步涉水；想當然耳，把腳浸入冰冷河水那種猶如刀割的痛苦，幾乎就等同於煉獄的折磨。謀殺和違背誓言是最不可饒恕的罪行。「因錢財或資產之故，處心積慮」暗中殺害他人之惡徒，公法一概處以最重刑責；冰島法律甚至會判處斬首之刑。重大程度僅次於這項罪行，但比偷竊還要嚴重的就是違背誓約，包含悖離良知的承諾，以及打破曾經宣示的效忠。不過由於這項罪行鮮少有罪證確鑿之時，因此難以將犯者繩之於法，判處刑責，或給予懲罰。一般大眾通常會認可，對於犯罪者的懲罰至少必須足以彌補或償還其犯行；然而一旦情節重大，他們很可能會期待給予犯罪者更嚴厲的懲罰，甚至在死後還要繼續為此付出代價。在日耳曼人堅不可摧的法律意識催化下，一個專門用來折磨窮凶惡極之徒的場域就此因應而生；值得注意的是，好人是否有好報，從來都不是他們關心的重點。

　　薩克索所描述的受刑之域大致上沒有太多出入：負責守護出入口的凶殘惡犬警覺地趴在大門前，整棟房舍看來殘破不堪，還飄散著一股腐臭**氣味**，**大門**經過長年的煤煙燻染已變得灰黑，**牆面**凹凸不平，**屋頂**只有簡單用長矛架起，地板上爬滿了**蝮蛇**，灰塵和髒汙更是無所不在。

　　巨人的國度「約頓國」（Jötunheim）就位於宇宙樹第二層的樹根底下（Grímn. 31），在這塊被海洋緊緊環抱的大地上，眾神指定海岸地區作為巨人族的居所（Gg. 8）；他們的國度盡是驚險的惡水、潮濕的岩石、陰暗的峽谷與洞穴。隔著一條河，或者也可能是一道城牆，就是綠草如茵的侏儒國。如同海爾達姆為天神之域鎮守大關，「火國」的蘇爾特守護當地居民，艾格瑟（Eggther，即「劍奴」）則是負責照看巨人國度的守衛（Gg. 4; Vǫl.

42）。置身在宛若美妙天堂的「鳥囀」之林中，艾格瑟坐在山丘上愉快地彈奏豎琴，停在樹梢上的鳥兒也馬上跟著同聲啼唱。他拔出劍，守護著邊界的崗哨，就像《尼伯龍之歌》（1571）裡的邊疆伯爵埃克瓦爾特（Eckewar）捍衛著邊疆。邊界的另一端是怪物的國度，艾格瑟就是他們的牧者。巨人的國度裡建造了各式各樣的住居，就和愛瑟樂園一樣。一般認為這些聚落要不是位於北方，就在東方，也就是人類世界的彼端，所以也稱作「外域」（Utgard）。

到了塔西佗的年代，人類重新將巨人的棲地界定在拉普蘭和芬蘭一帶，薩克索還把埃格特魯斯（Egtherus）視為芬蘭人，不過按照後來的說法，埃格特魯斯其實是畢亞米恩人（Biarmier）的國王，也就是居住白海沿岸的彼爾姆人（Permien）（165. 223）。大約自西元 880 年起，就有人在北角和拉普蘭一帶航行，甚至到達了彼爾姆（Biarmiern）；自此，約頓國就被劃到比挪威更北的地方，隔著一片遼闊海洋和挪威相望。早在 1040 年，不萊梅的亞當就指出這個情景：一望無際的荒野、深不可測的積雪，加上擔任牧者的巨人負責抵禦來自另一邊斯奎特芬蘭人（Skritefinnen）的入侵；在此定居的除了亞馬遜人，還有把頭顱掛在胸前的狗面人（Hundkopf），相傳他們以吠叫表達自己想說的話，以及獨眼巨人（Cyklopen）和食人族。有些弗里斯蘭人（Friesen）則穿越過一片「混亂」的北方冰海，抵達一座岩石小島；他們在那裡遇見擁有完美體型的獨眼巨人，驚恐地倉皇逃離（IV 19, 25, 40）。這裡的亞馬遜人指的是生活在卡累利亞地區（karelisch）的芬蘭人，他們自稱為卡伊努萊塞特（Kainulaiset），即「低地或平地人」；日耳曼人則稱他們為卡芬尼爾人（Kvänir），由於日耳曼語「*qeno」和「*qeniz」有「女性」之意，便由此衍生出一則女人族或女人國的傳說（Tac. Germ. 44）。而全身上下都用動物毛皮或皮革裹得密不通風、只露出臉來的居民，後來就成了令人聞風喪膽的狗面妖怪和吸血鬼。薩克索也提到這則傳說：在挪威北方，被廣闊的洶湧大海隔開的另一端，有塊不知名的陸地，那裡沒有人類的文化，只有巨怪的住家。差不多與薩克索同時期，曾有篇記述提及那座位於畢亞米

恩和格陵蘭之間的小島：打算從冰島返回挪威的航海人途經這座島，登陸後，發現了擁有完美體型的人類族群。這座島上全是冰，巨大的冰山不斷從島上崩解，落入大海裡，嚴重威脅到那些想要從挪威前往格陵蘭的航海人（Monum. hist. norvag. 75. 79）。各式充滿神祕色彩的傳奇故事混淆了這個地區的真實樣貌，斯匹茲卑爾根島（Spitzbergen）則是在 1194 年左右被人發現。後來這片介於格陵蘭和畢亞米恩之間的海洋，就叫作「巨怪發源地」，這個名稱也取代了「無底深淵」，成為指稱北方冰海的地名。這裡就是索齊爾（Thorkillus）一心想要前往的地區。像是「讓某人變成巨怪」、「落入巨怪手裡」、「被巨人逮住」這類詛咒，基本上就和「丟到外域」、「去找奧丁」、「直接去英靈神殿」、「交到瀾（Ran）的手上」、「尋找眾神國度」、「前往他界」（精靈死後的世界）、「下地獄，千方百計送上死路」是一樣的意思：都代表著「殺害和死亡」。

　　一開始其實只有三個世界，因此死者、巨人族、瓦尼爾神族、精靈族、光靈、暗魔和火國，這些地方都是另外特別打造的。一旦掌握智慧最精華的結晶，就等於縱橫所有世界，如同瓦夫蘇魯特尼爾（Vafthrudnir）在奧丁面前狂傲自誇（Vafþr. 43）：上從九大世界，下至地底深處的霧鄉，皆無所不曉。侏儒亞維斯（Alwis）同樣吹噓自己曾遊歷九個世界，沒有什麼是他不知道的。只要是能夠預見未來的女巫，也都認得這九個世界和九棵宇宙樹，也可以說，支撐世界的九座基石，而這些女巫的記憶最遠甚至可回溯至遠古時期的巨人族始祖（Vǫl. 2）。然而，在所有以德文著述的文獻中，並不存在任何報導提及北日耳曼人的九個世界；這九個世界從不在北歐之列，即便後來的研究者試圖將這些資料拼湊在一起，予以系統化的整理分析，最終仍以失敗坐收。這些世界並非源自九座天使聖壇或天使穹頂，而是原本就有的三個世界倍增三倍的結果。民間信仰似乎認為一共有三個穹頂，分別是空氣、光亮和天空（Gg. 17）。「光靈國」（Lichtelbenheim）位於無限寬廣的湛藍天空中，開闊美好更勝耀眼太陽，在德國傳統中被視為天使之國，也就是天使居住的國度；進入基督教時期後，那些原本在民間信仰中帶有異教色彩的精

靈或靈魂便搖身一變，成了天使。後來在吟遊詩人口中，還專門為天空列出九個極富詩意但不帶有神話色彩的字眼（Sk. 56. 75）。冰島的每個邦區又各自分成三個法庭區，每個法庭區再畫分為三個神廟區：換言之，每個邦區都有九個神廟區。這種規畫方式可說完全比照設有九處居所的世界架構，如此宣稱並不無道理，而其中最具代表性的尤屬把住家分成九層的弗里斯蘭人。

宇宙樹

　　「宇宙樹」（Yggdrasil）這個概念並不涉及宇宙的創生，而純粹是個宇宙論的概念；它不是世界的起源，而是世界成形後的完整圖像。人類藉由一棵壯闊的常綠樹木來具體呈現世界整體的架構，其樹頂直達穹頂，樹根則深入冥界。九個世界中，每個世界各有一棵對應的宇宙樹（Vǫl. 2），後來所有詩歌以及諷喻皆是以此為核心，透過各形各色發人深省的題材編寫而成的。拜這些在地方上流傳的神話和寓言故事所賜，也許還摻雜了部分外來的知識，一向鬱鬱寡歡的詩人終於得以揮灑大膽的想像力和強烈的自我風格，按照宇宙展現在時空中的樣貌，創造出一個浩瀚無垠、包羅萬象的整體，並且將其具現化為宇宙樹：一棵從樹根到樹頂都充滿強大生命力的樹，而世界的命運從一開始就與它緊緊相繫。

　　哥特蘭島東部有塊墓碑上還殘存著十世紀初鑿刻的古瑞典盧恩文字：「榛木所立之地已被敵軍團團包圍。」冰島的吟遊詩人哈瓦德（Hallward Hareksblesi）在1030年前後寫下的文字證實了這點：「沒有其他統治者比你更接近天神，丹麥的克努特大帝，大地的榛木之杖即是見證。」自此，榛樹便取代一般認定的梣樹，成為宇宙樹。

　　梣樹是北歐最高大的樹種之一，加上冰島的環境除了圓葉樺以外，就只有花楸樹會生長；基於這個理由，便決定以梣樹代表神聖的宇宙樹。如果分娩的婦女因陣痛而全身蜷曲，把梣樹的果實扔進火裡，她就可以擺脫產褥期的種種不適與負擔；這就是梣樹帶給人類的力量。這種實用性的連結其實源

自一種日常習俗，也就是婦女分娩時，要從樹上摘下果實燃燒，然後利用煙來消毒。宇宙樹茂盛散開的枝椏遮蔭所有國家，沒有人見過它的樹根，而且不論火燒或刀砍都傷不了它。女預言師知道有一棵名為「尤克特拉希爾」（Yggdrasil）的梣樹，人們以聖水加以澆灌，其根部深植大地。潤澤山谷的露水便是由此而來。這棵高大的常綠樹木聳立在以烏爾德（Urd）為名的泉水旁，水面上一對天鵝優游來去。最初的密密爾泉就位在這棵隨風搖曳的大樹緊挨著烏爾德泉的樹根旁，又或者，密密爾泉也可能就在烏爾德泉所在的位置；所有在大地上流淌的、在大氣中飄散的水最終都會匯流到這裡。在密密爾泉每日的澆灌下，宇宙樹得以更加繁茂盛大，因此也被稱為「密密爾之樹」。在眾人的眼裡看來，澆灌宇宙樹的水閃耀著微微白光，不但神聖，還具有潔淨的力量。因此他們相信，一旦浸入這池泉水，不管是什麼東西都能變得純白無瑕，就像蛋殼內層那片薄膜般。日耳曼人習慣在綠葉繁盛的樹蔭下召開審判法庭，通常樹根旁還會有供人進行獻祭的聖泉流經；同樣地，眾神每日也會在宇宙樹召開議會和審判法庭。不過後來爆發末日之戰，樹幹也因遭到波及而震顫不已，不斷發出嘎嘰嘎嘰的呻吟；所幸這棵樹並未就此枯萎死去，因此當世界再次重生，它亦重新吐出新葉綠芽，自此常青不息。有對人類的伴侶躲進它的樹幹裡，躲過這場災難；他們就是嶄新未來世界的人類始祖（Vǫl. 2, 19, 47; Fjǫlsv. 13-15; Grímn. 25, 26, 29, 31 ff.; Vafþr. 45）。

要是深思細索，就能從這套簡單明瞭的具體意象勾勒出更寬廣的想像：關於生命的消逝、其中的道德淪喪，以及時間的三態；不過儘管涵蓋甚多，其中描述細節的詳盡程度卻遠不及其他的想像。

宇宙樹的三條樹根底下，分別有三道泉水流入三個世界：諾恩三女神所在的烏爾德泉、密密爾泉，以及位於霧鄉、奔流不息的「滾鍋泉」，而後者正是世界最初十二條河流的源頭。惡龍尼德霍格不斷啃噬第三條樹根（凶殘地咬、發狠地挖）；在這個想像的情境中，北歐人具體呈現了破壞和毀滅的力量，這些力量不僅深深牽動大自然的運作和人類的生活，更是致使世界遭受邪惡侵襲的幕後黑手。為了盡速完成不曾間斷的毀滅，尼德霍格召來毒蛇

大軍，成千上萬的蛇纏繞在宇宙樹的枝幹上或啃或咬，數量之多，數也數不清。宇宙樹因此成為世界生命的象徵，然而這股活力終因道德淪喪而消失殆盡。

還有更多其他與生命樹有關的動物，不但讓這段想像的情節變得更加生動具體，亦增添了不少豐富有趣的內容。

宇宙樹的頂端停棲了一隻老鷹；在北歐，老鷹棲息在梣樹高處的枝椏上其實是很常見的畫面。接下來這段敘述聽來也許有些怪誕：這隻老鷹的雙眼間停棲著一隻蒼鷹，這隻蒼鷹板起嚴肅的面孔，彷如海姆達爾般從高處俯瞰，為老鷹提示各種具有威脅性的危險。另外，還有一隻名為拉塔托斯克（Ratatoskr）的松鼠在宇宙樹爬上爬下，替象徵世界之惡的尼德霍格和站在樹頂的博學之鷹傳遞互不相讓的言語攻訐。

宇宙樹承受著超乎常人可以想像的折磨與苦難：除了有惡龍夜以繼日不斷啃噬樹根，樹上還有一頭公鹿啃食綠葉，而樹的一側也逐漸腐壞。

這段情節大致就是如此，鮮少有人談及後續；畢竟這麼一來，就不符合宇宙樹撐過末日之戰的論調。不過該篇詩歌的作者在這裡還是透過呈現宇宙樹腐壞的一面，將梣樹頹倒的過程與這個世界的道德淪喪連結在一起。同樣地，那隻放養在宇宙樹枝葉間啃食嫩芽的公鹿，也代表著另一股破壞的力量。

既然尼德霍格這條惡龍可以在突然間變出數以萬計的蛇群，原本只有一頭的公鹿同樣也可以多出三頭，一起站在圓拱狀的樹頂下，仰著脖子啃食枝椏上新發的嫩芽。四頭公鹿中有兩隻的名字（死亡與麻木）透露出牠們各自的寓意：人類的生命就好比植物一般，而死亡正一點一滴啃噬人類生命的新鮮嫩芽，最後將之消滅殆盡。不過同樣這段情節，卻還有另一種解讀方式。

雄鹿艾克圖爾尼（Eikthyrnir）頭上長刺的鹿角如同梣樹一般開枝散葉，牠站在英靈神殿屋頂上啃食著雷拉德（Lärad）這棵樹的綠葉，而眾神的殿堂就座落在不遠處。世上所有的水全都是從牠的鹿角滴落下來的。雷拉德（守

護者）其實只是宇宙樹的別名，或者專指它聳入英靈神殿的樹頂。它在這裡被描繪成一棵吸收各種汁液和水氣的樹，而那些從鹿角滴落的水，最終也會回流到曾為世界提供原料的赫瓦格密爾流域。公羊海德倫（Heidrun）也會啃食雷拉德的綠葉，牠會分泌出清澈的蜂蜜酒，把酒桶裝滿；這種汁液一向源源不絕，從未乾涸。英靈神殿的居民則是直接飲用宇宙樹長流不息的樹液（Gg. 15, 16）。

如果說這棵梣樹上還少了什麼動物一起湊熱鬧的話，那就是公雞了：這隻公雞站在樹上，渾身散發出金色光芒、耀眼奪目（Fjǫlsv. 17, 18）。只要是晴朗好天氣，牠就會站在密密爾之樹上警戒張望，蘇爾特對此卻感到相當不安，因為一旦這隻公雞早一步察覺到，疑有危害眾神的敵對力量靠近，他們的襲擊計畫就等於宣告失敗。新郎離開原生家庭時，會收到瑞典的角豆樹或是薩特爾蘭（Saterland）的命運或生命之樹，象徵他未來也能夠把原本生長在家鄉土地上的樹木，照顧得綠意盎然、壯碩高大，並且結出纍纍果實；如果公雞站在這兩種樹上，可想而知，就是象徵著豐沛的繁殖能力。棲息在宇宙樹的公雞也是源自這項習俗，後來才輾轉有看守者的含意。

這棵在神話中常綠不朽的宇宙樹在**獻祭儀式**中另有其世俗意象。

十五世紀中期，哥特蘭島上規模最大的聖殿就是一棵不分冬夏、終年蒼翠的梣樹。直到現在，斯莫蘭（Småland）每戶人家的庭院幾乎都會種著一棵聖樹，可能是菩提、梣樹或榆樹，作為守護之樹（Värdträd）。這類樹木不得有任何損傷，就連摘下一片葉子都不行。不萊梅的亞當主教從丹麥國王史文（Swen Estrithson）或他的侍從所發出的公告裡，擷取部分內容添加到烏普薩拉神廟的記述中：

神廟附近有棵巨木，雷拉德同樣穩穩聳立在大殿（英靈神殿）旁（Grímn. 25. 26）。

尤克特拉希爾（Vǫl. 19）是高大神聖之木，是梣樹之最（Vǫl. 47）。

梣樹以其雄偉壯麗、超凡卓越，傲視群木（Gg. 15）。

枝葉繁茂，密密爾之樹以其壯闊穹頂蔭庇萬千世界（Fjǫlsv. 13），

其枝幹延展，聳入雲端，無遠弗屆（Gg. 15）。

不分隆冬盛夏，常綠不變。它終年蒼翠，依傍烏爾德泉而立（Vǫl. 18）。

沒人知道它屬於哪一種樹。無人知曉，它根源何方（Fjǫlsv. 14）[5]。

那裡還有一道泉水，異教徒會把祭品擺在泉水邊，尤克特拉希爾以常綠之姿佇立在命運之泉上；把活生生的人沉入水裡獻祭給神，把祭品扔到密密爾泉和赫瓦格密爾（Vǫl. 18），徹底消失在深處，代表民眾的心願已被接納。

亞當在上述報導中所使用的每個單詞，或多或少都和宇宙樹有關；就介紹宇宙樹來說，這份評註的重要性可能遠被低估。

宇宙樹的神話包含了源自不同文化背景的各種元素，交織融合，成就一段源遠流長的故事。把世界整體想像成一棵枝葉繁盛、把天空都遮蔽的巨木，其靈感很可能是來自觀察雲朵生成，或是破曉時分穿透雲層、灑落大地的陽光。一切都湧自雲端之泉，白雲朵朵的天空不僅涵養出孕育生命的潤澤露水和雨水，還有一顆猶如黃金之眼的金色太陽。

那些原本只存在天空或大氣的自然現象，經過想像力的轉化，成為一棵眼前具體可見的巨木；兩者間的連結已普遍為世人接受。北德當地民眾會把結構鬆散的雲或卷雲，稱作氣候之樹（Wetterbaum）；風雨欲來時，呈管狀的雲彩就叫作風之根（Windwurzel）。在一首拉脫維亞的詩歌裡，也可見到這種從自然獲得啟發的神話傳說；在這裡，太陽光被比擬為一棵頂天立地的植物：「海灘上種植了一株美麗的玫瑰，它不斷生長，聳入雲霄，枝葉亦攀附上雲端，人類於是踩著它的莖幹，一步步登上了天。」

如同烏普薩拉的神廟旁聳立著巨木，而英靈神殿有棵樹叫雷拉德，家族的房舍附近也必然會有一棵象徵帶來庇佑的守護之樹（Vårträd），有時甚至

---

5 譯註。也許註釋者在此對引用文獻有所誤解。

只庇佑某個特定的人（「vårda」有等待、照看、保護之意）（121, 589）。
婦女若是希望順產，就得把密密爾之樹的果實扔進火裡；同理，產婦也會雙
臂環抱守護之樹，祈求生產順利（瑞典），住家附近的接骨木也能為產婦帶
來好運（德國）。不管是個人、家庭，還是村莊都尋求一棵能夠映照並象徵
自我生命的樹，來作為守護靈。烏普薩拉的聖樹便是瑞典民眾的守護之樹，
如果每個部落都有一棵（真正的）守護之樹，意即樹的生命與部落歷史緊緊
相繫，那麼英靈神殿也必須要有一棵專屬天堂的守護之樹，就像鄰近人類住
居那樣，佇立在神殿旁。當原本僅著眼於家庭和氏族的抽象思維突破既有界
限，把對象擴大至整體人類，同時將世界的概念解釋為一個涵蓋人類、眾神
以及鬼魂等各式生靈的群體，那麼這個群體就必須有一棵與世界命運休戚與
共的守護之樹。換句話說，宇宙樹最古老的形象其實就是一棵放大的守護之
樹，奠基在全人類共有的居所之上。世界的命運從一開始就和宇宙樹綁在一
起；隨著命運女神與眾神不斷將時間推進，樹之精靈或是那些以其枝幹為棲
地，又或者盤據樹根的眾家精靈，不僅是守護人類的力量，更深深影響著人
類的命運。宇宙樹最初始、簡單的意象就是守護人類的樹木；一旦史前時期
的人類發現某棵樹在神話視角的詮釋下，其實是由天象具現而來，那麼這棵
完美的樹當然可以輕易在天堂取得一席之地。宇宙樹廣為人知的舊名據悉是
度量之樹，因為它聳立在經過精準測量、妥善規畫的世界「母樹」（mjǫtviðr）
裡。

　　宇宙樹後來另外獲得「密密爾之樹」和「尤克特拉希爾梣樹」兩個別名。
第一個別名無須多做說明，顧名思義，要不是指密密爾棲居之樹，就是由他
澆灌照料的樹。相對地，我們要釐清**尤克特拉希爾**這個名稱的由來就棘手得
多；可以確定的是，尤克特拉希爾並不是奧丁的坐騎，也就是他的絞刑架，
當然也不可能是奧丁把自己當作祭品倒吊於其上的那棵樹，倒是這棵樹因此
成為世界的象徵。比較具有可信度的說法應該是「尤克（Ygg）的神駒棲息
的梣樹」，其中「令人畏懼者」尤克即是奧丁，他的坐騎是斯雷普尼爾，而
梣樹（尤克特拉希爾）便是風或雲的神駒「斯雷普尼爾」棲息的梣樹：風神
或雲神的駿馬，在茂密枝幹間穿梭來去，啃食著隨風搖曳的綠葉。相較於這

種純屬自然神話的詮釋，其實另有一種釋義法要比民間傳說的視角更貼近人類生活的真實境況：尤克特拉希爾也可能是一匹讓人聞風喪膽的馬，也就是人類用來運送活人獻祭給奧丁的絞刑架。儘管沒有明確資料顯示，民眾會將奉獻給奧丁的祭品掛在守護樹上，但這種形式也並非毫無可能。亞當在其著述中曾提及烏普薩拉之樹：「民眾會在離神廟最近的那片小樹林裡，絞死用來獻祭的活人；對異教徒來說，這片樹林之所以神聖不可侵犯，是因為該片樹林裡的每棵樹已經由祭品之死或腐敗而變得受人景仰、崇敬。」根據各種可靠的說法，那棵守護挪威的神聖巨木就位於這片樹林裡，而世間的守護之樹極有可能被稱作尤克特拉希爾，意即「可怕的神駒」。這麼一來，就不難解釋世間的守護樹或獻祭之樹是如何升格成為聖樹，特別是象徵自然的風之樹、雲之樹或是太陽之樹，也都適時地扮演了推手。

也因此，透過各種源自當地生活的連結，我們得以釐清宇宙樹的種種：其不可量測之崇高、終年常青之綠葉、傍水而立之所在；它不僅供給潤澤大地之露水，以至於所有流水，亦可作為法庭之用。除此之外，另有一種自然、美好又感性的想像則指出，那名凌駕於所有人之上、掌握萬物命運的女性，就住在宇宙樹上；她汲取流經樹根的泉水為同一棵樹澆灌，拜聖泉之力所賜，這棵樹得以終年蓬勃蒼翠。

然而我們無法否認，神話想像的宇宙樹確實有可能將所在之地的流水與源自他處之汁液交融混合，按照詩人的描述，正是這種合而為一的液體促發了宇宙樹的蓬勃生長；不過民間倒是不曾聽聞這種說法。這棵樹當然自始就有動物棲居其中，而且還是北歐人熟悉的老鷹、蒼鷹和鹿；這樣的設定顯然不言而喻。倒是一則源自匈牙利的童話也許值得我們多加留意，故事描述有棵梣樹的樹頂棲息了七十七隻烏鴉，另外還有七十七隻水鼠啃蝕其根部。

腐壞之樹象徵的即是枯槁的知識之樹，據傳，在人類墮落後，知識之樹的樹皮剝落、枝葉凋零。信仰異教的民眾在英國，特別是諾森伯蘭郡（Northumberland）這個地方，發現宏偉壯麗的十字（刻畫有十字的紀念碑或十字狀的石碑），以及上面繪製的圖像。十字的正面釘著聖潔的耶穌，其中一側則刻畫著攀爬而上的枝幹，在最上層的枝椏上可以見到松鼠，下方則

有鳥（看似老鷹）和巨蛇正大口享用樹上的果實。後來他們便直接複製這些
所見的元素，一個不漏地移植到屬於地方的聖樹圖像上。先前已介紹過布卡
斯爾區（Bewcastle）和魯斯韋爾（Ruthwellkreuz）的紀念碑，並且證實基督
教文化的確在某種程度上影響了異教信仰的各種想像；相反地，一座立於蒙
茅斯郡（Monmouth Shire）聖皮耶市以基督教形式呈現的墓碑，亦採用了富
有異教色彩的元素。

十字本體的四端各長出三片枝葉，每片枝葉各朝一方；十字主幹的下方
有隻手緊握著權杖，權杖左側的葉狀分枝底下有隻拉長身體的動物，牠拖著
長長的尾巴，豎直了耳朵，嘴巴則對準另外岔出的枝椏，據猜測應該是一隻
松鼠。松鼠底下還有兩隻上下交疊的鳥，牠的右側則是一隻老鷹，老鷹的喙
和左側下方的兩隻鳥一樣，都轉向外側，背對支幹。老鷹的下方是一條頭下
腳上的龍（巨蛇），牠的顎骨挨著枝幹的最底端，啃噬其根部。我們看到龍、
老鷹、蒼鷹和松鼠，此外還有第三隻鳥，不過是同一種。總而言之，上述這
些動物後來也都出現在提及宇宙樹的伊斯蘭詩歌裡，唯獨少了鹿和公羊。

啃蝕宇宙樹根部的尼德霍格不見得是受基督教文化的啟發，意即不必然
是源自那些咬噬知識之樹根部或十字架末端的蛇。童話裡也會出現類似情
節，好比枝葉繁茂的大樹之所以枯槁凋萎，是因為樹根遭到老鼠啃噬；又或
者泉水之所以乾涸，是由於水池的石頭底下有隻烏龜（原本可能是一條蛇）
（K. H. M. Nr. 29）。

世界的毀滅與重生

實際上並沒有人真正相信，日耳曼人所打造的世界會被一整片延燒的火
海徹底吞噬；對他們來說，這些關於末日將臨的臆測只存在神諭或預言中。
北歐人以**諸神黃昏**（Ragnarök，為複數名詞，意指眾神之命運與終結）統稱
眾神最終的命運，他們的頹敗和隨之而來的世界末日；後來遭誤讀為
「Ragnarökkr」（為單數名詞，意即眾神之薄暮），也就是迫近眾神眼前的
黃昏。所有的《埃達詩歌》以及吟遊詩人的作品，都提到古老神域即將面臨

的衰敗，對此，更深層的宗教信仰長久以來早已諄諄告誡，甚至做好迎接的準備（Vafþ. 17, 44-53, 54-55, 39; Grímn. 17, 23; Lok. 39, 41, 42, 44; Baldrs dr. 14; Fjǫlsv. 14 ;Sigrdr. 19; Fáfn. 14/5）。世界的種種也許不免讓人驚嘆：萬物彷彿經大師之手整頓打理，井然有序以外，更是發展急遽；還有個別事件之間令人玩味的深層連結、傳統習俗對直觀的推崇迷思，以及人對和平搖擺不定的追尋。然而我們不該忽略，這些已然昇華的抽象思想並非源自普羅大眾，而是享有天賦的詩人。他眼睜睜看著遠古眾神黯然淡去的熠熠光彩，較諸新起教派攻無不克的捷報連連，內心不禁汩汩淌血。他多麼希望能再次向同代之人展現純淨無瑕的神聖信仰，更打算彙整舊有信仰之內涵，向世人說明這些令人敬畏的高深思想究竟涵蓋了哪些東西。他要那些轉投基督教的信眾看見，異教信仰毋須畏懼和強勢侵入的外來文化一較高下，他所擁護的信仰也講授最後的審判、死者的重生與復活；那又為什麼要放棄已歷經重重淬鍊的舊有信仰呢？

隨著諾恩三女神的登場，命運與災難也降臨世界。身陷其中的不僅人類，就連諸神也無法倖免；接二連三的衰敗，加上層出不窮的衝突，幾乎讓神族徹底滅絕。諾恩三女神選在殺害女巫古薇格與爆發末日之戰的前夕現身，等於宣告謀殺與災禍即將到來；換作掌管征戰的女武神露面，亦具有相同意義。黃金時期就此終結，死亡殺戮一觸即發，首場戰爭正式啟動，而戰爭的結局亦是前所未有的：誓約破局，建造世界的巨人遭到了背叛。巨人族於是在世界末日起身，報復那些施加在他們身上的不公，並且加入與眾神敵對的陣營。宇宙樹遭到敵營猛烈的攻擊，奧丁和密密爾之間的協議亦造就一場災難，當時奧丁以他的一只眼睛作為抵押品；弗雷的命運是失去他的黃金之劍，而提爾犧牲了右手作為代價，不過眾神最慘重的損失要屬巴德爾的死亡。捆綁住洛基的眾神無異為自己樹立了一個殘酷的新敵：在赫拉與其他邪魔的協助下，洛基在最後審判日對眾神展開反擊，這場衝突也宣告了世界末日的到來。眾神之父使出對策應戰：他並未傷害芬里惡狼、中土巨蛇和赫拉，同時讓那些壯烈犧牲的英雄進入英靈神殿；即使面對如此重大的危機與犧牲，他仍試圖

獲取智慧與知識。他雖無力抵抗這場災禍，卻能延緩它：一切都已準備就緒。

　　這麼一來，詩人便成功讓眾神過往的命運與歷史產生連結。巴德爾之死和捆綁洛基的傳說當然一路續存至今，成為預示世界將衰的前兆。

　　狼群誕生，其中一頭循著天堂發散出的光，血染了眾神的殿堂。日蝕出現，所有天象亦透出不祥的預兆，敵對的雙方莫不繃緊神經、嚴陣以對。守門人艾格瑟（Eggther）站在巨人國和人類居所的交界處，他朝南可監看人類，往上即是眾神國度；火燄巨人的國度「火國」的邊界則由蘇爾特鎮守，他手裡拿著一把熾熱的寶劍；冥界之河有凶殘惡犬加姆嚴加看守，牠會以嚎叫警示赫拉的眾子民做好防備。至於守在神域大門前為疆界把關的是海姆達爾，儘管他幾乎不需要睡眠，又擁有不分日夜敏銳過人的視力，洛基還是偷走他的劍，或者將他的武器掉包；即使他聽力敏銳，連青草和羊毛生長的動靜他都一清二楚，卻遲至巨人國度群起激憤、暴動已起，才吹響號角警告諸神敵軍來襲。另一種長期以來被視為緊急信號的還有分屬巨人國、神界和冥界三個國度的雞啼：巨人國的公雞挺著一身艷紅羽毛站在守門人上方，守門人興致高昂隨著豎琴樂音吟唱詩歌，牠就扯開嗓子任其刺耳啼聲大鳴大放；古林肯比則是站在神域的最高點，喚醒齊聚在軍隊統帥奧丁大殿裡的英雄，而負責以雞啼警示冥界的是一隻羽色炭黑的公雞。冥界惡犬加姆亦前所未見地狂吠不止：那是最後、最急迫也最恐怖的戒備警告。儘管試試看！芬里惡狼就快撕裂眾神束縛牠的繩索。

　　也許詩人是從當時的歷史推敲出這種悲悽哀鳴的預期心理，確信世界末日的恐怖將臨，而他亦**難逃災禍**。外貌姣好的金髮哈拉德為爭取權力而奮戰；血斧埃里克在登基之前已先除去好幾名（五或六個）親手足，有些是透過決鬥，有些則是以其他方式解決。憤怒的民眾因此稱呼這名謀害自己兄弟的凶手「血斧」，這場王室家族腥風血雨的兄弟鬩牆亦給當時的人留下不可磨滅的印記。詩人沉痛地吶喊出滿腔憤恨：

兄弟長期敵對、互相殘殺，甥輩漠視氏族維繫；繁衍與習俗腐敗毀壞，世界衰頹之日亦不遠矣。尤有甚者，厚顏無恥之舉時有所聞，世人皆獨善其身。直至十二世紀，世人仍將世界衰敗之責歸咎於傳統基石之崩裂瓦解：世界已亂無章法、病入膏肓，為人子者不識其父，子嗣成群者則疑妻不貞，世人難辨孰為其親（Merlinus spa）。日耳曼人固有之倫理秩序，不分公眾生活或個人另營，必然以家族為唯一根基。一旦家族分崩離析，公眾生活亦將頓失所依；人人為所欲為，再也無人兼善天下。這段時期艱困、殘暴、野蠻又恐怖，因此亦稱刀劍時期或鐵斧時期。習俗之野蠻源於野蠻之自然，狂暴風雪堪稱北歐冬季最殘酷無情之自然現象，冰冷寒風吹襲大地，是謂冬季，日月沉寂黯淡，亦是狼群活躍之時。末了嚴冬據悉如此：四面八方積雪成冰，刺骨冰霜、強勁風雪，終日不見暖陽。接連三冬串起漫漫嚴寒長夜，無有間隙，未聞夏至（Vafþr. 44; Hyndl. 44; Gg. 51）。

災難將臨的前夕，暴動四起，空氣中瀰漫著無所適從與慌亂不安。

密密爾之子，巨人族（亦或流水？）顯得蠢蠢欲動，直到他們鼓譟而進，看守彩虹橋的護衛海姆達爾便吹響號角。末日已至，終局即將揭曉。奧丁再次與密密爾的頭顱交談，希望聽取他的意見，並從中得知不可避免之命運。芬里惡狼撕扯著捆綁住牠的繩索，牠使勁奮力掙扎，試圖要逃脫束縛，卻因力道猛烈，導致大地搖晃不止，宇宙樹也跟著沙沙作響。這頭憤怒的野獸、發狂的惡魔嚇壞了赫拉的子民，直到繩索被拉得更長，瀰漫在四周那股讓眾魂魄驚恐不已的戰慄氣息才逐漸消散。侏儒則站在引他們入山的裂縫前鳴咽呻吟，他們迷失了方向，再也找不到來時路，儘管他們對岩壁明明再熟悉不過。

冥界之犬再次嚎叫，不僅為了激勵地獄大軍奮戰不懈，亦是為並肩作戰的野獸芬里惡狼終於掙脫束縛而高聲歡呼。因為這就代表諸神的黃昏已來到，芬里惡狼的突圍為世界霸權的崩解拉開了序幕，這個世界就此產生革命

性的劇變（Grímn. 23, Hyndl. 34; Em. Hkm.）。亦有其他文獻指出，最終審判日即洛基重獲自由時（Baldrs dr. 14）。

敵軍大舉入侵、發動攻擊，真正的災難才正要展開。

其中負責領軍的是「無力者」列姆（Hrym）、洛基和芬里惡狼，以及火燄之國的統治者蘇爾特。列姆來自東方，也是與眾神為敵的巨人族主要據地；準備帶領巨人與諸神作戰的他高舉盾牌、蓄勢待發，無所畏懼地站在最前方，右手則操縱著亡者之船的船舵。船的一側有條扭動盤繞的蛇憤怒地拍打海浪，蛇尾的拍擊引起驚天駭浪，造成洪水氾濫。在巨浪的推動下，幽冥船（Naglfar）快速向前航行，由巨人化身的風之鷹赫拉斯瓦格（Hräswelg）在空中盤旋喚叫，用牠灰白的鳥喙撕裂屍體。另一艘船則從北方啟程，穆斯佩（Muspell）之子（芬里惡狼和地獄邪魔，或赫拉的子民）搭船渡海而來，由芬里惡狼領航，洛基掌舵。芬里惡狼從嘴裡吐出一把劍來，提爾曾用這把劍馴服了牠，同時亦失去自己的手臂，更因此種下芬里惡狼的復仇之苗：烈火從牠的雙眼和鼻孔噴竄出來，牠張大淌血的嘴直向前行，上顎頂著天堂，下顎則靠著大地，只要發現還有多餘空間，牠就會再把嘴撐大。燃著烈焰的蘇爾特一路從南方趕來，他的寶劍閃爍著耀眼光芒，裂縫處接連噴發出熊熊火焰。隨著蘇爾特的出現，天崩地裂，山巨人因失去平衡而重重跌落。赫拉用繩索圈套人類，造成死傷無數。天堂那座以黃銅鑄造的穹頂迸裂成兩段，也許熔成了灰燼，又或者被如雷震耳的轟天響炸得粉碎；直到烈燄之子乘馬走過彩虹橋，整片蒼穹頓時陷入火海，崩壞頹傾。

按照古日耳曼的習俗，諸神和對手陣營在進行決戰前，早已約定好時間和地點。

維格利德（意即作戰的曠野）是一塊位於英靈神殿前方用來作戰的曠野，蒙受祝福的諸神和蘇爾特便是在這塊佔地百里的四方廣場上激烈交戰（Vafþr.

18；Fáfn. 15）。全副武裝的眾神偕同英靈戰士趕往戰場，領軍的眾神之王彷如一陣勁風向前飛奔，他頭戴一只黃金鋼盔，鋼盔上有對威猛有力、羽翼豎立的鷹翅，手裡則抓著永恆之長矛「古恩尼爾」（Gungnir），緊跟在他身後的是各自從殿堂和居所傾巢而出的神祇。面對箭如雨下的猛烈攻勢，眾家女神仍面不改色，女武神乘著光鮮亮麗的戰馬咆哮而來；難以數計的英靈戰士不斷湧出英靈神殿的大門。巨人族的統帥直接與眾神的主將進行一對一的決鬥，奧丁毫不猶豫地直往芬里惡狼衝去，卻被芬里惡狼一口吞進肚裡。芙麗格尚未走出巴德爾之死所帶來的傷痛，卻又遭受重大打擊。為了報復，威達旋即趕來，先用他那雙堅不可摧的鞋子把芬里惡狼的下顎狠狠踩在腳下，讓牠那口駭人利齒再也無法傷人，再用左手拉住這頭卑劣生物的上顎往上扯，使牠再也無法闔上嘴巴；最後他取來利刃插進牠的嘴裡，直穿狼心。太陽神弗雷則和火巨人的統帥蘇爾特陷入激戰，然而他那把能自行揮舞的寶劍竟落入敵人之手，最終不敵對手而賠上性命。先前中土巨蛇曾一度和索爾交手，卻因此身受重傷，只好躲進世界之海深不見底的暗處藏起來；這次牠將雷神團團纏繞起來，並且吐出毒液，散播到大海和空氣裡。索爾試圖用雷神鎚搗碎牠恐怖的頭顱，卻在九步之遙倒了下來，沒了氣息：他吸進了太多毒氣。海姆達爾負責對付洛基，往昔的仇恨讓兩人心頭燃起怨怒之火：他們曾經為了搶奪「女神項鍊」（Brisgamen），兩人蜷著身子趴在遙遠西方的海岸懸崖上爭得你死我活；這段過往顯然成為一觸即發的導火線。然而這是一場不對等的決鬥，海姆達爾被自己的劍所傷，因而喪命；不過後來洛基同樣也沒能保住性命。芬里惡狼慘遭威達痛擊後落荒而逃，光明之神提爾想找出牠的下落卻徒勞無功；不過這時隱約傳來一陣聲音，那是地獄之犬加姆令人不寒而慄的嚎叫聲，反倒為提爾指出另一個凶殘程度毫不遜於芬里爾狼的敵人所在。僅剩左手能揮劍殺敵的他儘管最後成功擊敗了怪獸，依然躲不過倒下的命運。守護人類居所的索爾死去後，人類被迫離開他們的房舍；這個族群自此徹底從大地上銷聲匿跡。自從太陽和月亮開始在天空運行，狼群就緊盯著它們窮追不捨，直到這一刻才終於得償所願：牠們逮住了太陽和月亮，狼吞虎嚥地把它們一口吞下。明亮的星辰亦自天上掉落，彷彿歷經漫漫長途的飛

燕終於精疲力盡而墜入海裡。這時，蘇爾特讓整個世界燃起一陣漫天大火，萬物深陷在熊熊燃燒的烈焰之中，火舌從地底深處竄燒出來，灼熱的火海淹沒了整片大地。無處不漫著火燙熱氣，原本應是帶來生命的火焰，在這一瞬間卻吞噬了所有生長。最後僅存的只有焦土，經過烈焰的肆虐蹂躪，大地也步上了穹頂的後塵，盡是四分五裂的殘破坑洞。這就是末日大火「穆斯佩里」（Muspilli），意即「大陸分裂」。

流水與大海淹沒了河岸、海濱和堤防，翻騰澎湃的洶湧波濤從四面八方席捲而來，一波又一波的洪流持續湧入，一道要比一道強勁的滔滔巨浪直往陸地深處撲襲而去，捲走所有東西，徒留白色海沫淹沒大地。被烈火灼燒得崩裂的大地最終沉入海底，末日之戰燃起的燎原大火於是止熄。

儘管見到災難過後的種種，人們仍舊追尋遠方的目標，替一個全新而且更好的存在留下模糊的輪廓。

大地再次緩緩從洪流中升起。湍急的溪水一路翻騰咆哮，自高山奔瀉而下；老鷹在溪谷上空盤旋，或從岩壁上俯衝而下，獵捕水中的游魚；這就是挪威大自然的一景。大水不再淹覆高山、丘陵和大地，油綠的嫩芽從土裡拔地而出，無法耕作的農田亦長出了麥穗。有別於舊世界那些狂妄好戰的神祇，另有部分愛瑟神族由於未曾涉入其中，因而得以從那場燒毀世界的大火中倖存下來。他們重新回到了「勞動之地」，那塊他們曾在史前時期度過美好黃金年代的土地，然而再也不是像以往那般為了節慶活動而齊聚一堂，而是進行了沉痛且嚴肅的談話。透過講述那些親身經歷或親眼所見的事件，一幕幕早已消逝的畫面彷彿又歷歷在目；他們先花了一些時間談論那條纏繞著大地的巨蟒，因為在他們印象所及，牠的凶殘暴行可說是世界毀滅之前最後一樁重大事件。接著，他們也針對諸神黃昏中那些牽動全局的環節進行了討論，更談及奧丁在遠古時期所掌握的神祕知識。他們還在雜草叢裡發現幼時因毫不知情竟拿來下棋的黃金桌板，隨著這塊板子的重現，久違的幸福也再次萌生。在被狼群吞噬之前，太陽曾生下一個女兒：這名比母親還要閃亮耀眼的

少女現在即將走上世界的軌道（Vafþr. 47）。巴德爾的死讓舊世界遭遇極為慘痛的不幸，然而現在這份傷痛已被撫平：身為奧丁之子的巴德爾和霍德很早就被逐出神界，現在也重返戰神奧丁輝煌榮耀的故居，並且定居下來。所有的對立現在皆已然弭平，未曾再現；那座曾屬戰神所有的至高殿堂，此時已由永久的和平代而進駐，但必要時，他們仍會以戰爭之神的姿態，透過武力來捍衛這份得來不易的安定。已逝的眾神之父奧丁未曾再現，而曾經協助他一起創造世界的維利和維奕的兒子們，則居住在開闊的「風國」（Windheim），也就是天堂。除了奧丁之子，奧丁的兄弟霍尼爾和洛德也是親眼見證史前時期那些古老祕密的倖存者：洛德為四周散播健康與興旺，霍尼爾則為了向一個全新的種族提示即將降臨在他們身上的恩賜與命運，因而選擇成為一名占卜師。除此之外，還有兩對總是以組合出現的神祇：奧丁之子威達和瓦利（Wali），以及索爾之子莫迪（Modi）與馬格尼（Magni）。

他們作為諸神的後代，某種意義上也就等同舊世界裡那些無所不能的神祇返老還童，但與此同時，他們也一一踏上復仇之路，為那些慘敗戰死的血親討回應有的公道。沉默寡言又離群索居的威達一向生活在荒漠之中，直到有天他決定要對殺害其父的芬里惡狼展開報復；一夜轉老的瓦利則是把謀害巴德爾的凶手綁在木樁上。索爾雖然在對戰中擊垮隆尼爾（Hrungnir），卻被這名倒下的巨人壓在身上無法動彈，直到馬格尼將他從中解救出來。信仰異教的日耳曼人在正義感的驅使下，要求那些只將討回血債視為神聖天職的神祇，同樣必須為世界終戰做出努力。莫迪和馬格尼繼承了父親那把珍貴且未曾失誤的武器，也就是雷神鎚，確保新世界擁有足夠的防備，得以抵禦來自外界的攻擊。也因此，諸神的重返可說是遠古時期異教信仰的精神所在。

除了少數人像神族一樣存活下來，大多數人類都遭到滅絕。

宇宙樹的主幹安然無恙地挺過了末日的漫天大火，躲在其中的人類因而幸運地存活下來，成為替未來世界繁衍出全新人類的始祖。他們以晨露果腹，一種毫無負擔的食物：一個全新的種族由此誕生（Vafþr. 44. 45）。

那麼又該由哪股力量來掌管這個全新的人類族群，以及其命運？可想而

知，有個詩人也提出了這個疑問。

　　既然諾恩女神已逝去，必然要有其他神祇接替她們的職責。於是就出現了三群少女，她們御風而行，拜訪人類居住的地區：讓結婚的女子受孕，並且協助懷孕的婦女。儘管她們源自巨人族，亦即諸神和人類在舊世界的敵人，帶給世間的卻只有幸福而已。在這個新世界裡，人類再也毋須面對邪惡的威脅，甚至就連帶來幸福的女性都是源自巨人族；她們所取代的諾恩三女神以往帶給人類的絕非僅此而已。這個新的人類族群不識謊言為何物，無憂亦無慮，一向真摯愉快地生活在位於津利（Gimle）[6]的黃金殿堂裡（鑲嵌著寶石的屋頂或山丘）。

　　當初英靈神殿曾使用鍍金的盾牌取代木瓦裝飾屋頂，這座新的居所亦鑲嵌了寶石作為裝飾，耀眼炫目的程度甚至更勝太陽。另外，居住在英靈神殿的是以野蠻好戰聞名的英靈戰士，但在新世界裡，這座新的宮殿或莊園則是由新的人類族群入住；他們雖然具備驍勇善戰的特質，卻也和新世界的諸神同樣善良。

　　那個最先出現又比較差勁的世界留給人的記憶就只剩一種：屍橫遍野，全是葬送在那場末日大火的人類、巨人和神祇。原本在宇宙樹底部啃噬樹根、在赫拉居所吞食屍體的邪惡之龍尼德霍格從暗黑深處爬了出來，牠身上的鱗甲閃爍著一種讓人不寒而慄的光芒，幾乎不是那對晦暗的羽翼能夠匹敵。牠的翅膀上載滿了那些在諸神黃昏慘遭殺害的生靈，替殘破不堪的舊世界收拾掉最後的殘局。

　　新一代英靈戰士的國度已經建構完畢，該由誰來擔綱最高指揮官的角色？理應由那些共同打造出嶄新神域的人來主掌，不過就算是這些人也還沒

6　譯註。在北歐神話中，可能是指一座山或一座大廳，位於神之國愛瑟樂園南邊。

選出新的首領。那麼這份重責大任將落到誰的肩上？

> 從天降下尊貴全能的領袖，
> 來到至高的審判法庭。
> 協調爭議、裁決糾紛，
> 排定永久有效的章程（Vǫl. 65）。

> 一名天神即將到來，擁有更強大的力量，
> 我從未膽敢，直呼他的名，
> 僅有少數人能夠看得更遠，
> 當亡靈之王展開與狼之戰（Hyndl. 45）。

顯而易見，這首詩的最後四行並不屬於真正的北歐傳統，而是一名冰島學者在西元 1150-1200 年間的擬古作品，當時正興起一股研究古老年代及其相關神話、詩作與文化的熱潮；在一個基督教文化已廣為接受的時空背景下，至高無上又無所不能的天神，指的必然是基督教的神。

如果新神域的新統治者確實從天而降，擁有支配一切的權力，因此成為捍衛正義的第一人，進而執行審判、裁決紛爭、訂定永久有效的神聖秩序，那麼這名新的領袖指的就是基督教信仰裡那個強而有力、無堅不摧的上帝嗎？信奉異教的希臘人曾為某個偉大卻不知其名的天神打造祭壇，同樣信奉異教的北歐人早就開始崇敬同一個神嗎？這幾行詩句所提及的，就是他所統治的世界嗎？顯而易見的是，這幾行疑有爭議的重要文字並不存在主要的詩歌手稿裡，倘若要解釋為什麼應該忽略這幾行字，實在也很難說得清。難道是本身信仰基督教的作者存心隱匿而刻意剔除，也許他在填上這些文字之後，才發現其中有些地方似乎與他所信仰的神並不相符？又或者他刪去這幾行詩，以免讓異教徒議論紛紛：為什麼我們應該接納基督教的神？我們明明早就有一個在各方面都不亞於他的神！這名作者在結語中指出異教信仰的教義違背神聖秩序，而後者才是應該續存在世界上的價值；難道這段結語是基

於宣揚基督教的考量，而代替世界的新主人發聲嗎？假設這幾行詩真的是基督徒後來才另外補上的，那麼也是相當後來才發生的事，而且唯一有可能這麼做的，就是一名十三世紀的作家，因為他認為自己至少能夠在羊皮紙上，化解耶穌基督和愛瑟神族雙方彼此不一的矛盾。然而，其中並未提及世界末日到來之際，基督教信仰所舉行的最終審判與最高權威的審判長，因此也就不可能談到正義與不正義之間應如何裁決，以及賞善罰惡的問題。因為未來世界上只允許善良和誠實的人存在，如此一來，不論在人間或天堂，真正完善、繁盛、幸福、正義且和平的狀態絕不是某個從天而降的全能者一手打造的，而是必須透過他才能維持恆久的穩定與和諧。日耳曼人認為，唯有當法律秩序長久不受侵害，生命才可能完整；凡危害法律的即是惡。要是不試圖改變此刻發生的種種，不公不義就會繼續橫行於世，即使在天堂也不例外。然而未來世界的統治者必須守護法律秩序不受損害：舊罪已贖，他應當確保不再有人打破法律。只要他有心且願意將維護和平視為己任，終將成為新世界的最高領袖，但坐上這個位置的絕不可能是耶穌基督——他忍辱負重，只為等到時代終結以重返榮耀——而是從一開始便以**力量**為本事的那個人；他榮耀的是戰爭之神，掌握的是英靈戰士的命運，儘管這些全是終結和平的好戰之士。不過，最重要的一點其實是：在這個全新的世界裡，並不存在符合基督教論調的**唯一**真神，而是至少有十個。因此我們可以肯定，這個統治未來世界的領袖概念絕非基督教的產物，然而不可否認的是，基督教文化多少仍有其間接影響。基督教教義對詩人來說不再陌生——否則他怎能與之抗衡？相信他應該是在下意識或無意間一併把基督教傳道者質問的語氣帶進異教信仰的基調裡。

　　忠勇的戰士就住在**津利**那座有著黃金屋頂的宮殿裡，不過這棟建築絕不是仿造猶如天堂般的耶路撒冷，那裡可是有珍貴寶石築起的城牆，用珍珠打造城門，以純金鋪設街道，住在裡面的居民完全不識死亡、吶喊或疼痛為何物（《啟示錄》21:10-27）。他們過的生活恰恰與置身地獄的情況完全相反。不過，不管是新約聖經或信仰異教的北歐，兩者皆有志一同地認為忠勇之士該好好享受他們應得的幸福。此外，北歐人也認識其他金碧輝煌的宮殿（英

靈神殿、輝煌宮、光明宮，藏寶侏儒的黃金大殿〔Vol. 37〕、烏普薩拉神廟），還有新耶路撒冷用黃金鋪設的**街道**，以及北歐諸神居所的黃金**屋頂**。不過就算用了珠寶加以裝飾，倒也不至於讓人聯想到猶如水晶般閃耀的末日碧玉。

　　寫下《女先知的預言》的詩人不但以深層的哲思詮釋那些活在民眾心中的神話，更把這些內容和重大的歷史事件連結起來。最初那段無憂無慮、單純又快樂的平靜時光後來因諸神的「罪行」而遭到破壞，人類世界也因受到黃金誘惑而失去理智；事實上，這樣的情節絕非一般大眾可以構思出來，多半屬詩人或僅有少部分人才會有的想像，因為後者已經跳脫異教信仰的框架。諸神的生命並未被詮釋為恆久不變的存有，反而被視作一段歷史的進程，這麼一來，北歐神話就不單是一部純粹的史詩，更是富有戲劇性的特質；不過這樣的詮釋顯然與宗教需求產生衝突，最終導致舊有信仰的全面衰敗。相較於一時短暫的活躍，有些人的內心深處反而強烈渴望一段更純粹、更完美的生命，而這種世界觀也顯示出：北歐異教信仰追求的是極致的內在精神成長。他們並非基督徒，也沒有受到基督教文化的影響，更不是基於基督教信仰的召喚而興起；不過倒是為基督教信仰打下了基礎，因為一個全新又富有生命力的信仰不可能從頹傾的廢墟中開出花來。如果這些神話故事的想像一開始就流於大眾化，只吸引來少數幾個足以服眾的追隨者，相信世界崩落的情節不會從一開始就存在諸神的傳說中，因為這種概念不但與遠古時期尚不成熟的心智相互矛盾，很明顯是經歷過一段拚搏奮鬥、感觸良多的人生才可能得出這樣的結果。時間一久，這種突破性的說詞就再也欺瞞不了大眾，成為支離破碎的力量，稀落零散地滲進信仰、習俗或公眾的生活裡。這確實是更具深度的思維：公開且直接地賦予諸神罪孽深重的形象，而不僅是輕描淡寫那些看來寬厚又親和的弱點；其中堪稱獨一無二的設定、有無懼威脅利誘仍堅定不移的頑固理想主義、同樣在諸神身上獲得伸張的正義，以及讓有罪之人真正獲得救贖的毀滅之途，在在令人讚嘆激賞。不過最後這套異教信仰的美麗神話終因與實際的宗教需求產生矛盾，而付出慘痛代價。畢竟如果連神都必須承受罪有應得的命運，當然不會有任何清醒的人願意相信他。因此，每當英勇的航海之王和其他北歐英雄被問及對宗教的看法，他們總是傲慢回

應：沒有信仰，唯一可信的就只有自己的人格，以及他們通過考驗的力量。換言之，我們不應再將這套神話，或至少後來的體系，看作舊有信仰的展現或產物；事實上，它所代表的是一段世界觀全面更新的過渡期。這首偉大的詩作正是在這段狂暴的醞釀時期成形：舊者已徹底瓦解，而新者尚未嚐過勝利的滋味。儘管這套神話經證實確有其負面缺陷，但它仍是一份極富價值的證據，讓我們見識到北日耳曼人是如何憑藉純粹的意志與傳統的力量，無所畏懼且不惜一切地造就最後的結局；光是這些形式上的優勢，姑且不論其他版本的實質內容，就足以讓這套神話在被人臆測為基督教信仰時，顯得尊貴且完備。

諸神黃昏的神話架構顯然是受到相隔許久又才再現的日蝕影響：「芬里惡狼血染了諸神的宮殿，太陽轉為黑暗，寂寥荒蕪的氣候緊接著夏日而來，耀眼星辰從天上墜落。」後來的人在描述神話般的情景時，多半使用星辰的「消失」或「黯淡」這類措辭來表示其蒼白失色。「芬里惡狼掙脫捆綁後，掉落到人類的房屋上。」此外，下列串接起諸神黃昏這段戲碼的各個環節無疑帶有濃厚異教色彩：「寒冬」（Fimbulver）[7]、大地沉落入海、大海裡的巨蟒、世界大火、眾神之戰、眾神之王的死亡與復仇、過冬的人類伴侶、全新的神族。

可以確定的是，距今最古老的靈魂信仰和後來的靈魂不死是兩種截然不同的概念；人們相信靈魂在某些時刻會比平常更靠近生者，正是這種想像促使他們在世界終結之後衍生出一種期待感：世界的重現。如果惡人將在死後遭到懲罰，又如霍格尼對布倫希爾德的詛咒：「若是生來只為作惡，妳將永遠不得重生。」（Sig. III 45）那麼顯然可以推定惡人將不再重生，而是會留在冥界受盡折磨；好人則會再次生而為人，來到世間。也因此，除了巴德爾和霍德，其他同樣從冥界歸來、且備受新世界期待的莫過於諸神之子，好比奧丁之子威達和瓦利、索爾之子莫迪和馬格尼；簡而言之，他們被視為重生之眾神。至於那些從諸神黃昏倖存的人類則叫作「無畏之眾」。可見這裡談

7　譯註。意即漫長的冬天，是北歐神話中世界終結的前兆。

到的不死並不僅限於個人，也包含了靈魂；透過不斷轉移到新的人體上，靈魂就能達成永生。與此同時，另一個古老且純屬異教信仰的認知也連帶一躍而現，亦即善者才是最後的贏家。

雖然有些人認為世界是遭到大火肆虐而徹底毀滅，不過也有人提出其他看法，指出終結世界的其實是嚴酷的「寒冬」或洪水汜濫。長時間的日蝕凍結了所有生命，在飢寒交迫的威脅下，萬物一片了無生機。這幅擷取自極北大地的自然景象後來和世界大火合而為一，被解讀為某種形式的序幕。

另外也有一種說法認為世界是遭大海淹沒的：

海平面高漲至天際線，吞噬了陸地（Hyndl. 44）。斯堪地那維亞的詩人同樣描述了四面環海的大地沉入翻騰洶湧的大海裡：日光由亮轉暗，大地沒入漆黑大海，天空迸裂，大浪不斷拍擊岩石，疾馳沖流的石子猶如穀物一般漂在水面上，大地沉沒，雄偉壯麗的群山崩落，掉進深沉大海裡（Arnor Jarlaskald [1064]; Korm. S. V. 61 [ca. 935-970]; Háttatal [1222], S. 102）。

還有一種預想則恰好與上面的描述相反：將有一天，大火與烈焰會燒毀整個世界；這個結局其實才是主流認知，甚至有可能是共同日耳曼的認知。至於「穆斯佩」（Muspell）一詞當然還未有明確的解釋，不過這個字眼聽來似乎不怎麼有北歐的味道，反而比較有可能是低地德語區輾轉傳到斯堪地那維亞的。

＊　　　　＊　　　　＊

斯堪地那維亞人從定居在他們北方或東方的民族，也就是從芬蘭人與拉普蘭人那裡引進了大量魔法儀式、巫術和招魂術，這些神奇的技術進而深刻影響一般民眾的信仰，亦即那些和鬼魂有關的原始想像，而這一點全世界皆然。不過日耳曼人的影響力就猶如創造豐收的夏雨般浸漬了整片北歐大陸。依照現行曆年的算法，大約在西元六到七世紀之間，北歐諸神的信仰建立，

主要是在挪威。我們從吟遊詩人的作品中，甚至是最古老的那些，發現有大量且明確的內容幾乎與《埃達詩歌》和《散文埃達》描繪的神話故事完全一致。然而詩人在這個期間——約莫從西元 840 年的老布拉基（Bragi der Alte）開始，一直到西元 875 年的吟遊詩人國王哈拉德為止——所講述的種種，不可能在短短幾十年間就成形；神話故事幾乎難以估量的豐厚內容、錯綜複雜的交織與連結，還有後來衍生出的一道道傳說，全都得仰賴時間長久的醞釀與沉澱，絕非維京時期的前四十年就足以完備。換句話說，北歐神話之所以富有戰鬥特質、奧丁被視為戰神，又或者英靈神殿由英靈戰士和女武神駐守，並非源自維京人四處遠征的精神和他們彪炳輝煌的征戰生活。早在進入西元九世紀之前，北歐人就已和鄰近國家發生過多場戰事，而這一系列的爭戰才是致使諸神如此好戰的原因。奧丁信仰則約莫在西元 500-600 年間傳入，雖然只是一個推測的時間點，但總之絕對要比西元 800 年早非常多，而且就連北歐人的歷史都還沒展開。沃坦（Wodan）不需要一直等到登陸斯堪地那維亞後才成為王者、詩歌或勝利之神奧丁，早在他還未離開日耳曼地區時，就已經擁有這些頭銜了。未來的研究應該致力於證明北歐神話確實受到日耳曼神話的影響，在此亦期待能夠見到一些更具意義的說明。以往一旦論及可能影響史前時代北歐人精神生活的外來文化，幾乎一概認定這些力量應該來自南方，而非西方；然而現在倒是出現更多不一樣的聲音。不可否認，北歐人的信仰到了後期確實受到大量基督教和希臘文化的影響，不過這兩股勢力並未動搖異教信仰既有的根基，反而更像異質的裝飾品，黏附在各種展現北歐精神生活的造物上。沒有人能夠斬釘截鐵地否認，斯諾里和那些與他生活在同一時期的人可能在他們的描述中為北歐神話加油添醋，往裡頭塞進不屬於異教信仰的東西。許多和宗教有關的想像並沒有因此而流失，這些豐富的想像一路從不可考的久遠年代，在北歐的天空下，經由一個民族交給下一個民族，如此傳承續存至今。也許考古學的研究會有助於釐清或解開一部分我們在這裡碰上的謎題，這麼一來，就有可能為那些生活在久遠以前的北歐人——遠早於英雄輩出的維京時期——描繪出一幅清晰的信仰圖像。儘管受到日耳曼神話的影響，最先出現的北歐神話還是原封不動地保存了下來，

即使北歐人將功勞歸給南方，但事實上那些東西全是他們自己獨力發展，持續建構出來的：奧丁和洛基之間的對立即是源自北歐，關於巴德爾最後形體的傳說也是，還有世界大火是洛基引起的說法也是北歐的論調。在挪威的土地上、在極地日光柔和的照射下、在璀璨如火的極光映照下、在狂暴的壯闊冰川、冰島的火山爆發中，來自日耳曼的種子逐漸萌芽。在北歐獨有的寒風吹拂下、暖陽烘照，加上冰冷的漫漫長夜，這些種子成長茁壯，終而成為北歐的資產。

北歐人可以理直氣壯地為這筆珍貴的資產感到驕傲，而日耳曼人既然也不貪功地堅持自己的祖先曾對這份信仰做出同等貢獻，當然也就可以大方地對此表示與有榮焉。日耳曼人將欣慰地看著比自己還要開心的兄弟，而不是為自己爭取任何東西，這麼一來，那些珍寶就能繼續在遠方那座四面環海的島嶼上靜靜地繁盛滋長；他們更會懷抱著強烈的愛意與真誠的努力，挖掘自己腳下的土地，以堅持不懈的精神，奮力搶救那些荒廢頹傾和支離破碎的遺跡。他們將從那如星辰般耀眼的過往，坦誠且純然地沉浸在屬於自身的意義裡，同時體認到：雖然我們是透過感同身受另一支民族的歷史，也就是那支居住在北海以北、與我們系出同源的民族，才得以獲知自身在史前時代的種種；儘管如此，這份間接取得的知識對於促進及深化民族認同仍能帶來相當程度的幫助。

國家圖書館出版品預行編目資料

北歐神話學／保羅·賀爾曼（Paul Herrmann）著；張詩敏、許嫚紅 譯. --
初版. -- 臺北市：商周出版：家庭傳媒城邦分公司發行, 民107.04
　　面： 公分
譯自：Nordische Mythologie in Gemeinverständlicher Darstellung
ISBN 978-986-477-432-6（精裝）
1. 神話　2.北歐
284.7　　　　　　　　　　　　　　　　　107004372

北歐神話學

原著書名	Nordische Mythologie in Gemeinverständlicher Darstellung
作者者	保羅·賀爾曼（Paul Herrmann）
譯者	張詩敏、許嫚紅
企畫選書	林宏濤
責任編輯	林宏濤、楊如玉

版權	黃淑敏、翁靜如
行銷業務	李衍逸、黃崇華
總編輯	楊如玉
總經理	彭之琬
發行人	何飛鵬
法律顧問	元禾法律事務所　王子文律師
出版	商周出版
	城邦文化事業股份有限公司
	台北市中山區民生東路二段141號9樓
	電話：(02) 2500-7008 傳眞：(02) 2500-7759
	E-mail：bwp.service@cite.com.tw
	Blog：http://bwp25007008.pixnet.net/blog
發行	英屬蓋曼群島商家庭傳媒股份有限公司城邦分公司
	台北市中山區民生東路二段141號2樓
	書虫客服服務專線：02-25007718·02-25007719
	24小時傳眞服務：02-25001990·02-25001991
	服務時間：週一至週五09:30-12:00·13:30-17:00
	郵撥帳號：19863813　戶名：書虫股份有限公司
	讀者服務信箱E-mail：service@readingclub.com.tw
	歡迎光臨城邦讀書花園 網址：www.cite.com.tw
香港發行所	城邦（香港）出版集團有限公司
	香港灣仔駱克道193號東超商業中心1樓
	電話：(852) 25086231　傳眞：(852) 25789337
馬新發行所	城邦(馬新)出版集團 Cité (M) Sdn. Bhd.
	41, Jalan Radin Anum, Bandar Baru Sri Petaling,
	57000 Kuala Lumpur, Malaysia
	電話：(603)90578822　傳眞：(603) 90576622

封面設計	黃聖文
排版	新鑫電腦排版工作室
印刷	韋懋實業有限公司
經銷商	聯合發行股份有限公司
	電話：(02) 29178022　傳眞：(02) 29110053

■2018年（民107）4月10日初版
■2023年（民112）2月13日初版3.6刷
定價 850元

Printed in Taiwan
城邦讀書花園
www.cite.com.tw

廣　告　回　函
北區郵政管理登記證
台北廣字第000791號
郵資已付，免貼郵票

104台北市民生東路二段141號2樓

英屬蓋曼群島商家庭傳媒股份有限公司　城邦分公司

- -

請沿虛線對摺，謝謝！

書號：BK7081C　　　書名：北歐神話學　　　　　編碼：

 商周出版

讀者回函卡

感謝您購買我們出版的書籍！請費心填寫此回函卡，我們將不定期寄上城邦集團最新的出版訊息。

不定期好禮相贈！
立即加入：商周出版
Facebook 粉絲團

姓名：＿＿＿＿＿＿＿＿＿＿＿＿＿＿＿＿＿ 性別：□男　□女

生日：西元＿＿＿＿＿＿年＿＿＿＿＿月＿＿＿＿＿日

地址：＿＿＿＿＿＿＿＿＿＿＿＿＿＿＿＿＿＿＿＿＿＿

聯絡電話：＿＿＿＿＿＿＿＿＿　傳真：＿＿＿＿＿＿＿

E-mail：

學歷：□ 1. 小學 □ 2. 國中 □ 3. 高中 □ 4. 大學 □ 5. 研究所以上

職業：□ 1. 學生 □ 2. 軍公教 □ 3. 服務 □ 4. 金融 □ 5. 製造 □ 6. 資訊

　　　□ 7. 傳播 □ 8. 自由業 □ 9. 農漁牧 □ 10. 家管 □ 11. 退休

　　　□ 12. 其他＿＿＿＿＿＿＿＿＿＿＿＿＿＿＿＿＿

您從何種方式得知本書消息？

　　　□ 1. 書店 □ 2. 網路 □ 3. 報紙 □ 4. 雜誌 □ 5. 廣播 □ 6. 電視

　　　□ 7. 親友推薦 □ 8. 其他＿＿＿＿＿＿＿＿＿＿＿

您通常以何種方式購書？

　　　□ 1. 書店 □ 2. 網路 □ 3. 傳真訂購 □ 4. 郵局劃撥 □ 5. 其他＿＿＿

您喜歡閱讀那些類別的書籍？

　　　□ 1. 財經商業 □ 2. 自然科學 □ 3. 歷史 □ 4. 法律 □ 5. 文學

　　　□ 6. 休閒旅遊 □ 7. 小說 □ 8. 人物傳記 □ 9. 生活、勵志 □ 10. 其他

對我們的建議：＿＿＿＿＿＿＿＿＿＿＿＿＿＿＿＿＿＿＿＿

＿＿＿＿＿＿＿＿＿＿＿＿＿＿＿＿＿＿＿＿＿＿＿＿＿＿＿＿

＿＿＿＿＿＿＿＿＿＿＿＿＿＿＿＿＿＿＿＿＿＿＿＿＿＿＿＿